OS DESAFIOS DA CONTRATAÇÃO PÚBLICA

Fundamentos e proposições a partir do processo de reabilitação profissional

RAIMUNDO MÁRCIO RIBEIRO LIMA

OS DESAFIOS DA CONTRATAÇÃO PÚBLICA

Fundamentos e proposições a partir do processo de reabilitação profissional

Belo Horizonte

2023

© 2023 Editora Fórum Ltda.

É proibida a reprodução total ou parcial desta obra, por qualquer meio eletrônico, inclusive por processos xerográficos, sem autorização expressa do Editor.

Conselho Editorial

Adilson Abreu Dallari
Alécia Paolucci Nogueira Bicalho
Alexandre Coutinho Pagliarini
André Ramos Tavares
Carlos Ayres Britto
Carlos Mário da Silva Velloso
Cármen Lúcia Antunes Rocha
Cesar Augusto Guimarães Pereira
Clovis Beznos
Cristiana Fortini
Dinorá Adelaide Musetti Grotti
Diogo de Figueiredo Moreira Neto (*in memoriam*)
Egon Bockmann Moreira
Emerson Gabardo
Fabrício Motta
Fernando Rossi
Flávio Henrique Unes Pereira

Floriano de Azevedo Marques Neto
Gustavo Justino de Oliveira
Inês Virgínia Prado Soares
Jorge Ulisses Jacoby Fernandes
Juarez Freitas
Luciano Ferraz
Lúcio Delfino
Marcia Carla Pereira Ribeiro
Márcio Cammarosano
Marcos Ehrhardt Jr.
Maria Sylvia Zanella Di Pietro
Ney José de Freitas
Oswaldo Othon de Pontes Saraiva Filho
Paulo Modesto
Romeu Felipe Bacellar Filho
Sérgio Guerra
Walber de Moura Agra

FÓRUM
CONHECIMENTO JURÍDICO

Luís Cláudio Rodrigues Ferreira
Presidente e Editor

Coordenação editorial: Leonardo Eustáquio Siqueira Araújo
Aline Sobreira de Oliveira

Rua Paulo Ribeiro Bastos, 211 – Jardim Atlântico – CEP 31710-430
Belo Horizonte – Minas Gerais – Tel.: (31) 99412.0131
www.editoraforum.com.br – editoraforum@editoraforum.com.br

Técnica. Empenho. Zelo. Esses foram alguns dos cuidados aplicados na edição desta obra. No entanto, podem ocorrer erros de impressão, digitação ou mesmo restar alguma dúvida conceitual. Caso se constate algo assim, solicitamos a gentileza de nos comunicar através do *e-mail* editorial@editoraforum.com.br para que possamos esclarecer, no que couber. A sua contribuição é muito importante para mantermos a excelência editorial. A Editora Fórum agradece a sua contribuição.

Dados Internacionais de Catalogação na Publicação (CIP) de acordo com ISBD

L732d	Lima, Raimundo Márcio Ribeiro Os desafios da contratação pública: fundamentos e proposições a partir do processo de reabilitação profissional / Raimundo Márcio Ribeiro Lima. – Belo Horizonte : Fórum, 2023. 445 p. ; 14,5cm x 21,5cm. ISBN: 978-65-5518-518-8 1. Direito. 2. Direito Constitucional. 3. Direito Previdenciário. 4. Direito Financeiro. 5. Administração pública. 6. Processo administrativo. 7. Contratação pública. I. Título.
2023-386	CDD: 341.3 CDU: 342.9

Elaborado por Vagner Rodolfo da Silva – CRB-8/9410

Informação bibliográfica deste livro, conforme a NBR 6023:2018 da Associação Brasileira de Normas Técnicas (ABNT):

LIMA, Raimundo Márcio Ribeiro. *Os desafios da contratação pública*: fundamentos e proposições a partir do processo de reabilitação profissional. Belo Horizonte: Fórum, 2023. 445 p. ISBN 978-65-5518-518-8.

Aos meus pais, "Tonico" e "Bibiu", pois lutaram primeiro; à Érika, por todos os dias que foram e virão ao seu lado; ao meu filho, Pedrinho, pelo presente da sua existência.

A Luis Felipe de Medeiros Dantas (*in memoriam*), pela pureza e retidão ímpares no trabalho e na família.

AGRADECIMENTOS

A Deus, afinal, "Atribuam ao Senhor a glória que o seu nome merece; adorem o Senhor no esplendor do seu santuário". (Salmos 29:2)

Ao meu orientador Professor Hugo de Brito Machado Segundo, pela confiança e, sobretudo, pelas argutas advertências na realização da tese. Aos demais professores do Programa de Pós-Graduação em Direito da UFC, especialmente os seguintes: Denise Lucena Cavalcante, Felipe Braga Albuquerque, Gustavo César Machado Cabral e Marcelo Lima Guerra.

Aos componentes da Banca Examinadora, Professores André Dias Fernandes, Clarissa Sampaio Silva, Cynara Monteiro Mariano, Eduardo Rocha Dias e Hugo de Brito Machado Segundo, pois as críticas empreendidas na arguição permitiram o aperfeiçoamento da investigação.

Aos componentes da Banca de Qualificação, Professores Felipe Braga Albuquerque, George Marmelstein Lima, Hugo de Brito Machado Segundo e Juraci Mourão Lopes Filho, pois realizaram um trabalho primoroso para a idealização da tese.

Aos servidores do Programa de Pós-Graduação em Direito da UFC.

Aos estimados servidores da Procuradoria Federal na UFERSA, Priscilla Even Alves Braga e Willione Pinheiro Alves, que muito ajudaram na convivência diária durante a realização desta obra.

Aos servidores da GEX/MOS e da UFERSA, em especial, Jorge Luiz de Oliveira Cunha, pelas demoradas reflexões sobre os dilemas cotidianos da contratação pública.

Aos colegas de trabalho na UERN, especialmente aos Professores Andrea Maria Pedrosa Silva Jales, Edigleuson Costa Rodrigues e Giovanni Weine Chaves Paulino, e na AGU, sobretudo, ao Procurador Federal Carlos André Studart Pereira.

À minha família, em particular, aos irmãos João Ribeiro Lima e Raimundo Tadeu de Lima, e aos meus amigos Carlos André Studart Pereira, Giovanni Weine Chaves Paulino e George Bezerra Ribeiro.

"For every right that you cherish, you have a duty which you must fulfill. For every hope that you entertain, you have a task that you must perform. For every good that you wish to preserve, you will have to sacrifice your comfort and your ease."
(Walter Lippmann, *speech to the Harvard Class of 1910 at their thirtieth reunion,* June 18, 1940.)

LISTA DE ABREVIATURAS E SIGLAS

A&C – Revista de Direito Administrativo e Constitucional
ADCT – Ato das Disposições Constitucionais Transitórias
ADPF – Arguição de Descumprimento de Preceito Fundamental
AEAT – Anuário Estatístico de Acidentes do Trabalho
AEPS – Anuário Estatístico da Previdência Social
AF – Acta Fisiátrica – Revista do Instituto de Medicina Física e Reabilitação da Universidade de São Paulo
AGU – Advocacia-Geral da União
APS/INSS – Agência da Previdência Social do INSS
BCEFDUC – Boletim de Ciências Econômicas da Faculdade de Direito da Universidade de Coimbra
BDA – Boletim de Direito Administrativo
BFDUC – Boletim da Faculdade de Direito da Universidade de Coimbra
BLC – Boletim de Licitações e Contratos
BNDES – Banco Nacional de Desenvolvimento Econômico e Social
BRTO – Boletim Revista dos Tribunais Online (São Paulo)
CC – Código Civil
CCd – Cadernos Cedes – Centro de Estudos Educação e Sociedade da Universidade de Campinas
COPES – Cobertura Previdenciária Estimada
CPA – Código de Procedimento Administrativo (Decreto-Lei nº 4/2015)
CPC – Código de Processo Civil (Lei nº 13.105/2015)
CPL – Comissão Permanente de Licitação
CPR – *Civil Procedure Review (München)*
CRFB – Constituição da República Federativa do Brasil de 1988
CRP – Certificado de Reabilitação Profissional
CSP – Cadernos de Saúde Pública
CTO – Cadernos de Terapia Ocupacional da Universidade Federal de São Carlos
D&D – Direito & Desenvolvimento
D&P – Direito & Práxis
DES – Direito, Estado e Sociedade – Revista do Programa de Pós-Graduação em Direito da Pontifícia Universidade Católica do Rio de Janeiro

DPU	–	Defensoria Pública da União
EA	–	Estudos Avançados – Revista do Instituto de Estudos Avançados da Universidade São Paulo
EBSERH	–	Empresa Brasileira de Serviços Hospitalares
EC	–	Emenda Constitucional
ECI	–	Estado de Coisas Inconstitucional
EME/EPP	–	Estatuto Nacional da Microempresa e da Empresa de Pequeno Porte (Lei Complementar nº 123/2006)
EPD	–	Estatuto da Pessoa com Deficiência (Lei nº 13.146/2015)
ETP	–	Estudo Técnico Preliminar
EUAP	–	Estatuto do Usuário dos Serviços Públicos da Administração Pública (Lei nº 13.460/2017)
FA	–	Fórum Administrativo
FAm	–	*Foro Amministrativo (Milano)*
FCGP	–	Fórum de Contratação e Gestão Pública
FGTS	–	Fundo de Garantia do Tempo de Serviço
FIES	–	Fundo de Financiamento Estudantil
FULJ	–	*Fordham Urban Law Journal (New York)*
GEX/INSS	–	Gerência(s) Executiva(s) do INSS
HRL	–	*Harvard Law Review (Massachusetts)*
IFES	–	Instituições Federais de Ensino Superior
IJCL	–	*International Journal of Constitutional Law (Oxford)*
ILC	–	Revista Zênite – Informativo de Licitações e Contratos
IN nº 128/2022	–	Instrução Normativa INSS/PRES nº 128/2022
INSS	–	Instituto Nacional do Seguro Social
IP	–	Interesse Público – Revista Bimestral de Direito Público
LFP	–	Lei das Finanças Públicas (Lei nº 4.320/1964)
LGD	–	Lei do Governo Digital (Lei nº 14.129/2021)
LGLC	–	Lei Geral de Licitações e Contratações (Lei nº 14.133/2021)
LGPAF	–	Lei Geral do Processo Administrativo Federal (Lei nº 9.784/1999)
LHR	–	*Law and Human Behavior (Washington-DC)*
LIA	–	Lei de Improbidade Administrativa (Lei nº 8.429/1992)
LINDB	–	Lei de Introdução às Normas do Direito Brasileiro (Decreto-Lei nº 4.657/1942)
LLCA	–	Lei de Licitações e Contratos Administrativos (Lei nº 8.666/1993)
LN	–	Lua Nova – Revista de Cultura e Política
LOA	–	Lei Orçamentária Anual
LOAPF	–	Lei de Organização da Administração Pública Federal (Decreto-Lei nº 200/1967)

LOAS	–	Lei Orgânica da Assistência Social (Lei nº 8.742/1993)
LOS	–	Lei Orgânica da Saúde (Lei nº 8.080/1990)
LP	–	Lei do Pregão (Lei nº 10.520/2002)
LBPS	–	Lei de Benefícios da Previdência Social (Lei nº 8.213/1991)
LRF	–	Lei de Responsabilidade Fiscal (Lei Complementar nº 101/2000)
ME/EPP	–	Microempresas ou Empresas de Pequeno Porte
MJE&CL	–	*Maastricht Journal of European & Comparative Law (Maastricht)*
MPF	–	Ministério Público Federal
MROSC	–	Marco Regulatório das Organizações da Sociedade Civil (Lei nº 13.019/2014)
Nomos	–	Revista do Programa de Pós-Graduação em Direito da Universidade Federal do Ceará
NRF	–	*Natural Resources Forum (Oxford)*
O&S	–	Organizações & Sociedade – Revista da Escola de Administração da Universidade Federal da Bahia
ONG	–	Organização Não Governamental
OS	–	Organização Social (Lei nº 9.637/1998)
OSC	–	Organizações da Sociedade Civil (Lei nº 13.019/2014)
OSCIP	–	Organização da Sociedade Civil de Interesse Público (Lei nº 9.790/1999)
PAR	–	*Public Administration Review (Oxford)*
PNCP	–	Portal Nacional de Contratações Públicas
P&S	–	Psicologia & Sociedade
PRP	–	Programa de Reabilitação Profissional
RA	–	Revista do Advogado (São Paulo)
RAd	–	Revista do Advogado (Lisboa)
RAGU	–	Revista da AGU
RAP	–	Revista de Administração Pública
RAP	–	*Revista de Administración Pública (Madrid)*
RBCS	–	Revista Brasileira de Ciências Sociais
RBDP	–	Revista Brasileira de Direito Público
RBEFP	–	Revista Brasileira de Estudos da Função Pública
RBEP	–	Revista Brasileira de Estudos Políticos
RBMT	–	Revista Brasileira de Medicina do Trabalho
RBPP	–	Revista Brasileira de Políticas Públicas
RBSO	–	Revista Brasileira de Saúde Ocupacional
RCJ	–	Revista Culturas Jurídicas
RCP	–	Revista de Contratos Públicos
RDA	–	Revista de Direito Administrativo
RDB	–	Revista de Direito Brasileira

RDC	–	Regime Diferenciado de Contratações Públicas (Lei nº 12.462/2011)
RDDTSS	–	Revista do Departamento de Direito do Trabalho e Seguridade Social da Universidade de São Paulo
RFDUP	–	Revista da Faculdade de Direito da Universidade do Porto
RDP	–	Revista de Direito Privado
RDPE	–	Revista de Direito Público da Economia
RDT	–	Revista de Direito do Trabalho
RDTS	–	Revista de Direito do Terceiro Setor
RECHTD	–	Revista de Estudos Constitucionais, Hermenêutica e Teoria do Direito
REDA	–	*Revista Española de Derecho Administrativo (Madrid)*
REDC	–	*Revista Española de Derecho Constitucional (Madrid)*
REP	–	*Revista de Estudios Políticos (Madrid)*
RePro	–	Revista de Processo
RESMAFE/5R	–	Revista da Escola de Magistratura Federal da 5ª Região
RF	–	Revista Forense
RFDFE	–	Revista Fórum de Direito Financeiro e Econômico
RFD/UFMG	–	Revista da Faculdade de Direito da Universidade Federal de Minas Gerais
RFD/UFPR	–	Revista da Faculdade de Direito da Universidade Federal do Paraná
RFPDF	–	Revista de Finanças Públicas e Direito Fiscal (Coimbra)
RGPS	–	Regime Geral de Previdência Social
RIDB	–	Revista do Instituto do Direito Brasileiro
RIDP	–	Revista Iberoamericana de *Derecho Procesal* (São Paulo)
RIL	–	Revista de Informação Legislativa
RIRI	–	Rede Intersetorial de Reabilitação Integral (Decreto nº 8.725/2016)
RJ/FURB	–	Revista Jurídica Científica do Centro de Ciências Jurídicas da Universidade Regional de Blumenau
RJSP	–	Regime Jurídico dos Servidores Públicos Civis da União, das Autarquias e das Fundações Públicas (Lei nº 8.112/1990)
RK	–	Revista Katálysis – Revista do Programa de Pós-Graduação em Serviço Social da Universidade Federal de Santa Catarina
RP	–	Reabilitação Profissional
RPPGD/UFBA	–	Revista do Programa de Pós-Graduação em Direito da Universidade Federal da Bahia
RPS	–	Regulamento da Previdência Social (Decreto nº 3.048/1999)

RPSP	–	*Revista Panamericana de Salud Pública (Washington-DC)*
RREO	–	Relatório Resumido da Execução Orçamentária
RSP	–	Revista do Serviço Público
RT	–	Revista dos Tribunais
RTCESP	–	Revista do Tribunal de Contas do Estado de São Paulo
RTCU	–	Revista do Tribunal de Contas da União
RTDP	–	*Rivista Trimestrale di Diritto Pubblico (Milano)*
RTFP	–	Revista Tributária e de Finanças Públicas
RUSP	–	Revista da Faculdade de Direito da Universidade de São Paulo
Seqüência	–	Estudos Jurídicos e Políticos – Revista do Programa de Pós-Graduação em Direito da Universidade Federal de Santa Catarina
Sociologias	–	Revista do Programa de Pós-Graduação em Sociologia da Universidade Federal do Rio Grande do Sul
SRP	–	Sistema de Registro de Preços
SS	–	Saúde e Sociedade – Revista da Faculdade de Saúde Pública da Universidade de São Paulo
STF	–	Supremo Tribunal Federal
STJ	–	Superior Tribunal de Justiça
SUS	–	Sistema Único de Saúde
TCU	–	Tribunal de Contas da União
TIC	–	Tecnologias de Informação e Comunicação
TOCAF	–	Texto Ordenado de *Contabilidad y Administración Financiera (Uruguay)*
TST	–	Tribunal Superior do Trabalho

LISTA DE GRÁFICOS

Gráfico 01 – Auxílio-moradia pago pela União 194
Gráfico 02 – Gasto com publicidade institucional realizado pelo Ministério da Educação (MEC) 195
Gráfico 03 – Gastos com recursos materiais na Reabilitação Profissional. 196

LISTA DE ILUSTRAÇÕES

Ilustração 01 – Fluxo Informativo-participativo no PRP 67
Ilustração 02 – Ausência de Enfoque Jurídico no Processo Prestacional ... 227
Ilustração 03 – Procedimento administrativo alternativo 262
Ilustração 04 – Limites normativos da gestão pública 309
Ilustração 05 – Modelo de cooperação interadministrativa 329
Ilustração 06 – Enfoque jurídico da reforma estratégica do Direito
   Administrativo 337
Ilustração 07 – Desafios e fundamentos da contratação pública 398

LISTA DE TABELAS

Tabela 01 – Quantidade de acidentes do trabalho.. 96
Tabela 02 – Quantidade de benefícios urbanos e rurais acidentários
            concedidos 98
Tabela 03 – Números do serviço de RP 99

SUMÁRIO

INTRODUÇÃO
PRETENSÕES E MÉTODOS 27
    Delimitação do problema 44
    Premissas metodológicas 52

CAPÍTULO 1
PREMISSAS DISCURSIVAS DA REABILITAÇÃO PROFISSIONAL 59
1.1   Programa de reabilitação profissional 60
1.2   Processo decisório da reabilitação profissional 72
1.2.1   Decisões administrativas 79
1.2.2   Decisões judiciais 83
1.2.2.1 Individuais 85
1.2.2.2 Coletivas 87
1.2.2.3 Estruturantes 92
1.3   Demandas da contratação pública na reabilitação profissional ... 101
1.3.1   Entre mercados e decisões: juízos de evidência e juízos de coerência 103
1.3.2   Desemprego, auxílio-doença, aposentadoria por invalidez e reabilitação profissional: o itinerário da agonia na proteção social 105

CAPÍTULO 2
DESAFIOS NORMATIVOS DA CONTRATAÇÃO PÚBLICA 109
2.1   Desafios orçamentário-financeiros 112
2.1.1   Da anualidade à efetividade: atecnia na alocação dos recursos públicos 115
2.1.2   Não é apenas um empenho: o lado perverso da programação financeira 127
2.1.3   Contingenciamento: o pão nosso de cada dia 131
2.2   Desafios na seleção do fornecedor 137
2.2.1   Menor preço: o julgamento pela ineficiência 138

2.2.2	Melhor técnica ou conteúdo artístico: ainda o desafio da economicidade	148
2.2.3	Técnica e preço: o critério *impossível*	154
2.3	Reflexos no Programa de Reabilitação Profissional	157

CAPÍTULO 3
DESAFIOS ORGÂNICO-FUNCIONAIS DA CONTRATAÇÃO PÚBLICA 167

3.1	Desafios da estrutura orgânico-funcional da Administração Pública	174
3.1.1	Planejamento e serviço público: entre o custo e a ineficiência....	178
3.1.2	Prognósticos constitucionais e terapia administrativa: entre o diagnóstico (im)preciso e o tratamento sem fim	191
3.1.3	O (im)próprio e o (im)pertinente na atuação administrativa: da redução sociológica à racionalização organizacional	198
3.2	Desafios da assincronia institucional	203
3.2.1	Os caprichos da razão política e a falácia do planejamento legislativo	205
3.2.2	Das garantias institucionais ao empoderamento político: a (des)razão do poder decisório responsável	209
3.2.3	Entidades públicas, terceiro setor e mercado: uma corrente sem prumo?	213
3.3	Reflexos no Programa de Reabilitação Profissional	221

CAPÍTULO 4
DESAFIOS PRÁTICO-PROCEDIMENTAIS DA CONTRATAÇÃO PÚBLICA 229

4.1	Desafios prático-procedimentais na governança da contratação pública	231
4.1.1	Planejamento da contratação: experimentalismo procedimental e eficiência administrativa	232
4.1.2	Seleção do fornecedor: um percurso com muitos caminhos e atalhos	236
4.1.3	Gestão do contrato: contratação por controle e contratação por resultado	242
4.2	Desafios prático-procedimentais da processualidade administrativa diante das práticas sociais	248
4.2.1	As leis e os processos na dinâmica das prestações sociais: processo decisório e processo prestacional	249
4.2.2	Procedimentos e práticas sociais: multifuncionalidade e complementariedade	254

4.2.3	Procedimentos eletrônicos: o paradoxo das práticas dicotômicas no Governo Eletrônico	267
4.3	Desafios prático-estruturais da sociedade civil	272
4.3.1	Práticas organizacionais e políticas públicas: os (des)arranjos dos empreendimentos (in)comuns	274
4.3.2	Terceiro setor entre o ocaso e o caso da gestão pública: das parcerias onerosas às relações operosas	281
4.3.3	Os serviços privados na proteção social: as atividades público-privadas	287
4.4	Reflexos no Programa de Reabilitação Profissional	294

CAPÍTULO 5
CONTRATAÇÃO PÚBLICA: UMA PROPOSTA 301

5.1	Contratação pública como realidade prático-procedimental	304
5.1.1	Internalização legal: os problemas materiais comuns	314
5.1.2	Tradição e diálogo institucional: a experiência não se improvisa	317
5.1.3	Organizações e procedimentos: o fim dos antagonismos	325
5.2	Modelo normativo	334
5.2.1	Visibilidade teórico-jurisprudencial	346
5.2.2	Revisibilidade jurídico-política	349
5.2.3	Efetividade orgânico-funcional	352
5.2.4	Fundamentos da contratação pública: reflexividade, sustentabilidade e eficiência	355
5.2.5	Proposições normativas	380

CONSIDERAÇÕES FINAIS 401

REFERÊNCIAS 407

INTRODUÇÃO

PRETENSÕES E MÉTODOS

"Tudo deve ser inteligível para ser belo."[1]

O vasto universo dos direitos sociais exige uma atuação consistente do complexo orgânico-funcional do Estado, seja na realização das prestações de serviço ou material, seja no controle da própria ação pública, mas, para além da atuação do Estado, a sociedade civil também desenvolve importante papel na concretização dos direitos sociais. Contudo, o Poder Público, inclusive em função dos ambiciosos prognósticos constitucionais (artigo 3º da CRFB), capitaneia os meios necessários à proteção social, notadamente quanto à realização das prestações materiais mais prementes da sociedade. É preciso firmar, desde já, o seguinte: não se discute a importância das instâncias decisórias de fiscalização ou revisão da atuação estatal, aliás, expressamente previstas no sistema jurídico, porém é fora de dúvida de que o *complexo administrativo*[2] subjacente às prestações materiais do Estado, compreendendo a gigantesca estrutura orgânico-funcional de atuação dos Entes Políticos, é o maior responsável pelo atual nível de concretização dos direitos fundamentais sociais, justamente porque leva a cabo as políticas públicas definidas pelas autoridades político-administrativas.[3]

---

[1] NIETZSCHE, Friedrich. *O nascimento da tragédia ou helenismo e pessimismo*. Tradução de J. Guinsburg. São Paulo: Companhia das Letras, 2007, p. 78, pontuando uma síntese do socratismo estético.
[2] HARRIS, Neville. *Law in a complex state:* complexity in the law & structure of welfare. Portland: Hart Publishing, 2013, p. 13 e segs.
[3] BARNES, Javier. Algunas respuestas del derecho administrativo contemporáneo ante las nuevas formas de regulación: fuentes, alianzas con el derecho privado, procedimientos de tercera generación. *In*: BARNES, Javier (Ed.). *Innovación y reforma en el derecho administrativo*. 2. ed. Sevilla: Editorial Derecho Global, 2012, p. 251-377, p. 343.

Por outro lado, adverte-se: se a sociedade fornece os meios materiais dessa hercúlea tarefa – já que o Estado não possui, por si só, a disponibilidade financeira para levar a cabo os seus projetos e nem todos os meios operacionais para empreendê-los, mas apenas promove a gestão dos recursos decorrentes da imposição tributária –, então, resulta pertinente destacar que a sociedade é, rigorosamente, início, meio e fim de todo projeto estatal. Portanto, há uma clara identidade entre Estado e sociedade, porém isso não quer dizer que o Estado assuma a posição da sociedade como grupo ou sua personalidade jurídica, mas, sim, no sentido de que o Estado compreende uma dimensão política da sociedade[4] e, desse modo, responde pela iniciativa de tentar transformar ou promover novas realidades na vida dos cidadãos. Enfim, o Estado cumpre mais uma função catalisadora do que propriamente transformadora da sociedade, pois o seu limite decorre do próprio substrato social.

Diante dessa premissa, compreende-se que toda investigação jurídica relacionada à concretização dos direitos sociais deva destinar particular atenção à estrutura da organização do Estado e aos meios e modos da atuação administrativa. Todavia, no círculo da atividade acadêmica observa-se algo bem diferente: teses e mais teses são dedicadas à fundamentação dos direitos sociais, aos métodos argumentativo-interpretativos, ao controle das políticas públicas, à correção e aplicação das decisões judiciais, entre outras temáticas importantes, porém poucas são as reflexões jurídicas sobre a fisiologia da Administração Pública e sua capacidade institucional para enfrentar os desafios de uma sociedade altamente complexa e, por isso, repleta de conflitos.

Desse modo, também é necessário se dedicar à fisiologia administrativa, entrelaçando os condicionantes jurídicos com as *liberdades* próprias da gestão pública, notadamente a partir dos cânones principiológicos da eficiência, transparência e economicidade, senão a abstração das reflexões jurídicas cai no vazio das possibilidades de implementação dos direitos diante do cotidiano das práticas administrativas e sociais. Vale destacar que há expressiva realização de trabalhos dedicados aos pontos extremos do longo percurso destinado à concretização dos direitos sociais, ou seja, indo da pretendida correção da decisão administrativa ou judicial à constatação ou não do resultado concreto da

---

[4] SOARES, Rogério Ehrhardt. *Direito público e sociedade técnica*. Prefácio José Joaquim Gomes Canotilho. Coimbra: Edições Tenacitas, 2008, p. 123.

ação pública; porém poucas são as investigações dedicadas à discussão da atuação administrativa em si e, sobretudo, sobre os instrumentos jurídicos da Administração Pública no atendimento das demandas da coletividade. Há, portanto, parca reflexão sobre os meios (institutos) e modos (práticas) destinados à realização do direito.

Nesse sentido, defende-se que a reflexão jurídica também deve ater-se aos meios administrativos voltados à efetivação dos direitos, o que compreende a necessidade de estudar institutos jurídicos que, concreta e permanentemente, destinam-se à promoção das prestações sociais do Estado. Não se tratando, evidentemente, de reflexão sobre a gestão pública em si, seus métodos e procedimentos, nem sobre a boa governança (*good governance*), mas, sim, uma discussão jurídica sobre o instrumental utilizado pelo Poder Público para atendimento das demandas administrativas.

Aliás, com relação à boa governança, precisamente quanto à construção do termo, resulta pertinente distinguir as seguintes fases: (a) no primeiro momento, ela esteve vinculada à ideia de governo; (b) posteriormente, saindo dos domínios da atuação governamental, alcança o espaço público; (c) recaindo, em seguida, no cenário mais amplo do setor privado empresarial; e, por fim, (d) trouxe contribuições na área de política econômica, notadamente nas instituições de desenvolvimento.[5] De todo modo, por mais que defenda o contrário,[6] a governança não é avessa ao debate político ou atua com irresponsabilidade política, só que, por prestigiar objetivos consequencialistas na gestão da Administração Pública, inclusive com arrimo legal nos artigos 20 e 21 da LINDB, não nega a importância dos substratos econômicos no tratamento das demandas administrativas e, claro, não apenas delas. Aliás, a governança denota: (a) uma expressão de *qualidade da ação*, que se legitima pelo seu conteúdo, portanto, destinado ao melhor atendimento possível das demandas político-administrativas; (b) um *processo decisório dialogal*, prestigiando a participação, comunicação e informação; e (c) uma *dinâmica executiva* pautada na cooperação e colaboração.[7] Desse

---

[5] MORIKAWA, Márcia Mieko. *Good governance* e o desafio institucional da pós-modernidade. *BFDUC*, Coimbra, vol. 84, p. 637-681, 2008, p. 643.

[6] BERCOVICI, Gilberto. *Soberania e Constituição:* para uma crítica do constitucionalismo. 2. ed. São Paulo: Quartier Latin, 2013, p. 334.

[7] SILVA, Suzana Tavares da. Democracia transnacional. *In:* MARTINS, Ana Gouveia; LEÃO, Anabela; MAC CRORIE, Benedita; MARTINS, Patrícia Fragoso (Coord.). *X Encontro de Professores de Direito Público*. Lisboa: Instituto de Ciências Jurídico-Políticas da Faculdade de Direito de Lisboa, 2017, p. 160-185, p. 166.

modo, nada é avesso aos imperativos políticos da ação pública, pelo contrário, apenas denuncia uma dinâmica de atuação administrativa mais dedicada à realidade dos dilemas concretos da gestão pública.

Assim, por mais que não se trate de temática alheia ao Direito, muito embora esteja cada vez mais entregue à conexão instrumental entre a gestão pública e a regulação jurídica, ela não possui uma relação direta com os propósitos da tese. Aqui, a preocupação é outra: como aperfeiçoar a dinâmica da atividade administrativa a partir dos mecanismos jurídicos de sua atuação. Por conseguinte, a melhor forma de aperfeiçoar alguma coisa, sobretudo quando se trata da atuação parametrizada do Estado, é entender a forma como ela funciona, e não apenas mencionando o que ela deve fazer. Então, a discussão jurídica sobre as políticas públicas não pode limitar-se à sindicabilidade judicial; esta, por mais que se pense o contrário, representa, tão somente, uma pequena contribuição – relevante, sem dúvida – destinada ao enfrentamento dos verdadeiros dilemas jurídicos na implementação dos direitos.

Desse modo, a questão da efetividade das políticas públicas e, consequentemente, dos direitos fundamentais, deve avançar para além do cenário comum da justiciabilidade dos direitos, de forma a alcançar os substratos jurídicos concretos da atuação administrativa, permitindo-se, assim, o aperfeiçoamento das organizações administrativas e dos procedimentos, aliás, como importante tarefa do Estado de Direito moderno.[8] Lembrando-se que somente é possível gerenciar a efetividade da atuação administrativa a partir de parâmetros quantitativos, pois nada pode ser gerenciado se não for minimamente quantificado, ensejando, portanto, uma dinâmica de controle sobre os resultados alcançados com a medida administrativa adotada, isto é, para além da eficácia dos meios, se ocorreu o atendimento dos objetivos pretendidos pela gestão pública.[9] Assim, revela-se importante discutir os dados das políticas públicas no universo das estatísticas oficiais do Estado, pois os números não *mentem*, porém nada eles podem explicar sem a adoção de método adequado.

Dentre as diversas temáticas interseccionais entre as políticas públicas e os direitos fundamentais no processo de concretização dos

---

[8] SCHMIDT-ASSMANN, Eberhard. Cuestiones fundamentales sobre la reforma de La teoría general del derecho administrativo. *In*: BARNES, Javier (Ed.). *Innovación y reforma en el derecho administrativo*. 2. ed. Sevilla: Editorial Derecho Global, 2012, p. 21-140, p. 63.

[9] NEVES, Marcelo. *A constitucionalização simbólica*. São Paulo: Martins Fontes, 2007, p. 48.

direitos sociais, prestigia-se o processo de contratação pública,[10] por se tratar de matéria capital no plano da atuação administrativa. Por contratação pública de serviços e bens, em sentido amplo, compreende-se: (a) o planejamento, (b) a seleção do fornecedor e (c) a gestão do contrato. Portanto, trata-se de realidade complexa da atuação administrativa e, consequentemente, possui indiscutível importância no resultado da qualidade das prestações públicas, notadamente as de caráter social. Por isso, revela-se equivocado utilizar o termo licitação para qualificar toda a realidade que encerra a contratação pública, pois a licitação apenas representa uma fase dela,[11] inclusive, nem a mais relevante.

Pois bem, não há prestações materiais sem a realização de contratação de bens e serviços pela Administração Pública. Por isso, para dar nortes mais concretos à tese, isto é, permitir que ela investigue adequadamente uma realidade no largo universo das prestações sociais, bem como considere os múltiplos aspectos da gestão pública no seu atendimento, são estudados os obstáculos verificados no PRP, que denunciam a necessidade de revisitar os fundamentos da contratação pública no Brasil, sem que isso retire a *centralidade discursiva* da investigação na contratação pública, isto é, o enfoque em determinada demanda faz espraiar a compreensão da matéria diante de todo o universo das prestações da Administração Pública.

Assim, defende-se que os *desafios da contratação pública no processo de reabilitação profissional, e não apenas nele, para além da identificação da assincronia entre os modelos normativos e as práticas administrativas e sociais, revelarão que o aperfeiçoamento dos meios e modos da atuação administrativa, no longo percurso de efetivação dos direitos sociais, é mais importante que qualquer forma de controle judicial, ou mesmo administrativo, das políticas públicas*. Não se trata de negar a importância da sindicabilidade das políticas públicas, mas, tão somente, mencionar que ela não é uma panaceia, pois possui limites bem evidentes, até mesmo na ambiência processual. Contudo, ela é ardorosamente defendida, entre outros fatores, em função da disputa de poder no (re)arranjo das forças políticas

---

[10] Notadamente, a Lei nº 14.133/2021, isto é, a nova Lei de Licitações e Contratos Administrativos, decorrente da aprovação do Projeto de Lei nº 4.253/2020.
[11] MENDES, Renato Geraldo. *O regime jurídico da contratação pública*. Curitiba: Zênite, 2008, p. 11.

do Estado. Afinal, o ramo menos perigoso[12] tem assumido ares de preocupante protagonismo.

Nesse sentido, o pano de fundo da investigação se prende aos desafios da contratação pública no processo de RP do RGPS e suas implicações na concretização dos direitos de proteção previdenciária (artigos 89 a 93 da LBPS) e assistencial (artigo 203, inciso IV, da CRFB, c/c artigo 2º, inciso I, alínea d, da LOAS). Além disso, é preciso ter em conta os novos desafios da RP com o advento da EPD e, sobretudo, com os largos propósitos do RIRI, porquanto serão exigidos redobrados esforços de cooperação interadministrativa para superar as dificuldades no processo de capacitação dos trabalhadores hipossuficientes ou profissionalmente vulneráveis. Portanto, há um enorme desafio na área a ser enfrentado pelo Poder Público.

Vale destacar que não se discute propriamente a pertinência ou o malogro de qualquer modelo de reabilitação adotado pelo INSS, criado pelo artigo 17 da Lei nº 8.029/1990, mas sim as dificuldades da contratação pública no atendimento das demandas do PRP, o que, naturalmente, pode resultar em inevitáveis correlações ou implicações com outras demandas administrativas, porquanto adotam a mesma legislação de contratação pública, assim espelhando dificuldades comuns.

Como o processo de RP exige atuação célere do INSS, porquanto toda demora na reabilitação profissional acarreta consideráveis custos sociais (pagamento de benefícios), institucionais (ausência de contribuições) e pessoais (não inserção no mercado de trabalho), a eficiência do processo de contratação pública é determinante para o PRP. Além disso, quanto mais demorado for o processo de RP, menor será a possibilidade de inserção do segurado no mercado de trabalho. Logo, uma contratação célere possui forte repercussão na qualidade do PRP e, também, na própria economia propiciada ao RGPS. No plano infralegal, a RP se encontra demoradamente disciplinada nos artigos 415 a 423 da IN nº 128/2022.

Nesse contexto, as problemáticas relacionadas (a) ao fornecimento de prótese, órtese e tecnologias assistivas e (b) à oferta de cursos de capacitação, a despeito de outras demandas administrativas relacionadas à RP, como é o caso da formação ou ampliação da equipe

---

[12] BICKEL, Alexander M. *The least dangerous branch*: the supreme court at the bar of politics. With a new foreword by Harry H. Wellington. Second Edition. New Haven: Yale University Press, 1986, p. 04.

multidisciplinar com a colaboração do terceiro setor, bem representam os desafios da contratação pública no PRP. Ademais, vale destacar que a demanda por reabilitação profissional pode decorrer de: (a) reconhecimento administrativo, conforme os critérios legais e regulamentares de elegibilidade ao PRP; e (b) prestação jurisdicional, tendo em vista ações individuais ou coletivas.

Diante disso, como princípio fundamental das atividades da Administração Pública, conforme dispõe o artigo 174, *caput*, da CRFB, e o artigo 6º, inciso I, da LOAPF, o atendimento das demandas do PRP impõe a regular dinâmica de planejamento administrativo, o que exige uma procedimentalidade própria e não necessariamente célere. Logo, a exiguidade nos prazos, geralmente imposta pelas decisões judiciais, faz que com a gestão pública seja instada a adotar procedimentos mais céleres e, possivelmente, mais onerosos e nem sempre exitosos.

Por isso, a decisão judicial se transforma, sem demora, em espécie de salvo conduto da irresponsabilidade na execução orçamentária, com sérios reflexos no processo de contratação pública, que se obriga a seguir outro fluxo procedimental, e com isso, tornando-se incapaz de gerar eficiência administrativa. Explica-se: de modo geral, em uma ação coletiva, mormente se possui *status* de *processo estrutural*,[13] as demandas administrativas são aumentadas consideravelmente, porque a ingerência judicial nas políticas públicas costuma gerar demandas problemáticas, e não necessariamente soluções eficientes, precisamente porque não há, de imediato, uma equacionável ou justificável compatibilidade ou aderência dos procedimentos administrativos aos comandos judiciais, geralmente dotados de singularidades, portanto, fora da regular agenda do Poder Público.

Então, a contratação pública deve, cada vez mais, representar um mecanismo versátil para atendimento das prementes demandas da Administração Pública, de maneira que a *lógica econômica* dos resultados não seja ofuscada pela *lógica ética* dos princípios jurídicos,[14] especial-

---

[13] DIDIER JÚNIOR, Fredie; ZANETI JÚNIOR, Hermes; OLIVEIRA, Rafael Alexandria de. Notas sobre as decisões estruturantes. *CPR*. München, vol. 08, n. 01, p. 46-64, jan./apr. 2017, p. 49. Disponível em: http://www.civilprocedurereview.com/index.php?option=com_content&view=article&id=588%3Apdf-revista-n1-2017&Itemid=114&lang=pt. Acesso em: 17 ago. 2017.

[14] SOUTO, Marcos Juruena Villela. Licitações e controle de eficiência: repensando o princípio do procedimento forma à luz do "placar eletrônico"! *In*: ARAGÃO, Alexandre Santos de; MARQUES NETO, Floriano de Azevedo (Coord.). *Direito administrativo e seus novos paradigmas*. Belo Horizonte: Fórum, 2008, p. 553-569, p. 553.

mente quando assentada (a) na obsessão pelas perfectibilidades legais em detrimento do próprio Direito e, consequentemente, (b) no controle excessivo da atuação administrativa. Por isso, é preciso evitar os efeitos destrutivos da *sina escorpiônica* dos princípios jurídicos,[15] pois "(...) são remédios que se apresentam como panaceia, mas o seu uso descomedido pode levar ao envenenamento. Eles têm (...) um quê de diabólico".[16] Naturalmente, a harmonização entre *resultados econômicos* e princípios jurídicos exige séria reflexão da atuação administrativa relacionada aos seus regramentos e procedimentos, notadamente no que concernem aos modelos normativos que originam os meios de efetivação das tarefas do Estado, bem como a relação – ou o descompasso – das práticas administrativas em relação às práticas sociais.

Para os fins desta tese, consideram-se resultados econômicos os que, prestigiando a regularidade dos procedimentos adotados, atendam adequadamente às demandas da Administração Pública. Não se tratando, portanto, de mera referência à economicidade dos gastos públicos e, menos ainda, de resultados financeiros. A ideia de eficiência exige resultados, mas não quaisquer resultados. Em vista disso, não se discutindo a existência de relevantes controvérsias jurídicas na promoção das prestações sociais pelo Poder Público, especialmente quando se considera o dever de promover a universalidade de cobertura e do atendimento (artigo 194, *caput*, parágrafo único, inciso I, da CRFB), o planejamento administrativo tem denunciado as deficiências do instrumental jurídico adotado pela Administração Pública, inclusive em função da própria metodologia do planejamento adotado pelas organizações administrativas. Logo, urge refletir a forma de atuação do Poder Público. Enfim, o que faz a Administração Pública ser o que é, sobretudo, no campo das prestações materiais, e a forma como ela opera os institutos jurídicos.

Nesse sentido, dentre outros aspectos importantes relacionados à temática, discutem-se os limites dos instrumentos ou mecanismos de seleção de fornecedores e de gestão dos contratos, apresentando proposições para superação dos desafios identificados na legislação, notadamente na LGLC. Além disso, reconhecendo-se que o modelo de contratação pública não atende adequadamente à demanda administrativa,

---

[15] MORAES, Germana de Oliveira. *Controle jurisdicional da administração pública*. 2. ed. São Paulo: Dialética, 2004, p. 187.

[16] NEVES, Marcelo. *Entre Hidra e Hércules:* princípios e regras constitucionais como diferença paradoxal do sistema jurídico. São Paulo: Martins Fontes, 2013, p. 151.

impende discutir se a problemática decorre da equivocada interpretação do modelo ou, no que se afigura mais acertado, advém de desafios normativos, orgânico-funcionais e prático-procedimentais de grande monta na prestação dos serviços públicos. Destacando-se, para os fins da pesquisa, as dificuldades no *processo prestacional* de serviço ou material do PRP, isto é, a complexa dimensão executiva da ação pública, portanto, de satisfação do direito, que servirá de pano de fundo para as reflexões mais abrangentes sobre a matéria.

Diante dessa realidade, defende-se que a habitual discussão sobre a exigibilidade dos direitos positivos, como que centrada na atuação iluminista do contencioso judicial, pouco pode oferecer para o aperfeiçoamento da prestação dos serviços públicos – mormente quando segue parâmetros decisórios imobilizantes, marcadamente normativistas, diante de relevantes conflitos de natureza político-administrativa –, porque não apresentam respostas, mas imposições, por vezes desmedidas, que sempre exigem uma atuação administrativa que vai muito além dos prognósticos exegéticos dos direitos positivos. Isto é, não é propriamente uma questão de correção normativa, mas de disponibilidade administrativa para atendimento de demandas cada vez mais onerosas, lembrando-se de que custo dos direitos é um tema eminentemente descritivo e não moral,[17] por isso um direito só existe mesmo quando há um custo orçamentário,[18] logo, para levar os direitos a sério é preciso, antes de tudo, levar a escassez a sério,[19] e, além disso, considerar as possibilidades concretas da atuação administrativa, que nem sempre se encontram diretamente vinculadas à existência de recursos, como é o caso de alguns dilemas orgânico-funcionais.

Para os fins desta tese, ainda que se afirme ser uma obviedade,[20] muito embora não problematizada adequadamente nas demandas administrativas ou judiciais, tal como se revela no emprego inadequado da *reserva do financeiramente possível*, a noção de direito positivo compreende o fato de que todo direito comporta uma dimensão positiva, mesmo os

---

[17] HOLMES, Stephen; SUNSTEIN, Cass R. *The costs of rights:* why liberty depends on taxes. New York: W. W. Norton, 2000, p. 18.
[18] HOLMES, Stephen; SUNSTEIN, Cass R. *The costs of rights*, 2000, p. 19.
[19] HOLMES, Stephen; SUNSTEIN, Cass R. *The costs of rights*, 2000, p. 94.
[20] TORRES, Heleno Taveira. *Direito constitucional financeiro:* teoria da constituição financeira. São Paulo: Revista dos Tribunais, 2014, p. 143.

direitos de liberdade, exigindo uma atuação do Poder Público.[21] É dizer, todos os direitos são positivos, restando inútil, em grande medida, qualquer distinção entre positivos e negativos.[22] Assim, se todos os direitos são positivos, a expressão *direito positivo*, que assume ares de redundância, apenas quer destacar a dinâmica de custos inerente a todos os direitos. Por isso, ainda que se cogite entendimento diverso,[23] as *liberdades sociais*, como bem exemplificam a liberdade sindical ou o direito de greve, também assumem o *status* de direitos positivos, isso porque elas exigem uma atuação do Estado: garanti-las por meio das organizações e dos procedimentos. Desse modo, tudo deve ser considerado com arrimo na lógica compreensiva dos direitos a partir da atuação do Estado e, claro, da sociedade, pouco importando a classificação deles, isto é, se são políticos, civis, econômicos, sociais ou culturais.

Aliás, as diferenças entre os direitos civis e políticos e os direitos sociais, econômicos e culturais estão mais associadas à variabilidade de graus que propriamente à diversidade de aspectos substanciais,[24] até porque há direitos que não se inserem, de forma categórica, apenas em uma dessas categorias.[25] Desse modo, para firmar novos fundamentos na concretização dos direitos, nos quais considerem as possibilidades político-econômicas da sociedade, é necessário focar especialmente nos dilemas da atuação administrativa, notadamente nos procedimentais, funcionais e financeiros.

Como as possibilidades e os limites na execução das políticas públicas se encontram relacionados à estrutura orgânico-funcional do Estado e, claro, da própria sociedade civil, não faz muito sentido pensar na concretização dos direitos apenas a partir das possibilidades prospectadas pela técnica da atuação judicial na correção material das decisões administrativas. Nesse sentido, no que bem representa a ideia de terceiro setor, revela-se também importante desvendar a forma de

---

[21] KLATT, Matthias. Positive Rights: Who decides? Judicial review in balance. *IJCL*, Oxford, vol. 13, n. 02, p. 354-382, 2015, p. 355.

[22] HOLMES, Stephen; SUNSTEIN, Cass R. *The costs of rights:* why liberty depends on taxes. New York: W. W. Norton, 2000, p. 44.

[23] SARLET, Ingo Wolfgang. *A eficácia dos direitos fundamentais:* uma teoria geral dos direitos fundamentais na perspectiva constitucional. 10. ed. Porto Alegre: Livraria do Advogado, 2009, p. 48.

[24] ABRAMOVICH; Víctor; COURTIS, Christian. *Los derechos sociales como derechos exigibles*. 2. ed. Madrid: Editorial Trotta, 2004, p. 24-25.

[25] ABRAMOVICH; Víctor; COURTIS, Christian. *Los derechos sociales como derechos exigibles*. 2004, p. 64.

interação do Poder Público com uma OS, OSCIP, Cooperativa Social, ONG e Fundações Privadas sem fins lucrativos, sobretudo, após o advento do MROSC. Discute-se, então, a realidade concreta dos dilemas administrativos na exigibilidade dos direitos, em uma dinâmica discursiva com o mercado e terceiro setor, afastando-se, sempre que possível, da compreensão meramente abstrata das teorizações fundamentadoras dos direitos.

Desse modo, revela-se mais importante discutir sobre a relação assincrônica entre os meios e mecanismos concebidos pela ordem jurídica e os modelos orgânico-funcionais imprescindíveis à promoção dos direitos sociais, sobretudo, no universo da RP. Para isso, é necessário identificar os efeitos que o modelo normativo desenvolve no círculo das realizações do Poder Público e da sociedade civil. Enfim, não se interessa aqui a relevante seara do contencioso administrativo ou judicial, mas os meios ou modos de execução das decisões administrativas ou judiciais no PRP e, claro, sua compreensão para qualquer demanda administrativa. Nesse sentido, o regime de compatibilidade entre os modelos normativos e as práticas administrativas ou sociais, como indeclinável pressuposto operacional à eficiência da contratação pública, vai depender de atuação judicial mais dialogal com o complexo orgânico-funcional do Estado e, portanto, com as próprias vias institucionais da sociedade no cumprimento dos direitos sociais.

Por isso, é mais importante não discutir o conteúdo das decisões administrativas ou judiciais em uma *perspectiva subjetiva*, isto é, ligado aos dilemas existenciais de determinada demanda; mas, sim, em uma *perspectiva objetiva* e, nesse sentido, apenas em determinado aspecto, a saber, destacar a matriz decisória que possua, quando do seu cumprimento, uma sintonia útil ou necessária entre o modelo normativo defendido e as práticas administrativas ou sociais. É dizer, apenas no momento de realização do processo prestacional é possível identificar a efetividade do processo decisório e, consequentemente, reconhecer não apenas os erros e acertos da atuação administrativa, mas a eventual ausência de sintonia entre a decisão judicial (dimensão normativa) e a atividade prestacional (dimensão material) no processo de implementação dos direitos. Assim, o notório descompasso entre as políticas públicas *desenhadas* pelas autoridades político-administrativas e os questionáveis efeitos alcançados com a sua execução, por mais que se pense o contrário, não pode ser apenas um mero reflexo da atuação recalcitrante do Poder Executivo.

Dito de outro modo, esse desarranjo de forças institucionais não pode ser mera questão de descumprimento dos parâmetros legais ou estoica conformação da Administração Pública aos procedimentos errantes decorrentes de sua autonomia decisória. É dizer, não se trata da linear compreensão de que os obstáculos na concretização dos direitos positivos não passam de uma *impostura* das instituições públicas, pois seria uma afirmativa cômoda e sedutora, mas que não encontra espaço em uma discussão mais demorada sobre os planos da atuação administrativa. Isto é, não se trata, em todos os casos, de um problema de mentalidade ou resistência antidemocrática às decisões judiciais, muito embora não seja algo exclusivo da realidade brasileira,[26] vai mais além: há claros obstáculos normativos, orgânico-funcionais, prático-procedimentais, entre outros, que não podem mais passar ao largo da reflexão jurídica.

A chave de compreensão dessa problemática deve ser outra: saber como a Administração Pública maneja os institutos jurídicos. Trata-se de questão fundamental no aperfeiçoamento das instituições públicas e, consequentemente, na qualidade dos seus serviços. Acredita-se que o processo de *internalização* e *significação* das práticas organizacionais das instituições brasileiras, sem que isso denuncie qualquer novidade, ainda não firmou uma compreensão adequada sobre os nortes *evolutivos* do Direito Administrativo e, por conseguinte, o sentido e o alcance da ingerência judicial nas políticas públicas.

Em uma dinâmica não propriamente institucionalizadora, é possível destacar que a *internalização* compreende uma construção teórica central na perspectiva histórico-cultural e, nessa qualidade, reflete a inevitável atividade humana de desenvolvimento e aprendizagem no processo de *incorporação* da cultura, circunstanciando o domínio dos modos culturais de agir, pensar, interagir na sociedade, contrariando, portanto, qualquer perspectiva inatista ou naturalista[27] de afirmação de valores ou mesmo de práticas sociais. Por isso, o contínuo das relações institucionais compreende a mesma dinâmica evolutiva a partir das práticas organizacionais.

---

[26] BAÑO LEÓN, José María. La eficacia de las sentencias contra la administración o la claudicación del Estado de Derecho. *REDA*, Madrid, año 43, n. 177, p. 85-102, abr./jun. 2016, p. 102.

[27] SMOLKA, Ana Luiza Bustamante. O (im)próprio e o (im)pertinente na apropriação das práticas sociais. *CCd*, Campinas, ano 20, n. 50, p. 26-40, abr. 2000, p. 28.

Assim, se for dado algum sentido à modernização da Administração Pública em função da internalização de novas práticas administrativas, não há dúvida de que os modelos normativos da atuação administrativa devem absorver os seguintes aspectos: (a) a sindicabilidade judicial como mecanismo de controle e aperfeiçoamento do processo decisório administrativo, não sem antes o próprio aperfeiçoamento das instâncias decisórias administrativas e o seu correspondente controle extrajudicial, notadamente o controle social;[28] (b) a criação de modelo de processo prestacional,[29] que acompanhe a difícil dinâmica das políticas públicas; (c) a superação da execução autocrática dos serviços públicos, exigindo uma atuação conjunta com a sociedade civil; (d) a integração operacional com o terceiro setor para expansão das prestações sociais; e (e) a contínua reflexão sobre os modelos normativos adotados em função das demandas crescentes da sociedade hipermoderna,[30] no que denota a importância de regramentos versáteis, flexíveis e, sobretudo, atualizáveis pela atuação administrativa ou judicial. Por hipermodernidade, pois a ideia de pós-moderno denota claro envelhecimento, já que não mais se sustenta a lógica de uma temporalidade social inédita,[31] deseja-se apenas destacar uma nova forma de modernidade, na qual exige o movimento de mudança, não se apegando ao peso de qualquer visão utópica, prestigiando o imperativo da eficiência, inclusive, pela necessidade de sobrevivência em uma ambiência de permanente *evolução* diante da imprevisibilidade do futuro.[32]

Nesse ponto, vale mencionar que os aspectos práticos relacionados à efetividade dos direitos positivos devem assumir destacada importância jurídica, justamente porque toca na questão do aperfeiçoamento dos *procedimentos* e das *instituições* na difícil tarefa de concretizar os direitos fundamentais sociais, sobretudo em uma conjuntura de intensas mudanças político-econômicas da sociedade brasileira. Aliás,

---

[28] Aqui, é preciso ter em conta que não há, no sentido preciso do termo, controle social, porquanto a sociedade não tem com impor medidas, notadamente sanções, aos gestores, logo, o que se observa é apenas o regular exercício do direito de petição e, claro, com suas possíveis consequências político-processuais.

[29] RODRÍGUEZ DE SANTIAGO, José María. Un modelo de procedimiento administrativo para las prestaciones de servicios o materiales. El ejemplo de la prestación de asistencia sanitaria. In: BARNES, Javier (Ed.). *La transformación del procedimiento administrativo*. Sevilla: Editorial Derecho Global, 2008, p. 267-301, p. 272.

[30] LIPOVETSKY, Gilles. *Os tempos hipermodernos*. Tradução Mário Vilela. São Paulo: Editora Barcarolla, 2004, p. 51.

[31] LIPOVETSKY, Gilles. *Os tempos hipermodernos*, 2004, p. 51.

[32] LIPOVETSKY, Gilles. *Os tempos hipermodernos*, 2004, p. 57.

a intensa discussão sobre o papel do Estado já denuncia as vicissitudes político-administrativas na sociedade hipermoderna.

Por isso, a atuação administrativa deve ser juridicamente conformada e dotada de procedimentos e instrumentos que permitam o aproveitamento do acúmulo de experiências decorrente do cumprimento das prestações sociais,[33] porquanto isso possibilita a identificação dos obstáculos da gestão pública. Nesse sentido, o aperfeiçoamento dos procedimentos da contratação pública exerce importante papel diante da demanda crescente de bens e serviços decorrentes do modelo de proteção social brasileiro, que, a despeito de não incorporar o modelo social-democrático de alguns países europeus, cujos custos exigem constante adaptação legislativa até mesmo na Alemanha,[34] ou o modelo liberal de cunho anglo-saxão, vai mais além do modelo conservador-corporativista, que é baseado na manutenção do *status* de determinadas categorias profissionais.[35]

Nesse contexto, por maiores que sejam os créditos de racionalidade dos projetos legislativos, que não mais podem desconsiderar os efeitos dos dados *ignorados* ou *alheios* de qualquer decisão abrangente,[36] eles não passam de vã tentativa de superar as inumeráveis contingências da gestão pública. Aqui, cumpre advertir sobre os limites do uso correto da razão nos projetos institucionais, no sentido de que a razão deve aceitar suas próprias limitações e, nessa qualidade, aprendendo consigo mesma, ser capaz de enfrentar uma espantosa constatação, aliás, já denunciada pela economia e biologia, qual seja, de que uma ordenação gerada sem desígnios, na espontaneidade das práticas sociais, pode superar, e com grande êxito, os pretensiosos planejamentos que os homens orquestram de forma consciente.[37] É dizer, o encadeamento das perspectivas abstratas da normatividade, por si só, não resolve o dilema jurídico na implementação dos direitos. Dessa forma, discutir

---

[33] SCHMIDT-ASSMANN, Eberhard. *Dogmática jurídico-administrativa*: um balanço intermédio sobre a evolução, a reforma e as funções futuras. Tradução António Francisco de Sousa. São Paulo: Saraiva, 2016, p. 29-30.

[34] STOLLEIS, Michael. *Introducción al derecho público alemán* (siglos XVI-XXI). Traducción e introducción de Federico Fernández-Crehuet. Madrid: Marcial Pons, 2017, p. 165.

[35] BOUDINEAU, Christine. Protection sociale en Europe. *In*: AA.VV. *Le droit social International et européen en pratique*. Paris: Groupe Eyrolles, 2010, p. 145-181, p. 146.

[36] LESSA, Célia de Andrade. Racionalidade estratégica e instituições. *RBCS*, São Paulo, vol. 13, n. 37, p. 129-149, jun. 1998, p. 131-132.

[37] HAYEK, Friedrich August von. *Os erros fatais do socialismo*: por que a teoria não funciona na prática. Tradução de Eduardo Levy. Barueri: Faro Editorial, 2017, p. 15.

aspectos concretos do modelo de contratação pública e seu reflexo nas prestações sociais, em particular na RP, representa o melhor caminho para efetivar os direitos positivos. A prática dos direitos é a melhor solução para aperfeiçoar a implementação deles.

Vale advertir: a coerência, e mesmo sofisticação, da perspectiva meramente teórico-normativa dos direitos, a despeito da sua importância, não é capaz de romper os duros prognósticos da gestão pública brasileira, pois, para tanto, é preciso discutir também os procedimentos e instrumentos da atuação administrativa com enfoque jurídico, mas reconhecendo que o universo das práticas possui considerável grau de importância na implementação dos direitos. Da mesma forma, se a legislação não é esclarecedora quanto à dinâmica procedimental ou operacional das políticas públicas – aliás, isso também se aplica ao filtro da sindicabilidade judicial –, resta imperioso o aperfeiçoamento dos institutos e instrumentos das políticas públicas, daí a importância de as pesquisas jurídicas adentrarem na *ambiência executiva* dos direitos positivos. Dito de outro modo, e de maneira mais expressiva, é preciso reconhecer que não se ganham batalhas, ainda que comandado por um exímio general, com um exército de barro, porquanto o adequado funcionamento das instituições depende muito mais do que meras projeções normativas sobre os dissensos públicos. Assim, para além de adequado instrumental jurídico-administrativo compatível com as demandas infindáveis – e diversificantes – da coletividade, também se impõe uma estrutura orgânico-funcional eficiente na gestão dos recursos públicos, até porque o planejamento representa uma tarefa eminentemente estatal e, nessa qualidade, as pretendidas dinâmicas de consensualidade, devidamente empreendidas pelos órgãos de concertação, não retiram a influência determinante do Poder Público sobre as escolhas políticas do planejamento,[38] que interfere diretamente na definição das prioridades na gestão do orçamento público.

Nesse ponto, cumpre destacar que a compreensão dos limites do complexo orgânico-funcional do Estado, notadamente na dura realidade das práticas sociais da sociedade brasileira, pode evidenciar outros nortes na efetivação dos direitos positivos, não necessariamente mais exitosos. Considerando-se o vastíssimo universo das prestações sociais exigidas do Estado, e tendo em vista uma necessária delimitação

---

[38] MONCADA, Luís S. Cabral de. *Direito económico*. 6. ed. Coimbra: Coimbra Editora, 2012, p. 685.

dos esforços acadêmicos, é possível contemplar as inquietações acima por meio da interação de duas importantes temáticas, quais sejam: (a) contratação pública; e (b) reabilitação profissional. Essas temáticas se encontram diretamente ligadas às políticas públicas sociais, demandando acentuada participação da estrutura orgânico-funcional do Estado e da própria sociedade civil, sem falar na importância delas na proteção social dos trabalhadores – ou segurados – por meio das relações jurídico-administrativas ou jurídico-previdenciárias.

Por mais que essas características também se apliquem a outras temáticas, nelas, contudo, é mais fácil de identificar as premissas discursivas da tese, que, evidentemente, possui a pretensão de envolver uma construção jurídica inovadora[39] em função da problemática relacionada ao processo de contratação pública no PRP. Nesse sentido, é notória a relevância dessas temáticas no campo da proteção social e, claro, exigindo políticas públicas mais efetivas, e não mero planejamento protocolar das atividades do PRP, tendo em vista os preocupantes números de acidentes de trabalho no Brasil.

Explica-se: apesar de o AEAT denunciar considerável redução na quantidade de acidentes, saindo, em 2014,[40] de 712.302 para 576.951 em 2018,[41] resulta evidente que a situação ainda exige detida atenção do Poder Público. Ademais, sabe-se que o serviço de RP não se limita aos segurados que sofreram acidente de trabalho, mas eles exigem uma particular atenção do Poder Público, seja pelos custos gerados ao RGPS, seja pela necessidade de retorno ao mercado de trabalho. Dessa forma, a inexistência de serviço adequado de RP possui grande impacto na questão da proteção previdenciária dos trabalhadores e, mais que isso, na própria capacidade de superar os múltiplos desafios da empregabilidade.

Por consequência, a investigação passa ao largo dos parâmetros discursivos sobre a legitimidade ou justiciabilidade dos direitos sociais,

---

[39] ARAGÃO, Alexandra. Breves reflexões em torno da investigação jurídica. *BFDUC,* Coimbra, vol. 85, p. 765-794, 2009, p. 774.

[40] BRASIL. Ministério da Fazenda. *AEAT 2015*. Brasília: MF, 2015, p. 15. Disponível em: https://www.gov.br/previdencia/pt-br/assuntos/previdencia-social/saude-e-seguranca-do-trabalhador/dados-de-acidentes-do-trabalho/arquivos/aeat15.pdf. Acesso em: 08 maio 2021.

[41] BRASIL. Ministério da Fazenda. *AEAT 2018*. Brasília: MF, 2018, p. 14. Disponível em: https://www.gov.br/previdencia/pt-br/assuntos/previdencia-social/saude-e-seguranca-do-trabalhador/dados-de-acidentes-do-trabalho/arquivos/aeat-2018.pdf. Acesso em: 08 maio 2021.

recaindo na imperiosa questão sobre os meios e modos executivos das decisões administrativas ou judiciais a partir dos dilemas da contratação pública na RP, e não apenas nela, pois as ações públicas não ocorrem – muito embora dependam – no perímetro das teorizações jurídico-constitucionais; vai mais além, adentrando nos espaços nodosos das práticas administrativas. Tal perspectiva, contudo, não tem o propósito de prestigiar uma pesquisa centrada na ideia de gestão pública como prática social, como que reduzindo a importância da legislação e do próprio Direito, mas, sim, reconhecer a relevância de tais práticas no largo universo da exigibilidade dos direitos.

Pretende-se, tão somente, destacar a necessidade de aproximar os estudos jurídicos aos problemas empíricos que atormentam a realização dos direitos no Brasil e, com isso, fomentar uma noção de pesquisa científica mais afeta aos dilemas concretos da sociedade,[42] sem, contudo, defender ideias baseadas em meros reducionismos sociológicos, pontuando, evidentemente, os aspectos jurídicos subjacentes a essa realidade. Assim, não há como negar que o processo de RP possui intensa atividade jurídica em função de um imenso desafio: promover a proteção social dos segurados do RGPS, tendo em vista os modelos normativos adotados, por meio da estrutura orgânico-funcional do Estado e da sociedade civil.

Dessa forma, é possível destacar que o pano de fundo da tese apresenta duas importantes características: (a) trata-se de *problemática atual e concreta*, inclusive, com considerável relevo no campo das prestações sociais, haja vista o difícil prognóstico da RP no Brasil; e (b) possui *abrangência*, pois há ampla discussão sobre a concretização das prestações sociais, notadamente no campo da proteção previdenciária, diante do modelo de contratação pública, cujos reflexos são diretamente sentidos pela Administração Pública e, claro, pela sociedade. Contudo, essas notas identificadoras não trazem um parâmetro delimitador da problemática investigada na tese, que será evidenciado a seguir.

---

[42] SANTOS, Leonardo Lemos da Silveira; SILVEIRA, Rafael Alcadipani da. Por uma epistemologia das práticas organizacionais: a contribuição de Theodore Schatzki. *O&S*, Salvador, vol. 22, n. 72, p. 79-98, jan./mar. 2015, p. 79.

Delimitação do problema

> "*Aunque el agente jurídico gusta de la certeza científica para poder cumplir su función estabilizadora, la ciencia en contacto con la estructura racional de la realidad es reacia a los blancos y negros, prefiere las tonalidades intermedias.*"[43]

Toda problemática carreia um sem número de considerações sobre o enfoque a ser empreendido na investigação científica. Então, a exposição de uma visão singular de determinada problemática – portanto, ainda não suficientemente discutida –, deve ser o alvo de tergiversações acadêmicas, porquanto isso tende a revelar a nuance do novo diante de dados ou fatos, possivelmente velhos ou reincidentes, no universo da reflexão jurídica.

Nesse sentido, considerando relevância da contratação pública no processo de RP, resulta necessária uma investigação sobre a sua funcionalidade, sobretudo, com relação à forma hegemônica de seleção de fornecedor na Administração Pública,[44] qual seja, o pregão eletrônico[45] (artigo 28, inciso I, da LGLC), notadamente com SRP (artigo 6º, inciso XLV, da LGLC) – o pregão presencial é, a cada dia, menos utilizado, pois possui sérios limites operacionais e mercadológicos –, porquanto através dele é possível identificar, além dos dilemas na seleção do fornecedor, os obstáculos da gestão pública no planejamento administrativo e na execução do contrato.

Explica-se: a adoção indiscriminada do pregão eletrônico, com ou sem SRP, não decorre de má interpretação da legislação, mas de mecanismos prático-procedimentais para fugir dos procedimentos mais complexos, morosos e raramente exitosos, bem como para tentar contornar os obstáculos orçamentário-financeiros da Administração

---

[43] LÓPEZ-JURADO ESCRIBANO, Francisco B. Los procedimientos administrativos de gestión del riesgo. *In*: BARNES, Javier (Ed.). *La transformación del procedimiento administrativo*. Sevilla: Editorial Derecho Global, 2008, p. 141-182, p. 155.

[44] MIGUEL, Luiz Felipe Hadlich. Licitação: passado, presente e futuro. *In*: ALMEIDA, Fernando Dias Menezes; MARQUES NETO, Floriano de Azevedo; MIGUEL, Luiz Felipe Hadlich; SCHIRATO, Vitor Rhein (Coord.). *Direito público em evolução:* estudos em homenagem à Professora Odete Medauar. Belo Horizonte: Fórum, 2013, p. 407-419, p. 413.

[45] MENDONÇA, José Vicente Santos de. Direito administrativo e inovação: limites e possibilidades. *A&C*, Belo Horizonte, ano 17, n. 69, p. 169-189, jul./set. 2017, p. 176.

Pública, isso tanto na LLCA[46] quanto na LGLC. O que importa precisamente não é destacar as fragilidades do pregão, mas, sim, a partir dele identificar as debilidades no processo de contratação pública, que, inclusive, são bem mais graves para fins de concretização dos direitos sociais. Em seguida, apresentar novos fundamentos e proposições da contratação pública no Brasil, sobretudo, com o advento da LGLC.

Como o pregão não atende adequadamente às especificidades da contratação pública no processo de RP, isto é, não possui a flexibilidade necessária para empreender contratações que exigem uma prestação praticamente artesanal, resta um *aparente* vácuo na forma de empreender o atendimento das demandas da RP. A inexigibilidade de licitação (artigo 74 da LGLC), por sua vez, não se ajusta propriamente à temática, pois há, na maioria dos casos, possibilidade de competição, ainda que apenas em uma perspectiva meramente abstrata, tendendo, assim, a afastar a contratação direta por uma razão estritamente pragmática: evitar dissabores com os órgãos de controle. Aliás, isso bem comprova como o potencial de aplicação da inexigibilidade de licitação é mal absorvido pela Administração Pública e, na mesma medida, mal compreendido pelos órgãos de controle. Por outro lado, não se observa qualquer hipótese de dispensa de licitação (artigo 75 da LGLC) que se ajuste às nuances da demanda administrativa da RP.

Além disso, nem mesmo fugindo do critério de julgamento baseado no menor preço, que é determinado pelo pregão (artigo 6º, inciso XLI, da LGLC), é possível encontrar solução adequada, pois o tipo de licitação "melhor técnica" ou "técnica e preço" (artigo 33, inciso IV, da LGLC), mais comum na concorrência (artigo 6º, incisos XXXVIII, alíneas *b* e *c*, da LGLC), não se ajusta precisamente aos prognósticos da demanda administrativa relacionada à proteção previdenciária.

Aliás, é até mesmo discutível se tal critério é capaz de selecionar uma solução que atenda adequadamente à demanda administrativa, pois escolher um parâmetro objetivo para julgamento é algo bem diverso de possibilitar uma solução de natureza intelectual, por meio de critérios precisos, que permita uma comparação efetiva entre as propostas.[47] É dizer, não basta estabelecer um critério objetivo de julgamento se, em igual medida, não for possível definir, também objetivamente, uma

---

[46] Ainda em vigor, por força do artigo 193, inciso II, da LGLC.
[47] MENDES, Renato Geraldo; MOREIRA, Egon Bockmann. Por que a licitação do tipo técnica e preço não é capaz de garantir a melhor proposta quando a solução for insuscetível de definição por critérios objetivos? *ILC*, Curitiba, n. 262, p. 1.113-1.116, dez. 2015, p. 1.113.

solução adequada à necessidade da gestão pública e, consequentemente, não permitir uma comparação efetiva e objetiva das propostas levantadas pelos agentes econômicos, justamente porque a noção de objetividade é bastante ampla e não se restringe ao mero estabelecimento do critério de julgamento.[48] O apelo à experiência bem revela isso. Com maior razão, não há possibilidade de convite[49] – aliás, não previsto na LGLC –, concurso (artigo 30 da LGLC) ou leilão (artigo 31 da LGLC), que se aplicam a situações bem específicas.

Desse modo, na maioria dos casos as GEX/INSS não possuem uma economia de escala que justifique a realização de modalidade licitatória mais complexa ou, simplesmente, não dispõem de meios ou prazos para empreender procedimentos tão demorados, sem falar na impossibilidade de procedimentos mais simplórios, mas com sérias discussões sobre o enquadramento normativo da pretensão administrativa. De qualquer sorte, trata-se de cenário que poderia ter uma solução mais eficiente com a contratação direta; todavia, promovê-la na ambiência administrativa é se submeter a um regime de controle sem maiores critérios, para não dizer arbitrário. Assim, é possível afirmar que: muitas vezes, a utilização do pregão eletrônico, mormente nas demandas do processo de RP, não decorre da funcionalidade do instituto, mas apenas expressa a via menos sofrível no regime de contratação pública dedicada à seleção do fornecedor. Se há meio para superar isso, por certo, demonstrá-lo é um dos objetivos desta tese.

Nesse cenário, a proposição de novas funcionalidades ao processo de contratação pública é uma preocupação legítima da gestão pública e, sem dúvida, uma das questões de fundo desta investigação. Por mais que a economicidade da seleção do fornecedor seja um objetivo importante na contratualidade administrativa, pois os recursos públicos são escassos e pertencem à sociedade, por outro lado, a viabilidade, funcionalidade e eficiência no objeto da prestação assumem lugar de destaque em um modelo adequado de contratação pública. Contudo, a legislação, sem falar nos eventuais desserviços prestados pelos órgãos de controle, parece desconhecer tal exigência no plano da atuação administrativa. Por isso, os procedimentos que antecedem à

---

[48] MENDES, Renato Geraldo; MOREIRA, Egon Bockmann, Por que a licitação do tipo técnica e preço não é capaz de garantir a melhor proposta quando a solução for insuscetível de definição por critérios objetivos, 2015, p. 1.113.

[49] Previsto no artigo 22, inciso III, §3º, da LLCA.

celebração do contrato exigem redobrada atenção da gestão pública[50] e compreendem diversos aspectos jurídicos, que, no entanto, são geralmente negligenciados pelos estudos acadêmicos.

Aliás, a habitual preocupação investigativa centrada na sindicabilidade das políticas públicas, sobretudo na regular dinâmica do controle difuso, não tem sido capaz de levantar mecanismos para romper os obstáculos da atuação administrativa. O fato é que a atuação judicial, especialmente quando respaldada em uma visão estritamente normativista sobre os dilemas político-administrativos, não tem encontrado ressonância nas *práticas sociais e administrativas*, de maneira que não há adequação entre as propostas normativas (*modelos jurídicos*) e as vias institucionais (*práticas organizacionais*) destinadas à sua realização, fazendo com que essa assincronia seja um grave problema para a implementação dos direitos fundamentais.

Em outros termos: a efetivação dos direitos fundamentais, sobretudo os direitos sociais, depende mais do regime de compatibilidade entre a assimilação administrativa da decantação normativa dos textos legais – pouco importando se a decisão é administrativa ou judicial – e os meios de atuação do complexo orgânico-funcional do Estado, que propriamente da maior ou menor ingerência da sindicabilidade administrativa ou judicial da gestão pública, especialmente quando ela é assentada nos prognósticos substancialistas de exigibilidade dos direitos fundamentais.

Obviamente, a justiciabilidade dos direitos é uma temática cara à reflexão jurídica dos direitos sociais, porém a discussão sobre os obstáculos da atuação administrativa, notadamente no processo de RP, possui maior significado na realização do processo prestacional de serviço ou material, até porque cabe à Administração Pública realizá-lo. Daí que, para além da importante questão da correção decorrente da decisão judicial, já ampla e intensamente discutida no círculo acadêmico, soa também necessária a discussão sobre a execução da decisão administrativa ou judicial pela Administração Pública, mormente no caso do PRP, que é promovida pela conjunção de esforços da estrutura orgânico-funcional do INSS e da sociedade civil. Por isso, mirar a perspectiva executiva das políticas públicas, nomeadamente quanto aos

---

[50] TORGAL, Lino. A imprevisão na fase de formação dos contratos públicos. *In*: ALMEIDA, Fernando Dias Menezes; MARQUES NETO, Floriano de Azevedo; MIGUEL, Luiz Felipe Hadlich; SCHIRATO, Vitor Rhein (Coord.). *Direito público em evolução*: estudos em homenagem à Professora Odete Medauar. Belo Horizonte: Fórum, 2013, p. 177-201, p. 436.

aspectos jurídicos da dinâmica procedimental da ação administrativa, representa uma preocupação com os direitos que *acontecem* e, não com os direitos que são *decididos* judicial ou administrativamente.

No que se refere à dinâmica executiva do PRP, as principais dificuldades na contratação pública são as seguintes: (a) a disponibilidade de cursos de formação profissional (técnicos e não técnicos), porquanto a oferta de serviços encontra sérias dificuldades mercadológicas ou ocupacionais, não se tratando, evidentemente, de qualquer novidade em outras áreas da atuação administrativa; e (b) o fornecimento de prótese e órtese, tendo em vista a variabilidade nos preços e produtos, bem como a providencial questão da adequação e funcionalidade desses produtos no processo de RP.

Nessa conjuntura, tanto a decisão administrativa quanto a determinação judicial impondo a reabilitação do segurado, nos termos dos artigos 62, parágrafo único; 89, parágrafo único, todos da LBPS,[51] encontram sérios obstáculos normativos, orgânico-funcionais e prático-procedimentais do INSS, sem falar, ainda, na questão, não menos tormentosa, da duvidosa predisposição dos reabilitandos ou segurados, por razões culturais, sociais ou econômicas, em seguir, quando existente, os prognósticos da equipe multidisciplinar responsável pela RP.

Desse modo, em face das premissas discursivas indicadas acima, segue o ponto determinante da nossa especulação, a saber: *considerando os obstáculos normativos, orgânico-funcionais e prático-procedimentais da Administração Pública, como tornar mais eficiente o processo de contratação pública brasileira, sobretudo, no processo prestacional do PRP, tendo em vista as práticas sociais verificadas no mercado e terceiro setor e os meios de atuação administrativa?*

Observa-se que o aspecto concreto da tese se prende, precipuamente, à dinâmica procedimental do modelo de contratação pública, que possui relevantes contornos jurídicos, despontando que a institucionalização de modelos práticos na regulamentação dos institutos, com as devidas ressalvas relacionadas à função retificadora do direito

---

[51] Incluindo-se, evidentemente, o fornecimento de prótese/órtese, *v. g.*, BRASIL. Superior Tribunal de Justiça. Recurso Especial nº 1.528.410/PR. Segunda Turma. Relator: Ministro Herman Benjamin. Julg. 06 jun. 2015. DJe 12 ago. 2015. Disponível em: https://ww2.stj.jus.br/processo/revista/documento/mediado/?componente=ITA&sequencial=1413849&num_registro=201500852234&data=20150812&formato=PDF. Acesso em: 06 mar. 2018.

sobre os fatos,⁵² tende a permear uma atuação mais efetiva do complexo orgânico-funcional da Administração Pública e da sociedade civil na concretização dos direitos sociais. Aqui, cumpre mencionar que a atuação do terceiro setor, sobretudo após o MROSC, compreende um largo universo de possibilidades e de cuidados na gestão dos recursos públicos.

Nesse contexto, a reflexão sobre os institutos do direito administrativo representa, para além da elementar tarefa de proteção dos cidadãos, necessário mecanismo de ação do Poder Público, até porque a estrutura jurídica da ação administrativa, ainda que não se esgote no direito administrativo, neste encontra seu suporte normativo, observados os parâmetros do direito constitucional.⁵³ E o mais importante: consagra a noção de que a efetivação do programa de RP, como de qualquer outra demanda administrativa, depende mais da adequação entre o modelo normativo de contratação pública e os procedimentos administrativos do que, propriamente, da sindicabilidade judicial ou *plena* disponibilidade financeira do Estado. Desse modo, a investigação insere a problemática da prestação material dos direitos sociais no difícil cenário dos dilemas jurídicos concretos da gestão pública, destacando-se os seguintes:

> (a) tendo em vista a crise financeira, que possui inegáveis contornos constitucionais e legais relacionados à gestão pública, sobretudo, com a EC nº 95/2016, a LRP, a LOA e, mais recentemente em função da Covid-19,⁵⁴ com a EC nº 106/2020, como ela poderia contribuir para a formação de novos modelos normativos na contratação pública, sobretudo, no aperfeiçoamento dos procedimentos administrativos albergados por relevantes leis da atividade processual administrativa, em especial a LGPAF, a LGLC e a LINDB;
> (b) como ir além da dinâmica processual-discursiva dos direitos sociais, isto é, *judiciariocêntrica*,⁵⁵ geralmente corporificada na atuação judicial, sem que ocorra uma sobreposição da visão

---

⁵² MACHADO SEGUNDO, Hugo de Brito. *Fundamentos do direito*. São Paulo: Atlas, 2010, p. 57.
⁵³ BUCCI, Maria Pala Dallari. *Direito administrativo e políticas públicas*. 1. ed., 2. tir. São Paulo: Saraiva, 2006, p. xxxvii.
⁵⁴ Pandemia causada pelo coronavírus SARS-COV-2.
⁵⁵ MENDONÇA, José Vicente Santos de. A verdadeira mudança de paradigmas do direito administrativo brasileiro: do estilo tradicional ao novo estilo. *RDA*, Rio de Janeiro, vol. 265, p. 179-198, jan./abr. 2014, p. 184.

estritamente normativa (*falácia da normatividade*) sobre os condicionantes político-econômicos da sociedade (obstáculos materiais), pois a Administração Pública, o mercado e o terceiro setor, quando da realização do processo prestacional de serviço ou material, debruçam-se sobre um cenário diverso da lógica decisória processual administrativa ou judicial;

(c) como admitir, para além das construções abstratas, formas de responsabilidade político-administrativa da gestão pública, sem sacrifício da discricionariedade, no universo das prestações sociais, sem prejuízo de uma adequada atuação dos órgãos de controle;

(d) como a *internalização* de modelos normativos (fundamentos e proposições), baseada em uma procedimentalidade prática, pode contribuir para constituição de modelo de contratação pública mais reflexivo, sustentável e eficiente na concretização dos direitos sociais, a despeito das práticas sociais dissonantes na sociedade brasileira.

A tese, em uma perspectiva discursiva, propõe o entendimento de que, a despeito do justificado propósito da normatividade constitucional e sua *práxis*,[56] corporificado na fundamentalidade dos direitos sociais,[57] a força transformadora da legislação, no que bem se insere a questão da proteção previdenciária, depende mais da capacidade de o complexo orgânico-funcional do Estado, mercado e terceiro setor compatibilizar o universo das práticas administrativas e sociais aos imperativos da exigibilidade dos direitos fundamentais.

Defende-se, portanto, o aperfeiçoamento das instituições e dos procedimentos. O Direito possui, sem dúvida, um largo papel nesse propósito: mirar menos nas fórmulas teórico-legislativas e mais nas práticas organizacionais e nos procedimentos tomados pelo Poder Público, porquanto, além de consagrar maior racionalidade na dinâmica executiva dos direitos, possibilita maior eficiência na gestão dos recursos públicos. Assim, a dificuldade da contratação pública no atendimento das demandas administrativas, sobretudo quanto à adequação técnica

---

[56] HESSE, Konrad. *A força normativa da Constituição*. Tradução de Gilmar Ferreira Mendes. Porto Alegre: Sergio Antonio Fabris Editor, 1991, p. 21.

[57] ABRAMOVICH; Víctor; COURTIS, Christian. *Los derechos sociales como derechos exigibles*. 2. ed. Madrid: Editorial Trotta, 2004, p. 38; SOLÍS, David Ordóñez. *Jueces, derecho y política: los poderes del juez en una sociedad democrática*. Navarra: Editorial Aranzadi, 2004, p. 60.

do planejamento administrativo à necessidade ou economicidade[58] do objeto pretendido pela Administração Pública, acarreta sérios reflexos no universo da proteção social, especialmente a previdenciária. Tal fato exige reflexão e, claro, a proposição de alternativas que tenham a pretensão de serem factíveis.

Assim, os providenciais prognósticos das políticas públicas (*atuação legislativa*) dependem mais do aperfeiçoamento dos instrumentos e mecanismos de sua execução que propriamente da justiciabilidade dos direitos sociais (*sindicabilidade das políticas públicas*) e até mesmo da *plena* disponibilidade de recursos (*fundada reserva financeira*). Esta, apesar de importante, não é determinante, pois os resultados da ação pública decorrem do aperfeiçoamento da atuação administrativa através dos instrumentos normativos (*pesquisa normativa*) e, sobretudo, das formas concretas de prestação de serviço e material (*pesquisa empírica*), cujos dados são revelados, em grande parte, por estudos oficiais (*fatos estatísticos*) do Poder Público que podem afastar erros sistêmicos não devidamente revelados pela *intuição estatística* dos agentes públicos.[59]

Da convergência das variáveis consideradas na investigação, resulta a necessidade de discutir, em uma perspectiva propositiva, a viabilidade de eventual conformação normativa da contratação pública às alternativas procedimentais ventiladas pela Administração Pública, porquanto ela, mais que qualquer outra esfera política, tem o desafio de empreender os prognósticos legislativos e, em função ou apesar deles, tentar satisfazer os cidadãos.

Nesse sentido, a superação dos obstáculos na concretização dos direitos sociais, mediante novos fundamentos e proposições da contratação pública, pode soar como uma proposta bem pretensiosa, por tudo incompatível com a delimitada complexidade da problemática apresentada na investigação. Todavia, e no que importa à tese, a defesa de mudanças no modelo de contratação pública, como forma de aperfeiçoar os procedimentos necessários à satisfação das demandas administrativas, contribui decisivamente para a realização das prestações de serviço e material, especialmente no PRP, e, portanto, tende a fincar meios de implementação dos direitos positivos em qualquer seara da atuação administrativa. Desse modo, a tese não discute os meandros da

---

[58] MENDES, Renato Geraldo. *O regime jurídico da contratação pública*, 2008, p. 30.
[59] KAHNEMAN, Daniel. *Rápido e devagar*: duas formas de pensar. Tradução de Cássio de Arantes Leite. Rio de Janeiro: Objetiva, 2012, p. 14.

Ciência da Administração, claramente dedicados à gestão pública, no que exigiria outro enfoque, inclusive improvável em uma abordagem jurídica, mas, sim, os institutos jurídicos relacionados à contratação pública, notadamente no atendimento das demandas do PRP.

Por fim, a originalidade da investigação científica, no sentido de apresentar abordagem inovadora sobre determinada problemática ou novas possibilidades de sua solução mediante argumentos jurídicos,[60] consiste na reflexão sobre os dilemas concretos da contratação pública, a partir da funcionalidade ou adequabilidade da prestação de serviço ou material, destacando os aspectos prático-procedimentais da atuação da Administração Pública, do mercado e terceiro setor no atendimento das demandas administrativas, notadamente no PRP. Aparta-se, assim, da lógica discursiva da justiciabilidade dos direitos positivos ou da sindicabilidade das políticas públicas, pontuando a importância da compreensão da *fisiologia administrativa* (estrutura orgânico-funcional), do manual executivo da atuação administrativa (práticas e procedimentos) e dos institutos jurídicos (meios e modos) na implementação das prestações sociais.

Premissas metodológicas

> "Um estudo aplicado que se restrinja à teoria de um autor ou escola tende à riqueza formal e à pobreza material; tende à precisão lógica e ao afastamento da vida."[61]

A metodologia empregada é descritiva, no sentido de que descreve categorias, instituições, institutos ou modos de atuação de agentes públicos, e exploratória, pois enuncia proposições, alterações ou inovações a partir dos desafios concretos da contratação pública brasileira. Além disso, não se tratando de tese de direito comparado, até porque se destina ao desenlace de problemas concretos de textos legais pátrios, prestigia-se a legislação, jurisprudência e doutrina pátrias, sem prejuízo de referências estrangeiras, contanto que elas possam expressar, com a contextualização necessária do sistema jurídico pertinente, pontos

---

[60] MENDONÇA, José Vicente Santos de. *Direito administrativo e inovação*, 2017, p. 172.
[61] GABARDO, Emerson. *Interesse público e subsidiariedade*: o Estado e a sociedade civil para além do bem e do mal. Belo Horizonte: Fórum, 2009, p. 209.

de apoio às proposições da investigação científica.⁶² É que, *a priori*, qualquer produção estrangeira assume uma importância subsidiária no desenvolvimento da tese,⁶³ mas sem que isso retire sua relevância em específicos tópicos desta investigação.

Adverte-se que, no caso de obras universais e leituras estruturantes, a contextualização nem sempre é necessária, limitando-se, muitas vezes, apenas a ligeiras explicitações espaciais, temporais e históricas. Evita-se, portanto, a mera ornamentação da tese por meio da referência ou transcrição pura e simples de textos de autores estrangeiros, uma vez que esse expediente não representa um recurso verdadeiramente científico.⁶⁴ Aliás, a comparação capaz de revelar alguma utilidade no aprimoramento do ordenamento jurídico exige, senão ela se manifestaria desnecessária, a demonstração de como a norma ou o instituto estrangeiro teria sucesso ou fracassaria quando transplantado em outra realidade jurídica, social, econômica e cultural.⁶⁵

Quanto à jurisprudência, prestigiam-se os tribunais nacionais, porquanto representa pouca valia estudar decisões dos tribunais europeus quando a problemática exige, manifestamente, a discussão sobre as instâncias administrativas brasileiras que aplicam o Direito. Aliás, o fascínio pela jurisprudência das altas cortes, nacionais ou estrangeiras, não pode ser uma justificativa para deixar em segundo plano as necessárias discussões e decisões das autoridades administrativas sobre a legislação pátria referente à contratação pública. Além disso, as decisões dos tribunais administrativos ou judiciais, com raras exceções, não adentram nos aspectos prático-procedimentais do processo de contratação pública e, por isso, pouco contribui para o aperfeiçoamento do processo prestacional de serviço ou material.

Quanto ao marco teórico da tese, esta encontra amparo, muitas vezes, em autores com perspectivas político-jurídicas bem diversas, sem que isso represente um *sincretismo metodológico-discursivo*, porquanto, realizando-se as devidas ressalvas e identificações das posições tomadas,

---

⁶² BOTELHO, Catarina Santos. "Lost in Translations – a crescente importância do Direito Constitucional Comparado". *In:* CRISTAS, Assunção; ALMEIDA, Marta Tavares de; FREITAS, José Lebre de; DUARTE, Rui Pinto. *Estudos em homenagem ao Professor Doutor Carlos Ferreira de Almeida.* Volume I. Coimbra: Almedina, 2011, p. 49-101, p. 84.

⁶³ RAMOS, Alberto Guerreiro. *A redução sociológica.* 3. ed. Rio de Janeiro: Editora UFRJ, 1996, p. 113.

⁶⁴ MARRARA, Thiago. Método comparativo e direito administrativo. *Revista Jurídica UNIGRAN.* Dourados, vol. 16, n. 32, p. 25-37, jul./dez. 2014, p. 29.

⁶⁵ MARRARA, Thiago. *Método comparativo e direito administrativo*, 2014, p. 31.

é possível extrair aspectos importantes das reflexões divergentes diante de dilemas comuns da gestão pública. Não se trata apenas de considerar uma perspectiva holística da investigação científica, mas de reconhecer a fragilidade das posições teóricas unilaterais para resolução de problemas complexos, evitando-se, assim, o *aprisionamento epistemológico*.[66]

Dito de outro modo, a preferência por determinada perspectiva político-jurídica não retira a pertinência de aspectos pontuais de autores que encabeçam outro horizonte compreensivo sobre a mesma temática. Aliás, um dos erros clássicos da investigação científica é negar a relevância discursiva da divergência doutrinária, fazendo ruir o fundamento de toda a construção teórica pela ausência de enfrentamento ou reconhecimento da argumentação divergente como elemento importante no amadurecimento das proposições jurídicas. Além disso, sempre que necessário aos propósitos da tese, a investigação promove uma conexão discursiva com outras áreas de conhecimento, por exemplo, gestão pública e economia, porquanto não é possível ficar alheio às contribuições de outros tipos de conhecimento,[67] sobretudo quando infirmam ou corroboram o senso comum de determinadas perspectivas jurídicas.

Quanto aos dados quantitativos e estudos técnico-governamentais, além da necessária atualidade, evitou-se a utilização de informações que não representassem pesquisas específicas sobre a previdência social ou contratação pública, porquanto o reforço analítico sobre temáticas mais abrangentes, ainda que úteis sob o aspecto estatístico, não se revelam tão relevantes para dilemas mais concretos e específicos da tese.

No que se refere ao uso das expressões procedimento e processo,[68] adverte-se: processo administrativo compreende o *locus* do processo decisório da Administração Pública, enfatizando, assim, que a atividade decisória da gestão pública é eminentemente processualizada; o procedimento administrativo, por sua vez, representa o *iter procedimental* de determinada atividade processual administrativa, na qual alberga a relação jurídica administrativa, isto é, o vínculo entre as partes de uma relação jurídico-processual.[69]

---

[66] GABARDO, Emerson. *Interesse público e subsidiariedade*, 2009, p. 209.

[67] MACHADO SEGUNDO, Hugo de Brito. *O direito e sua ciência*: uma introdução à epistemologia jurídica. São Paulo: Malheiros, 2016, p. 90.

[68] Para uma distinção entre processo, procedimento e expediente administrativos, *vide*: LIMA, Raimundo Márcio Ribeiro. *Administração pública dialógica*. Curitiba: Juruá, 2013, p. 113-120.

[69] MOREIRA, Ego Bockmann. *Processo administrativo*: princípios constitucionais e a Lei 9.784/99. São Paulo: Malheiros, 2000, p. 53.

De modo geral, o que o mundo hispano-americano retrata como procedimento administrativo representa o processo administrativo no Brasil. Ademais, do ponto de vista da prestação de serviço ou material, não possui qualquer pertinência o tipo de jurisdição adotado – se una ou dúplice. Não se trata, portanto, de terminologias que comportem um significado comum, logo, é a natureza da atividade exercida que repercute na compreensão do fenômeno da atuação administrativa. Como a tese discute, precipuamente, aspectos procedimentais na contratação pública, o uso do termo procedimento administrativo pode ser recorrente. Portanto, a terminologia procedimento administrativo se limita à dinâmica compreensiva da procedimentalidade adotada no processo administrativo.

Defende-se que toda decisão administrativa, contanto que comporte a processualidade exigida pelo artigo 1º da LGPAF, deve ser partejada por meio de processo administrativo, ainda que essa atividade processual seja diferida no tempo. Logo, afasta-se o *ranço judicialesco* de denominar como *procedimento administrativo* a atividade processual exigida para tomada de decisão da Administração Pública,[70] como se toda a atividade processual estivesse restrita à jurisdição exercida pelos magistrados.[71] Além disso, por uma elementar compreensão de que a processualidade administrativa possui uma dinâmica decisória e prestacional própria, não há como seguir o entendimento[72] de que o processo judicial seja a diretriz técnico-científica para outras realidades processuais. Dessa forma, o processo judicial não é, em nenhum aspecto, a chave de compreensão do processo administrativo, justamente porque ele opera objetivo diverso, mormente no processo prestacional.

Ademais, a tese não se prende a uma *análise procedimental* da legislação, sobretudo, da LGLC, no que representaria uma espécie de demorado *comentário* sobre a disciplina normativa dos diversos procedimentos da contratação pública,[73] mas, sim, uma reflexão sobre o papel do procedimento diante dos desafios da atuação administrativa,

---

[70] MEDAUAR, Odete. *A processualidade no direito administrativo*. 2. ed. São Paulo: Revista dos Tribunais, 2008, p. 17.

[71] ROCHA, José de Albuquerque. *Teoria geral do processo*. 8. ed. São Paulo: Atlas, 2007, p. 34; CINTRA, Antônio Carlos de Araújo; GRINOVER, Ada Pellegrini; DINAMARCO, Cândido Rangel. *Teoria geral do processo*. 23. ed. São Paulo: Malheiros, 2007, p. 46.

[72] BUCCI, Maria Paula Dallari. *Fundamentos para uma teoria das políticas públicas*. São Paulo: Saraiva, 2013, p. 111-112.

[73] Nesse ponto, por todos, *vide*: JUSTEN FILHO, Marçal. *Comentários à Lei de Licitações e Contratações Administrativas*: Lei 14.133/2021. São Paulo: Revista dos Tribunais, 2021.

notadamente no processo de contratação pública, incluindo-se, evidentemente, o PRP.

Em atendimento aos objetivos conteudístico da tese, além desta introdução e da breve conclusão, ela é composta de 05 (cinco) capítulos, nos quais são desenvolvidos os pontos da problemática que ensejou a elaboração da pesquisa científica.

No primeiro capítulo, destacam-se as demandas da RP e a relação delas com o processo de contratação pública, pontuando os desafios do PRP ofertado pelo INSS. Como a tese objetiva apresentar proposições para novo modelo de contratação pública ou, de modo mais modesto, para o aperfeiçoamento do atual modelo, a RP representa o substrato material das reflexões jurídicas da investigação, assumindo a posição de verdadeiro laboratório das dificuldades inerentes ao processo de contratação pública. Nesse capítulo, são enunciados os diversos aspectos que relacionam o processo decisório administrativo ou judicial com a contratação pública, destacando os principais obstáculos da RP, também vivenciadas por outras demandas administrativas, com atual modelo de contratação pública.

No segundo capítulo, são elencados os desafios normativos da contratação pública, cotejando as grandes dificuldades geradas pela legislação, sobretudo, na seleção do fornecedor e na programação orçamentário-financeira. Procura-se demonstrar que o processo de contratação pública se insere em um conjunto de obstáculos normativos mais amplo e, por conseguinte, extrapola à regular dinâmica de planejamento da gestão pública, dificultando demasiadamente o atendimento das demandas administrativas.

O terceiro capítulo, por sua vez, reportam-se os limites orgânico-funcionais da Administração Pública, bem como os desafios gerados pela *cultura estatista* na sociedade brasileira, impossibilitando um profícuo regime de colaboração público-privada nos serviços de proteção social. A discussão, para além dos reconhecidos obstáculos estruturais da Administração Pública, adentra na reflexão sobre a importância do terceiro setor na expansão da rede de atendimento dos serviços de interesse público, sobretudo no campo da RP.

No quarto capítulo, descortinam-se os desafios prático-procedimentais da Administração Pública, especialmente diante das dificuldades geradas pelo seu controle, capitaneando a particular importância do processo administrativo na implementação dos direitos positivos e, sobretudo, destacando os aspectos prático-procedimentais indispensáveis ao regular e exitoso desenvolvimento do processo de contratação pública. Como a porta do direito administrativo se inicia para o cidadão no processo administrativo,[74] é compreensível que nele seja projetada a atuação administrativa como realidade decisória ou prestacional dos direitos, exigindo-se redobrada atenção nesta pesquisa científica.

No quinto e último capítulo, ventilam-se os fundamentos e as proposições para um novo modelo de contratação pública, no qual se prestigie a reflexividade, sustentabilidade e eficiência, por meio da discricionariedade administrativa, como forma de superar os desafios normativos, orgânico-funcionais e prático-procedimentais da Administração Pública. Enfim, propor reformas pontuais que considere a prática social no âmbito da contratação pública.[75]

Em uma ambiência de nítidas dificuldades operacionais, a solução gestada pelo Poder Público não advém da dinâmica de controle administrativo ou judicial da gestão pública, por mais que não se desconheça sua contribuição para a regularidade da execução orçamentária, mas da necessária reflexão sobre a utilidade dos mecanismos de correção da atuação administrativa e, sobretudo, dos instrumentos que propiciem a eficiência do gasto público, notadamente para demandas administrativas que exigem mais que prestações pecuniárias, que é o caso dos serviços de alta atenção pessoal, entre eles, a desafiante RP.

---

[74] MONCADA, Luís Solano Cabral de. *A relação jurídica administrativa:* para um novo paradigma de compreensão da actividade, da organização e do contencioso administrativo. Coimbra: Coimbra Editora, 2009, p. 245.
[75] MENDONÇA, José Vicente Santos de. Conceitos inventados de direito administrativo. *RBDP*, Belo Horizonte, ano 14, n. 53, p. 09-18, abr./jun. 2016, p. 15.

CAPÍTULO 1

PREMISSAS DISCURSIVAS DA REABILITAÇÃO PROFISSIONAL

> "No Estado do Espetáculo, o melhor governo não é aquele que realiza a mais intensa e adequada satisfação dos valores fundamentais. Nem há necessidade de observar fielmente os princípios e regras jurídicos. Não se exige sequer a efetiva promoção de direitos fundamentais. O fundamental é a capacidade de ocupar os espaços na imaginação e no tempo da Plateia, fornecendo os elementos imaginários para a diversão. A grande virtude reside em produzir a imagem de bom governante."[76]

Neste capítulo, apresenta-se o PRP promovido pelo INSS, descortinando suas demandas e dificuldades na ambiência administrativa, notadamente as que decorrem do processo de contratação pública (artigo 37, inciso XXI, da CRFB; artigo 1º da LGLC), em função do processo decisório administrativo ou judicial. Aqui, não se discute o contencioso judicial ou administrativo relativo ao serviço de RP, mas as implicações das decisões administrativas ou judiciais no modo de atuação do Poder Público.

Desse modo, eventuais considerações sobre a correção material das decisões judiciais ou administrativas, resultante de desdobramentos analíticos sobre determinado processo decisório, não adentram

---

[76] JUSTEN FILHO, Marçal. O direito administrativo de espetáculo. *In*: ARAGÃO, Alexandre Santos de; MARQUES NETO, Floriano de Azevedo (Coord.). *Direito administrativo e seus novos paradigmas*. Belo Horizonte: Fórum, 2008, p. 65-85, p. 71-72.

no cerne discursivo desta tese, que tem a preocupação, sobretudo, de investigar a fisiologia da atuação administrativa na dinâmica da contratação pública e, em especial, suas relações com o PRP. De qualquer maneira, a análise de julgados judiciais ou administrativos, algumas vezes, é necessária para firmar os propósitos da investigação.

Assim, preocupa-se com a dinâmica operativa do INSS na concretização do direito à reabilitação, portanto, com os reflexos no plano executivo do processo decisório administrativo ou judicial, o que exige a compreensão do universo das demandas administrativas no PRP e, por conseguinte, da singularidade desse serviço de proteção previdenciária, que possui uma relação muito intensa com o mercado e, claro, com as instituições ou OSC (artigo 2º, inciso I, do MROSC), de maneira que o êxito da RP depende de variáveis que vão muito além da atuação administrativa. Por uma razão bem simples: nenhuma RP é totalmente satisfatória se exercida tão somente nos limites orgânico-funcionais do Estado. Nesse contexto, pretende-se demonstrar os obstáculos da contratação pública no PRP e, para além dessas considerações, evidenciar os obstáculos que o processo decisório administrativo ou judicial encontra no processo prestacional de serviço e material.

1.1 Programa de reabilitação profissional

> "A prática da reabilitação profissional está historicamente ligada aos sistemas previdenciários como resposta pública à questão da incapacidade."[77]

Com a consagração normativa dos direitos sociais no artigo 6º da CRFB, até porque não há como negar o mínimo de eficácia de todas as normas constitucionais,[78] sobretudo com relação à Saúde (artigos 196 a 200), Previdência Social (artigos 201 a 202) e Assistência Social (artigos 203 a 204), tornou-se extremamente desafiadora a concretização dos direitos sociais pela Administração Pública, tendo em vista os enormes déficits estruturais da sociedade brasileira. Além disso, com a Convenção Internacional sobre os Direitos das Pessoas com

---

[77] POERSCH, Ana Luísa; MERLO, Álvaro Roberto Crespo. Reabilitação profissional e retorno ao trabalho: uma aposta de intervenção. *P&S*, Belo Horizonte, vol. 29, p. 02-10, 2017, p. 02.

[78] SARLET, Ingo Wolfgang. *A eficácia dos direitos fundamentais:* uma teoria geral dos direitos fundamentais na perspectiva constitucional. 10. ed. Porto Alegre: Livraria do Advogado, 2009, p. 255.

Deficiência e seu Protocolo Facultativo,[79] devidamente promulgado pelo Decreto nº 6.949/2009, para além dos ordinários avanços no tratamento da matéria, aprofundou-se a distância entre as benesses dos direitos positivos e o efetivo gozo material deles no universo da proteção previdenciária, mormente após o EPD, que teve como base a convenção em apreço (artigo 1º, parágrafo único). Nesse cenário, é fora de dúvida a importância da intervenção legislativa no universo da proteção social previdenciária,[80] conforme os indispensáveis esquemas tradicionais de legislação e regulação.[81] Todavia, é preciso reconhecer o paradoxo que representa a pretensa autossuficiência das normas jurídico-constitucionais, especialmente quando assentada na superposição dos direitos fundamentais (artigo 5º, §1º, da CRFB) diante dos desafios materiais da gestão pública.[82]

Portanto, é preciso fugir da *falácia do protagonismo da normatividade*, que acredita na autossuficiência da teoria dos direitos fundamentais, olvidando-se de que o maior problema dos direitos é de ordem procedimental,[83] de maneira que se impõe uma nova senda discursiva sobre as prestações sociais, na qual comporte os limites da ação pública, mas sem negligenciar os imperativos da exigibilidade dos direitos positivos, no demorado percurso de atendimento dos prognósticos constitucionais, que exige um complexo processo de depuração e negociação, inclusive por diversos níveis e círculos da sociedade, na implementação do texto constitucional.[84] Evidentemente, no centro dessa temática, pelo menos em uma relação interseccional entre o direito previdenciário e o direito ao trabalho, encontra-se a RP. De modo mais preciso, é possível afirmar que o PRP se encontra no cerne da Seguridade Social (artigo 194 da CRFB), porquanto exige, no mínimo, a atuação integrada da Saúde,

---

[79] Aliás, foi a primeira convenção aprovada nos termos do artigo 5º, §3º, da CRFB.

[80] IBRAHIM, Fábio Zambitte. *A Previdência Social no estado contemporâneo*: fundamentos, financiamento e regulação. Niterói: Impetus, 2011, p. 121.

[81] CANOTILHO, José Joaquim Gomes. O direito constitucional como ciência de direção: o núcleo essencial de prestações sociais ou a localização incerta da socialidade (contributo para a reabilitação da força normativa da "constituição social"). *RDDTSS*, São Paulo, vol. 02, n. 04, p. 73-95, jul./dez 2007, p. 90.

[82] CANOTILHO, José Joaquim Gomes, *O direito constitucional como ciência de direção*, 2007, p. 75.

[83] PINTORE, Anna. Derechos insaciables. *In*: CABO, Antonio de; PISARELLO, Gerardo (Ed.). *Los fundamentos de los derechos fundamentales*: Luigi Ferrajoli debate con Luca Baccelli *et al*. Tradducción Perfecto Andrés *et al*. 4. ed. Madrid: Editorial Trotta, 2009, p. 243-265, p. 245.

[84] SCHMIDT-ASSMANN, Eberhard. Cuestiones fundamentales sobre la reforma de La teoría general del derecho administrativo. *In*: BARNES, Javier (Ed.). *Innovación y reforma en el derecho administrativo*. 2. ed. Sevilla: Editorial Derecho Global, 2012, p. 21-140, p. 79.

Assistência Social e Previdência Social. Com efeito, como a reabilitação exige uma prévia atenção dos serviços públicos de saúde, nos termos do artigo 6º, §3º, da LOS, estabilizando a incapacidade e denunciando a restrição laboral,[85] observa-se que a atuação previdenciária ou assistencial, corporificada no PRP, representa o último estágio até o desejável retorno do trabalhador ao mercado.

Aliás, o artigo 203, inciso IV, da CRFB, destaca expressamente a reabilitação como um dos objetivos da Assistência Social, o que denuncia a amplitude dos seus propósitos para além da noção de proteção previdenciária. No que tange à Previdência Social, a disciplina normativa básica da RP se encontra na legislação infraconstitucional, precisamente nos artigos 89 a 93 da LBPS. Essa lei divide as prestações previdenciárias em benefícios e serviços. Estes, que não têm despertado tanta importância à doutrina brasileira, compreendem o serviço social[86] e a RP, nos termos do artigo 18, inciso III, alíneas *a* e *b*, da LBPS.

Evidentemente, a RP diverge da habilitação profissional. Esta, como o nome bem indica, pressupõe a inexistência de capacitação em uma profissão, daí a noção de habilitação, enquanto a reabilitação compreende a técnica necessária para o exercício de nova profissão, pois a anterior já não se revela mais possível. Doravante, grafa-se apenas a expressão reabilitação profissional, mas sem olvidar essa diferenciação em função do propósito da atuação administrativa. Desde logo, vale destacar que a RP exige largo campo de atuação do INSS, pois, além dos segurados e dependentes, também abarca as pessoas com deficiência, como determina o artigo 89, *caput*, da LBPS, assim como o artigo 2º, inciso I, alínea *d*, da LOAS, representando, também, um desafio do Sistema Único da Assistência Social (SUAS), nos termos do artigo 6º da LOAS. Com relação às pessoas com deficiência, a temática ganha ainda mais fôlego com as prescrições dos artigos 8º, 14 e 16 do EPD, pois determina tarefas importantes do Poder Público.

O que se pode questionar, *lege lata*, é a atuação do INSS no campo da Assistência Social, isto é, para além da concessão, manutenção e revisão dos benefícios assistenciais de prestação continuada, portanto, nos

---

[85] TAKAHASHI, Mara Alice Conti *et al.* Reabilitação como prática de inclusão social. *AF*, São Paulo, vol. 16, n. 02, p. 53-58, abr./jun. 2009, p. 54.
[86] Em sentido diverso, negando a natureza de verdadeira prestação previdenciária, porque não possui a finalidade de assegurar a subsistência do segurado ou dependente, *vide*: DIAS, Eduardo Rocha; MACÊDO, José Leandro Monteiro de. *Curso de direito previdenciário*. 3. ed. São Paulo: Método, 2012, p. 320.

limites da gestão processual das prestações pecuniárias. É dizer, não seria mais conveniente que a RP das pessoas com deficiência – isto é, não decorrente de acidente de trabalho ou doença profissional – fosse promovida apenas pelo SUS?

A preocupação é manifesta: para além dos segurados e dependentes, a obrigação de promover a RP de pessoa com deficiência, observada a disponibilidade de recursos, tende a extrapolar ou inviabilizar, de modo inequívoco, o raio de atuação da proteção previdenciária – e o pior: sem qualquer garantia de prestação de serviço adequado às pessoas com deficiência. Nesse ponto, especificamente quanto à RP das pessoas com deficiência, vale destacar que o SUS (artigo 4º da LOS) ainda não foi capaz de estabelecer uma rede de atendimento articulada, interativa e eficiente.[87] Portanto, a RP possui particular importância no campo da proteção social previdenciária e assistencial, seja porque não depende de carência (artigo 26, inciso V, da LBPS), seja porque corporifica a alternativa mais eficaz para o retorno do trabalhador ao mercado (artigo 62 da LBPS), seja, ainda, por expressar uma forma de integração à vida comunitária (artigo 2º, inciso I, alínea *d*, da LOAS).

Aqui, vale destacar que a proteção social relacionada à assistência social, parcialmente corporificada nas prestações continuadas contempladas na LOAS, não se aproxima de um *sistema de proteção social da cidadania,* como é o caso do Direito português. Este é mais heterogêneo no conjunto das prestações e, sobretudo, marcado pela diversidade, assumindo, muitas vezes, matiz totalmente individualizante.[88] Desse modo, em uma perspectiva expansionista e seletiva da proteção social, a RP, que assume claros contornos assistenciais, nos termos dos artigos 14 a 17 do EPD, deve ser pensada para além dos limites da proteção social previdenciária. A sua amplitude é, hoje, indiscutível e merece maior refinamento operacional nas políticas assistenciais do Estado.

Dessa forma, a RP objetiva promover a inclusão do trabalhador no mercado e, consequentemente, inseri-lo na ambiência comunitária; enfim, permitir sua emancipação socioeconômica por meio de atividade digna. Não se trata apenas de questão funcional-laboral, pois possui

---

[87] RIBEIRO, Carla Trevisan Martins *et al.* O sistema público de saúde e as ações de reabilitação no Brasil. *RPSP,* Washington-DC, vol. 28, n. 01, p. 43-48, 2010, p. 46.
[88] LOUREIRO, João Carlos. Cidadania, proteção social e pobreza humana. *BFDUC,* Coimbra, vol. 90, tomo I, p. 71-137, 2014, p. 81.

inarredável fundo político-social.[89] Aqui, impõe-se um ligeiro esclarecimento: a RP é obrigação do INSS,[90] porém a readaptação profissional é encargo do empregador, aliás, sem qualquer interferência do INSS, que decorre da necessidade de evitar o agravamento da situação do trabalhador em função da atividade exercida ou simplesmente uma medida preventiva para evitar acidentes de trabalho.[91] De todo modo, o artigo 89 da LBPS apresenta uma clara atecnia, porquanto não cabe à RP promover a readaptação profissional, mas, sim, dotar o trabalhador, conforme o caso, de nova profissão e, claro, isso pode implicar readaptação profissional na relação de emprego. Portanto, a reabilitação, como assistência (re)educativa,[92] é uma questão que antecede à readaptação profissional na empresa. Tratando-se de *empresa tirânica*, na qual apenas o trabalho pode contemplar a ideia de lenimento,[93] a questão assume um matiz realmente preocupante: como aferir se o processo de adaptação profissional foi devidamente realizado? Não existindo qualquer controle, por certo isso vai acarretar o retorno do trabalhador às prestações materiais do Estado.

Por isso, a eficiência produtiva e a eficiência social são os propósitos da capacitação.[94] Nessa ordem de ideias, a contratação pública possui destacada relevância no PRP, haja vista o conjunto de bens e serviços que deve ser ofertado pelo INSS (artigo 89 da LBPS), a saber: (a) fornecimento de prótese, órtese e tecnologias assistivas; (b) reparação ou substituição dos equipamentos fornecidos em função de desgaste natural ou evento estranho à vontade do beneficiário; (c) transporte do acidentado, quando necessário; e (d) capacitação profissional. Além disso, conforme dispõe o artigo 137 do RPS, as funções básicas da RP são bem abrangentes, o que faz demandar uma estrutura orgânico-funcional considerável do Poder Público, quais sejam: (a) avaliação do potencial laborativo; (b) orientação e acompanhamento profissional; (c) articulação

---

[89] VARGAS, Luiz Alberto de. *Direito à reabilitação profissional:* fundamentalidade e conteúdo jurídico. São Paulo: LTr, 2017, p. 22.

[90] ALVES, Hélio Gustavo. *Habilitação e reabilitação profissional:* obrigação do Empregador ou da Previdência Social? 2. ed. São Paulo: LTr, 2016, p. 97.

[91] VIANNA, Cláudia Salles Vilela. *Acidente do trabalho:* abordagem completa e atualizada. São Paulo: LTr, 2015, p. 126.

[92] DIAS, Eduardo Rocha; MACÊDO, José Leandro Monteiro de. *Curso de direito previdenciário*, 2012, 320.

[93] CUNHA, Paulo Ferreira da. Instituições, trabalho e pessoas. *Nomos*, Fortaleza, vol. 29, n. 02, p. 289-305, jul./dez. 2009, p. 294.

[94] CORTINA, Adela. *Cidadãos do mundo:* para uma teoria da cidadania. Tradução de Cobucci Leite. São Paulo: Edições Loyola, 2005, p. 93.

com a comunidade, por meio de *convênio*, com objetivo de promover o reingresso no mercado de trabalho; (d) acompanhamento e pesquisa sobre a fixação no mercado de trabalho.

Soma-se, ainda, o fato de que muitas pessoas podem ser enviadas ao PRP, conforme dispõe o artigo 416 da IN nº 128/2022, tais como: (a) o segurado em gozo de aposentadoria por invalidez; (b) o segurado em gozo de auxílio-doença, acidentário ou previdenciário; (c) o segurado que, mesmo incapaz, não possui carência para auxílio-doença; (d) o pensionista inválido; (e) o segurado em gozo de aposentadoria programada, especial (por idade urbana ou tempo de contribuição, tendo em vista o estoque desses benefícios e as regras de transição da EC nº 103/2019) ou idade que, continuando em atividade laborativa, tenha reduzida sua capacidade de trabalho em função de doença ou acidente de qualquer natureza ou causa; (f) o segurado em atividade laboral, mas que necessite da concessão, reparo ou substituição de órteses, próteses e meios auxiliares de locomoção (OPM); (g) o dependente de segurado; e (h) as pessoas com deficiência.

Aqui, é preciso dizer que, paradoxalmente, a IN nº 128/2022, e qualquer outra que a substitua, exerce uma influência decisória sobre os servidores maior que a imposta pelas leis ou pela própria CRFB, pois ela representa a memória da legislação previdenciária brasileira. E não é difícil de entender o motivo disso: como as instruções normativas corporificam o entendimento da autarquia previdenciária sobre determinada matéria, a inobservância delas pode representar eventual atuação disciplinar em desfavor dos servidores que adotem posições largamente interpretativas da legislação, isto é, diante dos casos decididos, vá além da disciplina normativa do INSS. Além disso, por se tratar de regulamentação minudente, a aplicação das instruções normativas acarreta uma sensação de segurança decisório-funcional aos servidores, pois, na pior hipótese, com o ortodoxo cumprimento delas, a erronia dos processos decisórios é tributada às culminâncias hierárquicas do INSS, afastando-se, assim, eventuais inconvenientes disciplinares.

Ainda no universo das obrigações do PRP, porém em uma perspectiva mais analítica, tem-se o seguinte o rol de prestações dispensado aos reabilitandos: (a) órteses; (b) próteses; (c) meios auxiliares de locomoção e acessórios; (d) outras tecnologias assistivas; (e) curso de formação profissional; (f) pagamento de taxas e documentos de habilitação; (g) auxílio-transporte urbano, intermunicipal e interestadual; (h) auxílio-alimentação; (i) diárias; e (j) implemento profissional, tudo nos termos do artigo 419 da IN nº 128/2022. Somando-se, ainda, a oferta de cursos de capacitação ou profissionalização com o objetivo de possibilitar o reingresso do reabilitando no mercado de trabalho (artigo 421, incisos III e IV, IN nº 128/2022). Nesse ponto, muitas vezes surge o dilema da necessidade de elevação de escolaridade do segurado. Desse modo, vê-se que a RP, para além das prestações materiais, exige a formação de equipe multidisciplinar para identificar os possíveis beneficiários do programa, isto é, os que conseguem passar pela avaliação inicial de elegibilidade, que analisam, entre outros, os aspectos anatômico-funcionais, protéticos, fisioterápicos e psicológicos.[95]

Vale destacar que, para os objetivos da tese, não há necessidade de discutir os pormenores sobre a redução do quadro de recursos humanos do INSS[96] ou o agravamento das limitações do INSS para a formação de adequada composição da equipe multidisciplinar no PRP,[97] nem qualquer crítica sobre o papel do médico perito ou trabalhador, este como mero fornecedor de informações,[98] no conjunto das práticas administrativas previdenciárias, objetiva-se apenas demonstrar a complexidade que cerca o PRP no processo de contratação pública, tendo em vista o universo de suas prestações de serviço ou material. Contudo, com o evoluir da tese, proposições são apresentadas para contornar os desafios da RP, especificamente no contexto da contratação pública para superar a deficiência funcional na autarquia previdenciária. Por certo, as razões de Estado – especificamente as relacionadas à responsabilidade fiscal, não podem ser simplesmente ignoradas na compreensão das limitações da estrutura orgânico-funcional da Administração Pública, mas, sim, devem ser consideradas nos desafios da gestão pública e, claro, na reflexão necessária à superação desses desafios. Prendendo-se ao enfoque informativo-participativo dos agentes envolvidos no PRP, notadamente sobre o novelo de relações que encerra o processo decisório e prestacional na RP, destaca-se o ilustrado abaixo:

---

[95] BREGALDA, Marília Meyer; LOPES, Roseli Esquerdo. O programa de reabilitação profissional do INSS: apontamentos iniciais a partir de uma experiência. *CTO*, São Carlos, vol. 19, n. 02, p. 249-261, maio/jun. 2011, p. 251.

[96] TAKAHASHI, Mara Alice Conti et al. *Reabilitação como prática de inclusão social*, 2009, p. 55.

[97] TAKAHASHI, Mara Alice Batista Conti; IGUTI, Aparecida Mari. As mudanças nas práticas de reabilitação profissional da Previdência Social no Brasil: modernização ou enfraquecimento da proteção social? *CSP*, Rio de Janeiro, vol. 24, n. 11, p. 2.661-2.670, nov. 2008, p. 2.668.

[98] SANTOS, Geovana de Souza Henrique dos; LOPES, Roseli Esquerdo. A (in)elegibilidade de trabalhadores encaminhados ao Programa de Reabilitação Profissional do INSS. *RK*, Florianópolis, vol. 18, n. 02, p. 151-161, jul./dez. 2015, p. 154.

Ilustração 01 – Fluxo Informativo-participativo no PRP

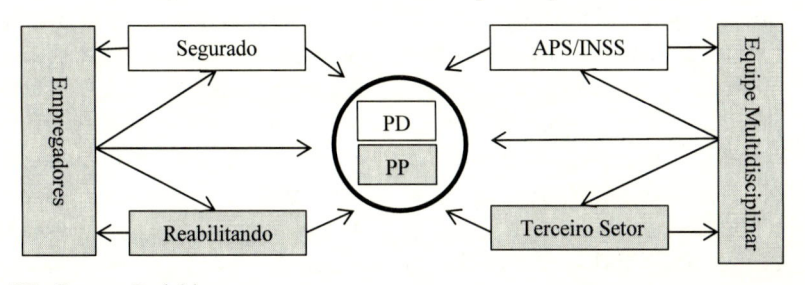

[Diagrama: Empregadores ↔ Segurado, Reabilitando ↔ PD/PP ↔ APS/INSS, Terceiro Setor ↔ Equipe Multidisciplinar]

PD = Processo Decisório
PP = Processo Prestacional

Fonte: Elaborada pelo autor (2018).

Aqui, vale afirmar que a defesa da participação do terceiro setor na formação da equipe multidisciplinar não representa uma transferência do processo decisório da RP aos particulares, porquanto os profissionais do terceiro setor assumirão uma posição bem definida: apresentar dados, informações, pareceres e manifestações auxiliares ou complementares ao núcleo de servidores responsáveis pela decisão administrativa. A participação orgânica, que prestigia a qualidade da decisão administrativa em função da análise mais ampla possível da particular situação do reabilitando, não transfere os poderes decisórios da autoridade pública aos particulares e nem representa, se adequadamente gestada, uma forma de transferência de recursos públicos para a apropriação privada.

Tendo em vista essas considerações, desde já é preciso afirmar o seguinte: impõe-se o rompimento da perspectiva teórico-normativa de que todos os profissionais da pretendida equipe multidisciplinar devam pertencer aos quadros da autarquia previdenciária, sobretudo em uma conjuntura de escassez de recursos, viabilizando, assim, parcerias com as demais entidades do setor público e, sobretudo, com o terceiro setor, no que poderia superar o insuficiente modelo biomédico adotado pelo INSS,[99] haja vista o aporte de outros profissionais, tais como terapeuta ocupacional, fisioterapeuta, psicólogos e massoterapeutas, com menor custo institucional.

---

[99] BARTILOTTI, Carolina Bunn *et al*. Programa de Reabilitação Ampliada (PRA): uma abordagem multidimensional do processo de reabilitação profissional. *AF*, São Paulo, vol. 16, n. 02, p. 66-75, abr./jun. 2009, p. 74.

Vale destacar que os profissionais da equipe multidisciplinar, quando ampliada pelo terceiro setor, mesmo não interferindo diretamente no processo decisório, que fica a cargo dos servidores do INSS, além de levantar informações ou dados importantes ao PRP, podem participar diretamente no processo prestacional, inclusive apontando o melhor caminho para empreender a prestação de serviço ou material. Nesse ponto, é sempre pertinente lembrar que o consentimento do reabilitando, notadamente quanto às prestações mais invasivas, representa um requisito indispensável à regularidade da atuação administrativa no PRP, reafirmando a autonomia do cidadão diante do Poder Público, especialmente diante dos procedimentos de assistência à saúde ou atenção à saúde (artigo 7º, inciso III, da LOS).

No entanto, é bom advertir que a busca de soluções para velhos ou novos problemas relacionados ao terceiro setor comporta seus riscos,[100] sobretudo na realidade institucional brasileira, que tem sido tão prenhe de desvios de recursos públicos. A discussão sobre as instituições, por certo, pode assumir diversas áreas de interesses, notadamente econômicas, políticas, sociológicas e filosóficas; porém, nesta tese, as reflexões sobre a temática se relacionam, precipuamente, às instituições do Estado ou, conforme o caso, aos institutos jurídicos. As dificuldades relacionadas às parcerias com o terceiro setor, muito embora não retrate o centro discursivo desta tese, notadamente quanto ao modelo normativo adotado, são discutidas nos capítulos vindouros.

Por outro lado, revela-se cada vez mais importante uma atuação conjunta entre os diversos órgãos do governo, tais como[101] Economia (Secretaria Especial de Previdência e Trabalho), Educação e Ministério da Cidadania (Assistência Social), no processo de RP,[102] no que bem evidencia a relevância das cooperações interadministrativas em uma gestão ordenada da ação pública. Além disso, a divisão das competências administrativas, como expressão de poder do Estado, exige uma custosa relação negocial entre as instituições públicas,[103] o que é

---

[100] SILVA, Suzana Tavares da; SOARES, Cláudia Dias. *Regime fiscal das entidades da economia social e civil*. Porto: Vida Econômica, 2015, p. 157.

[101] Nos termos da Lei nº 13.844/2019, que estabelece a organização básica dos órgãos da Presidência da República e dos Ministérios.

[102] BREGALDA, Marília Meyer; LOPES, Roseli Esquerdo. *O programa de reabilitação profissional do INSS*, 2011, p. 255.

[103] ARGUELHES, Diego Werneck; LEAL, Fernando. O argumento das "capacidades institucionais" entre a banalidade, a redundância e o absurdo. *DES*, Rio de Janeiro, n. 38, p. 06-50, jan./jun. 2011, p. 18.

característico de todas as ações governamentais coordenadas. Aliás, o RIRI bem denuncia isso, pois exige uma dinâmica compreensiva da atividade estatal a partir de expressivo conjunto de serviços e ações integradas de políticas públicas em diversas áreas da proteção social.

Em outro ponto, adentrando no estrito universo das dificuldades sofridas pelos reabilitandos, é possível destacar os seguintes dilemas, considerados os mais comuns: (a) baixa escolaridade ou, simplesmente, analfabetismo; (b) idade avançada; (c) parcas possibilidades profissionais; (d) morar em local distante da sede do PRP; e (e) viver em cidades pequenas, de maneira que as possibilidades de capacitação profissional e de reingresso no mercado de trabalho são bem limitadas.[104] Além disso, acredita-se que não há uma predisposição natural do trabalhador à RP, ainda que possa ser defendido entendimento contrário,[105] inclusive pelas próprias limitações do PRP; logo, o sucesso da reabilitação ganha novos ares de imprevisibilidade.

Portanto, trata-se de demandas administrativas bem peculiares, até porque dependem de aspectos alheios à própria atuação do INSS, fazendo com que seu atendimento, para efetivo êxito, exija redobrado cuidado do gestor público. Por outro lado, as pessoas submetidas à RP, não raras vezes, a despeito de todo o esforço institucional e individual, ainda continuam em uma condição de indiscutível vulnerabilidade profissional. Nesse caso, a manutenção do benefício previdenciário parece ser a medida mais cômoda; contudo, apresenta três inconvenientes: (a) o custo social pela inexistência de trabalho e, consequentemente, de contribuição previdenciária; (b) o custo institucional decorrente do malogro do PRP e da manutenção do benefício previdenciário; e (c) o custo individual em função do isolamento do trabalhador na vida comunitária.

Tratando-se de inevitável consequência dos riscos sociais, a incapacidade humana, quando decorrente de acidente de trabalho ou doença profissional, representa um fenômeno relacional socialmente criado, e não uma tragédia pessoal,[106] exigindo uma dinâmica

---

[104] SANTOS, Geovana de Souza Henrique dos; LOPES, Roseli Esquerdo. *A (in)elegibilidade de trabalhadores encaminhados ao Programa de Reabilitação Profissional do INSS*, 2015, p. 156.

[105] SANTOS, Geovana de Souza Henrique dos; LOPES, Roseli Esquerdo. *A (in)elegibilidade de trabalhadores encaminhados ao Programa de Reabilitação Profissional do INSS*, 2015, p. 159.

[106] TAKAHASHI, Mara Alice Batista Conti *et al*. Incapacidade, reabilitação e saúde do trabalhador: velhas questões, novas abordagens. *RBSO*, São Paulo, vol. 35, n. 121, p. 07-09, jan./jun. 2010, p. 08.

responsabilizatória, com reconhecimento ainda no final do século XIX, não mais assentada na ideia de culpa ou relação de causalidade.[107] O fato é que a incapacidade não representa um invariável atributo do trabalhador, mas resulta de complexo conjunto de condições decorrentes da interação pessoa-meio,[108] de maneira que a dinâmica protetiva do obreiro é da responsabilidade de toda a sociedade. Despontando, assim, a compreensão de que a superação da incapacidade humana, como circunstância limitadora de reingresso ao mercado de trabalho, exige uma correlação de esforços entre política pública e prática social.

Por isso, em uma perspectiva mais restrita, em que se vislumbra maior intensidade dos instrumentos jurídico-administrativos, é possível defender a política pública como um *mosaico de intervenções institucionais*, contemplando, entre outras, três evidentes fases: (a) a *fase legislativa*, porque política pública depende de lei parlamentar, já que não é possível defender uma política pública contra a ordem jurídica ou, de modo mais preciso, sem o mínimo de densificação normativa, que é complementada pela intensificação normativa, mediante regulamento, do Executivo;[109] (b) a *fase executiva*, na qual se realizam os planos concretos dos prognósticos legislativos, o que exige uma providencial atividade normativa do Executivo (*rulemaking*); (c) a *fase sindicativa*, na qual o Poder Judiciário promove as devidas corrigendas nos planos da atuação administrativa em função dos prognósticos legislativos. Lembrando-se que atuação judicial nas políticas públicas deve ser realizada com temperamento, porquanto uma decisão judicial pode alterar, para melhor ou pior, determinada política pública, porém um conjunto de decisões judiciais pode simplesmente fulminá-la.[110] Lembrando-se que essas fases são retroalimentadas em função dos objetivos esperados ou alcançados.

---

[107] MACEDO JÚNIOR, Ronaldo Porto. O conceito de direito social e racionalidades em conflito: Ewald contra Hayek. *In*: MACEDO JÚNIOR, Ronaldo Porto. *Estudos de Teoria do Direito*. São Paulo: Saraiva, 2013, p. 57-107, p. 86.

[108] BRAVO, Ecléa Spiridião *et al*. Proposta de articulação entre abordagens metodológicas para melhoria do processo de reabilitação profissional. *RBSO*, São Paulo, vol. 35, n. 121, p. 64-73, jan./jun. 2010, p. 68.

[109] MONIZ, Ana Raquel Gonçalves. *Os direitos fundamentais e a sua circunstância*: crise e vinculação axiológica entre o Estado, a sociedade e a comunidade global. Coimbra: Imprensa da Universidade de Coimbra, 2017, p. 128.

[110] PALMA, Juliana Bonacorsi de. Direito administrativo e políticas públicas: o debate atual. *In*: ALMEIDA, Fernando Dias Menezes; MARQUES NETO, Floriano de Azevedo; MIGUEL, Luiz Felipe Hadlich; SCHIRATO, Vitor Rhein (Coord.). *Direito público em evolução*: estudos em homenagem à Professora Odete Medauar. Belo Horizonte: Fórum, 2013, p. 177-201, p. 192.

Ademais, é verdade que a sociedade civil pode participar de todas essas fases, no que cumpre relevante papel de aprimoramento das políticas públicas e, em alguns casos, ela também pode assumir uma postura mais criativa do que meramente propositiva. Afinal, a participação ou o controle social alcança, com maior ou menor aprofundamento, todas as formas de exercício de poder do Estado. Além disso, de pouco serve um manancial de possibilidades normativas se as perspectivas administrativas e sociais são declaradamente dissonantes, isto é, quando elas apenas denunciam a óbvia distinção entre idealidade e realidade. Logo, a participação social pode ajudar a reduzir a distância entre elas. Aliás, como se trata de evidente processo de construção política, toda dinâmica reacional entre o Estado e a sociedade, como bem denuncia a problemática da questão da participação social, exige uma solução que não pode estar a mais de um passo da realidade.[111]

Desse modo, não representa maior serventia um modelo de contratação pública que aprofunda as assincronias entre a atuação administrativa e o *modus operandi* do mercado ou terceiro setor. Por isso, a qualidade da RP é decisiva na superação da incapacidade física e psicossocial do trabalhador.[112] Assim, por esse motivo, o processo de contratação revela-se realmente importante: dele se espera uma identificação precisa da demanda administrativa no caso concreto e a forma mais eficiente possível do seu atendimento. Caso contrário, o PRP se torna ineficaz, servindo para cumprir, tão somente, uma perspectiva estritamente formal de serviço do RGPS e, claro, com grave consequência ao trabalhador brasileiro. De modo mais claro, a contratação inadequada na aquisição de material de expediente ou fornecimento de produto durável, por mais que possa apresentar alguns dissabores técnico-funcionais, não representa o mesmo nível de problematicidade, por exemplo, de uma prótese inadequada, pois a relação entre o bem adquirido e o seu destinatário é muito mais intensa no PRP, porque representa uma forma de prestação de alta atenção pessoal, cujos prognósticos exigem redobrada atenção na funcionalidade do objeto da contratação pública.

---

[111] ANDRADE, José Carlos Vieira de. Repensar a relação entre o Estado e Sociedade. *Nova Cidadania*, Lisboa, n. 31, p. 36-38, jan./mar. 2007, p. 36.

[112] MAENO, Maria; VILELA, Rodolfo Andrade de Gouveia. Reabilitação profissional no Brasil: elementos para a construção de uma política pública. *RBSO*, São Paulo, vol. 35, n. 121, p. 87-99, jan./jun. 2010, p. 93.

1.2 Processo decisório da reabilitação profissional

> "(...) justiça é a boa vontade, entre homens de poder aproximadamente igual, de acomodar-se entre si, de 'entender-se' mediante um compromisso – e, com relação aos de menor poder, forçá-los a um compromisso entre si."[113]

Cada processo decisório comporta suas particularidades, que não se limitam apenas aos meandros procedimentais ou processuais do caso concreto. Não mesmo. Pois todo processo decisório parte de visões diversas da realidade analisada e, por conta disso, possui desafios e objetivos diferentes a enfrentar. Nesse sentido, é pouco provável que o processo decisório administrativo possua o mesmo parâmetro de análise do processo decisório judicial. Vale dizer, se a legislação é a mesma, de onde poderia surgir uma razão fundante para a defesa de objetivos parcial ou totalmente diversos?

Não haveria como sustentar propriamente uma diversidade de objetivos gerais no universo da proteção previdenciária. Apesar disso, a temática não se resume a uma divergência de fundo interpretativo, algo inerente a qualquer função estatal destinada à aplicação de normas no caso concreto; vai mais além, adentra na divergência sobre a essência da atuação político-institucional, conforme as ideias que a norteiam,[114] identificada em cada instância decisória. A Administração Pública tende a defender e respeitar parâmetros pretensamente objetivos de julgamento, porquanto a desejada previsibilidade normativa consagra uma perspectiva mais prudente na tentativa de manter a higidez financeira do RGPS; por outro lado, o Poder Judiciário, ainda que também mire o propósito da previsibilidade, assume posições mais elásticas no resguardo dos direitos sociais, porquanto tal atuação tende a corporificar importantes prognósticos constitucionais destinados ao desenvolvimento socioeconômico do país, sem que isso represente a defesa de específica ideologia política, inclusive por força de impeditivo constitucional (artigo 95, parágrafo único, inciso III, da CRFB).

---

[113] NIETZSCHE, Friedrich. *Genealogia da moral:* uma polêmica. Tradução de Paulo César de Souza. São Paulo: Companhia das Letras, 2009, p. 55.

[114] NOVKOV, Julie. Law and Political Ideologies. *In*: WHITTINGTON, Keith E.; KELEMEN, R. Daniel; CALDEIRA, Gregory A. (Editor). *The Oxford Handbook of law and politics.* New York: Oxford University Press, 2008, p. 626-643, p. 640.

Nesse ponto, cumpre dizer que o dissenso judicial se revela inevitável, pois as divergências não se limitam propriamente à validade ou invalidade formal do fluxo argumentativo dos magistrados; vai mais além, prende-se substancialmente às divergências sobre questões de cunho político,[115] independentemente de vedação de qualquer atuação político-partidária. Desse modo, as divergências interpretativas são mais consequências das plúrimas perspectivas político-institucionais de encarar o fenômeno fático-jurídico sob análise que propriamente das dificuldades semânticas do texto legal.

Por mais que se diga, em uma perspectiva empírica, que ideologia seja mais útil ao discurso que à realização das ações,[116] não se pode perder de vista que a atividade interpretativa, como ação regularmente desenvolvida pelas autoridades administrativas e judiciais, é eminentemente discursiva. Aliás, a ideologia subjacente à interpretação e aplicação da legislação previdenciária exerce um fator determinante na compreensão institucional das prestações sociais,[117] especialmente a partir da decantação normativa dos princípios constitucionais. Por outro lado, consistiria uma desmedida ingenuidade enxergar nas indeterminações normativas, inclusive as decorrentes dos princípios, como fatídicas incorreções do sistema jurídico, uma vez que elas são providenciais aos jogos de poder existentes na sociedade.[118] Aliás, isso bem evidencia o fundo político que encerra os verdadeiros problemas na concretização dos direitos, de modo que o equacionamento dos textos legais não passa dos mais evidentes vislumbres consequenciais dessa problemática.

Assim, a irresistível alegação da insuperável dificuldade interpretativa ou aplicativa dos textos legais, de certo modo, teria o poder de justificar maior variabilidade decisória em função das premissas institucionais adotadas por cada decisor. Aliás, é possível afirmar que a autoridade pública age de maneira singular, a depender de

---

[115] HAACK, Susan. *Perspectivas pragmáticas da filosofia do direito*. Tradução de André de Godoy Vieira e Nélio Schneider. São Leopoldo: Unisinos, 2015, p. 39.

[116] FELDMAN, Stanley. Values, ideology, and the structure of political attitudes. *In*: SEARS, David O.; HUDDY, Leonie; JERVIS, Robert (Ed.). *Oxford handbook of political psychology*. Oxford: Oxford University Press, 2003, p. 477-508, p. 478.

[117] LIMA, Martônio Mont'Alverne Barreto *et al*. A ideologia como determinante da hermenêutica jurídica. *RECHTD*, São Leopoldo, vol. 08, n. 02, p. 151-163, p. maio/ago. 2016, p. 162.

[118] SUNDFELD, Carlos Ari. *Direito administrativo para céticos*. 2. ed., 2. tir. São Paulo: Malheiros, 2017, p. 214.

contextos institucionais diferentes,[119] como se, a partir dos valores de cada Instituição, a ideologia assumisse um tom ou dom até mesmo teológico.[120] Geralmente, o fim útil da interpretação resulta dessas perspectivas institucionais, que são, prévia e expressamente, defendidas pelas sedes decisórias do Estado.

De certo modo, talvez isso explique a habitual posição *paternalista* da Justiça do Trabalho, representando, assim, uma perspectiva patológica de atuação institucional, pois a imparcialidade, mesmo em uma perspectiva estritamente processual, é seriamente comprometida em função da má compreensão do imperativo legal da proteção do trabalhador. Exemplifica-se: nos contratos administrativos, não raras vezes a Justiça do Trabalho, afastando os propósitos da Súmula 331 do TST por meio de canhestra interpretação ou compreensão dos fatos, procura, tão somente, adotar uma forma pragmática de resguardar os direitos trabalhistas de alguns jurisdicionados, ainda que em flagrante detrimento dos direitos dos demais obreiros e, claro, dos reclamados com suporte econômico, notadamente, o Poder Público.

Nessas hipóteses, pouco importa comprovar a existência de efetiva fiscalização do contrato administrativo, inclusive com aplicação de penalidade administrativa, pois, ao fim e ao cabo, resta reconhecida a culpa da Administração Pública (responsabilidade subsidiária), haja vista não ter *escolhido* uma empresa idônea, como se o gestor pudesse escolher os contratados da sua gestão. Ademais, não é nada incomum que a conta vinculada de um contrato administrativo – cujos valores são do contratado, mas destinados à resolução de alguns problemas durante a execução contratual –, seja abocanhada por outra demanda trabalhista contra o mesmo fornecedor, mas contratado por outra entidade pública, gerando, assim, uma verdadeira *autofagia protetiva* do trabalhador, pois os dilemas financeiros de determinado contrato administrativo se espraiam, por força de decisão judicial, para outro contrato administrativo, gerando, assim, insegurança jurídica e causando justamente o que se desejava evitar: o descumprimento dos direitos dos obreiros, notadamente os de ordem financeira. A quem interessa esse estado de coisas?

---

[119] IMMERGUT, Ellen M. O núcleo teórico do novo institucionalismo. *In*: FERRAREZI, Elisabete; SARAVIA, Enrique. *Políticas públicas*. Coletânea – Volume 1. Brasília: ENAP, 2006, p. 155-195, p. 178.

[120] SALDANHA, Nelson. *Da teologia à metodologia*: secularização e crise do pensamento jurídico. 2. ed. Belo Horizonte: Del Rey, 2005, p. 09.

A toda evidência, a desmedida atuação da Justiça do Trabalho somente prestigia as empresas inidôneas, porquanto o descumprimento contratual atrai *automaticamente* a responsabilidade subsidiária da Administração Pública, acarretando forte estímulo, via demanda judicial, para que as empresas descumpram as cláusulas legais, regulamentares ou contratuais da relação de emprego, pois tudo acaba na socialização dos riscos com o reconhecimento da responsabilidade subsidiária, muito embora com eventual apropriação privada dos lucros e, claro, geralmente com prejuízo à maioria dos trabalhadores.

Vê-se, dessa forma, uma discutível simbiose entre proteção social e arbítrio judicial na salvaguarda dos direitos sociais, que vicia toda a ideia de responsabilidade contratual pela socialização dos riscos decorrentes da terceirização na Administração Pública. Não se trata de questionar a proteção normativa dos trabalhadores diante da conflitiva relação entre a administração dos custos trabalhistas dos empregadores e os direitos fundamentais dos obreiros,[121] no que merece todos os encômios no difícil cenário das relações trabalhistas brasileiras, mas, sim, discutir a adoção de verdadeira tutela judicial dos obreiros independentemente dos fatos alegados e *demonstrados* em juízo; portanto questiona-se a aplicação do princípio da primazia da realidade às avessas, no qual o reconhecimento da realidade decorre de uma dimensão analítica abstrata e estritamente normativa, de modo que a proteção do trabalhador vai encontrar arrimo na demanda judicial, mesmo diante da inexistência de amparo nos fatos, portanto, sem substrato na realidade, por meio de juízos presuntivos da irregularidade praticada pelo empregador.

Dessa forma, a perspectiva paternal não decorre da existência de objetivos ou princípios protetivos do trabalhador na legislação, mas da compreensão viciada da realidade a partir de atuação institucional equivocada, que não reconhece os limites protetivos dessa legislação – e, com isso, a inexistência de direitos dos trabalhadores – a partir da realidade evidenciada nos autos. De igual modo, não convence a ideia de que a dinâmica interpretativa de proteção do trabalhador poderia ensejar a existência de direitos sem amparo na realidade, pois o princípio da primazia da realidade exige, por tudo, o reconhecimento da realidade em si, e não a presunção de que, a partir dele, por força de qualquer vetor interpretativo de proteção do trabalhador, haja sempre

---

[121] LUCENA FILHO, Humberto Lima de. *A função concorrencial do direito do trabalho*. São Paulo: LTr, 2017, p. 169.

alguma forma de comportar os interesses dos obreiros. Proteger é uma coisa, negar que o protegido não possa gozar de determinado direito, por certo, é algo bem diferente.

Destarte, pode-se afirmar que as instituições é que fazem as regras do direito; estas, portanto, não fazem as instituições.[122] Contudo, essa relação não pode ser considerada em termos tão categóricos, pois não é possível constatar, invariavelmente, a superposição institucional em relação à capacidade criativo-institutiva do direito. Há quem sustente justamente o contrário, acentuando uma perspectiva endógena da natureza do direito, isto é, não como uma realidade dada pelas organizações, com particular destaque às econômicas, mas constitutiva das relações econômicas e sociais.[123] E isso, em grande medida, também vale para a interpretação jurídica, quer dizer, tanto o direito quanto as instituições se interseccionam na definição do filtro interpretativo.

Evidentemente, refletir sobre a atuação das instituições não é a mesma coisa que pensar institucionalmente,[124] que comporta juízos analíticos indiscutivelmente consequencialistas, nos quais difundem valores para além das demandas estritamente individuais e, portanto, baseadas em interesses imediatos,[125] sobretudo nos dilemas existenciais. O entendimento pode parecer ingênuo, no qual expressa uma clara análise institucionalista sobre as decisões[126] no campo da proteção previdenciária; porém, ela é a que melhor denuncia os extremos decisórios assumidos pelo INSS e Poder Judiciário em matéria previdenciária ou assistencial.

A dinâmica consequencialista dá o tom do processo decisório administrativo, até porque o domínio político exige tal fato,[127] ainda que, em uma perspectiva institucional, isso possa acarretar o sacrifício

---

[122] HAURIOU, Maurice. *A teoria da instituição e da fundação*: ensaio de vitalismo social. Tradução de José Ignácio Coelho Mendes Neto. Porto Alegre: Sergio Antonio Fabris Editor, 2009, p. 53.

[123] MORGAN, Glenn; QUACK, Sigrid. Law as a governing institution. *In*: MORGAN, Glenn; CAMPBELL, John L.; CROUCH, Colin; PEDERSEN, Ove Kaj; WHITLEY, Richard. *The Oxford handbook of comparative institutional analysis*. Oxford: Oxford University Press, 2010, p. 275-308, p. 277 e 299.

[124] HECLO, Hugh. Thinking institutionally. *In*: RHODES, R. A. W.; BINDER, Sarah A.; ROCKMAN, Bert A. *The Oxford handbook of political institutions*. Oxford: Oxford University Press, 2006, p. 731-742, p. 733.

[125] HECLO, Hugh. *Thinking institutionally*, 2006, p. 736.

[126] IMMERGUT, Ellen M., *O núcleo teórico do novo institucionalismo*, 2006, p. 162.

[127] PETTIT, Philip. The inescapability of consequentialism. *In*: HEUER, Ulrike; LANG, Gerald (Ed.). *Luck, value, and commitment*: themes from the ethics of Bernard Williams. Oxford: Oxford University Press, 2012, p. 41-70, p. 62.

da integridade e coerência das decisões jurídico-administrativas,[128] sem falar que a *cultura do hipercontrole*, tendo em vista as mais diversas instâncias decisórias, bem como órgãos e entidades de controle, favorece a técnica do desacordo-como-poder, de maneira que a negação se sobrepõe à concessão de benefícios, bens ou serviços, revelando que é o cidadão que deve explicação ao Estado – e não o contrário – no regime jurídico-administrativo.[129] De todo modo, não há como fazer uma transposição da correção das escolhas estritamente individuais ao nível institucional,[130] porque isso, em grande medida, seria desconsiderar a pretensão de uma cobertura mais ampla dos prognósticos protetivos da ação pública (artigo 194, parágrafo único, inciso I, da CRFB).

Em outro giro, o mesmo não ocorre com o processo decisório judicial, que possui maior liberdade para ventilar abordagens mais abrangentes. Quer dizer, para além do legalismo formalista, mas sem descurar dos riscos da perspectiva utilitarista dos direitos,[131] como que fruto de [pretenso] papel social transformador e inovador do Poder Judiciário,[132] no que prestigiaria os nobres propósitos da ordem jurídica, cujo pretenso apanágio se encontra na imperiosa busca da transformação social pelo Direito.[133] Aqui, adverte-se que a vinculação da atuação processual a uma ideologia política sempre comporta cuidados, a despeito do seu viés sedutor, como bem evidenciaram os nefastos eventos históricos de matiz totalitário.[134] Ademais, considerar o decisor judicial como agente de transformação social, ainda que isso seja largamente defendido na formação jurídica brasileira, representa um verdadeiro

---

[128] OHLWEILER, Leonel Pires. A crise hermenêutica do direito administrativo no constitucionalismo contemporâneo: interlocuções com a jurisprudência do Supremo Tribunal Federal. *RJ/FURB*, Blumenau, vol. 20, n. 43, p. 37-70, set./dez. 2016, p. 61.

[129] MENDONÇA, José Vicente Santos de. Art. 21 da LINDB: indicando consequências e regularizando atos e negócios. *RDA*, Rio de Janeiro, Edição Especial: Direito Público na Lei de Introdução às Normas do Direito Brasileiro – LINDB (Lei nº 13.655/2018), p. 43-61, nov. 2018, p. 46.

[130] PETTIT, Philip, *The inescapability of consequentialism*, 2012, p. 68.

[131] SAVARIS, José Antônio. *Uma teoria da decisão judicial da previdência social*. Florianópolis: Conceito Editorial, 2011, p. 31.

[132] LIMA, George Marmelstein. Papel social da Justiça Federal: garantia de cidadania. *RESMAFE/5R*, Recife, n. 09, p. 11-81, abr. 2005, p. 76.

[133] MATIAS, João Luís Nogueira. Em busca de uma sociedade livre, justa e solidária: a função ambiental como forma de conciliação entre o direito de propriedade e o direito ao meio ambiente sadio. *In*: MATIAS, João Luís Nogueira (Coord.). *Ordem econômica na perspectiva dos direitos fundamentais*. Curitiba: CRV, 2013, p. 13-34, p. 31.

[134] MESQUITA, José Ignácio Botelho de. *Teses, estudos e pareceres de processo civil*. Vol. I: Direito de ação, partes e terceiros, processo e política. São Paulo: Revista dos Tribunais, 2005, p. 278.

ataque ao princípio democrático, porquanto compreende a mesma coisa que admitir a inexistência de sentido originário nos textos legais, já que as normas decorreriam sempre do filtro político-ideológico do decisor e não das implicações normativas do processo democrático de elaboração das leis.

Tendo em vista essas considerações, compreende-se o porquê da intensa revisibilidade das decisões administrativas pelo Poder Judiciário, sobretudo, em matéria previdenciária. Aqui é preciso fazer um ligeiro contraponto: a Advocacia Pública, notadamente a AGU, precisa absorver, por meio de enunciados ou orientações normativas, inclusive de caráter vinculante, nos termos do artigo 30, parágrafo único, da LINDB, e da forma mais rápida possível, os entendimentos consolidados pelos Tribunais Superiores, especialmente STJ e TST, porquanto isso permitiria a redução da litigiosidade judicial, sem falar que a diminuição das demandas judiciais, por si só, já representa importante desafio da advocacia pública,[135] especialmente na Procuradoria-Geral Federal, que é o órgão responsável pelo contencioso judicial do INSS. Aliás, o dever público de aumentar a segurança jurídica, nos termos do artigo 30 da LINDB, assume uma clara posição de norma geral: (a) *objetivamente geral*, porquanto alcança todas as decisões jurídicas do sistema; e (b) *subjetivamente geral*, pois se impõe a todas as autoridades político-administrativas do Estado.[136]

Além disso, representaria redução dos custos da Fazenda Pública com juros, multas e honorários sucumbenciais. Por outro lado, existindo alguma estratégia processual para tentativa de reversão de entendimento jurisprudencial devidamente coordenada pelos órgãos de cúpula, é compreensível a insistência em determinadas demandas, sobretudo, nos casos em que o impacto financeiro é relevante e a controvérsia jurídica tenha possibilidade de êxito no STF. Ademais, no universo das questões previdenciárias, e não apenas nelas, é preciso fazer com que o entendimento jurisprudencial, já devidamente internalizado pela AGU, chegue à área administrativa, o que representaria, para além da superação de

---

[135] NOBRE JÚNIOR, Edilson Pereira. Advocacia pública e políticas públicas. *BDA*, São Paulo, ano 32, n. 12, p. 1.141-1.150, dez. 2016, p. 1.148.

[136] MOREIRA, Egon Bockmann; PEREIRA, Paula Pessoa. Art. 30 da LINDB. O dever público de incrementar a segurança jurídica. *RDA*, Rio de Janeiro, Edição Especial: Direito Público na Lei de Introdução às Normas do Direito Brasileiro – LINDB (Lei nº 13.655/2018), p. 243-274, nov. 2018, p. 261.

uma atuação judicial temerária, um providencial respeito às relações jurídicas dos segurados ou cidadãos com a autarquia previdenciária.

Apesar de não existir qualquer pretensão de discutir o contencioso administrativo ou judicial relacionado às prestações previdenciárias, quer dizer, os aspectos materiais e processuais dos direitos dos segurados, foi preciso ventilar, no entanto, uma justificativa para tanta disparidade de entendimento entre o processo decisório administrativo e judicial, e, a partir disso, é preciso identificar o reflexo dessa adversidade no plano da atuação administrativa, descortinando os limites e as possibilidades das prestações sociais previdenciárias, mais precisamente na RP.

Então, para além da justiciabilidade dos direitos, importa refletir sobre quais seriam as implicações do processo decisório administrativo e judicial em matéria previdenciária, tendo em vista as divergências político-institucionais estampadas acima, especialmente no processo de contratação pública na RP. É disso que se trata a seguir.

1.2.1 Decisões administrativas

> "De modo simples, pode-se dizer que o consequencialismo é característica de certa postura, interpretativa ou cognitiva, tendente a considerar as consequências de ato, teoria ou conceito. O consequencialismo jurídico é, por sua vez, postura interpretativa que considera, como elemento significativo da interpretação do Direito, as consequências de determinada opção interpretativa."[137]

O PRP promovido pelo INSS comporta diversas críticas, seja quanto à extensão do programa, seja quanto ao conteúdo das prestações de serviço ou material. Desse modo, o núcleo duro das críticas não reside no processo decisório administrativo em si, mas sim na deficiência do serviço em promover uma RP completa,[138] ou seja, no processo prestacional de serviço ou material.

Explica-se: por mais que se critique os critérios de elegibilidade ao PRP, porquanto a equipe multidisciplinar pode deixar de selecionar alguns trabalhadores merecedores da RP, a maior preocupação reside no fato de que, mesmo depois de demorado processo de reabilitação, o

---

[137] MENDONÇA, José Vicente Santos de, Art. 21 da LINDB: indicando consequências e regularizando atos e negócios, 2018, p. 47.
[138] ALVES, Hélio Gustavo, *Habilitação e reabilitação profissional*, 2016, p. 51.

Certificado de Reabilitação Profissional (CRP) não garante a ninguém o reingresso no mercado de trabalho (artigo 92 da LBPS). Portanto, questiona-se a capacidade de o PRP promover a inserção do segurado no mercado de trabalho e, inclusive, a própria utilidade dos cursos de capacitação diante da precária qualificação do reabilitando.[139] Aqui, observa-se o limite do capital humano, tendo em vista os parâmetros de investimento do Poder Público, diante da própria *depreciação* gerada por específico tipo de treinamento ou capacitação.[140]

Tudo isso deixa claro, desde já, duas importantes consequências: (a) a questão do reingresso do trabalhador no mercado vai muito além do êxito da RP; porém, (b) a RP pode representar desperdício de recursos humanos e financeiros da autarquia previdenciária, portanto, da própria sociedade, caso não seja capaz de possibilitar ao trabalhador o reingresso no mercado. Uma coisa é a limitação mercadológica, cuja realidade é alheia à atuação do INSS; outra completamente diferente, e que não pode ser desconsiderada pela autarquia previdenciária, é a necessidade de tornar a RP mais eficaz, justamente pela necessidade de ponderar as particulares condições de cada trabalhador inserido no PRP.

Aliás, ponto relevante no desdobramento desta tese é que toda RP deve assumir, sempre que possível, uma prestação previdenciária específica em função das particularidades de cada trabalhador, o que faz reafirmar a lógica de que a contratação pública deve priorizar a adequabilidade e funcionalidade das prestações de serviço ou material, observadas as possibilidades financeiras do RGPS. Desse modo, a RP deve expressar uma oportunidade para que o trabalhador supere suas adversidades ou falsas percepções no retorno ao trabalho, sobretudo, as seguintes: (a) medo de demissão após o período de estabilidade provisória (artigo 118 da LBPS); (b) baixa escolaridade; (c) longo período de afastamento; (d) *cômoda inércia* por receber benefício previdenciário; e (e) desmotivação para capacitação em área diversa.[141]

Por isso, a demanda por capacitação profissional deve fugir do lugar comum dos cursos de capacitação sem inserção mercadológica,

---

[139] PEDROSO, Fleming Salvador; VACARO, Jerri Estevan. Desempenho dos segurados no serviço de reabilitação do Instituto Nacional de Seguridade [sic] Social. *AF*, São Paulo, vol. 18, n. 04, p. 200-205, out./dez. 2011, p. 201.

[140] BECKER, Gary S. *Human capital*: a theorical and empirical analysis, with special reference to education. Third Edition. Chicago: The University of Chicago Press, 1993, p. 36.

[141] BREGALDA, Marília Meyer; LOPES, Roseli Esquerdo. A reabilitação profissional no INSS: caminhos da terapia ocupacional. *SS*, São Paulo, vol. 25, n. 02, p. 479-493, abr./jun. 2016, p. 487.

observando-se, evidentemente, os limites sobre a capacidade de elevação do grau de escolaridade do trabalhador. Então, a RP não pode restringir-se à expedição de CRP que não traduza uma perspectiva de inserção do trabalhador no mercado. Por isso, é preciso superar a massificação de cursos simplesmente inócuos e, claro, empreender formas mais eficazes de captação de cursos de profissionalização no mercado. Aqui, entra em cena a importância do modelo de contratação pública, exigindo-se uma reconfiguração das atividades administrativas em função das possibilidades prático-procedimentais da Administração Pública de realizar uma adequada prestação de serviço ou material, viabilizando a [pretensiosa] ideia de igualdade de oportunidades de acesso aos bens sociais.[142]

Em outro quadrante, considerando-se os ordinários limites orçamentários do INSS, haja vista a hercúlea tarefa a ser desempenhada no PRP, é totalmente compreensível que o planejamento das atividades administrativas considere o regular fluxo das prestações empreendidas no histórico da instituição, sem que se leve em conta o desafio contínuo de promover um PRP mais eficiente, ou melhor, com maior efetividade. Assim, partindo da linear e equivocada compreensão de que o maior dilema da RP reside na parca disponibilidade financeira do INSS, o planejamento administrativo não assume um caráter crítico-analítico, de maneira que a cômoda previsibilidade das rotinas tende a reafirmar as erronias dos anos anteriores, consagrando uma flagrante e dispendiosa *gestão da ineficiência* por meio da mera expedição de CRP, o que bem evidencia a gestão pública do automatismo do comportamento administrativo, portanto, a partir das *decisões em particípio passado*.[143] Por isso, a análise do índice de retorno dos reabilitados ao mercado de trabalho se revela importante, porquanto representa o termômetro da efetividade[144] do PRP, isto é, a obtenção dos objetivos do artigo 89 da LBPS, uma vez que o CRP, por si só, não garante ao trabalhador o retorno ao mercado.

Assim sendo, a autoridade administrativa, mediante demorada análise qualitativo-quantitativa dos exercícios anteriores, deverá

---

[142] SILVA, Suzana Tavares da. *Direitos fundamentais na arena global*. 2. ed. Coimbra: Imprensa da Universidade de Coimbra, 2014, p. 189.

[143] RAMOS, Alberto Guerreiro. *Administração e estratégia do desenvolvimento*: elementos de uma sociologia especial da administração. Rio de Janeiro: FGV, 1966, p. 21.

[144] MACHADO SEGUNDO, Hugo de Brito. *Fundamentos do direito*. São Paulo: Atlas, 2010, p. 208-209, nota de rodapé 37.

considerar as consequências práticas do PRP em função das prestações de serviço e material escolhidas e ofertadas aos reabilitandos, mirando um juízo decisório que abarque a melhor interpretação possível das possibilidades prático-normativas da Administração Pública.

No entanto, mesmo o eventual êxito em reingressar ao trabalho, que nem sempre conquista ou mantém as dignas condições socioeconômicas do trabalhador, não elide as possíveis falhas do PRP, porquanto elas não se limitam ao universo de análise do trabalhador, vai mais além, alcança a própria forma de atuação do Poder Público. Dito de outro modo, as prestações materiais devem contemplar desejáveis níveis de eficiência na atividade administrativa, mesmo que não se tenha uma obrigação de resultado no PRP, que não se verifica quando as prestações materiais contratadas não atendem satisfatoriamente aos objetivos do PRP, independentemente do particular êxito do reabilitando em reingressar ao trabalho. Portanto, mesmo que o PRP não tenha que garantir empregabilidade, a atuação administrativa deve expressar uma adequada prestação de serviço ou material.

Além disso, o regular curso da elegibilidade ao PRP possui sua própria temporalidade, não assumindo, portanto, os prognósticos temporais inerentes aos dilemas existenciais suportados pelo trabalhador. Tal fato faz com que a prestação material, em boa parte dos casos, fique a reboque das demandas concretas dos reabilitandos, que, por ainda gozarem os benefícios por incapacidade, acreditam que não sejam duramente prejudicados pela demora na RP. Aliás, quanto mais demorar o processo de RP, menor é o êxito do PRP,[145] acarretando, assim, indisfarçáveis custos individuais, institucionais e sociais. Eventual manutenção administrativa ou judicial de benefício por incapacidade representa um fator de *inércia institucional*, porquanto sacraliza o ritual da mera expedição de CRP, independentemente dos efetivos propósitos do PRP, tanto que os segurados não tardam em promover novos requerimentos administrativos ou demandas judiciais, muito embora isso represente o esvaziamento de sua possibilidade de retorno ao mercado.

Então, para os propósitos da contratação pública, tendo em vista os prognósticos da gestão pública, as decisões administrativas compreendem os seguintes desafios: (a) tornar as prestações de serviço e material mais céleres e, sobretudo, funcionais diante das prestações

---

[145] PEDROSO, Fleming Salvador; VACARO, Jerri Estevan, *Desempenho dos segurados no serviço de reabilitação do Instituto Nacional de Seguridade* [sic] *Social*, 2011, p. 204.

de alta atenção pessoal; e (b) observar parâmetros de economicidade, sem prejuízo da adequabilidade dessas prestações. Esses desafios, que parecem óbvios, possuem diversos desdobramentos administrativos, que são, no mais das vezes, potencializados em função das decisões judiciais.

Enfim, em uma ambiência de parcas possibilidades de planejamentos efetivamente consistentes da gestão pública, logo, compagináveis com os limites da estrutura orgânico-funcional da Administração Pública, toda intervenção judicial compreende um novo ciclo de dificuldades ou (ir)responsabilidades na atuação administrativa, por mais oportuna que ela se afigure. Os comandos judiciais apenas podem expressar uma forma de reafirmar velha prática administrativa, a saber, promover a manutenção de benefícios previdenciários, mas sem compromisso com o efetivo propósito da RP.

1.2.2 Decisões judiciais

> "Os riscos de se tomar decisões em posse de conhecimento parcial ou incompleto (não havendo alternativa) são parte integrante da tragédia humana. Contudo, isso não fez com que os intelectuais cessassem de criticar os riscos inerentes a quaisquer operações, que acabam se complicando, da indústria farmacêutica às operações militares, muito menos os impediu de criar uma atmosfera geral de expectativas irrealizáveis, na qual 'os milhares de choques naturais que a carne humana herda' se tornam milhares de motivos para processos judiciais."[146]

Aqui, não se discute a correção material das decisões judiciais, nem mesmo a legitimidade democrática da atuação do Poder Judiciário[147] diante de questões sociais abrangentes, sobretudo no que se refere à instrumentalização da sindicabilidade das políticas públicas, pois a recorrência discursiva da temática – um tanto frenética – torna-a até mesmo enfadonha nos círculos das reflexões acadêmicas, a despeito da

---

[146] SOWELL, Thomas. *Os intelectuais e a sociedade*. Tradução de Maurício G. Righi. São Paulo: É Realizações, 2011, p. 42-43.

[147] Sobre a temática, *vide*: MARIANO, Cynara Monteiro. *Legitimidade do direito e do poder judiciário:* neoconstitucionalismo ou poder constituinte permanente? Belo Horizonte: Del Rey, 2010, p. 143-188.

atemporalidade discursiva sobre os limites da atuação judicial, uma vez que, para o bem ou para o mal, a intervenção judicial é um caminho sem volta no tratamento dos pontos nevrálgicos da sociedade, recrudescendo-se, cada vez mais, uma senda reflexiva relacionada a tópicos diversos sobre o Poder Judiciário, tais como: composição dos órgãos, perfil dos membros, tempo de mandato, deferência aos gestores, técnicas processuais, meios e efeitos concretos dos processos decisórios diante dos conflitos sociais. Portanto, discutindo-se fórmulas abrangentes de aperfeiçoamento das instituições, isto é, sua utilidade, sem que isso negue a legitimidade de atuação do Poder Judiciário.

Ademais, nem mesmo se questiona sobre a inaptidão ou ineficácia dos instrumentos processuais, em uma perspectiva coletiva, para concretização dos direitos sociais.[148] A preocupação é outra: ventilam-se, tão somente, os reflexos que a atuação judicial gera na atuação administrativa do INSS. Portanto, a discussão sai do relevante norte da justiciabilidade dos direitos sociais, conforme os ordinários prognósticos da correção material da atuação administrativa, para, e não menos importante, a verdadeira cruzada da execução administrativa desses direitos: o processo prestacional. Esse recorte denuncia uma preocupação com os desafios da gestão pública em função do *prognóstico executivo* das prestações públicos.

Geralmente, as demandas judiciais, que possuem alguma relação com a RP, advêm da irresignação do cidadão com a decisão administrativa que impôs o cancelamento ou a suspensão de benefício por incapacidade. É dizer, são raríssimas as demandas individuais requerendo, de forma autônoma, que o INSS promova a RP. Aliás, há razões bem evidentes para isso: (a) *de ordem prática*, a proteção social previdenciária mais *cômoda* ao jurisdicionado decorre da manutenção do benefício por incapacidade, pois muitas vezes o valor do benefício supera a remuneração do emprego formal;[149] (b) *de ordem processual*, na demanda em que se discute a manutenção de benefício por incapacidade, sem qualquer objeção, pode ser determinada a promoção de RP (artigo 62, parágrafo único, da LBPS), de maneira que o PRP acaba sendo uma questão acessória diante do benefício previdenciário.

---

[148] BATISTA, Flávio Roberto. *Crítica da tecnologia dos direitos sociais*. São Paulo: Outras Expressões; Dobra Editorial, 2013, p. 214-219.
[149] PEDROSO, Fleming Salvador; VACARO, Jerri Estevan, *Desempenho dos segurados no serviço de reabilitação do Instituto Nacional de Seguridade* [sic] *Social*, 2011, p. 203.

Em outro giro, tratando-se de ações coletivas, as implicações práticas das decisões judiciais se dirigem à forma de atuação do INSS, inclusive, com possíveis efeitos substantivos; porém, não gera, imediata e necessariamente, vantagens materiais específicas aos cidadãos. Em uma perspectiva mais abrangente, as decisões estruturantes comportariam vantagens prático-procedimentais aos cidadãos em face do INSS, muito embora a viabilidade dessas demandas seja bem discutível diante do quadro político-institucional brasileiro.

Assim, revela-se mais importante discutir as consequências das decisões judiciais no universo das demandas administrativas, sobretudo no PRP, identificando as dificuldades na execução delas no universo da contratação pública. Portanto, deseja-se aferir as adversidades e transformações na atividade administrativa em função das demandas judiciais.

1.2.2.1 Individuais

> "Sem certa apreciação sobre a tragédia da condição humana, é muito fácil considerar qualquer coisa que vai mal como sendo culpa de alguém."[150]

Atualmente, a tecnologia processual das ações individuais tem alcançado inegável êxito na prestação da tutela jurisdicional, mesmo em face da Fazenda Pública, a despeito do curso histórico de descumprimento judicial,[151] fazendo com que exsurjam, dentre outras, duas importantes constatações: (a) a crença na resolução judicial dos dilemas existenciais; e, em uma perspectiva mais geral, (b) o imaginário de uma função *catalítica* da revisão judicial[152] na efetivação dos direitos positivos. Consequentemente, a conjunção dessas constatações, em uma realidade político-administrativa de intensos conflitos institucionais, tende a gerar tensões no plano da atuação administrativa.

Não se discutindo o acerto ou a erronia dessa visão sobre a atuação do Poder Judiciário, o que preocupa é a dinâmica executiva das decisões judiciais, pois, não negando a importância da correção material de qualquer processo decisório, é na execução que a temática

---

[150] SOWELL, Thomas. *Os intelectuais e a sociedade*, 2011, p. 43.
[151] GUERRA, Marcelo Lima. *Direitos fundamentais e a proteção do credor na execução civil*. São Paulo: Revista dos Tribunais, 2003, p. 180.
[152] YOUNG, Katharine G. A typology of economic and social rights adjudication: Exploring the catalytic function of judicial review. *IJCL*, Oxford, vol. 08, n. 03, p. 385-420, 2010, p. 411.

pode assumir ares de maior problematicidade. E isso é fácil de ser deduzido: se execução não fosse o ponto central na concretização dos direitos, por certo, bastaria que qualquer sociedade possuísse apenas exímios *decisores*, prescindindo-se dos executores.

Com relação às demandas individuais, destaca-se a seguinte problemática: por um lado, os benefícios previdenciários não são substitutos remuneratórios das convergências laborais desfavoráveis, desafio ocupado primordialmente pelo seguro-desemprego; por outro, também não é possível exigir do PRP metas concretas de empregabilidade, porquanto isso vai além dos deveres legais da autarquia previdenciária. Então, surge um claro impasse sobre a melhor forma de atender adequadamente às demandas do jurisdicionado, pois a mera concessão de benefício por incapacidade representa um desestímulo à autonomia econômica, por meio do trabalho, dos segurados. Lembrando-se que a realidade da RP é bastante complexa, exigindo-se significativos esforços pessoais, institucionais e, claro, concretas possibilidades mercadológicas. Explica-se: a manutenção de benefício por incapacidade até a conclusão da RP, como mecanismo de proteção social previdenciária, representa, mormente do ponto de vista da autonomia pessoal, algo bem diferente da necessária manutenção do benefício até que o trabalhador retorne ao trabalho.

Defender tese diversa, e há quem defenda,[153] seria transformar o PRP em um mero juízo de volição do trabalhador – a saber, a escolha entre a certeza do benefício previdenciário ou o efetivo reingresso ao mercado –, caso contrário traduziria ineficiência do serviço público.[154] Aqui reside o dilema das decisões individuais: a defesa da RP completa ou plena apenas quer expressar a garantia de direito ao trabalho pela via financeira da proteção previdenciária. Exigir qualidade no serviço de RP não pode implicar qualquer dever de o INSS garantir emprego aos trabalhadores.[155]

Por isso, resulta equivocada a compreensão de que, inexistindo a garantia de emprego, exsurge o dever de manutenção de benefício

---

[153] ALVES, Hélio Gustavo, *Habilitação e Reabilitação Profissional*, 2016, p. 51; VARGAS, Luiz Alberto de. *Direito à Reabilitação Profissional*, 2017, p. 45.
[154] BILHALVA, Jacqueline Michels. Reabilitação profissional incompleta. *In*: LUGON, Luiz Carlos de Castro; LAZZARI, João Batista (Coord.). *Curso modular de direito previdenciário*. Florianópolis: Conceito, 2007, p. 461-496, p. 480.
[155] DIAS, Eduardo Rocha; MACÊDO, José Leandro Monteiro de. *Curso de direito previdenciário*, 2012, p. 321.

previdenciário. A garantia de emprego não é função institucional da autarquia previdenciária. Por outro lado, a manutenção do benefício previdenciário por determinação judicial representa uma cômoda forma de atuação do INSS, pois é sempre mais fácil promover prestações pecuniárias, a despeito dos inegáveis custos individuais, institucionais e sociais, com particular destaque à lógica da socialização dos custos via RGPS, porém fragiliza o PRP como mecanismo legal para fomentar o reingresso do trabalhador ao mercado.

Do ponto de vista da contratação pública, as decisões individuais acentuam o dilema da ineficiência da RP, justamente o que se deseja evitar, porque exsurge a enganosa compreensão de que a manutenção do benefício, em uma perspectiva estritamente egoística, é tão protetiva socialmente quanto o próprio retorno do trabalhador ao mercado, olvidando-se da importância da inserção comunitária através das relações interpessoais decorrentes do trabalho, bem como da manutenção do fluxo contributivo do trabalhador ao RGPS. Dito de outro modo, não se pode negar que as decisões individuais acentuam os custos do RGPS e, com isso, não estimula o fortalecimento do PRP, criando, quando muito, demandas específicas, onerosas e, não raras vezes, contraditórias no universo das prestações sociais previdenciárias, afastando, assim, a compreensão de que a RP é a forma mais digna de retorno à atividade e, sobretudo, de afirmação da autonomia pessoal do trabalhador.

1.2.2.2 Coletivas

> "A exaltação que os intelectuais fazem da 'razão' dá-se, frequentemente, em detrimento da experiência, permitindo que tenham uma impetuosa confiança em assuntos sobre os quais têm pouco ou mesmo nenhum conhecimento ou experiência."[156]

Não há dúvida de que a exigibilidade dos direitos sociais deveria encontrar no processo coletivo o adequado tratamento processual, sobretudo por comportar a possibilidade de aperfeiçoamentos nas políticas públicas, que, aliás, possuem interferência direta na Administração Pública e, consequentemente, na vida dos cidadãos.[157] Aliás, com a

---

[156] SOWELL, Thomas, *Os intelectuais e a sociedade*, 2011, p. 58.
[157] COSTA, Susana Henriques da; FERNANDES, Débora Chaves Martines. Processo coletivo e controle judicial das políticas públicas – relatório Brasil. *In*: GRINOVER, Ada Pellegrini

adoção de modelo multiportas no CPC, isto é, no sentido de que toda demanda deve ser submetida à técnica ou ao método mais funcional ou adequado para a resolução dos conflitos, notadamente por meio da consensualidade (artigo 3º, §§2º e 3º, do CPC),[158] resulta particularmente compreensível que a tutela coletiva alcance o seu merecido espaço nas demandas relacionadas à atuação do Poder Público. Lembrando-se de que, no Direito brasileiro, as situações jurídicas coletivas, isto é, quando titularizadas por grupo, coletividade ou comunidade, podem ser tuteladas através de dois tipos de instrumentos, a saber: as ações coletivas e o julgamento de casos repetidos, nos termos do artigo 928 do CPC.[159]

No Brasil, a despeito disso, a utilização de ações coletivas na defesa de direitos fundamentais sociais ainda não galgou o seu merecido espaço, inclusive o Poder Judiciário tem revelado parcimônia para empreender suas potencialidades na seara processual,[160] especialmente em matéria previdenciária, apesar de não mais existir controvérsia, a despeito de seus riscos, sobre a legitimidade *ad causam* do MPF[161] ou DPU. Nesse ponto, vale destacar que não é muito difícil imaginar a possibilidade de sérios riscos à atuação administrativa em função dos aspectos prático-processuais das ações coletivas, pois os benefícios previdenciários contemplam uma dinâmica concessória com considerável carga de atenção pessoal, pois ela parte sempre das singularidades que encerram o perfil dos segurados diante da complexa tarefa de aplicação da legislação previdenciária, notadamente nos benefícios por incapacidade, logo, o estabelecimento de regramentos *definitivos* a partir da lógica interna de alguns julgados, sem qualquer surpresa, tende a criar uma excessiva interferência no processo decisório das autoridades administrativas, sem que isso reflita um necessário aperfeiçoamento da atuação administrativa na aplicação do direito.

---

et al. (Coord.). *O processo para solução de conflitos de interesse público.* Salvador: JusPodivm, 2017, 359-381, p. 370.

[158] LESSA NETO, João Luiz. O novo CPC adotou o modelo multiportas!!! E agora? *RePro*, São Paulo, vol. 244, p. 427-441, jun. 2015, p. 431.

[159] DIDIER JÚNIOR; ZANETI JÚNIOR, Hermes. Ações coletivas e o incidente de julgamento de casos repetitivos – espécies de processo coletivo no direito brasileiro: aproximações e distinções. *RePro*, São Paulo, vol. 256, p. 209-218, jun. 2016, p. 212.

[160] FRANÇA, Giselle de Amaro e. *O Poder Judiciário e as políticas públicas previdenciárias.* São Paulo: LTr, 2011, p. 133.

[161] FRANÇA, Giselle de Amaro e, *O Poder Judiciário e as políticas públicas previdenciárias*, 2011, p. 179.

A questão, contudo, pode assumir um sentido diverso: as demandas coletivas, tal como permeadas pela processualística brasileira, no plano executivo, nada diferem em dificuldades das demandas individuais. Aliás, a atuação judicial não poderia demorar em reconhecer tal fato, daí o porquê de as ações coletivas ainda não entregarem o que deveriam. Além disso, como a queixa de injustiça cresce na mesma proporção do conhecimento humano, fazendo com que a ideia de infortúnio de outrora seja reproduzida ou transformada em uma demanda judicial de hoje,[162] não existindo propriamente uma ideia de destino quanto aos infortúnios, típica de outros tempos, mas, sim, produto de uma política considerada inadequada,[163] a lógica da exigibilidade dos direitos ganha cada vez mais fôlego e, com isso, a complexidade das demandas também aumenta.

Assim, é bem compreensível que os dilemas relacionados à RP ganhem espaço no processo coletivo. Porém, o grande compromisso das demandas coletivas é conjugar a noção de economia processual com a racionalização da ação pública. Por outro lado, seu maior desafio é superar, para além dos limites processuais, a ausência de efetividade dos direitos impostos pela legislação ou reconhecidos jurisprudencialmente. No que se refere aos limites da processualidade no plano das realizações materiais, a razão é simples de entender: a *tecnologia processual* não é capaz de aperfeiçoar ou superar a *fisiologia instrumental* da Administração Pública, pois a efetividade do processo exige uma dimensão de análise que vai muito além da capacidade de decidir, imperativamente, sobre relevantes questões sociais,[164] impondo-se, necessariamente, uma conexão discursiva com os meios administrativos de satisfação dos direitos defendidos. Nesse sentido, os substratos processuais coletivos, invariavelmente, assumem feições individuais no universo das prestações públicas e, assim, submetem-se às regulares dificuldades das demandas individuais, sobretudo nos aspectos funcionais e financeiros. É dizer, mesmo que se considerem os benefícios da uniformidade de tratamento das questões repetidas, por meio

---

[162] GALANTER, Marc. Access to Justice in a World of Expanding Social Capability. *FULJ*, New York, vol. 37, n. 01, p. 115-128, 2009, p. 124.
[163] GALANTER, Marc, Access to Justice in a World of Expanding Social Capability, 2009, p. 125.
[164] SALLES, Carlos Alberto de. Processo civil de interesse público. *In:* SALLES, Carlos Alberto de (Org.). *Processo civil e interesse público:* o processo como instrumento de defesa social. São Paulo: Revista dos Tribunais, 2003, p. 40-77, p. 50.

da definição de teses jurídicas, ainda persistem os mesmos dilemas político-administrativos no cumprimento dos direitos,[165] cuja dimensão executiva assume caráter de alta atenção pessoal.

Além disso, nas demandas coletivas, as prestações materiais são potencialmente mais burocráticas em função da representação de interesses no seio da Administração Pública, onde os conflitos, não raras vezes, estendem-se para outro horizonte de análise – burocracia excessiva na execução dos julgados – isso porque a *construção dos impérios burocráticos*, para além dos indeclináveis objetivos constitucionais, também atende aos interesses da própria estrutura burocrática.[166] Por ouro lado, a dinâmica compreensiva da atividade administrativa é, por definição, em matéria de prestações sociais, uma realidade individual e predominantemente rival. A intensa rivalidade entre os demandantes de prestação de serviço ou material, claro apanágio dos direitos sociais, inclusive por serem deveres imperfeitos, cujo cumprimento exige algum grau de discrição,[167] faz recrudescer as análises sobre a racionalidade na alocação dos recursos públicos e, claro, no emprego prioritário deles no caso concreto. Afinal, não há como cotejar a viabilidade de qualquer política pública sem ponderar os meios imprescindíveis à sua execução, realizando, da forma mais funcional possível, a distribuição dos recursos disponíveis do Poder Público, isto é, da própria sociedade.[168] Tem-se, portanto, um cenário desafiador para qualquer gestão que tenha a pretensão de ser eficiente.

Em função dessas considerações, os processos coletivos no específico universo da sindicabilidade das políticas públicas, no que bem caracteriza o processo civil de interesse público,[169] apenas traduzem as incompreensões da seara processual para o universo das prestações administrativas; porém, a dinâmica executiva cumpre uma procedimentalidade própria que nada difere em celeridade ou funcionalidade das demandas individuais. Desse modo, o êxito das demandas individuais

---

[165] ABI-CHAHINE, Paula Aparecida. As Ações Coletivas de Direitos Individuais Homogêneos e o Incidente de Resolução de Demandas Repetitivas (IRDR): análise comparativa. *RF*, São Paulo, vol. 112, n. 424, p. 287-315, jul./dez. 2016, p. 304.

[166] PETERS, B. Guy. *La política de la burocracia*. Estudio introductorio de José Luis Méndez. Traducción de Eduardo L. Suárez Galindo. México-DF: Fondo de Cultura Económica, 1999, p. 114.

[167] CORTINA, Adela. *Alianza y contrato*: política, ética y religión. 2. ed. Madrid: Trotta, 2005, p. 58.

[168] SALLES, Carlos Alberto de, *Processo civil de interesse público*, 2003, p. 60.

[169] SALLES, Carlos Alberto de, *Processo civil de interesse público*, 2003, p. 72.

tem muito a dizer sobre o sucesso das demandas coletivas. Dito de outro modo, a correção do direito não representa o dilema central na concretização dos direitos, por maior que seja a cientificidade da técnica processual, mas, sim, os meandros concretos da atividade administrativa relacionados à árdua tarefa de entregar uma prestação de serviço ou material judicialmente conformada. Além disso, a contingencialidade dos direitos sociais, conforme a dinâmica da realidade social, além de superar o resultado útil dos processos coletivos,[170] também contribui para a disseminação das demandas individuais.

Assim sendo, no horizonte da atuação administrativa, os parâmetros executivos das demandas coletivas padecem dos mesmos gargalos dos processos decisórios administrativos, incorporando-se, evidentemente, os novos parâmetros substantivos ou procedimentais que não são adequadamente abordados nas demandas individuais. De qualquer forma, a grande vantagem no processo coletivo é a tônica pretensamente racionalizadora da prestação jurisdicional, como que criando uma realidade procedimental nova na ambiência administrativa, que, naturalmente, possui reflexos nas decisões administrativas.

Do ponto de vista da contratação pública, os dilemas seguem os mesmos das demandas individuais, com uma clara diferença: a uniformidade de tratamento tende a reduzir os custos operacionais relativos à prestação de serviço ou material exigida do Poder Público. Todavia, a questão de fundo remanesce: se não for estabelecida uma política de fortalecimento do PRP pelos tribunais, notadamente o STJ, que persiste na intransigente defesa na manutenção do benefício previdenciário,[171] a discussão da RP tende a perder importância a partir dos prognósticos da decisão judicial. No caso, o STJ discutia a regularidade da COPES, que disciplina a *alta programada* no benefício de auxílio-doença, pontuando que o cancelamento *automático* do benefício representa uma ofensa aos princípios da ampla defesa e do contraditório, mesmo quando ocorra desídia do segurado em agendar nova perícia médica, sem falar que agendamento pode ser realizado via internet ou contato telefônico.

---

[170] COSTA, Susana Henriques da; FERNANDES, Débora Chaves Martines, *Processo coletivo e controle judicial das políticas públicas* – relatório Brasil, 2017, p. 375.

[171] BRASIL. Superior Tribunal de Justiça. Segunda Turma. *Agravo Interno no Agravo em Recurso Especial nº 1.049.440/MT*. Relator: Ministro Herman Benjamin. Julg. em 27 jun. 2017. DJe 30 jun. 2017. Disponível em: https://ww2.stj.jus.br/processo/revista/inteiroteor/?num_registro=201700205356&dt_publicacao=30/06/2017. Acesso em: 20 dez. 2017.

Quer dizer, conforme a lógica do STJ, o segurado que não fizer o agendamento da perícia, mesmo sabendo do prazo limite de concessão do benefício (cobertura financeira) e não se sentindo capacitado para retornar ao trabalho (alegação de incapacidade), não pode ter o benefício cancelado, senão ocorreria uma violação de princípios processuais constitucionais (artigo 5º, inciso LV, da CRFB). Eis, portanto, uma clara demonstração de como o Estado tutela a vida dos cidadãos, presumindo uma vulnerabilidade social dos segurados, de modo a justificar a supressão da liberdade de os beneficiários seguirem o rumo de suas próprias vidas. Desse modo, se o segurado não possui autonomia para fazer o agendamento de uma perícia médica, o que esperar dele para alcançar alguma relação de trabalho? A postura paternal do STJ é um estímulo à inércia do segurado, que, nessa qualidade, não terá qualquer engajamento no PRP, pois a indolência é premiada pela manutenção do benefício previdenciário.

Evidentemente, isso não quer dizer que a sistemática da COPES não mereça reparos, notadamente quanto à dinâmica informativa dos seus procedimentos e, sobretudo, quanto aos efeitos gerados pela inércia do segurado. Contudo, algo bem diverso é abonar uma lógica que desconsidera os desafios da autarquia previdenciária, que, tendo de realizar milhões de perícias anuais, poderia ser poupada da necessidade de realização de perícias que sequer foram agendadas pelos seus próprios interessados: os beneficiários.

1.2.2.3 Estruturantes

> "Sabendo-se que advogados e juízes são especialistas da área do direito e que exercem um valioso papel em suas especialidades, ambos têm se inclinado, contudo, ao longo dos anos e de forma crescente, para além de suas funções originais, usando a lei como 'instrumento de mudança social', o que significa que eles começaram a tomar decisões amadoras sobre questões complexas, as quais ultrapassam em muito as estreitas fronteiras da competência profissional de juízes e advogados."[172]

---

[172] SOWELL, Thomas, *Os intelectuais e a sociedade*, 2011, p. 51-52.

Partindo-se da premissa de que a função do juiz, especialmente nas cortes constitucionais, é identificar o significado dos valores constitucionais e aplicá-los no caso concreto,[173] surge a importante questão do demorado processo de assimilação desses valores nas práticas administrativas das instituições públicas. Daí o justificável propósito de que a decantação orgânico-funcional desses valores seja capaz de *transformar* a realidade das prestações públicas. E, aqui, a questão vai muito além da correção judicial das decisões, pois a proteção dos valores constitucionais exige uma verdadeira reestruturação das organizações.[174] É necessário, portanto, definir as diretrizes axiológicas[175] da atuação institucional e, a partir disso, promover as mudanças no *modus operandi* da atuação administrativa diante de problemas de alta complexidade, nos quais a atuação judicial não detém competência para apresentar soluções adequadas – pelo menos no seu sentido tradicional, isto é, por meio de decisões rígidas e detalhadas necessariamente destinada à execução forçada –, exigindo-se um conteúdo decisório que abarque a lógica de *direitos fortes* e *remédios flexíveis*.[176]

Ademais, adotando-se o entendimento de que a ordem normativa contempla práticas e expectativas sociais em uma perspectiva institucionalizadora, resulta aceitável a compreensão de que os participantes dessas práticas sejam capazes de coordenar adequadamente o objetivo das ações institucionais do Poder Público.[177] Para isso, o Poder Judiciário teria uma função de verdadeiro coordenador de esforços institucionais,[178] agindo com independência e predisposição ao diálogo com o Poder Público,[179] não se preocupando propriamente com dilemas individuais, mas propondo um novo *status* na prestação dos serviços

---

[173] FISS, Owen M. The forms of justice. *HLR*, Massachusetts, vol. 93, n. 01, p. 01-58, Nov. 1979, p. 09, 29, 42 e 50.

[174] FISS, Owen M. Two model of adjudication. *In*: GOLDWIN, Robert A.; SCHAMBRA, William A. (eds.). *How does the constitution secure rights?* Washington-DC: AEI Press, 1985, p. 36-49, p. 39.

[175] FISS, Owen M., *The forms of justice*, 1979, p. 36.

[176] SCHINEMANN, Caio César Bueno. Do processo coletivo ao processo estrutural: a superação do conceito tradicional de tutela coletiva. *RePro*, São Paulo, ano 46, vol. 314, p. 229-248, abr. 2021, p. 239.

[177] CUNHA FILHO, Marcelo de Castro; FERES, Marcos Vinício Chein. Ordem normativa institucional a partir do pensamento de Axel Honneth. *Nomos*, Fortaleza, vol. 35, n. 02, p. 255-270, jul./dez. 2015, p. 269.

[178] FISS, Owen M. The social and political foundations of adjudication. *LHB*, Washington-DC, vol. 06, n. 02, p. 121-128, June 1982, p. 126; FISS, Owen M., The forms of justice, 1979, p. 41.

[179] FISS, Owen M., *Two model of adjudication*, 1985, p. 44.

públicos, no qual seja plenamente compaginável com os direitos fundamentais.[180] Afinal, os litígios são estruturais justamente em função do modo como a estrutura burocrática opera na prestação dos serviços públicos,[181] tendo em vista a violação de direitos de diversos subgrupos sociais, afetando-os com intensidades e formas diferentes, o que impõe o reconhecimento do litígio estrutural como policêntrico, haja vista a existência de diversos centros problemáticos, os quais exigem uma coordenação de soluções interdependentes diante da complexa teia de violações de direitos.[182]

No entanto, os processos estruturais, como particular forma de processo coletivo, não têm ocupado um lugar de destaque na ordem constitucional brasileira, porquanto as analíticas disposições constitucionais, mesmo consagrando uma extensa lista de direitos fundamentais, não têm acarretado maiores reviravoltas na forma de atuação da Administração Pública, isto é, os valores constitucionais ainda não desencadearam reformas estruturais nas instituições públicas. De todo modo, é possível exemplificar no STF, como decisões estruturantes, os seguintes casos: (a) Raposa Serra do Sol (Ação Popular nº 3.388/RR); (b) Mandado de Injunção nº 708/DF, que é relativo ao direito de greve dos servidores públicos civis; (c) Arguição de Descumprimento de Preceito Fundamental (ADPF) nº 378, que dispõe sobre o rito do processo de *impeachment* – Lei nº 1.079/1950;[183] ou, ainda, (d) a ADPF 347, que trata de violação dos direitos fundamentais dos detentos do sistema prisional.

Vale destacar que em uma situação de litígio estrutural não se observam alterações substanciais na dinâmica funcional e estrutural das entidades públicas em função dos valores constitucionais,[184] tal como ocorrera no caso *Brown v. Board of Education of Topeka*,[185] aliás, clássica decisão constitucional que exigiu, diante da vexatória segregação racial nas escolas, profundas reformas estruturais não apenas no sistema

---

[180] FISS, Owen M., *The social and political foundations of adjudication*, 1982, p. 123.

[181] VITORELLI, Edilson. Processo estrutural processo civil de interesse público: esclarecimentos conceituais. *RIDP*, São Paulo, vol. 07, p. 147-177, jan./jun. 2018, p. 153.

[182] VITORELLI, Edilson, *Processo estrutural processo civil de interesse público*, 2018, p. 154.

[183] DIDIER JÚNIOR, Fredie; ZANETI JÚNIOR, Hermes; OLIVEIRA, Rafael Alexandria de. Notas sobre as decisões estruturantes. *CPR*, München, vol. 08, n. 01, p. 46-64, jan./apr., 2017, p. 54-55. Disponível em: <http://www.civilprocedurereview.com/index.php?option=com_content&view=article&id=588%3Apdf-revista-n1-2017&Itemid=114&lang=pt>. Acesso em: 06 dez. 2017.

[184] FISS, Owen M., *The forms of justice*, 1979, p. 02.

[185] *Vide*: 347 U.S. 483 (1954), disponível em: https://supreme.justia.com/cases/federal/us/347/483/case.html. Acesso em: 22 nov. 2017.

público de ensino nos Estados Unidos.[186] Dessa forma, as decisões estruturantes consagram uma clara perspectiva gerencial da revisão judicial.[187] Aliás, um apanágio dos litígios complexos, que pretendem promover relevantes reformas estruturais, é o acompanhamento judicial da atividade empreendida pelos agentes envolvidos no processo.[188]

Daí que a técnica do processo estrutural representa uma inegável expansão das fronteiras do controle judicial, causando um justificável receio dos poderes políticos, porquanto denuncia um agigantamento [ainda maior] do Poder Judiciário sobre os demais poderes,[189] pois a dinâmica do litígio estrutural reforça o papel mais ativo da magistratura,[190] aliás, não apenas na direção do processo, mas, sobretudo, na coordenação das forças institucionais do Estado.

No Brasil, é possível afirmar que as flagrantes violações dos direitos fundamentais assumem um ar de *irresistível adversidade socioeconômica*, como se fossem apenas resultado de profundos déficits estruturais da sociedade brasileira e, assim, forçosamente compreendidos como inevitáveis realidades diante dos limites materiais da atuação estatal. Essa cômoda perspectiva ainda não parece animar os planos de mudança na atuação das instituições públicas, senão muito lentamente, de maneira que os desafios decorrentes dos prognósticos constitucionais são, geralmente, contornados pela estoica aceitação dos flagelos na promoção das prestações sociais.

Essa realidade pode ser representada em diversos segmentos da Seguridade Social, e tratando-se mais especificamente da Previdência Social, cumpre destacar alguns dados diretamente relacionados ao PRP. O alarmante número de acidente do trabalho (artigo 19 a 21 da LBPS) denuncia a ausência de política pública efetiva de proteção ao trabalhador, especialmente quando se considera a diferença entre o número de benefícios decorrentes de acidente do trabalho e, por outro lado, o número de trabalhadores reabilitados. Essa difícil situação, a despeito da rudeza ou singeleza de detalhes dos dados estatísticos,

---

[186] FISS, Owen M., *The social and political foundations of adjudication*, 1982, p. 122.
[187] YOUNG, Katharine G., *A typology of economic and social rights adjudication*, 2010, p. 403.
[188] DIDIER JÚNIOR, Fredie; ZANETI JÚNIOR, Hermes; OLIVEIRA, Rafael Alexandria de, *Notas sobre as decisões estruturantes*, 2017, p. 50.
[189] CAMBI, Eduardo; WRUBEL, Virgínia Telles Schiavo. Litígios complexos e processo estrutural. *RePro*, São Paulo, vol. 295, p. 55-84, set. 2019, p. 66.
[190] CAMBI, Eduardo; WRUBEL, Virgínia Telles Schiavo, Litígios complexos e processo estrutural, 2019, p. 69.

que não traduzem adequadamente as catástrofes sociais por meio de números, encontra-se estampada nas tabelas que seguem:

Tabela 01 – Quantidade de acidentes do trabalho[191-192-193]

BRASIL	TOTAL
2010	709.474
2011	720.629
2012	705.239
2013	725.664
2014	712.302
2015	622.379
2016	585.626
2017	557.626
2018	576.951

Apesar de considerável redução no número de acidentes do trabalho – inclusive, por conta da crise econômica iniciada no segundo trimestre de 2014, cujo problema fiscal ainda se encontra pendente de solução[194] e, sobretudo, intensificada pela Covid-19 –, percebe-se que a quantidade de acidentes ainda continua bem expressiva, logo, não se discute o quão preocupante é a situação do trabalhador brasileiro, sem falar, ainda, nos expressivos custos que isso acarreta ao RGPS e SUS, pois boa parte dos acidentes de trabalho, por meio dos processos

---

[191] BRASIL. Ministério do Trabalho e Emprego. *AEAT 2012*. Brasília: MTE, 2012, p. 15. Disponível em: https://www.gov.br/previdencia/pt-br/assuntos/previdencia-social/saude-e-seguranca-do-trabalhador/dados-de-acidentes-do-trabalho/arquivos/aeat-2012.pdf. Acesso em: 29 maio 2021.

[192] BRASIL. Ministério da Fazenda. *AEAT 2015*. Brasília: MF, 2015, p. 15. Disponível em: https://www.gov.br/previdencia/pt-br/assuntos/previdencia-social/saude-e-seguranca-do-trabalhador/dados-de-acidentes-do-trabalho/arquivos/aeat15.pdf. Acesso em: 29 maio 2021.

[193] BRASIL. Ministério da Fazenda. *AEAT 2018*. Brasília: MF, 2018, p. 14. Disponível em: https://www.gov.br/previdencia/pt-br/assuntos/previdencia-social/saude-e-seguranca-do-trabalhador/dados-de-acidentes-do-trabalho/arquivos/aeat-2018.pdf. Acesso em: 29 maio 2021.

[194] BARBOSA FILHO, Fernando de Holanda. A crise econômica de 2014/2017. *EA*, São Paulo, vol. 31, n. 89, p. 51-60, 2017, p. 57.

decisórios administrativos ou judiciais, vai gerar tratamentos clínicos demorados e onerosos, bem como inumeráveis benefícios previdenciários. Nesse ponto, é importante destacar que a precariedade do PRP repercute na própria disparidade de oportunidade de trabalho entre os segurados, pois a dimensão econômica do trabalhador interfere diretamente, sobretudo, na ausência da ação pública, nas possibilidades de tratamento privado e, com isso, na própria ideia de retorno ao mercado de trabalho, que é cada vez mais competitivo em função do maior grau de especialização profissional. Desse modo, a RP é determinante para o trabalhador de baixa renda e, sobretudo, com pouca escolaridade.

Assim, nessa ordem de ideias, o modelo de contratação pública não poderia representar mais uma adversidade ao Poder Público, isto é, deveria ser capaz de prestigiar as demandas específicas da RP da forma mais eficiente possível, atenuando o cenário difícil dos trabalhadores que passaram pelo evento, geralmente traumático, denominado acidente de trabalho. Explica-se: em um cenário de adversidades intrínsecas à própria prestação de serviço ou material, o Poder Público deveria dispor de mecanismos de contratação pública mais flexíveis e que, nessa qualidade, fossem capazes de levantar possibilidades de contratação que se encaixassem adequadamente às demandas geradas pelos reabilitandos. Todavia, a realidade na APS/INSS demonstra algo bem diverso, conforme apresentado nos capítulos vindouros, em que o juízo analítico sobre a funcionalidade das prestações é limitado pelo processo de contratação pública.

Por isso, para além da intranquila discussão sobre os dilemas das relações protetivas jurídico-laborais[195] – notadamente diante de grupos predadores ou *rent-seekers*, que se aproveitam dos parâmetros de funcionamento do mercado, especialmente com legislações rígidas, para impor *barreiras de ingresso* aos desempregados, inclusive, com o beneplácito da atuação política[196] –, cumpre mencionar que os demais mecanismos de proteção social, especialmente em matéria previdenciária, revelam-se bem aquém das demandas administrativas, a despeito do número de benefícios acidentários, como bem comprova o período destacado na tabela abaixo:

---

[195] ARAÚJO, Fernando. A análise econômica do contrato de trabalho. *RDT*, São Paulo, vol. 171, p. 163-238, set./out. 2016, p. 190.
[196] ARAÚJO, Fernando, *A análise econômica do contrato de trabalho*, 2016, p. 102.

Tabela 02 – Quantidade de benefícios urbanos e
rurais acidentários concedidos[197-198-199]

BRASIL	URBANOS	RURAIS	TOTAL
2010	326.505	25.219	351.724
2011	323.378	23.123	346.501
2012	312.765	20.633	333.398
2013	317.667	20.445	338.112
2014	294.449	17.743	312.192
2015	210.652	11.798	222.450
2016	244.432	12.867	257.299
2017	215.146	10.266	225.412
2018	226.466	8.921	235.387

Ainda que, no período assinalado, observe-se uma redução no número total de benefícios urbanos e rurais acidentários concedidos, precisamente a partir de 2011, inclusive, de modo mais acentuado a partir de 2014, mas que voltou a crescer em 2016 e com ligeira queda em 2017, com novo aumento em 2018, vale mencionar que a redução contínua no número de benefícios, portanto, de 2010 a 2018, só se observa com relação aos benefícios rurais, o que evidencia uma política mais adequada de prevenção de acidentes no campo ou uma redução contínua no número de postos de trabalho. Por outro lado, o número de benefícios urbanos acidentários parece seguir o fluxo da atividade econômica, portanto, com redução ou aumento em função da menor ou maior atividade econômica no ano, o que evidencia que a política de prevenção de acidente de trabalho não tem sido exitosa. Evidentemente, quanto maior se revelar o número de trabalhadores na

---

[197] BRASIL. Ministério da Previdência Social. *AEPS 2012*. Brasília: MPS, 2013, p. 114 e 130. Disponível em: https://www.gov.br/previdencia/pt-br/images/2013/05/AEPSa_2012.pdf. Acesso em: 30 maio 2021.

[198] BRASIL. Ministério da Fazenda. *AEPS 2015*. Brasília: MF, 2016, p. 115 e 131. Disponível em: https://www.gov.br/previdencia/pt-br/acesso-a-informacao/dados-abertos/previdencia-social-regime-geral-inss/arquivos/aeps-2015.pdf. Acesso em: 30 maio 2021.

[199] BRASIL. Ministério da Fazenda. *AEPS 2018*. Brasília: MF, 2019, p. 97 e 127. Disponível em: https://www.gov.br/previdencia/pt-br/acesso-a-informacao/dados-abertos/previdencia-social-regime-geral-inss/arquivos/aeps-2018.pdf. Acesso em: 30 maio 2021.

atividade econômica, maior é a possibilidade de acidente de trabalho, contudo, essa lógica não é linear, isto é, a qualidade da prevenção de acidente faz toda a diferença.

Além disso, não há como negar a necessidade de expansão do serviço prestado no PRP, haja vista a gritante diferença entre o número de benefícios concedidos (tabela 02) e o número de trabalhadores reabilitados, conforme tabela abaixo:

Tabela 03 – Números do serviço de RP[200-201-202]

BRASIL	Clientes registrados	Clientes elegíveis	Clientes reabilitados	Recursos materiais (R$)
2010	58.543	31.819	17.647	9.500.331
2011	52.107	30.754	17.434	9.122.075
2012	52.030	31.401	17.387	8.428.751
2013	53.843	34.642	16.711	15.710.440
2014	52.413	32.996	17.222	10.875.389
2015	42.249	25.652	13.527	8.180.273
2016	46.289	28.488	16.342	8.943.293
2017	57.360	31.518	17.092	10.385.111
2018	55.867	30.180	16.586	10.444.764

Ademais, percebe-se uma grande diferença entre o número de clientes elegíveis e o de clientes reabilitados, denunciando, mais uma vez, que o PRP se encontra muito aquém das demandas da sociedade. Então, por mais que se discuta que as decisões estruturais não seriam capazes de reestruturar as instituições públicas, mudando práticas e procedimentos administrativos, não há como negar que a atual situação da RP teria um forte potencial para ventilar um processo estrutural, tendo em vista a deficiência do PRP em todo o território nacional, apesar dos esforços da autarquia previdenciária.

---

[200] BRASIL, *AEPS 2012*, 2013, p. 518.
[201] BRASIL, *AEPS 2015*, 2016, p. 543.
[202] BRASIL, *AEPS 2018*, 2019, p. 647.

Nesse contexto, a reconfiguração das instituições públicas, como demorado processo de aperfeiçoamento da atuação administrativa, ensejaria uma perspectiva extremamente valiosa à contratação pública, porquanto a dinâmica das prestações públicas seguiria um sucessivo fluxo decisório pretensamente compatível com o planejamento administrativo, pois o Poder Judiciário assumiria uma perspectiva dialogal, própria de uma atuação de coordenação, em detrimento da perspectiva coercitiva a partir de imperativos político-normativos. Aliás, não seria propriamente o fim do antagonismo entre os atores envolvidos, mas revelaria a prevalência do diálogo sobre a perspectiva monocórdica da imperatividade dos comandos judiciais. Nesse ponto, vale dizer que a dinâmica operativa das decisões estruturantes se aproximaria ao *ativismo dialógico* do Estado de Coisas Inconstitucional (ECI), no que enfrentaria, evidentemente, os mesmos dilemas relacionados ao processo de mudança institucional.[203]

No Brasil, o plano inicial dessa problemática, em uma tentativa de internalização da experiência jurisprudencial colombiana, foi apresentado por meio da Medida Cautelar na ADPF nº 347,[204] porém, apesar dos pretensiosos objetivos na garantia dos direitos fundamentais dos detentos, o resultado ficou bem aquém do desejado, haja vista o modo solipsista e decisionista, portanto não dialógico, na determinação de providências político-administrativas.[205] Contudo, observou-se mais um expediente de ampliação das competências do Poder Judiciário, que vai, a passos largos, usurpando as funções dos poderes eminentemente políticos da República.[206] Aqui é preciso compreender o seguinte: não há como defender a justiciabilidade dos direitos, como forma de implementação dos largos prognósticos constitucionais, sem a ampliação dos

---

[203] LIMA, George Marmelstein. Estado de Coisas Inconstitucional: uma análise panorâmica. *In*: OLIVEIRA, Paulo Augusto de; LEAL, Gabriel Prado (Org.). *Diálogos jurídicos luso-brasileiros*. Salvador: Faculdade Baiana de Direito, 2015, p. 241-264, p. 250.

[204] BRASIL. Supremo Tribunal Federal. *Medida Cautelar em Arguição de Descumprimento de Preceito Fundamental nº 347*. Tribunal Pleno. Relator: Ministro Marco Aurélio. Julg. 09 set. 2015. DJe nº 031, 19 fev. 2016. Disponível em: <http://redir.stf.jus.br/paginadorpub/paginador.jsp?docTP=TP&docID=10300665>. Acesso em: 27 dez. 2018.

[205] FURTADO, Emmanuel Teófilo; MAIA, Isabelly Cysne Augusto; MARIANO, Cynara Monteiro. Contribuições do estado de coisas inconstitucional para a superação das omissões não normativas: dos entraves institucionais ao desenvolvimento humano. *RCJ*, Niterói, vol. 05, n. 10, p. 182-205, jan./abr. 2018, p. 194.

[206] FURTADO, Emmanuel Teófilo; MAIA, Isabelly Cysne Augusto; MARIANO, Cynara Monteiro, *Contribuições do estado de coisas inconstitucional para a superação das omissões não normativas*, 2018, p. 184.

poderes dos juízes e, consequentemente, do Poder Judiciário. É dizer, muitos querem não é o ECI, mas a operacionalidade do *instituto* do *Estado de Coisas Paradoxal*: justiciabilidade plena dos direitos e redução ou manutenção dos poderes judiciais. Nessa toada, seria a mesma coisa que defender, concomitantemente, a multiplicação dos direitos e a supressão dos tributos ou a redução do tamanho do Estado. Assim, mesmo que o Poder Judiciário assuma a honrosa posição de coordenador dos esforços institucionais, não há dúvida de que ele se agiganta diante dos demais poderes no campo político, porque é o poder que assume uma função moderadora e, portanto, acima dos demais.

Dessa forma, urge incorporar a lógica de que a justiciabilidade não é o melhor caminho para promover a implementação dos direitos sociais, a despeito de sua importância, sobretudo, nas demandas individuais, mas, sim, viabilizar os meios de atuação da sociedade, mormente um controle judicial de constitucionalidade destinado à desobstrução do processo democrático,[207] porém, é na realização de bens sociais coletivos – que não é tarefa precípua do Poder Judiciário, tais como educação, transporte, infraestrutura ou ciência e tecnologia – capazes de fomentar os substratos materiais emancipadores da sociedade civil, aliás, bem mais fomentador das conquistas sociais que o ajuizamento de uma ADPF para cada dilema social abrangente, inclusive, alguns desses dilemas são mais relevantes, porque trabalham nas causas e não nas consequências, que questão da violação dos direitos fundamentais dos detentos, tais como educação básica, saúde ou reabilitação profissional.

1.3 Demandas da contratação pública na reabilitação profissional

> "Quanto menos se tem uma visão teleológica do futuro, mais ele se presta à invenção hiper-realista, com o binômio ciência-técnica ambicionando explorar o infinitamente grande e o infinitamente pequeno, remodelar a vida, gerar mutantes,

---

[207] ELY, John Hart. *Democracy and distrust*: a theory of judicial review. Cambridge: Harvard University Press, 1980, p. 117.

oferecer um simulacro de imortalidade, ressuscitar espécies desaparecidas, programar o futuro genético."[208]

O propósito central da RP, como já foi demonstrado, é de fácil compreensão e, do ponto de vista tecnológico, totalmente factível: proporcionar o retorno do trabalhador ao mercado, o que, em outros termos, representa a redução do tempo de recebimento dos benefícios por incapacidade, retomada das contribuições previdenciárias e, claro, a própria redução ou superação da incapacidade do trabalhador,[209] cujos benefícios pessoais, sociais e institucionais são indiscutíveis.

Hoje, as nuances enfrentadas pela gestão pública no atendimento desse objetivo, a despeito de factíveis ou inteligíveis, são de diversas ordens; porém, no que interessa aos propósitos da tese e, portanto, adentrando no universo da contratação pública, identificam-se principalmente os seguintes desafios:

(a) inexistência de curso de capacitação ou, o que não é menos grave em função dos custos, a parca possibilidade de o curso oferecido promover uma efetiva reabilitação do trabalhador, denunciando os limites das parcerias, por exemplo, com o Serviço Social do Comércio (SESC) ou Serviço Nacional de Aprendizagem Comercial (SENAC);[210]
(b) dificuldade no fornecimento de prótese, órtese e demais tecnologias assistivas ou, na melhor hipótese, o produto fornecido não dispõe de adequada funcionalidade; e
(c) parcerias ineficazes, quando existentes, para composição de equipe multidisciplinar ou serviço de atenção ao trabalhador, via empresa, para construção de uma nova identidade profissional.[211]

---

[208] LIPOVETSKY, Gilles. *Os tempos hipermodernos*. Tradução Mário Vilela. São Paulo: Editora Barcarolla, 2004, p. 68.
[209] BRAVO, Ecléa Spiridião et al., *Proposta de articulação entre abordagens metodológicas para melhoria do processo de reabilitação profissional*, 2010, p. 65.
[210] BERTI, Arieti Regina; ZILIOTTO, Denise Macedo. Reabilitação profissional para trabalhadores com deficiência: reflexões a partir do estado da arte. *SS*, São Paulo, vol. 22, n. 03, p. 736-750, jul./set. 2013, p. 739; VARGAS, Alessandra Carvalho et al. Percepção dos usuários a respeito de um serviço de reabilitação profissional. *RBSO*, São Paulo, vol. 42, p. 01-10, 2017, p. 05.
[211] VARGAS, Alessandra Carvalho et al., *Percepção dos usuários a respeito de um serviço de reabilitação profissional*, 2017, p. 09.

Evidentemente, esses dilemas possuem relação direta com o PRP, aliás, são interdependentes: se a equipe multidisciplinar não é adequada, por certo possui sério impacto no número de trabalhadores encaminhados à RP (clientes elegíveis). Além disso, se não há curso de capacitação adequado, não há como empreender qualquer perspectiva de inserção do trabalhador no mercado.[212] Ademais, sem o adequado fornecimento de prótese, órtese ou tecnologias assistivas, e isso não pode ser negado, há parcas possibilidades de o trabalhador superar a incapacidade laboral. São, portanto, aspectos desafiadores à contratação pública e, por isso, dignos de discussão nesta tese. Nesse sentido, revela-se importante destacar as imbricações entre os processos decisórios, judiciais ou administrativos e a dinâmica que encerra a contratualidade na Administração Pública, pontuando as implicações prático-jurídicas que afetam diretamente no PRP.

Em outro giro, também é preciso expor o dilema do trabalhador diante do PRP, evidenciando o cenário difícil decorrente do modelo de contratação pública, que não prestigia a efetividade das prestações sociais, porque despreza o necessário enfoque nas informações prestadas pelos destinatários nas prestações de serviço ou material. Como não há prestações sociais sem contratação pública, esta, invariavelmente, reflete na qualidade das políticas públicas sociais e, consequentemente, na vida dos trabalhadores. A lógica que anima a eficiência da atuação administrativa, sem largo esforço de análise, passa, necessariamente, pelo aperfeiçoamento do modelo de contratação pública, que, no caso da RP, exige precisa compreensão da demanda do trabalhador, que, em última análise, é a da própria Administração Pública.

1.3.1 Entre mercados e decisões: juízos de evidência e juízos de coerência

> "Mesmo que todas as provas documentais e testemunhais demonstrem o contrário, mesmo que a empresa não tenha conhecimento da doença e precise demiti-lo, para o TST o funcionário acometido por doença grave sempre será tratado de forma discriminatória se for dispensado. Na prática, os ministros do TST estabeleceram para

---

[212] PEDROSO, Fleming Salvador; VACARO, Jerri Estevan, *Desempenho dos segurados no serviço de reabilitação do Instituto Nacional de Seguridade* [sic] *Social*, 2011, p. 204.

os doentes graves o mesmo privilégio de que desfrutam os saudáveis: estabilidade no emprego."[213]

É *compreensível* que a incapacidade humana coloque o trabalhador entre a adversidade do mercado e a incerteza da decisão administrativa ou judicial. Evidentemente, por elementar exigência de proteção social, o cidadão enfrentará o dilema das prestações sociais previdenciárias antes mesmo da tentativa de reingresso ao trabalho. Por isso, a falha na proteção previdenciária, além de ser o primeiro obstáculo do trabalhador, também representa um indicativo da contraposição decisória entre o INSS e o Poder Judiciário. Por isso, quando as instituições públicas não ajudam, revela-se pouco aceitável que o melhor desfecho advenha do mercado competitivo e, geralmente, excludente.

Nesse contexto, a dinâmica da contratação pública sofre clara influência do processo decisório judicial. Não se trata de mero impulso no tempo, corporificado na ideia de celeridade no atendimento, mas, também, na própria definição dos procedimentos a serem tomados pela gestão pública. Explica-se: como o trabalhador trafega entre as adversidades do mercado e as intervenções judiciais, como que entre as evidências do mercado e as correções judiciais, é compreensível que a Administração Pública se empenhe em promover aquilo que represente o menor sacrifício imediato das forças institucionais: a manutenção do benefício por incapacidade, independentemente das possibilidades de êxito do PRP. Afinal de contas, é sempre mais fácil empreender uma *obrigação pecuniária*, que exige *apenas* disponibilidade financeira do RGPS, que promover uma *obrigação prestacional*, pois exige considerável dinâmica de esforço administrativo para disponibilizar determinada prestação de serviço ou material, justamente porque esse tipo de atuação administrativa se encontra submetida a uma procedimentalidade que extrapola o raio de atuação da própria Administração Pública.

Assim, manter benefícios por incapacidade, por longos períodos, não acarreta dilemas na gestão do INSS, pois os benefícios são pagos pelo Orçamento da Seguridade Social (artigos 195; c/c 165, §5º, inciso III, da CRFB), sem falar que concedê-los ou negá-los é seguir a regular cadência das atividades administrativas da autarquia previdenciária. Por outro lado, promover um PRP eficiente exige redobrados esforços

---

[213] GARSCHAGEN, Bruno. *Direitos máximos, deveres mínimos*: o festival de privilégios que assola o Brasil. 2. ed. Rio de Janeiro: Record, 2018, p. 248.

da autarquia previdenciária, inclusive de ordem orçamentária, notadamente no custeio de pessoal e bens móveis ou imóveis. Portanto, toda reafirmação judicial,[214] ou mesmo administrativa, destinada à manutenção de benefício por incapacidade acaba por fragilizar, em certa medida, a própria importância do PRP.

Portanto, não existindo confiança no PRP, o benefício por incapacidade acaba por ser mantido administrativa ou judicialmente, a depender da maior ou menor incapacidade laboral do cidadão. Por isso, a concessão judicial ou administrativa de benefícios por incapacidade, de maneira não criteriosa, repita-se, tende a fragilizar o PRP, acarretando enormes prejuízos à dinâmica contributiva do RGPS e, claro, à autonomia financeira do segurado através do trabalho, o que impede ou dificulta, por certo, o reforço da sua autonomia pessoal. Percebe-se que, nesse cenário, a importância da contratação pública tende a ser reduzida em função dos contornos institucionais dado à problemática, fazendo com que a manutenção do benefício previdenciário acabe por gerar procedimentos nada audaciosos no serviço de RP e, claro, ventilar uma enganosa ideia de segurança social ao trabalhador. Trata-se de clara advertência sobre as implicações institucionais em função do modo diverso de enxergar a problemática imposta pela realidade.

Assim, os *juízos de evidência* sobre as convergências mercadológicas desfavoráveis, tão largamente defendidas pelas análises sociológicas dos problemas jurídicos, não podem firmar invariáveis *juízos de coerência* sobre a manutenção de benefício previdenciário. Essa relação, defendida na noção da RP completa ou aposentadoria por invalidez social,[215] desconhece os nefastos efeitos institucionais no plano da atuação administrativa, porquanto apenas posterga os problemas para outras instâncias decisórias da ação pública, sem falar na própria limitação da autonomia pessoal dos reabilitandos.

1.3.2 Desemprego, auxílio-doença, aposentadoria por invalidez e reabilitação profissional: o itinerário da agonia na proteção social

> "Não temos ideia de como será o mercado de trabalho em 2050. Sabemos que o aprendizado

---

[214] ALVES, Hélio Gustavo, *Habilitação e reabilitação profissional*, 2016, p. 55.
[215] VARGAS, Luiz Alberto de, *Direito à reabilitação profissional*, 2017, p. 87.

de máquina e a robótica vão mudar quase todas as modalidades de trabalho – desde a produção de iogurte até o ensino de ioga."[216]

A dinâmica laboral é uma realidade inevitável. Aliás, defende-se que a questão laboral mudará profundamente nas próximas décadas, pontuando um inóspito cenário que conjuga alto índice de desemprego com escassez de trabalho especializado,[217] desvelando uma nova agenda reflexiva sobre a proteção social do trabalhador: saindo da indesejada *exploração* das forças produtivas para a não menos perniciosa obsolescência da força de trabalho.[218] Antes disso, a toda evidência, já se revelam outros riscos sociais, notadamente os *riscos de transição*, quer dizer, da escola para o mercado de trabalho, de emprego para emprego, entre o emprego e a família, entre o emprego e o desemprego, de onde ressai a questão da RP, e, claro, entre o emprego e a pensão.[219]

Todavia, é preciso afirmar desde já que o desafio da proteção social, que tem na União a competência legislativa sobre as normas gerais de Direito Previdenciário, sobretudo para evitar eventuais conflitos na aplicação isonômica da legislação previdenciária,[220] apesar das singularidades da EC nº 103/2019, comporta enormes desafios e, entre eles, assoma em importância uma questão social diretamente relacionada à incapacidade laboral, a saber, o desemprego e, com ele, o reconhecimento de que as prestações sociais ainda não viabilizam um adequado itinerário de proteção social.

Aliás, é possível dizer que: a massificação do desemprego, com a impossibilidade de os cidadãos retornarem ao trabalho, mesmo que existam condições para tanto, expressa uma dimensão de exclusão social que não se insere propriamente no universo da previdência social ou assistência social.[221] Além disso, a assistência social seletiva não representa indiferença estatal com os dilemas concretos da pobreza extrema,

---

[216] HARARI, Yuval Noah. *21 lições para o século 21*. Tradução de Paulo Geiger. São Paulo: Companhia das Letras, 2018, p. 40.

[217] HARARI, Yuval Noah, *21 lições para o século 21*, 2018, p. 53.

[218] HARARI, Yuval Noah, *21 lições para o século 21*, 2018, p. 60.

[219] LOUREIRO, João Carlos. A segurança social, o seguro social: novos perímetros e universalidade. *BFDUC*, Coimbra, vol. 94, tomo I, p. 667-692, 2018, p. 677.

[220] DIAS, Eduardo Rocha; LEITÃO, André Studart; MACÊDO, José Leandro Monteiro de. Conteúdo e alcance das normas gerais de Direito Previdenciário. *RIL*, Brasília, ano 55, n. 218, p. 163-190, abr./jun. 2018, p. 178.

[221] LOUREIRO, João Carlos, *Cidadania, proteção social e pobreza humana*, 2014, p. 108.

mas uma forma de capitanear políticas públicas capazes de suprimir a dependência social por meio da educação e do trabalho,[222] o que não se revela possível apenas com a concessão de benefícios assistenciais ou previdenciários.

Aliás, isso fica evidente quando se considera o seguinte: a despeito de o auxílio-doença acidentário possuir maiores substratos normativos para elegibilidade ao PRP, sem falar que os acidentados gozam de estabilidade provisória na empresa (artigo 118 da LBPS), é bem intrigante afirmar que os detentores de auxílio-doença não acidentário lideram o número de segurados submetidos ao PRP,[223] denunciando que, além dos incontestáveis dilemas no ambiente do trabalho, o maior desafio da RP é o estabelecimento de política adequada de capacitação profissional, e não necessariamente o fornecimento de prótese, órtese ou tecnologias assistivas –, que, como se sabe, encontra-se relacionado aos acidentes de trabalho – a despeito de sua indiscutível importância diante das sequelas verificadas depois do período de tratamento de saúde. Além disso, é preciso ter em conta que a existência de limitação funcional, por si só, não torna necessária a RP, quando o segurado esteja apto para exercer atividades nas quais já disponha de habilitação ou conhecimento técnico,[224] denunciando, assim, o caráter subsidiário do PRP.

Portanto, o desafio do desemprego passa mais pelo caminho da capacitação profissional que propriamente pelos mecanismos de superação dos dilemas relacionados aos acidentes de trabalho. Não se discute a importância da estabilidade provisória dos acidentados, mas ela não é decisiva para efetiva inserção dos cidadãos no mercado de trabalho, sobretudo, quando o processo de capacitação não se insere no próprio ambiente de trabalho.[225] De modo geral, observa-se verdadeiro itinerário da agonia: em um primeiro momento, pela via administrativa ou judicial, tem-se a concessão de auxílio-doença, acidentário ou

---

[222] DIAS, Eduardo Rocha; FREITAS, Brenda Barros; LEITÃO, André Studart. Inclusão excludente, assistência, educação e paternalismo. *RDB*, São Paulo, vol. 17, n. 07, p. 306-327, maio/ago. 2017, p. 313.

[223] PEDROSO, Fleming Salvador; VACARO, Jerri Estevan. Reabilitação profissional e a aposentadoria especial nas doenças ocupacionais. *RBMT*, São Paulo, vol. 11, n. 02, p. 60-65, jul./dez. 2013, p. 64.

[224] REINALDIN, Elias Augusto; CASTELLANO, Vivian Caroline. O laudo pericial judicial em matéria de benefício previdenciário por incapacidade. *Publicações da Escola da AGU*, Brasília, vol. 13, n. 02, p. 153-169, maio/ago. 2021, p. 158.

[225] BREGALDA, Marília Meyer; LOPES, Roseli Esquerdo, *A reabilitação profissional no INSS: caminhos da terapia ocupacional*, 2016, p. 487.

previdenciário. A mesma lógica é observada na aposentadoria por invalidez. No segundo, a RP expressa um lugar de incertezas quanto à capacitação profissional, no que potencializa as dificuldades no processo de retorno do cidadão ao mercado de trabalho. No terceiro, por sua vez, observa-se a desafiadora travessia do mercado, a qual é sempre mais desgastante aos trabalhadores menos capacitados profissionalmente.

Essas constatações são, por tudo, justificadoras de mudança no itinerário da proteção social previdenciária, saindo do contexto agonizante de prestações de serviço ou material inadequadas, onerosas e ineficientes, em que pese ser respaldada pela noção de política pública com objetivos determinados,[226] para uma ideia mais concreta das prestações sociais, arrimada na obtenção de resultados. O êxito da RP é substancialmente revelado no sucesso de suas prestações. E o sucesso delas depende da qualidade da contratação pública. Se o modelo RP não parte dessa premissa, porque se prende à formalidade da mera expedição de CRP, tem-se apenas uma indiferente correção procedimental da atuação administrativa, mas jamais serviço de proteção social capaz de absorver os dilemas concretos dos trabalhadores.

Desse modo, afigura-se extremamente importante um modelo de contratação pública eficiente na oferta de cursos de capacitação e, claro, no fornecimento de prótese, órtese e tecnologias assistivas que sejam efetivamente funcionais. Além disso, é preciso romper as assincronias entre Administração Pública e terceiro setor, permeando um mosaico de interações institucionais no compartilhamento de recursos humanos e financeiros destinados ao PRP. Por fim, não há como negar que a *qualificação profissional*, para além das ordinárias exigências da reabilitação, representa uma demanda de todos os trabalhadores, pois o circunstancialismo das relações laborais não tem poupado ninguém, muito embora ele seja mais impiedoso com os reabilitandos e as pessoas com deficiências, o que deve impor um aprofundamento das políticas públicas de formação ou requalificação profissional.[227]

---

[226] BUCCI, Maria Paula Dallari. Buscando um conceito de políticas públicas para a concretização dos direitos humanos. *In*: BUCCI, M. P. D. *et al*. *Direitos humanos e políticas públicas*. São Paulo: Pólis, 2001, p. 05-16, p. 11.

[227] LOUREIRO, João Carlos, *A segurança social, o seguro social*: novos perímetros e universalidade, 2018, p. 688.

CAPÍTULO 2

DESAFIOS NORMATIVOS DA CONTRATAÇÃO PÚBLICA

> "La complejidad mal gestionada es la nueva forma de la ignorancia."[228]

A complexidade das relações sociais nunca deu chance para os reconhecidos limites da disciplina normativa. É dizer, a interação do social com o jurídico é cercada de indisfarçável assincronia ou heterossincronia no plano de ação do Estado; aliás, a gestão pública é expressão de reação, e não de ação.[229] Daí que o cenário de dificuldades no plano normativo é o lugar comum de toda reflexão jurídica. E isso fica ainda mais claro quando se nega a heterogeneidade normativa do direito administrativo, sustentando a falsa ideia da existência de um conjunto unitário e homogêneo,[230] aliás, resulta inevitável o reconhecimento da heterogeneidade do direito aplicável à Administração Pública.[231] Ademais, como toda disciplina normativa possui falhas, algumas, inclusive, imperdoáveis, exsurge o fundado propósito de superá-las ou contê-las em função das experiências coligidas pelas instituições. Nesse sentido, a pesquisa científica se torna o meio mais adequado para propor alternativas à legislação, mas apenas quando ela não negue a

---

[228] INNERARITY, Daniel. *La democracia del conocimiento:* por una sociedad inteligente. Barcelona: Paidós, 2011, p. 20.
[229] INNERARITY, Daniel. *El futuro y sus enemigos:* una defensa de la esperanza política. Barcelona: Paidós, 2009, p. 55.
[230] SUNDFELD, Carlos Ari. *Direito administrativo para céticos.* 2. ed., 2. tiragem. São Paulo: Malheiros, 2017, p. 129.
[231] ESTORNINHO, Maria João. *A fuga para o direito privado:* contributo para o estudo da actividade de direito privado da Administração Pública. Coimbra: Almedina, 1996, p. 350-351.

importância da experiência e, portanto, das práticas administrativas. Não por outro motivo que a investigação *lege ferenda*, de orientação crítico-prescritiva, revela-se tão importante para a Ciência do Direito.[232]

Diante da perspectiva abstrata da pretendida racionalidade da atividade legislativa, não é possível identificar os obstáculos nos planos concretos da atuação administrativa e, além disso, nenhuma possui o manual de instruções para a implementação exitosa dos seus fins. Trata-se, portanto, de elementar premissa compreensiva para enfrentar as dificuldades que circundam o regular fluxo das prestações públicas, em particular as de cunho orçamentário-financeiro. Logo, a ideia de planejamento administrativo exige um mínimo de previsibilidade quanto à atividade financeira do Estado no que compreende o combate aos *desvãos comportamentais* da sonegação fiscal,[233] senão a dinâmica executiva do orçamento acaba por representar verdadeiros entraves à procedimentalidade ou utilidade da própria contratação pública.

Além do mais, cogita-se que apenas 10% das receitas do orçamento se encontram à disposição do Executivo e Legislativo, em particular para fins de investimento,[234] fazendo com que ocorra, paradoxalmente, uma excessiva *politização* do orçamento *disponível*, subtraindo da decisão política as verdadeiras possibilidades financeiras para estabelecer as prioridades da gestão pública.[235]

Assim, com o engessamento do orçamento público, mormente com as EC nº 86/2015, 100/2019 e 105/2019, os prognósticos da ação pública padecem de dupla contenção a cada ano: (a) previamente, pela diminuta capacidade de investimento; e (b) posteriormente, pela incerteza da disponibilidade financeira. Assim, é preciso inserir o universo das despesas públicas no círculo das convergências econômicas, sociais, políticas e financeiras de cada anualidade, atentando-se, da

---

[232] COURTIS, Christian. El juego de los juristas. Ensayo de caracterización de la investigación dogmática. *In*: COURTIS, Christian (Ed.). *Observar la ley*: ensayos sobre metodología de la investigación jurídica. Madrid: Editorial Trotta, 2006, p. 105-156, p. 125-126.

[233] OLIVEIRA, Regis Fernandes de. *Curso de direito financeiro*. 2. ed. São Paulo: Revista dos Tribunais, 2008, p. 233.

[234] MARTINS, Marcelo Guerra. As vinculações das receitas públicas no orçamento. A Desvinculação das Receitas da União (DRU). As contribuições e a referibilidade. *In*: CONTI, José Maurício; SCAFF, Fernando Facury (Coord.). *Orçamentos públicos e direito financeiro*. São Paulo: Revista dos Tribunais, 2011, p. 821-845, p. 832.

[235] BUCCI, Maria Paula Dallari. *Fundamentos para uma teoria das políticas públicas*. São Paulo: Saraiva, 2013, p. 184.

forma mais objetiva possível, às realidades econômicas subjacentes à atuação do Poder Público.[236]

Além disso, é preciso ter em conta que o orçamento sempre dever ficar subordinado às opções político-econômicas do governo,[237] senão a ideia de gestão pública como instrumento da atividade política do Estado perde todo o sentido, pois inviabilizaria o controle de oportunidade das despesas ou da sua adequação às demandas administrativas. Agora, se tal discricionariedade ensejar a promoção de medidas não republicanas, por certo não se trata de dilema decorrente da discrição no gasto público, mas, sim, da ausência de escrúpulos do gestor, que exige cuidados de outra ordem. Portanto, é algo próprio da técnica do orçamento por programas a livre disposição de recursos para que o gestor possa estabelecer a atuação prioritária da ação governamental,[238] inclusive, por expressar um instrumento de planejamento governamental de médio e longo prazos a partir de cada período orçamentário.[239] Aliás, a própria dinâmica das transferências voluntárias, como expressão de maior liberalidade na execução de programas governamentais,[240] notadamente na área de direitos humanos, seria seriamente comprometida sem a defesa da discricionariedade do gasto público. Contudo, é preciso reconhecer que o instituto do orçamento-programa, nos termos do artigo 22, inciso IV, da LFP, ainda é uma realidade incompleta na execução orçamentária brasileira.

Ademais, para além das dificuldades orçamentário-financeiras, destaca-se o problema da seleção do fornecedor no modelo de contratação pública. É dizer, mesmo que os prognósticos orçamentário-financeiros sejam factíveis, a realidade da contratação pública não tem rendido boas relações na dinâmica contratual, fazendo com que boa parte das

---

[236] PASSEROTTI, Denis Camargo. A despesa pública, os direitos fundamentais e os princípios da eficiência e economicidade. *RFDFE*, Belo Horizonte, ano, 03, n. 04, p. 57-73, set. 2013/fev. 2014, p. 70.

[237] MONCADA, Luís Solano Cabral de. Perspectivas do novo direito orçamental português. *In*: MONCADA, Luís Solano Cabral de. *Estudos de direito público*. Coimbra: Coimbra Editora, 2001, p. 51-101, p. 58.

[238] SILVA, José Afonso da. O orçamento e a fiscalização financeira na Constituição. *In*: CLÈVE, Clèmerson Merlin; BARROSO, Luís Roberto (Org.). *Direito constitucional*: constituição financeira, econômica e social. São Paulo: Revista dos Tribunais, 2011, p. 161-173, p. 167.

[239] PEREIRA JÚNIOR, Jessé Torres; MARÇAL, Thaís Boia. Orçamento público, ajuste fiscal e administração consensual. *FCGP*, Belo Horizonte, ano 14, n. 163, p. 41-52, jul. 2015, p. 42.

[240] FREITAS, Leonardo Buissa; BEVILACQUA, Lucas. Atividade financeira do Estado, transferências intergovernamentais e políticas públicas no federalismo fiscal brasileiro. *RFDFE*, Belo Horizonte, ano 05, n. 09, p. 45-63, mar./ago. 2016, p. 59.

contratações deságue em uma agonizante ruptura de interesses e, consequentemente, em má prestação de serviços ou fornecimento de bens ou produtos.

Por isso, neste capítulo, pontuam-se os aspectos concretos desses dilemas no seio da Administração Pública, adentrando na fisiologia das estruturas administrativas, pois somente assim é possível identificar os verdadeiros motivos da ordinária ineficiência das contratações públicas, especialmente no atendimento das demandas do PRP. Aqui, vale destacar, desde logo, a importância do componente cultural no processo de contratação pública, cujos efeitos interferem diretamente no sucesso ou malogro da execução orçamentária.

Contudo, adverte-se: ainda que se discuta, agora, especificamente os obstáculos normativos relacionados à seleção do fornecedor e execução orçamentária, cumpre afirmar que a discussão sobre os desafios normativos na contratação pública, com outros nortes de reflexão, é objeto de análise em toda a tese, findando, inclusive, na apresentação de fundamentos e proposições de modelo de contratação pública.

2.1 Desafios orçamentário-financeiros

> *"No se puede actuar racionalmente sin asumir la complejidad de la realidad. El problema de determinadas concepciones de la política, decisiones jurídicas o planteamientos científicos es que tienen un modelo de decisión que no está a la altura de la complejidad, sino que la ignoran o desconocen."*[241]

A crise financeira brasileira denuncia, antes de tudo, um histórico de dificuldades na gestão fiscal do Estado. Aliás, isso resulta, em grande medida, de erros no planejamento da ação governamental e, consequentemente, vai refletindo, ano após ano, na distribuição dos recursos do orçamento. Trata-se de dilema crônico dos entes políticos brasileiros: dificuldade financeira agravada pela ausência de planejamento adequado das demandas administrativas. Aqui, não se afigura necessária uma discussão sobre a indigesta promiscuidade entre populismo e gestão fiscal, porquanto é uma reflexão mais ampla, inclusive,

---

[241] INNERARITY, Daniel, *El futuro y sus enemigos*, 2009, p. 94.

como elemento causal, da adversidade financeira dos entes políticos, que, aliás, extrapola o objetivo desta investigação.

Além disso, sem diagnóstico adequado das demandas sociais, não se afigura possível qualquer prognóstico exitoso do planejamento estatal.[242] Dito de outro modo, sem *sinceridade orçamentária* a dinâmica do gasto público oscila entre o emprego desmedido e despiciendo dos excedentes de recursos e a falta de dotação orçamentária para atender às demandas relevantes da sociedade,[243] sem falar nas dificuldades operacionais decorrentes dos contingenciamentos – e também dos restos a pagar – na execução orçamentária. "Em síntese, a ordem jurídica, no tocante à disciplina das finanças públicas, não admite atuação empírica incerta, insegura, desmedida ou mesmo aventurosa e temerária".[244] É dizer, se a história da riqueza assume um *dom* profundamente político, caótico e imprevisível,[245] já não se pode permitir isso no *tom* da atividade financeira do Estado. Por isso, antes mesmo da importância do planejamento da contratação pública, impõe-se o providencial planejamento do orçamento público, como instrumento técnico submetido à forma contábil, conjectural e jurídica,[246] no qual pontue adequadamente as prioridades da atuação estatal, especialmente diante dos limites impostos pela EC nº 95/2016, cujos parâmetros, por serem simples e lineares, contemplam poucas possibilidades de flexibilização pela gestão pública,[247] a despeito dos limites globais impostos, até mesmo nas demandas sociais de inquestionável prioridade, tais como educação e saúde, nos termos do artigo 110 do ADCT. Evidentemente, esse cenário se agravou profundamente com a Covid-19, como bem denotam os propósitos da EC nº 106/2020.

---

[242] PINTO, Élida Graziane. Eficácia dos direitos sociais por meio do controle judicial da legalidade orçamentária e da sua execução. *RFDFE*, Belo Horizonte, ano 03, n. 05, p. 71-100, mar./ago. 2014, p. 78.

[243] BALEEIRO, Aliomar. *Uma introdução à ciência das finanças*. 18. ed., revista e atualizada por Hugo de Brito Machado Segundo. Rio de Janeiro: Forense, 2012, p. 115.

[244] DALLARI, Adilson Abreu. Constituição e orçamento. *In*: CLÈVE, Clèmerson Merlin; BARROSO, Luís Roberto (Org.). *Direito constitucional*: constituição financeira, econômica e social. São Paulo: Revista dos Tribunais, 2011, p. 25-34, p. 27.

[245] PIKETTY, Thomas. *O capital no século XXI*. Tradução de Mônica Baumgarten de Bolle. Rio de Janeiro: Intrínseca, 2014, p. 41.

[246] MONCADA, Luís Solano Cabral de. *Direito económico*. 6. ed. Coimbra: Coimbra Editora, 2012, p. 674.

[247] LIMA, Edilberto Carlos Pontes. Novo regime fiscal: implicações, dificuldades e o papel do TCU. *IP*, Belo Horizonte, ano 19, n. 103, p. 183-193, maio/jun. 2017, p. 192.

Nesse contexto, é indiscutível a importância da sinceridade orçamentária, pois ela se relaciona com a correção do conteúdo da programação orçamentária, portanto, com a elaboração de leis orçamentárias factíveis, assumindo ares nitidamente substantivos,[248] e, por conseguinte, interfere diretamente no êxito das políticas públicas. Evidentemente, há fatores políticos nessa questão. A captação de votos por meio da provisão de prestações sociais, pretensamente suportada pelo orçamento, é um fato comum às democracias ocidentais,[249] especialmente naquelas com forte matiz populista.

Entretanto, no Brasil, a questão vai mais além dos ordinários problemas sobre a sustentabilidade financeira das prestações sociais, porquanto há diversos e específicos problemas relacionados à própria execução orçamentária. Aliás, antes mesmo disso, o próprio sistema tributário brasileiro, que obtém as receitas destinadas ao financiamento das prestações sociais e, assim, permitindo uma adequada intervenção na economia e sociedade para o atendimento dos prognósticos do Estado Social,[250] ainda não superou as intrincadas questões relacionadas à sua complexidade, que decorre dos conflitos de interesses dos entes políticos tributantes,[251] fazendo com que perdure desigual repartição de receitas tributárias, sacrificando a sociedade e, sobretudo, os mais dependentes da ação pública.

Assim, indaga-se: que relação esse estado de coisas possui com a contratação pública? Esse questionamento move as reflexões a seguir, especialmente para destacar que o maior dilema na promoção das prestações sociais, por mais que se diga o contrário, não se prende propriamente à (in)disponibilidade financeira em si, mas sim aos parcos meios adequadamente manejados pela atuação estatal diante das inumeráveis demandas administrativas decorrentes dos generosos prognósticos constitucionais no campo da *socialidade*, de maneira que a identificação de prioridades é determinante para a eficiência do gasto público e, consequentemente, para o próprio processo de implementação dos imperativos constitucionais na área social. Aqui, é preciso

---

[248] CAMPOS, Luciana Ribeiro. *Direito orçamentário em busca da sustentabilidade:* do planejamento à execução orçamentária. Porto Alegre: Núria Fabris Editora, 2015, p. 333.

[249] MARTINS, António. Estado social: uma perspectiva econômico-fiscal. *RFPDF*, Coimbra, ano VI, n. 01, p. 67-82, 2013, p. 76.

[250] SANTOS, António Carlos dos. Vida, morte e ressurreição do Estado Social. *RFPDF*, Coimbra, ano VI, n. 01, p. 37-65, 2013, p. 46.

[251] MACHADO, Hugo de Brito. *Curso de direito constitucional tributário.* São Paulo: Malheiros, 2012, p. 380.

fazer uma necessária delimitação do termo socialidade. Esta, nos limites desta investigação, não se refere ao campo de *relações intersubjetivas*, ou seja, de caráter comunicacional,[252] mas sim ao universo dos direitos fundamentais sociais e suas implicações no âmbito de atuação da Administração Pública, pois a socialidade compreende uma dimensão intrínseca dos deveres estatais;[253] enfim, ainda exerce função essencial no domínio das prestações sociais,[254] com o devido aporte operacional das instituições da sociedade civil.

Explica-se: em um universo de sérias restrições financeiras, e nada faz pensar que isso vá mudar na ambiência pública brasileira, a despeito da maior justiça possível do sistema tributário e sua indiscutível utilidade na promoção do conhecimento e da transparência democrática na condução da coisa pública,[255] o aperfeiçoamento dos institutos jurídicos da gestão pública representa a medida mais oportuna do ponto de vista da implementação dos direitos positivos, pois a escassez de recursos não se coaduna com o *experiencialismo* estulto da Administração Pública, isto é, a que consagra uma odiosa rotina de indesejáveis resultados diante da estoica repetição dos procedimentos administrativos. Logo, a solução é fazer mais e melhor, ainda que, temporariamente, com menos recursos.

2.1.1 Da anualidade à efetividade: atecnia na alocação dos recursos públicos

> "Entre o *Fiat Justitia, pereat mundus* e a retórica anódina das consequências, deve-se optar por um consequencialismo consequente."[256]

---

[252] ABBAGNANO, Nicola. *Dicionário de filosofia*. Tradução de Ivone Castilho Benedetti. 6. ed. 2. tiragem. São Paulo: Martins Fontes, 2014, p. 1.080.

[253] CANOTILHO, José Joaquim Gomes. O direito constitucional passa; o direito administrativo passa também. In: AA.VV. *Estudos em homenagem ao Prof. Doutor Rogério Soares*. Coimbra: Coimbra Editora, 2001, p. 705-722, p. 710.

[254] CHEVALLIER, Jacques. *O Estado pós-moderno*. Tradução de Marçal Justen Filho. Belo Horizonte: Fórum, 2009, p. 59.

[255] PIKETTY, Thomas, *O capital no século XXI*, 2014, p. 19.

[256] MENDONÇA, José Vicente Santos de. Art. 21 da LINDB: indicando consequências e regularizando atos e negócios. *RDA*, Rio de Janeiro, Edição Especial: Direito Público na Lei de Introdução às Normas do Direito Brasileiro – LINDB (Lei nº 13.655/2018), p. 43-61, nov. 2018, p. 57.

A periodicidade do orçamento, como influência da experiência francesa no estabelecimento dos conceitos e das técnicas orçamentárias,[257] gozando de indiscutível histórico constitucional e devidamente mantida nos termos do artigo 165, §5º, da CRFB, c/c artigo 2º, *caput*, da LFP, possui notória importância para a ação pública, pois possibilita inspiradores rearranjos político-econômicos na atividade financeira do Estado a cada ano, até porque o orçamento representa a estrutura básica do planejamento econômico do Estado.[258]

É dizer, cria a dinâmica de possibilidades das realizações públicas, em determinados períodos do processo decisório político-administrativo, bem como permite que o desafogo das contingências sucumba em face de providenciais eventos cíclicos do orçamento, que sempre apresentam novos desafios à gestão pública. Contudo, isso não garante necessariamente qualquer racionalidade na alocação de recursos públicos, sobretudo, diante de demandas não quantificáveis economicamente, tendo em vista a natureza dos valores envolvidos.[259] O orçamento, que possui notória feição político-jurídica,[260] acaba por transferir determinados aspectos, inclusive alguns nada nobres, da disputa partidária para o difícil ciclo das escolhas públicas.

Aliás, uma opção estritamente política jamais seguirá uma desejosa racionalidade que considere apenas os aspectos intrínsecos do universo da intervenção estatal, porquanto sempre adentra em objetivos diversos e, muitas vezes, nada republicanos, na realização da ação pública, pois a ação governamental, da mesma forma que os agentes na economia de mercado, não se encontra imune de limites, incentivos ou interesses próprios na alocação de recursos.[261] Todavia, eventual desvio da ação pública não macula, por si só, a regularidade

---

[257] NÓBREGA, Marcos. Orçamento, eficiência e *performance budget*. *In*: CONTI, José Maurício; SCAFF, Fernando Facury (Coord.). *Orçamentos públicos e direito financeiro*. São Paulo: Revista dos Tribunais, 2011, p. 693-728, p. 696.

[258] SLOMSKI, Valmor; PERES, Úrsula Dias. As despesas públicas no orçamento: gasto público eficiente e a modernização da gestão pública. *In*: CONTI, José Maurício; SCAFF, Fernando Facury (Coord.). *Orçamentos públicos e direito financeiro*. São Paulo: Revista dos Tribunais, 2011, p. 911-932, p. 914.

[259] MCCOOL, Daniel C. Discussion. *In*: MCCOOL, Daniel C. (Ed.). *Public policy theories, models, and concepts*: an anthology. New Jersey: Prentice Hall, 1995, p. 162-175, p. 165.

[260] LEITE, Antônio de Oliveira. Orçamento público, em sua feição política e jurídica. *In*: CLÈVE, Clèmerson Merlin; BARROSO, Luís Roberto (Org.). *Direito constitucional*: constituição financeira, econômica e social. São Paulo: Revista dos Tribunais, 2011, p. 69-90, p. 79.

[261] SOWELL, Thomas. *Os intelectuais e a sociedade*. Tradução de Maurício G. Righi. São Paulo: É Realizações, 2011, p. 104.

do gasto via contratação pública, já que tanto o objetivo *aparente* quanto o *real* podem conformar-se à juridicidade administrativa. O desvio de intenção, em grande medida, ainda representa um ambiente inescrutável na gestão pública. Além disso, o planejamento é, por natureza, um ato político, e por certo sua racionalidade só pode ser avaliada em função dos diferentes interesses envolvidos, inclusive, dificilmente afeitos ao equilíbrio consensual.[262]

Em outros termos, quando se discute os dilemas da gestão pública, o diagnóstico dos problemas identificados, com a definição dos conceitos e instrumentos para superá-los, já denuncia atos eminentemente políticos, portanto, dotados de valores.[263] Estes, por certo, estão inseridos nos parâmetros normativos disciplinadores da atuação administrativa, isto é, no universo das regulares exigências do planejamento administrativo. "Portanto, a análise das verdades jurídicas exige a explicitação das relações de força, que formam domínios de conhecimento e sujeitos como efeitos do poder e do próprio conhecimento".[264] Tal constatação, por si só, já denuncia a existência de verdadeiro campo de batalha na distribuição dos recursos do orçamento, isto é, na definição da atuação prioritária do Estado diante dos seus inumeráveis desafios em uma sociedade hipermoderna.

Ademais, não sendo uma realidade meramente contábil,[265] mas precipuamente política, o fluxo decisório dessa distribuição de recursos repercute nos prognósticos da *socialidade* (artigo 6º da CRFB). Em uma perspectiva mais operacional do gasto público, tendo em vista o artigo 35 da LFP, observa-se verdadeiro regime de gestão financeira misto, a saber, o regime de caixa ou gestão para as receitas e, no que se refere às despesas, há o regime de competência ou exercício.[266] Logo, a data dos empenhos cria um limite temporal muito claro para fins de execução

---

[262] RATTNER, Henrique. *Planejamento e bem-estar social*. São Paulo: Editora Perspectiva, 1979, p. 156.
[263] RATTNER, Henrique, *Planejamento e bem-estar social*, 1979, p. 156.
[264] WARAT, Luís Alberto. Saber crítico e senso comum teórico dos juristas. *Seqüência*, Florianópolis, vol. 03, n. 05, p. 48-57, jul./dez. 1982, p. 49.
[265] ROCHA, Francisco Sérgio Silva. Orçamento e planejamento: a relação de necessidade entre as normas do sistema orçamentário. *In*: CONTI, José Maurício; SCAFF, Fernando Facury (Coord.). *Orçamentos públicos e direito financeiro*. São Paulo: Revista dos Tribunais, 2011, p. 729-749, p. 742; LEITE, Antônio de Oliveira, Orçamento público, em sua feição política e jurídica, 2011, p. 80.
[266] CARVALHO, José Augusto Moreira de. O orçamento a partir de seus princípios. *In*: CONTI, José Maurício; SCAFF, Fernando Facury (Coord.). *Orçamentos públicos e direito financeiro*. São Paulo: Revista dos Tribunais, 2011, p. 81-109, p. 89.

orçamentária e, com isso, as dificuldades na operacionalização dos restos a pagar.

Nesse contexto, como anualidade orçamentária poderia contribuir efetivamente no processo de contratação pública? Haveria algo de condenável na determinação normativa de periodicidade do orçamento? No que a anualidade orçamentária, representaria eventual obstáculo normativo ao processo de contratação pública, aliás, seria razoável defender isso?

Primeiramente, é preciso ter em conta que a sistematização das regras orçamentárias, como regular exigência da programação orçamentária, perde, em grande medida, sua pretendida racionalidade na ambiência político-administrativa. É dizer, o esforço da previsão orçamentária, como diretriz segura da programação governamental, rompe-se na cruza dos dilemas administrativos, geralmente contingenciais. Enfim, as ambiciosas perspectivas da racionalização das opções orçamentárias, assentadas em uma crença da capacidade de cognição e previsão nos planejamentos da ação pública, não resistem às intempéries das contingências político-econômicas e, consequentemente, aos desafios concretos da gestão pública.[267] A realidade sempre açoita os teóricos, sobretudo os arrogantes, aliás, tão comuns nos órgãos de controle da gestão pública.

Explica-se: os imperativos técnicos do orçamento não se ajustam adequadamente aos desafios político-administrativos da gestão pública. Uma coisa é exigir que a gestão pública se ajuste aos imperativos técnicos do orçamento; outra, aliás, bem diferente, é imaginar que esse ajustamento seja capaz de contemplar as demandas do cotidiano do gestor público. Há, sem dúvida, situações arbitrárias de desrespeito às regras orçamentárias; porém, e não raras vezes, o seu cumprimento faz gerar uma sensação de total insensatez na execução orçamentária, mas, paradoxalmente, ela é acompanhada do alívio gerado pelo cumprimento estulto da lei, especialmente quando há necessidade de promover despesas obrigatórias, mas sem qualquer utilidade prática à gestão e, claro, aos usuários das prestações públicas.

Afinal, o cumprimento oneroso dos termos legais dificilmente acarreta consequências ou dissabores funcionais.[268] Daí a ideia de

---

[267] CABRAL, Nazaré da Costa. *Programação e decisão orçamental:* da racionalidade das decisões orçamentais à racionalidade econômica. Coimbra: Almedina, 2008, p. 417.

[268] MENDONÇA, José Vicente Santos de. Direito administrativo e inovação: limites e possibilidades. *A&C*, Belo Horizonte, ano 17, n. 69, p. 169-189, jul./set. 2017, p. 175.

inexecução orçamentária como limite à responsabilização funcional, exsurgindo uma equivocada máxima: se não há despesa pública, não há como sofrer punição. Em um contexto de difíceis possibilidades prático-temporais, a inércia se impõe como medida de proteção diante dos órgãos de controle. De modo geral, os órgãos de controle não se compadecem com resultados, almejam identificar infrações, muitas vezes, meramente formais, e, claro, estabelecem as punições. O desafio contra a cultura do hipercontrole é, por tudo, um apelo à prática do consequencialismo jurídico, justamente para evitar o desperdício de dinheiro e potencial das instituições na implementação dos direitos.[269] Em situações extremas, o gestor teme adotar medidas que possam gerar o inútil desconforto das demoradas justificativas técnico-contingenciais, sucumbindo-se aos onerosos limites impostos pela imprevidência de outras instâncias decisórias, afinal, como salvar os recursos do orçamento, por meio de providencial empenho, que se encontram disponíveis no último mês ou dia do exercício financeiro?

Vale mencionar que o questionamento acima não é algo incomum no círculo da execução orçamentária. Um ligeiro exemplo expõe essa questão: para se adequar aos imperativos legais da anualidade orçamentária, ou mesmo para *contornar* os obstáculos do regime jurídico-administrativo,[270] pelo menos no âmbito das IFES, observa-se a promoção de projetos de desenvolvimento institucional, nos termos do artigo 1º, §§1º, 2º e 3º, da Lei nº 8.958/1994, com Fundações de Apoio para atendimento de demandas que poderiam ser executadas pelas próprias universidades, contanto que as regras orçamentárias fossem menos rígidas, e mais previsíveis os substratos financeiros da programação orçamentária. E qual motivo para o uso desse *expediente*? Simples, recurso não empenhado é recurso devolvido à Conta Única do Tesouro Nacional. Aliás, com as devidas singularidades, isso também não é nada incomum nos contratos administrativos relativos a obras ou aquisições de bens móveis, fazendo que o gestor se torne *refém* da empresa contratada, pois prevalece uma espécie de *jogo psicológico* entre os custos da penalidade administrativa, haja vista a inexecução parcial ou total do contrato e o custo de oportunidade da entidade pública. Ademais, a acusação de fato muito grave, sobretudo, em contratos administrativos,

---

[269] MENDONÇA, José Vicente Santos de, Art. 21 da LINDB: indicando consequências e regularizando atos e negócios, p. 46.

[270] DI PIETRO, Maria Sylvia Zanella. *Parcerias na administração pública*. 11. ed. Rio de Janeiro: Forense, 2017, p. 406.

está longe de ser um fato banal na ambiência administrativa,[271] o que costuma afastar, tendo em vista a ocorrência de eventos menos lesivos, a instauração de processo sancionador, inclusive pelo custo procedimental que ele representa diante dos benefícios da resolução consensual de eventual conflito.

Quanto aos limites do regime jurídico-administrativo, cumpre mencionar que a situação representa uma camisa de força mais ideológica que propriamente normativa, sem falar que ela é reforçada pela dinâmica de controle ainda lastreada com uma visão oitocentista do princípio da legalidade.[272] Por isso, a versatilidade é a tônica de uma gestão pública de resultados, pois o problema não é propriamente a falta de recursos, mas, sim, uma adequada avaliação e mensuração dos resultados diante de uma execução orçamentária mais flexível.[273] Deve-se combinar a dinâmica do controle social sobre os resultados da atuação administrativa,[274] até mesmo como decorrência do conhecimento dos custos suportados pela sociedade, com a responsável flexibilidade das regras orçamentárias. Culpar apenas a crise fiscal é omitir o desafio não cumprido da gestão pública brasileira. A falta de recursos é a desculpa padrão da ineficiência administrativa.

Outro ponto relevante é que a anualidade orçamentária exige uma rotina de sacrifícios da gestão pública e dos particulares, justamente porque a dinâmica dos restos a pagar, que assume o *status* de verdadeiro orçamento paralelo,[275] acaba por frear os propósitos da contratação pública, sem falar nos percalços gerados pelo demorado percurso da execução orçamentária, que pode chegar a anos, inclusive sem êxito. Cumpre esclarecer que os restos a pagar são divididos em dois tipos: *os processados*, que se referem às despesas empenhadas, liquidadas e não pagas; e os *não processados*, quando as despesas foram empenhadas, mas não foram liquidadas e, claro, nem pagas.[276]

Contudo, a dinâmica dos restos a pagar seria mesmo um problema gerado pela anualidade orçamentária? A resposta só pode ser

---

[271] SUNDFELD, Carlos Ari; VORONOFF, Alice. Art. 27 da LINDB. Quem paga pelos riscos dos processos? *RDA*, Rio de Janeiro, Edição Especial: Direito Público na Lei de Introdução às Normas do Direito Brasileiro – LINDB (Lei nº 13.655/2018), p. 171-201, nov. 2018, p. 188.

[272] SUNDFELD, Carlos Ari, *Direito administrativo para céticos*, 2017, p. 169.

[273] NÓBREGA, Marcos, Orçamento, eficiência e *performance budget*, 2011, p. 718.

[274] SLOMSKI, Valmor; PERES, Úrsula Dias, *As despesas públicas no orçamento*, 2011, p. 923.

[275] PINTO, Élida Graziane, *Eficácia dos direitos sociais por meio do controle judicial da legalidade orçamentária e da sua execução*, 2014, p. 86.

[276] GIACOMONI, James. *Orçamento Público*. 18. ed. São Paulo: Atlas, 2021, p. 287.

negativa em uma ambiência de projeções ideais sobre a programação do orçamento público. Não é que a anualidade não possua indiscutível importância na execução orçamentária, seria uma tolice não reconhecer isso; todavia há juízos concretos que exigem temperamentos, porquanto a linear transposição do exercício financeiro, na quase totalidade dos casos, causa enorme retardamento na contratação pública e infindáveis dissabores aos particulares. Não é apenas uma questão de alguns meses *perdidos*, mas, sobretudo, das oportunidades desperdiçadas em função, paradoxalmente, do prognóstico ordenador das despesas.

Ademais, o fluxo político se beneficia da anualidade orçamentária para promover a distribuição de recursos do orçamento, ainda não engessados, a partir de prognósticos meramente eleitoreiros, quer dizer, em função dos dividendos prospectados com a execução orçamentária mediante favores políticos. Anualmente, a habitual luta política pela fatia do orçamento se transformou em uma oportunista atuação político-partidária do Poder Executivo e Poder Legislativo. Assim, se determinada entidade pública não entra no radar desses prognósticos, no mais das vezes, além das reconhecidas dificuldades no seu custeio, os investimentos são simplesmente prejudicados, o que faz demover a ideia de orçamento-programa, porquanto prejudicam as técnicas de investimento, notadamente as transferências de capital.[277]

Nesse contexto, o Direito Financeiro não cumpre o seu histórico objetivo: a tentativa de conter a arbitrariedade do detentor do poder político na aplicação dos recursos públicos.[278] Por isso, a *accountability* se revela tão importante na atualidade, pois a complexidade das políticas públicas, a fragmentação dos partidos políticos, bem como a particular dificuldade na punição jurídico-política dos parlamentares exigem a adoção de mecanismos *ex post* de controle e responsabilização dos gestores nos regimes democráticos,[279] notadamente quanto à regularidade da execução orçamentária.

Então, o que fazer para mudar esse estado de coisas? Certamente, não é o caso de restringir os propósitos da anualidade orçamentária, mas, sim, criar mecanismos legais para reduzir os riscos sistêmicos na execução do orçamento e, por certo, a partir da consideração de dilemas

---

[277] SILVA, José Afonso da, *O orçamento e a fiscalização financeira na Constituição*, 2011, p. 163.
[278] MACHADO SEGUNDO, Hugo de Brito. *Primeiras linhas de direito financeiro e tributário:* material e processual. 8. ed. São Paulo: Atlas, 2014, p. 03.
[279] PIERRE, Jon; PETERS, B. Guy. *Governing complex societies:* trajectories and scenarios. Basingstoke: Palgrave Macmillan, 2005, p. 05.

concretos da procedimentalidade imposta pela legislação em vigor. E um grande passo para isso é obtemperar a rigidez das regras orçamentárias, que, a despeito dos seus nobres propósitos, causa mais dilemas que propriamente segurança ou retidão na aplicação dos recursos públicos.

Enfim, é preciso reconhecer que a anualidade orçamentária não pode ser um obstáculo à execução orçamentária em função da canhestra atuação político-administrativa dos órgãos centrais do Estado na definição de prioridades do gasto público ou por conta dos limites do mercado. O rearranjo anual das contas públicas não pode capitanear uma rotina de incertezas nos programas da ação governamental – e muito menos torná-los ineficazes pela simples impossibilidade de concluí-los ou mantê-los.

O ponto crucial nessa questão, no que prestigiaria a sinceridade no tratamento da proposta orçamentária, é a necessidade de promover o adequado tratamento dos valores inscritos na conta restos a pagar, isso porque, ano após ano, o orçamento público se encontra significativamente comprometido pelas despesas do exercício anterior. É dizer, a bola de neve do déficit orçamentário – e, mais adiante, da própria dívida pública –, a partir da *engenhosa metodologia* dos restos a pagar, assume ares verdadeiramente inviabilizadores dos prognósticos da contratação pública, inclusive por manter o fluxo contínuo de favores no Congresso Nacional, pois a liberação negociada dos recursos decorre, muitas vezes, do alinhamento político com a gestão central do Poder Executivo,[280] – ainda que esse cenário tenha sido substancialmente modificado, não propriamente para melhor, com a EC nº 86/2015, 100/2019 e 105/2019 –, acarretando, assim, diversos inconvenientes aos gestores locais, uma vez que: (a) afeta o fluxo de disponibilidade dos recursos inicialmente previstos; (b) atrasa o cronograma de execução das demandas administrativas; (c) prejudica a continuidade dos serviços públicos e (d) compromete as parcerias com os agentes econômicos. Aliás, é preciso afirmar que o surgimento das emendas impositivas representou uma evidente derrota política do Poder Executivo, seja pela perda do poder de barganha no Parlamento, seja pelos desmedidos esforços financeiros para atendimento das emendas parlamentares no conjunto dos objetivos da gestão pública. Ademais, as emendas impositivas, sobretudo as do

---

[280] SALVARANI, Giuliano Cardoso. Entre bêbados e equilibristas: o contexto de reformas institucionais no orçamento brasileiro entre a Constituição de 1988 e a Emenda Constitucional nº 95/2016 à luz do Direito Financeiro. *RFDFE*, Belo Horizonte, ano 07, n. 12, p. 253-272, set./fev. 2018, p. 269.

relator, abrem um espaço para o tratamento clientelista do orçamento público, portanto, em detrimento do orçamento republicano e, por certo, com particular reflexo no *presidencialismo de coalizão*.[281]

Ademais, como os *resíduos passivos* dos entes políticos são vertidos à conta restos a pagar, compreendendo as despesas empenhadas, liquidadas ou não, sem pagamento até o dia 31 de dezembro de cada ano,[282] resta claro que tal sistemática expressa um mecanismo excepcional na realização do gasto público, de maneira que seu uso desregrado denuncia uma verdadeira fraude à execução orçamentária, especialmente quando os restos a pagar não são devidamente pagos no exercício seguinte.

É dizer, os restos a pagar, mesmo após a LRF, quando não honrados oportunamente pelo Poder Público, representam uma indisfarçável patologia contábil da execução orçamentária brasileira.[283] Só para ter uma noção do problema, no final do ano eleitoral de 2014, tendo em vista o acúmulo de dívidas do Tesouro Nacional com os bancos públicos, entre outros fatores, os restos a pagar alcançaram o alarmante valor de R$228 bilhões; destes, R$190 bilhões eram relativos aos restos a pagar não processados.[284]

Assim, mesmo depois de recente alteração no artigo 68, §3º, do Decreto nº 93.872/1986, promovida pelo Decreto nº 9.428/2018, a qual restringiu as exceções ao bloqueio de restos a pagar não processados, é possível afirmar que o universo da contratação pública ainda permanecerá refém dos restos a pagar, porquanto nada garante que os empenhos realizados disponham de recursos financeiros no orçamento corrente, ainda que eles possam ser liquidados e pagos no prazo estabelecido no artigo 68, §2º, do Decreto nº 93.872/1986.

Além disso, no afã de promover uma implementação mais célere dos direitos sociais, não se pode negar que as decisões judiciais possuem

---

[281] RIBEIRO, Ana Carolina Cardoso Lobo. O orçamento republicano e as emendas parlamentares. *RTFP*, São Paulo, vol. 29, n. 150, p. 57-78, jul./set. 2021, p. 71.

[282] AGUIAR, Afonso Gomes. *Tratado da gestão fiscal*. Belo Horizonte: Fórum, 2011, p. 135.

[283] MOTTA, Carlos Pinto Coelho da. Dez anos da Lei de Responsabilidade Fiscal: repercussão nas licitações e contratos públicos. *In*: CASTRO, Rodrigo Pironti Aguirre de (Org.). *Lei de Responsabilidade Fiscal*: ensaios em comemoração aos 10 anos da Lei Complementar nº 101/00. Belo Horizonte: Fórum, 2010, 37-70, p. 68.

[284] BRASIL. Secretaria do Tesouro Nacional. *Decreto traz mudanças na regulamentação de restos a pagar da União*. Disponível em: http://www.tesouro.gov.br/web/stn/-/decreto-traz-mudancas-na-regulamentacao-de-restos-a-pagar-da-uniao. Acesso em: 17 jul. 2018.

o potencial de promover considerável impacto na programação orçamentária do Poder Público, sacrificando a reserva de contingência (artigo 5º, inciso III, alínea a, da LRF) destinada ao atendimento de eventos fiscais imprevistos, passivos contingentes e outros riscos. Ademais, é importante destacar que, a depender da demanda judicial, não se afigura possível atender às prescrições dos artigos 16 e 17 da LRF.

Nesse contexto, a adoção de mecanismos de flexibilização orçamentária para atendimento das decisões judiciais, mas sem vulnerar a disciplina orçamentária, tende a esvaziar os objetivos da reserva de contingência, porquanto ela se limitaria ao atendimento das imposições judiciais[285] criando, assim, embaraços orçamentários no atendimento de outras demandas. Portanto, saindo do cenário da disputa política, na qual se inserem as escolhas dos mandatários do povo, a distribuição dos recursos orçamentários recai na dinâmica decisória do processo judicial, que, independentemente da sua correção, contribui para uma verdadeira balbúrdia na execução do orçamento.

Engana-se quem compreende a distribuição dos recursos públicos tão somente a partir da atividade decisória abrangente manifestada na lei orçamentária. Há, e isso não pode ser negado, diversos mecanismos que afetam diretamente a programação orçamentária e que nem de longe são adequadamente controlados pelas instituições públicas ou sociedade civil. Portanto, ainda que se discuta a política adotada na alocação dos recursos, isto é, a função alocativa do orçamento,[286] a problemática vai mais além: não há sequer o cumprimento das comezinhas regras técnicas decorrentes da própria programação orçamentária, inclusive estimulada pelo próprio Poder Judiciário.

Por isso, a programação orçamentária alcança baixos índices de execução. A problemática, contudo, ganha ares de flagelo nacional no plano das realizações administrativas. Aqui, é preciso largar a linear compreensão de que a contratação pública possui cômoda temporalidade, como se todos os parâmetros legais estivessem à disposição do gestor, e, consequentemente, observá-los seria apenas uma questão de conscienciosa adesão aos textos legais. Todavia, a única coisa certa na gestão pública é a existência de demandas administrativas, aliás, possivelmente urgentes. Se o primeiro grande obstáculo é de natureza

---

[285] DALLAVERDE, Alexandra Kátia. As decisões judiciais e o impacto na observância aos princípios orçamentários. *RFDFE*, Belo Horizonte, ano 02, n. 03, p. 69-83, mar./ago. 2013, p. 76.

[286] GIACOMONI, James, *Orçamento público*, 2021, p. 21.

orçamentária, então todos os demais são potencializados em função do tempo. Dessa forma, se a alocação de recursos não obedece aos critérios técnicos estabelecidos no orçamento, conforme a dinâmica das escolhas políticas do gestor, exsurge inevitável dilema na promoção da contratação pública, justamente porque o regular fluxo dos recursos orçamentários não segue, como deveria, a programação estabelecida pelo gestor no atendimento das políticas públicas.

Convém lembrar que a impositividade do orçamento, no largo sentido que as vinculações orçamentárias ostentam na ordem constitucional, acaba por reduzir expressivamente a margem de discrição dos gestores na alocação dos recursos públicos, já que reduz as possibilidades de o processo decisório administrativo empreender a melhor a focalização do gasto público no tempo. Vive-se um orçamento impositivo às avessas no Brasil. É praticamente impossível viabilizar investimentos prioritários abrangentes, isto é, os que expressem a prestação de bens sociais coletivos de grande envergadura. Só que a temática também compreende outra análise, aliás, até mais discutida: considerando-se que a decisão de gastar assume uma dimensão precipuamente política, é também possível o esvaziamento da lei orçamentária em função da discrição do gestor para afastar gastos amplamente discutidos e planejados.[287]

Defende-se que a execução orçamentária deve gastar no que foi planejado, mas isso não quer dizer que tudo que tenha sido planejado deva ser necessariamente executado, porquanto seria defender uma utopia na execução orçamentária, por tudo incompatível com a difícil realidade financeira do Estado brasileiro. Aliás, com esse fantasioso propósito, qualquer país, independentemente do seu suporte econômico, pode tornar-se financeiramente inviável, notadamente com a contínua expansão dos gastos sociais. Porém, cumpre lembrar que a motivação administrativa representa uma exigência elementar para afastar eventuais gastos públicos determinados no orçamento, no que prestigiaria a teoria da vinculação mínima do orçamento público.[288] De todo modo,

---

[287] OLIVEIRA, Cláudio Ladeira de; FERREIRA, Francisco Gilney Bezerra de Carvalho. O orçamento público no Estado Constitucional Democrático e a deficiência crônica na gestão das finanças públicas no Brasil. *Seqüência*, Florianópolis, n. 76, p. 183-212, ago. 2017, p. 199.

[288] Nesse sentido, *vide*: BRASIL. Supremo Tribunal Federal. Tribunal Pleno. *Ação Direta de Inconstitucionalidade nº 4.663/RO*. Relator: Ministro Luiz Fux. Julg. 15 out. 2014. DJe nº 246, 16 dez. 2014. Disponível em: http://redir.stf.jus.br/paginadorpub/paginador.jsp?docTP=TP&docID=7489933. Acesso em: 26 dez. 2017.

por mais que se questione a sindicabilidade judicial do orçamento, não se discute que as leis orçamentárias carecem de alguma forma de controle, nem que seja em abstrato, senão elas não seriam controladas de forma alguma no Brasil.[289]

Evidentemente, tratando-se de receita vinculada, é imperiosa a realização do gasto público, ainda que em exercício financeiro posterior ao da efetiva arrecadação,[290] até porque, na hipótese, também se resguarda os objetivos do gasto público. Desse modo, diferentemente do Plano Plurianual (PPA), que é apenas *indicativo*, *vide* os artigos 48, inciso I; 74, inciso I, 165, inciso I, §§1º, 4º e 7º; 167, §1º, todos da CRFB, defende-se que o orçamento é *autorizativo*, compreendendo todas as receitas e despesas,[291] justamente porque consubstancia uma temática subjacente à realidade econômica, inclusive com inevitáveis contingências;[292] mas, claro, isso não exime o Poder Público de promover o adequado planejamento do orçamento público, no que constitui o mais providencial dos deveres de uma gestão fiscal eficiente.

O fato é que, em quaisquer das situações ventiladas, a contratação pública sofre os efeitos da intranquila gestão do orçamento público, seja pela dificuldade na alocação orçamentária adequada às demandas administrativas, seja pela inviabilidade financeira de atendimento dessas demandas. A consequência mais clara disso é o uso indevido de modalidades licitatórias em função de obstáculos orçamentário-financeiros da Administração Pública, tal como se evidencia no uso desregrado do pregão eletrônico com SRP, a despeito da permissividade do artigo 3º do Decreto nº 11.462/2023, pois nele não há necessidade de comprovação de dotação orçamentária antes da assinatura do contrato (Orientação Normativa da AGU nº 20/2009).[293] Enfim, ainda se vive *a patologia das*

---

[289] CORREIA NETO, Celso de Barros. O orçamento público e o Supremo Tribunal Federal. *In*: CONTI, José Maurício; SCAFF, Fernando Facury (Coord.). *Orçamentos públicos e direito financeiro*. São Paulo: Revista dos Tribunais, 2011, p. 111-126, p. 123.

[290] SCAFF, Fernando Facury. Liberdade do legislador orçamentário e não afetação: captura *versus* garantia dos direitos sociais. *RFDFE*, Belo Horizonte, ano 05, n. 08, p. 165-181, set./fev. 2016, p. 170.

[291] FARIA, Rodrigo Oliveira de. PPA *versus* orçamento: uma leitura do escopo, extensão e integração dos instrumentos constitucionais brasileiros de planejamento. *In*: CONTI, José Maurício; SCAFF, Fernando Facury (Coord.). *Orçamentos públicos e direito financeiro*. São Paulo: Revista dos Tribunais, 2011, p. 661-691, p. 682.

[292] NÓBREGA, Marcos, *Orçamento, eficiência e performance budget*, 2011, p. 703.

[293] BRASIL. Advocacia-Geral da União. *Orientação Normativa nº 20, de 1º de abril de 2009*. Disponível em: http://www.agu.gov.br/atos/detalhe/189181. Acesso em: 17 set. 2018.

licitações a crédito, por mais que se pense o contrário[294] e a despeito das imperiosas determinações da LRF, justamente porque não se observa a cobertura financeira dos gastos públicos, isto é, ainda falta, e muito, sinceridade orçamentária do Poder Público.

Decididamente, executar o orçamento público exige muito mais que habilidades funcionais ou retidão com a coisa pública; impõe-se um conjunto de fatores que extrapolam o universo de atuação dos gestores públicos. A efetiva execução do orçamento, conforme os prognósticos da anualidade orçamentária, passa pelo reconhecimento de que a cobertura financeira do gasto público deve ocorrer no exercício da competência da despesa realizada, independentemente de o pagamento ocorrer no exercício posterior. Porém, trata-se de realidade bem distante da atividade financeira do Estado.

2.1.2 Não é apenas um empenho: o lado perverso da programação financeira

> "Empenhar a despesa significa enquadrá-la no crédito orçamentário apropriado e deduzi-la do saldo da dotação do referido crédito. Além de possibilitar tal controle, o *empenho* constitui uma garantia ao credor de que os valores empenhados têm respaldo orçamentário."[295]

O orçamento por programas, como técnica orçamentária relacionada ao planejamento econômico e social[296] ou como instrumento de planejamento global da ação governamental,[297] exige o preciso cotejamento da realidade socioeconômica de cada sociedade. Por isso, a defesa de proposta orçamentária partir de perspectiva estritamente normativa, invariavelmente, faz com que o processo de concretização dos direitos siga um curso de incessantes frustrações. Além disso, a situação só piora com as adversidades da procedimentalidade adotada pela gestão pública.

---

[294] MOTTA, Carlos Pinto Coelho da, *Dez anos da Lei de Responsabilidade Fiscal*, 2010, p. 39.
[295] GIACOMONI, James, *Orçamento público*, 2021, p. 276-277.
[296] SILVA, José Afonso da. *Orçamento-programa no Brasil*. São Paulo: Revista dos Tribunais, 1973, p. 20.
[297] MACHADO JÚNIOR, J. Teixeira. A experiência em orçamento-programa: uma primeira visão. *RAP*, Rio de Janeiro, vol. 01, n. 01, p. 145-172, jan./jun. 1967, p. 165.

Dessa forma, a discussão sobre a regularidade da execução orçamentária tem gerado sério desconforto aos gestores públicos. E não se trata apenas da sofrível luta sobre a efetiva existência de recursos; vai mais além, a própria procedimentalidade do gasto público não atende adequadamente à Administração Pública e, muito menos, aos particulares, seja na qualidade de contratado, seja na condição de beneficiário de prestação de serviço ou material.

Nesse sentido, a realização de empenho apenas denuncia a regularidade do procedimento inicial na promoção do gasto público, mas não evita os dissabores dos contingenciamentos e muito menos a trajetória sinuosa da disponibilidade financeira do Estado, que, aliás, parece não ter fim, mesmo após a LRF. Afinal, pela leitura do artigo 58 da LFP é possível até defender o entendimento de que a realização de empenho não traduz necessariamente uma obrigação de pagamento ou obrigação financeira para o Poder Público, tratando-se apenas de ato inicial e formal de futura iniciação e concretização de objeto de contrato ou convênio.[298] Em sentido diverso, há quem defenda, com acerto, que a realização de empenho gera uma obrigação financeira para a Administração Pública,[299] inclusive, na própria dinâmica compreensiva dos restos a pagar, somente devem ser considerados os empenhos realizados – e não pagos – até o final do exercício financeiro, que ainda possuam disponibilidade financeira e necessariamente advinda de exercício encerrado, para fins de pagamentos decorrentes de obrigações assumidas pela gestão pública[300] em função de efetiva prestação de serviço ou material.

Assim, a regular ideia de que o fluxo da contratação pública segue o seu curso, projetando expectativas em função de empenho realizado, cede espaço em função das incertezas procedimentais e financeiras de cada órgão ou entidade. Nesse sentido, a contratação pública perde eficiência, porque não é mais capaz de atender, célere e adequadamente, às demandas administrativas. Portanto, não é apenas um empenho que denuncia o regular prognóstico da contratação pública; é preciso mais: uma programação financeira minimamente confiável. Por isso, o empenho compreende uma clara sinalização da programação orçamentária,

---

[298] REIS, Heraldo da Costa. Cancelamentos de empenhos e consolidação de dívidas. *RTCESP*, São Paulo, n. 102, p. 23-25, nov. 2002/jan. 2003, p. 23.

[299] AGUIAR, Afonso Gomes, *Tratado da festão fiscal*, 2011, p. 144.

[300] AGUIAR, Afonso Gomes, *Tratado da gestão fiscal*, 2011, p. 147.

mas não gera, necessariamente, a viabilidade financeira, pelo menos imediata, da futura contratação.

Por mais que o artigo 40, inciso V, alínea c, da LGLC exija a observância do princípio da responsabilidade fiscal, notadamente a comparação entre a despesa estimada com a prevista no orçamento, para fins de planejamento de compras, aliás, algo já devidamente ventilado no artigo 6º, inciso XXIII, alínea j, da LGLC, diante da necessidade de adequação orçamentária na contratação de bens e serviços, cumpre sempre lembrar que a mera viabilidade orçamentária, por si só, não garante qualquer disponibilidade financeira do gasto público. Logo, a realização de empenho compreende apenas uma fase do *iter* procedimental na promoção do gasto público, que é de induvidosa importância, mas que não se revela capaz de suplantar os dilemas financeiros da gestão pública, sobretudo em períodos de arrocho fiscal, que somente são superados a partir de uma gestão econômico-financeira responsável do Estado.

O que se pode questionar é se a LRF realmente alterou esse cenário. Nesse sentido, é possível defender que os artigos 15, 16 e 42 da LRF exigem a comprovação de disponibilidade financeira, no exercício da competência do gasto público;[301] contudo as práticas político-administrativas se renderam à sistemática anterior à LRF. E a razão é simples para isso: a austeridade da LRF, por mais que seja desejada, ainda se revela uma realidade distante na gestão pública, porquanto representa uma ruptura com o clientelismo político no atendimento das demandas administrativas. Aqui, o componente cultural exerce enorme influência no fluxo decisório dos recursos.

Qual gestor suprimiria serviços ou reduziria investimentos alegando, ano após ano, os limites orçamentário-financeiros impostos pela LRF? Entre o suicídio político e a execução canhestra do orçamento, não há como negar isto: os mandatários do povo preferem o caminho tortuoso da execução orçamentária, ainda que eventualmente sujeitos às penalidades impostas pelos órgãos de controle. Austeridade não dá voto e nem sempre – deve-se reconhecer – é o melhor caminho a seguir. Enfim, não é apenas um empenho que vai salvar a contratação pública, porquanto pouco adianta dispor do orçamentário se não dispuser do financeiro. Desse modo, é preciso refletir sobre a verdadeira função do empenho, como realidade orçamentária, quando não ocorra uma efetiva

---

[301] MOTTA, Carlos Pinto Coelho da, *Dez anos da Lei de Responsabilidade Fiscal*, 2010, p. 41.

disponibilidade financeira. É dizer, se o empenho não compreende a disponibilidade financeira, então sua função na contratação pública se limita a promover um verdadeiro embuste procedimental.

A incerteza da disponibilidade financeira compromete o regular fluxo da contratação pública, sacrificando agentes econômicos, cidadãos e a própria Administração Pública. Vale dizer, se o contrato é o instrumento básico da ação governamental,[302] resulta improvável o atendimento das políticas públicas sem uma contratação pública eficiente. Dessa forma, o empenho de despesa, nos termos do artigo 58 da LFP, não pode ser apenas um mero ato inicial e formal no regular processo de contratação pública, de maneira que não revele qualquer segurança quanto à disponibilidade financeira do Estado, pois, como expressão de valor, conforme dedução na dotação do crédito orçamentário,[303] deve representar sinceridade e seriedade da execução orçamentária. Afinal, o empenho é, antes de tudo, uma subtração da dotação ainda disponível do crédito orçamentário.

Não obstante essas considerações, o STJ tem firmado o entendimento de que não se exige – para a realização dos procedimentos relativos à seleção de fornecedor – a comprovação de disponibilidade financeira, mas tão somente a previsão de recursos orçamentários, confirmando a lógica de que o empenho não passa de mero ato inicial e formal de futura contratação pública e, nessa qualidade, não assegura a plena disponibilidade financeira de qualquer empreendimento público.[304] A ilusão da ação pública começa com a estoica capacidade de iniciar projetos sem a necessidade de comprovar os meios financeiros para executá-los.

Todavia, cumpre lembrar que a própria lógica dos restos a pagar já demonstra a fragilidade dos empenhos, porque a obrigação, liquidada ou não (artigo 63 da LFP), remanesce de um exercício financeiro para outro, não evitando, portanto, os percalços temporais relacionados ao atraso no pagamento dos fornecedores do Poder Público. Por certo, isso repercute no valor das propostas, haja vista o juízo analítico,

---

[302] MOTTA, Carlos Pinto Coelho da, *Dez anos da Lei de Responsabilidade Fiscal*, 2010, p. 51.

[303] GIACOMONI, James, *Orçamento público*, 2021, p. 276.

[304] BRASIL. Superior Tribunal de Justiça. *Recurso Especial nº 1.141.021/SP*. Segunda Turma. Relator: Ministro Mauro Campbell Marques. Julg. 21 ago. 2012. DJe 30 ago. 2012. Disponível em: https://ww2.stj.jus.br/processo/revista/documento/mediado/?componente=ITA&sequencial=1112792&num_registro=200900700338&data=20120830&formato=PDF. Acesso em: 29 dez. 2018. Evidentemente, não há razão para acreditar que essa compreensão se altere com o advento da LGLC.

pragmático e antecipado dos agentes econômicos sobre os custos desse atraso durante a execução do contrato. O fato é que a falta de disponibilidade financeira, no exercício da competência da despesa, é que faz recrudescer a conta dos restos a pagar na proposta orçamentária e, com isso, reduz a importância dos empenhos de despesa.[305]

Nesse ponto, assoma em importância o artigo 165, §3º, CRFB, pois o RREO, nos termos do artigo 48, *caput*; 52 e 53, todos da LRF, se devidamente observado, teria o condão de prestigiar o equilíbrio entre a defesa realizada e a receita arrecadada, reduzindo-se significativamente a realização de empenhos de despesa sem lastro financeiro.[306] O problema é que os gestores das culminâncias político-administrativas do Estado não querem assumir o custo político da ortodoxia do RREO e, assim, vive-se uma contínua programação orçamentária de fachada, que muito compromete a eficiência da contratação pública. Aqui entra em cena o odioso expediente do *contingenciamento antecipado das despesas públicas*, que é objeto de análise a seguir.

2.1.3 Contingenciamento: o pão nosso de cada dia

> "Teoricamente, não há 'disponibilidades' orçamentárias, no texto constitucional, tudo estando amarrado, inclusive às verbas de contingenciamento a emergências, a situações previstas pelo legislador ordinário, na aprovação de lei orçamentária."[307]

Por mais que seja importante o aprimoramento na alocação de recursos, priorizando os rumos da ação governamental, mais relevante se afigura a eficiência na execução material desses recursos. Uma coisa não necessariamente leva a outra, mas dela depende. Ademais, mesmo que a alocação de recursos seja adequada e existam meios para eficiente execução material deles, é preciso superar o dilema do contingenciamento dos recursos públicos. E isso, naturalmente, requer o aperfeiçoamento do gerenciamento financeiro e orçamentário das contas públicas[308] e, além disso, a consagração de mecanismos eficazes de con-

---

[305] AGUIAR, Afonso Gomes, *Tratado da gestão fiscal*, 2011, p. 139.
[306] AGUIAR, Afonso Gomes, *Tratado da gestão fiscal*, 2011, p. 142.
[307] MARTINS, Ives Gandra da Silva. Disponibilidades de caixa de entidades governamentais. *FCGP*, Belo Horizonte, ano 03, n. 35, p. 4.573-4.577, nov. 2004, p. 4.574.
[308] NÓBREGA, Marcos, *Orçamento, eficiência e performance budget*, 2011, p. 722.

trole da execução orçamentária. Assim, é compreensível que medidas de austeridade sejam tomadas pelo Poder Público.

Nesse contexto, sem sombra de dúvida, uma das maiores mazelas da execução orçamentária é a figura do contingenciamento, corporificada na medida de limitação de empenho e movimentação financeira (artigo 9º, *caput*, da LRF). Aliás, o seu uso desmedido vem comprometendo a regular execução do orçamento, não se tratando, contudo, de mecanismo destituído de importância.

Explica-se: inexistindo compromisso político com a austeridade fiscal, até mesmo por conta de política fiscal que não concilia adequadamente suas funções alocativa, distributiva e estabilizadora,[309] promove-se um equivocado dimensionamento das receitas, fazendo com que, mais adiante, ocorra uma inevitável redução do fluxo de recursos durante a execução orçamentária. Como se trata de problema reiterado a cada exercício financeiro, o contingenciamento, de medida excepcional, tornou-se até mesmo expediente antecipado. Tal fato, a toda evidência, faz com que o percentual empenhado do orçamento seja bem maior que o percentual efetivamente executado. Este, entre os anos de 2010 e 2013, alcançou *apenas* a média de 56% da programação orçamentária.[310]

Por isso, a contratação pública eficiente exige uma gestão fiscal realista e, sobretudo, comprometida com os resultados, algo, portanto, incompatível com a figura do contingenciamento antecipado ou preventivo do orçamento. É preciso explicar que a eficiência da contratação pública se mede pela maior cobertura possível das demandas administrativas, pois o êxito de poucas contratações, a despeito de seus bons resultados, não afasta a pecha da inexecução administrativa, especialmente quando parcela significativa de cidadãos não é contemplada com as prestações públicas.

Como há forte disputa política dos grupos de interesses para captura *definitiva* de fração das receitas orçamentárias, inclusive na defesa por parte de cidadãos ou associações das condições ideais de mercado a partir dos valores sociais do trabalho e da livre iniciativa,[311] fazendo

---

[309] SEIXAS, Luiz Felipe Monteiro. *Tributação, finanças públicas e política fiscal:* uma análise sob a óptica do Direito e Economia. Rio de Janeiro: Lumen Juris, 2016, p. 57-60.

[310] SILVEIRA, Francisco Secaf Alves, *Problemas e diagnósticos na execução do planejamento orçamentário*, 2015, p. 63.

[311] CATARINO, João Ricardo. *Redistribuição tributária:* Estado social e escolha individual. Coimbra: Almedina, 2008, p. 467. Evidentemente, a defesa de valores liberais clássicos, tais como a liberdade individual, a propriedade privada, o livre comércio e a paz, compreende o envolvimento do orçamento do Estado.

com que o orçamento tenha cada vez mais receitas vinculadas,[312] parece não restar dúvida de que o contingenciamento terá o seu lugar na execução orçamentária, porquanto representa hábil mecanismo adotado pelos gestores centrais para romperem com a impositividade imediata do gasto público, gerenciando, assim, uma política orçamentária que congregue o uso oportunista das receitas em função de interesses, não raras vezes, meramente eleitoreiros. Não existindo, em tese, espaço para efetivos cortes na despesa pública, porquanto há excessiva vinculação das receitas, o orçamento público se encontra, desde o início, comprometido, desajustado mesmo, no seu efetivo propósito: contemplar as prioridades da ação governamental.[313]

Além do contingenciamento, representado na figura da limitação de empenho e movimentação financeira, tem-se, ainda, nessa difícil conjuntura, a reserva de contingência (artigo 5º, inciso III, da LRF), que também possui, apesar de propósitos bem específicos, o condão de travar o fluxo de recursos para as contratações públicas. Aqui, exsurge duplo dilema: além da adversidade gerada pelo contingenciamento, por vezes, de forma preventiva, observa-se ainda a liberação de recursos de forma arbitrária, pois os critérios adotados pelas culminâncias político-administrativas do Poder Público não são claros, fazendo com que o controle social ou externo resulte praticamente impossível, o que facilita a liberação estritamente política dos recursos previamente contingenciamentos.[314]

Essa realidade, além de tornar inviável a execução orçamentária, cria um regime espúrio de alocação de recursos, contemplando prioritariamente as bases políticas dos gestores centrais,[315] fazendo com que o êxito da contratação pública, em uma perspectiva orçamentário-financeira, dependa mais da habilidade político-partidária do gestor local que propriamente da habilidade político-administrativa em promover a gestão pública, o que bem comprova os recursos de bancadas dos Estados.

---

[312] SCAFF, Fernando Facury, *Liberdade do legislador orçamentário e não afetação*, 2016, p. 173; MARTINS, Marcelo Guerra, *As vinculações das receitas públicas no orçamento*, 2011, p. 833.

[313] SILVEIRA, Francisco Secaf Alves, *Problemas e diagnósticos na execução do planejamento orçamentário*, 2015, p. 67.

[314] SILVEIRA, Francisco Secaf Alves, *Problemas e diagnósticos na execução do planejamento orçamentário*, 2015, p. 70.

[315] SILVEIRA, Francisco Secaf Alves, *Problemas e diagnósticos na execução do planejamento orçamentário*, 2015, p. 70.

Então, nesse contexto, toda noção de planejamento administrativo se revela inviável, porquanto não há parâmetros confiáveis quanto à liberação dos recursos financeiros, gerando, inevitavelmente, um impasse no atendimento das demandas administrativas. É preciso ter em conta que o orçamento é um instrumento de planejamento, logo, não é o planejamento em si, porquanto seria um reducionismo da atividade de planejamento do Estado.[316] Daí que a diretriz do planejamento antecede ao próprio orçamento e vai além dele, de maneira que é nessa dimensão onde se encontra o maior dilema da gestão pública, ocasionando os contrapontos no processo de execução orçamentária.

Paralelamente, tornando ainda mais complicada a gestão financeira do orçamento, porquanto representa uma temática de difícil solução a curto ou médio prazo, tem-se o dilema da dívida pública, pois o contingenciamento também cumpre o indigesto papel de preservar a meta fiscal (superávit primário) e o pagamento dos juros da dívida. Como a dívida pública decorre de longo processo histórico na má gestão fiscal do Estado – aliás, que é coincidente, na sua maior parte, com o período de expansão dos gastos sociais a partir da redemocratização do país –, não se discute que ela é suportada pelas gerações presentes e, notadamente, futuras, fazendo com que o compromisso político da responsabilidade fiscal seja postergado no tempo. Portanto, a rolagem da dívida pública não compreende precipuamente uma *tutela estatal da renda financeira do capital*,[317] mas, sobretudo, o espinhoso desafio de superar os danosos efeitos gerados pelos equívocos na gestão monetária e financeira do Estado.

Nesse ponto, o que se pode questionar é a legalidade da perspectiva negocial no pagamento da dívida pública, isto é, a regularidade de novos empréstimos, dos prazos e juros ou da amortização de valores, mas jamais defender o calote da dívida, pois representaria verdadeiro colapso em uma perspectiva macroeconômica. Afinal, o risco da operação de crédito é o fator determinante para o dimensionamento dos juros. É dizer, não há dúvida de que a atitude honrosa com o pagamento da dívida afeta a disponibilidade das receitas de caráter discricionário,

---

[316] ROCHA, Francisco Sérgio Silva, *Orçamento e planejamento*, 2011, p. 742.

[317] BERCOVICI, Gilberto; MASSONETTO, Luís Fernando. A constituição dirigente invertida: a blindagem da constituição financeira e a agonia da constituição econômica. *Boletim de Ciências Econômicas*, Coimbra, vol. XLIX, p. 57-77, 2006, p. 73.

prejudicando os investimentos em áreas sensíveis da sociedade.[318] Por outro lado, não se discute que o aumento expressivo dela, mormente a partir da década de 70 do século passado, é que criou o quadro geral de desconfiança na capacidade de o Poder Público honrar com seus compromissos financeiros.[319]

De todo modo, em abono às perspectivas anticíclicas do orçamento, se o texto constitucional admite que qualquer ente político se endivide, então, resulta pertinente concluir que uma política orçamentária deficitária não viola a Constituição.[320] Todavia, em um país de largo curso histórico de dívida pública crescente, é fundamental exigir redobrados cuidados com a austeridade fiscal, pois o orçamento com objetivos anticíclicos não contempla muito fôlego na cadência dos anos, haja vista o aumento expressivo do déficit orçamentário. Mesmo que alguém defenda a cômoda figura do *orçamento da fantasia*,[321] sem qualquer limite financeiro para a expansão dos direitos positivos, não se pode negar que o comprometimento dos recursos destinados aos direitos sociais possui raiz no planejamento insuficiente da gestão pública e, mais que isso, na ineficiente execução material da ação governamental, que é agravada pela corrupção.

De todo modo, insiste-se nesta advertência: a eficiência na execução orçamentária não decorrerá da correção judicial das opções políticas do agente político, mas do aperfeiçoamento dos mecanismos da atuação administrativa relacionados ao atendimento das regras orçamentárias, que, em outros termos, compreende a necessidade de melhor planejamento orçamentário. E a razão é simples desse entendimento: porque a execução material dos recursos dependerá mais da eficiência da atuação administrativa que propriamente da eventual correção material da decisão administrativa sobre o gasto público. E para alcançar a eficiência, além de outros pormenores, é preciso ter uma dimensão dos custos das

---

[318] SILVEIRA, Francisco Secaf Alves, *Problemas e diagnósticos na execução do planejamento orçamentário*, 2015, p. 73.

[319] NÓBREGA, Marcos, *Orçamento, eficiência e performance budget*, 2011, p. 699.

[320] ANDRADE, Cesar Augusto Seijas de. Orçamento deficitário. *In*: CONTI, José Maurício; SCAFF, Fernando Facury (Coord.). *Orçamentos públicos e direito financeiro*. São Paulo: Revista dos Tribunais, 2011, p. 1.159-1.177, p. 1.163.

[321] PINTO, Élida Graziane, Eficácia dos direitos sociais por meio do controle judicial da legalidade orçamentária e da sua execução, 2014, p. 81; HACHEM, Daniel Wunder. Gestão pública e a realidade latino-americana. *In*: SILVEIRA, Raquel Dias da; CASTRO, Rodrigo Pironti Aguirre de. *Estudos dirigidos de gestão pública na América Latina*. Belo Horizonte: Fórum, 2011, p. 71-94, p. 91.

prestações públicas[322] e, a partir disso, compreender a importância do planejamento no atendimento das demandas administrativas. Saber que todo direito possui custos, sem dúvida, todos já sabem, mas quanto custa determinado direito à sociedade, também, sem dúvida, é uma questão pouco discutida nos círculos reivindicatórios das prestações sociais. E aqui é que mora a importância da definição das prioridades na programação orçamentária do Estado.

Por outro lado, é bem comum atribuir aos gestores locais a responsabilidade pela inexecução de obras ou serviços, como se tal fato decorresse apenas da má gestão administrativa. A lógica geralmente é inversa: a má gestão administrativa pode ser consequência da rigidez orçamentária conjugada com as dificuldades financeiras do Poder Público. Dessa forma, a discussão sobre as regras orçamentárias possui capital importância no processo de aperfeiçoamento das contratações públicas e, sobretudo, na compreensão da responsabilidade decisória estatal, nos termos do artigo 22 da LINDB, porquanto não mais podem ser desconsideradas as dificuldades reais do gestor, bem como as exigências das políticas públicas impostas à gestão, sem falar nas circunstâncias práticas sofridas pela autoridade administrativa. Enfim, o artigo faz parte de pretensioso propósito da Lei nº 13.655/2018, que prestigia o enfrentamento dos *gargalos jurídicos* e, sobretudo, a redução dos *entraves jurídico-culturais* decorrentes do idealismo no direito público brasileiro.[323]

Aqui, observa-se clara abertura legal para refletir sobre a reiterada inocuidade de determinados procedimentos legais e, com isso, permitir a adoção de procedimentos alternativos no processo prestacional de serviço ou material, inclusive com a possibilidade de participação dos particulares na definição do rito a ser observado pela Administração Pública. Desse modo, é preciso conhecer, explicar e, se possível, prever a interação entre a disciplina normativa e a realidade da atuação administrativa, resultando na compreensão do impacto que o direito exerce sobre tal realidade, o que pode resultar na proposição de solução

---

[322] NÓBREGA, Marcos, *Orçamento, eficiência e performance budget*, 2011, p. 712.
[323] JORDÃO, Eduardo. Art. 22 da LINDB. Acabou o romance: reforço do pragmatismo no direito público brasileiro. *RDA*, Rio de Janeiro, Edição Especial: Direito Público na Lei de Introdução às Normas do Direito Brasileiro – LINDB (Lei nº 13.655/2018), p. 63-92, nov. 2018, p. 65.

jurídica adequada, justamente porque contempla regramentos jurídicos mais eficientes.[324]

2.2 Desafios na seleção do fornecedor

"O Direito reconhece os limites do conhecimento humano e o risco de decisões incorretas na gestão dos recursos públicos. A licitação é uma solução jurídica para impedir decisões apressadas, mal planejadas e impulsivas – defeitos que são inerentes ao processo decisório. O agente administrativo é um ser humano, sujeito a falhas em suas escolhas. A licitação reduz a autonomia do agente administrativo precisamente para limitar a amplitude dos riscos de equívocos."[325]

A seleção do fornecedor representa a fase da contratação pública com mais intensa discussão jurídica, muito embora não seja a mais problemática, que se atribui à gestão do contrato, isto é, ao campo prestacional da processualidade administrativa, nem a mais importante, que é, induvidosamente, ostentada pelo seu planejamento. De modo mais analítico, entende-se por contratação pública o demorado processo para atendimento da demanda administrativa, o qual compreende o planejamento administrativo (identificação da necessidade ou demanda), a seleção do fornecedor (escolha da proposta mais vantajosa) e a gestão do contrato administrativo (satisfação da demanda), tendo sempre em vista a melhor relação benefício-custo no plano de atuação administrativa.[326]

Desse modo, o modelo de contratação pública, a despeito dos avanços decorrentes da LGLC, ainda não prestigia adequadamente a seleção do melhor fornecedor, pois segue uma procedimentalidade delirante, porque exige parâmetros inconcebíveis à realidade de mercado brasileira. Há presunções surrealistas sobre as práticas administrativas da gestão pública, bem como desconsidera as particularidades

---

[324] DOMÉNECH PASCUAL, Gabriel. Por qué y cómo hacer análisis económico del derecho. *RAP*, Madrid, n. 195, sept./dic., p. 99-133, 2014, p. 119-120.

[325] JUSTEN FILHO, Marçal. *Comentários à Lei de Licitações e Contratações Administrativas*: Lei 14.133/2021. São Paulo: Revista dos Tribunais, 2021, p. 258.

[326] MENDES, Renato Geraldo; MOREIRA, Egon Bockmann. *Inexigibilidade de licitação*: repensando a contratação pública e o dever de licitar. Curitiba: Zênite, 2016, p. 77.

da atuação dos agentes econômicos e os limites operacionais do fiscal do contrato, sobretudo porque nenhuma fiscalização é capaz de tornar uma empresa inidônea em idônea. A LGLC, contudo, pode atenuar esse cenário a partir do uso adequado da discricionariedade administrativa, mas não é, nem de longe, a solução dele.

Enfim, ele corporifica uma lógica competitiva que desconsidera a relevância do objetivo da contratação pública, tudo em nome de pretendida economicidade (artigo 5º; 18, §1º, inciso IX; 40, §2º, inciso II, da LGLC), o que pode inviabilizar a efetiva participação de *empresas idôneas*, mas sem prejuízo do ímpeto de os órgãos de controle tentarem alcançar a economicidade pela normatividade. A questão resta ainda mais preocupante com *principiologismo* consagrado no artigo 5º da LGLC, que prestigia um modelo normativo repleto de princípios – que, aliás, é equivocado – como o mais aconselhável no tratamento dos dilemas materiais da sociedade,[327] já que pode acarretar uma dinâmica decisória abstrata dos órgãos de controle, a despeito das imperiosas determinações do artigo 20 da LINDB.

De todo modo, revela-se pouco provável que, em uma ambiência que não prestigie a qualidade dos bens e serviços, uma empresa contratada atenda adequadamente às demandas administrativas. Por mais que se queira defender a racionalidade do atual modelo de contratação, o histórico da *rigidez procedimental* não tem revelado bons resultados, especialmente quando se considera o longo curso das contratações ineficientes, mas *legalmente irrepreensíveis* aos olhos dos órgãos de controle.

Por isso, é necessário enxergar o processo de contratação pública com outros olhos, compreendendo uma dinâmica decisória que abarque os aspectos prático-procedimentais necessários à identificação da melhor proposta; logo, para esse fim é preciso desconsiderar os ranços imobilizantes da rigidez procedimental, mesmo com a LGLC. É dizer, impõe-se uma procedimentalidade mais negocial ou consensual, cotejando maior capacidade decisória do gestor público para definir os meios adequados para atender às demandas administrativas.

2.2.1 Menor preço: o julgamento pela ineficiência

> "Menor preço deve ser uma meta gerencial, uma ampla diretiva, uma política permanente, mas não

---

[327] JUSTEN FILHO, Marçal, *Comentários à Lei de Licitações e Contratações Administrativas*, 2021, p. 94.

pode ser uma maníaca obsessão da autoridade que nada mais valorize em derredor, nem converter-se (*sic*) na doença do cego que não quer ver. Ponderação, austeridade e sensatez negocial são uma coisa, mas psicoses depreciativas da qualidade em função do preço são bem outra, que arruínam e comprometem administrações inteiras, e que no momento seguinte resultam muito mais caras que as soluções baratas."[328]

O dilema do critério de julgamento não surge na licitação, mas na execução do contrato, quando se indaga o porquê da seleção do licitante. A liberdade de contratar jamais é plena, especialmente na ambiência pública, pois o regramento da contratação é minucioso em diversos aspectos formais e substantivos. Pouco pode fazer quem não pode escolher o que pretende fazer. A escolha, como expressão de liberdade, é algo cercado de cuidados na Administração Pública. Os riscos da liberdade são considerados, *a priori*, maiores que os seus possíveis benefícios. Por sua vez, a responsabilidade, em termos práticos, pode ser observada como algo excepcional, ainda que prevista expressamente na legislação, inclusive com ares de indiscutível garantia da regularidade da atuação administrativa. Prevenir ou controlar, depois, se possível, responsabilizar, mas a entrega do objeto da contratação, por vezes, fica em segundo plano. Daí a importância dada aos controles *extremos* do Poder Público.

Todavia, a camisa de força da atuação administrativa não é compaginável com uma gestão pública eficiente. Criou-se o imaginário de que toda liberdade concebida ao gestor é uma forma de contribuição às práticas corruptivas, incluindo-se as cláusulas exorbitantes, no sentido de que representa a possibilidade de escolhas prepotentes dos agentes públicos.[329] Claro que a unilateralidade dos procedimentos pode levar a caprichos, por vezes, régios, de algumas autoridades administrativas, pois a vontade de uma das partes é decisiva para o desfecho da atividade processual; porém, isso só pode adquirir maior

---

[328] RIGOLIN, Ivan Barbosa. A inconsistência da Lei de Licitações para obter o melhor negócio. *FCGP*, Belo Horizonte, ano 19, n. 217, p. 45-51, jan. 2020, p. 45-46.
[329] JUSTEN FILHO, Marçal. Corrupção e contratação administrativa – a necessidade de reformulação do modelo jurídico brasileiro. *ILC*, Curitiba, n. 258, p. 721-723, ago. 2015, p. 722-723.

relevo diante da ineficiência dos mecanismos de controle da discricionariedade administrativa.

Então, por mais que se pense o contrário,[330] não é a faculdade de promover escolhas que fomenta a corrupção, mas sim a ineficiência dos instrumentos jurídicos de controle da atuação administrativa, por serem *seletivos* e tardios e, consequentemente, ineficazes. Além disso, não se discutindo sobre o fundamento normativo da discricionariedade,[331-332] no que reporta às ações deônticas da autoridade pública,[333] ela não pode ser compreendida apenas a partir da margem de escolha concedida pelo legislador, mas, sobretudo, como inevitável exigência dos dilemas concretos da Administração Pública, no que exige uma contribuição pessoal do gestor em atendimento aos prognósticos do Poder Legislativo.[334] Dito de outra forma, quando o parâmetro político-legislativo, assumindo os limites da racionalidade normativa, sobretudo diante de intensas transformações socioeconômicas ou técnico-científicas, prestigia conceito jurídico indeterminado, cláusulas gerais ou expedientes equivalentes, justamente para manter a atualidade do texto legal, não existindo, portanto, tipificação cerrada, desponta, de modo inequívoco, uma margem para que o gestor público exerça uma competência discricionária.[335]

Aliás, esses prognósticos, com ou sem pretensão, podem ser vagos ou imprecisos, mormente na concretização de políticas públicas, exigindo-se a visão pessoal e responsável do gestor diante da competência exigida pela demanda administrativa.[336] Por isso, vale destacar que o processo administrativo representa a mais importante ferramenta de

---

[330] GARCÍA DE ENTERRÍA, Eduardo. *Democracia, jueces y control de la Administración*. 4. ed. Madrid: Editorial Civitas, 1998, p. 125.

[331] GARCÍA DE ENTERRÍA, Eduardo. La lucha contra las inmunidades del poder en el derecho administrativo – poderes discrecionales, poderes de gobierno, poderes normativos. *RAP*, Madrid, n. 38, p. 159-205, mayo/agosto 1962, p. 168.

[332] DUARTE, David. *A norma de legalidade procedimental administrativa*: a teoria da norma e a criação de normas de decisão na discricionariedade instrutória. Coimbra: Almedina, 2006, p. 462.

[333] SADDY, André. *Discricionariedade administrativa nas normas jurídicas em abstrato*: limites e técnicas de contenção. Rio de Janeiro: Lumen Juris, 2009, p. 61.

[334] GUERRA, Sérgio. *Discricionariedade e reflexividade*: uma nova teoria sobre as escolhas administrativas. Belo Horizonte: Fórum, 2008, p. 72.

[335] FRANÇA, Vladimir da Rocha. Princípio da legalidade administrativa e competência regulatória no regime jurídico-administrativo brasileiro. *RIL*, Brasília, ano 51, n. 202, p. 07-29, abr./jun. 2014, p. 11.

[336] ENGISCH, Karl. *Introdução ao pensamento jurídico*. Tradução de João Baptista Machado. 10. ed. Lisboa: Fundação Calouste Gulbenkian, 2008, p. 222.

orientação e controle da atuação estatal,[337] pois nele devem ser observados os parâmetros prático-normativos relacionados (a) ao regular exercício da discrição administrativa e (b) às conformadoras diretrizes dos objetivos perseguidos pela Administração Pública.

Desse modo, defende-se a supressão de cláusulas exorbitantes que se revelem incompatíveis com as possibilidades de atuação do regime jurídico-administrativo, especialmente a estampada no artigo 137, §2º, incisos III, LGLC, muito embora a existência de prazos elásticos para pagamento dos contratados não seja uma realidade exclusivamente brasileira.[338] No caso, a importância prática da exceção do contrato não cumprido, nos termos do artigo 476 do Código Civil (CC), é reduzida em flagrante violação dos interesses da empresa contratada.

De qualquer maneira, o contrato administrativo não é um terreno de plena igualdade contratual[339] e, tendo em vista esse aspecto, pode acarretar possíveis desvios instrumentais dos gestores, porém não há como propugnar a tese de que as cláusulas exorbitantes, no seu conjunto, sejam o fio condutor da corrupção na contratação pública.

Aliás, isso é bem simples de entender: apesar delas, e isso pode ser facilmente constatado nas obras públicas ou nos contratos de serviços contínuos, o gestor, não raras vezes, torna-se refém das empresas contratadas em função (a) dos obstáculos financeiros da execução orçamentária; ou (b) da inexecução contratual prolongada, já que a rescisão unilateral, ainda que possível, não resolve o problema da gestão pública em função de recurso e fator tempo.

Além disso, não há como impor ao contrato administrativo as mesmas impressões teóricas do direito contratual privado, cujas diretrizes remontam ao pensamento liberal do século XIX, aliás, defensor de indiscutíveis premissas individualistas decorrentes do liberalismo econômico, o que contestava eventual superposição de poderes entre os contraentes.[340] Hoje, a dinâmica do dirigismo contratual impõe regras

---

[337] SCHMIDT-ASSMANN, Eberhard. Structure and functions of administrative procedures in German, European and international law. *In*: BARNES, Javier (Ed.). *Transforming administrative procedure*. Sevilla: Global Law Press, 2008, 43-74, p. 49.

[338] VILCHES GARCÍA, Felipe. La morosidad en la contratación pública. *REDA*, Madrid, año 44, n. 186, p. 321-342, jul./sep. 2017, p. 329.

[339] MONCADA, Luís Solano Cabral de. *A relação jurídica administrativa*: para um novo paradigma de compreensão da actividade, da organização e do contencioso administrativo. Coimbra: Coimbra Editora, 2009, p. 249.

[340] ESTORNINHO, Maria João. *Réquiem pelo contrato administrativo*. Coimbra: Coimbra Editora, 1990, p. 140-141.

que destoam do velho e mistificador ideário privatístico da igualdade de poderes nos contratos, sem falar que o poder das cláusulas exorbitantes não decorre propriamente da relação contratual, mas da particular posição jurídica da Administração Pública, que possui incontestável natureza extracontratual.[341]

Assim, o que se pode questionar é a utilidade dessas cláusulas no universo da contratação pública, sobretudo diante da clara possibilidade de elevação dos custos da contratação pública em função da assimetria de direitos e deveres no contrato administrativo. Porém, adverte-se: é preciso estudos empíricos para demonstrar a pertinência dessas preocupações, não bastando, para esse propósito, meras reflexões abstratas partejadas na cômoda compreensão acadêmica dos institutos.[342] A dinâmica da relação jurídica contratual paritária, no que expressaria o modelo igualitário de relações jurídicas,[343] ainda que desejável na ambiência pública, não se afigura possível diante das particularidades ou adversidades que encerram a posição fático-jurídica do Poder Público.

Aqui, vale destacar: mesmo em uma ordem constitucional democrática, é compreensível que o Poder Público disponha de poderes que os particulares não possam gozar com a mesma extensão e profundidade, porquanto é pouco aceitável a tese de que a paridade plena de direitos possa ser sustentada diante da enorme diversidade de direitos, e notadamente de deveres, entre os particulares e o Estado, não obstante a noção de solidariedade e fraternidade, tão em voga na atualidade e que reforça a possibilidade de eventuais assimetrias de poderes, aponte a consagração de deveres fundamentais dos cidadãos[344] e, consequentemente, dos agentes privados da sociedade.

Nesse contexto, o fato é que a interação entre o Estado e a sociedade, especialmente com a ruidosa herança do *Welfare State*, acarretou não apenas o seu desmedido alargamento, mas também a alteração de seus deveres na sociedade,[345] exigindo-se novas formas compreensivas

---

[341] ESTORNINHO, Maria João, *Réquiem pelo contrato administrativo*, 1990, p. 145.

[342] MARRARA, Thiago. As cláusulas exorbitantes diante da contratualidade administrativa. *RCP*, Belo Horizonte, ano 03, n. 03, p. 237-255, mar./ago. 2013, p. 249.

[343] MACHETE, Pedro. *Estado de direito democrático e administração paritária*. Coimbra: Almedina, 2007, p. 577.

[344] CANOTILHO, José Joaquim Gomes. *Direito constitucional e teoria da constituição*. 7. ed. Coimbra: Almedina, 2003, p. 536.

[345] LOUREIRO, João Carlos. *O procedimento administrativo entre a eficiência e a garantia dos particulares:* algumas considerações. Coimbra: Coimbra Editora, 1995, p. 67.

do poder de atuação estatal e do papel da solidariedade social, cuja variante axiológica impulsiona uma pretensão de adequada distribuição das riquezas por meio da tributação,[346] a despeito dos limites da redistribuição fiscal.[347] Por outro lado, a redução da desigualdade não pode ser vista como um objetivo definitivo – ou a qualquer custo, admitindo-se até mesmo os choques político-econômicos decorrentes da Primeira Guerra Mundial como "únicas forças munidas de peso suficiente para reduzir a desigualdade desde a Revolução Industrial"[348] –, pois o dilema a ser superado é a pobreza, e não propriamente a desigualdade.

De todo modo, para além da discussão sobre a posição jurídica particular da Administração pública, o que se pode questionar, em cada caso, é a pertinência ou adequação da instrumentalidade dos poderes específicos. Todavia, isso não pode justificar a manutenção de cláusulas exorbitantes que se revelem inócuas ou simplesmente despropositadas. Portanto, além de totalmente prejudiciais aos particulares, não representam instrumentos de eficiência da gestão pública. A distinção de poderes instrumentais deve ser justificada em função de sua utilidade para a coletividade, mas jamais para servir como mecanismo de arbitrariedade dos gestores.

Em outro giro, a disciplina normativa minudente (maximalista) também possui seus riscos e, claro, não garante boas contratações,[349] ainda que isso pudesse revelar eventual dinâmica de equilíbrio nos contratos administrativos, não se pode negar que o regramento excessivo é capaz de possibilitar engenhosos mecanismos para preferir ou preterir interesses na ambiência pública. E as consequências dessa forma de pensar a contratação pública, tendo em vista os meandros da legislação, são extremamente prejudiciais à eficiência ou qualidade no serviço público. Nesse ponto, adverte-se: a transferência de poderes decisórios do Poder Executivo para o Legislativo, o que notabiliza a disciplina normativa maximalista, acaba por inviabilizar a inovação na gestão pública e, sobretudo, no largo campo de atuação das práticas administrativas, porquanto qualquer tentativa de empreender novas

---

[346] CONTIPELLI, Ernani de Paula. *Solidariedade social tributária*. Coimbra: Almedina, 2010, p. 203.
[347] PIKETTY, Thomas. *A economia da desigualdade*. Tradução de André Telles. Rio de Janeiro: Intrínseca, 2015, p. 88-89.
[348] PIKETTY, Thomas, *O capital no século XXI*, 2014, p. 15.
[349] ROSILHO, André Janjácomo. As licitações segundo a Lei nº 8.666: um jogo de dados viciados. *RCP*, Belo Horizonte, ano 02, n. 02, p. 09-37, set. 2012/fev. 2013, p. 22.

soluções aos dilemas do cotidiano administrativo geralmente tende a encontrar obstáculos na rigidez normativa da contratação pública.[350] Numa palavra: inovar é infringir no hipercontrole administrativo.

Bom exemplo disso é o critério de julgamento geralmente empregado na contratação pública brasileira, qual seja, o menor preço (artigos 33, inciso I, e 34, todos da LGLC),[351] pois, partindo-se da premissa de que os limites quantitativos da contratação possam reduzir os custos das prestações públicas e, quiçá, as práticas corruptivas, o critério de julgamento baseado no menor preço ganhou ares de indiscutível importância prática no atendimento da vantagem econômica da contratação,[352] mas sua importância não pode ser apartada do modo de disputa e da forma de licitação[353] e, com isso, com a própria ideia de vantagem econômica decorrente da modelagem de licitação adotada pela Administração Pública.

Todavia, a despeito da racionalidade do diagnóstico normativo, o ideário do menor preço se revela uma lástima como parâmetro para contratação pública, pois o problema central da antiga LLCA – e mesmo com a LGLC – não é, nem de longe, de mera interpretação do seu texto ou de aplicação das normas, porquanto a falha é estrutural, inclusive decorrente de escolhas institucionais equivocadas.[354] Nesse sentido, não se trata de mero uso distorcido desse critério de julgamento,[355] como se a qualidade do produto fosse, em qualquer caso, totalmente definida através das *especificações mínimas* no edital de licitação. Sabe-se que a obsessão pelo *menor preço*, que é bem diferente de *preço vantajoso*, não costuma traduzir a forma mais adequada de competição no mercado e, além disso, não viabiliza projetos precipuamente voltados ao desempenho dos agentes econômicos, gerando, por conseguinte, uma seleção adversa.[356]

---

[350] ROSILHO, André Janjácomo, *As licitações segundo a Lei nº 8.666*, 2013, p. 23.
[351] Na legislação anterior à LGLC: artigo 45, §1º, da LLCA, e artigo 4º, inciso X, da LP.
[352] JUSTEN FILHO, Marçal. *Comentários à Lei de Licitações e Contratos Administrativos*. 15. ed. São Paulo: Dialética, 2012, p. 711.
[353] JUSTEN FILHO, Marçal, *Comentários à Lei de Licitações e Contratações Administrativas*, 2021, p. 470.
[354] ROSILHO, André Janjácomo, *As licitações segundo a Lei nº 8.666*, 2013, p. 10.
[355] Em sentido diverso, *vide*: NOHARA, Irene Patrícia. Críticas ao sistema das licitações brasileiro e sugestões de alteração em trâmite. *In*: DI PIETRO, Maria Sylvia Zanella (Coord.). *Tratado de direito administrativo*: licitação e contratos administrativos. Vol. 6. São Paulo: Revista dos Tribunais, 2014, p. 285-299, p. 294.
[356] NÓBREGA, Marcos. Por que optar pela contratação integrada? Vantagens e riscos. *RDPE*, Belo Horizonte, ano 13, n. 51, p. 109-128, jul./set. 2015, p. 112.

Além disso, a questão fica ainda mais difícil com o antigo entendimento do Tribunal de Contas da União (TCU) sobre a impossibilidade de apresentar *especificações minudentes* para aquisição de bens ou prestação de serviços, com a alegativa de que isso representaria a possibilidade de restringir o caráter competitivo do certame, mesmo quando se tratar de licitação com critério de julgamento técnica e preço (artigo 33, inciso IV, da LGLC),[357] como se o mais importante não fosse o adequado atendimento da demanda administrativa (necessidade), conforme a relação benefício-custo,[358] mas, sim, consagrar uma artificiosa competição entre os agentes econômicos, tudo em detrimento dos interesses concretos da Administração Pública. O artigo 34, §1º, da LGLC certamente pode consagrar uma mudança de cenário, por contemplar a ideia de menor dispêndio associada a diversos fatores.

Desse modo, a ideia fixa da competição na licitação faz um enorme desserviço à atuação administrativa. Por demonstrar o desatado formalismo jurídico que, infelizmente, ainda reina no processo de contratação pública, há quem defenda que o problema se encontra apenas na identificação da proposta que atenda aos parâmetros editalícios,[359] portanto, na adequada elaboração do ato convocatório,[360] pois, tendo em vista linear compreensão da matéria pelo TCU, as propostas passíveis de contratação, com raríssimas exceções, são justamente as que apresentam baixa qualidade nos produtos, até porque o critério do menor preço não estimula a apresentação de propostas com o fornecimento de produtos de qualidade, denunciando que a ideia de *requisitos mínimos rigorosos*, por mais que se defenda,[361] ainda não superou o hipercontrole da Administração Pública. Aliás, a própria noção de *mínimo rigoroso* é totalmente questionável, porque a própria definição de exigência mínima decorre justamente da inexistência de maiores rigores técnicos sobre o bem ou serviço demandado. Aqui, impõe-se a ideia de *exigência*

---

[357] Nesse sentido, dentre tantos outros, *vide*: acórdãos TCU/Plenário nº 607/2017, 134/2017, 2.066/2016, 2.537/2015 e 3.306/2014.

[358] MENDES, Renato Geraldo; MOREIRA, Egon Bockmann, *Inexigibilidade de licitação*, 2016, p. 28.

[359] NOHARA, Irene Patrícia, *Críticas ao sistema das licitações brasileiro e sugestões de alteração em trâmite*, 2014, p. 295.

[360] JUSTEN FILHO, Marçal, *Comentários à Lei de Licitações e Contratações Administrativas*, 2021, p. 474.

[361] JUSTEN FILHO, Marçal, *Comentários à Lei de Licitações e Contratações Administrativas*, 2021, p. 474.

necessária, pouco importando se mais ou menos rigorosa diante das possibilidades do mercado.

Ademais, a área administrativa não pode, em regra, estabelecer parâmetro de aquisição por marca,[362] nos termos dos artigos 40, §3º, inciso III; 41, inciso I; 74, §1º, da LGLC. Em uma palavra: o critério do menor preço estimula o mergulho das propostas no oceano da má qualidade de produtos e serviços. E não há meios de contê-lo, especialmente em uma ambiência mercadológica que afasta os melhores agentes econômicos da contratação pública (seleção adversa), pois a proposta mais *vantajosa* não corresponde aos interesses do destinatário da prestação de serviço ou material,[363] pois o parâmetro *quantitativo* se impõe sobre o *qualitativo*, a despeito da significativa evolução normativa do artigo 42 da LGLC por admitir: (1) a exigência de amostra e prova de conceito; (2) adoção de protótipos pela Administração Pública; (3) indicação de marca ou modelo; (4) certificação por instituição especializada; e (5) comprovação de satisfatoriedade pela própria Administração Pública, sem falar, ainda, como atributo mínimo de qualidade, a declaração de não aceitação de marcas ou produtos em função de contratações anteriores.[364]

Além disso, a ideia de especificação mínima é bastante falha na promoção de desempenho e qualidade, porque não é possível, em todos os casos, estabelecer parâmetros mínimos que afastem os produtos de má qualidade. Produtos como água mineral, café, material de expediente, entre outros bens comuns, por mais que se diga o contrário, não são passíveis de definição de parâmetros mínimos que afastem os produtos de má qualidade, porque o que se atenta no certame não é o fato de eventuais produtos serem inferiores qualitativamente, mas, sim, quantitativamente menos onerosos. Por outro lado, se os produtos estão no mercado, por certo deveriam atender aos padrões mínimos de qualidade; porém o que se questiona é se a qualidade mínima,[365] nos termos do artigo 42 da LGLC, atende adequadamente às demandas administrativas, isto é, as prestações de serviço ou material.

---

[362] Na legislação anterior à LGLC: artigos 7º, §5º; 15, §7º, inciso I, da LLCA.

[363] DIAS, Maria Tereza Fonseca. Os problemas da contratação pública brasileira sob a análise econômica do direito (*Law and Economics*): em busca de propostas legislativas para sua superação. *RBDP*, Belo Horizonte, ano 15, n. 57, p. 85-111, abr./jun. 2017, p. 95.

[364] JUSTEN FILHO, Marçal, *Comentários à Lei de Licitações e Contratações Administrativas*, 2021, p. 561.

[365] JUSTEN FILHO, Marçal, *Comentários à Lei de Licitações e Contratações Administrativas*, 2021, p. 560.

Aliás, quanto mais simples for o produto, por certo, maiores são as possibilidades de o critério do menor preço selecionar produtos de má qualidade, sem que isso fira as especificações editalícias. Por exemplo, um edital para aquisição de caneta esferográfica pode afastar eventual produto de má qualidade? Todavia, o TCU defendia, a impossibilidade de exigir certificação, inclusive do Inmetro, para aquisição de bens quando a licitação previa o critério de julgamento pelo menor preço.[366] Portanto, nada razoável, de maneira que, diante da LGLC, o entendimento se revela superado (artigo 17, §6º; 42, inciso III, §1º), mas sem que isso assegure, por si só, qualquer garantia de qualidade de produto ou serviço.

Desse modo, resulta improvável o estabelecimento de qualquer parâmetro infalível para aquisição de bens ou serviços de qualidade, por meio de precisas especificações editalícias, sem que se reduza a competitividade. Portanto, nesse cenário, a qualidade dos bens ou serviços depende mais dos parâmetros de mercado (limites mercadológicos) que propriamente da capacidade de a Administração Pública selecionar uma proposta economicamente mais vantajosa. Tratando-se de fornecimento de prótese, órtese e tecnologias assistivas, bem como da oferta de cursos de capacitação, o critério de julgamento pelo menor preço se afigura nitidamente inadequado, muito embora seja o mecanismo de seleção predominantemente adotado pela Administração Pública (artigo 34, *caput*, da LGLC), que prestigia a ideia de menor custo possível, portanto de menor desembolso de recursos,[367] justamente porque a Administração Pública estabelece um mínimo de qualidade, conforme a necessidade da demanda administrativa, devendo, assim, obter o menor preço, ainda que exista proposta com qualidade superior.[368]

Vê-se que a rotina dos procedimentos não se esmera nas melhores possibilidades da legislação, que, por sua vez, ainda nega as boas práticas sociais no sentido de que não prestigia os modelos de contratação que obtêm resultados na iniciativa privada, isto é, não adota modelagens adequadas nos editais, justamente porque se afastam das

---

[366] Conforme o Acórdão TCU/Plenário nº 545/2014. No mesmo sentido, quanto ao caráter restritivo das certificações, inclusive as públicas, *vide*: acórdãos TCU/Plenário nº 445/2016, 2.318/2014, 670/2013 e 304/2006.

[367] JUSTEN FILHO, Marçal, *Comentários à Lei de Licitações e Contratações Administrativas*, 2021, p. 473.

[368] JUSTEN FILHO, Marçal, *Comentários à Lei de Licitações e Contratações Administrativas*, 2021, p. 474.

experiências exitosas do setor privado. Esse não é um dilema propriamente da legislação, mas do que a gestão pública faz dela: ao invés de reduzir as diferenças prático-procedimentais nas modelagens adotadas nos editais, prestigia-se o encastelamento dos modelos estritos dos editais públicos, seguindo estritamente comandos de disciplina dos órgãos de controle e, paradoxalmente, afastando-se do mercado, que deverá promover a prestação de serviço ou material.

Todavia é preciso ter a compreensão de que o uso desregrado do pregão eletrônico não decorre apenas de mera comodidade operacional, porquanto há razões de ordem fiscalizatório-disciplinar, bem como orçamentário-financeiras, no enfretamento das demandas administrativas. Assim sendo, em uma ambiência de sérias restrições procedimentais, é totalmente compreensível que o gestor adote a sistemática que revele o menor ônus funcional ou operacional no processo de contratação pública.

2.2.2 Melhor técnica ou conteúdo artístico: ainda o desafio da economicidade

> "Há uma peculiaridade no tocante à técnica, no entanto. Como o valor norteador da técnica é a eficácia, será tanto mais valiosa a solução técnica quanto maior for a eficiência na utilização dos recursos econômicos. Produzir algo de melhor qualidade é uma virtude da técnica. Produzir algo com menos custo é outra virtude da técnica. Enfim, a conjugação da elevação da qualidade e da redução do custo assegura um valor econômico relevante para a técnica."[369]

O desafio da valoração técnica das propostas, nos termos dos artigos 33, inciso III; e 35, da LGLC,[370] por mais que se pense o contrário,[371]

---

[369] JUSTEN FILHO, Marçal, *Comentários à Lei de Licitações e Contratações Administrativas*, 2021, p. 484.

[370] Na legislação anterior à LGLC: artigo 46, *caput*, da LLCA. Vale mencionar que na LGLC, a despeito de adotar a mesma terminologia, assume nova configuração normativa, porquanto assume autonomia técnico-procedimental diante do critério de julgamento técnica e preço, a despeito da redação confusa do artigo 37 da LGLC, apresentando, de forma conjunta, alguns parâmetros para julgamento da licitação.

[371] FREIRE, André Luiz. Considerações acerca dos tipos de licitação "melhor técnica" e técnica e preço. *In*: SILVEIRA, Raquel Dias da; CASTRO, Rodrigo Pironti Aguirre de. *Estudos dirigidos de gestão pública na América Latina*. Belo Horizonte: Fórum, 2011, p. 17-32, p. 21.

revela notória preocupação com os custos da contratação, pois a identificação dos parâmetros técnicos da demanda administrativa, embora não garanta a economicidade da contratação, revela-se imprescindível para evitar o superdimensionado dos preços em função das especificidades da problemática a ser solucionada pelo particular. Esse critério de julgamento ainda se vincula ao binômico custo/benefício.

É dizer, a técnica é relevante, mas o preço não pode ser desprezado, tendo em vista os objetivos da contratação. Além disso, quanto mais sofisticado se revelar o objeto da contratação, maior se afigura a possibilidade de assimetria de informações entre o Poder Público e o mercado, o que exige transparência na condução do planejamento e, sobretudo, predisposição ao diálogo na identificação da solução da demanda administrativa.[372] Aliás, o maior dilema da assimetria de informações entre os agentes econômicos se encontra na clara possibilidade de ocorrer seleção adversa, pois o desconhecimento sobre a técnica ou qualidade dos licitantes tende a prestigiar as empresas inidôneas, por isso não se compreendia o reiterado reproche dos órgãos de controle – antes da LGLC – quanto à exigência de certificações nas licitações públicas.[373]

Desse modo, se o critério de julgamento menor preço não se revela adequado – aliás, por razões preponderantemente mercadológicas –, não há dúvida de que isso comporta dilemas na forma de empreender as relações jurídico-administrativas. Por sua vez, o critério de julgamento melhor técnica também enfrenta sérios desafios procedimentais. É dizer, os órgãos de controle estabelecem tantos limites para sua adoção, que os gestores, por mera comodidade procedimental, acabam por dispensá-lo. E o que é mais intrigante: muitas vezes, com melhores resultados. A paradoxia da eficiência do atalho sobre o caminho é algo recorrente na gestão pública e sinal de que os modelos normativos não estão alinhados com as práticas administrativas. O dilema dos custos da contratação tem uma relação direta com a necessidade da demanda administrativa. Afinal, somente se revela compreensível o maior dispêndio da Administração Pública, representado no acolhimento de proposta com valor superior ao menor preço, se isso resultar

---

[372] ROCHA, Marcelo Dantas. Anotações sobre o PLC 6.814/2017: principais aspectos da proposta da nova Lei Geral de Licitações. *FCGP*, Belo Horizonte, ano 16, n. 190, p. 54-60, out. 2017, p. 59.

[373] NÓBREGA, Marcos. Novos marcos teóricos em licitação no Brasil: olhar para além do sistema jurídico. *RBDP*, Belo Horizonte, ano 11, n. 40, p. 47-72, jan./mar. 2013, p. 51.

em benefícios ou vantagens no atendimento adequado da prestação de serviço ou material.[374] O problema é que sem a precisa definição da necessidade da Administração Pública, no que revela uma questão de planejamento administrativo, notadamente no que se refere ao Estudo Técnico Preliminar (ETP), nos termos do artigo 6º, inciso XX, da LGLC, fica muito difícil destacar se determinado produto ou serviço pode justificar um valor que extrapole os ordinários parâmetros do menor preço.

É dizer, sem a identificação precisa da necessidade do Poder Público não é possível estabelecer que objeto da licitação seja capaz de atender à demanda administrativa[375] e, muito menos, que possa justificar um valor superior em função da qualidade exigida pela contratação pública. Por isso, o problema do critério de julgamento melhor técnica é, acima de tudo, de justificação *objetiva* da autoridade administrativa em função das necessidades identificadas pelo planejamento administrativo.

Desse modo, acredita-se que muitas licitações enquadradas no cômodo critério de julgamento pelo menor preço, conforme os parâmetros da antiga LP, poderiam ser empreendidas pelo critério de julgamento pela melhor técnica. Todavia o pregão ainda tem sido largamente empregado para obrigações de fazer, isto é, as que compreendem algum tipo de encomenda – não se tratando, portanto, de serviço ou bem de prateleira –, muito embora não seja o mais indicado,[376] mesmo que se tenha defendido, excepcionalmente, o critério de julgamento pelo menor preço para prestação de natureza predominantemente intelectual, baseando-se no interesse específico da gestão pública por meio da contratação pública.[377]

Com a LGLC, a questão da economicidade não deveria ser objeto de preocupação, pois é a própria Administração Pública que define o prêmio, não necessariamente de natureza pecuniária, para as propostas técnicas ou artísticas. Todavia, a questão não é tão linear assim. Como saber que, a despeito da definição de critérios de qualidade mínima, o valor do prêmio não é excessivo diante da proposta selecionada, isto

---

[374] JUSTEN FILHO, Marçal, *Comentários à Lei de Licitações e Contratos Administrativos*, 2012, p. 717.
[375] MENDES, Renato Geraldo. *O regime jurídico da contratação pública*. Curitiba: Zênite, 2008, p. 28.
[376] MENDES, Renato Geraldo, *O regime jurídico da contratação pública*, 2008, p. 57.
[377] JUSTEN FILHO, Marçal, *Comentários à Lei de Licitações e Contratos Administrativos*, 2012, p. 719.

é, como evitar valores excessivos decorrentes da melhor técnica, sobretudo, diante dos limites do mercado?

A resposta passa, necessariamente, pela compreensão da necessidade específica do Poder Público, pois, a partir dela, é possível estabelecer alguma margem para comprometimento dos recursos, cada vez mais limitados diante das demandas crescentes da sociedade. Além disso, nesse critério de julgamento, que possuía uma etapa negocial na legislação anterior,[378] representava uma oportunidade para alcançar uma proposta economicamente mais vantajosa,[379] porém não foi adotada na LGLC justamente para afastar o menor preço do licitante que atendia aos parâmetros mínimos de qualidade,[380] o que afastava a melhor técnica. De todo modo, é totalmente questionável que a etapa negocial ainda não seja aplicada a todos os tipos de licitação, pois esse mecanismo é plenamente compatível com a noção de inexequibilidade de preços – que não causa a menor preocupação na melhor técnica ou conteúdo artístico –, inclusive, como forma de prestigiar o preço mais adequado.

Contudo, o pretenso inconveniente dessa fase negocial, no que representaria o extremo da ideia de controle dos custos, não tarda em ser defendido pelos órgãos de controle, nos seguintes moldes: adotando-se como parâmetro negocial a proposta de menor preço entre os licitantes que alcançaram a pontuação mínima (valorização mínima), fazendo com que as melhores propostas sejam preteridas em função do critério do menor preço, portanto, insistindo-se na dinâmica decisória da legislação anterior.

Enfim, o estigma do menor preço não desapareceria até mesmo no tipo de licitação de melhor técnica. Como adquirir o melhor se é necessário observar o valor da proposta com menor preço? Uma contradição em termos que a LGLC não mais admite. Aqui, para fins meramente reflexivos sobre a RP, vale pontuar: se a contratação de serviços de comunicação digital possibilita a adoção de licitação do tipo melhor técnica,[381] então por que razão a contratação de serviço de fornecimento de tecnologia assistiva não poderia gozar da mesma comodidade? Observa-se que o dilema da gestão tem girado mais em

---

[378] Nos termos do artigo 46, §1º, inciso II, da LLCA.
[379] JUSTEN FILHO, Marçal, *Comentários à Lei de Licitações e Contratos Administrativos*, 2012, p. 724.
[380] Conforme artigo 46, §1º, inciso III, da LLCA.
[381] Conforme Acórdão TCU/Segunda Câmera nº 6.227/2016, com amparo na legislação anterior.

torno na questão do custo que propriamente na escolha do meio mais adequado para o atendimento da demanda administrativa, como se o meio não tivesse relação com o custo.

Nota-se, ainda, que o parâmetro do menor preço afasta a *incômoda* tarefa de justificar, nos termos do artigo 50, §1º, da LGPAF, sobre a medida administrativa geralmente defendida pelos órgãos de controle, porém sacrifica a utilidade prática da prestação de serviço ou material fornecida ao reabilitando. Em uma ambiência administrativa em que impera o medo, a preocupação com a dinâmica de controle supera os resultados práticos da atuação administrativa, como se os planos da gestão pública se rendessem à ineficiência do controle estritamente normativista, afastado dos fatos e das circunstâncias que encerram a árdua tarefa de promover uma adequada prestação de serviço ou material.

Vale destacar que o medo também possui uma forte relação com o despreparo técnico de boa parcela dos servidores públicos. Afinal de contas, o conhecimento liberta e, claro, faz atravessar caminhos que inicialmente pareciam duvidosos ou indevidos no universo da contratação pública. Enfim, se não há parâmetro de economicidade, ainda que inadequado, os gestores são inclinados a seguir os ordinários parâmetros do menor preço, justamente porque evita dissabores funcionais, gerando a sensação de conforto e segurança no procedimento adotado.[382]

Todavia, isso tende a acarretar uma prestação de serviço ou material inadequada e, por conseguinte, ainda mais onerosa, justamente porque não será capaz de atender à demanda administrativa dos cidadãos (reabilitandos). A compreensão do desafio da economicidade no tipo de licitação melhor técnica vai muito além da questão de custos, pois adentra no largo universo da responsabilidade funcional. Entre a tentativa de acertar, prefere-se o erro de não tentar, porquanto o medo da responsabilização funcional se impõe diante do histórico punitivista dos órgãos de controle. Defende-se a dinâmica de controle que prestigie a legalidade e eficiência, bem como consagre a autonomia da Administração Pública no atendimento das prestações de serviço ou material. Portanto, que não rompa com a premissa de que a fiscalização não deva assumir o lugar da gestão pública,[383] justamente porque não considera que toda criatividade administrativa deva ser *castigada*.

---

[382] MENDES, Renato Geraldo; MOREIRA, Egon Bockmann, *Inexigibilidade de licitação*, 2016, p. 29.

[383] SUNDFELD, Carlos Ari; CÂMARA, Jacintho Arruda. Controle das contratações públicas pelos Tribunais de Contas. *RDA*, Rio de Janeiro, n. 257, p. 111-144, maio/ago. 2011, p. 118.

Percebe-se, portanto, que o tipo de licitação melhor técnica compreende a harmonização de dois desafios: (a) adequabilidade e (b) economicidade. O primeiro deles exige preciso planejamento administrativo; o segundo, por sua vez, exige um pouco mais; adentra no universo dos limites mercadológicos. E a razão é simples: por melhor que seja o planejamento administrativo, nada pode ser feito com relação às limitações do mercado para contemplar, com a menor onerosidade possível, as demandas administrativas.

Vale lembrar: por mais que o mercado esteja em melhores condições para levantar as soluções da Administração Pública, seria uma tolice defender a tese de que ele tenha a melhor solução para tudo. Por sua vez, o estabelecimento de limites máximos para contratação de determinados serviços, a despeito de sua importância, nem sempre gera bons resultados na licitação tipo melhor técnica. É apenas a determinação objetiva de teto do gasto público, e não uma forma de assegurar sua efetiva eficiência.

Com relação aos serviços e produtos do PRP, o tipo de licitação melhor técnica não é utilizado por 03 (três) razões: (a) a dinâmica operacional complexa; (b) os limites financeiro-orçamentários, haja vista a demanda sempre crescente, no que faz exigir prestações materiais mais simples e, consequentemente, menos onerosas; e (c) a praticidade do pregão eletrônico, a despeito de seus resultados, muitas vezes, sem êxitos ou inexpressivos.

Desse modo, a variabilidade dos critérios de julgamento, consoante a demanda específica do PRP, é reduzida ao parâmetro do menor preço do pregão eletrônico. Não se discute, contudo, que há mecanismos úteis na legislação, porém as práticas administrativas as desprezam diante dos circunstancialismos dos dilemas orçamentário-financeiros ou fiscalizatório-disciplinares, fazendo com que a seleção do fornecedor siga um fluxo decisório pretensamente objetivo, muito embora fadado ao malogro, já que não atende adequadamente à necessidade dos reabilitandos.

De todo modo, acredita-se que a inexigibilidade de licitação, em boa parte dos casos, seja a via mais adequada para atender às demandas do PRP, conforme explanado em tópico específico desta tese, porquanto nem sempre é possível identificar parâmetros objetivos para definir a melhor proposta.[384]

2.2.3 Técnica e preço: o critério *impossível*

> "O critério de cabimento de técnica e preço será adequado nos casos em que a necessidade da Administração é satisfeita mediante objetos de qualidade diversa, mas em que as variações de qualidade representam vantagens significativas."[385]

A sofisticação do critério de julgamento não é indene de críticas, especialmente quando se tenta negar a importância da discrição do gestor. Se o tipo de licitação melhor técnica possui seus dilemas, não menos complicada é a solução que tenta conjugar a noção de técnica e preço de modo mais expresso,[386] a despeito da nítida evolução da matéria com a LGLC. Aliás, é ainda uma realidade distante, e possivelmente desnecessária, a licitação do tipo melhor técnica e preço ou, simplesmente, técnica e preço, pois as exigências desse tipo de licitação são praticamente insuperáveis em função da objetividade exigida no julgamento das propostas, porquanto pressupõe que tudo possa ser razoavelmente objetivo para fins de julgamento.

Invariavelmente, a conjunção entre técnica e preço tende a criar sérios embaraços no processo de seleção do fornecedor, justamente porque consagra dificuldades na objetivização dos parâmetros de julgamento. Afinal, como defender a noção de critérios objetivos a partir de parâmetros que vão além da objetividade? Como identificar soluções de natureza intelectual objetivamente e, além disso, promover comparações, também objetivas, entre elas? Dito de outro modo, não possui muita serventia o estabelecimento de critério objetivo de julgamento, nos termos do artigo 36, §2º, da LGLC, se não for possível definir, também objetivamente, a solução da demanda administrativa

---

[384] MENDES, Renato Geraldo; MOREIRA, Egon Bockmann, *Inexigibilidade de licitação*, 2016, p. 75.
[385] JUSTEN FILHO, Marçal, *Comentários à Lei de Licitações e Contratações Administrativas*, 2021, p. 491.
[386] Na legislação anterior, *vide*: artigo 46, §2º, da LLCA.

(objeto) e, além disso, não for capaz de estabelecer parâmetros objetivos de comparação entre as soluções apresentadas (propostas).[387]

Vê-se que a dificuldade não reside na fixação de parâmetro de julgamento incidente sobre a proposta, a qual atenda às pretensões da contratação, mas, sim, na identificação objetiva dos critérios da solução apresentada e sua capacidade de gerar parâmetros também objetivos de comparação. Deve-se ter em mente o seguinte: a seleção de fornecedor de serviço intelectual só faz algum sentido quando tal serviço puder ser definido de forma objetiva, permitindo, por conseguinte, o julgamento também por critérios objetivos.[388] Caso contrário, esse tipo de licitação poderá encerrar um simulacro de julgamento objetivo e, com isso, permitir a seleção de fornecedor incompatível com as exigências das demandas administrativas. Portanto, não se discute que seja possível estabelecer *um* critério pretensamente objetivo de julgamento, mas como, a partir desse critério, seja possível tornar objetiva a análise necessariamente subjetiva das propostas decorrentes de atividades eminentemente intelectuais.

Exemplificando: no caso de tecnologia assistiva, é possível estabelecer parâmetros pretensamente objetivos para mobilidade, comodidade e funcionalidade; porém, como identificar e comparar esses parâmetros a partir da perspectiva abstrata das propostas apresentadas, sobretudo, em função da situação particular de cada reabilitando, tais como as circunstâncias osteomusculares, orgânicas e sensoriais?

Repita-se, por ser pertinente, a seguinte advertência: não basta estabelecer critérios pretensamente objetivos de julgamento; exige-se bem mais, impõe-se a possibilidade de definir e comparar objetivamente as propostas em função da solução que se deseja contratar, contudo isso se revela impossível diante de contratações que prestigiam soluções singulares, o que é o caso dos serviços intelectuais.[389] Além do mais, como afastar a subjetividade no julgamento das propostas que, advindas de perspectivas diversas para atendimento das demandas

---

[387] MENDES, Renato Geraldo; MOREIRA, Egon Bockmann, *Inexigibilidade de licitação*, 2016, p. 91; MENDES, Renato Geraldo; MOREIRA, Egon Bockmann. Por que a licitação do tipo técnica e preço não é capaz de garantir a melhor proposta quando a solução for insuscetível de definição por critérios objetivos? *ILC*, Curitiba, n. 262, p. 1.113-1.116, dez. 2015, p. 1.114.

[388] MENDES, Renato Geraldo; MOREIRA, Egon Bockmann, Por que a licitação do tipo técnica e preço não é capaz de garantir a melhor proposta quando a solução for insuscetível de definição por critérios objetivos, 2015, p. 1.116.

[389] MENDES, Renato Geraldo; MOREIRA, Egon Bockmann, *Inexigibilidade de licitação*, 2016, p. 91.

administrativas, consagrem análises e visões particulares dos profissionais envolvidos? Vê-se, assim, a clara dificuldade operacional do critério de julgamento técnica e preço, cuja problemática não se limita à dinâmica de planejamento, responsabilidade funcional e controle, por mais que se pense o contrário;[390] vai mais além, adentra na forma de objetivização do parâmetro de atendimento das demandas públicas. Os números são objetivos, mas a definição deles, como parâmetro de julgamento, não se afasta da subjetividade dos agentes públicos. Por isso, a consagração normativa de hipóteses de cabimento de licitação de técnica e preço, nos termos do artigo 36, §1º, da LGLC, não representa qualquer vedação da adoção de licitação baseada no menor preço,[391] porquanto o gestor, mediante fundamentação adequada, deve decidir sobre o seu emprego, tendo em vista suas vantagens no atendimento da demanda administrativa.

Noutro giro, partindo-se da premissa de que a solução empregada para determinado reabilitando também se aplicar a outros, é possível defender a tese da objetivização das prestações de serviço e material, conforme a lógica dos bens e serviços comuns. Contudo, essa não pode ser a lógica a animar o PRP, especialmente quando ele tem o propósito de atender à específica demanda do trabalhador, no que exige uma prestação de alta atenção pessoal, portanto, necessariamente singular, flertando, assim, mais com a inexigibilidade que com o critério da técnica e preço, mas sem que isso represente uma liberdade de atuação administrativa livre de toda a procedimentalidade exigida pela fase preparatória do processo de contratação pública.

Dessa forma, é possível uso do pregão para algumas demandas do PRP, portanto para bens e serviços (efetivamente) comuns, o que é algo bem diferente de sua irrestrita adoção pela Administração Pública em função de comodidades meramente procedimentais em relação a outras modalidades licitatórias, mesmo em relação à concorrência, a despeito da indiscutível aproximação procedimental, chegando até mesmo ao rito procedimental comum (artigo 29, *caput*, da LGLC). Naturalmente, o fato de o pregão permitir apenas dois critérios de

---

[390] NAVES, Luís Emílio Pinheiro. *Accountability* horizontal, procedimentalização e a fase interna das licitações, dispensas e inexigibilidades. FCGP, Belo Horizonte, ano 15, n. 169, p. 50-59, jan. 2016, p. 54.
[391] JUSTEN FILHO, Marçal, *Comentários à Lei de Licitações e Contratações Administrativas*, 2021, p. 494.

julgamento, a saber, menor preço e maior desconto, torna a seleção do fornecedor uma tarefa menos complexa.

2.3 Reflexos no Programa de Reabilitação Profissional

> "Nem a lógica nem as evidências empíricas fornecem uma razão convincente para esperar resultados iguais ou aleatórios entre indivíduos, grupos, instituições ou nações."[392]

Por evidente, a problemática apresentada, corporificada nos desafios normativos da contratação pública – muito embora não sejam os piores –, revelaria obstáculos para qualquer programa governamental. Então, qual o sentido de ventilar os dilemas da contratação pública a partir dos desafios da RP? Pois bem, ainda que os pontos discutidos possam afetar qualquer ação pública, a delimitação de determinado substrato da atuação administrativa, como advertido na introdução, teria o grande mérito de destacar aspectos concretos do assunto pesquisado, sem que, com isso, não seja possível criar relações ou implicações para outros contextos ou programas mais abrangentes do Poder Público.

Além disso, a pretensão de levantar um modelo de contratação pública, a qual leve em consideração as dificuldades da RP, não desconsidera a sua utilidade para quaisquer demandas da Administração Pública, especialmente quando o modelo proposto compreenda alterações prático-procedimentais de todo o processo de contratação pública, de maneira que a perspectiva propositiva da investigação não se vincula à criação de nova modalidade licitatória, mas, sim, cria mecanismos de aperfeiçoamento da contratação pública como um todo.

É dizer, a imperiosa necessidade de aperfeiçoar certos mecanismos da atuação administrativa, tendo em vista uma demanda expressiva e parcialmente atendida, é o que permite a expansão de determinado instituto para áreas não cogitadas quando da sua introdução no ordenamento jurídico. Veja-se o caso do pregão: surgiu como modelo específico para contratação na Agência Nacional de Telecomunicações (Anatel), precisamente nos artigos 50 a 59 da Lei nº 9.472/1997; porém, em função do seu êxito, alcançou uma aceitação enorme pela área administrativa,

---

[392] SOWELL, Thomas. *Discriminação e disparidades*. Tradução de Alessandra Bonrruquer. 2. ed. Rio de Janeiro: Record, 2020, p. 96

tanto que, por meio do artigo 37 da Lei nº 9.986/2000, ele foi estendido às demais agências reguladoras. Além disso, na Administração Pública federal, o pregão alcançou ares de modalidade hegemônica de seleção de fornecedor com a edição da Lei nº 10.520/2002, que converteu a Medida Provisória nº 2.182-18/2001.

Vale destacar que muitos aspectos das mudanças propostas nesta tese não exigem alterações legislativas, mas a precisa compreensão dos valores norteadores da gestão pública contemporânea, a qual reconhece a importância da discrição do gestor no atendimento das demandas da sociedade, sobretudo diante da procedimentalidade até então adotada pelo Poder Público. Nesse sentido, como o PRP não representa o maior universo de preocupação do INSS, cuja atenção se prende precipuamente à concessão e manutenção dos processos administrativos de benefícios previdenciários e assistenciais, não é incomum a ocorrência de crítica sobre as debilidades da RP; porém o que pouco se questiona é o verdadeiro motivo dessa atuação insuficiente do Poder Público, mormente em um relevante campo da socialidade.

Não resta dúvida de que os obstáculos orçamentário-financeiros contribuem para a deficiência do serviço prestado, porém é preciso superar o entendimento de que a ausência de recursos seja a grande chaga das prestações materiais do Estado, porquanto há outros pontos a serem considerados, especialmente quanto ao uso adequado das ferramentas disponíveis à Administração Pública no atendimento das demandas da sociedade.

Aliás, é essa a lógica que anima a ideia de direito administrativo como *caixa de ferramentas*: identificar os instrumentos da atuação administrativa que entreguem, diante da realidade (im)posta pelos limites político-econômicos, os resultados demandados pela coletividade.[393] Contudo, o problema é que não basta identificar a ferramenta mais adequada aos desafios da gestão pública, mas, sobretudo, verificar a viabilidade legal dela diante do escarcéu normativo brasileiro, de forma que, diferentemente do *Common Law*,[394] cuja liberdade de atuação da autoridade pública é extremamente ampla, aqui não basta fincar uma

---

[393] RIBEIRO, Leonardo Coelho. O direito administrativo como caixa de ferramentas e suas estratégias. *RDA*, Rio de Janeiro, n. 272, p. 209-249, maio/ago. 2016, p. 213.

[394] HOOD, Christopher C.; MARGETTS, Helen Z. *The tools of government in digital age*. Basingstoke: Palgrave Macmillan, 2007, p. 127.

visão pragmática[395] na escolha dos instrumentos da atuação administrativa; é preciso mais: *livrar-se* das amarras incompreensíveis do regime jurídico-administrativo, geralmente pouco afeito à eficiência na execução do gasto público. Aqui, vale destacar, não há qualquer tentativa de fugir do direito administrativo, como se pretendesse promover um desvio prático de suas implicações jurídicas,[396] mas de compreendê-lo para além dos limites inconsequentes do regime jurídico-administrativo e, assim, aprimorá-lo diante da complexidade que encerra as demandas administrativas na hipermodernidade.

De todo modo, nos limites compreensivos dos pontos destacados acima, restou comprovado que a área administrativa não adota as melhores práticas no processo de contratação pública, seja pelo medo da forma de controle da atuação administrativa, seja mesmo pela inadequada aplicação da legislação. Quiçá, uma coisa leve a outra; porém é necessário levantar proposições factíveis para superar esse estado de coisas, porquanto algumas exigem alterações legislativas, especialmente as relacionados aos dilemas orçamentário-financeiros, porém o ponto determinante das mudanças se revela no adequado tratamento das possibilidades normativas da legislação, o que convoca a influência do componente cultural no enfrentamento da problemática. Dessa forma, considerando os aspectos gerais dos dilemas normativos apresentados neste capítulo, que não se limitam às demandas do PRP, são ventilados os seguintes reclames:

> (a) o gestor, muitas vezes, encontra-se em uma situação espinhosa, a saber, possui disponibilidade financeira de capital, mas não possui de custeio e vice-versa. Essa rigidez faz com que ele sacrifique ou inviabilize algumas realizações relevantes à Administração Pública, inclusive atrapalhando a cronologia de empreendimentos públicos. Defende-se que essa rigidez não tem razão de existir, por mais que ela possua uma lógica evidente: dispor sobre a realidade orçamentária de cada rubrica. O ideal seria a possibilidade de permuta entre as rubricas, conforme as prioridades estabelecidas pela gestão, conforme

---

[395] RIBEIRO, Leonardo Coelho, O direito administrativo como caixa de ferramentas e suas estratégias, 2016, p. 215.
[396] MARRARA, Thiago. Direito administrativo brasileiro: transformações e tendências. *In*: MARRARA, Thiago (Org.). *Direito administrativo*: transformações e tendências. São Paulo: Almedina, 2014, p. 17-46, p. 31.

percentual definido previamente pela LOA. Uma faculdade que permitiria contornar, com grande chance de êxito, situações contingenciais típicas das adversidades momentâneas da gestão pública contemporânea;

(b) revela-se providencial a liberação regular de recursos de capital e custeio. Vale lembrar que é bem comum o gestor dispor de recursos de capital apenas no final de março do ano corrente, fazendo com que as demandas administrativas relacionadas a novos investimentos sejam seriamente prejudicadas, sobretudo quando já eram prementes no exercício anterior;

(c) a realização de contingenciamento antecipado (artigo 9º da LRF), sem a devida fundamentação e seguindo critério estritamente político, é tão prejudicial à execução orçamentária quanto à própria inexistência de recursos, porém, com um fator agravante: promove uma expectativa de atendimento das demandas, muito embora aquelas não prioritárias do ponto de vista político sejam, desde logo, preteridas, a despeito da promessa de atendimento até o final do exercício financeiro. Aqui é particularmente preocupante para o PRP, uma vez que ele não dispõe da mesma atenção institucional dispensada aos processos administrativos concessórios de benefícios previdenciários e assistenciais;

(d) nesse contexto, resta praticamente inviável o atendimento célere do disposto no artigo 141 da LGLC,[397] muito embora ele tenha adotado um critério interessante de categorias contratuais para fins de pagamento, conforme o critério cronológico de apresentação das faturas. Todavia, a própria ordem cronológica dos pagamentos pode restar impossibilitada quando o gestor, para além da estrita observância dos recursos disponíveis para cada categoria contratual, esteja forçado a promover os pagamentos conforme o regime de disponibilidade financeira das demandas administrativas mais prementes, e não conforme a ordem cronológica das faturas apresentadas, sacrificando também o pagamento das faturas mais expressivas em benefício das faturas menos expressivas, todavia mais numerosas, pois restringe o número de contratados pendentes de atendimento (critério político), o que vai

---

[397] Na legislação anterior, *vide*: artigo 5º, §3º, da LLCA.

demandar maiores esforços de argumentação analítica sobre as medidas adotadas, tendo em vista os estreitos limites do artigo 141, §1º, da LGLC. Lembrando-se, ainda, que o dever de pagamento não se limita aos parâmetros definidos no artigo 141 da LGLC, pois a Administração Pública não poderá alegar esse artigo para afastar obrigações determinadas pela própria relação contratual, de modo que o prazo de pagamento firmado no contrato se impõe sobre a ordem cronológica prevista no artigo 141 da LGLC;[398]

(e) a insegurança jurídico-administrativa decorrente da indisponibilidade financeira dos empenhos realizados, sem sombra de dúvida, traduz a desilusão da programação orçamentária brasileira. O aconselhável é que a realização do empenho assegurasse ao gestor a disponibilidade financeira, inclusive para pagamento imediato, para honrar os compromissos assumidos nos contratos. Outro ponto importante, muito embora esteja mais relacionado às obras, é a questão da rescisão contratual e o correspondente cancelamento dos empenhos. Explica-se: sabendo-se da possibilidade de a rescisão contratual acarretar a perda dos recursos empenhados, pois, observando-se a ordem de classificação dos licitantes, uma empresa dificilmente assumiria o contrato com os parâmetros da proposta vencedora do certame (artigo 90, §2º, da LGLC) ou mesmo aceitaria uma proposta negociada (artigo 90, §4º, inciso I, da LGLC), o que restaria, sobretudo, a possibilidade de aceitação do valor da proposta de cada licitante (artigo 90, §4º, inciso II, da LGLC) e, mesmo assim, até porque já teria decorrido o prazo de vigência da proposta, nenhuma empresa estaria obrigada a aceitar a sua própria proposta;[399] então, nesse contexto, o gestor, a despeito da permissividade do artigo 90, §7º, da LGLC, pode ficar literalmente refém da empresa contratada, tendo em vista a indisponibilidade ou mesmo eventual onerosidade das propostas dos

---

[398] JUSTEN FILHO, Marçal, *Comentários à Lei de Licitações e Contratações Administrativas*, 2021, p. 1.517.

[399] JUSTEN FILHO, Marçal, *Comentários à Lei de Licitações e Contratações Administrativas*, 2021, p. 1.217.

demais licitantes, por força do limite imposto pelo orçamento estimado,[400] submetendo-se a toda sorte de obtemperações na esperança de concluir a obra iniciada. Para esses inconvenientes, a aceitação da proposta ainda encerra 02 (duas) dificuldades: (i) não há uma necessária relação entre o percentual executado da obra, que foi realizado pela empresa do contrato rescindido – por exemplo, 20% –, com o percentual de valor da proposta da nova empresa – por exemplo, 80% – para fins de conclusão do remanescente de obra; portanto observa-se uma desconexão entre o percentual da prestação e a remuneração devida na nova contratação[401] que será ainda mais evidente e complexa nos casos de obra ou serviço de engenharia executados em regime de empreitada global, empreitada por preço integral ou contratação integrada;[402] e, por conseguinte, (ii) o desafio da dinâmica consensual sobre a definição do valor da nova contratação, pois a empresa não é obrigada a aceitar a execução de proposta que esteja aquém dos seus limites de execução. Tal fato, em grande medida, representa uma das razões da existência de tantas obras inacabadas no Brasil. Assim, mesmo com o aperfeiçoamento da LGLC em face da legislação anterior, a rescisão contratual pode criar um enorme embaraço ao gestor: seja pela necessidade de nova licitação (inexistência de proposta vantajosa), sem falar no custo procedimental de nova licitação; seja, mais adiante, pela dificuldade de conseguir recursos para empenho no exercício corrente ou posterior (dilemas orçamentário-financeiros);[403]

(f) como consequência das alíneas acima, inclusive pela inviabilidade financeira de honrar os compromissos anteriores ao

---

[400] JUSTEN FILHO, Marçal, *Comentários à Lei de Licitações e Contratações Administrativas*, 2021, p. 1.218.

[401] JUSTEN FILHO, Marçal, *Comentários à Lei de Licitações e Contratações Administrativas*, 2021, p. 1.221.

[402] JUSTEN FILHO, Marçal, *Comentários à Lei de Licitações e Contratações Administrativas*, 2021, p. 1.222.

[403] De modo surpreendente, por conta do seu avanço em termos normativos, o artigo 164, §6º, da Lei nº 11.194/2021 (Lei de Diretrizes Orçamentárias de 2021), com redação determinada pelo artigo 1º da Lei nº 14.435/2022, admite que resto a pagar não processado, portanto, ainda sem liquidação, seja devidamente liquidado – mediante justificativa formal e, claro, desde que ocorra vantagem econômica para a Administração Pública – para outro credor, precisamente na hipótese de desistência do credor original ou de rescisão contratual. Reforçando, assim, um prognóstico legislativo de maior flexibilidade na execução orçamentária.

próprio exercício em curso, recrudesce o círculo vicioso dos restos a pagar. Na ausência de sinceridade orçamentária, o desafogo político da gestão fiscal encontra abrigo no contingenciamento antecipado e na conta dos restos a pagar, evitando-se, por tudo, a redução dos gastos da máquina pública, aliás, na insana aposta política de que a arrecadação vai melhorar nos exercícios vindouros. Portanto, utilizando indevidamente a esperança como estratégia;

(g) a dinâmica de controle punitivista, acompanhada da má capacitação de boa parte dos servidores públicos, temática que ainda será retratada em tópicos específicos desta tese, faz com que legislação sobre a contratação pública seja indevidamente aplicada, desperdiçando-se as potencialidades do processo de contratação pública no adequado atendimento das demandas administrativas. Por isso, para além da ordinária e contínua capacitação dos servidores, o que se afigura algo evidente em qualquer lugar e tempo, é necessário superar o sistema de controle que penalize toda medida administrativa, mesmo que exitosa, pelo simples fato de romper com procedimento predefinido, mas que não alcança os objetivos da Administração Pública; e

(h) a seleção do fornecedor não pode ser baseada em uma procedimentalidade rígida e, por conta disso, alheia às práticas administrativas e sociais. A licitação tipo menor preço, especialmente na prestação de serviço ou material, que comporte alguma nota de singularidade ou atividade intelectual, deve passar pelo filtro compreensivo de que o *custo* não é a diretriz do processo de contratação pública, mas sim o *benefício* que ele representa no atendimento das necessidades da Administração Pública. O menor preço ainda resiste imponente na cultura jurídico-administrativa, que possui profundas raízes estatizantes, como expressão cômoda e singela da objetividade que, não tendo o poder de apresentar resultados manifestos ou significativos, é pelo menos capaz de seguir a procedimentalidade que atenda à desconfiada rigidez dos parâmetros legais.

Nesse contexto, em uma perspectiva abrangente das prestações sociais, de que serve a contribuição da imposição judicial, independentemente de sua correção material, se a atuação administrativa se revela canhestra, especialmente porque os bloqueios normativo-financeiros ou a torna excessivamente serodiosa ou a torna ainda mais dispendiosa. Por isso, a discussão sobre a concretização dos direitos sociais deve adentrar na reflexão sobre os mecanismos (institutos jurídicos administrativos, orçamentários e financeiros) da atuação estatal. Caso contrário, o planejamento administrativo alcança apenas uma parte da capacidade institucional do Estado e, mesmo nessa parte, com todos os desafios de uma legislação que prestigia a rigidez procedimental em detrimento dos resultados da ação pública.

Disso resulta a seguinte assertiva: como há graus diversos de efetividade dos direitos, seja aqui ou no exterior,[404] o que importa mesmo é considerar a dinâmica do direito a partir dos instrumentos jurídicos disponíveis à Administração Pública, tendo em vista a evolução das mudanças sociais e econômicas, devidamente verificadas em função da modernização, dos arranjos das instituições políticas e das formas de garantias dos direitos.[405]

Desse modo, repita-se, a efetividade dos direitos sociais depende mais da correção e eficiência dos mecanismos jurídico-operacionais da atuação administrativa que propriamente da correção das decisões judiciais, que, a despeito de sua importância, pouco pode fazer para romper os obstáculos normativos relacionados à contratação pública, porquanto elas não interferem diretamente na fisiologia das organizações administrativas, isto é, no que concerne à correção orgânico-funcional delas.

Aliás, de modo geral, os juízes pouco sabem sobre os processos decisórios administrativos, a despeito das consequências da sindicabilidade judicial na ambiência administrativa, tendo em vista o que deva ser cumprido. Contudo, não se trata de fato singular do Poder Judiciário nacional, como bem denuncia, muito embora em contextos bem diversos, a difícil interação entre juízes e agências executivas (repartições públicas) na realidade dos Estados Unidos,[406] possivelmente potencializada pela maior liberdade decisória concedida aos gestores

---

[404] LYNCH, Christian Edward Cyril; MENDONÇA, José Vicente Santos de. Por uma história constitucional brasileira: uma crítica pontual à doutrina da efetividade. *D&P*, Rio de Janeiro, vol. 08, n. 02, p. 974-1.007, abr./jun. 2017, p. 996.

[405] LYNCH, Christian Edward Cyril; MENDONÇA, José Vicente Santos de, Por uma história constitucional brasileira, 2017, p. 999.

[406] SHAPIRO, Martin. Law and Politics: The Problem of Boundaries. *In*: WHITTINGTON, Keith E.; KELEMEN, R. Daniel; CALDEIRA, Gregory A. (Editor). *The Oxford handbook of law and politics*. New York: Oxford University Press, 2008, p. 767-774, p. 772.

norte-americanos, haja vista a doutrina *Chevron* e o conhecido teste de duas etapas (*two steps*).⁴⁰⁷ Além disso, os programas de atuação, notadamente as políticas públicas, envolvem uma dimensão [bem] dinâmica da atividade administrativa,⁴⁰⁸ a qual exige muito mais a compreensão das instituições públicas, com suas técnicas e ferramentas específicas, que a iluminista ingerência dos órgãos de controle na definição dos rumos da ação pública. Enfim, as respostas sobre os dilemas normativos da atuação administrativa, notadamente os que geram sérios transtornos técnico-operacionais, devem partir da contínua reflexão da própria Administração Pública sobre os seus desafios e mecanismos de atuação, ainda que essa reflexão deva ou possa ser auxiliada pela sindicabilidade judicial das políticas públicas.

Nesse ponto, é importante destacar que os Programas de Pós-Graduação em Direito pouco têm contribuído para aperfeiçoamento da atuação administrativa, fincando a reflexão das políticas públicas a partir da compreensão judicial sobre os direitos fundamentais sociais ou, de modo diverso e não menos equivocado, compreendendo a temática como uma área de atuação precípua da gestão pública, olvidando-se da discussão, que é de indiscutível relevância, dos aspectos jurídicos da atuação administrativa, que, ao fim e ao cabo, e para além dos condicionantes normativos, representa o segmento efetivamente responsável pela efetividade dos direitos sociais.

Enfim, a própria diversidade de cenários que compreende o processo decisório administrativo e judicial, para além de outras evidentes disparidades, exige a compreensão de que há clara assimetria entre os parâmetros de atuação administrativa e as balizas de controle judicial⁴⁰⁹ e, consequentemente, isso repercute na forma de promover a reflexão jurídica sobre os desafios enfrentados na promoção da proteção social, em particular a previdenciária.

Por fim, tendo em vista os estreitos limites desta investigação, não se revela possível uma discussão sobre os desafios normativos relacionados à implementação da nova LGLC, porquanto nenhuma lei dispõe de manual de execução diante das exigências da realidade, sobretudo

---

⁴⁰⁷ SILVEIRA, André Bueno da. Doutrina Chevron no Brasil: uma alternativa à insegurança jurídica. *RDA*, Rio de Janeiro, n. 275, p. 109-146, maio/ago. 2017, p. 132.

⁴⁰⁸ HACHEM, Daniel Wunder, *Gestão pública e a realidade latino-americana*, 2011, p. 77.

⁴⁰⁹ SCHMIDT-ASSMANN, Eberhard. Cuestiones fundamentales sobre la reforma de La teoría general del derecho administrativo. *In*: BARNES, Javier (Ed.). *Innovación y reforma en el derecho administrativo*. 2. ed. Sevilla: Editorial Derecho Global, 2012, p. 21-140, p. 94.

diante de soluções bem-intencionadas, cujos efeitos práticos podem ser bem nocivos.[410] De todo modo, dentre tantos pontos, urge destacar algumas temáticas que exigirão redobrados cuidados no processo de contratação pública: (a) a incorporação dos contratos de eficiência na dinâmica executiva da gestão pública (artigos 6º, inciso LIII; 39; 110); (b) a implantação do fornecimento e prestação de serviço associado (artigos 6º, inciso XXXIV; 113); (c) o enquadramento adequado dos novos parâmetros para a caracterização da inexigibilidade (artigo 74, §1º); (d) o fortalecimento das matrizes normativas relacionadas às licitações sustentáveis (artigos 11, inciso IV, e 144, *caput*); (e) a incorporação de mudanças no regime de execução dos contratos administrativos (artigo 46); (f) a implementação dos meios alternativos para resolução de controvérsias (artigos 151 a 154); (g) a operacionalidade e funcionalidade do PNCP (artigo 174); e (h) a simplificação da dinâmica procedimental da fase preparatória do processo licitatório (artigo 18).[411]

---

[410] JUSTEN FILHO, Marçal. A Nova Lei de Licitações e a ilusão do "governo dos seres humanos". *In:* SUNDFELD, Carlos Ari *et al. Publicistas:* direito administrativo sob tensão. Belo Horizonte: Fórum, 2022, p.149-150, p. 150.

[411] Para além disso, a investigação objetiva discutir os desafios normativos do processo de contratação pública diante de dilemas comuns da gestão pública, os quais, pela linear disposição normativa e ausência de aprofundamento prático-procedimental, tem merecido pouca reflexão acadêmica.

CAPÍTULO 3

DESAFIOS ORGÂNICO-FUNCIONAIS DA CONTRATAÇÃO PÚBLICA

> "(...) o sucesso da licitação não pode depender da sorte de quem o conduz, mas da capacidade de quem o planeja."[412]

Como a tese não se prende propriamente ao plano substantivo-executivo da atuação administrativa, isto é, a análise minudente de demorados regramentos dos institutos jurídicos e os modos de atuação do Poder Público, mas, sobretudo, ao plano organizativo-procedimental da Administração Pública, então o horizonte discursivo deste capítulo se destina à compreensão dos limites orgânico-funcionais da Administração Pública diante da desafiante tarefa de promover uma contratação pública eficiente.

Assim, como toda função jurídica compreende uma função orgânica, no sentido de que os direitos se realizam através das instituições, por meio de ações humanas, revela-se bem oportuna a discussão sobre as potencialidades orgânico-funcionais da Administração Pública.[413] Além disso, é preciso admitir que a atuação intergovernamental no campo da proteção social, compreendendo uma cooperação funcional no federalismo de execução,[414] necessita de maior participação não apenas dos poderes locais, mas, sobretudo, do terceiro setor, que possui

---

[412] MENDES, Renato Geraldo. *O regime jurídico da contratação pública*. Curitiba: Zênite, 2008, p. 45.

[413] MERKL, Adolfo. *Teoría general del derecho administrativo*. Traducción José Luis Monereo Pérez. Granada: Editorial Comares, 2004, p. 370.

[414] KRELL, Andreas J. *Leis de normas gerais, regulamentação do Poder Executivo e cooperação intergovernamental em tempos de reforma federativa*. Belo Horizonte: Fórum, 2008, p. 56.

a importante tarefa de complementar as políticas públicas sociais – o que é algo bem diferente de substituir. Não por outro motivo a dimensão ativa do compromisso constitucional de cooperação federativa compreende uma providencial atividade concretizadora da legislação ordinária,[415] elencando os meios da prestação conjunta dos serviços públicos e, oportunamente, estabelecendo os parâmetros da prestação de serviço de interesse público através do terceiro setor.

Em outro giro, a afirmação de que as repartições públicas não possuem uma estrutura orgânico-funcional adequada, ainda que recorrente na retórica reflexiva sobre a gestão pública, não se sustenta diante do regular arranjo das possibilidades materiais da Administração Pública federal, ainda que não se possa dizer, de modo geral, em relação ao plano estadual ou, de modo mais crítico, municipal. Assim, não é compreensível que a estrutura administrativa ainda permaneça alheia à dinâmica da eficiência funcional, como que rendida aos desejados e não plenamente alcançados prognósticos objetivos da perspectiva burocrático-weberiana,[416] que prestigia a dinâmica de associação racional, por meio das organizações administrativas, onde se firmam os fundamentos da autoridade democrática e legítima.[417] Aliás, como toda organização carece de alguma forma de dominação, corporificada no poder de mando, na gestão pública ela é exercida por alguém[418] não necessariamente afeito aos valores da eficiência funcional.

Além disso, a despeito da pressão da ideologia liberal-democrática,[419] é forçoso reconhecer que a inspiradora reforma burocrático-weberiana não teve maiores impactos no serviço público na América Latina,[420] imperando um estilo de burocracia excessivamente legalista e formalista, mas, concomitantemente, dispensando uma aplicação

---

[415] SILVEIRA, Alessandra. *Cooperação e compromisso constitucional nos estados compostos:* estudos sobre a teoria do federalismo e a organização jurídica dos sistemas federativos. Coimbra: Almedina, 2007, p. 96.

[416] WEBER, Max. *Economia e sociedade:* fundamentos da sociologia compreensiva. Volume 1. Tradução de Regis Barbosa e Karen Elsabe Barbosa. 4. ed. 1. reimp. Brasília: Editora UnB, 2009, p. 144.

[417] WEBER, Max. *O direito na economia e na sociedade.* Tradução de Marsely De Marco Martins Dantas. São Paulo: Ícone, 2011, p. 312.

[418] WEBER, Max, *O direito na economia e na sociedade,* 2011, p. 304.

[419] FAORO, Raymundo. *Os donos do poder:* formação do patronato político brasileiro. 3. ed. São Paulo: Globo, 2001, p. 837.

[420] PAINTER, Martin; PETERS, B. Guy. Administrative traditions in comparative perspective: families, groups and hybrids. *In*: PAINTER, Martin; PETERS, B. Guy (Ed.). *Tradition and public administration.* Basingstoke: Palgrave Macmillan, 2010, p. 19-30, p. 24.

seletiva da discricionariedade para conceder favores pessoais.[421] Apesar disso, no Brasil, não há como negar o largo esforço institucional para empreender os prognósticos burocrático-weberianos, apesar dos limites da *racionalidade teleológica* a partir do Direito.[422]

Além disso, a irrefletida atuação funcional na ambiência administrativa não se harmoniza com a imperiosa necessidade de qualquer servidor gerar resultados na Administração Pública, aliás, como elementar decorrência da comprovação periódica de adequado desempenho funcional. Enfim, atuar com desempenho, e não apenas cumprir a jornada de trabalho. A disposição para o cumprimento de horários nada revela sobre a utilidade ou qualidade do serviço realizado, de maneira que a afirmação dos parâmetros legais sobre jornada de trabalho, na melhor hipótese, apenas consagra divergência entre a projeção dos serviços esperados e os efetivamente realizados pelo servidor.

O maior problema, contudo, embora vinculado com o anterior, assume outro matiz: a ausência de planejamento consistente diante das demandas totalmente previsíveis de cada unidade administrativa e sua distribuição equitativa. A gestão pública não é feita apenas de imprevistos, por mais que eles ocorram diariamente. A imprevisibilidade exige temperamento; a previsibilidade, apenas planejamento. Por mais que se diga que o número de servidores não seja o adequado, considerando-se que essa adequação demanda demoradas análises e estudos de mensuração, a configuração da força de trabalho na ambiência pública se vincula mais aos imperativos políticos ou pessoais de cada gestor que propriamente das exigências laborais das unidades administrativas.

Nesse cenário, o desafio da capacitação funcional, que foi indevidamente imposta aos tribunais de contas (artigo 173 da LGLC),[423] pois é tarefa precípua da própria Administração Pública, a despeito de sua necessidade, tende a perder importância na articulação da força de trabalho nas repartições públicas, especialmente quando existe uma perspectiva vitimista dos servidores, sobretudo dos descompromissados – que não são poucos –, na promoção das prestações públicas. Paradoxalmente, a competência é castigada na ambiência pública, isto é, ela se transforma, não raras vezes, em um fator de imobilidade na

---

[421] PAINTER, Martin; PETERS, B. Guy, *Administrative traditions in comparative perspective*: families, groups and hybrids, 2010, p. 23.
[422] CORTINA, Adela. *Ética sin moral*. 7. ed. Madrid: Tecnos, 2007, p. 172.
[423] JUSTEN FILHO, Marçal. *Comentários à Lei de Licitações e Contratações Administrativas*: Lei 14.133/2021. São Paulo: Revista dos Tribunais, 2021, p. 1.714.

estrutura administrativa, pois a dinâmica de trabalho regularmente exercida pelo servidor não o credencia às remoções ou *promoções*, porquanto sempre há alguém mais *competente* para remover ou indicar: o servidor indesejado.

Não se discute a importância do componente humano nas organizações administrativas e seus reflexos na capacidade institucional das entidades públicas,[424] porém, por mais que se defenda a estabilidade no serviço público,[425] mesmo que isso possa representar uma senda protetiva da ineficiência funcional, pretensamente justificada pela má capacitação dos servidores, o que se observa, muitas vezes, é o mero descumprimento dos elementares deveres funcionais dos artigos 116 e 117 do RJSP, que não possui qualquer relação com a inexistência de sofisticados cursos de capacitação.

Além disso, os mecanismos de avaliação de desempenho funcional são simplesmente burlados pela dinâmica de favores político-administrativos. Nesses casos, a capacitação exigida dos servidores não vai além dos comezinhos aspectos éticos ou técnicos já exigidos nas provas dos concursos públicos. Acredita-se que a instituição de vínculo contratual de Direito Público, mais consentâneo com uma atividade estatal mais versátil, dinâmica e eficiente, resolveria boa parte dessa problemática,[426] porquanto o vetusto vínculo estatutário, cujas relações jurídicas são unilateralmente definidas pelo Estado, já capturado pelas associações ou sindicatos de servidores, não é capaz de atender adequadamente às exigências funcionais da Administração Pública hipermoderna.

Nesse ponto, o que se pode questionar é a extensão do número de carreiras que poderiam ser submetidas ao vínculo contratual de Direito Público. Nesse sentido, *lege ferenda,* defende-se que apenas as *Carreiras Típicas de Estado* (artigo 247 da CRFB c/c artigo 4º, inciso III, da Lei nº 11.079/2004) não deveriam submeter-se a essa forma de vinculação, haja vista o complexo de competências, notadamente decisórias, exigidas dos membros dessas carreiras. A despeito da limitação acima, e sem negar os limites impostos pelo artigo 39 da CRFB, defende-se que

---

[424] BUCCI, Maria Paula Dallari. *Fundamentos para uma teoria das políticas públicas.* São Paulo: Saraiva, 2013, p. 154.

[425] NOHARA, Irene Patrícia; RICARDO, Rodolfo Luiz Maderic. Eficiência no desempenho da função pública: pela articulação estratégica da gestão da força de trabalho do Estado com as políticas públicas. *RBEFP*, Belo Horizonte, ano 02, n. 06, p. 09-22, set./dez. 2013, p. 14.

[426] PINTO E NETTO, Luísa Cristina. *A contratualização da função pública.* Belo Horizonte: Del Rey, 2005, p. 240.

a distinção entre o regime dos servidores públicos e o regime de agentes das atividades econômicas é totalmente desnecessária,[427] servindo, precipuamente, para assegurar privilégios no seio da Administração Pública, notadamente no campo da proteção previdenciária para os servidores mais antigos.

Além disso, na área já reservada à terceirização (artigo 1º do Decreto nº 9.507/2018), em função dos imperativos constitucionais da eficiência (artigo 37, *caput*), da economicidade (artigo 70) e dos valores sociais do trabalho (artigo 1º, inciso IV), é possível ponderar, *lege ferenda*, a pertinência da instituição de emprego público na Administração Pública direta e indireta, haja vista o disposto no artigo 1º, §1º, da Lei nº 9.962/2000, c/c artigo 61, §1º, inciso II, da CRFB, pois, na hipótese, não existiria a estabilidade no serviço público, e o mais importante: seria adotada a remuneração praticada no mercado para as atividades contratadas.[428]

Aqui, cumpre mencionar que a ADI nº 2.310-1/DF[429] não representa um obstáculo à proposta, pois ela não inviabilizou, por evidente, a instituição de emprego público para as hipóteses já passíveis de terceirização. Aqui, contudo, reside um claro inconveniente: a ideia de vínculo com o Poder Público, mesmo na condição de relação de emprego, tende ao acolhimento das mesmas implicações culturais dos servidores estatutários e, com isso, os evidentes riscos de cooptação do Estado pelas forças corporativas, de maneira que resulta mais pertinente aperfeiçoar os mecanismos de controle da terceirização.

Vale mencionar que, no RE 958.252/MG,[430] que é relativo ao Tema nº 725 da Repercussão Geral, no qual discute a terceirização de serviços para a consecução de atividade-fim da empresa, restou firmada a

---

[427] FIGUEIREDO, Guilherme José Purvin de. *O Estado no direito do trabalho*: as pessoas jurídicas de direito público no direito individual, coletivo e processual do trabalho. São Paulo: LTr, 1996, p. 50.

[428] SILVA, Clarissa Sampaio. Terceirização na administração pública – única forma de contratação de serviços relacionados à atividade-meio? Uma análise à luz dos princípios constitucionais da administração pública e dos direitos fundamentais dos trabalhadores. *RBEFP*, Belo Horizonte, ano 02, n. 05, p. 51-69, maio/ago. 2013, p. 65.

[429] BRASIL. Supremo Tribunal Federal. Tribunal Pleno. *Medida Cautelar em Ação Direta de Inconstitucionalidade nº 2.310 MC/DF*. Relator: Ministro Marco Aurélio. Julg. 19 dez. 2000. DJ de 01 fev. 2001. Disponível em: https://portal.stf.jus.br/servicos/dje/listarDiarioJustica.asp?tipoPesquisaDJ=AP&classe=ADI&numero=2310#. Acesso em: 10 jun. 2022.

[430] BRASIL. Supremo Tribunal Federal. Tribunal Pleno. *Recurso Extraordinário nº 958.252/MG*. Relator: Ministro Luiz Fux. Julg. 30 ago. 2018. DJE de 13 set. 2019. Disponível em: https://portal.stf.jus.br/processos/downloadPeca.asp?id=15341103626&ext=.pdf. Acesso em: 10 jun. 2022.

seguinte tese: "É lícita a terceirização ou qualquer outra forma de divisão do trabalho entre pessoas jurídicas distintas, independentemente do objeto social das empresas envolvidas, mantida a responsabilidade subsidiária da empresa contratante". Portanto, a temática já se encontra madura no direito brasileiro, tanto que várias ações questionando a constitucionalidade da terceirização da atividade-fim foram julgadas improcedentes,[431] persistindo as inovações da Lei nº 13.429/2017 (reforma trabalhista).

Soma-se, ainda, o fato de que os servidores efetivamente capacitados, além de arcar com as deficiências dos demais, inclusive em detrimento das suas ordinárias funções, não costumam ocupar os cargos mais relevantes da estrutura administrativa, pois, para tanto, não bastam elogiosas habilidades funcionais, é necessário obter fluxo político com a gestão e, claro, superar as indicações de livre nomeação e exoneração (artigo 37, inciso II, *in fine*, da CRFB).

Por conta disso, até mesmo a doutrina estrangeira pontua que o Estado brasileiro seja reconhecido como verdadeiro *cabide de emprego*, cujo preenchimento dos cargos decorre precipuamente de contatos pessoais em detrimento da competência ou excelência dos escolhidos,[432] fazendo com que, em longo prazo, ocorra um esfacelamento de eventuais núcleos de excelência na Administração Pública, haja vista a excessiva politização no provimento dos cargos, acarretando alta rotatividade de pessoal e, consequentemente, ausência de continuidade das ações governamentais.[433] Isso, por certo, aumenta as dificuldades da gestão pública em promover o devido planejamento de suas demandas, porquanto o processo decisório sobre as relevantes questões do planejamento da gestão pública, que assume caráter eminentemente técnico, tende a ser filtrado pelas demandas do fluxo político-partidário. Nesse ponto, cumpre mencionar que o STF já se pronunciou que cargo em comissão se destina apenas às áreas de assessoramento, chefia ou

---

[431] Nesse sentido, *vide*: BRASIL. Supremo Tribunal Federal. Tribunal Pleno. *Ação Direta de Inconstitucionalidade nº 5.685/DF*. Relator: Ministro Gilmar Mendes. Julg. 16 jun. 2020. DJE de 21 ago. 2020. Disponível em: https://redir.stf.jus.br/paginadorpub/paginador.jsp?docTP=TP&docID=753557482. Acesso em: 10 jun. 2022. No mesmo sentido: ADI nº 5.686/DF, 5.695/DF e 5.735/DF.

[432] EVANS, Peter. O Estado como problema e solução. Tradução de Cid Knipel Moreira. *LN*, São Paulo, n. 28-29, p. 107-156, abr. 1993, p. 139.

[433] BORGES, André. Federalismo, dinâmica eleitoral e políticas públicas no Brasil: uma tipologia e algumas hipóteses. *Sociologias*, Porto Alegre, ano 12, n. 24, p. 120-157, maio/ago. 2010, p. 143.

direção, não se permitindo que ele ocupe áreas estritamente técnicas da Administração Pública.[434]

De todo modo, espera-se que a estrutura orgânico-funcional da Administração Pública possua um propósito que, indo além das (in) oportunas inferências político-partidárias, seja capaz de empreender os planejamentos necessários à regular execução orçamentária. Hoje, mais que antes, governar é um jogo de indiscutíveis incertezas;[435] porém, os ordinários planos da atuação administrativa decorrem de demandas previsíveis e, nesse sentido, não prospera qualquer justificativa baseada na incomensurabilidade dos desafios político-administrativos da gestão pública. A previsão exige previdência; a imprevisão, urgência.

Todavia, os problemas de ordem institucional vão muito além da gestão de recursos humanos ou do adequado planejamento administrativo; a própria integração institucional da Administração Pública federal é um sonho ainda distante. Vale questionar o seguinte: se não é possível uma efetiva integração interadministrativa, o que dizer da profícua relação entre o Poder Público, terceiro setor e mercado, a despeito da forma plural e multifacetada na gestão dos serviços públicos na contemporaneidade?[436] Cumpre destacar que os pontos de contatos dessa complexa relação ainda não apresentaram os resultados prospectados pela legislação; isso decorre mais do *fetichismo estatista* que propriamente das dificuldades operacionais das atividades público-privadas, isto é, a adoração do Estado, com o maior prolongamento possível dos seus tentáculos, em grande medida, ainda resulta da pretensão *dirigente* dos cânones constitucionais sobre a sociedade brasileira.

Aliás, a relação entre Poder Público, terceiro setor e mercado ainda é cercada de duvidosa importância no quadro das prestações de serviço ou material. É dizer, se a Administração Pública não consegue, de modo satisfatório, promover uma eficiente coordenação dos mecanismos e instrumentos da ação pública, denunciando os limites de sua capacidade institucional, o que possa fazer acreditar que ela

---

[434] BRASIL. Supremo Tribunal Federal. Tribunal Pleno. *Ação Direta de Inconstitucionalidade nº 3.706/MS*. Relator: Ministro Gilmar Mendes. Julg. em 15 out. 2007. DJ de 05 out. 2007. Disponível em: http://redir.stf.jus.br/paginadorpub/paginador.jsp?docTP=AC&docID=489862. Acesso em: 06 fev. 2018.

[435] SILVA, Suzana Tavares da. A nova dogmática do direito administrativo: o caso da administração por compromissos. *In*: GONÇALVES, Pedro Costa (Org.). *Estudos de contratação pública – I*. Coimbra: Coimbra Editora, 2008, p. 893-942, p. 917.

[436] SCHOENMAKER, Janaína. *Controle das parcerias entre o Estado e o terceiro setor pelos Tribunais de Contas*. Belo Horizonte: Fórum, 2011, p. 21.

seja exitosa no planejamento de questões, que antecedem à relação jurídico-administrativa, travada com as entidades do terceiro setor, notadamente no que se refere aos mecanismos de avaliação e controle da prestação de serviço ou material?

Esse é um ponto que merece reflexão, e não mera defesa política ou ideológica do Estado ou terceiro setor. A revelação sobre qual seja o melhor caminho a seguir, e isso parece bem evidente, decorre da comprovação dos resultados a partir das perspectivas analíticas dos custos e, claro, da adequação e funcionalidade dos serviços prestados, mas jamais em função de presunções abstratas advindas de modelo pretensamente ideal. Aqui, portanto, não se trata de defender, a despeito de ser uma crítica recorrente,[437] o regime de colaboração com a entidade privada em função de sua presumida eficiência organizacional. É preciso mais: demonstrar resultados, não necessariamente vinculados à noção de economicidade, que denunciem a viabilidade da manutenção da parceria, senão ela é simplesmente necessária.

Diante dessas considerações, este capítulo possui a tarefa de tentar desnudar importantes questões relacionadas à estrutura orgânico-funcional do Estado, notadamente no campo da contratação pública, denunciando a assincronia institucional entre a Administração Pública, o terceiro setor e o mercado, bem como suas consequências no plano da atuação administrativa.

3.1 Desafios da estrutura orgânico-funcional da Administração Pública

> *"A toda* función jurídica *corresponde una* organización, *y la totalidad del orden jurídico, como orden de funciones, constituye, al mismo tiempo, un orden de órganos."*[438]

Vive-se a era de prognósticos difíceis da atuação institucional do Estado, notadamente na resolução dos dilemas concretos da sociedade. Afinal, até mesmo a pomposa posição do poder estatal, tão forte no século XIX e no início do século XX, vem *definhando* diante dos novos desafios

---

[437] BRAGA, Marcus Vinicius de Azevedo; VISCARDI, Pedro Ribeiro. Gestão estratégica do terceiro setor: uma discussão sobre *accountability* e o novo marco legal. *RDTS,* Belo Horizonte, ano 10, n. 19, p. 21-36, jan./jun. 2016, p. 27.

[438] MERKL, Adolfo, *Teoría general del derecho administrativo,* 2004, p. 393, itálicos no original.

da hipermodernidade. Aqui, cumpre destacar uma importante ressalva: a redução da capacidade administrativa do Estado na resolução dos dilemas concretos da sociedade não quer dizer, nem de longe, a redução do poder do Estado, no sentido de que ele possui, até mais que antes, uma interferência cada vez mais asfixiante sobre as liberdades dos cidadãos.[439] Em uma perspectiva mais geral das forças político-organizacionais do Estado, é possível afirmar que os desafios da ação pública, sempre crescentes, vão além dos ordinários horizontes da atuação estatal. Em uma perspectiva mais restrita, isto é, no centro operativo de cada unidade administrativa, verifica-se um sem-número de adversidades para contemplar, ainda que minimamente, os direitos fundamentais sociais. Estes, como que direitos insaciáveis, que avançam desmedidamente sobre a democracia, a política e a própria moral,[440] não se inserem nas diretrizes administrativo-operacionais de antanho, exigindo-se novas configurações ou expansões das prestações de serviço ou material do Estado.

Portanto, discutir os desafios orgânico-funcionais da Administração Pública não denuncia necessariamente um quê de displicência organizacional do Estado, mas sim um dilema hodierno muito mais amplo: como superar as dificuldades vindouras sem que se tenha alcançado um ponto de estabilidade sobre as adversidades já vivenciadas no universo das prestações públicas. Numa palavra: como chegar no ponto mais distante do horizonte (dilemas novos), se o ponto mais imediato ainda se revela tão distante (dilemas antigos). Tal estado de coisa representa uma visão oposta a toda lógica do planejamento: *aprender a nadar se afogando* por não aceitar os limites da atuação estatal.

Cumpre lembrar que o *direito constitucional da fantasia*, da pura abstração,[441] que se relaciona com a *persistente* perspectiva metafísica e transcendental do Direito brasileiro,[442] exerce um papel determinante para esse estado de coisas. Infelizmente, tem-se defendido[443] qualquer

---

[439] JOUVENEL, Bertrand de. *Du pouvoir*: histoire naturelle de sa croissance. Paris: Hachette, 1972, p. 258.

[440] PINTORE, Anna. Derechos insaciables. *In*: CABO, Antonio de; PISARELLO, Gerardo (Ed.). *Los fundamentos de los derechos fundamentales:* Luigi Ferrajoli debate con Luca Baccelli *et al.* Traducción Perfecto Andrés *et al.* 4. ed. Madrid: Editorial Trotta, 2009, p. 243-265, p. 243.

[441] BONAVIDES, Paulo. *Do país constitucional ao país neocolonial:* a derrubada da Constituição e a recolonização pelo golpe de Estado institucional. 4. ed. São Paulo: Malheiros, 2009, p. 39.

[442] KAUFMANN, Rodrigo de Oliveira. *Direitos humanos, direito constitucional e neopragmatismo.* São Paulo: Almedina, 2011, p. 54.

[443] MELLO, Celso Antônio Bandeira de. *Eficácia das normas constitucionais e direitos sociais.* 1. ed., 2. tir. São Paulo: Malheiros, 2010, p. 59.

direito social a partir de análise estritamente normativista, como se a qualidade de norma constitucional fosse capaz de romper, sozinha e fantasiosamente, os desafios políticos, econômicos e sociais da nação. Por isso, toda discussão jurídica, especialmente no plano executivo das políticas públicas, deve ser considerada a partir das escolhas oferecidas pelas reais possibilidades políticas, econômicas e sociais que encerram as demandas administrativas, não sendo razoável se manter nas sedutoras projeções normativas de imbatível magnificência, porém implausíveis no universo de ação da gestão pública.[444] Enfim, o discurso jurídico do mero proselitismo social não traz mais socialidade, despontando apenas engodos e frustrações.

Assim, por mais que seja importante pensar nos conceitos que evidenciam os planos abstratos de realização pública, urge focar nas ações que traduzem soluções, portanto, nos resultados, exigindo particular atenção aos momentos processuais e procedimentais imprescindíveis à superação dos dilemas políticos e sociais.[445]

Dessa forma, a excessiva demanda por direitos sociais, para além da capacidade operacional do Estado, gera uma verdadeira *esclerose institucional*. Com efeito, os Poderes litigam entre si para fazer valer os imperativos constitucionais; todavia em uma dimensão conflitiva muito além do razoável, desperdiçando tempo, recursos e oportunidades da ação pública. Geralmente, a *inquestionável* exigibilidade dos direitos se baseia, tão somente, nesta imperiosa advertência: *está na Constituição*. Portanto, o *direito constitucional da fantasia* se manifesta, a ferro e fogo, por meio de parâmetros estritamente normativos. É o direito do *academicismo estéril*, de quem não é obrigado a fazer contas ou a considerar os obstáculos da realidade na dinâmica concretizadora dos direitos positivos, desprestigiando o providencial suporte procedimental ou processual no itinerário que transforma a dimensão normativa do direito na sua dimensão material.[446]

Atualmente, apesar dessa quimérica perspectiva da normatividade constitucional, resta evidente a correlação entre os direitos sociais

---

[444] SEN, Amartya. *A ideia de justiça*. Tradução de Denise Bottmann e Ricardo Doninelli Mendes. São Paulo: Companhia das Letras, 2011, p. 137.

[445] CANOTILHO, José Joaquim Gomes. O direito constitucional passa; o direito administrativo passa também. *In*: AA.VV. *Estudos em homenagem ao Prof. Doutor Rogério Soares*. Coimbra: Coimbra Editora, 2001, p. 705-722, p. 708.

[446] CANOTILHO, José Joaquim Gomes. Constituição e défice procedimental. *In*: CANOTILHO, José Joaquim Gomes. *Estudos sobre direitos fundamentais*. 1. ed., 3. reimp. São Paulo: Editora Revista dos Tribunais, 2008, p. 69-84, p. 76.

e o direito fundamental ao procedimento ou processo,[447] impondo-se, contudo, ir mais além: a identificação e o aperfeiçoamento dos instrumentos jurídicos da gestão pública para atender às demandas da coletividade. Logo, preocupa bastante a discussão estritamente normativa dos direitos, seja pela inocuidade diante dos dilemas materiais da gestão pública, seja pelo desperdício das forças institucionais.

Todavia, na realidade brasileira tal situação assume ares ainda mais desesperadores, uma vez que a cultura do planejamento administrativo é subtraída pela cultura da *fragmentação da responsabilidade decisória*. Explica-se: como a preocupação dos órgãos de controle se concentra na disposição de uma cadeia de responsabilidade para cada empreendimento administrativo; então, isso faz com que os gestores estejam mais preocupados em minimizar os efeitos de eventual penalidade administrativa que propriamente alcançar resultados satisfatórios na realização do gasto público.

Tal assertiva pode parecer desarrazoada, porém ela é a que melhor transmite as dificuldades na execução do gasto público, porquanto entraves orçamentário-financeiros ou orgânico-funcionais geralmente não eximem os gestores das penalidades impostas pelos órgãos de controle, porém é possível que esse cenário mude com o artigo 22 da LINDB, que reforça o ponderar das dificuldades da gestão pública. Dito de outro modo, como os órgãos de controle, sobretudo o TCU, costuma partir do *mundo de Alice das perfectibilidades legais*, é pouco provável, embora muito aconselhável, que o desafio da ortodoxia normativa seja relevado diante de dilemas orçamentário-financeiros ou orgânico-funcionais da gestão pública. Trata-se, sobretudo, de problema cultural, e não propriamente legal.

Evidentemente que esse parâmetro de análise não se aplica aos gestores que atuam deliberadamente com dolo ou culpa grave, até porque tal disposição comportamental não representa a regra, mas, sim, ruidosa e onerosa exceção. A dinâmica de controle parece desconhecer a grande diferença entre a mera inaptidão funcional e a culpa grave ou dolo do gestor público. Além disso, não se discute que, em qualquer caso, é possível o controle da atuação administrativa, porém, a penalidade aplicada ao gestor inapto não pode ir além dos ordinários comandos quanto à irregularidade dos procedimentos tomados pela gestão. Senão, e isso precisa ser levado em conta, ocorrerá um fenômeno

---

[447] CANOTILHO, José Joaquim Gomes, *Constituição e défice procedimental*, 2008, p. 83.

bem conhecido na gestão pública brasileira: a supressão da capacidade de criar do gestor, que alcança ares de castração psicológica, tendo em vista o pesadelo da sanção administrativa. Repita-se, por ser pertinente, que tal análise não se aplica ao gestor que, de forma habitual, atua sem observar os regramentos da legislação, a despeito dos demorados esclarecimentos da consultoria jurídica ou dos órgãos de controle.

Vê-se, também, que os problemas orgânico-funcionais da Administração Pública passam pela identificação da extensão ou mesmo necessidade da execução direta de determinados serviços públicos. É dizer, em que medida o atual modelo atende às complexas demandas da socialidade (artigo 6º da CRFB)? Aqui não se desenha uma perspectiva abstencionista do Estado no tratamento das relevantes questões sociais, mas, tão somente, uma legítima preocupação quanto à adequabilidade da execução direta de determinados serviços, tal como será explicado em tópico específico deste capítulo.

3.1.1 Planejamento e serviço público: entre o custo e a ineficiência

> "A partir do momento em que o serviço público deixa de ser a principal preocupação dos cidadãos e em que eles preferem servir-se do seu bolso a servir-se da sua pessoa, o Estado já está à beira da ruína."[448]

Por mais que não se renda à apologia rousseauniana do serviço público, não há como negar sua importância no quadro prestacional dos direitos sociais, especialmente com o aprofundamento da justiciabilidade desses direitos na ordem constitucional. Aliás, é preciso dizer que os dilemas orçamentário-financeiros, devidamente ventilados no capítulo anterior, repercutem no planejamento administrativo e, claro, na própria eficiência das prestações de serviço ou material. Enfim, é uma inevitável consequência no campo das possibilidades orgânico-funcionais do Estado. Não se questiona que a eficiência seja juridicamente fluida e, consequentemente, de difícil controle a partir do Direito;[449] porém isso

---

[448] ROUSSEAU, Jean-Jacques. *Do contrato social ou princípios do direito político*. Tradução de Eduardo Brandão. São Paulo: Penguin Classics/Companhia das Letras, 2011, p. 149.

[449] MELLO, Celso Antônio Bandeira de. *Curso de direito administrativo*. 24. ed. São Paulo: Malheiros, 2007, p. 118.

não pode ser justificativa para continuar seguindo, estoicamente, parâmetros legais avessos à eficiência administrativa, especialmente quando se prestigia o resultado da atuação administrativa. Uma coisa é pensar a eficiência a partir da perspectiva normativa, portanto, juridicamente conformada; outra, inclusive bem diferente, é aceitar a inocuidade, a erronia ou mesmo a estultice da disciplina legal.

É preciso consagrar operacionalidade à ideia de atuação eficiente do Poder Público, inclusive, por força de disposição normativa de envergadura constitucional (artigos 37, *caput*; 70, *caput*; 71, inciso VII; 74, inciso II e 144, §7º, todos da CRFB) e infralegal (artigos 26, *caput*, inciso III; 27, *caput*; 30, §§2º e 3º; 100, 116, inciso I, todos da LOAPF; artigo 2º, *caput*, da LGPAF; artigo 12, *caput*, da EUAP; artigos 5º, 11, parágrafo único; 18, inciso VIII; 25, §§2º e 6º e 169, §1º, todos da LGLC), mediante uma ação idônea, econômica e satisfatória da Administração Pública,[450] sem que isso implique a ideia de controle da atuação administrativa baseada na *eficiência paretiana*, porquanto isso tornaria sindicável qualquer medida administrativa, a despeito do seu procedimento ou resultado.

Afinal, como identificar que determinada medida administrativa alcançará, em cada caso, o parâmetro irredutível da eficiência, especialmente quando ela não for pautada por fatores meramente quantitativos? Não há como negar que as reformas econômicas empreendidas pelo mercado foram capazes de transformar a estrutura administrativa e política do Estado,[451] porém isso não representa, por mais que se diga o contrário, que a ambiência pública se encontre diretamente submetida às diretrizes político-econômicas do setor privado.

Todavia os propósitos normativos que exigem o planejamento administrativo, os quais estimulam à adoção de mecanismos mais eficientes no atendimento das demandas da gestão pública, paradoxalmente também limitam desmedidamente a discricionariedade dos gestores públicos, como se a diretriz do planejamento administrativo fosse incompatível com a liberdade de decidir sobre os rumos da atuação administrativa, o que é algo totalmente sem sentido, mormente

---

[450] MODESTO, Paulo Eduardo Garrido. Notas para um debate sobre o princípio da eficiência. *RSP*, Brasília, ano 51, n. 02, p. 105-119, abr./jun. 2000, p. 113.
[451] MORIKAWA, Márcia Mieko. *Good governance* e o desafio institucional da pós-modernidade. *BFDUC*, Coimbra, vol. 84, p. 637-681, 2008, p. 652-653.

com o avançar de outras discricionariedades, tais como a regulatória, tecnocrática e técnica.[452]

Desejar a eficiência administrativa colocando o gestor em uma camisa de força, mais que nítido contrassenso, revela-se verdadeiro desperdício das possibilidades orgânico-funcionais do Estado. A desconfiança na execução orçamentária não pode ser obstáculo à própria eficiência da gestão pública. É necessário encontrar equilíbrio entre a projeção do controle da atuação administrativa e a obtenção de resultados na contratação pública e, por conseguinte, na prestação de serviço ou material. E o melhor caminho para isso é planejar melhor (artigos 18 e 40 da LGLC). O que não se revela concebível, porque adota a rotina sem êxito como estratégia, é seguir as mesmas premissas normativas e, milagrosa ou fantasiosamente, esperar resultados diferentes no universo da contratação pública, pois não há dúvida de que, com essa medida, serão observados os mesmos aspectos comportamentais ou procedimentais da atuação administrativa que se deseja melhorar, com suas eventuais virtudes e os seus evidentes ou inevitáveis vícios.

Assim, aumentar a segurança no planejamento administrativo, seja pela capacitação profissional, seja pela consagração de uma nova cultura de controle da atuação administrativa, representa o melhor caminho para tornar mais eficiente o destino dos recursos públicos,[453] porquanto a incerteza quanto à regularidade dos atos pretendidos ou defendidos pelos gestores, para além da demora no processo decisório, desestimula medidas administrativas mais *contundentes* e, geralmente, mais capazes de atender adequadamente às prementes demandas da Administração Pública.

Percebe-se que a incerteza no uso de ferramentas de atuação prestigiadas pelo planejamento administrativo, ou nas eventuais medidas contingenciais dele decorrentes, fomenta a inércia administrativa, pois ela passa a ser justificada pelos pretensos obstáculos normativos. Em outras palavras: uma intransigente disciplina normativa de controle é a desculpa perfeita para gestores não comprometidos com os resultados da execução orçamentária.

---

[452] SILVA, Suzana Tavares da. Ética e sustentabilidade financeira: a vinculação dos tribunais. In: CORREIA, José Gomes (Org.). *10º Aniversário do Tribunal Central Administrativo Sul*. Lisboa: Ordem dos Contabilistas Certificados, 2016, p. 451-464, p. 453.

[453] MENDES, Renato Geraldo; MOREIRA, Egon Bockmann. *Inexigibilidade de licitação*: repensando a contratação pública e o dever de licitar. Curitiba: Zênite, 2016, p. 129-130.

A toda evidência, seria insustentável a defesa da eficiência em detrimento da legalidade.[454] Todavia, a lógica inversa também se impõe: não pode existir uma superposição da legalidade em detrimento da eficiência, contanto que a defesa da eficiência não implique qualquer violação da moralidade administrativa. Aqui, reside o primeiro obstáculo à linear compreensão sobre a atuação da gestão pública: a obsessão pelo princípio da legalidade. Afinal, quando ele é cegamente observado pelos servidores públicos, não traz consequências funcionais desastrosas, ainda que, do ponto de vista prático, não revele qualquer utilidade. Por certo, essa cegueira de espírito vai muito além da reconhecida tensão entre a plena aplicação do princípio da legalidade e o regular exercício da competência discricionária.[455]

Por outro lado, a eficiência do resultado costuma ser contestada, caso não tenha sido observado o procedimento legal, ainda que ele seja operacionalmente inócuo. Nessa conjuntura, entre a certeza do resultado e a convicção da inexistência de atuação punitivo-disciplinar, induvidosamente os gestores escolhem pela tranquilidade do procedimento sem êxito, mas legalmente imposto – ou convencionalmente aceitável em função de fiscalizações anteriores. É fato que a lei se encontra na origem de tudo, porém representa vexado reducionismo considerar que a atividade administrativa se limita à execução das leis, como se a chave de compreensão de toda a vida administrativa dependesse da simples referência aos parâmetros legais.[456]

Em uma palavra: a desconfiança na gestão pública não evita a corrupção e, por outro lado, gera [mais] ineficiência. Nesse sentido, a disciplina jurídica vai muito além dos necessários condicionamentos da atuação administrativa, especialmente quanto à criação e execução das soluções exigidas pelas políticas públicas, porquanto acaba por inviabilizar a tomada de decisões que prestigie os objetivos da ação pública de forma mais adequada. Enfim, tolhe a criação administrativa a pretexto de defender os prognósticos do Parlamento[457] e, em tese, do povo. Parece não existir dúvida de que essa forma de fazer a gestão é mais onerosa.

---

[454] MELLO, Celso Antônio Bandeira de, *Curso de direito administrativo*, 2007, p. 118.
[455] PERFETTI, Luca Rafaello. Discrecionalidad administrativa y soberanía popular. *REDA*, Madrid, año 43, n. 177, p. 195-225, abr./jun. 2016, p. 198.
[456] SUNDFELD, Carlos Ari. *Direito administrativo para céticos*. 2. ed., 2. tir. São Paulo: Malheiros, 2017, p. 237.
[457] SUNDFELD, Carlos Ari, *Direito administrativo para céticos*, 2017, p. 235.

Então, como evitar, em uma perspectiva gerencial, os custos na realização de procedimento desnecessário ou, simplesmente, alcançar resultados com o menor custo possível? Não é preciso muito esforço para perceber que o Estado não pode assumir a mesma dinâmica de atuação dos agentes econômicos, porquanto os seus objetivos não se compatibilizam, em diversas áreas, com nortes da atividade econômica empreendidos pelas empresas. Todavia, isso não pode representar uma objeção absoluta, de sorte a negar qualquer benefício do modelo gerencial nos planos da atuação administrativa.

No Brasil, por mais que se diga o contrário,[458] ventilar a ideia de resultados ou custos da Administração Pública, infelizmente, ainda soa, para alguns,[459] como esplendoroso e censurável impulso *neoliberal* em detrimento das principiologias éticas da Administração Pública, portanto assumindo o matiz de uma insana pecha absenteísta do Estado. Como se a discussão de qualquer custo fosse admitir uma ideia, aliás, paradoxal ou mesmo inviável em função do seu monopólio territorial,[460] de *Estado mínimo* e, com isso, fazer exsurgir a lógica irrefragável de resistência às mudanças.

No entanto, o gerenciamento de custos existe justamente para fazer mais com menos, portanto entregar mais bens sociais coletivos com a mesma disponibilidade financeira, propiciando, assim, maior escala de investimentos em ações prioritárias. O mínimo não pode ser defendido onde o Estado é ausente, de maneira que a ideia de adequações estruturais na ambiência pública, ou simplesmente cortes, não representa qualquer fuga aos mandamentos constitucionais, mas, sim, o reconhecimento de que o Estado deve entregar mais bens ou serviços com o que dispõe e, para isso, não pode consentir com a existência de estruturas administrativas ociosas e, por conseguinte, ineficientes. Cumpre indagar: se algo pode melhorar concretamente na vida dos cidadãos, então, qual o motivo para resistir às necessárias mudanças na estrutura orgânico-funcional da Administração Pública,

---

[458] GAETANI, Francisco. Governança corporativa no setor público. *In*: LINS, João; MIRON, Paulo (Coord.). *Gestão pública*: melhores práticas. São Paulo: Quartier Latin, 2009, p. 259-275, p. 266.

[459] GABARDO; Emerson; REIS, Luciano Elias. O gerencialismo entre eficiência e corrupção: breves reflexões sobre os percalços do desenvolvimento. *In*: SILVEIRA, Raquel Dias da; CASTRO, Rodrigo Pironti Aguirre de. *Estudos dirigidos de gestão pública na América Latina*. Belo Horizonte: Fórum, 2011, p. 125-147, p. 128.

[460] HOPPE, Hans-Hermann. *O que deve ser feito*. Tradução de Paulo Polzonoff. 2. ed. São Paulo: LVM, 2019, p. 31-32.

senão a tentativa de cristalizar interesses escusos em segmentos sociais favorecidos? A petrificação da estrutura orgânico-funcional do Estado, sem dúvida, consagra odiosos privilégios na sociedade brasileira, que, anestesiada pelo tempo, não mais consegue afastá-los – ou mesmo denunciá-los – sem a falsa ideia de que esses privilégios seriam necessários à realização das prestações públicas, sobretudo por encontrar amparo constitucional.

De qualquer maneira, é bom dizer que a compreensão dos limites financeiros do Estado não é uma preocupação com matizes estritamente *neoliberais*, porquanto consagra uma inevitável expressão de plena liberdade de conformação legislativa, pontuando a ideia de exigibilidade dos direitos no universo da previsão legal e orçamentária no que encerra o substrato compreensivo da reserva do financeiramente possível.[461] Pelo contrário, a ausência desses limites é que faz recrudescer as ideias político-econômicas pretensamente *neoliberais* da austeridade fiscal. Afinal, é uma preocupação legítima de toda gestão, que pretende ser responsável pelas políticas públicas prementes da sociedade, o controle adequado da atividade financeira do Estado, porquanto a avaliação sobre as políticas públicas sempre vai denunciar novos horizontes da atuação administrativa, os quais exigirão mais recursos públicos.

Outro ponto importante é a relação entre eficiência e resultado, pois não é defensável que a atuação administrativa *eficiente* (dinâmica comportamental) não seja *eficaz* (instrumental adequado), no sentido de que ela disponha de meios para que seja *efetiva* (obtenha resultado útil, satisfatório ou mesmo excelente). Aliás, há mesmo quem defenda que meio e resultado fazem parte do núcleo compreensivo da eficiência em uma perspectiva jurídica.[462]

Todavia isso não quer dizer que exista uma necessária relação entre eficácia e eficiência, pois uma medida pode ser eficaz, ainda que não seja eficiente. Por exemplo, uma contratação pública pode ser eficaz no sentido de que o meio utilizado atinja determinado resultado; porém, do ponto de vista socioambiental, ser totalmente ineficiente em função da dinâmica funcional empregada, a despeito do seu menor custo.

---

[461] MARTINS, Maria d'Oliveira. *A despesa pública justa:* uma análise jurídico-constitucional do tema da justiça na despesa pública. Coimbra: Almedina, 2016, p. 446.
[462] GROTTI, Dinorá Adelaide Musetti. Eficiência administrativa: alargamento da discricionariedade acompanhado do aperfeiçoamento dos instrumentos de controle e responsabilização dos agentes públicos um paradigma possível? *RBEFP,* Belo Horizonte, ano 04, n. 10, p. 121-149, jan./abr. 2015, p. 126.

Aqui, é patente a demonstração de que a eficiência nem sempre segue os ordinários parâmetros de economicidade. Ademais, a mera conjunção de eficiência e eficácia não traduz necessariamente efetividade, porquanto esta representa objetivo mais abrangente, inclusive, externa à própria atuação administrativa, recaindo na contribuição de determinada política pública para transformações específicas diante de objetivos político-administrativos, tais como emprego e renda, segurança pública ou educação de qualidade. De qualquer forma, somente é possível a eficiência em função da disponibilidade orgânico-funcional da Administração Pública, notadamente os operacionais, procedimentais e normativos. Logo, a eficiência se encontra diretamente relacionada ao modo de atuação do Poder Público, donde exsurge a importância do planejamento e, claro, da capacitação dos servidores.

Desse modo, soam sem sentido as medidas administrativas que, adotando os ordinários parâmetros procedimentais, não transformem realidades – superação de desafios – no universo das prestações de serviço e material, isto é, não sejam capazes de gerar resultados concretos. Disso resulta que a eficiência não se identifica com a mera regularidade procedimental da ação pública, aliás, há quem a defenda apenas como uma faceta do princípio da boa administração.[463]

Dizer que a eficiência é a *forma ótima* da legalidade da atuação administrativa por certo não passa de desatado engodo; isso porque a legalidade, sempre desejável, não leva necessariamente à eficiência. A questão do *resultado ótimo*[464] ou *forma ótima* é praticamente inviável como parâmetro de controle. O que seria a ideia de *otimização* no universo das prestações públicas? Seria uma ideia linear, e pretensamente identificável em cada caso, com a precisão de um resultado matemático? Seria o resultado mais expressivo em função do menor gasto público? Qual o parâmetro de identificação dessa expressividade? Enfim, tudo não passaria de uma circularidade sem fim, pois a cada novo estágio de análise surgiria uma nova discussão sobre a identificação do parâmetro ótimo de controle ou do resultado ótimo em si mesmo. Ademais, a ideia de *Administração ótima* convenciona a exigência de perfeição, ao passo que a eficiência é mais modesta, limita-se à conjunção de esforços e

---

[463] MELLO, Celso Antônio Bandeira de, *Curso de direito administrativo*, 2007, p. 118.
[464] SANTANA, Jair Eduardo; CAMARÃO, Tatiana. *Gestão e fiscalização de contratos administrativos*. Belo Horizonte: Fórum, 2015, p. 129.

resultados positivos,⁴⁶⁵ até porque é possível compreender a eficiência em diferentes graus.⁴⁶⁶

Assim, a Administração ótima representa uma contradição em termos, já que pontua um imaginário de que ela prescindirá de ajustes e adaptações,⁴⁶⁷ o que é algo impensável na hipermodernidade. Além disso, em uma dinâmica discursiva vinculada à sindicabilidade judicial, a questão se revela ainda mais tormentosa. Explica-se: nesse cenário, a aferição da eficiência administrativa parte de parâmetros processuais cujos prognósticos são dificilmente afeitos às políticas públicas abrangentes, haja vista a preponderante feição individual das demandas judiciais, com notável reflexo na expansão do número de prestação de serviço e material, fazendo com que ocorra considerável comprometimento da estrutura orgânico-funcional da Administração Pública⁴⁶⁸ por conta da alteração do quadro técnico-operacional no atendimento das prestações sociais, que deveria ser decorrente, precipuamente, dos inegáveis matizes conformadores da atuação pública diante das possibilidades político-econômicas do Estado.

Em outro giro, quando é que a legalidade contribui para a eficiência? Certamente, quando permite maior versatilidade no desfecho do processo decisório administrativo; enfim, quando concebe cláusulas gerais que possibilitem formas ágeis e informais para solucionar as difíceis demandas da gestão pública;⁴⁶⁹ portanto, quando também não cria embaraço ao processo prestacional de serviço ou material.

Aqui entra em cena a questão do controle da discricionariedade do gestor público, pois quando os custos, dentre outros relevantes aspectos, denunciam a correção da decisão administrativa, não parece razoável uma censura do procedimento tomado, exceto quando evidenciada uma contraposição aos princípios fundamentais da processualidade

---

⁴⁶⁵ FRANÇA, Phillip Gil. Breves considerações sobre a adequada gestão pública. Busca-se a ótima ou a eficiente. *In:* SILVEIRA, Raquel Dias da; CASTRO, Rodrigo Pironti Aguirre de. *Estudos dirigidos de gestão pública na América Latina.* Belo Horizonte: Fórum, 2011, p. 289-298, p. 295.

⁴⁶⁶ VILLALBA PÉREZ, Francisca L. El principio de eficiencia motor de la reforma normativa sobre contratación del sector público. *In:* ANDRADE, José Carlos Vieira de; SILVA, Suzana Tavares da (Coord.). *As reformas do sector público:* perspectivas ibéricas no contexto pós-crise. Coimbra: Instituto Jurídico da FDUC, 2015, p. 193-220, p. 196-197, nota de rodapé nº 07.

⁴⁶⁷ FRANÇA, Phillip Gil, *Breves considerações sobre a adequada gestão pública,* 2011, p. 297.

⁴⁶⁸ SILVA, Denise dos Santos Vasconcelos. *Direito à saúde:* ativismo judicial, políticas públicas e reserva do possível. Curitiba: Juruá, 2015, p. 123.

⁴⁶⁹ MORIKAWA, Márcia Mieko, *Good governance* e o desafio institucional da pós-modernidade, 2008, p. 655.

administrativa, nos termos do artigo 2º, *caput*, da LGPAF. No que vai exigir uma dinâmica interpretativa por parte dos agentes administrativos e, por conseguinte, bom senso do sistema de controle da atuação administrativa. O que pode ser, a depender do açodamento na análise da questão, um verdadeiro salto no escuro, cujo resultado pode revelar-se bem desastroso aos gestores. Como evitar isso? Admitir a pertinência da *limitação negativa* da gestão pública, afastando-se da *fiscalização substancial* da conveniência ou oportunidade das medidas adotadas pelo gestor,[470] porque teria *efeito substitutivo*, e não *corretivo*, da atuação administrativa.

Em primeiro lugar, como velha advertência doutrinária, é preciso entender que a eficiência não pode ser compreendida apenas a partir dos custos, isto é, como um fim em si mesmo na objetiva pretensão de economicidade administrativa, mas sim como meio, preferencialmente menos oneroso, para alcançar resultados e fins desejados pela gestão pública.[471] Logo, não é defensável a tese de que a eficiência comporte apenas uma dimensão quantitativa. E os órgãos de controle não podem desconsiderar esse aspecto, substituindo o processo decisório administrativo, sobretudo a partir de uma perspectiva retórica na invocação de valores abstratos, tais como bem comum, interesse público ou dignidade humana.[472]

Dito de outro modo, não é possível dimensionar a ideia de eficiência considerando-se apenas os ordinários parâmetros de legalidade e economicidade, mas desprezando o resultado prático nas prestações de serviço e material do Estado, portanto sem considerar os efeitos práticos das diversas soluções possíveis em função das demandas administrativas.[473] A eficiência caminha com a ideia de resultado e, sobretudo, de efetividade das prestações públicas. Pensar o contrário, a toda evidência, é prestigiar a ineficiência por meio da lógica abstrata da legalidade e também da economicidade pretensamente absoluta.

---

[470] MONIZ, Ana Raquel Gonçalves. Juízo de proporcionalidade e justiça constitucional. *RAd*, Lisboa, ano 80, vol. I/II, p. 41-71, 2020, p. 61.

[471] DEBBASCH, Charles. *Ciencia administrativa:* administración -pública. Traducción de José Antonio Colás Lablanc. 2. ed. Madrid: INAP, 1981, p. 74.

[472] JUSTEN FILHO, Marçal. Art. 20 da LINDB. Dever de transparência, concretude e proporcionalidade nas decisões públicas. *RDA*, Rio de Janeiro, Edição Especial: Direito Público na Lei de Introdução às Normas do Direito Brasileiro – LINDB (Lei nº 13.655/2018), p. 13-41, nov. 2018, p. 26.

[473] JUSTEN FILHO, Marçal, Art. 20 da LINDB. Dever de transparência, concretude e proporcionalidade nas decisões públicas, 2018, p. 31.

Disso resulta que a realização de determinado procedimento, ainda que não siga os ordinários parâmetros legais sobre a temática, por adotar procedimento diverso a partir dos parâmetros da LGPAF, mas que tenha apresentado resultados satisfatórios à Administração Pública, o que não aconteceria se o procedimento legal fosse fielmente observado em qualquer caso, não pode ser censurado pelos órgãos de controle, contanto que o gestor comprove a inutilidade fático-jurídica da procedimentalidade expressamente determinada pela legislação, mormente quando a ausência de eventual requisito de validade (procedimental) não autorize, por si só, a pronúncia de vício e o desfazimento de ato administrativo[474] decorrente de relação jurídica administrativa que se revele vantajosa à Administração Pública e, claro, aos próprios particulares.

Enfim, urge o reconhecimento da importância do procedimento administrativo alternativo, que será exposto no próximo capítulo, no desenvolvimento do processo prestacional. Aqui, tem-se uma inevitável dinâmica discursiva entre gestor e controlador, que, a toda evidência, não traz qualquer simpatia aos *controlados*, pois a maioria dos *controladores* costuma ser insensível aos resultados que não sigam a ortodoxia dos parâmetros legais, muitas vezes, inexitosos.

Em segundo lugar, quanto mais rígida a procedimentalidade exigida pela legislação, mais distante se encontra a possibilidade de seguir parâmetros legais que possam trazer resultados satisfatórios à Administração Pública. A desejada racionalidade legislativa dos procedimentos não se coaduna com a circunstancialidade dos longos processos de contratação pública, que exigem versatilidade no tratamento dos dilemas técnico-instrumentais do cotidiano da gestão pública. É dizer, considerando-se que a racionalização instrumental e o domínio da técnica consomem cada vez mais o substrato democrático da sociedade no processo de modernização, torna-se compreensível o entendimento de que os peritos mandam cada vez mais nas áreas de responsabilidade nominal da política e, sobretudo, dos políticos.[475] Tal realidade, inclusive, é recorrente em decisões administrativas que possuem impactos sistêmicos, exigindo-se juízos de prognoses, nos quais denunciam abordagens consequencialistas, compatíveis com as

---

[474] JUSTEN FILHO, Marçal, Art. 20 da LINDB. Dever de transparência, concretude e proporcionalidade nas decisões públicas, 2018, p. 34.
[475] BECK, Ulrich. *Sociedade de risco mundial:* em busca da segurança perdida. Tradução Marian de Toldy e Teresa Toldy. Lisboa: Edições 70, 2016, p. 210.

posições técnicas das entidades públicas, notadamente das agências reguladoras.[476]

Nesse contexto, a importância da flexibilidade nos procedimentos é indiscutível, porquanto no campo da processualidade administrativa atuam os agentes da racionalização instrumental e do domínio da técnica. Com efeito, a resolução de dilemas concretos, dotados de prementes necessidades, envolve novas categorias decisórias, que não são necessariamente compagináveis com a singeleza das soluções legislativas. Por outro lado, a dinâmica de controle anda trôpega no acompanhamento das realizações do Poder Público, sobretudo quando baseada estritamente nos parâmetros legais, porquanto não é capaz de admitir que a perspectiva abstrata da disciplina normativa, apesar de possuir inegável importância, não é capaz de romper os obstáculos concretos do processo de contratação pública (planejamento, seleção do fornecedor e gestão do contrato).

Desse modo, os propósitos do planejamento e da eficiência não podem seguir distantes dos prognósticos da discricionariedade, por mais que a liberdade de decidir do gestor possa revelar seus riscos, como, aliás, toda forma de ação pública, ela representa uma importante ferramenta no atendimento das demandas administrativas. O êxito do planejamento não decorre da invariabilidade do curso da atuação administrativa, mas, sim, da capacidade de cotejar resultados por meio de itinerário que conceba a possibilidade de modificações diante das adversidades fático-jurídicas do processo prestacional de serviço e material. Explica-se: é uma tolice defender a ideia de que a ordem jurídica seja sistematizada – por mais que se pretenda isso – e que cada lei ou regulamento possua uma harmoniosa conexão entre si em função das demandas administrativas. Logo, não há nada de extraordinário que o planejamento, para além das adversidades no campo fático, também sofra os contratempos decorrentes da própria legislação. Por isso, a variabilidade procedimental é tão importante no processo de contratação pública, contanto que não ocorra excessiva fragmentação dos procedimentos, no que traria dilemas operacionais e, possivelmente,

---

[476] FERNANDES, André Dias. Da aplicação dos princípios da proporcionalidade e da razoabilidade no controle jurisdicional dos atos administrativos. *RESMAFE/5R*, Recife, vol. 03, n. 19, p. 09-56, mar. 2009, p. 31.

ensejaria sérios inconvenientes com o crescimento da litigiosidade em uma ambiência de intensas relações jurídico-administrativas.[477]

Soma-se, ainda, a difícil questão das cláusulas gerais no universo das demandas sociais, exigindo-se discricionariedade da autoridade administrativa diante dos fatos que encerram essas demandas, até porque não há como afastar o discurso das cláusulas gerais do discurso da competência discricionária,[478] pois o sentido de uma cláusula geral só ganha importância em função da dimensão interpretativa sobre a plurissignificância dos fato – e isso também se aplica, evidentemente, aos conceitos jurídicos indeterminados.[479]

Enfim, as cláusulas gerais representam verdadeiras cláusulas de ponderação, nas quais a Administração Pública promove a criação e inovação no Direito com objetivo de empreender um conteúdo adequado, mas não o único, às determinações legais diante das demandas administrativas,[480] de maneira que a discricionariedade assume forma própria e autônoma de exercício da ponderação da autoridade administrativa, contanto que seja dirigida e norteada pela lei.[481]

Defende-se que, embora haja voz dissonante,[482] a interpretação das cláusulas gerais não retira a discrição do gestor, porquanto não é possível identificar, em cada caso, apenas uma medida administrativa legítima, legal e pretensamente *ótima*. Não é apenas cognição; a volição é inevitável em uma ambiência de incertezas. Portanto, a própria configuração da incerteza sobre os efeitos concretos do parâmetro jurídico, no qual se baseia eventual controle, põe em xeque a utilidade da sindicabilidade da discrição administrativa.[483] Assim, à época dos fatos, portanto, do dilema premente da gestão, como saber que uma medida

---

[477] BOSCHETTI, Barbara L. Social goals via public contracts in the EU: a new deal? *Rivista Trimestrale di Diritto Pubblico*, Milano, n. 4, p. 1.129-1.154, 2017, p. 1.153.

[478] PERFETTI, Luca Rafaello, *Discrecionalidad administrativa y soberanía popular*, 2016, p. 200.

[479] GUERRA, Sérgio. *Discricionariedade e reflexividade*: uma nova teoria sobre as escolhas administrativas. Belo Horizonte: Fórum, 2008, p. 151.

[480] LÓPEZ-JURADO ESCRIBANO, Francisco B. Los procedimientos administrativos de gestión del riesgo. In: BARNES, Javier (Ed.). *La transformación del procedimiento administrativo*. Sevilla: Editorial Derecho Global, 2008, p. 141-182, p. 154.

[481] SCHMIDT-ASSMANN, Eberhard. Cuestiones fundamentales sobre la reforma de La teoría general del derecho administrativo. In: BARNES, Javier (Ed.). *Innovación y reforma en el derecho administrativo*. 2. ed. Sevilla: Editorial Derecho Global, 2012, p. 21-140, p. 102.

[482] Por todos, *vide*: MELLO, Celso Antônio Bandeira de. *Discricionariedade e controle judicial*. São Paulo: Malheiros, 1992, p. 36.

[483] DUARTE, David. *Procedimentalização, participação e fundamentação*: para uma concretização do princípio da imparcialidade administrativa como parâmetro decisório. Coimbra: Almedina, 1996, p. 449-450.

foi ou continuaria ótima, aprioristicamente, sem o desfecho de tantas outras, igualmente aceitáveis, diante do caso concreto dirimido pelo processo decisório levado a cabo pelo gestor público. Ademais, como aferir isso sem vultoso e despiciendo custo ao Poder Público? Análises abstratas não traduzem certeza sobre desfechos preponderantemente fáticos, por maiores que sejam os esforços de reflexão.

O problema é a persistente defesa de que o sentido de toda legalidade é claro, unívoco ou preciso, como se fosse sempre possível estabelecer o caminho a seguir, conforme os parâmetros determinados pelos textos legais; porém isso representa, em diversos setores da ação pública, um mito ou uma ilusão.[484] É dizer, o Estado se revelou complexo demais para se adequar à austeridade teórico-discursiva positivista.[485] E mais que isso: o que é indeterminado não se insere, tão somente, na margem de interpretação da lei, porque o gestor diante das cláusulas gerais atua com inegável volição na valoração e proteção dos interesses a ele confiados pela ordem legal,[486] de maneira que, para além da interpretação, há igualmente escolhas legítimas do titular da competência discricionária.

Desse modo, enquanto a discricionariedade for retratada como instrumento da corrupção no serviço público, como, aliás, parece ser reconhecida pela legislação e pelos órgãos de controle, a Administração Pública se encontra duplamente amordaçada: primeiro, pela impossibilidade de promover uma gestão pública criativa, considerando-se que os parâmetros legais tendem a inviabilizar qualquer adoção de soluções práticas no caso concreto; segundo, pela exigibilidade de levar a diante um procedimento inócuo.

E o pior: nada disso impede que o gestor mal intencionado leve a cabo qualquer prática corruptiva no seio da Administração Pública. A demonização do gestor público é a forma mais exitosa de consagrar a ineficiência administrativa. Assim, a verdadeira luta contra a ineficiência é a que compreende a importância de processo decisório administrativo baseado no resultado da atuação administrativa. Claro que isso não pode ser a qualquer custo, isto é, em detrimento da previsão abstrata

---

[484] OTERO, Paulo. *Legalidade e administração pública:* o sentido da vinculação administrativa à juridicidade. 1. ed. 2. reimp. Coimbra: Almedina, 2003, p. 960.
[485] DWORKIN, Ronald. *A justiça de toga.* Tradução de Jefferson Luiz Camargo. São Paulo: Martins Fontes, 2010, p. 299.
[486] PERFETTI, Luca Rafaello, Discrecionalidad administrativa y soberanía popular, 2016, p. 203.

e, possivelmente, malograda da lei. Por outro lado, se a eficiência do gasto público decorre, sobretudo, da atuação administrativa, então qual o sentido de tentar alcançá-la a partir da perspectiva abstrata dos prognósticos legislativos, que simplesmente desconhecem os pormenores das dificuldades ou oportunidades de cada caso concreto?

É dizer, se a lei possui limites no campo fático, e ninguém parece desconhecer isso, então ela deve contemplar alternativas à disciplina normativa. Esse é o norte de qualquer modelo normativo pautado na eficiência da gestão pública. Caso contrário, tem-se o atual cenário: os limites legais são duplamente sancionadores: (a) servem de escusa para a ineficiência administrativa; e (b) contribuem para o desenvolvimento de práticas corruptivas, pois o rigor da disciplina legal serve de mecanismo para desventuras operacionais da gestão e, assim, possibilita formas concretas de intercambiar interesses no seio da Administração Pública.

3.1.2 Prognósticos constitucionais e terapia administrativa: entre o diagnóstico (im)preciso e o tratamento sem fim

> "O equívoco de ligar indissoluvelmente a justiça social à igualdade, em termos de a vincular à construção de uma sociedade igualitária, pode revelar-se, se não tão grave, pelo menos tão ineficaz como aquele que fez depender a liberdade da igualdade."[487]

A CRFB promoveu nítida expansão no rol de direitos sociais e, com isso, a inflação das funções administrativas,[488] de maneira que os abrangentes propósitos do Estado Social, para além dos adornos da principiologia humanística, encontram-se albergados em diversos dispositivos legais, exigindo inumeráveis procedimentos administrativos. Por isso, poucos não foram os prognósticos do texto constitucional no campo da socialidade, gerando, inclusive, a espinhosa tarefa

---

[487] ANDRADE, José Carlos Vieira de. *Os direitos fundamentais na Constituição Portuguesa de 1976.* 6. ed. Coimbra: Almedina, 2019, p. 63.
[488] PEREZ, Marcos A. O mundo que Hely não viu: governança democrática e fragmentação do direito administrativo. Diálogo entre a teoria sistêmica de Hely e os paradigmas atuais do direito administrativo. *In*: JUSTEN FILHO, Marçal; PEREIRA, Cesar Augusto Guimarães; WALD, Arnoldo (Org). *O direito administrativo na atualidade:* estudos em homenagem ao centenário de Hely Lopes Meirelles (1917-2017), defensor do Estado de Direito. São Paulo: Malheiros, 2017, p. 851-869, p. 861.

de implementação dos direitos sociais, pois os avanços no campo da normatividade não são necessariamente seguidos pelas possibilidades político-econômicas da sociedade.[489]

Desde logo, é necessário um esclarecimento: a dinâmica dos direitos sociais em uma constituição exige desenvolvimento ou implementação, e não propriamente concretização, justamente porque ela se contenta – em termos normativos – com um projeto político ambicioso. A ideia de Direito Constitucional *concretizado* traz uma lógica equívoca, como se o Direito Administrativo seguisse apenas a dinâmica executiva do texto constitucional, isto é, como se empreendesse uma operação mecânica ou meramente aplicativa das normas constitucionais, portanto, como se elas fossem verdadeiros *projetos executivos* dos prognósticos abrangentes dos constituintes; porém, a questão passa longe disso; o Direito Administrativo assume clara dinâmica flexibilizadora, criadora, construtora e desenvolvedora dos parâmetros constitucionais, observando-se, evidentemente, os limites impostos pelo Direito Constitucional *implementado*.[490] Não por outro motivo, muito embora isso seja negligenciado, a implementação dos direitos sociais exige opções autônomas e específicas de entidades públicas que disponham de capacidade técnica e legitimidade democrática para se responsabilizarem por essas opções, de modo que as diretrizes gerais do texto constitucional não autorizam interpretações que levantem intencionalidades específicas – ou mesmo minudentes – que possam solapar as competências das autoridades administrativas.[491]

A despeito dessas considerações, o Poder Público não costuma fazer um diagnóstico preciso sobre as demandas da sociedade e nem estabelece políticas públicas com propósitos pretensamente *conclusivos*. Não se nega que a própria transitoriedade das políticas públicas é incompatível com propostas definitivas sobre qualquer demanda social. Porém, o que se deseja dizer é que as políticas públicas, de modo geral, apenas tangenciam a problemática a ser solucionada pelo Poder

---

[489] LIMA, Raimundo Márcio Ribeiro. Inflação de direitos sociais e desafios de sua concretização através das leis e políticas públicas: como a multiplicação dos direitos sociais, numa ambiência de escassez de recursos, representa um verdadeiro obstáculo à racionalidade e economicidade da atuação administrativa. *RAGU*, Brasília, vol. 14, n. 04, p. 193-230, out./dez. 2015, p. 222.

[490] SCHMIDT-ASSMANN, Eberhard, Cuestiones fundamentales sobre la reforma de La teoría general del derecho administrativo, 2012, p. 52, nota del Editor Javier Barnes.

[491] ANDRADE, José Carlos Vieira de, *Os direitos fundamentais na Constituição Portuguesa de 1976*, 2019, p. 176.

Público. Vive-se uma contínua e não exitosa relação entre o inevitável e o inviável durante o processo de realização das prestações sociais.

É dizer, o inevitável decorre das demandas prementes e normativamente exigíveis; o inviável, por sua vez, advém dos limites orgânico-funcionais da ação pública. Por querer abarcar o todo, fragmentam-se os meios materiais de implementação dos direitos positivos considerados prioritários. Se tudo for prioritário, por certo não há propriamente prioridade, mas um esclerótico descortinar de plúrimas demandas administrativas em função dos dilemas existenciais dos cidadãos ou grupos sociais, independentemente da correção do substrato normativo dessas pretensões. O Estado que tenta fazer coisas demais, e a grande maioria incorre nesse erro, acaba simplesmente por fazer coisa de menos com a capacidade orgânico-funcional que possui.[492]

A insistência na *falácia da normatividade* faz com que a providencial salvaguarda da lesão ou ameaça a direito (artigo 5º, inciso XXXV, da CRFB), em um universo de parcas possibilidades da ação pública, tenda a criar uma verdadeira implosão no sistema de prestações sociais, porque fragmenta excessivamente as forças executivas do Estado, minando a capacidade institucional da estrutura orgânico-funcional da Administração Pública. É dizer, o atendimento de *inumeráveis* pautas *meramente* existenciais, apesar de necessário, tende a inviabilizar financeiramente *algumas* pautas mais prementes ou abrangentes e, nessa qualidade, capazes de transformar positivamente a realidade dos cidadãos. Aliás, é o caso típico das grandes obras estruturantes. A questão se torna ainda mais revoltante quando os recursos da ação pública são fragmentados para o atendimento de privilégios de determinados grupos de servidores públicos ou específicos agentes econômicos, fazendo com que a lógica da gestão eficiente, por meio da racionalidade da execução orçamentária, não passe de mero *slogan*.

O cenário, portanto, é difícil, exigindo maior racionalidade no plano da atuação administrativa, no sentido de identificar prioridades na implementação dos projetos abrangentes do Estado. Nesse sentido, para fim meramente exemplificativo, o enfoque dado ao auxílio-moradia e à publicidade institucional em relação ao PRP, dentre outros casos, explica esse estado de coisas. Desse modo, como admitir que a União gastasse 3,3 bilhões de reais com auxílio-moradia, no triênio de 2015 a 2017, incluindo-se, nesses números, os avultados valores pagos aos

---

[492] EVANS, Peter, *O Estado como problema e solução*, 1993, p. 150.

membros do Poder Judiciário, do Ministério Público e da Defensoria Pública, conforme gráfico abaixo:[493]

Gráfico 01 – Auxílio-moradia pago pela União

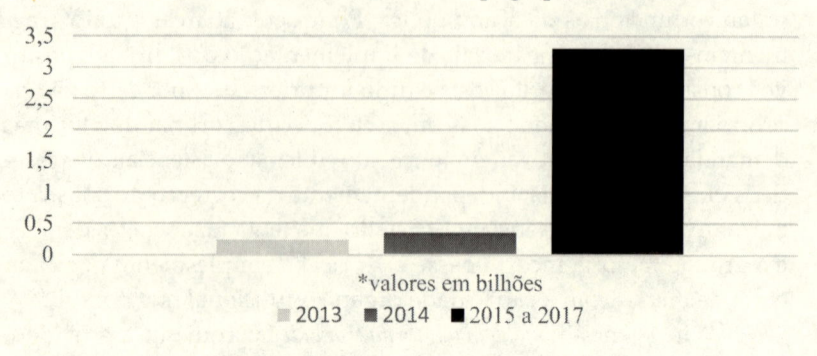

*valores em bilhões
2013   2014   2015 a 2017

Fonte: Elaborado pelo autor (2018).

Vê-se que a proteção social de alguns seletos servidores do Estado, a despeito da indiscutível importância das Carreiras Típicas de Estado, possui prioridade na alocação de recursos diante de milhares de trabalhadores e, claro, do próprio PRP. Como aceitar, por exemplo, que o Poder Executivo federal, no ano 2017, gastasse com publicidade institucional, apenas no Ministério da Educação, a importância de quase 34 milhões de reais, conforme gráfico abaixo:[494]

---

[493] AUXÍLIO-MORADIA já custa R$ 1 bi com indefinição. *O Estado de São Paulo*, São Paulo, 08 jul. 2018. Disponível em: https://politica.estadao.com.br/noticias/geral,auxilio-moradia-ja-custa-r-1-bi-com-indefinicao,70002394372. Acesso em: 03 out. 2018.

[494] BRASIL. Ministério da Educação. *Gastos com publicidade*. Disponível em: http://portal.mec.gov.br/gastos-com-publicidade. Acesso em: 03 out. 2018.

Gráfico 02 – Gasto com publicidade institucional
realizado pelo Ministério da Educação (MEC)

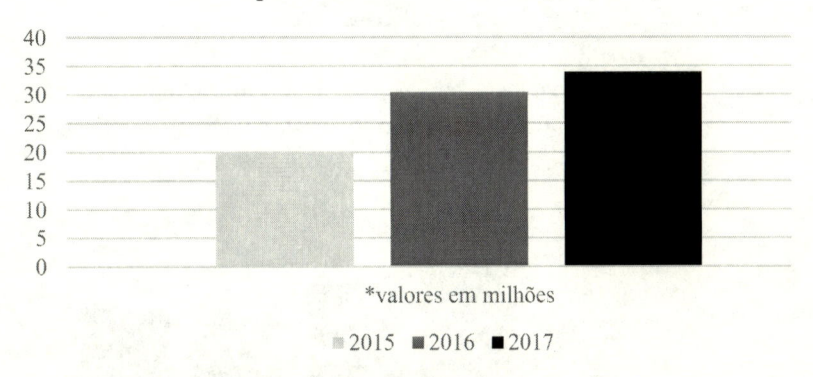

*valores em milhões

■ 2015 ■ 2016 ■ 2017

Fonte: Elaborado pelo autor (2018).

De modo geral, mesmo na área da Educação, a publicidade institucional costuma servir apenas aos interesses dos governantes e veículos de comunicação,[495] muito embora, para não parecer uma análise inconsequente sobre a questão, reputa-se possível destacar o caráter informativo de muitas publicações, e não meramente propagandas de promoção pessoal. O próprio Fundo Eleitoral, essa excrescência tupiniquim, bem demonstra que a ausência de focalização do gasto público muito contribui para o esvaziamento das possibilidades financeiras do Estado prestacional. Aqui, vale destacar que, entre 2002 e 2014, o financiamento eleitoral passou de R$800 milhões para quase R$5 bilhões, representando um aumento, com valores corrigidos, de mais de 190%.[496] Aliás, só no ano de 2022 os recursos do Fundo Especial de Financiamento de Campanha (FEFC) alcançaram impressionantes R$4,91 bilhões, a despeito de veto presidencial no Projeto de Lei de Diretrizes Orçamentárias (LDO) aprovado pelo Congresso, que previa o valor de R$5,7 bilhões – mas o veto foi derrubado em dezembro de 2021.[497]

De qualquer sorte, no que se revela um total contrassenso nas prioridades da execução orçamentária, como explicar que, no período

---

[495] MACHADO SEGUNDO, Hugo de Brito. *Fundamentos do direito.* São Paulo: Atlas, 2010, p. 201.
[496] OSORIO, Aline. *Direito eleitoral e liberdade de expressão.* 2. ed. Belo Horizonte: Fórum, 2022, p. 310.
[497] OSORIO, Aline, *Direito eleitoral e liberdade de expressão,* 2022, p. 335.

de 2012 a 2016, a União aplicasse apenas R$52.138.154,00 em recursos materiais para a RP,[498-499] representando, tão somente, uma média anual de R$10.427.630,80, conforme gráfico abaixo:

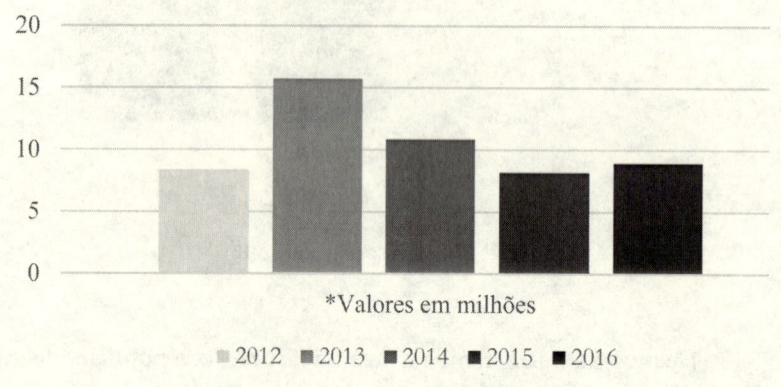

Gráfico 03 – Gastos com recursos materiais na Reabilitação Profissional

*Valores em milhões

■ 2012 ■ 2013 ■ 2014 ■ 2015 ■ 2016

Fonte: Elaborado pelo autor (2018).

Contudo, convém admitir que a parca aplicação de recursos materiais no PRP também decorre das dificuldades da gestão pública em promover adequada prestação de serviço ou material, porquanto o modelo de contratação apresenta sérias disfuncionalidades, já destacadas nos capítulos anteriores. De todo modo, vê-se que a eficiência do gasto público é tão necessária quanto à própria capacidade de arrecadação do Estado, até porque não há uma relação direta entre o aumento da arrecadação tributária e a redução das desigualdades sociais,[500] denunciando que os direitos exigem muito dos contribuintes, mas a ineficiência exige ainda mais: "os direitos custam muito caro, mas a ineficiência custa mais".[501]

---

[498] BRASIL. Ministério da Fazenda. *AEPS 2014*. Brasília: MF, 2015, p. 527. Disponível em: http://www.previdencia.gov.br/wp-content/uploads/2016/07/AEPS-2014.pdf. Acesso em: 09 out. 2018.

[499] BRASIL. Ministério da Fazenda. *AEPS 2016*. Brasília: MF, 2017, p. 547. Disponível em: http://www.previdencia.gov.br/wp-content/uploads/2018/01/AEPS-2016.pdf. Acesso em: 30 abr. 2018.

[500] MACHADO SEGUNDO, Hugo de Brito, *Fundamentos do direito*, 2010, p. 198.

[501] CARVALHO JÚNIOR, José Anselmo de. *O direito e o custo dos direitos*: análise das despesas do Estado brasileiro com ações e serviços públicos de saúde. 2016. 158f. Dissertação (Mestrado em Direito) – Universidade Federal do Rio Grande do Norte, Natal, 2016, p. 133.

Entre o reconhecimento dos desafios da gestão pública e a promoção dos direitos sociais, por mais que isso não tenha sido observado, há uma providencial necessidade de estabelecer prioridades, notadamente em uma ambiência de escassez. Pouco importa a identificação categorizada do diagnóstico das patologias da atuação estatal, se a terapia adotada é totalmente fora de propósito ou não obedece a qualquer racionalidade administrativa. Aliás, a racionalização da atuação estatal, notadamente na área econômico-financeira, assume ares de verdadeiro *direito difuso* de envergadura constitucional (artigo 174, *caput*), inclusive exigível por todos os membros da comunidade política e, naturalmente, dos órgãos de controle.[502]

Nesse contexto, a expansão da atuação administrativa por meio das prestações sociais apenas reduz o fôlego das possibilidades materiais da ação pública, quando não se estabelecem parâmetros factíveis de concretização dos direitos. É dizer, se os custos são majorados, e os resultados não surgem a contento, então é de se questionar o modo de atuação do Poder Público, e não simplesmente reproduzir a máxima de que o dilema se restringe à falta de investimento. Portanto, se a terapia administrativa não é adequada, por certo o tratamento das questões sociais não tem fim. E não há como empreender qualquer tratamento sem qualquer posologia minimamente confiável em função dos seus resultados.

Dito de outro modo, quando os esforços da atuação administrativa se mostram infrutíferos, a gestão pública deve repensar o foco dessa atuação, prestigiando novas funcionalidades no emprego dos recursos públicos, notadamente os relacionados à proteção social. Por isso, a consagração de determinada política pública vai muito além do seu efeito positivo imediato, especialmente nas áreas com poucos investimentos do Poder Público, pois os resultados iniciais são inevitáveis, exigindo uma contínua avaliação deles em função de outras possibilidades de investimento público, ainda que isso possa resultar em demoradas reflexões de natureza político-ideológica sobre a metodologia adotada, sobretudo quando assentada em parâmetro precipuamente estatístico.[503]

---

[502] MOREIRA NETO, Diogo de Figueiredo. *Quatro paradigmas do direito administrativo pós-moderno: legitimidade, finalidade, eficiência e resultado.* Belo Horizonte: Fórum, 2008, p. 132-133.

[503] BARCELLOS, Ana Paula de. Políticas públicas e o dever de monitoramento: "levando os direitos a sério". *RBPP*, Brasília, vol. 08, n. 02, p. 251-265, 2018, p. 259.

3.1.3 O (im)próprio e o (im)pertinente na atuação administrativa: da redução sociológica à racionalização organizacional

> *"¿Cómo se ha de componer y como ha de elaborar su voluntad de órgano? ¿Cómo se llegará a formar parte de él y qué condiciones serán necesarias? ¿Cómo se determinará su campo de acción y las relaciones mutuas entre los órganos? El derecho orgánico no es otra cosa, por su fin y por su contenido, que la respuesta jurídico-positiva a estas cuestiones de política orgánica."*[504]

No plano das realizações administrativas, por maior que seja a racionalidade do engendro legislativo, a vigorosa teia de prescrições normativas, como forma de resolução antecipada de conflitos, por meio da racionalização orgânico-procedimental, perde força diante das adversidades impostas ao Estado no campo da proteção social.[505] Por isso, a dinâmica da disciplina jurídica sempre deve comportar vicissitudes em função dos limites da ação pública: seja pela inviabilidade fática das prescrições legais, seja pela inocuidade dos parâmetros legais.

Agora, o que leva uma disciplina normativa a não alcançar êxito, notadamente do ponto de vista operacional, para além das constatações ou implicações estritamente jurídicas, é uma questão que exige a identificação da forma de atuação das organizações administrativas. Portanto, trata-se de admitir que a importância das prescrições legais se encontra diretamente relacionada com a capacidade de as organizações administrativas assimilarem as práticas administrativas no universo reflexivo do modelo jurídico adotado.

Nesse sentido, a questão das diretrizes gerenciais no setor público representa um bom exemplo de desconexão entre o modelo jurídico e as práticas administrativas, a despeito dos desejados ganhos de produtividade em uma boa gestão da política social, notadamente na área da saúde.[506]

---

[504] MERKL, Adolfo, *Teoría general del derecho administrativo*, 2004, p. 392.
[505] GRAU, Eros Roberto. *Porque tenho medo dos juízes:* a interpretação / aplicação do direito e os princípios. 6. ed. São Paulo: Malheiros, 2013, p. 119.
[506] BRESSER-PEREIRA, Luiz Carlos. *Reforma do Estado para a cidadania:* a reforma gerencial brasileira na perspectiva internacional. 2. ed. São Paulo: Editora 34, 2011, p. 251.

De modo geral, os condicionantes locais, notadamente os valores da ambiência social, vão dando forma ao sentido da ação pública, porquanto a percepção dessa relação decorre da contínua integração entre a comunidade e o serviço público. Assim, a internalização dos valores contribui, por meio das práticas sociais, para a definição da forma de atuação dos cidadãos e, claro, da própria Administração Pública.

Como a dinâmica dos valores não se revela uma questão linear, especialmente na relação entre a Administração Pública e a sociedade civil, é preciso distinguir o que é próprio das práticas administrativas (manifestações) daquilo que é pertinente (adequado) sobre elas diante dos objetivos da atuação administrativa.[507] Dito de outro modo: é necessário extrair das práticas administrativas as (in)compreensões sobre a atuação do Poder Público que destoam do compromisso da gestão pública com a implementação dos direitos sociais. Nesse sentido, a transposição de modelos gerenciais para o setor público exige redobrados cuidados, justamente para evitar a apropriação de práticas administrativas impróprias ou impertinentes desses modelos em detrimento dos objetivos concretos do serviço público, a despeito dos nobres propósitos arvorados pela modernização da gestão pública.

Além do mais, como todos os modelos jurídicos são relacionais, seja em função do problema enfrentado, seja em função da solução encontrada, é importante compreender o universo relacional em que atuam as unidades administrativas, justamente para comportar as particularidades da ambiência em que elas se inserem na promoção das prestações materiais relacionadas à proteção social. Por isso, não basta defender perspectivas modernas de gestão pública, especialmente quando decorrem de esforços ou estímulos exógenos,[508] se não existir perspicácia para identificar as práticas administrativas adequadas, especialmente no entorno dos graves problemas sociais.

Nesse contexto, revela-se pertinente o conceito de *redução sociológica* para fins de absorção e operação de tecnologias gerenciais do setor privado pela ambiência pública e, com isso, emprestar maior

---

[507] SMOLKA, Ana Luiza Bustamante. O (im)próprio e o (im)pertinente na apropriação das práticas sociais. *CCd*, Campinas, ano 20, n. 50, p. 26-40, abr. 2000, p. 33.
[508] BERGUE, Sandra Trescastro; KLERING, Luís Roque. A redução sociológica no processo de transposição de tecnologias gerenciais. *O&S*, Salvador, vol. 17, n. 52, p. 137-155, jan./mar. 2010, p. 139.

racionalidade organizacional no setor público,[509] evitando-se a linear transposição de valores ou pressupostos operacionais do mercado para o interior da Administração Pública. Considerando-se que, genericamente, a redução sociológica compreende a eliminação de elementos acessórios ou secundários de teoria ou técnica, particularmente naquilo que confunde ou perturba o esforço de compreensão e, naturalmente, de obtenção do essencial em determinado dado,[510] não se discute que qualquer tecnologia gerencial exige precisa identificação de sua utilidade ou funcionalidade na gestão pública, notadamente em termos gerais de compreensão e comprometimento da atuação administrativa.

Assim, a delimitação da essência de cada tecnologia gerencial passa pela necessária identificação do reflexo positivo que ela possa representar na racionalidade organizacional das entidades públicas. Caso contrário, não há qualquer razão para adoção de valores ou premissas operacionais incompatíveis com os singulares propósitos da atuação das organizações dessas entidades. Nesse sentido, a adoção de modelo gerencial puro no PRP, típico da racionalidade econômica de mercado, com providencial cuidado com a economicidade, revela-se inadequado, porquanto eventual diminuição do número de membros da equipe multidisciplinar repercute diretamente na qualidade da elegibilidade dos segurados à RP. Trata-se, portanto, de uma forma de negação dos próprios propósitos da atividade administrativa e, por conseguinte, não contribui para a racionalização organizacional do setor de serviços do INSS.

Por isso, como *atitude metódica*,[511] diferentemente da *atitude espontânea*, a redução sociológica não admite a transposição passiva de modelos gerenciais na ambiência pública sem que antes não seja identificado o verdadeiro significado desses modelos na atividade administrativa e, naturalmente, suas implicações quanto à racionalização organizacional, notadamente quanto à adequação dos conceitos gerenciais e pressupostos procedimentais ao nicho operativo das organizações administrativas.[512]

---

[509] BERGUE, Sandra Trescastro; KLERING, Luís Roque, A redução sociológica no processo de transposição de tecnologias gerenciais, 2010, p. 140.

[510] RAMOS, Alberto Guerreiro. *A redução sociológica*. 3. ed. Rio de Janeiro: Editora UFRJ, 1996, p. 71. Cumpre lembrar que a primeira edição do livro, com título de *Introdução ao Estudo da razão sociológica*, ocorreu no ano de 1958.

[511] RAMOS, Alberto Guerreiro, *A redução sociológica*, 1996, p. 72.

[512] BERGUE, Sandra Trescastro; KLERING, Luís Roque, *A redução sociológica no processo de transposição de tecnologias gerenciais*, 2010, p. 143.

É certo que os modelos jurídicos nem sempre vingam; a reforma administrativa empreendida pela EC nº 19/1998 bem evidencia isso. Aliás, eles dificilmente vingam diante de demorados processos de internalização jurídica, que se tornam incompatíveis com as práticas sociais e administrativas. Logo, é preciso admitir os limites normativos da ação pública, considerando os propósitos da pretensão legal em uma realidade mais ampla, na qual se inserem as possibilidades das organizações administrativas, capaz de repensar posições antes consideradas irrepreensíveis. Nesse sentido, não é razoável buscar em meras alterações legislativas soluções para dilemas que vão além dos limites da normatividade.

Assim, a transposição de modelo gerencial exógeno para a ambiência administrativa, por certo, exige a ressignificação do seu conteúdo essencial a partir do instrumental técnico-gerencial inerente à organização administrativa, portanto, com a capacidade de criar um novo modelo, isto é, que possua identidade organizacional,[513] tratando-se, desse modo, de procedimento crítico-assimilativo.[514] Por isso, sem medo de errar, a reforma gerencial empreendida a partir da EC nº 19/1998 não passou de mera retórica constitucional, a despeito de razoável densificação legislativa, seja pela inexistência de *atitude metódica* na sua absorção, seja pela inviabilidade prática da *atitude espontânea* no plano operacional das organizações administrativas.

Não se tratando propriamente de regime de arbítrio palavreado,[515] no qual se defendia a duvidosa adequação constitucional de vários pontos da EC nº 19/1998,[516] os largos prognósticos da reforma administrativa não vingaram, entre outros motivos, porque a alteração constitucional não traduziu adequadamente as perspectivas gerenciais, como elementos instrumentais da gestão pública, com as potencialidades das práticas organizacionais e sociais brasileiras, sem falar que, no plano infraconstitucional, a densificação normativa permaneceu vinculada aos parâmetros organizacionais de outrora, isto é, ainda fiel a um regime estatista, pelo menos do ponto de vista operacional. Toda mudança cultural, especialmente na ambiência pública, exige demorados estudos sobre

---

[513] BERGUE, Sandra Trescastro; KLERING, Luís Roque, *A redução sociológica no processo de transposição de tecnologias gerenciais*, 2010, p. 151.
[514] RAMOS, Alberto Guerreiro, *A redução sociológica*, 1996, p. 73.
[515] BARBOSA, Rui. Juristas e retóricos. In: BARBOSA, Rui. *Antologia*. Seleção, prefácio e notas de Luís Viana Filho. Rio de Janeiro: Nova Fronteira, 2013, p. 95-97, p. 95.
[516] MELLO, Celso Antônio Bandeira de, *Curso de direito administrativo*, 2007, p. 173.

os limites das transformações legais no tempo, exigindo-se, sobretudo, as adaptações no meio social, senão o seu descrédito será inevitável.

A consequência lógica disso é a seguinte: o modelo gerencial, como expressão de uma realidade organizacional de mercado, e para além dos ordinários entraves de ordem ideológica, não foi e nem é capaz de romper velhas estruturas administrativas, justamente porque não incorporou as mudanças necessárias na própria fisiologia da Administração Pública, seja no plano organizacional (LOAPF), seja no plano funcional (RJSP).

Dessa forma, as organizações administrativas devem prestigiar, além dos imperativos legais, as razões concretas pelas quais a forma de atuação do Poder Público se revele inócua, partindo dos dilemas concretos vivenciados pelo seu público-alvo, pois os usuários representam o melhor termômetro da ação pública. Enfim, o enfoque não pode limitar-se às compreensões normativas que não (re)produzem resultados no meio social.

O que fazem as organizações administrativas para não fazerem o que deveriam fazer? Como insistir em contratações que não atendem adequadamente às demandas administrativas, muito embora atendam formalmente aos parâmetros legais?

Essas indagações podem manifestar as necessárias reflexões sobre a chave de compreensão do atual quadro evolutivo da Administração Pública no campo das prestações de serviço ou material. Para além da corrupção e da execução irregular do orçamento público, há considerável parcela do gasto público que não deveria passar ao largo das inquietações dos juristas: a ortodoxa execução do gasto público sem resultado útil à sociedade ou o caminho da legalidade inútil no plano de atuação da gestão pública.

É incompreensível a passiva aceitação jurídica de procedimentos inócuos, como se a legalidade possuísse um fim em si mesma, portanto desconectado dos pretendidos prognósticos do Parlamento. Vive-se o desafio das prestações sociais com a mesma rigidez teórica dos direitos de liberdade do clássico pensamento liberal, olvidando-se, contudo, do abalo do embasamento liberal do Estado de Direito.[517] Insiste-se na ideia de lei como limite do Estado, e não como instrumento de políticas públicas. Os limites da disciplina jurídica, que não se refiram ao

---

[517] CHEVALLIER, Jacques. *O estado de direito*. Tradução de Antônio Araldo Ferraz Dal Pozzo e Augusto Neves da Pozzo. Belo Horizonte: Fórum, 2013, p. 80.

rigor dos princípios éticos da Administração Pública, não deveriam gerar obstáculo à atividade criativa da gestão pública, justamente com o propósito de alcançar resultados na execução do orçamento público. Todavia, é o que mais se se observa no direito público brasileiro.

Dito de outro modo, o que faz sentido ser feito, como expressão de determinada procedimentalidade legal ou prática administrativa, pode não suportar uma análise séria sobre sua utilidade no atendimento das demandas da coletividade. Por isso, é necessário repensar a organização de cada entidade pública em função de suas práticas administrativas, pois identificá-la como uma realidade independente dessas práticas, além de ser algo ilusório, também decreta a sua inevitável inutilidade.[518]

3.2 Desafios da assincronia institucional

> *"En la nueva economía del conocimiento, los procesos económicos presuponen un sistema social que funciona. La relación entre la política, la economía y la sociedad civil es un factor importante de competitividad territorial. (...) Todo ello es influido por la estructura, la forma de gobierno, la estabilidad y la dinámica de las relaciones sociales, eso que se ha dado en llamar capital institucional."*[519]

Como a dinâmica das realizações institucionais, na precisa compreensão de suas possibilidades político-administrativas, é contingente, empírica e comparativa,[520] exsurge a necessidade de aperfeiçoar os instrumentos jurídicos da ação pública em face dos dilemas concretos da própria Administração Pública. Desse modo, o institucionalismo organizacional, em que se discute a problemática da racionalidade, bem como os procedimentos e as regras que interferem na atuação dos cidadãos ou servidores,[521] merece particular atenção em uma investigação cien-

---

[518] SANTOS, Leonardo Lemos da Silveira; SILVEIRA, Rafael Alcadipani da. Por uma epistemologia das práticas organizacionais: a contribuição de Theodore Schatzki. *O&S*, Salvador, vol. 22, n. 72, p. 79-98, jan./mar. 2015, p. 92-93.

[519] INNERARITY, Daniel. *La democracia del conocimiento:* por una sociedad inteligente. Barcelona: Paidós, 2011, p. 254.

[520] ARGUELHES, Diego Werneck; LEAL, Fernando. O argumento das "capacidades institucionais" entre a banalidade, a redundância e o absurdo. *DES*, Rio de Janeiro, n. 38, p. 06-50, jan./jun. 2011, p. 26.

[521] BUCCI, Maria Paula Dallari. Notas para uma metodologia jurídica de análise de políticas públicas. *FA*, Belo Horizonte, ano 09, n. 104, p, 20-34, out. 2009, p. 25.

tífica que pretende desnudar a ambiência de questionáveis resultados institucionais do Poder Público. Obviamente, para os propósitos desta tese, a análise da perspectiva organizacional, o que se aplica a qualquer temática nela discutida, é enfrentada a partir dos institutos jurídicos.

Além disso, é necessário compreender a estrutura e o processo decisório governamental[522] diante de grupos de interesses conflitantes, pontuando os aspectos capazes de demover ou robustecer determinadas prestações públicas. Lembrando-se de que a dinâmica de interesses contrapostos não se limita a uma perspectiva entre particulares e Administração Pública, porquanto também alcança diversos interesses públicos decorrentes da complexa teia de órgãos e entidades, sem falar, ainda, nas várias instituições semipúblicas[523] e, sobretudo, na policentricidade dos poderes (transestatais e intraestatais), residindo na própria ideia de administração em rede.[524] Aliás, cumpre advertir que o direito administrativo talvez não mais se explique pela noção de interesse público, mas, sim, de conflito público,[525] assumindo, assim, toda a carga semântica de um autêntico conceito jurídico indeterminado.[526] Portanto, a lógica compreensiva do interesse público não é linear, porque a própria dinâmica de interesses que pretender contemplar tem sido cada vez mais heterogênea.

Destaca-se, ainda, a importante questão de identificar os motivos pelos quais a atuação institucional não ecoa em determinados meios sociais, a despeito da existência de consideráveis investimentos. Por isso, para além do processo decisório judicial, é necessário firmar os substratos teóricos dos meios e modos da atuação administrativa, compreendê-los e, sobretudo, aperfeiçoá-los diante das demandas prementes por prestações sociais. Afinal, os resultados da atuação administrativa interferem diretamente na reputação institucional da Administração Pública, porquanto denunciam a sua capacidade para levar adiante seus objetivos imediatos ou mediatos, sem falar que a reputação institucional gera julgamentos com inferências culturais, políticas, econômicas

---

[522] BUCCI, Maria Paula Dallari, Notas para uma metodologia jurídica de análise de políticas públicas, 2009, p. 28.
[523] SUNDFELD, Carlos Ari, *Direito administrativo para céticos*, 2017, p. 68.
[524] ANDRADE, José Carlos Vieira de. *Lições de direito administrativo*. 5. ed. Coimbra: Imprensa da Universidade de Coimbra, 2017, p. 27.
[525] SUNDFELD, Carlos Ari, *Direito administrativo para céticos*, 2017, p. 69.
[526] GABARDO, Emerson; REZENDE, Maurício Corrêa de Moura. O conceito de interesse público no direito administrativo brasileiro. *RBEP*, Belo Horizonte, n. 115, p. 267-318, jul./dez. 2017, p. 289.

e sociais,[527] que repercutem diretamente nos resultados das políticas públicas adotadas na implementação dos direitos positivos, de maneira que a reputação institucional acaba por moldar a discrição administrativa e a autonomia da burocracia, moldando, assim, o próprio processo decisório administrativo.[528]

Ademais, é preciso entender o ambiente institucional brasileiro, até mesmo para que possa ser exigido dele o cumprimento das *regras do jogo,* especialmente esta: as mudanças no fluxo das prestações de serviço ou material só se legitimam quando resultarem da projeção de esforços de todas as instituições envolvidas no processo de contratação pública, no qual tem o dever de intercambiar a vontade política, como propósito de realização pública, nas prestações adequadas à sociedade, o que é algo bem diverso de empreender investimentos sem o necessário comprometimento institucional com a sociedade, isto é, como mera forma de entregar meios para pautas político-partidárias, portanto, sem qualquer parâmetro de racionalidade administrativa.

3.2.1 Os caprichos da razão política e a falácia do planejamento legislativo

> "A questão de saber se o Estado deve ou não 'agir' ou 'interferir', coloca uma alternativa que é de todo falsa, e o termo *laissez-faire* é uma descrição altamente ambígua e enganadora dos princípios nos quais se baseia uma política liberal. Como é evidente, todo o Estado deve agir e cada acção do Estado interfere com uma coisa ou outra. Mas não é isso que está em questão. O importante é se o indivíduo pode prever a acção do Estado e usar este conhecimento como informação para elaborar os seus próprios planos, com o resultado de o Estado não poder controlar o uso que ele fez da sua máquina, e de o indivíduo saber precisamente até onde será protegido contra a interferência de terceiros, ou se o Estado está em posição de frustrar esforços individuais."[529]

---

[527] CARPENTER, Daniel; George Krause. Reputation and public administration. *PAR,* Oxford, vol. 72, p. 26-32, Jan./Feb. 2012, p. 29.
[528] CARPENTER, Daniel; George Krause, Reputation and public administration, 2012, p. 30.
[529] HAYEK, Friedrich August von. *O caminho da servidão.* Tradução de Marcelino Amaral. Lisboa: Edições 70, 2020, p. 112-113.

A realidade política de um povo bem espelha a forma como ele enfrenta seus desafios, pois nenhuma política poderia advir de realidades distantes – ou fantasiosamente idealizadas – sem evidente fracasso, por mais que isso seja defendido em diversos ambientes públicos, inclusive nos ciclos acadêmicos. Nesse sentido, não há crise de representatividade: a política brasileira apenas reflete a dinâmica decisória da sociedade que a mantém, por isso a crise constituinte representa a enfermidade do próprio corpo social.[530]

Partindo dessa premissa, a consequência imediata para que determinada razão política seja sistematicamente censurada se encontra, entre outros fatores, no propósito nefasto que anima as suas ações, que, no mais das vezes, apenas consagra formas concretas de manter específicos substratos político-partidários em função de inequívoco projeto de poder. A *ciência dos meios*, por certo, nem sempre faz uso dos melhores meios – ou raramente faz. Logo, isso vai refletir na própria dinâmica do planejamento legislativo, que, evidentemente, pelo menos em uma perspectiva disciplinadora da ação pública, antecede ao planejamento administrativo. Em outras palavras, a tônica racionalizadora da atividade legislativa é bem limitada, em função da complexa teia de interesses contrapostos ou sobrepostos em uma sociedade complexa.

Nesse sentido, se o direcionamento da contratação pública não segue uma agenda de Estado, que tem a pretensão de consagrar transformações abrangentes em função das deficiências estruturais na sociedade, então é muito pouco provável que a dinâmica da atividade política não exerça forte influência nessa questão. Nesse contexto, a assincronia institucional é simplesmente inevitável. Explica-se: por mais que exista uma diretriz normativa que impulsione as pautas sociais, o universo da ação política, notadamente no campo político-financeiro, pode imprimir prioridades diversas e, com isso, desvanecer os esforços, que se tornam nitidamente simbólicos, do planejamento legislativo. Aliás, as próprias pautas sociais, a depender de sua configuração no universo da ação pública, podem ser um instrumento de uma razão política que negue o ímpeto da Administração Pública prestadora, esvaziando, desse modo, os efeitos práticos da programação orçamentária. Por exemplo, gastar mais dinheiro com palestras, seminários ou panfletos sobre a importância da acessibilidade arquitetônica – tendo

---

[530] BONAVIDES, Paulo. *Curso de direito constitucional*. 28. ed. São Paulo: Malheiros, 2013, p. 197.

em vista o disposto nos artigos 3º, incisos I e IV; 28, inciso XVI; 53, da EPD – do que na remoção dos obstáculos físicos nos prédios públicos, revelando-se, portanto, um verdadeiro paradoxo.

Assim, os caprichos da razão política, cujos propósitos não se compaginam com os prognósticos constitucionais da socialidade, praticamente inviabilizam a perspectiva instrumental da contratação pública, isto é, sua capacidade de fomentar realidades econômicas de caráter efetivamente desenvolvimentista, justamente porque considera os aspectos institucionais, com reflexo nas escolhas individuais, no largo universo das questões socioeconômicas.[531] De um lado, tem-se o conjunto de possibilidades das entidades públicas, que depende largamente do processo de contratação pública; de outro, os limites impostos pela razão política, ainda que na contramão dos prognósticos legislativos, porquanto meramente simbólicos.

Ademais, por mais que se arvorem os riscos do tratamento estritamente técnico dos problemas sociais e, consequentemente, a eventual defesa de interesses de grupos específicos da sociedade, especialmente em uma atuação legislativa sem *controle social*[532] ou participação popular,[533] o fato é que a atividade legislativa perdeu a capacidade de trilhar adequadamente os meios da ação pública. No Brasil, essa preocupação, por vezes excessiva, ainda decorre da memória de uma gestão pública, em particular nos períodos ditatoriais, entregue aos tecnocratas. Aqui, observa-se fato curioso com relação à gestão do Estado: há desmedido pavor com a técnica, mas, por outro lado, existe parcimoniosa rendição à paixão ou emoção no direcionamento dos nortes da gestão pública; enfim, aceita-se o total despreparo técnico dos líderes e seus indicados.

Por isso, cada vez mais a Administração Pública deve assumir, com novos matizes que afastam o *status* de terceiro neutro,[534] a posição de *árbitro* ou equilibrador de forças no meio social, ainda que com outras

---

[531] NORTH, Douglass C. *Institutions, institutional change and economic performance*. Cambridge: Cambridge University Press, 1990, p. 21.
[532] Lembrando-se de que o termo é equívoco, porquanto a sociedade não possui propriamente instrumentos efetivos de controle administrativo, mas sim político, e ainda assim de forma periódica (eleições) ou pontual (movimentos). Portanto, a atuação, quando existente, será indireta, ainda que promovida com êxito.
[533] RATTNER, Henrique. *Planejamento e bem-estar social*. São Paulo: Editora Perspectiva, 1979, p. 159.
[534] ALFONSO, Luciano Parejo. *Transformación y ¿reforma? del derecho administrativo en España*. Sevilla: Editorial Derecho Global, 2012, p. 54.

instâncias decisórias não estatais, compondo os relevantes interesses que encerram a atuação administrativa em face dos diversos grupos que assediam o Estado, sem, contudo, dominá-lo.[535] Todavia, o Parlamento ainda persiste na fantasiosa máxima oitocentista de que representa a única via legítima para empreender todos os rumos da atuação estatal, o que faz gerar uma extrema morosidade, e mesmo perplexidade, no desate do enorme novelo de demandas coletivas da sociedade. Dito de outro modo: o Parlamento parece desconsiderar os infindáveis tentáculos da estrutura orgânico-funcional do Estado e da sociedade civil na complexa conjuntura das demandas sociais, que exige uma atuação célere das instituições da sociedade, notadamente as públicas.

Além disso, essa assincronia institucional também adentra o campo privado. O mercado vive de estímulos. Estes são decisivos na tomada de decisão dos agentes econômicos. A segurança nos investimentos é, de longe, um dos mais relevantes aspectos da atividade econômica. Aliás, isso resulta particularmente claro nas concessões de serviços públicos e, sobretudo, nas privatizações. Afinal, se há alguma razão para realização de investimentos privados em bens públicos que parecem inviáveis ou ineficientes, decorre do fato de que o Estado elimina ou reduz os riscos dos agentes econômicos.[536] E, claro, não há nada de errado nisso, contanto que sejam adequadamente estabelecidos os planos da atuação econômica na prestação de serviços de interesse público, notadamente quanto à qualidade deles.

Dito de outro modo, o cálculo econômico considera fundamentalmente os valores da estabilidade e previsibilidade, aliás, como fatores impulsionadores das vantagens competitivas.[537] Por isso, a segurança jurídica, para além da regular referência à conformação do Estado ao Direito, expressa um viés instrumental inquestionável: cria estímulos na atividade econômica, porque também é expressão de planejamento ou, pelo menos, uma via necessária para executá-lo, especialmente no interior das relações jurídico-administrativas.[538]

---

[535] NIETO, Alejandro. La vocación del derecho administrativo en nuestro tiempo. *RAP*, Madrid, n. 76, p. 09-30, enero/abril 1975, p. 11.

[536] JUDT, Tony. *Um tratado sobre os nossos actuais descontentamentos*. Tradução de Marcelo Félix. Lisboa: Edições 70, 2012, p. 113.

[537] GAETANI, Francisco, Governança corporativa no setor público, 2009, p. 262.

[538] VALIM, Rafael. *O princípio da segurança jurídica no direito administrativo brasileiro*. São Paulo: Malheiros, 2010, p. 45.

Logo, se os prognósticos legislativos forem meramente simbólicos, isto é, não forem confirmados no plano da atuação político-administrativa, não há como imperar qualquer dinâmica de contratação pública fomentadora da atividade econômica. Dito de outro modo, se o Estado fala um código, e o mercado espera outro, ou simplesmente nada espera, então ele acaba por adotar o que entender conveniente, incluindo relações promíscuas com o próprio Poder Público, mormente em uma ambiência de plena concorrência normativa entre os Poderes da República.[539]

Evidentemente, nas categorias impositivas da ação estatal, aceitando ou não, o mercado deve cumprir as prescrições estabelecidas por lei, regulamento, ato ou contrato, mas, mesmo aqui, a resistência não é nada incomum: seja pela alteração, em curto ou médio prazo, das pautas de investimento, seja, ainda, por meio do fluxo político, no (ir)regular jogo de interesses no processo legislativo. Tal fato, em uma perspectiva mais concreta da atuação administrativa, e a depender do teor da promessa estatal, na qual demonstre clareza, seriedade e exequibilidade da autoridade pública, pode ensejar responsabilidade do Poder Público, haja vista o descumprimento do princípio da boa-fé objetiva.[540]

3.2.2 Das garantias institucionais ao empoderamento político: a (des)razão do poder decisório responsável

> "L'idéologie administrative est, à première vue, éminemment contingente: elle varie en fonction, d'une part, de la position occupée par l'administration dans la société, et d'autre part, des valeurs sociales dominantes, du code qui assure l'unité et la cohésion de cette société; à des structures socio-économiques différentes correspondent des systèmes de légitimation distincts."[541]

Naturalmente, as instituições públicas demandam mais que recursos e adequada dinâmica organizacional e procedimental. Elas também exigem garantias institucionais que assegurem, tendo em

---

[539] SUNDFELD, Carlos Ari. *Direito administrativo para céticos*, 2017, p. 253.
[540] NOBRE JÚNIOR, Edilson Pereira. *O princípio da boa-fé e sua aplicação no direito administrativo brasileiro*. Porto Alegre: Sergio Antonio Fabris Editor, 2002, p. 299.
[541] CHEVALLIER, Jacques. *Science administrative*. 4. ed. Paris: Presses Universitaires de France, 2007, p. 561.

vista a fundamental importância delas na sociedade, sua proteção constitucional diante dos desafios conferidos pela própria constituição.[542] Por outro lado, essa proteção especial conferida a determinadas instituições,[543] a depender do seu emprego, pode representar sério risco aos fins institucionais, no que bem exemplifica a LOA, por meio da autonomia orçamentária e financeira, na qual assume posição central na concretização dos prognósticos constitucionais relativos à separação dos poderes, sobretudo entre o Parlamento e o Governo.[544] Por vezes, essa autonomia não passa de cheque em branco à espera de gestor inescrupuloso e seus propósitos nada republicanos.

Aliás, o orçamento tem sido palco recorrente de disputa entre os poderes, como bem evidencia, desde longa data, o histórico conflito orçamentário prussiano que vigorou entre 1861 e 1866, inclusive repercutindo doutrinariamente sobre a discussão da natureza jurídica do orçamento público.[545] Como normas constitucionais objetivas, que protegem instituições e não direitos individuais dos cidadãos,[546] as garantias institucionais – e o orçamento representa uma de suas formas de atuação – podem assumir o *status* de verdadeiro catálogo de ferramentas para empoderamento político de entidades ou órgãos públicos, inclusive em detrimento dos interesses da própria sociedade, uma vez que elas deixam de assumir as formas básicas que asseguram a democracia no domínio público.[547]

De qualquer sorte, as instituições públicas possuem objetivos definidos pela legislação e, geralmente, minudentemente explicitados em regulamentos. O que passa uma lógica compreensiva de que elas possuem autonomia diante dos seus gestores, lembrando-se de que as instituições representam, tanto no direito quanto na história, uma dimensão de permanência e realidade, de maneira que a dinâmica

---

[542] BONAVIDES, Paulo, *Curso de direito constitucional*, 2013, p. 553.
[543] BONAVIDES, Paulo, *Curso de direito constitucional*, 2013, p. 556.
[544] DUARTE, Tiago. *A lei por detrás do orçamento*: a questão constitucional da lei do orçamento. Coimbra: Almedina, 2007, p. 16.
[545] DUARTE, Tiago, *A lei por detrás do orçamento*, 2007, p. 24.
[546] NASCIMENTO, Filippe Augusto dos Santos. *Direitos fundamentais e sua dimensão objetiva*. Porto Alegre: Sergio Antonio Fabris Editor, 2016, p. 144.
[547] HÄBERLE, Peter. *Pluralismo y Constitución*: estudios de teoría constitucional de la sociedad abierta. Estudio preliminar y traducción de Emilio Mikunda-Franco. Madrid: Editorial Tecnos, 2002, p. 137.

fundacional delas constitui até mesmo o fundamento jurídico da sociedade e do Estado.[548]

Desse modo, defende-se como pouco provável que a durabilidade, continuidade e realidade, como inarredáveis qualidades das instituições, sejam respeitadas em uma ambiência de flagrante ofensa aos fins institucionais. Assim, as autoridades que encabeçam essas instituições, no árido terreno da gestão política do Estado, devem ser instadas a observar tais fins, o que representaria uma convergência de esforços para alcançar relevantes conquistas no campo da socialidade. Todavia, o comprometimento com os fins institucionais se vincula, cada vez mais, às conquistas relacionadas ao empoderamento político das instituições e, consequentemente, dos seus gestores. Nesse contexto, a ideia de competência institucional não passa de parâmetro para reafirmar poderes diante de outras instituições. A atuação institucional do Poder Judiciário, Ministério Público e TCU, entre outras instituições, representa um bom exemplo disso.

Dessa forma, a compreensão sobre o processo decisório, que tem a pretensão de ser responsável, com a identificação dos reais propósitos que animam os posicionamentos tomados pelos gestores públicos, não passa de uma engenhosa quimera para defender interesses político-administrativos. Aqui entra em cena um plano de atuação que não encontra filtro no princípio da legalidade, até porque é nele que ela tenta justificar-se diante dos desafios da gestão pública.

No Estado Constitucional, como conquista cultural da civilização ocidental,[549] ninguém defende ou ventila poder contra a lei; esta corporifica justamente um dos mais relevantes substratos pretensamente legitimadores do poder exercido. Disso resulta a seguinte afirmativa: as garantias institucionais acabaram sendo cooptadas pelo fascínio do poder exercido em detrimento dos reais objetivos das instituições no campo da socialidade. O processo decisório já não acena com as conquistas sociais, ainda que elas possam ocorrer no largo fluxo das demandas da sociedade, sobretudo quando elas contribuem para o empoderamento político das instituições, que ainda ganham o pomposo *status* de promovedoras da justiça social.

---

[548] HAURIOU, Maurice. *A teoria da instituição e da fundação:* ensaio de vitalismo social. Tradução de José Ignácio Coelho Mendes Neto. Porto Alegre: Sergio Antonio Fabris Editor, 2009, p. 11.

[549] HÄBERLE, Peter. *El estado constitucional.* Traducción de Héctor Fix-Fierro. México-DF: UNAM, 2003, p. 02.

Nesse sentido, o fascínio na defesa das minorias bem explica esse estado de coisas, servindo, muitas vezes, de verdadeiro embuste para o fortalecimento de pautas corporativas ou meramente eleitoreiras. O empoderamento político das instituições ainda acarreta um dilema maior: a tentação às minorias[550] cria específico fluxo de recursos no orçamento público, intensificando os conflitos entre os segmentos sociais igualmente legitimados pela ação pública, de maneira que a pauta de interesses foge da lógica racional dos serviços sociais coletivos para incorporar a lógica da titularidade dos direitos decorrente de substratos sociais pretensamente vulneráveis – em qualquer caso – em função de raça, gênero ou sexualidade.

Em outro giro, a ideia de responsabilidade institucional é substituída pela garantia da institucionalização da irresponsabilidade no exercício do poder. Certamente, isso explica algumas condenáveis escolhas dos gestores no processo de execução orçamentária. Aqui é preciso uma advertência: as instituições controladoras, porque imunes de controle (interno ou externo) efetivo, são justamente as que mais se encontram no domínio da irresponsabilidade política na gestão.

Esse estado de coisas acarreta disfuncionalidade institucional no atendimento das pautas sociais, pois a lógica que anima a atuação institucional não se insere adequadamente no universo das demandas da socialidade, uma vez que o prognóstico das conquistas sociais passa apenas a representar um capítulo do processo de expansão do poder político das instituições. Geralmente, as mudanças consideradas necessárias para o melhor atendimento das políticas públicas encontram desmedida resistência pelas instituições, não porque isso possa afetar negativamente as políticas públicas sociais, mas porque possa representar risco ao atual *status* político das instituições. Nessa ambiência de inflexíveis resistências às mudanças no plano de atuação estatal, na qual o fetichismo estatista exerce indiscutível influência, a capacidade institucional das entidades públicas pode ser seriamente comprometida pela necessidade de absorver ou conformar as pretensões político-administrativas das instituições, inserindo-se, evidentemente, eventuais projetos político-partidários dos gestores.

Assim, não é preciso muito esforço para perceber que a dinâmica da atuação institucional, independentemente da relevância do setor de

---

[550] CORTINA, Adela. *Cidadãos do mundo:* para uma teoria da cidadania. Tradução de Cobucci Leite. São Paulo: Edições Loyola, 2005, p. 158.

atuação, pode representar apenas uma forma de empoderamento político dos gestores ou de membros de Poder, fadando ao segundo plano as concretas formas de atuação em benefício do interesse público. Trata-se da forma mais impiedosa de assincronia institucional, porquanto, bem acima das ordinárias diferenças técnico-operacionais com o mercado ou o terceiro setor, tem-se a dissonância com os próprios objetivos da instituição, conforme determinação legal ou mesmo constitucional.

Por isso, nesse contexto se esvaem os providenciais recursos da gestão pública, porquanto o orçamento não se limita ao atendimento das pautas sociais, ele adentra no regozijante imperativo das conquistas institucionais ou, de modo mais claro, no largo universo dos privilégios ou conquistas políticas dos gestores ou membros de Poder, seja por meio de instrumentos normativos infralegais, notadamente resoluções dos órgãos de cúpula, seja mediante decisões judiciais em *causa própria*, de maneira que, hoje, o dilema político-institucional do legislador paralelo[551] não se limita ao Poder Executivo.

Talvez essa constatação explique o porquê de relevantes pautas de proteção social, como é o caso do PRP, sejam preteridas por questionáveis investimentos em outras searas, tais como publicidade e propaganda, comemorações ou festividades, aquisição de bens de uso pessoal, reformas prediais luxuosas ou regalias funcionais.

De todo modo, por ser uma justa ressalva, é necessário afirmar que a dinâmica dos fins institucionais pode comportar outro parâmetro de análise, a saber, muitas instituições incorporam a lógica do empoderamento político a partir das conquistas advindas pelo regular e comprometido exercício das competências impostas pela legislação, como que respaldado social e politicamente pelo mérito da gestão de resultados, afastando-se, assim, um diagnóstico de superposição dos interesses dos gestores sobre os das instituições.

3.2.3 Entidades públicas, terceiro setor e mercado: uma corrente sem prumo?

> "Se tenho a opinião de que é desaconselhável atribuir ao governo a tarefa de operar ferrovias, hotéis ou minas, não sou mais 'inimigo do estado' do que inimigo do ácido sulfúrico, por ser de opinião

---
[551] BONAVIDES, Paulo, *Do país constitucional ao país neocolonial*, 2009, p. 189.

de que, embora útil em muitas finalidades, não se presta para beber, nem para lavar as mãos."[552]

Primeiramente, é preciso destacar que a relação entre Administração Pública, mercado e terceiro setor, no que se refere à atuação concertada do Poder Público, representa múltiplas formas de acordo de vontades, no qual se insere o contrato administrativo; por isso, nem toda parceria importa na formalização de instrumento contratual,[553] ainda que esteja circunscrita ao largo leque de possibilidades da *contratação pública*, no sentido de promover relações pactuadas com o Poder Público. Dessa forma, convênios, termo de colaboração, termo de fomento e acordo de cooperação, entre outros, com ou sem seleção pública, inserem-se no universo da contratação pública, a despeito da equivocidade do termo.

Nesse amplo cenário, a realidade da atuação administrativa, centrada no eixo de suas convicções políticas estatizantes, ainda representa o maior obstáculo à expansão dos serviços de interesse público. Desse modo, algumas premissas teóricas sobre as possibilidades institucionais do terceiro setor – precisamente no campo da socialidade – devem ser objeto de reflexão neste capítulo, sem prejuízo de análise dos aspectos prático-procedimentais dessa realidade no capítulo seguinte. Assim sendo, questiona-se, diante dos largos desafios da proteção social, se a realização dos direitos sociais não exigiria a participação de outros atores da sociedade, cuja área de atuação possui incontestável pertinência diante das demandas da coletividade, superando, assim, a monocórdica mediação estatal.[554] A despeito desse questionamento, e talvez por isso, a relação jurídica entre entidades públicas, terceiro setor e mercado ainda é cercada de forte ideologia estatista, como se toda pretensão de alargar a interação entre o Poder Público e as OSC, sobretudo, no caso de OS e OSCIP, assumisse ares de verdadeiro desmonte do Estado Social,[555] com impulsivo propósito de privatização, fazendo

---

[552] MISES, Ludwig von. *Liberalismo*. Tradução de Haydn Coutinho Pimenta. 2. ed. São Paulo: Instituto Ludwig von Mises, 2010, p. 65.
[553] JUSTEN FILHO, Marçal. *Comentários à Lei de Licitações e Contratos Administrativos*. 17. ed. São Paulo: Revista dos Tribunais, 2016, p. 19.
[554] LOUREIRO, João Carlos. Cidadania, proteção social e pobreza humana. *BFDUC*, Coimbra, vol. 90, tomo I, p. 71-137, 2014, p. 88.
[555] GABARDO, Emerson. *Interesse público e subsidiariedade:* o Estado e a sociedade civil para além do bem e do mal. Belo Horizonte: Fórum, 2009, p. 106.

imperar importações de ideais estrangeiros *neoliberais*.[556] Além disso, a disciplina jurídica, a despeito de encampar consideráveis alterações legais no tratamento da matéria, com evidentes aperfeiçoamentos, não consegue se desvencilhar, no campo prático, dos velhos parâmetros estatistas de controle dos recursos públicos. Portanto, admite-se o terceiro setor, mas sempre com indisfarçável reserva, que não se limita ao desejado controle de eficiência, recaindo mesmo na quixotesca discussão jurídica sobre a própria viabilidade de sua expansão no atendimento de serviço de interesse público.

Espera-se que o MROSC supere a forte cultura estatista nas parcerias do Poder Público com a sociedade civil. Nesse sentido, revela-se típica manifestação doutrinária, portanto, de defesa da cultura estatizante, a alegação de que o modelo das organizações sociais, para além de inegáveis conteúdos imorais, representa risco ao patrimônio público e aos direitos dos cidadãos,[557] propugnando a tese da ausência de conformação normativa da atividade colaborativa público-privada. A questão exige cuidados, até porque a experiência já deu prova dos seus riscos; todavia ela não pode partir da compreensão[558] de que toda forma de interação do Poder Público com o terceiro setor represente, tão somente, um mecanismo deliberado para o desvio de recursos e, consequentemente, para o cometimento ou consentimento de ilegalidades em detrimento da sociedade. O fetichismo estatista, induvidosamente aliado a uma compreensão oitocentista do princípio da legalidade, faz com que toda alteração legislativa, que interfira na linear compreensão dos modelos de antanho, assuma ares de verdadeiro escândalo na ordem jurídica.

Curiosamente, quando a alteração legislativa torna os procedimentos mais versáteis (inversão de fases) no chamamento público (artigo 35 do MROSC), há quem[559] desconsidere a imposição da lei diante de veículos normativos infralegais ou meramente administrativos, sugerindo, por exemplo, a superação de parâmetros legais por meras prescrições editalícias. É dizer, a lei parlamentar que traz o novo é cercada de

---

[556] MODESTO, Paulo Eduardo Garrido. As organizações sociais no Brasil após a decisão do Supremo Tribunal Federal na Ação Direta de Inconstitucionalidade 1923, de 2015. *In*: DANTAS, Miguel Calmon *et al*. *Estado social, Constituição e pobreza*. Estudos de Doutoramento I. Coimbra: Instituto Jurídico da FDUC, 2016, p. 71-138, p. 76.

[557] DI PIETRO, Maria Sylvia Zanella. *Parcerias na administração pública*. 11. ed. Rio de Janeiro: Forense, 2017, p. 347.

[558] DI PIETRO, Maria Sylvia Zanella, *Parcerias na administração pública*, 2017, p. 379.

[559] DI PIETRO, Maria Sylvia Zanella, *Parcerias na administração pública*, 2017, p. 377.

compreensões da ordem legal pretérita, ventilando o infalível imaginário de que os procedimentos anteriores sejam mais razoáveis ou eficientes.[560] Assim, por mais que se defenda a via da alteração legislativa para que o Poder Público não seja tentado ao regime jurídico-privatístico,[561] as inovações legislativas são duramente criticadas justamente por não seguir o regime jurídico-administrativo.

Nesse particular, a conexão entre ideologia e Direito não representa importante fator de desenvolvimento e mudança no quadro da evolução institucional.[562] Aliás, na contratação pública a ideologia estatista limita excessivamente o terceiro setor, porquanto inviabiliza a gestão discricionária dos recursos públicos. É dizer, se todo recurso público deva seguir a liturgia do regime jurídico-administrativo, que é extremamente formal e controlador, por certo não faz muito sentido encampar relações jurídicas com o terceiro setor, porquanto as benesses do regime privado, nas quais se destaca a liberdade procedimental, encontram-se seriamente comprometidas. Assim, o fetichismo estatista torna o terceiro setor uma excrescência.

Contudo, é preciso reconhecer que tal mentalidade tem sido reiterada pelas infelizes experiências com instituições inidôneas. Todavia, esse estado de coisas, em grande parte, é causado pelo próprio Poder Público, que não tem sido capaz de promover adequada seleção dos parceiros privados. Nesse contexto, o grande objetivo é somar o melhor dos dois mundos: (a) a flexibilidade do direito privado, mas (b) sem descurar dos valores do regime jurídico-administrativo,[563] respeitando a autonomia normativa de cada universo próprio de atuação.

Por outro lado, não se pode negar que as relações entre entidades públicas, terceiro setor e mercado, para além do manifesto fetichismo estatista, têm denunciado algumas desventuras na realização do gasto público, de maneira que os eventos infelizes fazem permanecer na memória de parte da doutrina nacional a mentalidade de que tais relações representam uma sangria de recursos públicos e, com isso, destaca

---

[560] DI PIETRO, Maria Sylvia Zanella, *Parcerias na administração pública*, 2017, p. 376.
[561] DI PIETRO, Maria Sylvia Zanella, *Parcerias na administração pública*, 2017, p. 408-409.
[562] NOVKOV, Julie. Law and Political Ideologies. *In*: WHITTINGTON, Keith E.; KELEMEN, R. Daniel; CALDEIRA, Gregory A. (Ed.). *The Oxford handbook of law and politics*. New York: Oxford University Press, 2008, p. 626-643, p. 627.
[563] BARNES, Javier. Algunas respuestas del derecho administrativo contemporáneo ante las nuevas formas de regulación: fuentes, alianzas con el derecho privado, procedimientos de tercera generación. *In*: BARNES, Javier (Ed.). *Innovación y reforma en el derecho administrativo*. 2. ed. Sevilla: Editorial Derecho Global, 2012, p. 251-377, p. 313.

a duvidosa utilidade das parcerias com os particulares, olvidando-se, contudo, e sendo um fato bastante curioso, de maiores falhas que teimam em ocorrer no seio da própria Administração Pública direta ou indireta. A *desestatização* da gestão tem sido alvo de forte influência ideológica estatizante, cujos interesses defendidos não são propriamente os coletivos, mas a preservação de estrutura de poder político-administrativo e, com ela, a manutenção de privilégios funcionais ou apoio político-eleitoral.

Por isso, é corrente o entendimento de que essa forma anômala de desestatização se encontra associada ao desvio de recursos públicos ou à adoção de mecanismo grosseiro para fugir do regime jurídico-administrativo, como se tal regime, por si só, garantisse a regularidade e eficiência no gasto público.[564] Curiosamente, a devota discussão sobre a regularidade ou utilidade das atividades público-privadas nas áreas de Assistência Social ou Saúde, que toma ares de verdadeiro crime de lesa-pátria, não é, nem de longe, observada na transferência direta de vultosos recursos públicos para instituições privadas de ensino superior, notadamente por meio do FIES, cujo controle é minimamente exercido pelo Poder Público.[565] Aliás, o investimento é altamente questionável, pois não há qualquer razoabilidade em considerar como direito individual – ou mesmo social – o acesso ao ensino superior,[566] porquanto esse acesso apenas expressa uma conquista pessoal financiada, total ou parcialmente, pela sociedade. Cumpre lembrar que, no início de 2017, o saldo devedor dos financiamentos do FIES alcançou o montante de R$85 bilhões, compreendendo o universo de cerca de 2,55 milhões de contratos.[567] Dessa forma, é preciso indagar: a colaboração público-privada encerra mesmo uma corrente sem prumo? É dizer, não possui qualquer forma de controle minimamente eficaz?

A resposta só pode ser negativa. Recentemente, o STF, na ADI nº 1.923/DF, confirmou a lógica inevitável de que a colaboração público-privada não poderia ser mecanismo de extensão do regime

---

[564] SUNDFELD, Carlos Ari, *Direito administrativo para céticos*, 2017, p. 149.
[565] MODESTO, Paulo Eduardo Garrido, *As organizações sociais no Brasil após a decisão do Supremo Tribunal Federal na Ação Direta de Inconstitucionalidade 1923, de 2015*, 2016, p. 131.
[566] DIAS, Eduardo Rocha; FREITAS, Brenda Barros; LEITÃO, André Studart. Inclusão excludente, assistência, educação e paternalismo. *RDB*, São Paulo, vol. 17, n. 07, p. 306-327, maio/ago. 2017, p. 317.
[567] BRASIL. Ministério da Educação. *Prestação de contas ordinárias anual – Relatório de gestão do exercício de 2017*. Brasília, mar. 2018, p. 30. Disponível em: http://portal.mec.gov.br/docman/junho-2018-pdf/89241-relatorio-de-gestao-do-exercicio-2017/file. Acesso em: 04 jan. 2019.

jurídico-administrativo ao espaço público não estatal, notadamente em matéria de contratação pública.[568] "A decisão destaca a *legitimidade da atuação colaborativa de entidades sem fins lucrativos no espaço público*, sem qualquer fé cega no mercado ou na eficiência dos privados."[569] Por isso, a exigência de regramentos sobre a atuação do terceiro setor para além da regular dinâmica de controle também representa a linear compreensão de que essa atuação deve ser motivada em função dos seus resultados, senão pouco seria a sua utilidade nos prognósticos da execução orçamentária. Aliás, a não obrigatoriedade de seleção pública, nos termos da antiga LLCA – o que também se aplica à LGLC – também foi endossada pelo STF na ADI nº 1.864,[570] com relação às entidades do *Sistema S*. Evidentemente que o MROSC exige chamamento público, mas, claro, sem os prognósticos da LGLC.

O Poder Público não pode renunciar às potencialidades das pessoas jurídicas sem fins lucrativos, sobretudo quando elas dispõem de estrutura física ou funcional adequada ao atendimento de serviço de interesse público. Os fatos *falam* por si: só no Nordeste, em 2020, portanto em plena pandemia, as OSC foram responsáveis por 341.124 empregos formais,[571] de maneira que negar os efeitos econômico-sociais desses números, tendo em vista eventuais falhas ou desvios das parcerias, representa simplesmente sobrepor os aspectos ideológicos sobre as indiscutíveis evidências da viabilidade da interação entre o Poder Público e a sociedade civil. Nesse sentido, como admitir que, ainda em 2020, o trabalho dispensado por 11.705 OSC voltadas à Saúde, e outras 51.905 dedicadas à Assistência Social,[572] tenha como único propósito fugir do regime jurídico-administrativo? Não há como sustentar isso. O questionamento deveria ser de outra ordem: se os recursos públicos

---

[568] BRASIL. Supremo Tribunal Federal. Tribunal Pleno. *Ação Direta de Inconstitucionalidade nº 1.923/DF*. Relator: Ministro Ayres Brito. Relator do Acórdão: Ministro Luiz Fux. Julg. 16 abr. 2015. DJ de 16 dez. 2015. Disponível em: http://redir.stf.jus.br/paginadorpub/paginador.jsp?docTP=TP&docID=10006961. Acesso em: 08 abr. 2018.

[569] MODESTO, Paulo Eduardo Garrido, *As organizações sociais no Brasil após a decisão do Supremo Tribunal Federal na Ação Direta de Inconstitucionalidade 1923, de 2015*, 2016, p. 80, itálicos no original.

[570] BRASIL. Supremo Tribunal Federal. Tribunal Pleno. *Ação Direta de Inconstitucionalidade nº 1.864/DF*. Relator: Ministro Maurício Corrêa. Relator do Acórdão: Ministro Joaquim Barbosa. Julg. 08 ago. 2007. DJ de 30 abr. 2008. Disponível em: http://redir.stf.jus.br/paginadorpub/paginador.jsp?docTP=AC&docID=524321. Acesso em: 26 jul. 2018.

[571] BRASIL. Instituto de Pesquisa Econômica Aplicada (IPEA). *Mapa das Organizações da Sociedade Civil*. Disponível em: https://mapaosc.ipea.gov.br/indicadores. Acesso em: 06 jul. 2022.

[572] BRASIL. Instituto de Pesquisa Econômica Aplicada (IPEA). *Mapa das Organizações da Sociedade Civil*. Disponível em: https://mapaosc.ipea.gov.br/indicadores. Acesso em: 06 jul. 2022.

envolvidos nas OSC seriam aplicados de forma mais adequada na própria estrutura da Administração Pública, isto é, se eles promoveriam atividades mais abrangentes em termos de prestação de serviços – capilaridade, quantidade e qualidade.

Por mais que se diga o contrário,[573] em uma ambiência de escassez de recursos, com inevitáveis limitadores financeiros na manutenção do tamanho do Estado, inclusive por conta do elevado crescimento da dívida pública, a expansão da rede de atendimento dos serviços sociais depende muito do terceiro setor. Afinal, os investimentos com a transferência de recursos para várias OSC, notadamente as que prestam serviços hospitalares, são menores, por exemplo, do que os exigidos na criação e manutenção de hospital público pela EBSERH.

Ademais, o próprio regime de pessoal da EBSERH, nos termos dos artigos 10 a 12 da Lei nº 12.550/2011, já denuncia a difícil dinâmica de custos na manutenção dos hospitais universitários, conforme a imperiosa ortodoxia do regime jurídico-administrativo, cuja dinâmica de custos com pessoal, mesmo tratando-se de emprego público, é bem superior à dispensada no regime privado.

É nesse contexto que se insere a expansão do PRP, pois a dificuldade na formação de equipes multidisciplinares, especialmente nas pequenas e médias cidades, pode ser superada com o apoio do terceiro setor. Trata-se de colaboração público-privada de enorme importância no campo da proteção previdenciária. Como consentir com o entendimento de que tanta força de trabalho, estrutura física e compromisso institucional representem uma ameaça aos direitos dos cidadãos, e ao Estado Social, por conta de eventuais desvios de recursos públicos?

Não se discute, contudo, a importância de realizar estudos preliminares sobre a conveniência da atividade público-privada, isto é, refletir sobre a utilidade ou funcionalidade da parceria em função dos custos envolvidos, pois isso denunciaria a pertinência ou não da prestação direta dos serviços pelo Poder Público;[574] contudo esse juízo de análise não se afigura possível quando há uma obrigação de prestação direta dos serviços pelo Estado. Aqui, possivelmente, reside o maior queixume dos arautos da ideologia estatista, porquanto confundem a

---

[573] MARIANO, Cynara Monteiro. Emenda constitucional 95/2016 e o teto dos gastos públicos: Brasil de volta ao estado de exceção econômica e ao capitalismo do desastre. *Revista de Investigações Constitucionais*, Curitiba, vol. 04, n. 01, p. 259-281, jan./abr. 2017. p. 267-268.

[574] VILLALBA PÉREZ, Francisca L., *El principio de eficiencia motor de la reforma normativa sobre contratación del sector público*, 2015, p. 211.

possibilidade[575] de prestação direta dos serviços com a obrigatoriedade dessa prestação e, a partir disso, arvora a tese de que o Estado estaria fugindo do regime jurídico-administrativo com a realização de eventual atividade público-privada.

A despeito dessa ordem de ideias, é preciso promover uma seleção (chamamento público) mais categorizada das instituições privadas, nos termos dos artigos 23 a 32 do MROSC, bem como disciplina legislativa mais afeiçoada aos parâmetros procedimentais do direito privado, sem prejuízo da dinâmica de controle do Poder Público, contanto que ela seja exercida de forma razoável, portanto, sem incorrer na superestima da forma em detrimento do resultado, no que representaria um desprezo da realidade, que, a toda evidência, retrata um importante componente na delimitação do interesse público.[576]

Enfim, despir-se das vestes do regime jurídico-administrativo, mesmo diante da necessidade de segui-lo em alguns aspectos, a parceria com o terceiro setor não passaria de processo de colaboração público-privada potencialmente oneroso, sem falar que essa pretensão ainda revela uma anacrônica concepção de ordem ou mando na relação entre o Poder Público e a sociedade civil, quando a dinâmica dessa colaboração encerra uma conexão em rede,[577] portanto, de integração institucional diante de regimes considerados complementares.

Por outro lado, o juízo inadequado sobre a atuação do terceiro setor diante do regime jurídico-administrativo das entidades parceiras e controladoras é uma das razões pelas quais essas parcerias são consideradas despiciendas, haja vista a pretensa necessidade de seguir uma procedimentalidade incompatível com as liberdades operacionais do setor privado. Dito de outro modo, se há necessidade de seguir os pormenores do regime jurídico-administrativo, então não há qualquer utilidade no regime privado. Trata-se de dedução lógica: se as possibilidades institucionais devam ser as mesmas, inclusive, seguindo as mesmas implicações jurídico-administrativas, então, por que motivo

---

[575] MARIANO, Cynara Monteiro; PEREIRA, Fabrícia Helena Linhares Coelho da Silva. Mais um obstáculo ao SUS: o caso dos planos de saúde populares. *A&C*, Belo Horizonte, ano 18, n. 72, p. 115-132, abr./jun. 2018, p. 126.

[576] NOBRE JÚNIOR, Edilson Pereira. *As normas de direito público na Lei de Introdução ao Direito Brasileiro:* paradigmas para interpretação e aplicação do direito administrativo. São Paulo: Contracorrente, 2019, 31-32.

[577] BARNES, Javier. La colaboración interadministrativa a través del procedimiento administrativo nacional. *In*: BARNES, Javier (Ed.). *La transformación del procedimiento administrativo*. Sevilla: Editorial Derecho Global, 2008, p. 231-266, p. 243.

essas entidades são diversas no plano orgânico-funcional? Portanto, não faz o menor sentido tudo isso.

3.3 Reflexos no Programa de Reabilitação Profissional

> "Se o Brasil quiser promover a real ascensão social, enriquecendo seu povo de maneira sustentável, terá de evitar as arapucas políticas que o levam reiteradamente a querer controlar a economia de um lado para distribuir migalhas do outro."[578]

Para além da discussão sobre as capacidades humanas e a pobreza[579] na sociedade hipermoderna, é necessário destacar o caráter *institucional* no processo de concretização dos direitos sociais.[580] Por isso, não se trata apenas de condenar a apatia funcional ou mesmo os limites operacionais das organizações administrativas; a questão é ainda mais séria: revela-se pouco provável que o Poder Público possa promover relevantes conquistas sociais, no que denuncia os limites de sua capacidade institucional, quando não há precisa integração entre as possibilidades orgânicas da Administração Pública e a atuação funcional dos seus servidores.

Essa integração exige mais que disciplina normativa, estrutura física e demorados projetos de gestão, porquanto depende da forma como ela é engendrada diante das demandas administrativas. Em uma palavra: exige-se a providencial compreensão da ambiência administrativa em função dos seus resultados, o que é algo bem diverso das meras potencialidades respaldadas em planejamentos estratégicos de caráter genérico; logo, impõe-se mesmo o envolvimento de todo o complexo orgânico-funcional da Administração Pública. Tratando-se de RP, mais do que em outras áreas da Previdência Social, isso resulta bem evidente, porquanto a inserção no mercado de trabalho vai exigir, antes de tudo, uma atuação integrada do complexo orgânico-funcional do Estado e, claro, da sociedade civil.

---

[578] BRAGANÇA, Luiz Philippe de Orleans e. *Por que o Brasil é um país tão atrasado?* 3. ed. São Paulo: Maquinaria Studio, 2021, p. 85.

[579] SEN, Amartya. *Liberdade como desenvolvimento*. Tradução de Laura Teixeira Motta. São Paulo: Companhia das Letras, 2010, p. 120 e segs.

[580] MORIKAWA, Márcia Mieko, *Good governance* e o desafio institucional da pós-modernidade, 2008, p. 673.

Considerando-se as ordinárias limitações do Estado, notadamente quanto à capilaridade e extensão dos serviços prestados em diversas áreas da socialidade, é bem compreensível que o terceiro setor seja uma via razoável para prestação de serviços de interesse público. Porém, a parca cultura de integração entre as forças orgânico-funcionais, estatais e não estatais, para além de dilemas de ordem tributária ou administrativa, ancora-se na imprecisa compreensão do objeto e da extensão das prestações sociais, fazendo com que a sofrível dinâmica da execução direta dos serviços públicos se sobreponha às possibIlidades estatais de prestá-las, negando que, hoje, a atuação do Estado não se reduz à intervenção administrativa.[581]

No que toca à oferta de cursos de capacitação ou à terapêutica dispensada aos reabilitandos, tem-se que a prestação de serviço segue uma procedimentalidade que poderia ser facilmente superada pelo terceiro setor, porquanto ela possui meios para empreendê-la sem sacrifício da adequação técnica, economicidade e celeridade, sobretudo nos grandes centros urbanos. O que se observa, de modo geral, nas GEX/INSS, é um misto de apatia institucional e dificuldades operacionais com o mercado, justamente porque se consolidou a máxima de que todo o percurso da prestação material da proteção previdenciária começa e termina nos limites da atuação administrativa. A regularidade desses serviços demanda inevitável ligação entre Poder Público e terceiro setor, porque não é compreensível que o INSS disponha de uma miríade de serviços, calcados na alternatividade, diversidade e disponibilidade, no regular fluxo de sua atuação institucional. Aliás, isso fica particularmente claro na prestação de serviços terapêuticos, que demanda uma rede interminável de profissionais amplamente qualificados. Nesse cenário, cumpre destacar as principais dificuldades da área administrativa, nestes termos:

 (a) *de ordem mercadológica* – a capilaridade do INSS,[582] mesmo no Norte e Nordeste, é considerável, fazendo com que ele vá além dos limites operacionais do mercado, ocasionando, assim, uma

---

[581] GRIMM, Dieter. *Sobre la identidad del derecho público*. Con comentarios de Otto Depenheuer, Ewald Wiederin y Miguel Azpitarte Sánchez. Traducción de Miguel Azpitarte Sánchez. Madrid: CEPC, 2013, p. 29.

[582] Ainda quanto à capilaridade da autarquia previdenciária, vale mencionar que o Brasil possui acordos internacionais (multilaterais ou bilaterais) de matéria previdenciária com diversos países, conforme informações do Ministério da Economia. Disponível em: https://www.gov.br/trabalho-e-previdencia/pt-br/assuntos/acordos-internacionais/acordos-internacionais/assuntos-internacionais-acordos-internacionais-portugues. Acesso em: 08 jul. 2022.

clara assincronia entre as demandas administrativas e o que o mercado local pode oferecer. Diante desse impasse, uma alternativa seria a centralização das contratações; todavia, já que apenas a dimensão dos custos não costuma apresentar decisões administrativas eficazes,[583] ela não se revela adequada em função das dificuldades na prestação do serviço, pois o reabilitando deve locomover-se o mínimo possível, seja pela comodidade no atendimento, seja pela exigência técnica no tratamento, que deve ser ofertado com a maior celeridade possível. Portanto, a centralização das contratações é aconselhável apenas no fornecimento de bens ou produtos e, mesmo assim, funciona apenas em parte, pois a maioria dos produtos fornecidos demanda assistência técnica contínua, o que faz onerar excessivamente a contratação com custos de deslocamento dos profissionais, sem falar na demora do atendimento. Vê-se, aqui, que a defesa da contratação direta não resolveria o problema, porquanto o dilema vai além da seleção do fornecedor;

(b) *de ordem organizacional* – o desafio da capilaridade das GEX/INSS, por sua vez, acarretou uma fragmentação da capacidade institucional por meio da criação das unidades administrativas menores. Era uma questão previsível e devidamente considerada pelas culminâncias administrativas do INSS, porquanto possui mais benefícios que malefícios, a despeito dos maiores custos operacionais. Isto é, em uma perspectiva estritamente pragmática, a comodidade gerada ao maior número possível de cidadãos ocorreria com a redução das distâncias entre o INSS e o destinatário dos seus benefícios e serviços. Porém, no que se refere ao PRP, essa maior capilaridade administrativa não denuncia maior comodidade, qualidade e celeridade nos serviços. Por vezes, mesmo se admitindo a inexistência de dados quantitativos sobre a questão, inclusive pela reconhecida deficiência orgânico-funcional na adoção de métodos empíricos para conhecer com maior rigor científico possível

---

[583] MARIANO, Cynara Monteiro; MAIA, Isabelly Cysne Augusto. Possíveis contribuições do estado de coisas inconstitucionais para a efetivação do serviço público de acesso a medicamento de alto custo: análise dos Recursos Extraordinários nº 566.471/RN e nº 657.718/MG. *Nomos*, Fortaleza, vol. 38, n. 01, p. 391-416, jan./jun. 2018, p. 400.

os fatos sociais,[584] defende-se que a excessiva descentralização da atividade administrativa acaba por reduzir, em determinados contextos, o potencial executivo das entidades públicas, porque pode suprimir a reunião das maiores e melhores realidades funcionais e operacionais possíveis em um único lugar, muito embora seja capaz de atender adequadamente aos serviços mínimos. Tal situação exige redobrada preocupação na hipótese de unidades administrativas maiores serem reduzidas ou divididas, orgânica e funcionalmente, para atendimento de estruturas administrativas menores, o que pode representar o sacrifício de alguns serviços que anteriormente eram prestados regularmente;

(c) *de ordem funcional* – as potencialidades humanas exigem ambiência adequada, cujos fatores vão além da mera estrutura administrativa, porquanto, em boa parte dos casos, o compartilhamento de técnicas, com a efetiva execução delas, compreende uma rede de integração profissional, o que não é possível em unidades administrativas com número limitado de profissionais. Tal realidade resulta particularmente prejudicada quando os profissionais da área pública não possuem uma aproximação com os profissionais da área privada. Por isso, a importância do terceiro setor não é reduzida em função da menor expressão administrativa das GEX/INSS ou APS/INSS, pelo contrário, a interação é ainda mais fundamental para suprimir as dificuldades operacionais das unidades administrativas, sobretudo quanto à capacidade funcional do PRP. Em um cenário de poucas potencialidades institucionais, resulta imprescindível a colaboração dos privados, mormente os que compõem o terceiro setor; e

(d) *de ordem normativa* – como ato estatal, a atividade administrativa é, em boa parte, processualizada,[585] da qual se extrai o seu

---

[584] DOMÉNECH PASCUAL, Gabriel. El impacto de la crisis económica sobre el método jurídico (administrativo). *In:* PIÑAR MAÑAS, José Luís (Coord.). *Crisis económica y crisis del estado de bienestar.* El papel del derecho administrativo. Actas del XIX Congreso Ítalo-Español de Profesores de Derecho Administrativo. Universidad San Pablo – CEU, Madrid, 18 a 20 de octubre 2012. Madrid: Editorial Reus, 2013, p. 389-396, p. 393.

[585] SUNDFELD, Carlos Ari. *Fundamentos de direito público.* 4. ed. São Paulo: Malheiros, 2009, p. 91.

suporte conteudístico e legitimatório,[586] sendo naturalmente cercada de diversos requisitos materiais, inclusive quanto à composição dos membros das equipes multidisciplinares para decisões relativas aos benefícios previdenciários e assistenciais, não resultando nada incomum a discussão sobre a regularidade dessas equipes nas GEX/INSS ou APS/INSS. Aliás, essa seria uma das maiores razões para o INSS ter simplificado, sistematicamente, a composição dessas equipes, seja para contemplar decisões mais céleres, seja, ainda, para permitir a regularidade delas em face de regulamentações infralegais. Todavia, essa dinâmica redutiva não se afeiçoa à densificação normativa com o fundado propósito de conceder o atendimento mais adequado aos segurados. Por isso, revela-se tão importante a incorporação de profissionais do terceiro setor, que, diante das informações prestadas, fará com os servidores, notadamente médicos peritos, promovam decisões administrativas mais adequadas à realidade de cada reabilitando.

Portanto, não se trata apenas de problema de gestão administrativa de melhores arranjos das possibilidades materiais do Estado, mas, sobretudo, de ordem jurídica: a segurança nas relações jurídicas com o terceiro setor, bem como a devida operacionalidade dos institutos jurídicos, fomentaria uma atividade mais intensa entre o INSS e o terceiro setor.

Desse modo, indaga-se: por que a ciranda jurídica, diante de tanta adversidade no complexo orgânico-funcional da Administração Pública, ainda se prende precipuamente à ingerência judicial nas políticas públicas? Não seria mais relevante discutir os aspectos jurídicos da complexa fisiologia da estrutura administrativa e seus mecanismos de atuação na promoção dos direitos sociais? Ou seja, não seria mais pertinente perquirir sobre as dificuldades jurídicas do *processo prestacional* em vez de fincar as reflexões jurídicas apenas no *processo decisório*? No caso, não seria mais oportuna a consolidação de modelos de interação entre Poder Público e terceiro setor mais profícuos, o que seria extremamente vantajoso à seguridade social?

---

[586] MONCADA, Luís Solano Cabral de. *A relação jurídica administrativa:* para um novo paradigma de compreensão da actividade, da organização e do contencioso administrativo. Coimbra: Coimbra Editora, 2009, p. 240.

Não há qualquer razão para que a reflexão jurídica, seguindo os nortes da justiciabilidade dos direitos, parta do processo decisório até a prestação material do Poder Público, mas olvide a fase mais importante na realização dos direitos positivos: o processo prestacional. Este, por inegável necessidade prático-operacional, vai além da *relação básica* decorrente do processo decisório, pois compreende uma *relação prestacional direta*, isto é, a interação concreta ou pessoal entre o servidor da Administração Pública, ou de quem lhe faça as vezes, e o cidadão.[587] Portanto, apenas no processo prestacional é que os contornos básicos da atuação administrativa, que são definidos no processo decisório, ganham concretude, isto é, a possibilidade de gozo do direito.

Para além da típica problemática histórica do controle das decisões judiciais nos regimes autoritários,[588] e não apenas neles, como também evidencia o caso brasileiro, o fato é que a excessiva atuação judicial, como parâmetro de controle da atuação estatal, influencia negativamente no enfoque dado aos rumos da reflexão jurídico-administrativa. "Hoje, há uma sensação quase generalizada de que o Judiciário está fazendo aquilo que antes se supunha exclusivo das atividades legislativa e executiva. Os *juízes agora estão legislando e administrando*: esta ideia vai aos poucos virando lugar-comum."[589]

A despeito disso, ou certamente por isso, defende-se que a mera discussão judicial das políticas públicas, conforme a regular dinâmica da justiciabilidade dos direitos, não permite ir além do enfoque processual, de cunho precipuamente normativista, no árduo prognóstico de efetivação dos direitos sociais, por mais técnica e bem intencionada que seja a atuação dos magistrados, de maneira que a mais importante trincheira jurídica a ser superada na implementação dos direitos sociais se encontra no próprio seio da Administração Pública. Quer dizer, exige-se a precisa compreensão jurídica dos meios e modos (organização

---

[587] RODRÍGUEZ DE SANTIAGO, José María. Un modelo de procedimiento administrativo para las prestaciones de servicios o materiales. El ejemplo de la prestación de asistencia sanitaria. In: BARNES, Javier (Ed.). *La transformación del procedimiento administrativo*. Sevilla: Editorial Derecho Global, 2008, p. 267-301, p. 285.

[588] RODRIGUEZ, José Rodrigo. *Como decidem as cortes?* Para uma crítica do direito (brasileiro). Rio de Janeiro: Editora FGV, 2013, p. 146.

[589] SUNDFELD, Carlos Ari; DOMINGOS, Liandro. Supremocracia ou administrocracia no novo direito público brasileiro? In: ALMEIDA, Fernando Dias Menezes; MARQUES NETO, Floriano de Azevedo; MIGUEL, Luiz Felipe Hadlich; SCHIRATO, Vitor Rhein (Coord.). *Direito público em evolução:* estudos em homenagem à Professora Odete Medauar. Belo Horizonte: Fórum, 2013, p. 31-38, p. 31, itálico no original.

e procedimento) da atuação administrativa na promoção do processo prestacional. Aliás, a problemática pode ser ilustrada nestes termos:

Ilustração 02 – Ausência de Enfoque Jurídico no Processo Prestacional

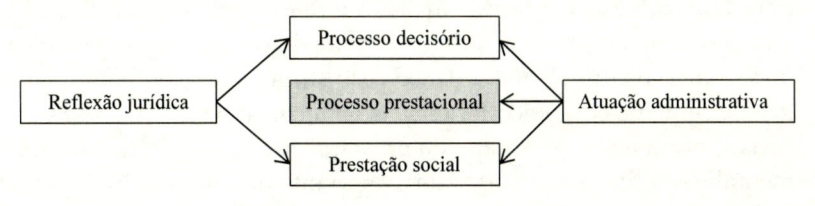

```
                    Processo decisório
                  ↗                    ↖
  Reflexão jurídica ↔  Processo prestacional  ↔ Atuação administrativa
                  ↘                    ↙
                    Prestação social
```

Fonte: Elaborada pelo autor (2018).

Vê-se, claramente, um desvio de foco da área jurídica sobre a real preocupação que encerra a questão da concretização dos direitos sociais, a saber, afastando-se da discussão sobre a capacidade institucional do Poder Público, incluindo o próprio Poder Judiciário, com o fundado propósito de firmar as conquistas normativas da socialidade, para adentrar na dinâmica de controle judicial estritamente normativista, com os inevitáveis conflitos e contraposições interpretativas de cunho político-ideológicos sobre a correção dos julgados, olvidando-se dos relevantes aspectos concretos na realização dos direitos: os meios e modos da atuação administrativa. Portanto, a reflexão jurídica tem prestigiado, precipuamente, os extremos: o processo decisório (correção material) e a prestação social (resultado), olvidando-se da *concretização procedimental* inerente ao processo prestacional, isto é, da pertinência do *status activus processualis*, notadamente quanto à dinâmica da *participação* e *regulamentação* na implementação dos direitos.[590]

Evidentemente, a ideia de participação procedimental – e, mais adiante, regulamentação procedimental – só será possível diante do reconhecimento de que o *status activus processualis* será tanto mais forte quanto maior se revelar a abertura do Estado prestacional aos desígnios da cidadania,[591] reforçando, assim, os prognósticos da Administração Pública dialógica.

Condensando os fundamentos deste capítulo, é possível sumariar a seguinte assertiva: a dinâmica orgânico-funcional da Administração

---

[590] HÄBERLE, Peter, *Pluralismo y Constitución*, 2002, p. 194.
[591] HÄBERLE, Peter, *Pluralismo y Constitución*, 2002, p. 200.

Pública, que deve assumir os rumos do novo direito público brasileiro,[592] para além dos habituais desafios estruturais relacionados ao custeio da máquina pública, ainda não foi capaz de absorver os valores norteadores de uma gestão pública eficiente, e tal fato evidentemente contribui para a serodiosa cadência evolutiva dos direitos sociais no Brasil. Aliás, isso ocorre, em grande medida, por conta da incompreensão sobre a importância da discussão jurídica da estrutura administrativa – e seus desdobramentos orgânico-funcionais – na concretização dos direitos sociais, porquanto o resultado da prestação social exige uma procedimentalidade precisa[593] – logo, flexível diante da miríade de desafios institucionais – que garanta a prestação material dos direitos positivos.

Em outros termos, é preciso fugir da discussão que pretende limitar ainda mais a liberdade decisória dos gestores, no que compreende a própria atividade criadora da Administração Pública, como se fosse possível identificar uma solução única, defendendo a falaciosa perspectiva de que o Direito, por meio da razão humana, seja capaz de atingir a verdade absoluta sobre os dilemas sociais,[594] para adentrar na discussão sobre o modo como se encontra a estrutura orgânico-funcional da Administração Pública (organização administrativa), bem como o modo como ela decide suas demandas (processos administrativos) e o modo como é realizado o controle da atuação administrativa (controle externo).[595] A partir disso é possível identificar, nos limites que cabem à compreensão jurídica, os desafios da gestão pública brasileira no árido campo da proteção social previdenciária e sua relação com os institutos jurídico-administrativos. É o que se pretende discutir no capítulo vindouro.[596]

---

[592] SUNDFELD, Carlos Ari; DOMINGOS, Liandro, *supremocracia ou administrocracia no novo direito público brasileiro*, 2013, p. 32.

[593] HÄBERLE, Peter, *Pluralismo y Constitución*, 2002, p. 197.

[594] FERNANDES, André Dias. A constitucionalização do direito administrativo e o controle judicial do mérito do ato administrativo. *RIL*, Brasília, ano 51, n. 203, p. 143-163, jul./set. 2014, p.147.

[595] SUNDFELD, Carlos Ari, *Direito administrativo para céticos*, 2017, p. 280.

[596] Por certo, a abordagem sobre os desafios orgânico-funcionais no processo de contratação pública poderia ter sido mais abrangente, contudo, diante dos limites desta investigação, não haveria espaço para discutir outros pontos igualmente relevantes da LGLC, notadamente os seguintes: (a) a delimitação de atribuições do agente de contratação (artigo 6º, inciso LX; 8º; 61, §2º), bem como o suporte institucional para a sua consagração nas pequenas administrações; e (b) a implementação da segregação de funções, mormente seus custos institucionais, no processo de contratação pública (artigo 5º; 7º, §1º; 169, §3º, inciso II).

CAPÍTULO 4

DESAFIOS PRÁTICO-PROCEDIMENTAIS DA CONTRATAÇÃO PÚBLICA

> "O prático é sempre atento ao modo como as coisas funcionam, à parte técnica, ao dia a dia da operação. Ele conhece bem as leis, as práticas jurídicas, as orientações dos tribunais, os fatos. O seu é um direito administrativo das minúcias, circunstâncias e detalhes. Falta-lhe paciência para abstração em excesso, para procurar causa última nas coisas, para debates muito conceituais."[597]

Para além dos dilemas destacados no capítulo anterior, um dos problemas mais sérios na compreensão dos direitos fundamentais na ambiência administrativa, sobretudo no largo campo da socialidade, é a pretensão de que exista uma *definitiva* percepção dos seus fundamentos em uma perspectiva operacional, criando a ilusória imagem de que eles sejam autoexecutáveis e, portanto, não carecedores de densificação normativa e, especialmente, de categorizada dinâmica procedimental na Administração Pública democrática.[598] Dito de outra maneira, tal forma compreensiva dos direitos fundamentais prestigia a perspectiva meramente *normativo-decisória* em detrimento da perspectiva *procedimental-operativa*, como que encantada pela autossuficiência concretizadora da normatividade (artigo 5º, §1º, da CRFB).

---

[597] SUNDFELD, Carlos Ari. *Direito administrativo para céticos*. 2. ed., 2. tir. São Paulo: Malheiros, 2017, p. 117.
[598] PINTORE, Anna. Derechos insaciables. *In*: CABO, Antonio de; PISARELLO, Gerardo (Ed.). *Los fundamentos de los derechos fundamentales:* Luigi Ferrajoli debate con Luca Baccelli *et al*. Traducción Perfecto Andrés *et al*. 4. ed. Madrid: Editorial Trotta, 2009, p. 243-265, p. 254.

É dizer, a identificação de direitos como normas fazem com que eles assumam, engenhosa e enganosamente, uma veste de direitos autoexecutáveis, quando é necessário, e isso resulta inevitável, que eles sejam administrados, enfim, procedimentalizados.[599] É preciso superar essa cômoda (normativista) e ilusória (ideológica) compreensão sobre os direitos fundamentais, aliás, de todos os direitos, porquanto todos são obrigados a pensar no aspecto fiscal, procedimental e operacional, porque urge compreender que não há qualquer identidade entre direito (prestação social) e norma (ideal jurídico), no sentido de que difere, e muito, o que se compreende como prestação de serviço ou material e sua respectiva disciplina jurídica, a despeito de todos os esforços de densificação normativa.

Dito de outro modo: se a *precisão* da lei física não cria nada, o que dizer da lei jurídica; porém é preciso observar uma gravosa diferença entre elas: enquanto, na Física, as coisas acontecem independentemente de suas leis, aliás, como um fato *natural*, no Direito elas podem acontecer, mas não necessariamente conforme as suas leis, inclusive pela própria dinâmica das relações sociais. Vale gizar que não se questiona a justiciabilidade de qualquer direito em função da sua mera existência,[600] mas sim a utilidade da atuação judicial em função dos limites concretos da sociedade, que não se prendem, evidentemente, apenas aos aspectos processuais ou financeiros.

É preciso contemplar as pretendidas notas de racionalidade e sistematicidade das teorias abstratas, a despeito da inevitável falibilidade,[601] mas sem descurar das perspectivas empíricas na promoção das prestações sociais, isto é, destacando a importância dos dados extraídos da experiência na construção de uma atuação administrativa mais inovadora e, sobretudo, eficiente,[602] mas que, em qualquer caso, ela não represente mais insegurança jurídica sob o argumento de algum ganho hermenêutico em relação à atuação anterior, evitando-se mudanças súbitas

---

[599] PINTORE, Anna, *Derechos insaciables*, 2009, p. 259.

[600] ALEXY, Robert. *Teoria dos direitos fundamentais*. Tradução de Virgílio Afonso da Silva. 2. ed. 4. tir. São Paulo: Malheiros, 2015, p. 514.

[601] MACHADO SEGUNDO, Hugo de Brito. Epistemologia falibilista e teoria do direito. *RIDB*, Lisboa, ano 03, n. 01, p. 198-260, 2014, p. 224. Disponível em: https://www.cidp.pt/publicacoes/revistas/ridb/2014/01/2014_01_00197_00260.pdf. Acesso em: 10 maio 2018.

[602] MENDONÇA, José Vicente Santos de. A verdadeira mudança de paradigmas do direito administrativo brasileiro: do estilo tradicional ao novo estilo. *RDA*, Rio de Janeiro, vol. 265, p. 179-198, jan./abr. 2014, p. 196.

de entendimentos – *cavalos de pau hermenêuticos* – nos procedimentos e, sobretudo, na disciplina normativa da atuação administrativa.[603]

Além disso, como a racionalidade de qualquer teoria é passível de contestação, inclusive para diversos fins metodológicos, então é preciso ter em conta que ela, independentemente de suas qualidades, também pode não ser observada adequadamente pelas instituições, o que já faz exigir uma atenção redobrada na fisiologia da atividade administrativa, isto é, como atuam os desdobramentos da estrutura orgânico-funcional da Administração Pública diante das teorizações jurídicas ou mesmo das áreas afins.

Partindo-se dessas premissas, discutem-se neste capítulo os relevantes aspectos prático-procedimentais relacionados à contratação pública, passando pela compreensão das práticas sociais na dinâmica procedimental da Administração Pública, adentrando nos desafios prático-estruturais da sociedade civil e, por fim, ventilando os reflexos dessas questões no PRP.

4.1 Desafios prático-procedimentais na governança da contratação pública

> *"Cuando el horizonte temporal se estrecha y solo se tiene en cuenta el interés más inmediato es muy difícil evitar que las cosas evolucionen catastróficamente."*[604]

O complexo processo de contratação pública, que compreende o planejamento, a seleção do fornecedor e gestão do contrato, não se encontra totalmente adstrito à disciplina normativa da LGLC, muito embora seja o veículo normativo mais importante no seu percurso, de maneira que, diante da amplitude da temática, o processo poderia dispor de procedimentalidade mais simples e, portanto, mais expedita, mas sem perder sua abrangência aplicativa, se a sua regulamentação prestigiasse os aspectos prático-procedimentais que decorrem naturalmente na realização de todo empreendimento humano. Neste tópico,

---

[603] MARQUES NETO, Floriano de Azevedo. Art. 23 da LINDB. O equilíbrio entre mudança e previsibilidade na hermenêutica jurídica. *RDA*, Rio de Janeiro, Edição Especial: Direito Público na Lei de Introdução às Normas do Direito Brasileiro – LINDB (Lei nº 13.655/2018), p. 93-112, nov. 2018, p. 107.

[604] INNERARITY, Daniel. *La democracia del conocimiento*: por una sociedad inteligente. Barcelona: Paidós, 2011, p. 161.

discutem-se os aspectos fundamentais dos parâmetros prático-procedimentais necessários à contratação pública mais eficiente, mas sem descurar dos mecanismos de controle da atuação administrativa.

Desde já, uma advertência se impõe: não é mais possível o desperdício da experiência administrativa em função de parâmetros legais totalmente surrealistas, para dizer o mínimo, na realização das prestações públicas. A contaminação pela experiência é o caminho mais profícuo para superar a perspectiva abstrata de resolução das demandas administrativas.[605] Paradoxalmente, quando o Direito goza de menor suporte da experiência, tendo em vista as intensas vicissitudes na ambiência pública, no que faz imperar uma conjuntura de insegurança e incertezas,[606] é que mais se justifica a relevância de não desperdiçar esse suporte.

Neste contexto no qual as proibições, obrigações e faculdades relacionadas aos direitos fundamentais dos cidadãos não transferem qualquer certeza ao legislador ou à gestão pública, assoma em importância a discricionariedade epistêmica, pois a insegurança de ordem normativa ou empírica exige uma atuação criativa do Poder Público, por tudo incompatível com os parâmetros de controle assentado na estrita legalidade.[607]

Desse modo, a forma de controle da gestão pública pode ser uma barreira aos desejosos prognósticos da contratação pública, pois a partir dela pode ser exercida uma dinâmica compreensiva dos textos legais em uma perspectiva excessivamente punitivista sobre a atuação administrativa. Por isso, a competência discricionária se torna uma ferida incurável da gestão no enfrentamento dos desafios fundamentais da contratação pública.

4.1.1 Planejamento da contratação: experimentalismo procedimental e eficiência administrativa

> "A ideia de planejamento não vale por si mesma, independentemente de uma implementação

---

[605] SUNDFELD, Carlos Ari, *Direito administrativo para céticos*, 2017, p. 278, nota de rodapé nº 43.

[606] ALFONSO, Luciano Parejo. *Transformación y ¿reforma? del derecho administrativo en España*. Sevilla: Editorial Derecho Global, 2012, p. 29.

[607] ALEXY, Robert, *Teoria dos direitos fundamentais*, 2015, p. 612.

consistente em regime de continuidade administrativa. É preciso pensar no concreto, no real."[608]

Toda a dinâmica que encerra o planejamento administrativo possui o fundado propósito de atender adequadamente às demandas da Administração Pública, evidentemente, com objetivo de prestar bens ou serviços à coletividade com a maior funcionalidade e comodidade possíveis. Dito de outro modo, o planejamento existe para gerar bons resultados. Assim, só pode existir uma razão pela qual a área administrativa cumpra, religiosamente, procedimentos totalmente inócuos: fugir do desmedido controle e da claudicante atuação disciplinar do Estado. Por outro lado, para servidores entregues aos desvios funcionais, por evidente, pouco importa a relação entre regularidade e eficiência no procedimento adotado. Porém, isso preocupa, e bastante, os servidores zelosos no cumprimento dos deveres funcionais impostos pela legislação.

Em outro giro, há verdadeira obsessão pelo controle na ambiência administrativa brasileira, como se ela, por si só, fosse capaz de demover os espíritos nada ortodoxos que teimam em atuar no seio da Administração Pública. A regularidade do procedimento, assumindo *status* de medida preventiva de dissabores funcionais, não traz eficiência, mormente quando ela cumpre tão somente uma pauta reconfortante de formalização jurídica e, portanto, sem substância alguma no atendimento das demandas administrativas. Além disso, a regularidade do procedimento faz desvanecer, quando se perfectibiliza de modo ensimesmado, a importância da experiências advindas das práticas administrativas, desprezando a aprendizagem, reflexão e descoberta por meio do experimentalismo institucional,[609] pois, de um jeito ou de outro, a ortodoxia da procedimentalidade legal tende a revelar os mesmos resultados, sem falar que não é capaz de incorporar importantes *mudanças incrementais*[610] nas rotinas administrativas, negando, assim, a lógica da mutabilidade

---

[608] PENNA, José de Oswaldo de Meira. *Psicologia do subdesenvolvimento*. Campinas: Vide Editorial, 2017, p. 15.

[609] RIBEIRO, Leonardo Coelho. O direito administrativo como caixa de ferramentas e suas estratégias. *RDA*, Rio de Janeiro, n. 272, p. 209-249, maio/ago. 2016, p. 238.

[610] PALMA, Juliana Bonacorsi de. Direito administrativo e políticas públicas: o debate atual. *In*: ALMEIDA, Fernando Dias Menezes; MARQUES NETO, Floriano de Azevedo; MIGUEL, Luiz Felipe Hadlich; SCHIRATO, Vitor Rhein (Coord.). *Direito público em evolução*: estudos em homenagem à Professora Odete Medauar. Belo Horizonte: Fórum, 2013, p. 177-201, p. 183.

das políticas públicas por meio de ajustes incrementais,[611] por mais que isso não assegure o roteiro completo da atuação administrativa, notadamente em situações específicas; mas não há como negar que as políticas públicas não se movem através de saltos.[612]

Portanto, o planejamento administrativo não pode servir apenas para evitar ou *contornar* a dinâmica de controle da atuação administrativa. Ele deve possuir uma pretensão mais consistente em uma gestão pública eficiente: projetar resultados exitosos diante de desafios concretos da gestão pública, resolvendo problemas sociais,[613] e, por isso, ir além das lineares determinações legais e mesmo questioná-las em função de sua eventual inutilidade. Aliás, é para isso que serve a experiência da gestão pública: agregar soluções para problemas já identificados na prestação de serviço ou material.

Tais considerações são particularmente úteis no campo da socialidade, uma vez que o êxito da prestação de serviço ou material não decorre da sua oferta em si, mas, sobretudo, de sua capacidade para atender aos propósitos dos direitos positivos impostos pela legislação. Daí que não há uma relação direta entre o aumento dos investimentos públicos e a efetividade das políticas públicas, pois não é nada incomum a ocorrência de erros na alocação dos recursos e, sobretudo, na forma de realização do gasto público.

A educação brasileira, entre outras áreas, representa bom exemplo disso, isto é, de erros bem-intencionados,[614] porquanto, a despeito dos expressivos investimentos das últimas décadas, inclusive na sofrível educação básica, saindo de 3,7%, no ano 2000, para 4,9% do PIB em 2014,[615] os resultados de desempenho dos alunos são ainda mais angustiantes diante dos demais países emergentes. Por isso, em um país com baixa qualidade de capital humano, que representa fator decisivo no

---

[611] LINDBLOM, Charles E. The Science of "Muddling Through". *PAR*, Oxford, vol. 19, n. 02, p. 79-88, spring 1959, p. 84.

[612] LINDBLOM, Charles E., The Science of "Muddling Through", 1959, p. 84.

[613] ALFONSO, Luciano Parejo. *Eficacia y administración:* tres estudios. Madrid: INAP, 1995, p. 89.

[614] GIAMBIAGI, Fábio; ZEIDAN, Rodrigo. *Apelo à razão:* a reconciliação com a lógica econômica – por um Brasil que deixe de flertar com o populismo, com o atraso e com o absurdo. Rio de Janeiro: Record, 2018, p. 152.

[615] TODOS PELA EDUCAÇÃO. *Anuário Brasileiro da Educação Básica.* São Paulo: Editora Moderna, 2017. Disponível em: https://www.moderna.com.br/lumis/portal/file/fileDownload.jsp?fileId=8A808A825C384C18015C3B891F412846. Acesso em: 16 abr. 2023.

desenvolvimento econômico das nações,[616] revela-se muito importante investir adequadamente no ensino básico, muito embora o Brasil tenha prestigiado, nos últimos anos, mais investimentos no ensino superior, criando dezenas de universidades federais,[617] cujos cursos, na sua grande maioria, formam poucos profissionais e, ainda assim, sem qualquer inserção mercadológica, refletindo no contínuo processo de evasão de alunos e desperdício de dinheiro público. Evidentemente, a expansão das vagas no ensino superior é desejável, mas isso não pode ocorrer de forma inadequada e, claro, a qualquer custo.

Com efeito, a forma de investimento possui capital importância no êxito de qualquer política pública. No PRP isso resulta ainda mais evidente, pois a adequabilidade ou funcionalidade das prestações de serviço ou material é decisiva para efetivação dos direitos dos reabilitandos; todavia, isso só se revela possível quando a procedimentalidade adotada pelo INSS se revelar capaz de absorver as experiências acumuladas na ambiência administrativa, incorporando-as no processo prestacional.

Por isso, todo planejamento que tem a pretensão de ser eficiente não pode desconsiderar as experiências das contratações anteriores e, por conseguinte, adotar as alterações possíveis diante da procedimentalidade adotada pela gestão pública. Essas adaptações na fase preparatória (artigo 18 da LGLC), que vão da adoção da modalidade licitatória adequada diante de demanda específica da Administração Pública até a definição da prestação de serviço ou material mais funcional aos reabilitandos, ainda vão demandar contínuo processo de adaptações no prognóstico executivo do processo de contratação pública. Desse modo, a variabilidade dos procedimentos adotados no processo de contratação pública possui estreita relação com a eficiência no planejamento administrativo.

Quer dizer, quanto mais preciso for o planejamento administrativo, inclusive diante do apurar das práticas administrativas, mais diversificantes serão os procedimentos para atender às demandas específicas do Poder Público. Em outro sentido, a invariabilidade dos procedimentos denuncia dois claros problemas: (a) a inocuidade do planejamento; ou (b) a inflexibilidade da legislação. Aqui, é preciso

---

[616] BECKER, Gary S. *Human capital:* a theoretical and empirical analysis, with special reference to education. Third Edition. Chicago: The University of Chicago Press, 1993, p. 23.
[617] GIAMBIAGI, Fábio; ZEIDAN, Rodrigo, *Apelo à razão*, 2018, p. 152.

destacar que a dinâmica flexibilizadora dos procedimentos resulta inevitável na Administração Pública hipermoderna, seja pelos ordinários limites compreensivos da racionalidade das normas abstratas diante do escomunal fluxo de informações e conhecimentos, assimetricamente constituído, entre as organizações públicas e a sociedade civil, seja, ainda, pela reconhecida dificuldade dos regramentos abstratos no plano executivo. Isto é, por não serem autoexecutáveis, sempre vão comportar uma redobrada atuação criativa da gestão pública por meio do processo administrativo.[618]

Considerando que o processo administrativo concretiza e desenvolve o direito por meio de decisões[619] que seguem parâmetros processuais de envergadura constitucional, não há como conceber o processo decisório sem considerar: (1) a variabilidade dos procedimentos tomados pelo gestor público e, com maior razão, (2) o processo prestacional, pois somente assim é possível absorver, na dinâmica decisória e prestadora da Administração Pública, as experiências das práticas administrativas não contempladas na disciplina legal relativa à implementação dos direitos positivos. Não se trata, portanto, de mera comodidade procedimental, mas de inevitável consequência do acúmulo de experiências decorrentes das práticas administrativas nos processos decisório e prestacional.

4.1.2 Seleção do fornecedor: um percurso com muitos caminhos e atalhos

> "Infelizmente, o senso comum vê a legislação sobre licitações no país como algo estanque e imutável. E mais, não consegue compreender o caráter anacrônico e ineficiente da Lei nº 8.666/93. Os aplicadores do direito são grandes responsáveis pela perpetuação de um sistema com muita ineficiência e custos de transação."[620]

---

[618] SCHNEIDER. Jens-Peter. The development of German APA's standard procedure: towards a comprehensive procedural concept. *In*: BARNES, Javier (Ed.). *Transforming administrative procedure*. Sevilla: Global Law Press, 2008, p. 313-358, p. 317.

[619] SCHNEIDER. Jens-Peter, The development of German APA's standard procedure, 2008, p. 318.

[620] NÓBREGA, Marcos. Novos marcos teóricos em licitação no Brasil: olhar para além do sistema jurídico. *RBDP*, Belo Horizonte, ano 11, n. 40, p. 47-72, jan./mar. 2013, p. 70.

Para além dos dilemas normativos já ventilados nesta tese, vale destacar que toda seleção comporta seus riscos, mesmo na hipótese de livre escolha do gestor, que ainda é a exceção na ambiência pública. Aliás, é equivocada a assertiva de que o Poder Público escolhe seus fornecedores por meio da licitação.[621] Nada mais sem sentido. A definição de parâmetros, sempre tão cercada de limites e reservas pelos órgãos de controle, por definição, impede qualquer dinâmica identificadora do futuro contratado. Então, o desafio é justamente o contrário: como objetivar a seleção pública de maneira que o licitante selecionado não represente propriamente uma escolha do Poder Público, mas, sim, resultado de impessoais especificações técnicas para atendimento do interesse público.

Por outro lado, uma densa especificação do objeto da licitação pode causar justamente efeito diverso, isto é, representar uma forma de favorecimento (redução excessiva da competitividade) entre os agentes econômicos e, por conseguinte, pode consagrar uma relação de pessoalidade. Em outro giro, com as 05 (cinco) modalidades licitatórias da LGLC, não há como negar que a legislação dispõe de razoável leque de possibilidades para promover a seleção de fornecedores, porém ela não necessariamente traduz o melhor caminho a ser seguido pela Administração Pública, a despeito dessa multiplicidade de fórmulas, pois essa é uma tarefa a ser encampada pelo gestor.

Aliás, na legislação anterior o RDC não representava propriamente nova modalidade licitatória, mas um sistema licitatório paralelo em relação à LLCA, no qual há regramentos específicos relacionados ao processo de contratação pública, sobretudo na fase de elaboração e gestão do contrato,[622] tanto que seus aperfeiçoamentos na legislação foram incorporados na LGLC. Paradoxalmente, tratava-se de *regime diferenciado de licitações públicas*, pois a matéria relacionada à contratação era, basicamente, a mesma que se encontrava definida na LLCA (artigo 39 do RDC). Essa diversidade de modelos, que é sintoma da pulverização do direito administrativo, inclusive, representada por uma legislação dispersa, extensa, assistemática e principiológica,[623] não fez ruir a

---

[621] MENDONÇA, José Vicente Santos de. Conceitos inventados de direito administrativo. *RBDP*, Belo Horizonte, ano 14, n. 53, p. 09-18, abr./jun. 2016, p. 14.
[622] JUSTEN FILHO, Marçal. *Comentários ao RDC*: Lei 12.462/11 e Decreto 7.581/11. São Paulo: Dialética, 2013, p. 15.
[623] PEREZ, Marcos A. O mundo que Hely não viu: governança democrática e fragmentação do direito administrativo. Diálogo entre a teoria sistêmica de Hely e os paradigmas atuais do

pretensão racionalizadora do processo de contratação pública, porém deixou bem clara a necessidade de reforma da legislação, consagrando e coligindo os avanços da temática nas últimas décadas, conforme a lógica das mudanças incrementais adotadas na LGLC, aliás, como instrumento de coerência e pretensão de sistematicidade, o que repercute na utilidade prática da matéria.[624]

Então, existindo muito caminhos no universo da seleção pública, por que motivo o Poder Público seleciona tão mal os seus fornecedores? Qual a razão – diante de tantas possibilidades – de a Administração Pública não alcançar confiáveis parâmetros de execução dos contratos administrativos? Esses dilemas decorreriam apenas das limitações do ambiente econômico? Tais questionamentos, além de inter-relacionados, expõem uma ruidosa constatação: é realmente muito difícil firmar contrato administrativo que permita uma execução eficiente do seu objeto. Daí o surgimento de verdadeiros atalhos no processo de contratação pública, como bem exemplifica o uso distorcido do pregão eletrônico. Contudo, a raiz do problema talvez não resida no mercado, mas sim na ambiência administrativa: na atuação de servidores e no sistema de controle da atuação administrativa, inclusive na questionável via preventiva.[625]

Nos últimos anos, o fortalecimento do sistema de controle da atuação administrativa, de indiscutível importância em uma ambiência pública de históricas práticas corruptivas, não foi acompanhado por uma nova forma de compreender os planos da atuação administrativa, devidamente calcados na eficiência funcional e organizacional, gerando nítida inconsistência operacional, a saber, o controle da atuação administrativa como limitador da eficiência da gestão pública, porquanto toda forma de criatividade, mesmo as exitosas, costuma ser considerada uma fuga aos regramentos da legislação, observando-se, assim, o enfadonho ritual de *formalidades vazias* como parâmetro de combate à corrupção, algo, aliás, incompatível com o disposto no artigo 12, inciso

---

direito administrativo. *In:* JUSTEN FILHO, Marçal; PEREIRA, Cesar Augusto Guimarães; WALD, Arnoldo (Org). *O direito administrativo na atualidade:* estudos em homenagem ao centenário de Hely Lopes Meirelles (1917-2017), defensor do Estado de Direito. São Paulo: Malheiros, 2017, p. 851-869, p. 854.

[624] PEREZ, Marcos A., O mundo que Hely não viu, 2017, p. 867.

[625] JORDÃO, Eduardo. A intervenção do TCU sobre editais de licitação não publicados: controlador ou administrador? *RPDB,* Belo Horizonte, ano 12, n. 47, p. 209-230, out./dez. 2014, p. 220-221.

III, da LGLC, que prestigia a superação de vícios irrelevantes no processo de contratação pública.[626]

Todavia, a problemática vai mais longe; é preciso compreender a razão de ser da seleção do fornecedor na ambiência pública, contemplando a ideia de que a licitação não representa um parâmetro legal infalível, ou mesmo necessário, para o atendimento de todas as demandas administrativas, porquanto o seu *status* constitucional, nos termos do artigo 37, inciso XXI, CRFB, não desabona a variabilidade de sua ocorrência. Logo, a ideia fixa da licitação é perniciosa por dois grandes motivos: (a) não é consequencialista, gerando custos desnecessários à Administração Pública, pois toda licitação compreende custos funcionais e institucionais; e, portanto, (b) despreza a utilidade ou comodidade gerada pela contratação direta. Adverte-se: a lógica que anima a realização da licitação se baseia na possibilidade de estabelecer um padrão objetivo que assegure uma escolha isonômica dos agentes econômicos bem como a capacidade de atendimento adequado da demanda administrativa.[627]

Dessa forma, se esses condicionamentos não são factíveis diante da demanda administrativa, a licitação deixa de ser a regra, ensejando o processo de contratação direta por meio de dispensa ou inexigibilidade (artigos 74 e 75 da LGLC). Trata-se de constatação simples, porém a singeleza dessa análise faz despontar sérias dificuldades de aceitação na ambiência administrativa. Explica-se: os órgãos de controle não interpretam assim a legislação. Eles seguem o curso da procedimentalidade legal mais restritiva possível da discrição do gestor, ainda que mais oneroso ou sem êxito no campo prático-eficacial, como sendo a única via capaz de atender aos parâmetros da juridicidade administrativa.

Trata-se de artificiosa construção doutrinária sobre a imprescindibilidade da licitação, como que querendo emprestar um *status* principiológico que ela não possui no texto constitucional, justamente para dotá-la de maior importância que a dispensada pela legislação,[628] criando, inadvertidamente, uma dinâmica extensiva dos seus efeitos na atuação administrativa. Desse modo, assumindo o honroso *status* de princípio jurídico, a licitação se torna invulnerável ao regramento

---

[626] JUSTEN FILHO, Marçal. *Comentários à Lei de Licitações e Contratações Administrativas*. São Paulo: Revista dos Tribunais, 2021, p. 273.
[627] MENDES, Renato Geraldo; MOREIRA, Egon Bockmann. *Inexigibilidade de licitação*, repensando a contratação pública e o dever de licitar. Curitiba: Zênite, 2016, p. 52.
[628] SUNDFELD, Carlos Ari, *Direito administrativo para céticos*, 2017, p. 198.

da legislação, limitando-se apenas aos parâmetros determinados pelo intérprete, que, diante do encantamento projetado pelo princípio, acredita ser capaz de solucionar adequadamente os dilemas da contratação pública.[629] Todavia, a licitação, como instrumento da Administração Pública, notadamente na promoção das prestações de serviço ou material, não representa um valor que deva ser sempre perseguido, mas, sim, um dever jurídico imposto à gestão pública, com as exceções admitidas pela legislação, operando-se, portanto, mais próxima de uma regra jurídica.[630]

O problema é que, muitas vezes, o procedimento defendido pelos órgãos de controle não é, nem de longe, livre de razoáveis contestações das autoridades administrativas. Dessa forma, isso faz gerar uma inegável constatação: a incerteza quanto ao resultado do controle externo, no que pode resultar em penalidades administrativas, inviabiliza quaisquer atitudes verdadeiramente empreendedoras dos gestores públicos. É dizer, o esforço pelo resultado da gestão pública é reduzido quando o controle é focado principalmente na legalidade, gerando, assim, redução da eficiência da atuação administrativa,[631] porquanto o caminho mais fácil a ser percorrido é justamente o da realização do procedimento sem riscos funcionais, muito embora mais oneroso ou simplesmente inócuo. Qualquer atalho gera uma presunção de desvio dos controles legais e, com isso, uma inarredável preterição do *interesse público*. Essa é a imagem do controle interno ou externo da Administração Pública.

Todavia, a delimitação do interesse público pode encerrar sérios questionamentos fático-normativos, e assim não parece razoável admitir que a mera alteração da sede decisória para a sede fiscalizatória, mesmo em uma dinâmica de controle repressivo, seja uma razão suficiente para macular o conteúdo das medidas administrativas já tomadas pelos gestores. O fato é que a posição de controlado, a despeito dos recursos e demais expedientes processuais administrativos, não é das mais cômodas, pois eventuais atalhos não são vistos como louváveis tentativas destinadas ao adequado tratamento de demanda administrativa, pois

---

[629] SUNDFELD, Carlos Ari, *Direito administrativo para céticos*, 2017, p. 180.
[630] OLIVEIRA, Gustavo Justino de; SCHIEFLER, Gustavo Henrique Carvalho. *Contratação de serviços técnicos especializados por inexigibilidade de licitação pública*. Curitiba: Zênite, 2015, p. 47.
[631] NÓBREGA, Marcelo. O controle do gasto público pelos Tribunais de Contas e o princípio da legalidade: uma visão crítica. *RBDP*, Belo Horizonte, ano 06, n. 23, p. 31-41, out./dez. 2008, p. 35.

os órgãos de controle reconhecem a ideia de interesse público a partir do estrito cumprimento dos parâmetros legais pela gestão pública.

Desse modo, o procedimento legal, muitas vezes bem minudente e, por conseguinte, mais inadequado para solucionar novos dilemas decorrentes da realidade fática,[632] é sempre considerado o caminho a seguir, pouco importando o que dele possa resultar como prestação de serviço ou material do Poder Público. E o mais curioso: é bem comum que o órgão de controle cobre resultados da gestão por meio da adoção irrefletida de procedimentos anacrônicos, mas contemplados pela legislação. Como se o foco nos resultados da contratação pública se resumisse a exigir um milagre da atuação administrativa: eficiência em uma camisa de força.

Enfim, o foco na auditoria dos parâmetros legais não oferece soluções à gestão pública, justamente porque é a própria legislação, alinhada ao direito administrativo do século XIX, portanto, anacrônica, que encerra sérios obstáculos à atuação administrativa, uma vez que não concebe, dentre outros pontos, as adversidades geradas pelos custos da transação, contratos assimétricos e pela assimetria de informações[633] no largo universo da atuação administrativa. Tratando-se de custos da transação, observa-se que o controle externo ainda não conseguiu trabalhar adequadamente os efeitos da complexidade das cláusulas, da própria disciplina contratual e das contingências imprevistas[634] no processo de contratação pública, gerando uma intranquila relação de desconfiança com a gestão pública.

Por isso, assoma em importância uma nova dimensão compreensiva sobre a atuação dos órgãos de controle na atividade administrativa, que, transcendendo os lineares nortes da legalidade administrativa, possa focar na eficiência, qualidade, economicidade e transparência da gestão pública.[635] Soma-se, ainda, um ponto geralmente desprezado pelos órgãos de controle: as contingências que encerram as demandas administrativas (artigo 22, *caput*, LINDB), fazendo com que a gestão

---

[632] JUSTEN FILHO, Marçal. Art. 20 da LINDB. Dever de transparência, concretude e proporcionalidade nas decisões públicas. *RDA*, Rio de Janeiro, Edição Especial: Direito Público na Lei de Introdução às Normas do Direito Brasileiro – LINDB (Lei nº 13.655/2018), p. 13-41, nov. 2018, p. 18.

[633] NÓBREGA, Marcelo, O controle do gasto público pelos Tribunais de Contas e o princípio da legalidade, 2008, p. 35.

[634] ARAÚJO, Fernando. *Teoria econômica do contrato*. Coimbra: Almedina, 2007, 198.

[635] NÓBREGA, Marcelo, O controle do gasto público pelos Tribunais de Contas e o princípio da legalidade, 2008, p. 37.

tenha que promover um realinhamento dos procedimentos, especialmente em função de prazos ordinariamente exíguos, indisponibilidade de recursos, planejamento insuficiente, eventos lesivos supervenientes ou alterações legislativas inesperadas.

Aqui, conforme detalhado no próximo item, faz ruir a pretendida racionalidade abstrata dos procedimentos legais, revelando-se um verdadeiro desafio às autoridades públicas, mormente em função do excessivo controle da discricionariedade administrativa, que ainda é considerada o grande vilão ocasionador dos maiores problemas da Administração Pública brasileira. Todavia, um questionamento se impõe: o que seriam esses atalhos no processo de contratação pública? Para além das variações ou degenerações dos modelos ou fórmulas legais, tem-se, ainda, a possibilidade de adoção de *procedimentos administrativos alternativos* diante do insucesso ou da inviabilidade fática do procedimento legal, o que será discutido em tópico específico desta tese.

4.1.3 Gestão do contrato: contratação por controle e contratação por resultado

> "Uma análise das implicações e da dinâmica das visões pode esclarecer questões sem diminuir a dedicação à sua visão, mesmo quando se sabe que é uma visão, mais do que um fato irrefutável, uma grande lei ou imperativo moral opaco. Dedicação a uma causa pode legitimamente implicar sacrifícios de interesses pessoais, mas não sacrifícios da mente ou da consciência."[636]

Um mito ainda defendido na gestão da execução contratual é acreditar que ela possa ser concluída sem quaisquer percalços, contanto que seja antecedida de demorado planejamento, com precisa especificação do objeto da contratação, e de exímia seleção do fornecedor. Nada mais sem sentido. Toda gestão contratual representa uma gestão de riscos de natureza política, econômica e mesmo jurídica. Não se trata de dilema específico da hipermodernidade. Por mais que se pense o contrário,[637] o contrato administrativo nunca foi uma fonte de estabilidade jurídica,

---

[636] SOWELL, Thomas. *Conflito de visões*: origens ideológicas das lutas políticas. Tradução de Margarita Maria Garcia Lamelo. São Paulo: É Realizações, 2012, p. 265.

[637] MOREIRA, Egon Bockmann. O contrato administrativo como instrumento de governo. *In*: AA.VV. *Estudos de contratação pública – IV*. Coimbra: Coimbra Editora, 2013, p. 05-18, p. 06.

porquanto ele sempre andou a reboque das contingências fático-normativas decorrentes das implicações do cenário político-econômico, por vezes, de difícil contorno pela gestão pública. Aliás, os dilemas orçamentário-financeiros, entre outros, dão bem conta disso.

Desse modo, não soa crível a assertiva, ainda que ela possa ser defendida em contextos mais específicos,[638] de que o Direito, tal como antes, não mais se relaciona com um só tempo, o jurídico, que inclusive perdeu a superposição, de outrora, que tanto o caracterizava. Vale dizer que o Direito nunca foi um *deus* pequeno capaz de afastar o tempo da política ou da economia; ele, quando muito, era apenas inconsequente demais para enxergar os seus limites. Logo, a profusão de heterossincronias da hipermodernidade é que fez o Direito despertar, não sem grande desassossego, da falácia da normatividade.

Concorda-se com a noção de que é necessário conviver com *diferentes racionalidades cronológicas*[639] no ciclo das políticas públicas, porém não há como aceitar que isso seja algo novo, até porque dificuldades relacionadas à gestão contratual sempre existiram, muito embora com outra intensidade, e apenas parcialmente contornadas pela teoria da imprevisão ou do fato do príncipe. Enfim, mesmo os desafios do passado, considerados mais simples, não foram totalmente contornados pelos recursos jurídicos do contrato administrativo. Em outro giro, por maiores que sejam os necessários esforços do planejamento diante dos objetivos da contratação pública, qualquer gestão contratual oferta eventos inesperados ao gestor, de maneira que as soluções não se encontram nos manuais das rotinas administrativas e, muito menos, nos precedentes administrativos dos órgãos de controle.

Nesse cenário, não convence a tese de que a gestão contratual efetivamente controlada resulta em uma exitosa execução do contrato. Por mais que seja uma atividade antiga, que remonta ao século XIV, inclusive anterior ao surgimento dos governos democráticos,[640] não é a auditoria que suprime os imprevistos na gestão do contrato, até porque

---

[638] MOREIRA, Egon Bockmann, O contrato administrativo como instrumento de governo, 2013, p. 07.

[639] MOREIRA, Egon Bockmann, O contrato administrativo como instrumento de governo, 2013, p. 09.

[640] POLLITT, Christopher; SUMMA, Hilkka. Auditoria operacional e reforma da administração pública. *In*: POLLITT, Christopher *et al. Desempenho ou legalidade?* Auditoria operacional e de gestão pública em cinco países. Tradução de Pedro Buck. Belo Horizonte: Fórum, 2008, p. 25-37, p. 25.

eles não podem ser totalmente evitados; mas é a liberdade de tomar decisões que faz com eles sejam superados na ambiência administrativa.

Todavia, tomar decisões se tornou um ato revolucionário,[641] porquanto não se sabe como e quando os órgãos de controle vão *interpretar* a discrição do gestor, portanto, restando o reino das tragédias administrativas a partir da atuação controladora. Enfim, é um verdadeiro salto no escuro. Se as diretrizes normativas não apresentam uma solução para demanda, é pouco provável que o gestor vá encontrá-la sem transbordar os estreitos limites da normatividade. Nessa lógica compreensiva, a inércia administrativa é o cenário mais sedutor à gestão pública, justamente porque é o mais *seguro*, representando uma verdadeira anestesia da *discricionariedade de agir*, desvanecendo qualquer juízo analítico sobre a pertinência ou não da atuação do Poder Público no caso concreto,[642] portanto, colapsando o próprio exercício da competência administrativa.[643]

Nesse contexto, como a atuação formal da Administração Pública é processualizada,[644] notadamente a atividade contratual administrativa, trata-se de cenário que comporta duas eminentes linhas compreensivas da atuação administrativa: por um lado, o *processo por controle;* de outro, o *processo por resultado,* compreendendo a dualidade verificada (a) na gestão contratual baseada na atividade processual de controle e (b) na gestão contratual assentada no resultado da atuação pública. Assim, a *contratação por controle* prestigia precipuamente a legalidade administrativa, enquanto a *contratação por resultado* se prende à eficiência administrativa; em uma observa-se a lógica do *controle de legalidade*, e em outra, a lógica do *controle de eficiência*.[645]

Obviamente, a pertinência do controle na atuação administrativa possui longo percurso histórico e, ao que parece, reafirma-se, a cada ano, haja vista a incapacidade de a disciplina normativa conter as práticas

---

[641] Aqui, no sentido comum do termo, a despeito de sua equivocidade.
[642] MARRARA, Thiago. A boa-fé do administrado e do administrador como fator limitativo da discricionariedade administrativa. *RDA,* Rio de Janeiro, vol. 259, p. 207-247, jan./abr. 2012, p. 213.
[643] MARRARA, Thiago, A boa-fé do administrado e do administrador como fator limitativo da discricionariedade administrativa, 2012, p. 220.
[644] ALFONSO, Luciano Parejo. El procedimiento administrativo en España: situación actual y perspectivas de cambio. *In*: BARNES, Javier (Ed.). *La transformación del procedimiento administrativo.* Sevilla: Editorial Derecho Global, 2008, p. 419-473, p. 427.
[645] MEDAUAR, Odete. *Controle da administração pública.* 3. ed. São Paulo: Revista dos Tribunais, 2014, p. 41.

corruptivas, muito embora ela cause inevitáveis embaraços aos gestores probos. Partindo-se dessa premissa: é pouco compreensível a insistência da política legislativa, certamente impulsionada pelos reclames dos órgãos de controle ou mesmo pela forma linear de manifestação da opinião pública, em sempre arvorar o condicionamento normativo da liberdade negocial do gestor como pretenso mecanismo para evitar o desvio de recursos públicos.

Assim, pressupondo-se que o contrato administrativo compreende o mais importante mecanismo negocial da Administração Pública a partir da *consensualidade na formação do vínculo* e da *autoridade dos seus termos*[646] – o que, naturalmente, exige uma adequada disciplina jurídica, até mesmo para tentar conter os possíveis dissabores à gestão pública na ordinária tarefa de atender às demandas da coletividade –, resta patente que o exercício da discrição não pode ser afastado durante a execução contratual. De todo modo, a gestão de contrato administrativo é passível de muitos incidentes fático-jurídicos: vários decorrentes da ausência de planejamento administrativo adequado; outros, da qualidade técnico-operacional da empresa contratada.

Todavia, isso não quer dizer que a gestão do contrato seja uma realidade fadada ao malogro, mas que ela exige muito mais que acompanhamento e controle. De fato, a melhor forma de fazer a gestão do contrato advém de aspectos anteriores à formalização do contrato administrativo, a saber: promover a melhor seleção possível do fornecedor em função da precisa identificação da demanda administrativa. Por outro lado, o maior erro da gestão do contrato é insistir na lógica de que o resultado da contratação decorre do seu controle, e não das condições e possibilidades geradas pelo próprio processo de contratação pública.

De modo geral, os riscos da contratação possuem uma relação direta com os seguintes aspectos: (a) a complexidade da necessidade do Poder Público corporificada no problema a ser solucionado pelo particular; (b) os limites quanto à definição precisa do objeto da contratação, isto é, a solução a ser apresentada na contratação; (c) a particular dificuldade na definição dos parâmetros objetivos de julgamento e comparação das propostas; (d) a capacidade técnica exigida da empresa; e (e)

---

[646] MELLO, Celso Antônio Bandeira de. *Curso de direito administrativo*. 24. ed. São Paulo: Malheiros, 2007, p. 599.

a solução do problema ser, necessariamente, apresentada pelo próprio contratado.[647]

Esses aspectos, indiscutivelmente, expõem os méritos ou deméritos da fase de seleção do fornecedor (licitação). Desse modo, o êxito do contrato administrativo é antecedido de demorado planejamento da necessidade (problema) da Administração Pública, com a correspondente identificação de sua solução, e não necessariamente do efetivo controle dos termos da contratação, a despeito de toda a sua importância, sobretudo, em uma ambiência de recorrentes práticas corruptivas nas relações jurídico-administrativas com o mercado. Desse modo, o resultado pode ser consequência do planejamento administrativo, mas jamais do controle interno ou externo da Administração Pública.

Além disso, o custo do controle sem resultado não é menos oneroso que o custo da atuação irregular da Administração Pública; todavia as autoridades político-administrativas brasileiras parecem desconhecer tal fato. Ademais, a defesa do fortalecimento do controle da Administração Pública não legitima procedimentos de fiscalização absolutamente inócuos, porque incapazes de alcançar as práticas efetivamente condenáveis de determinados gestores públicos. Para além dessas constatações, ainda existem 03 (três) evidentes custos decorrentes da excessiva atuação de controle na ambiência administrativa: (a) os valores vertidos pela Administração Pública para se adequar às determinações dos órgãos controladores; (b) os custos sociais decorrentes da atuação cautelosa da gestão pública para antecipar eventuais contestações dos controladores; e (c) a majoração dos custos decorrentes da adoção de alternativas determinadas pelos controladores, inclusive em total substituição àquelas defendidas pela gestão, portanto, no âmbito das soluções constitucionalmente reservadas à Administração Pública,[648] inclusive não se levando em conta os efeitos econômicos nas modificações das medidas anteriormente adotadas pelo gestor.[649]

---

[647] MENDES, Renato Geraldo; MOREIRA, Egon Bockmann, *Inexigibilidade de licitação*, 2016, p. 130.

[648] SILVA, Suzana Tavares da. O princípio da razoabilidade. *In*: GOMES, Carla Amado; NEVES, Ana Fernanda; SERRÃO, Tiago. *Comentários ao novo Código de Procedimento Administrativo*. Lisboa: AAFDL, 2015, 207-234, p. 232.

[649] JORDÃO, Eduardo. Passado, presente e futuro: ensaio sobre a história do controle judicial da Administração Pública no Brasil. *In*: JUSTEN FILHO, Marçal; PEREIRA, Cesar Augusto Guimarães; WALD, Arnoldo (Orgs.). *O direito administrativo na atualidade:* estudos em homenagem ao centenário de Hely Lopes Meirelles (1917-2017), defensor do Estado de Direito. São Paulo: Malheiros, 2017, p. 350-362, p. 359-360.

Outro ponto digno de atenção é a atuação legitimatória do controle administrativo ou, em outros termos, a inércia premiada da gestão pública. É dizer, se o controle traz tranquilidade à gestão, o que é algo bem diferente de resultados decorrentes da eficiência da ação pública, tornou-se comum o gestor esperar a atuação dos órgãos de controle para mover os mecanismos de atuação da Administração Pública. É o cúmulo da subserviência da gestão pública às diretrizes da atividade controladora. A toda evidência, isso representa claro quadro patológico de esclerose institucional, pois o controle administrativo passaria a dar os nortes da atividade desenvolvida pela gestão fiscalizada, haja vista a comodidade funcional gerada por esse *dirigismo institucional*.

Tal estado de coisas é, por tudo, incompatível com a melhor forma de enxergar a dinâmica do controle da gestão pública, notadamente por meio da auditoria operacional, que prestigia a economicidade da atividade administrativa, a eficiência na aplicação dos recursos públicos e a efetividade no atendimento das finalidades das instituições públicas.[650] Nesse ruidoso contexto, o controle tende a paralisar a atuação administrativa, pois não há como ela ser uma força propulsora da gestão pública no processo de concretização dos direitos positivos.

Acredita-se que o artigo 22 da LINDB, se bem observado, possa conter essa dura perspectiva na gestão pública brasileira, pois há mesmo quem[651] defenda que, em uma situação de indeterminação jurídica real, o órgão controlador deverá prestar deferência à escolha razoável da autoridade administrativa, pontuando, portanto, as mesmas premissas discursivas da *doutrina Chevron* do direito norte-americano.[652] Apesar de não defender uma visão tão otimista sobre as potencialidades do artigo 22 da LINDB, mais pela cultura jurídica do controle da atuação administrativa que propriamente pelas possibilidades do texto legal, parece claro que o *direito administrativo do medo*, sobretudo no que concerne aos dilemas relacionados à blindagem decisória e autoproteção

---

[650] SUMMA, Hilkka. Definições e estruturas. *In*: POLLITT, Christopher *et al. Desempenho ou legalidade?* Auditoria operacional e de gestão pública em cinco países. Tradução de Pedro Buck. Belo Horizonte: Fórum, 2008, p. 39-64, p. 41.

[651] JORDÃO, Eduardo. Art. 22 da LINDB. Acabou o romance: reforço do pragmatismo no direito público brasileiro. *RDA*, Rio de Janeiro, Edição Especial: Direito Público na Lei de Introdução às Normas do Direito Brasileiro – LINDB (Lei nº 13.655/2018), p. 63-92, nov. 2018, p. 78.

[652] JORDÃO, Eduardo, Art. 22 da LINDB. Acabou o romance: reforço do pragmatismo no direito público brasileiro, 2018, p. 79.

dos gestores,[653] possa ser atenuado diante do consequencialismo jurídico na gestão pública.

Aqui, soa interessante destacar as implicações da reforma da LIA[654] no processo de contratação pública, porquanto a consagração normativa de entendimento jurisprudencial, no sentido de exigir dolo específico para a configuração de ato de improbidade (artigo 1º, §§1º e 2º, da LIA), fará com que, por um lado, a mera inaptidão seja perdoada (exceção pela incompetência), mas, por outro, poderá representar inexcedíveis dificuldades processuais para o reconhecimento de improbidade administrativa em atos absolutamente condenáveis, haja vista a difícil caracterização, tal como exigido na LIA, de atuação ímproba do gestor (exceção pela não evidência). Nesse cenário, a dinâmica de controle do processo de contratação pública, infelizmente, será inclinada a reduzir ainda mais a liberdade de atuação dos gestores públicos.

4.2 Desafios prático-procedimentais da processualidade administrativa diante das práticas sociais

> "A Constituição pretendeu e pretende ser o estatuto jurídico do político. No entanto, o político mostra-se rebelde a uma normativização legalista, porque não é possível à norma concretizar várias práticas sociais."[655]

O grande mérito de todo procedimento é ser efetivo e, enfim, atingir seus objetivos. Então, indaga-se: haveria motivo para empregar procedimento que despreza as práticas administrativas e sociais, sustentando-se apenas na imperiosa necessidade de seguir determinada disciplina jurídica, desejosa e abstratamente protetiva do interesse público, ainda que inócua para promover os seus relevantes propósitos? O questionamento sugere, evidentemente, uma resposta negativa, porém, do ponto de vista prático, empreender os meios que a corrobore não é uma tarefa fácil. É dizer, se não é possível compreender a

---

[653] SANTOS, Rodrigo Valgas dos. *Direito administrativo do medo*. 2. ed. São Paulo: Revista dos Tribunais, 2022, p. 49.
[654] Promovida pela Lei nº 14.230, de 25 de outubro de 2021.
[655] CANOTILHO, José Joaquim Gomes. Da Constituição Dirigente ao Direito Comunitário Dirigente. In: CANOTILHO, José Joaquim Gomes. *"Brancosos" e interconstitucionalidade*: itinerários dos discursos sobre a historicidade constitucional. 2. ed. Coimbra: Almedina, 2008, p. 205-226, p. 216.

construção social apartada da incorporação dos seres humanos (aspecto funcional) no universo das instituições e estruturas da vida social,[656] então deve-se reconhecer que toda a ordem de esforços institucionais (aspecto orgânico) exige uma particular atenção aos modos de interação entre as organizações administrativas – com seus procedimentos – e as práticas sociais. Disso resulta que os procedimentos das entidades públicas, ainda que tenham o fundado propósito de estabelecer limites à atividade administrativa, não podem assumir uma autonomia compreensivo-operacional que despreze as práticas sociais em que eles se inserem.

Nesse sentido, é pouco provável que a discussão legislativa não leve em conta os aspectos práticos relacionados à temática regulamentada, mas, apesar disso, poucos são os casos em que há uma clara conexão entre a disciplina normativa e a dinâmica prática que encerra toda a atividade humana. A questão, portanto, vai além da perspectiva institucional, porquanto há, no trato das implicações funcionais, uma clara relação entre as posições subjetivas dos servidores – que não são irrelevantes no regular curso dos procedimentos – e as práticas envolvidas no ambiente organizacional,[657] destacando, assim, a influência exercida pelas práticas administrativas na dinâmica operacional, por vezes reflexiva, dos agentes públicos.

Por isso, é possível afirmar que tanto a individualidade quanto a ordem social, no que se inserem as organizações administrativas, são resultados de práticas.[658] Nesse sentido, elas representam o fenômeno social central para compreensão das instituições[659] e, por conseguinte, as organizações não podem prescindir das práticas, sobretudo no que refere à realização de seus procedimentos.

4.2.1 As leis e os processos na dinâmica das prestações sociais: processo decisório e processo prestacional

> "Recorde-se que os direitos fundamentais constituem um dos limites mais significativos ao agir discricionário da Administração. A circunstância

---

[656] SCHATZKI, Theodore R. *Social practices:* a Wittgensteinian approach to human activity and the social. Cambridge: Cambridge University Press, 1996, p. 07.
[657] SCHATZKI, Theodore R, *Social practices*, 1996, p. 08.
[658] SCHATZKI, Theodore R, *Social practices*, 1996, p. 13.
[659] SCHATZKI, Theodore R, *Social practices*, 1996, p. 11.

> de, em regra, se autonomizar o vício de violação de direitos fundamentais no âmbito das decisões discricionárias destina-se a chamar a atenção para o facto de aqueles consubstanciarem um limite autónomo do poder discricionário."[660]

Ainda que a terminologia seja recorrente nesta tese, cumpre agora, e com intencional demora, fazer uma distinção mais analítica entre *processo decisório* e *processo prestacional*, porquanto a particular dinâmica procedimental desses processos encerra propósitos diversos na atividade processual administrativa. Assim, o processo decisório representa o meio jurídico adequado à definição do direito no caso concreto, preocupa-se basicamente com a pretensão de *correção material*[661] dos direitos diante dos conflitos de interesses. O processo prestacional, por sua vez, corporifica um conjunto de ações de natureza jurídico-administrativa necessário à transformação do direito, enquanto realidade normativa, em uma prestação concreta do Estado, com ou sem a colaboração da sociedade civil, notadamente do terceiro setor. É dizer, compreende a difícil travessia da dimensão normativa para a dimensão material de determinado direito positivo, isto é, a efetiva disponibilidade da prestação de serviço ou material da ação pública ou público-privada. Apesar de estreita relação com a ideia de exequibilidade dos direitos, o processo prestacional não se confunde com qualquer fase executiva do processo judicial, pois representa, precipuamente, o lugar da ação pública destinada à implementação da exigibilidade judicial, ou mesmo administrativa, de determinado direito, utilizando-se de instrumentos e institutos jurídicos próprios, portanto, não adotando, *a priori*, os parâmetros teórico-normativos do processo civil (formalismo-valorativo), não sendo, assim, as ferramentas processuais do CPC tão úteis, por mais que se defenda o contrário,[662] à dinâmica procedimental da contratação pública, que se insere no processo prestacional.

---

[660] MONIZ, Ana Raquel Gonçalves. *Os direitos fundamentais e a sua circunstância*: crise e vinculação axiológica entre o Estado, a sociedade e a comunidade global. Coimbra: Imprensa da Universidade de Coimbra, 2017, p. 131.

[661] ALEXY, Robert. *Conceito e validade do direito*. Tradução de Gergélia Batista de Oliveira Mendes. São Paulo: Martins Fontes, 2009, p. 43.

[662] MADUREIRA, Cláudio; ARAÚJO, Carlos André Luís. Licitações, contratos e Modelo Brasileiro de Processo: notas sobre a viabilidade da utilização de ferramentas processuais para conferir maior eficiência às aquisições públicas. *Revista Brasileira de Políticas Públicas*, vol. 11, n. 3, p. 97-116, 2021, p. 106-107.

A distinção entre o processo decisório e o processo prestacional pode ser facilmente compreendida com simples exemplo: por um lado, a determinação judicial de realização de cirurgia – ou de implantação de prótese – representa o processo decisório; por outro, o largo universo de atribuições relacionadas à realização de cirurgia – ou de implantação de prótese – compreende o processo prestacional. Como resta evidente, a técnica processual, tão importante no processo decisório, perde relevo no processo prestacional, que exige decisões céleres – nos mais diversos campos do saber humano – no amplo espaço destinado às realizações administrativas.

Por certo, por não se tratar de realidade estanque na ambiência administrativa, o processo prestacional, sobretudo diante de eventual ato administrativo de trânsito ou intermediário,[663] encontra-se diretamente relacionado aos prognósticos determinados pelos processos decisórios. A consequência lógica disso é que, sem maiores esforços de compreensão, a procedimentalidade do processo prestacional percorre caminhos mais sinuosos e, por isso, ela deve ser mais flexível para contornar os dilemas, entre outros, orçamentário-financeiros, econômicos e políticos da Administração Pública. Assim, tudo começa na dimensão normativa até chegar à efetiva disponibilidade de específica prestação de serviço ou material do Poder Público.

Evidentemente, entender a lei não é sempre uma atividade simples, afinal qualquer interpretação denuncia os limites do intérprete, sobretudo em se tratando de profissionais mais afeitos aos aspectos prático-operacionais de suas ações que propriamente os relacionados à correção jurídica delas. Além disso, na clara imagem dos desafios institucionais, para além da reconhecida dificuldade interpretativa, existe a dificuldade operacional decorrente do texto interpretado, o que leva o agente público a promover novas interpretações para, enfim, empreender aquela que represente o menor esforço funcional possível diante dos obstáculos da estrutura orgânico-funcional da Administração Pública, contanto que isso não represente nítida contraposição à legislação ou ao entendimento recorrente dos órgãos de controle, porque a lógica que anima a gestão pública, de modo geral, é evitar dilemas

---

[663] ANDRADE, José Carlos Vieira de. Algumas reflexões a propósito da sobrevivência do conceito de "acto administrativo" no nosso tempo. *In*: AA.VV. *Estudos em homenagem ao Prof. Doutor Rogério Soares*. Coimbra: Coimbra Editora, 2001, p. 1.189-1.220, p. 1.194.

funcionais, e não propriamente entregar, da melhor forma possível, a prestação de serviço ou material.

Ademais, como não existe aprioristicamente uma superposição interpretativa entre as autoridades públicas, exceto quanto aos precedentes administrativos ou às orientações normativas vinculantes, é bem comum que determinada interpretação, considerada tecnicamente mais operacional, seja superada por outra, não raras vezes, com sofrível capacidade técnico-operacional. Evidentemente, partindo-se da premissa de que todas elas sejam compatíveis com o texto da lei. Percebe-se que o caminho percorrido do texto legal até a prestação de serviço ou material há um sem-número de interpretações do direito sobre os meios e modos da atuação administrativa, inclusive, por força da indeterminação do fato condicionante, como também pela consequência condicionada,[664] que é inerente ao processo prestacional. Disso resulta um novo cenário discursivo: para além da interpretação dos textos, e independentemente de sua correção material, é necessário interpretar os meios e modos impostos pela legislação para levar a cabo a disposição legal interpretada. Desse modo, representa uma redução de análise sem tamanho imaginar que a interpretação jurídica se limita ao cenário dos conflitos semânticos dos textos legais no caso concreto, devidamente ventilados no processo decisório administrativo ou judicial.

Portanto, a interpretação continua e vai alcançar todo o itinerário executivo da determinação administrativa ou judicial. Em uma palavra: executar também é interpretar, notoriamente meios e modos da execução, fazendo com que imbricadas questões jurídicas sejam cotejadas diante da realidade fática. Aqui, adverte-se: a atividade de um jurista não parte normalmente da análise jurídica da situação fática, como se ela fosse uma informação conclusa diante da controvérsia jurídica; porém a questão é mais complexa, impõe-se, primeiramente, a formação da situação fática, no que exige redobrados cuidados intelectivos, notadamente de ordem interpretativa, que antecede à sua apreciação jurídica.[665] E esse itinerário, guardadas as devidas proporções, também se aplica aos gestores, inclusive no que se refere ao dever de honestidade intelectual na avaliação dos fatos. Aliás, mesmo nos chamados atos administrativos vinculados, há um sem-número de decisões discricionárias relativas à

---

[664] KELSEN, Hans. *Teoria pura do direito*. Tradução de João Baptista Machado. 8. ed. São Paulo: Martins Fontes, 2009, p. 389.
[665] LARENZ, Karl. *Metodologia da ciência do direito*. Tradução de José Lamego. 5. ed. Lisboa: Fundação de Calouste Gulbenkian, 2009, p. 391.

execução das decisões estabelecidas pelas autoridades públicas; portanto, trata-se de atividade de inegável caráter interpretativo, que não se limita ao exame de linguagem, enquanto análise jurídico-legislativa, ou de problema linguístico, enquanto análise lógico-linguística.[666]

No processo de contratação pública isso resulta bem evidente, pois a dinâmica interpretativa vai desde o planejamento administrativo, passando pela seleção do fornecedor, e findando na gestão do contrato administrativo. Em todas essas fases, a gestão desenvolve um complexo arranjo decisório dos mais variados matizes e o mais importante: sempre com olhos na legislação. Como a contratação é apenas uma fase do processo prestacional, não há dúvida de que, na maioria das vezes, a dinâmica do processo decisório é menos complexa que a identificada no processo prestacional. Logo, não há como aplicar, sem graves consequências à atuação administrativa, a procedimentalidade do processo decisório no processo prestacional. Então, qualquer discussão sobre os procedimentos é, por tudo, uma discussão sobre a regularidade das decisões e vai mais além: sobre a utilidade delas no conjunto das realizações públicas. Nesse sentido, o processo administrativo de contratação pública deve comportar a procedimentalidade que externe as possibilidades discricionárias do gestor, isto é, que prestigie a versatilidade necessária para enfrentar os obstáculos fático-jurídicos não prospectados pela atividade legislativa.

Aqui nada há de novo, afinal nada é mais velho e recorrente na Administração Pública que o desafio de alcançar disciplinas jurídicas compatíveis com esta premissa: flexibilidade procedimental não gera necessariamente insegurança jurídica ou estímulo à corrupção. Com efeito, o *princípio da integridade na contratação pública* exige transparência administrativa e boa gestão nos fluxos procedimentais do gasto público, notadamente na prevenção de conflitos de interesses e crimes relacionados à contratação pública,[667] porém isso não acarreta qualquer necessidade de promover amarras decisório-procedimentais como parâmetros de combate à corrupção.

---

[666] NEVES, A. Castanheira. *Metodologia jurídica:* problemas fundamentais. 1. ed. 1. reimp. Coimbra: Coimbra Editora, 2013, p. 128.

[667] GONÇALVES, Pedro Costa. Eficiência e transparência na contratação pública: a contratação eletrônica. *In:* ANDRADE, José Carlos Vieira de; SILVA, Suzana Tavares da (Coord.). *As reformas do sector público:* perspectivas ibéricas no contexto pós-crise. Coimbra: Instituto Jurídico da FDUC, 2015, p. 177-192, p. 187-188.

É dizer, a exigência de conhecimento da decisão administrativa, no que também compreendem as provas e os motivos que a subsidia,[668] não exige que a atuação transparente, e também controlável, seja procedimentalmente rígida. Nessa ordem de ideias, é preciso considerar o seguinte: o Poder Público deve dispensar a mesma importância do *processo decisório* ao *processo prestacional* dos direitos. Portanto, deve-se conceber que a importância do poder de decidir não vai além dos limites do poder de realizar o decidido, até porque a credibilidade da ação pública depende da capacidade de o Estado cumprir todos os atos – no sentido de obrigação de prestação de serviço ou material – que dele emana administrativa ou judicialmente. E uma forma de consolidar essa perspectiva da atividade processual administrativa, no que vai exigir maior flexibilidade na adoção dos procedimentos na ambiência administrativa, é prestigiar uma procedimentalidade própria para cada realidade de processo administrativo, sem prejuízo da técnica processual determinada pela legislação.

Dito de outra forma, a precisão dos ritos, que bem caracteriza o processo decisório, não denuncia necessária utilidade no processo prestacional, precisamente quando a dinâmica da prestação social não se alinhar aos prognósticos procedimentais da lei parlamentar ou do regulamento do Poder Executivo. Aliás, é o que costuma acontecer, inclusive pelas deficiências da dinâmica organizacional da Administração Pública, que transfere modelos procedimentais do direito administrativo clássico, conforme o prognóstico burocrático-weberiano, às novas formas organizativas demandadas pela regulação do mercado ou da disciplina do conhecimento técnico-científico, que se baseia na dinâmica cooperativa das organizações no atendimento dos serviços públicos ou de interesse público.[669]

4.2.2 Procedimentos e práticas sociais: multifuncionalidade e complementariedade

"Enquanto metafísica, o Direito é dos juristas; enquanto instrumento de soluções de

---

[668] BARNES, Javier. Reforma e innovación del procedimiento administrativo. *In*: BARNES, Javier (Ed.). *La transformación del procedimiento administrativo*. Sevilla: Editorial Derecho Global, 2008, p. 11-69, p. 46.

[669] SCHMIDT-ASSMANN, Eberhard. *La teoría general del derecho administrativo como Sistema*: objeto y fundamentos de la construcción sistemática. Prólogo de Antonio López Pina. Traducción de Mariano Bacigalupo *et al*. Madrid: Marcial Pons, 2003, p. 257.

conflitos práticos, o Direito é de toda a comunidade política."[670]

Recentemente, para além das formas tradicionais de atividade administrativa, centrada na figura do ato, contrato e regulamento, destaca-se o alavancar das atuações administrativas informais, notadamente de natureza negocial (acordos informais), nas quais o plano das realizações administrativas aproximam as relações com a sociedade, porém com outro horizonte de implicações legais, em regra, não vinculantes, mas sem descurar a defesa de direitos como algo natural de toda relação que resultar litigiosa, independentemente de ofensa a direito fundamental,[671] porquanto deve prestigiar os princípios materiais que norteiam a atuação do Poder Público.[672] Assim, é preciso reconhecer que os acordos informais representam, sobretudo, pontos de contatos em uma convergência de interesses público-privados, não necessariamente explícitos, com o propósito de estabelecer compromissos ou desencadear as bases de concertação para efetivação de novos projetos ou reformas.[673]

Nesse contexto, quando as tradicionais matrizes compreensivas da atuação administrativa não são mais consideradas absolutas, falar em procedimentos rígidos, e com resultados não consensuais e definitivos, representa um fato que vai muito além do anacrônico: é simplesmente desolador. A existência de procedimentos que não acenem com as potencialidades das práticas sociais, para além do malogro da atuação administrativa, é uma vexada forma de desperdício de recursos públicos. Não se trata de submissão aos prognósticos das práticas sociais, o que seria um total desvirtuamento da ideia de procedimento, mas sim de permitir que ele assuma, diante delas, projeções úteis às demandas administrativas. Enfim, consinta com a ideia de que as práticas sociais são complementares aos procedimentos e, dessa forma, combatíveis com os seus verdadeiros propósitos.

---

[670] KAUFMANN, Rodrigo de Oliveira. *Direitos humanos, direito constitucional e neopragmatismo*. São Paulo: Almedina, 2011, 54.
[671] SILVA, Suzana Tavares da. A nova dogmática do direito administrativo: o caso da administração por compromissos. *In*: GONÇALVES, Pedro Costa (Org.). *Estudos de contratação pública – I*. Coimbra: Coimbra Editora, 2008, p. 893-942, p. 909.
[672] SILVA, Suzana Tavares da, *A nova dogmática do direito administrativo*, 2008, p. 931.
[673] SILVA, Suzana Tavares da, *A nova dogmática do direito administrativo*, 2008, p. 911.

Então, como possibilitar uma profícua interação entre procedimentos e práticas sociais? Primeiramente, admitir formas de consensualidade nos procedimentos adotados na contratação pública e, para mais além, no próprio desfecho das relações jurídico-administrativas, tal como preconiza, por exemplo, o artigo 11, nº 1, da Lei Italiana de Procedimento Administrativo e de Direito de Acesso aos Documentos Administrativos,[674] qual seja, a Lei nº 241/1990.[675] Aliás, o artigo 11, ainda mantém incólume sua ideia original, a despeito das alterações promovidas no artigo por meio das Leis nº 273/1995, 15/2005, 104/2010 e 190/2012. Trata-se de exitosa tentativa de agregar à dinâmica decisória estatal o impulso da consensualidade na resolução dos seus conflitos, algo característico do modelo privado notadamente na seara econômica.[676]

Nesse sentido, em recente alteração legislativa, a LINDB, no seu artigo 26, incorporou a dinâmica da consensualidade no trato das relações jurídico-administrativas, porém, e isso é fora de dúvida, ainda se encontra um pouco distante dos parâmetros da legislação italiana, espanhola ou mesmo da portuguesa. De todo modo, representa o primeiro *regime jurídico geral* sobre a temática, que tem como propósito acabar com a irregularidade, incerteza jurídica ou situação contenciosa com os particulares,[677] muito embora com condicionantes que tornarão o *compromisso* menos operativo que exigido pelas demandas do direito público brasileiro, sobretudo, diante da imperiosa configuração do conceito jurídico indeterminado apresentado no artigo, a saber, *relevante interesse geral*, para situações menos complexas ou economicamente inexpressivas na ambiência pública. Nesse ponto, cumpre destacar que a confiança na gestão pública é determinante para uma nova era da consensualidade na ambiência administrativa, pois, por um lado, maior liberdade das autoridades administrativas no processo decisório gera, em tese, maior risco quanto à observância do princípio da juridicidade

---

[674] SILVA, Suzana Tavares da, *A nova dogmática do direito administrativo*, 2008, p. 927.
[675] ITÁLIA. Legge 7 agosto 1990, nº 241. *Procedimento amministrativo e diritto di accesso ai documenti amministrativi*. Disponível em: http://www.gazzettaufficiale.it/atto/stampa/serie_generale/originario. Acesso em: 25 set. 2018.
[676] MANFREDI, Giuseppe. La nuova disciplina degli accordi tra amministrazione e privati e le privatizzazioni dell'azione amministrativa. *FAm*, Milano, anno n. 06, fasc. 01, p. 324-343, 2007, p. 334.
[677] GUERRA, Sérgio; PALMA, Juliana Bonacorsi de. Art. 26 da LINDB. Novo regime jurídico de negociação com a Administração Pública. *RDA*, Rio de Janeiro, Edição Especial: Direito Público na Lei de Introdução às Normas do Direito Brasileiro – LINDB (Lei nº 13.655/2018), p. 135-169, nov. 2018, p. 138.

(artigo 2º, *caput,* inciso I, da LGPAF), mas, por outro, trata-se de risco inerente a todos os processos decisórios, inclusive os unilaterais, porém com a grande vantagem de potencializar bons resultados e, assim, superar os entraves no processo de contratação pública e não apenas dele.

Portanto, acredita-se que há maiores riscos na figura do *abstracionista prático,* algo bem comum nos processos administrativos e judiciais, porquanto promove a pretensa superação abstrata dos conflitos, utilizando-se de princípios jurídicos, por meio da aplicação prática de reflexão anterior e abstratamente exercida.[678] Nesse cenário, por melhor que seja a intenção do decisor administrativo ou judicial, não é possível dizer que o processo decisório comporte uma ideia-força de coordenação de esforços diante do caso concreto, mas, simplesmente, uma superposição de interesses diante das forças políticas, administrativas ou judiciais envolvidas no caso concreto.

Vale destacar que a ideia de procedimentos e práticas, como realidades multifuncionais e complementares, exige o reconhecimento da coordenação como diretriz básica no processo de contratação pública. Aliás, a própria dinâmica da função coordenadora (complexo orgânico-funcional) e integradora (atividade público-privada) do processo administrativo[679] exige uma compreensão multifuncional dos procedimentos.

Afinal, se a coordenação representa o modo central de uma ordem social em uma sociedade complexa,[680] não há como desprezá-la diante dos eventos ordinários da ação pública. Não por outro motivo a ideia de *concertação,* como expressão de procedimentos negociais e decisões consensuais,[681] tem alcançado grande importância na atualidade, pois a lógica que anima os eventos públicos, declaradamente conflitivos, exige o diálogo ativo de todos os envolvidos no processo decisório, sobretudo quando tal modo de empreender os novos instrumentos jurídicos reduz a litigiosidade excessiva, inócua e danosa na ambiência

---

[678] SUNDFELD, Carlos Ari, *Direito administrativo para céticos,* 2017, p. 145.
[679] SCHNEIDER. Jens-Peter, *The development of German APA's standard procedure,* 2008, p. 322.
[680] HARDIN, Russel. Normative methodology. *In:* BOX-STEFFENSMEIER, Janet M.; BRADY, Henry. E.; COLLIER, David (Editor). *The Oxford handbook of political methodology.* Oxford: Oxford University Press, 2008, 35-47, p. 43.
[681] BITENCOURT NETO, Eurico. *Concertação administrativa interorgânica:* direito administrativo e organização no século XXI. São Paulo: Almedina, 2017, p. 192.

pública,[682] o que, evidentemente, representa nítido benefício ao Poder Público e, consequentemente, aos cidadãos.

Contudo, a compreensão de uma Administração Pública dialógica, a qual prestigia a consensualidade nas relações jurídico-administrativas,[683] não desconsidera a particular posição do Estado no enfrentamento dos prognósticos constitucionais. É dizer, por mais que se considere a importância da concertação administrativa como instituto da Administração Pública participada, tal fato não representa a superação do Estado como fonte institucional determinante da legitimidade democrática.[684] Aliás, nem mesmo as vestes do constitucionalismo social colocam totalmente em xeque esse entendimento,[685] o que seria a própria superação do Estado de Direito como expressão ordenadora do processo democrático na sociedade.[686] De todo modo, a ideia de multifuncionalidade e complementariedade entre os procedimentos e as práticas sociais somente é possível diante da efetiva participação da sociedade civil no regular trâmite das demandas administrativas, porque não é possível agregar os benefícios das práticas sociais sem que o Poder Público os reconheça em função do intercâmbio de informações com a sociedade; daí a importância do fluxo informativo entre o Poder Público e a sociedade civil. Todavia, no que consiste essa multifuncionalidade e complementariedade?

Em primeiro lugar, é preciso superar a ideia de que os procedimentos administrativos estejam vinculados a um itinerário fixo, sem alterações de rota, como que seguindo uma invariável e promissora receita de bolo, no plano da atuação administrativa. Assim, admitir a versatilidade nos procedimentos é atribuir-lhes maior funcionalidade, porquanto eles serão capazes de absorver novas e imprevisíveis funções no atendimento das demandas administrativas, desde que observado o disposto no artigo 2º, inciso VIII, da LGPAF. Não raro, nas repartições públicas é muito comum uma multiplicidade de procedimentos

---

[682] CAVALCANTE, Denise Lucena; FERNANDES, André Dias. Administração fiscal dialógica. *RDA*, Rio de Janeiro, vol. 277, n. 03, p. 49-70, set./dez. 2018, p. 66.

[683] LIMA, Raimundo Márcio Ribeiro. *Administração pública dialógica*. Curitiba: Juruá, 2013, p. 230-257.

[684] BITENCOURT NETO, Eurico, *Concertação administrativa interorgânica*, 2017, p. 194.

[685] SCIULLI, David. *Theory of societal constitutionalism:* foundations of a non-Marxist critical theory. Cambridge: Cambridge University Press, 1992, p. 07; TEUBNER, Gunther. *Constitutional Fragments:* societal constitutionalism and globalization. Translated by Gareth Norbury. Oxford: Oxford University Press, 2012, p. 04.

[686] BONAVIDES, Paulo. *Teoria do Estado*. 7. ed. São Paulo: Malheiros, 2008, p. 302.

em função de demandas relativamente simples, quando apenas um procedimento seria capaz de atender adequadamente às eventuais vicissitudes no curso das prestações materiais. Há sempre um excessivo cuidado em seguir o procedimento que não comporte questionamento legal ou regulamentar sobre o caminho percorrido, como se a ideia de atuação administrativa só fosse válida a partir de um roteiro previamente definido pela legislação.

Criar não é ilegal, sobretudo quando a criação da Administração Pública se revelar necessária diante das adversidades da gestão pública. Afinal, nem mesmo a atuação informal se encontra à margem do direito, ainda que não se vincule aos parâmetros clássicos da atuação administrativa: ato, contrato e regulamento.[687] Só que seguir procedimento administrativo alternativo nada se identifica com a ideia de atuação informal. A atuação é, por tudo, formal, muito embora não seja, total e aprioristicamente, parametrizada por lei ou regulamento, mas sem prejuízo das balizas legais. Além disso, entende-se que a atuação informal, baseada em práticas sobre expectativas mútuas, notadamente entre o Poder Público e os cidadãos, consagra normas implícitas a partir da interpretação dessas práticas.[688] Por isso, o entendimento sobre as práticas sociais leva à correção dos procedimentos tomados pelo Poder Público, justamente porque corporifica um espaço de autorreflexão sobre as possibilidades de atuação da Administração Pública, sobretudo, no campo da normatividade.

Pois bem. Seguindo os condicionantes processuais da LGPAF e da LINDB, conforme a especificidade da matéria tratada, a Administração Pública pode criar qualquer procedimentalidade que melhor atenda aos seus interesses. Todavia, no campo da contratação pública, que possui forte relação com a concertação administrativa[689] (artigo 22, inciso XXVII, da CRFB), tendo em vista a forte cultura dos procedimentos intensamente regulados, é muito comum chegar a situações vexatórias: o modelo previamente estabelecido se revela inócuo, mas o gestor tem receio de seguir procedimento administrativo alternativo compatível com a LGPAF. Enfim, não enxerga na atividade processual um cenário de oportunidades por concebê-lo como ato formal e

---

[687] SILVA, Suzana Tavares da, *A nova dogmática do direito administrativo*, 2008, p. 905; BITENCOURT NETO, Eurico, *Concertação administrativa interorgânica*, 2017, p. 205.

[688] MACCORMICK, Neil. *Institutions of law*: an essay in Legal Theory. New York: Oxford University Press, 2007, p. 23.

[689] BITENCOURT NETO, Eurico, *Concertação administrativa interorgânica*, 2017, p. 199.

inflexível – olvidando-se que o processo não é um fim em si mesmo[690] –, mas, sim, de questionamentos dos órgãos de controle. Adverte-se: a forma é um parâmetro de garantia, e não um limite à justiça[691] ou utilidade dos procedimentos.

E o pior da visão restritiva da atividade processual: nega-se a empreender alternativas consensuais por falta de amparo legal, dispensando, dessa forma, da predisposição dos particulares em encontrar soluções pactuadas com o Poder Público. E a razão é simples para esse comportamento: eventual construção teórico-normativa, contanto que agasalhe a consensualidade, é cercada de desconfiança, ainda que pareça indiscutivelmente mais eficiente. Nesse contexto, pouco podem ajudar as práticas sociais, porquanto elas não podem ser adequadamente incorporadas nos procedimentos e, por conseguinte, interferir na compreensão da disciplina normativa. E, assim, a atuação administrativa continua fazendo aquilo que ela não deveria fazer, enfim, permanece reproduzindo procedimentos ineficientes ou simplesmente inócuos.

Nessa ordem de ideias, a mais óbvia objeção seria a seguinte: se há um procedimento disciplinado por lei ou regulamento, qual seria a razão para encampar novas realidades procedimentais? Por uma razão bem simples: o procedimento previamente determinado seria observado; todavia, diante dos desafios das demandas administrativas, quando resultar inviável, a área administrativa estaria respaldada para seguir parâmetros mais flexíveis da LGPAF. O que não deixaria de encontrar respaldo legal, porém com amparo em disciplina legal subsidiária ou matriz normativa infralegal, prestigiando precipuamente a disciplina normativa administrativa, inclusive podendo ser pactuada com os particulares. Para evitar conluios ou favorecimentos, o procedimento administrativo alternativo só teria vez diante dos seguintes condicionantes: (a) comprovada inocuidade do procedimento legal específico, inclusive decorrente de manifestação reiterada de outras entidades ou unidades administrativas; (b) inutilidade na realização de outro procedimento legal, ainda que mais simples ou mais complexo; (c) comunicação a todos os interessados, que poderão contribuir na formulação do procedimento mais adequado diante da demanda administrativa. Seria, portanto, uma forma de diálogo procedimental.

---

[690] MADUREIRA, Cláudio; ARAÚJO, Carlos André Luís, *Licitações, contratos e modelo brasileiro de processo*, 2021, p. 106.

[691] MADUREIRA, Cláudio; ARAÚJO, Carlos André Luís, *Licitações, contratos e modelo brasileiro de processo*, 2021, p. 106.

Aliás, *lege ferenda*, a possibilidade de *acordos endoprocedimentais* exigiria uma forma de disciplina normativa administrativa mais participativa ou negocial, firmando, ainda mais, a necessidade de procedimentos administrativos alternativos. Outra objeção, pretensamente consistente, seria a diversidade procedimental gerada a partir das alternativas vislumbradas pela gestão; porém, nesse caso, a perspectiva de análise é justamente diversa: a possibilidade de trilhar mecanismos mais exitosos, ainda que diversos, não poria abaixo as garantias processuais dos particulares e nem acarretaria balbúrdia na compreensão dos procedimentos, pois o procedimento partiria de parâmetros de garantias processuais já disciplinadas por lei ou regulamento, mas com as adaptações necessárias, bem como, mais adiante, poderia compreender perspectivas pactuais com os particulares pautada ainda mais pela simplificação procedimental. Admitindo-se a realização de negócio jurídico processual unilateral ou bilateral na processualidade civil,[692] cuja nota distintiva da formalidade é mais acentuada, então qual o sentido de negar maior flexibilidade na procedimentalidade administrativa?

Explica-se: a ideia de procedimento administrativo alternativo não representa fuga do procedimento legal, mas complemento e, nessa qualidade, objetiva superar as dificuldades procedimentais não contornadas pela lei ou pelo regulamento. Vê-se, assim, que essa alternatividade, que possui inegável caráter criativo, não abandona as matrizes procedimentais determinadas pela legislação, pois a lógica é outra: a partir dela, notadamente os artigos 2º e 50 da LGPAF, bem como os artigos 15 e 489, §1º, do CPC, discutir com os particulares a melhor forma de atender à demanda administrativa, que, no caso da contratação pública, exige a observância do artigo 5º da LGLC, isto é, toda a carga principiológica que encerra os evidentes cuidados na realização de uma contratação pública regular e eficiente. Aliás, a própria modalidade diálogo competitivo (artigo 28, inciso V, da LGLC) evidencia os limites da atuação administrativa na definição de suas demandas, logo, a questão procedimental apenas representa um horizonte diverso sobre os limites da gestão pública.

Vê-se, assim, que a alternatividade na formulação do procedimento nada se assemelha a qualquer forma arbitrária de atuação

---

[692] NERY, Rosa Maria de Andrade. Fatos processuais. Atos jurídicos processuais simples. Negócio jurídico processual (unilateral ou bilateral). Transação. *RDP*, São Paulo, vol. 64, p. 261-274, out./dez. 2015, p. 263.

administrativa; inclusive, essa nova forma de pensar os procedimentos administrativos baseada na discricionariedade procedimental pode ser ilustrada singelamente nestes termos:

Ilustração 03 – Procedimento administrativo alternativo

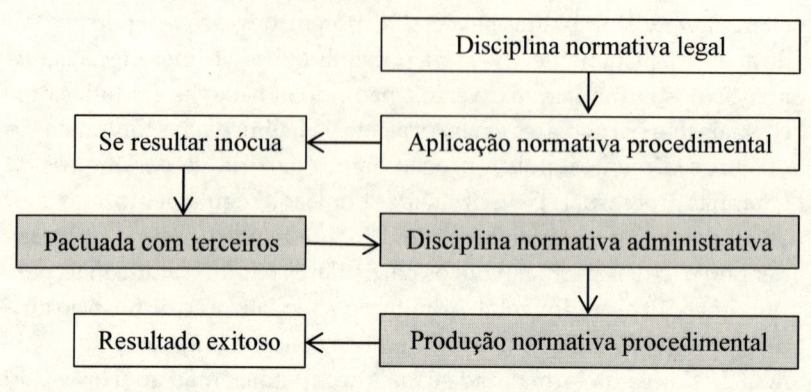

```
                    ┌─────────────────────────────┐
                    │ Disciplina normativa legal  │
                    └──────────────┬──────────────┘
                                   ▼
┌──────────────────┐   ┌─────────────────────────────────┐
│ Se resultar inócua│◄──│ Aplicação normativa procedimental│
└──────────┬───────┘   └─────────────────────────────────┘
           ▼
┌──────────────────────┐   ┌─────────────────────────────────┐
│ Pactuada com terceiros│──►│ Disciplina normativa administrativa│
└──────────────────────┘   └──────────────┬──────────────────┘
                                          ▼
┌──────────────────┐   ┌─────────────────────────────────┐
│ Resultado exitoso│◄──│ Produção normativa procedimental │
└──────────────────┘   └─────────────────────────────────┘
```

Fonte: Elaborada pelo autor (2018).

Aqui, é preciso esclarecer o seguinte: para além da clássica compreensão sobre as normas de organização e procedimento, inclusive assumindo *status* de verdadeiro direito fundamental,[693] impõe-se o reconhecimento de normas de *atuação organizacional* e de *produção procedimental*. Tais normas desmitificam a pretensa ótica omnicompreensiva das normas de organização e procedimento – que se limita aos parâmetros básicos da dinâmica organizacional e procedimental vinculados às garantias institucionais[694] –, porquanto as normas de atuação organizacional e produção procedimental recaem sobre os meios e modos da atuação administrativa diante do processo prestacional.

É dizer, enquanto as normas de organização e procedimento estabelecem os parâmetros básicos da ossatura organizacional e procedimental da Administração Pública,[695] as normas de atuação organizacional e produção procedimental se ocupam da fisiologia da atuação administrativa no processo prestacional. Daí que a exigência de tais normas deva decorrer de competências normativas das autoridades

---

[693] MOTTA, Fabrício. *Função normativa da administração pública*. Belo Horizonte: Fórum, 2007, p. 78.
[694] ANDRADE, José Carlos Vieira de. *Os direitos fundamentais na Constituição Portuguesa de 1976*. 6. ed. Coimbra: Almedina, 2019, p. 140.
[695] ALFONSO, Luciano Parejo, *El procedimiento administrativo en España*, 2008, p. 453.

executivas, portanto respaldadas pela legislação, diante dos desafios concretos da gestão pública. Nesse ponto, vale pontuar a conexão entre o *status activus processualis* e o procedimento administrativo alternativo, porquanto a ideia de concretização procedimental exige – em cada caso concreto – a definição de parâmetros procedimentais mínimos, com a necessária adequação constitucional, legal ou regulamentar, destinados à satisfação de direitos,[696] o que seria algo inviável com uma procedimentalidade inflexível. Por isso, os direitos de participação procedimental, assumindo o *status* de direitos básicos dos cidadãos, representam evidente instrumento de materialização dos direitos positivos:[697] seja pela possibilidade de melhor ordenação da atividade processual da Administração Pública, seja pelo dinamismo gerado na realização da prestação de serviço ou material decorrente da incorporação de substratos informativos da sociedade civil. No Estado Constitucional, não seria exagero afirmar que a Administração Pública e os cidadãos estão diretamente implicados em uma comunidade de prestações recíprocas, firmando, com graus adequados de racionalidade decisória, uma dinâmica de retroalimentação de fluxos informativos, que, mais adiante, vai viabilizar a criação de procedimentos destinados ao atendimento das demandas conflitivas do vasto universo das prestações públicas.[698]

Em segundo lugar, o procedimento legal ganharia funcionalidade, justamente porque ele permitiria múltiplas possibilidades, a partir dos parâmetros da LGPAF e da LINDB, para alcançar os objetivos almejados pelo Poder Público. É dizer, essa multifuncionalidade procedimental é sensivelmente prejudicada pelos limites funcionais da Administração Pública, que ainda se prende à atividade processual administrativa de proteção do cidadão (garantias) – de indiscutível importância –, mas não de prestações sociais adequadas (resultados). Dito de outro modo, boa parte dos dilemas procedimentais no processo administrativo de contratação pública decorre da insegurança dos servidores em identificar e seguir as potencialidades da LGPAF, sem falar na particular dificuldade das repartições em gerir informações processuais administrativas com o fundado propósito de estabilizar rotinas administrativas. Soma-se, ainda, a infeliz ideia de aceitação de que as práticas administrativas

---

[696] HÄBERLE, Peter. *Pluralismo y Constitución*: estudios de teoría constitucional de la sociedad abierta. Estudio preliminar y traducción de Emilio Mikunda-Franco. Madrid: Editorial Tecnos, 2002, p. 199.
[697] HÄBERLE, Peter. *Pluralismo y Constitución,* 2002, p. 1999.
[698] HÄBERLE, Peter. *Pluralismo y Constitución,* 2002, p. 2000.

representam uma parcela da atuação administrativa em descompasso com os parâmetros legais. Nada mais equivocado, porquanto as práticas administrativas, a despeito de sua informalidade, não se encontram fora do eixo disciplinador da juridicidade administrativa (artigo 2º, parágrafo único, inciso I, da LGPAF).

Nesse sentido, fugindo das perspectivas teóricas de antanho, que era assentada na primazia da lei e na reserva legal,[699] o princípio da juridicidade representa o modo mais adequado de vinculação entre a Administração Pública e o Direito, superando a visão tradicional baseada no princípio da legalidade (primado da lei ou reserva de lei), fazendo com que a lei, nessa fundamental mudança paradigmática,[700] *apenas* represente um dos domínios de validade da atuação administrativa, uma vez que o Direito corporifica, no todo, o pressuposto-fundamento do poder administrativo.[701] Para além dessa constatação, a própria Administração Pública se submete a um complexo sistema de autorregulação técnica, que tem causado, contudo, alguns inconvenientes de legitimidade político-administrativa, fragilizando a própria ideia de reserva de lei.[702]

Aliás, impõe-se a desmistificação da premissa de que a regularidade da atuação administrativa se encontra vinculada à estrita legalidade, superando-se o vetusto reducionismo da ação administrativa a partir do esquema binário poder legal/poder discricionário,[703] porquanto isso anula as reais possibilidades de o gestor romper os desafios, por vezes, árduos e indescritíveis, da gestão pública. Dito de outro modo, o espaço de atuação da estrita legalidade é incompatível com a imensidão dos dilemas da gestão pública. De todo modo, "[o] o poder discricionário não é assim nenhuma realidade extrajurídica, antes algo que se enxerta no processo de reconstituição, que é a interpretação e aplicação

---

[699] JESCH, Dietrich. *Ley e administración*: estudio de la evolución del principio de legalidad. Traducción de Manuel Heredero. Madrid: INAP, 1978, p. 38-39; ANABITARTE, Alfredo Gallego. *Ley y reglamento en el derecho público occidental*. Prólogo de José Luis Villar Palasí. Madrid: Instituto de Estudos Administrativos, 1971, p. 348.

[700] KUHN, Thomas S. *A estrutura das revoluções científicas*. Tradução de Beatriz Vianna Boeira e Nelson Boeira. 12. ed. São Paulo: Perspectiva, 2013, p. 257.

[701] ANDRADE, José Carlos Vieira de. *O dever de fundamentação expressa dos actos administrativos*. Coimbra: Coimbra Editora, 1991, p. 14.

[702] LOUREIRO, João Carlos. Da sociedade técnica de massas à sociedade de risco: prevenção, precaução e tecnociência. In: AA.VV. *Estudos em homenagem ao Prof. Doutor Rogério Soares*. Coimbra: Coimbra Editora, 2001, p. 797-891, p. 852.

[703] ALFONSO, Luciano Parejo, *Transformación y ¿reforma? del derecho administrativo en España*, 2012, p. 57-58.

do direito".[704] É dizer, a dissonância entre as práticas administrativas e os parâmetros normativos, entre outras coisas, é o aspecto que melhor denuncia os limites da atividade legislativa no Brasil e, claro, bem evidencia a pertinência do exercício de uma competência discricionária. Aqui, não há dúvida de que os órgãos de controle muito contribuíram para esse estado de coisas.

Explica-se: se a regularidade da atuação administrativa é identificada pelo irrestrito cumprimento dos parâmetros legais, conforme a textualidade dos procedimentos abstratamente considerados pelo controle da Administração Pública, por certo, não há como fugir da lógica linear de que as práticas administrativas, de modo geral, se encontram à margem da lei. Trata-se de exigência inadiável da processualidade administrativa: mudar a concepção anacrônica dos meios e modos da atuação pública, cotejando novas possibilidades processuais em função da maior flexibilidade processual da LGPAF, que, ainda assim, carece de novos institutos para afirmação da consensualidade administrativa. Em uma palavra: a existência de procedimento previamente estabelecido em lei ou regulamento não autoriza uma indiferente atuação do Poder Público, na qual alcance sempre os mesmos resultados, com a justificativa de que o procedimento é imutável, ainda que totalmente ineficiente. Daí, a importância da flexibilidade procedimental como instrumento hábil para superar o vazio normativo dos dilemas concretos da atuação administrativa. O procedimento é multifuncional, porque deve ser adequado às demandas administrativas; é complementar, porque deve superar as deficiências da disciplina legal.

Exemplificativamente: assim como na licitação deserta ou frustrada (artigo 75, inciso III, da LGLC) – haja vista o desfecho sem êxito de regular tentativa de seleção pública do fornecedor, seja pela ausência de interessados, seja pela desclassificação de todas as propostas ou inabilitação de todos os licitantes[705] – em que se oportuniza a realização de procedimento legal alternativo em função do malogro do procedimento anteriormente tomado pela Administração Pública, entende-se que a inexistência de prévio e expresso procedimento legal alternativo ensejaria uma atuação administrativa criativa, no sentido de que, observando os parâmetros da LGPAF, possibilitaria a constituição de

---

[704] SILVA, Vasco Manuel Pascoal Dias Pereira da. *Em busca do acto administrativo perdido.* Coimbra: Coimbra Editora, 1995, p. 89.
[705] JUSTEN FILHO, Marçal, *Comentários à Lei de Licitações e Contratações Administrativas*, 2021, p. 1.013.

procedimento que atendesse aos objetivos da contratação pública. Em uma palavra: se o problema não é a repetição da licitação, mas repetir um processo de contratação pública realizado regularmente, porém sem êxito, presumindo-se sua inutilidade, porquanto haveria desperdício de tempo e recursos públicos,[706] então qual o motivo para aceitar passivamente essa repetição para outras hipóteses de malogro procedimental?

Evitando-se, assim, uma repetição indefinida de processos de contratação pública sem resultados, uma vez que isso representa dois odiáveis problemas: (a) ineficiência e, consequentemente, (b) onerosidade no plano da atuação administrativa. Por isso, a dinâmica de controle não pode desconsiderar os seguintes pontos: (a) a realização de procedimento que obtenha resultado, ainda que em descompasso com o modelo legal, não deve ser declarado nulo, desde que resguarde os interesses dos cidadãos, justamente porque (b) a legalidade das formas e a imperiosa observância das regras do procedimento representam uma garantia de resultado do processo administrativo, (c) de maneira que, quando o resultado é alcançado sem prejuízo aos envolvidos no processo, torna-se irrelevante o atendimento da forma.[707]

É dizer: impõe-se a compreensão de que a atuação no direito administrativo não pode limitar-se a manifestar um sonoro *pode ou não pode*. É preciso mais; é necessário ventilar alternativas capazes de fincar, fática e normativamente, o providencial *como se pode*.[708] Nesse sentido, cumpre destacar novas formas compreensivas da processualidade administrativa não apenas como instrumento de controle da discricionariedade, como expediente de contenção do arbítrio (dimensão negativa), mas também como mecanismo destinado ao exercício razoável da discricionariedade administrativa, assumindo uma dinâmica de direção da discrição do gestor (dimensão positiva).[709]

Todavia, não se trata de tarefa fácil, sobretudo quando a atuação administrativa se mantém vinculada ao direito administrativo tradicional, inclusive por imperativos do hipercontrole brasileiro, cujos prognósticos oitocentistas se assentam na linear concepção de

---

[706] JUSTEN FILHO, Marçal, *Comentários à Lei de Licitações e Contratações Administrativas*, 2021, p. 1.013.

[707] BEDAQUE, José Roberto dos Santos. *Direito e processo*. 4. ed. São Paulo: Malheiros, 2006, p. 113.

[708] RIBEIRO, Leonardo Coelho, *O direito administrativo como caixa de ferramentas e suas estratégias*, 2016, p. 217.

[709] BARNES, Javier, *Reforma e innovación del procedimiento administrativo*, 2008, p. 56-57.

que a Administração Pública é mera sede executiva da lei, como se ela possuísse um manual executivo para sua aplicação, inclusive com parâmetros diversos na definição de sua efetividade.

Nesse sentido, o problema do direito administrativo como *caixa de ferramentas*[710] é que o gestor não pode escolher as ferramentas livremente, haja vista o extenso rol de limites normativos da discricionariedade administrativa, o que impede uma escolha racional das ferramentas disponíveis na legislação, sem falar na hipótese, aliás, nada rara, de contraposição operacional ou instrumental dos institutos jurídicos, sobretudo na gestão do patrimônio público. Nesse contexto, o aperfeiçoamento das práticas administrativas a partir do experimentalismo, incrementalismo e minimalismo institucional[711] resulta inglorioso pelas limitações impostas pelo hipercontrole.

4.2.3 Procedimentos eletrônicos: o paradoxo das práticas dicotômicas no Governo Eletrônico

> "En effet, c'est l'un des premiers effets de la sociabilité numérique que ce retour de l'individu et de la personne même dans le cadre de plates-formes qui sont autant des espaces d'échanges que de contraintes." [712]

Hodiernamente, muito se discute a relação entre tecnologia e sociedade, pontuando-se acesos questionamentos sobre as implicações recíprocas entre elas, notadamente, por um lado, quanto às consequências da tecnologia no arranjo das dinâmicas sociais ou, por outro, quanto às implicações dos processos sociais no campo tecnológico.[713] Dito de outro modo, os benefícios prospectados pela eficiência tecnológica não afastam os riscos ou inconvenientes gerados pela exclusão de usuários mais velhos ou pelo recrudescimento de individualismos extremados na obtenção de serviços públicos.[714] Em uma perspectiva mais estrita e

---

[710] RIBEIRO, Leonardo Coelho, *O direito administrativo como caixa de ferramentas e suas estratégias*, 2016, p. 220.
[711] RIBEIRO, Leonardo Coelho. *O direito administrativo como "caixa de ferramentas"*: uma nova abordagem da ação pública. São Paulo: Malheiros, 2016, p. 21.
[712] DOUEIHI, Milad. *Pour un humanisme numérique*. Paris: Éditions du Seuil, 2011, p. 124.
[713] HENMAN, Paul. *Governing Electronically*: E-Government and the Reconfiguration of Public Administration, Policy and Power. Basingstoke: Palgrave Macmillan, 2010, p. 05.
[714] SILVA, Suzana Tavares da. Democracia transnacional. *In:* MARTINS, Ana Gouveia; LEÃO, Anabela; MAC CRORIE, Benedita; MARTINS, Patrícia Fragoso (Coord.). *X Encontro de*

otimista, nos quadrantes da processualidade administrativa, o Governo Eletrônico abre novas possibilidades entre o Poder Público e a sociedade, seja pela maior integração e controle no processo decisório gestado a partir da participação administrativa, seja pela facilidade na formação, proteção e acesso à informação. A despeito disso, é preciso ter em conta: (a) que o elevado número de informações carece de adequada proteção; (b) sobretudo diante de informações qualificadas, isto é, reservadas ou sigilosas, sem falar que (c) a adoção de trâmites automáticos, e pretensamente simplificadores, pode afetar na justiça dos resultados, mormente diante de parâmetros inadequados no atendimento das demandas.[715]

Enfim, o Governo Eletrônico representa uma verdadeira ponte entre a sociedade e as organizações administrativas, porquanto possibilita outra dinâmica no atendimento dos cidadãos,[716] de maneira que o tratamento processual dos conflitos de interesses se revele mais funcional, célere e transparente. Afinal, em uma sociedade de tantos avanços tecnológicos, o cidadão não mais tolera a ineficiência da Administração Pública, sobretudo quando cercada de segredo ou opacidade.[717] Por outro lado, em uma perspectiva interna da atuação administrativa, para além dos ordinários fluxos na prestação de serviços à sociedade, o Governo Eletrônico possibilita maior agilidade na rotina dos procedimentos interadministrativos.[718]

Aqui, não se adota a distinção entre Governo Eletrônico e Governo Digital, porquanto ainda que se defenda o contrário;[719] não há entre esses modelos uma relação de superação performativa digna de substituição na nomenclatura, mas, tão somente, o inevitável aperfeiçoamento das disponibilidades tecnológicas da era digital, que, para todos os efeitos, sempre vai demandar o suporte eletrônico, sobretudo para o fortalecimento da coordenação institucional das políticas de Estado e para a adoção de estratégias de longo prazo no atendimento das prestações

---

Professores de Direito Público. Lisboa: Instituto de Ciências Jurídico-Políticas da Faculdade de Direito de Lisboa, 2017, p. 160-185, p. 178.

[715] SILVA, Suzana Tavares da, *Democracia transnacional*, 2017, p. 179.

[716] BRAGA, Lamartine Vieira; GOMES, Ricardo Corrêa. Governo Eletrônico e seu relacionamento com o desenvolvimento econômico e humano: um estudo comparativo internacional. *RSP*, Brasília, vol. 66, n. 04, p. 523-556, out./dez. 2015, p. 526.

[717] PEREZ, Marcos A., *O mundo que Hely não viu*, 2017, p. 859.

[718] BRAGA, Lamartine Vieira; GOMES, Ricardo Corrêa, *Governo Eletrônico e seu relacionamento com o desenvolvimento econômico e humano*, 2015, p. 527.

[719] CARVALHO, Lucas Borges de. *Governo digital e direito administrativo*: entre a burocracia, a confiança e a inovação. *RDA*, Rio de Janeiro, vol. 279, n. 03, p. 115-148, set./dez. 2020, p. 124.

públicas.[720] Portanto, utiliza-se o termo Governo Eletrônico ou Governo Digital sem que isso represente qualquer nota distintiva entre eles em função da revolução digital, a despeito de a expressão Governo Digital ter sido adotada na Lei nº 14.129/2021 (LGD), que dispõe sobre os princípios, as regras e os instrumentos para o Governo Digital e aumento da eficiência pública.

Aliás, o processo administrativo, para além de representar o substrato formal da atuação administrativa, representa um meio de transmissão de informações[721] e, nessa qualidade, como mecanismo de atuação do Estado e dos seus desdobramentos orgânico-funcionais, ele se submete aos avanços das novas tecnologias no tratamento das informações de interesse público.[722] Assim, a expansão das Tecnologias de Informação e Comunicação (TIC) possui uma estreita ligação com o Governo Eletrônico,[723] afinal, não seria possível o atual estágio de funcionalidade na prestação de serviço sem as potencialidades geradas pelos avanços tecnológicos, notadamente, no campo processual.

Contudo, a realidade do Governo Eletrônico não se limita aos benefícios ou funcionalidades decorrentes dos avanços tecnológicos, pois também contribui decisivamente para a expansão de valores políticos na ambiência administrativa, notadamente quanto à transparência, participação social na elaboração das políticas públicas e tomada de decisão.[724]

Assim, o crescimento dos meios eletrônicos na Administração Pública representa uma premente necessidade operacional na hipermodernidade; logo, para o direito administrativo atual e, sobretudo, para o processo administrativo, conceitos como informação, comunicação e conhecimento assumem um significado de transcendental importância,

---

[720] CARVALHO, Lucas Borges de, Governo digital e direito administrativo, 2020, p. 124.
[721] KLUTH, Winfried; NUCKELT, Jana. Implications of the law on administrative procedure for generating knowledge in public administration. *In*: BARNES, Javier (Ed.). *Transforming administrative procedure*. Sevilla: Global Law Press, 2008, p. 381-428, p. 384.
[722] KLUTH, Winfried; NUCKELT, Jana, Implications of the law on administrative procedure for generating knowledge in public administration, 2008, p. 384.
[723] CORVALÁN, Juan Gustavo. Digital and intelligent Public Administration: transformations in the Era of Artificial Intelligence. *A&C*, Belo Horizonte, ano 18, n. 71, p. 55-87, jan./mar. 2018, p. 59.
[724] BARNES, Javier, La colaboración interadministrativa a través del procedimiento administrativo nacional, 2008, p. 255.

tal como, no direito administrativo tradicional, possuíam os conceitos de atividade administrativa ou resolução administrativa.[725]

A despeito desse cenário de perspectivas tão desafiadoras e promissoras, a realidade é, por vezes, paradoxal. Propostas que poderiam representar avanços concretos no complexo universo das atividades administrativas por vezes acabam por desfechar sofríveis e inesperados malogros, a despeito de todos os esforços envolvidos (funcionais e institucionais), sem falar, ainda, nos inevitáveis custos de desenvolvimento de plataformas de trabalho. Dito de outro modo, e entrando no *interessante* reino das realizações institucionais, é forçoso reconhecer que os procedimentos eletrônicos também assumem aspectos igualmente paradoxais, porque, a despeito das funcionalidades geradas pela era digital, a dinâmica da funcionalidade procedimental tem encontrado limites na mentalidade analógica na incorporação das garantias processuais no manejo eletrônico da atividade processual administrativa. Enfim, observa-se o peso da contradição quando se abrevia procedimentos antes considerados complexos e bem demorados, mas se inviabiliza desmedidamente outros, possivelmente mais importantes, na implementação dos direitos sociais.

Na Administração Pública federal há nítida assincronia entre entidades e órgãos na integração de dados e sistemas de informação, porquanto cada um deles, muitas vezes a passos largos, evolui procedimentalmente rumo ao Governo Eletrônico, no sentido mais amplo e funcional do termo, porém, em uma perspectiva feudal, isto é, isolados das demais estruturas administrativas, criando obstáculos operacionais insuperáveis no terreno da colaboração interadministrativa, de maneira que os avanços tecnológicos, por não serem adequadamente compartilhados, são sensivelmente reduzidos na realização dos serviços públicos.

Nesse ponto, revela-se interessante a reforma constitucional alemã de 2009, pois, no artigo 91c, exigiu um regime de estreita colaboração das Administrações Públicas nos serviços de TIC, prestigiando uma sinergia de esforços entre a Federação e os *Länder*.[726] Outro dado relevante, mas pouco discutido, é a majoração dos custos na contratação

---

[725] GARCÍA MACHO, Ricardo. Procedimiento administrativo y sociedad de la información y del conocimiento. *In*: BARNES, Javier (Ed.). *La transformación del procedimiento administrativo*. Sevilla: Editorial Derecho Global, 2008, 183-229, p. 200.

[726] ARROYO GIL, Antonio; GIMÉNEZ SÁNCHEZ, Isabel M. La incorporación constitucional de la cláusula de estabilidad presupuestaria en perspectiva comparada: Alemania, Italia y Francia. *REDC*, Madrid, n. 98, p. 149-188, mayo/agosto 2013, p. 165.

de serviços de TIC em função do inadequado aproveitamento do regime de economia de escala decorrente da excessiva fragmentação das unidades contratantes, ocasionando uma nova onda de desperdício de recursos públicos.[727] Vive-se, de certo modo, uma verdadeira *babel* de sistemas de informação, de maneira que a integração entre eles se tornou uma nova e traiçoeira *travessia do atlântico*.

No que respeita à proteção previdenciária, impõe-se maior integração das informações colhidas na ambiência laboral, devidamente coligidas pelos empregadores, com os históricos dos sistemas de informação do INSS, observadas as exigências legais quanto ao tratamento de dados pessoais, nos termos da Lei nº 13.709/2018 (Lei Geral de Proteção de Dados Pessoais – LGPD). Além disso, e com maior razão, a integração de dados entre entidades e órgãos públicos deve ser mais intensa possível, sobretudo no ciclo operacional da Saúde, Assistência e Previdência Social. Não há qualquer razão jurídica, muito menos tecnológica, para que os três pilares da Seguridade Social ainda não gozem das mesmas matrizes de dados ou informações no regular curso das prestações sociais.

Trata-se de inarredável preocupação da Administração Pública tornar a dinâmica informativa da atuação administrativa o mais sincrônica possível, porquanto através dela é possível reduzir os *ruídos* na gestão dos dados e, assim, permitir análises mais abrangentes e consistentes sobre os processos decisórios e prestacionais no campo da proteção social, reduzindo tempo e custos na concessão, manutenção e revisão dos benefícios previdenciários e assistenciais. Além disso, o correto manejo do manancial de informações disponíveis à Administração Pública, sobretudo com o regular fluxo das ferramentas de consultas ou pesquisas praticamente instantâneas, possibilita a redução de fraudes contra a autarquia previdenciária.

No processo de contratação pública, tendo em vista a legislação anterior, a LGLC trouxe significativos desafios à Administração Pública, notadamente no que concerne à determinação de que os atos do processo de contratação pública sejam preferencialmente digitais, de maneira que sejam produzidos, comunicados, armazenados e validados por meio eletrônico (artigo 12, inciso VI), consagrando a imposição de que, no futuro, apenas existam processos eletrônicos, admitindo-se

---

[727] BUCCI, Maria Paula Dallari. *Fundamentos para uma teoria das políticas públicas*. São Paulo: Saraiva, 2013, p. 179.

excepcionalmente a ocorrência de processos físicos.[728] Para além disso, o próprio PNCP, nos termos do artigo 174, consagra uma dinâmica operacional que exigirá enorme esforço institucional, seja para a manutenção e o aperfeiçoamento da funcionalidade da ferramenta, seja para viabilizar os procedimentos referentes ao seu efetivo emprego e, claro, aos controles decorrentes do seu fluxo informacional.

Aqui impõe-se uma estreita colaboração interadministrativa entre os entes políticos, sobretudo diante das reconhecidas limitações dos Municípios pequenos, em que a consagração da ideia de Governo Eletrônico ainda se mostra muito incipiente, fazendo com que as ordinárias práticas administrativas se tornem difíceis – ou mesmo inviáveis – a partir das exigências impostas pela LGLC. Essa questão se torna particularmente tormentosa diante do artigo 5º da LGD, que exige soluções digitais para a gestão das políticas finalísticas e administrativas – bem como no trâmite dos processos administrativos eletrônicos – da Administração Pública de todos os entes federativos.

De qualquer sorte, não se pode negar que o Brasil passa por uma verdadeira transformação digital, pois dispõe de 4.015 serviços digitais no portal gov.br, de maneira que, no âmbito federal, 84% dos serviços são digitais, sem falar na economia anual na ordem de R$4,5 bilhões.[729]

4.3 Desafios prático-estruturais da sociedade civil

> *"All practices have semantic, political, economic, and legal dimensions."*[730]

A desavisada pretensão de que determinadas abstrações legais sejam capazes de aproximar realidades distantes, como que existindo uma inevitável relação sinérgica de interesses convergentes, tem feito com que a disciplina normativa da atuação administrativa não encontre ressonância na sociedade civil. Essa (in)cômoda perspectiva, que consagra uma estultice legislativa sem tamanho, acolhe a romântica ilusão da submissão da realidade aos prognósticos normativos em detrimento das adversidades prático-procedimentais da Administração Pública,

---

[728] JUSTEN FILHO, Marçal, *Comentários à Lei de Licitações e Contratações Administrativas*, 2021, p. 269.

[729] Fonte: Governo Digital. Disponível em: https://www.gov.br/governodigital/pt-br. Acesso em: 22 set. 2022.

[730] SCHATZKI, Theodore R, *Social practices*, 1996, p. 148.

pondo em xeque o principal objetivo do processo administrativo: promover a racionalidade da atuação estatal.[731]

Todavia o preço dessa pretensão ilusionista sobre os rumos da ação pública evidentemente é bem alto, pois cria um círculo interminável de assincronias entre as forças administrativas e os arranjos do mercado e terceiro setor. Negar o valor dos aspectos prático-procedimentais no processo administrativo de contratação pública, além de torná-lo mais moroso, em função dos obstáculos operacionais, acaba por afastar o benefício de eventual interação propositiva que possa existir entre a Administração Pública e a sociedade civil.

Por isso, é preciso considerar as diversas dimensões das práticas que circundam as organizações administrativas, pois não se revela suficiente considerar a dimensão legal, notadamente a disciplina procedimental, mas concomitantemente negligenciar as dimensões político-econômicas, que cadenciam os parâmetros de autoridade decisória e alocação de recursos bem como a dimensão semântica, que compreende a ordem de códigos que são estruturadas pelas interações dos agentes na composição das diversas práticas.[732]

Um exemplo simples pode evidenciar isso: para além da disciplina legal dos procedimentos, e mesmo das inferências orçamentário-financeiras de qualquer empreendimento público, notadamente no campo da proteção social, observa-se que a prática administrativa não facilita os modos e meios de participação dos licitantes nos certames licitatórios. Não se trata, aqui, dos imperiosos critérios exigidos pela habilitação (artigo 62 da LGLC), mas, sim, da ausência de cuidados quanto aos esclarecimentos editalícios necessários à formulação adequada da proposta.

Aliás, trata-se de regra comezinha facilitar os níveis de compreensão sobre as necessidades da Administração Pública, porém os processos de contratação raramente se preocupam com a inteligibilidade dos seus critérios – ou mesmo com a racionalidade das exigências formuladas. Afinal, toda exigência deve compreender um suporte fático-normativo que a justifique diante das demandas administrativas. Não há dúvida de que isso interfere diretamente na qualidade das propostas e, fatalmente, no valor global delas, porquanto a compreensão,

---

[731] SCHMIDT-ASSMANN, Eberhard. Structure and functions of administrative procedures in German, European and international law. *In*: BARNES, Javier (Ed.). *Transforming administrative procedure*. Sevilla: Global Law Press, 2008, 43-74, p. 48.

[732] SCHATZKI, Theodore R, *Social practices*, 1996, p. 148.

da forma mais analítica possível, das exigências da contratação representa maior garantia sobre a viabilidade das propostas.

É dizer, com o fornecimento de informações imprecisas sobre o objeto da contratação, as práticas mercadológicas laboram contra qualquer agente econômico idôneo, pois os custos da insegurança dos dados não são absorvidos pelo licitante, porém, mais adiante, pelo próprio contratante, criando uma névoa de incompreensão em desfavor da economicidade das propostas, fazendo com que os licitantes inidôneos cheguem ao menor preço, pois, na dúvida sobre os verdadeiros encargos da contratação, a empresa sem escrúpulo tende a reduzir os seus custos na má qualidade da prestação de serviço ou material. Disso resulta que as possibilidades da atuação pública não vão além das práticas decorrentes das interações entre as organizações administrativas e a sociedade civil[733] e, por isso, quanto maior se revelar a dinâmica de interações entre elas, por consequência do fluxo reflexivo de informações e serviços, maiores serão os benefícios no processo de contratação pública, não apenas pelo compartilhamento de visões sobre os dilemas suportados, mas, sobretudo, pela filtragem dos meios e modos de atuação diante de eventos proibitivos a partir do campo de atuação do mercado.

4.3.1 Práticas organizacionais e políticas públicas: os (des)arranjos dos empreendimentos (in)comuns

> "O maior desafio com o qual a economia social se arrosta no presente não é o da busca de soluções generalizantes, é, antes, o da generalização da capacidade de criar soluções adaptadas às particularidades de cada organização."[734]

A implementação dos direitos fundamentais compreende a necessidade de formular políticas públicas adequadas e, para tanto, é preciso promover valores constitucionais na ambiência administrativa, consolidando um verdadeiro constitucionalismo administrativo (*administrative constitutionalism*) no qual a estrutura orgânico-funcional da

---

[733] SCHATZKI, Theodore R, *Social practices*, 1996, p. 167.
[734] QUELHAS, Ana Paula. O financiamento da economia social – de novo a "meio caminho". *In*: LOUREIRO, João Carlos; SILVA, Suzana Tavares da (coord.). *A economia social e civil – estudos*. Coimbra: Instituto Jurídico da Faculdade de Direito da Universidade de Coimbra, 2015, p. 230-248, p. 247.

Administração Pública protagoniza a imperiosa tarefa de promover o efetivo gozo dos direitos positivos.[735] Toda política pública compreende uma realidade complexa de atuações institucionais, não necessariamente estatais, na qual o campo jurídico representa apenas uma parcela desse universo. Aliás, nem representa a mais importante, que, por certo, é resguardada à política. De todo modo, como a atuação administrativa deve encontrar amparo nos parâmetros jurídicos, resulta evidente que os contornos jurídicos da ação pública exigem uma disciplina normativa adequada, até porque as políticas públicas compreendem uma realidade eminentemente processualizada, logo, submetida às garantias constitucionais – primeiro, para a segurança do próprio processo decisório; segundo, para a regular execução da política pública.

Aqui, desde já, é necessário destacar o seguinte: se a legislação não representa segurança no percurso das políticas públicas,[736] o filtro da atuação judicial também não se afasta disso, pelo menos do ponto de vista das implicações procedimentais ou operacionais. Em qualquer caso, a importância do Direito resulta da disciplina dos institutos jurídicos que conformam e executam as políticas públicas. Dessa forma, por comportar uma dimensão precipuamente instrumental, não há razão alguma para tratar as políticas públicas pelo viés precipuamente jurídico: política pública é fim; Direito é meio.

De todo modo, em uma análise mais restrita à perspectiva jurídica da política pública, que se inicia com a norma política,[737] portanto, com a lei parlamentar (*fase legislativa*),[738] no sentido de que ela representa sua origem e seus propósitos, e, partir dela, exsurge a concreção dos diversos planos da ação governamental (*fase executiva*), na qual o direito positivo assume outro *status*, a saber, o de instrumento da política pública,[739] que, por fim, pode sofrer eventual controle administrativo ou judicial (*fase sindicativa*), sem falar que a colaboração da sociedade civil é importante em todas as fases, mas na executiva ela é primordial,

---

[735] MONIZ, Ana Raquel Gonçalves, *Os direitos fundamentais e a sua circunstância*, 2017, p. 134.
[736] PALMA, Juliana Bonacorsi de, Direito administrativo e políticas públicas, 2013, p. 186.
[737] DERANI, Cristiane. Política pública e norma política. *RFD/UFPR*, Curitiba, vol. 41, p. 19-28, jul./dez. 2004, p. 23.
[738] Em sentido contrário, *vide*: BUCCI, Maria Paula Dallari. O conceito de política pública em direito. *In*: BUCCI, Maria Paula Dallari (Org.). *Políticas públicas*: reflexões sobre o conceito jurídico. São Paulo: Saraiva, 2006, p. 01-50, p. 12.
[739] NASCIMENTO, André Jansen do. A licitação como instrumento de efetivação de políticas públicas. *In*: CHARLES, Ronny (Org.). *Licitações públicas*: homenagem ao jurista Jorge Ulisses Jacoby Fernandes. Curitiba: Negócios públicos, 2016, p. 93-128, p. 96.

porque representa um componente institucional de aproximação do Poder Público com as práticas sociais.

Cumpre lembrar que na *fase pré-legislativa*, e isso precisa ficar claro, não há propriamente política pública, mas sim a dinâmica discursiva de sua possível elaboração, na qual se questiona o reconhecimento de sua necessidade, tendo em vista uma agenda de governo sobre determinada problemática e, consequentemente, delimitando a diretriz de futura política pública por meio de proposta legislativa ou decisão presidencial.[740] Evidentemente, quanto maior se revelar a decantação normativa das prestações estatais, por elementar consequência lógica, maior será o substrato analítico da viabilidade das políticas públicas.

Nessa fase, é possível distinguir a agenda governamental (*governmental agenda*), que se notabiliza pela identificação dos assuntos que despertam a atenção no processo de elaboração da política pública, da agenda decisional (*decision agenda*), que se caracteriza pela delimitação dos assuntos, dentro da agenda governamental, no fluxo deliberativo da autoridade pública.[741] Cumpre lembrar que a maioria das políticas públicas não depende de inovação legislativa, pois já há substrato normativo na legislação, cujo processo de densificação normativa pode advir de ato do Poder Executivo (artigo 84, inciso IV, da CRFB).

Como a dinâmica decisória sofre forte intervenção dos grupos de pressão, em uma intensa contraposição de ideias e pretensas soluções entre especialistas em políticas públicas, a discussão sobre os problemas da gestão pública ganha um matiz decisivamente político, inclusive o processo eleitoral exerce inegável influência na agenda governamental bem como sobre as alternativas das políticas públicas.[742] Assim, a reflexão sobre os problemas da gestão pública, o levantamento das propostas de políticas públicas e os eventos político-eleitorais, entre outros pormenores, são os maiores responsáveis pela retração ou expansão de determinada temática no processo deliberativo da autoridade pública.[743]

Vale advertir que essa problemática não é, nem de longe, o fator determinante da solução legislativa, pois o Parlamento se sobrepõe ao ordinário prognóstico da agenda de governo, podendo, não raras vezes, nem mesmo se dedicar ao problema inicialmente ventilado pela agenda

---

[740] KINGDON, John W. *Agendas, alternatives, and public policies*. Second Edition. Harlow: Pearson, 2014, p. 02-03.
[741] KINGDON, John W., *Agendas, alternatives, and public policies*, 2014, p. 04.
[742] KINGDON, John W., *Agendas, alternatives, and public policies*, 2014, p. 17.
[743] KINGDON, John W., *Agendas, alternatives, and public policies*, 2014, p. 18.

governamental.[744] Por isso, políticas públicas são *arranjos institucionais complexos*,[745] porém a partir de imperativos legais ou constitucionais, não se limitando, evidentemente, aos prognósticos jurídicos,[746] porquanto vão muito além do universo das especulações político-normativas. É dizer, o Parlamento apenas ventila, com considerável margem de liberdade, a diretriz da política pública, cabendo ao Executivo apresentar os seus diversos matizes teórico-procedimentais diante das possibilidades político-institucionais do Estado.

Aliás, o Parlamento, cada vez mais, apenas apresenta lei-quadro de diretrizes destinada à dura realidade da gestão pública, logo, não se admite uma atuação administrativa totalmente apartada de parâmetros legais. Nesse sentido, a tendência é que cada vez mais o Executivo disponha de maiores competências normativas, não por mera liberalidade do Parlamento, mas por inevitável exigência da hipermodernidade. Outro ponto deve ser esclarecido: por mais que se diga que a política pública apenas possui suporte legal e, por conseguinte, não advém da lei,[747] trata-se de afirmação tão evidente, que chega até mesmo a ser desnecessária. Explica-se: o que se questiona é se a lei teria ou não o condão de ventilar os propósitos de determinada política, até porque os parâmetros executivos ou materiais, a toda evidência, são externos à lei parlamentar. Assim, a dinâmica entre lei e política pública é de pertencimento em função dos seus propósitos, não se tratando de minudente desdobramento legal sobre a forma de planejamento e execução de determinada política pública.

Além disso, é preciso distinguir política pública dos substratos materiais (executivos) de determinado propósito legal. Assim, planejamento governamental não é política pública, mas consectário político-administrativo das prescrições legais que exigem, abstrata ou concretamente, a promoção de determinada política pública. A compreensão da política pública como prestação material possui, entre outros pormenores, o grande equívoco de atribuir dilemas práticos

---

[744] IMMERGUT, Ellen M. O núcleo teórico do novo institucionalismo. *In*: FERRAREZI, Elisabete; SARAVIA, Enrique. *Políticas públicas*. Coletânea – Volume 1. Brasília: ENAP, 2006, p. 155-195, p. 172.
[745] BUCCI, Maria Paula Dallari. Notas para uma metodologia jurídica de análise de políticas públicas. *FA*, Belo Horizonte, ano 09, n. 104, p, 20-34, out. 2009, p. 30.
[746] BUCCI, Maria Paula Dallari, Notas para uma metodologia jurídica de análise de políticas públicas, 2009, p. 31.
[747] BUCCI, Maria Paula Dallari, Notas para uma metodologia jurídica de análise de políticas públicas, 2009, p. 32.

ou materiais da ação governamental, que são inerentes à atividade executiva, à própria ideia constitutiva da política pública. Ademais, a atuação administrativa pode padecer de vícios sem que, com isso, a política pública seja, em si, condenável do ponto de vista legal. A política pública concreta, como serviço público destinado aos cidadãos, não passa das ordinárias formas de atuação da Administração Pública e, por conseguinte, encontra-se sujeita aos indeclináveis limites da legislação, que, por não ser nada sistematizadora, tende a gerar contraposições normativas entre os instrumentos jurídicos da atuação administrativa e a disciplina protetiva dos interesses dos cidadãos.

Tendo em vista os desafios da dinâmica executiva de natureza prestacional, cumpre destacar que toda política pública deve gerar resultados, isto é, alcançar objetivos sociais, em determinado período, para fins de monitoramento e avaliação.[748] Vê-se, assim, que a política pública ganha corpo na fase executiva, saindo das diretrizes gerais da fase legislativa para ganhar os pormenores estabelecidos pelos órgãos centrais e empreendidos pelas instâncias administrativas subalternas, no que exige um expressivo esforço de coordenação entre os Entes Políticos, com seus desdobramentos orgânico-funcionais, e, claro, entre as entidades da sociedade civil e o Estado.[749]

Aqui entra em cena uma questão muito importante: como as práticas organizacionais interferem na realização das políticas públicas? Não há dúvida de que elas interferem; o que se questiona é a forma de interferência: se positiva ou negativamente. Por mais que se diga que as práticas organizacionais não assumem qualquer relevância jurídica, o fato é que elas interferem diretamente na forma como é aplicada a legislação e, assim, é capaz de gerar sérias inconsistências entre os objetivos legais e os planos da atuação administrativa. Aliás, grande parte dessas assincronias decorre da indiferença da disciplina normativa sobre as particularidades das práticas organizacionais diante das contingências político-mercadológicas, que não tardam em castigar os prognósticos legais.

Por isso, para além de demoradas discussões sobre Ciência Política, Ciência da Administração e Gestão Pública, entre outros ramos, o que importa ao Direito é o aperfeiçoamento dos seus institutos em face dessas áreas de saber. Dito de outro modo, apresentar alternativas

---

[748] BUCCI, Maria Paula Dallari, *O conceito de política pública em direito*, 2006, p. 43.
[749] BUCCI, Maria Paula Dallari, *O conceito de política pública em direito*, 2006, p. 44.

inerentes ao seu substrato de atuação, notadamente institutos e procedimentos, diante das contingências de outros processos sociais.[750] Além disso, é impossível resguardar as políticas públicas quando se considera apenas o seu processo decisório ou o resultado delas, mas se desconsidera a fisiologia da atuação administrativa. É preciso destacar a inevitável conexão entre a Ciência do Direito Administrativo e a Administração Pública,[751] sobretudo a interdependência dos aspectos funcionais dessa conexão. Nesse sentido, a contratação pública possui uma relação direta com a eficiência da gestão pública e, consequentemente, com o desempenho das políticas públicas, já que, a partir dela, os planos da atuação administrativa tomam forma e conteúdo.

Dito isso, é preciso firmar que as políticas públicas são mais efetivas quando se adequam ao universo das práticas organizacionais, isto é, quando saem das generalizações dos programas nacionais, típicas da ciranda política do poder central, para assumir as particularidades da dinâmica operativa do complexo organizacional do Estado em uma realidade específica,[752] mas, claro, sem perder a consistência dos prognósticos centrais da atuação administrativa: a diretriz política adotada pelo poder central. O que não revela qualquer novidade, porquanto a sincronia entre as práticas organizacionais e as especificidades de cada política pública, como toda sintonia em uma relação instrumental, potencializa a capacidade institucional do Estado, revelando, assim, bons frutos à sociedade.

Aqui cumpre dizer que o PRP compreende uma realidade específica de proteção previdenciária e, nesse sentido, exige modos, também específicos, de empreender as políticas públicas, especialmente em função do universo mais restrito de possibilidades orgânico-funcionais das médias e pequenas unidades administrativas. Quanto menor se revelar a unidade administrativa, tendo em vista seus limites operacionais, maior é a necessidade da sincronia entre as práticas organizacionais e as políticas públicas. Então o que seriam essas práticas organizacionais? Elas ocupam diversos lugares diante das prestações de serviço

---

[750] FRANCO, Caroline da Rocha. O modelo de *multiple streams* na formulação de políticas públicas e seus reflexos no direito administrativo. *A&C*, Belo Horizonte, ano 13, n. 54, p. 169-184, out./dez. 2013, p. 181.
[751] BUCCI, Maria Paula Dallari. *Direito administrativo e políticas públicas*. 1. ed. 2. tir. São Paulo: Saraiva, 2006, p. 238.
[752] LOWI, Theodore J. Four systems of policy, politics, and choice. *In*: MCCOOL, Daniel C. (Ed.). *Public policy theories, models, and concepts:* an anthology. New Jersey: Prentice Hall, 1995, p. 181-201, p. 197.

ou material, dos aspectos comunicacionais aos operacionais, mas, em qualquer caso, assumindo posição de destaque quanto à definição do modo de interação entre Administração Pública, mercado e terceiro setor.

Ainda que essas práticas não comportem, em si, uma dimensão propriamente jurídica, não se discute que as consequências delas guardam relevantes questões normativas à Administração Pública, seja pela perspectiva das realizações públicas, seja pelo controle exercido quanto ao *comportamento administrativo*. Este, como se sabe, sempre exige uma seleção consciente ou não de ações,[753] que, cedo ou tarde, submete-se à análise jurídica. Desse modo, as práticas organizacionais não representam um universo alheio à reflexão jurídica, muito embora possuam um código de atuação diverso, mas não contrário, da sistemática pretensamente linear da normatividade. Nesse contexto, a contratação pública ocupa um lugar de destaque, pois a decisão administrativa relativa às efetivas realizações da ação pública exige uma feliz simbiose entre desígnios legais, decisões políticas e possibilidades prático-procedimentais da Administração Pública. O problema, contudo, surge quando as práticas organizacionais e sociais não se complementam para alcançar o mesmo resultado.

A ideia de formulação de empreendimentos comuns a partir dessa realidade, como que idealizando a concretização de objetivos concretos da ação pública, exige a compreensão de que a funcionalidade dos institutos jurídicos é prejudicada pela assincronia entre a disciplina normativa da contratação pública e o modo de atuação das organizações administrativas e da sociedade civil. Não se trata, em qualquer caso, de contraposição normativa; a questão é outra: a disciplina normativa da contratação pública ainda não foi capaz de absorver as potencialidades da ordenação prática do direito. Nesse sentido, e a título exemplificativo, é visível o descompasso entre os requisitos na seleção do fornecedor (rígido e artificioso) e o objetivo útil da contratação (eficiência e funcionalidade).

---

[753] SIMON, Herbert A. *El comportamiento administrativo*: estudios de los procesos decisorios en la organización administrativa. Traducción de Amando Lázaro Ros. 2. ed., 1. reimp. Madrid: Aguilar, 1970, p. 05.

4.3.2 Terceiro setor entre o ocaso e o caso da gestão pública: das parcerias onerosas às relações operosas

> "*El Estado puede reducir sus acciones si de esto modo las optimiza. La retirada del Estado de determinados ámbitos únicamente se justifica en orden al mejor cumplimiento de sus responsabilidades de configuración.*"[754]

No Brasil, o terceiro setor ainda não convenceu boa parte da doutrina, pois a resistência quanto aos seus propósitos, sobretudo de fundo ideológico estatista,[755-756] ainda é muito forte, de maneira que toda experiência malograda é justificativa para colocar em xeque a sua utilidade no universo das prestações públicas. Evidentemente o surgimento de críticas sobre a eficiência da colaboração público-privada é digna de toda atenção, aliás, isso também se aplica à própria prestação direta dos serviços públicos, porquanto exprime uma lógica de aperfeiçoamento das parcerias; porém a questão vai mais além: mesmo quando os serviços prestados são eficientes, há sempre resistência sobre a sua manutenção ou expansão, o que comprova o fetichismo estatista na análise das relações entre a Administração Pública e o terceiro setor.

Nesse contexto, a atividade de fomento, na qual consagra proteção, estímulo e auxílio às atividades dos particulares de interesse geral,[757] inclusive prescindindo de mecanismos cogentes ou imperativos da atuação estatal,[758] assume injustificável *status* de condenável forma de alocação de recursos públicos, muito embora represente um mecanismo de atuação privada prestigiado pelo Estado, nos termos do artigo 199, §1º, da CRFB, e dos artigos 24 e 25 da LOS. Não se pode negar que a legislação contribui para esse estado de coisas, pois ela tenta impor ao espaço público não estatal um código de atuação que é pouco útil no universo das relações privatísticas, fazendo com que a comprovação

---

[754] INNERARITY, Daniel. *El futuro y sus enemigos:* una defensa de la esperanza política. Barcelona: Paidós, 2009, p. 132.

[755] GABARDO, Emerson. *Interesse público e subsidiariedade:* o Estado e a sociedade civil para além do bem e do mal. Belo Horizonte: Fórum, 2009, p. 152.

[756] Para uma visão extremada [e equivocada] sobre o propósito do terceiro setor, dentre tantos, *vide:* CHAGAS, Juary. Luta de classes e estratégia revolucionária: duas polêmicas teórico-políticas com os ideólogos do "terceiro setor" e o "gramscismo reformista". *In:* VITULLO, Gabriel Eduardo (Org.). *A ideologia do "terceiro setor":* ensaios críticos. 2. ed. Natal: EDUFRN, 2015, p. 35-68.

[757] JORDANA DE POZAS, Luis. Ensayo de una teoría del fomento en el Derecho administrativo. *REP*, Madrid, n. 48, p. 41-54, 1949, p. 49.

[758] SUNDFELD, Carlo Ari. *Direito administrativo ordenador.* São Paulo: Malheiros, 1993, p. 16.

da regularidade normativa das relações público-privadas se torne uma tarefa morosa, onerosa e enfadonha. Dessa forma, a utilidade da *atividade público-privada* é questionada pela sociedade e, sobretudo, pelos órgãos de controle. Aqui, nos domínios do contrato de direito público ou convênio, evita-se a expressão parceria público-privada, que deve ser reservada aos contratos de que trata a Lei nº 11.079/2004.[759]

Além disso, o regime tributário não é dos mais felizes, gerando, assim, odiosos privilégios em detrimento dos reais objetivos da colaboração público-privada. Nesse sentido, a dispensa de contribuição previdenciária representa uma questionável política tributária. Explica-se: o estímulo gerado pela inexistência de cota patronal, no que prestigia a relevância dos serviços prestados pelas entidades sem fins lucrativos (artigo 150, inciso VI, alínea c, da CRFB, c/c artigo 14 da Lei nº 5.172/1966), pode comportar apenas uma nova forma de incorporar velhas práticas parasitárias na atividade financeira do Estado. As entidades filantrópicas, a despeito do êxito de suas atividades, nem sempre realizam investimentos nos fins institucionais e, mesmo quando isso é pretendido, os entraves burocráticos desestimulam a comprovação dos parâmetros da norma imunizante, sem falar, ainda, nas entidades que pretendem apenas ludibriar os órgãos de controle.[760]

Dessa forma, o mais adequado, porque assegura maior dinâmica de controle, é reformular o texto constitucional para conceder a imunidade, tão somente, em função da efetiva oferta de serviços, devidamente parametrizados pela legislação infraconstitucional, no que representaria uma forma objetiva de compensação pela ausência de arrecadação tributária.[761] Nesse sentido, a Lei Complementar nº 187/2021, a despeito de apresentar maior racionalidade que a legislação anterior, ainda não prestigia o controle adequado da prestação de serviço, pois os serviços prestados à sociedade ainda não são equivalentes à *benesse* tributária concedida às pessoas jurídicas de direito privado sem fins lucrativos, o que reafirma a noção de uma modalidade de fomento, na área de

---

[759] DIAS, Eduardo Rocha; SILVA JÚNIOR, Geraldo Bezerra da. Uma análise das parcerias público-privadas na prestação de serviços de saúde no Brasil. *RDPE*, Belo Horizonte, ano 13, n. 51, p. 81-107, jul./set. 2015, p. 83.

[760] MACHADO SEGUNDO, Hugo de Brito. *Fundamentos do direito*. São Paulo: Atlas, 2010, p. 209.

[761] MACHADO SEGUNDO, Hugo de Brito, *Fundamentos do direito*, 2010, p. 209.

assistência social, educação e saúde, que complementa a atuação estatal, mediante *renúncia* fiscal.[762]

Com relação à prestação de serviços de saúde, para além dos contratos de direito público ou convênios previstos no artigo 199, §1º, da CRFB, que se limitam às parcerias no âmbito do SUS,[763] as OS (artigo 1º da Lei nº 9.637/1998), OSCIP (artigo 3º, inciso III, da Lei nº 9.790/1990) e OSC, conforme os artigos 30, inciso VI, c/c artigo 84-C, todos do MROSC, também representam louváveis alternativas da legislação para promover a *complementação* da rede de atendimento do SUS.[764] Além disso, o STF já se posicionou pela regularidade da prestação privada do serviço de assistência à saúde, contanto que sejam observadas as diretrizes do SUS.[765] Todavia o serviço de atenção à saúde do PRP, o qual comporta serviços de alta atenção pessoal aos reabilitandos, exige uma logística bem específica de complementariedade ao atendimento do SUS, porquanto retrata uma dinâmica de prestação de serviço ou material própria do processo de RP (artigo 421, inciso I, da IN nº 128/2022). Nesse contexto, de tão amplas possibilidades, é imperiosa a avaliação dos aspectos práticos que encerram a colaboração público-privada, isto é, se ela se revela útil diante dos objetivos prospectados pelo Poder Público. Com efeito, ainda que isso não possa ser totalmente antecipado, a saber, um preciso prognóstico sobre o êxito da colaboração público-privada, destaca-se que o diagnóstico prévio deve ser capaz de sinalizar adequadamente sobre a inviabilidade de eventual investimento público.

Dito de outro modo, o Poder Público deve antecipar os fundamentos que justifiquem a atividade público-privada, senão ela pode revelar-se despicienda. Vale destacar o seguinte: se os serviços de saúde são prestados com menores custos que os decorrentes da prestação direta pelo Estado, por certo não há voluntariosa *bondade*[766] estatal

---

[762] DIAS, Eduardo Rocha; SILVA JÚNIOR, Geraldo Bezerra da, Uma análise das parcerias público-privadas na prestação de serviços de saúde no Brasil, 2015, p. 92.

[763] MÂNICA, Fernando Borges. Revendo os convênios com o terceiro setor: o que mudou a partir da Lei nº 13.019/2014. *RDTS*, Belo Horizonte, ano 11, n. 21, p. 135-145, jan./jun. 2017, p. 134.

[764] MÂNICA, Fernando Borges, Revendo os convênios com o terceiro setor, 2017, p. 135.

[765] BRASIL. Supremo Tribunal Federal. Tribunal Pleno. Recurso Extraordinário nº 581.488/RS. Relator: Dias Toffoli. Jul. 03 dez. 2015. DJe nº 065, 08 abr. 2016. Disponível em: http://redir.stf.jus.br/paginadorpub/paginador.jsp?docTP=TP&docID=10624184. Acesso em: 23 jul. 2018.

[766] CATALANO, Kátia Regina Camila. O marco regulatório das organizações da sociedade civil – avanços e retrocessos na atividade administrativa de fomento. *RDTS*, Belo Horizonte, ano 09, n. 17, p. 37-59, jan./jun. 2015, p. 46.

na atividade público-privada, mas, sim, estratégia para manutenção ou expansão da prestação de serviço de interesse geral. Tanto isso é verdade que, nesse período de crise financeira em que o terceiro setor recebe menos investimento público e doação de empresas e cidadãos, o Poder Público tem realizado *intervenções* nos hospitais mantidos por entidades do terceiro setor, com fundamento no artigo 15, inciso XIII, da LOS, para evitar o colapso na saúde pública nos municípios interioranos.[767] É dizer, se a atividade público-privada fosse destituída de sentido, por evidente o Poder Público jamais deveria ter essa preocupação tão particular e *questionável*.

Desse modo, nada pode ser mais incompreensível que a exigência de contrapartida financeira do agente privado na atividade público-privada, porquanto, ainda que se arvore tal entendimento,[768] é preciso ter em conta que as entidades do terceiro setor promovem contribuição de natureza não pecuniária, mas de incontestáveis custos, decorrente da disponibilidade de pessoal e estrutura física adequada à prestação de serviço de interesse geral. Aliás, sem essa disponibilidade, muitas vezes, torna-se praticamente inviável a expansão dos serviços de proteção social por parte do Estado. A dinâmica da contraprestação pecuniária desvanece qualquer técnica de encorajamento dos particulares para atuar na prestação de serviços sociais relevantes, sem falar que desprestigia a lógica da função promocional da legislação pós-liberal.[769]

Além disso, a própria dinâmica operacional da movimentação e aplicação financeira dos recursos na atividade público-privada (artigos 51 a 53 do MROSC), encerrando a ideia de que os recursos transferidos ainda são públicos e, portanto, não representando pagamento, remuneração ou contraprestação das entidades do terceiro setor,[770] tem feito com que ocorra uma inibição da racionalidade econômica na consecução dos objetivos da atividade público-privada, porquanto representaria mera gestão privada de recursos públicos.

---

[767] MENEGAT, Fernando. Ensaio sobre as "intervenções" estatais na área da saúde. *RDTS*, Belo Horizonte, ano 11, n. 21, p. 147-158, jan./jun. 2017, p. 151.

[768] CATALANO, Kátia Regina Camila, O marco regulatório das organizações da sociedade civil, 2015, p. 55.

[769] BOBBIO, Norberto. *Da estrutura à função:* novos estudos de teoria do direito. Tradução de Daniela Beccaccia Versiani. São Paulo: Manole, 2007, p. 14.

[770] MITIDIERI, Marcos D'Avino; ISSA, Rafael Hamze. Desincentivos à eficiência nas parcerias públicas com o terceiro setor: como contorná-los? *RDTS*, Belo Horizonte, ano 11, n. 22, p. 105-116, jul./dez. 2017, p. 110.

Explica-se: como o dinheiro não é da entidade do terceiro setor, não há qualquer incentivo em gastá-lo com economicidade e maior eficácia possível, de maneira que o linear cumprimento do plano de trabalho assume uma perspectiva performática muito próxima dos serviços públicos, fazendo com que os custos da prestação de serviço sejam majorados pela necessidade de empregar os recursos transferidos pelo Poder Público, inclusive, muitas vezes, em detrimento da racionalidade que enseja os objetivos da atividade público-privada.[771]

Desse modo, defende-se que a problemática da onerosidade das atividades público-privadas decorre da seleção dos parceiros privados e do modelo de aplicação dos recursos, porém, na ausência de uma causa mais convincente, a crítica recai sobre os modelos de parcerias contemplados pela legislação, justamente porque esses modelos denunciam os limites do modelo estatista de prestação de serviços sociais. Nesse ponto, é importante que o Estado promova a *emergência de condições* do terceiro setor, notadamente de ordem financeira e administrativa, sem que isso represente a total dependência pública das entidades privadas.[772] De igual modo, as entidades do terceiro setor não podem cair em total submissão ao clientelismo privado, porquanto poderia perigar a observância de valores públicos, mormente a fraternidade, que caracterizam as atividades promovidas pelas entidades de economia social.[773]

Além disso, em uma perspectiva propositiva, seria de todo interessante que a legislação contemplasse maior estabilidade às atividades público-privadas, porque a curta temporalidade delas afeta a programação dos objetivos das entidades do terceiro setor, e, sobretudo, consagrasse a natureza privada dos recursos transferidos, no que permitiria maior preocupação com a produtividade da entidade privada, isto é, com foco na racionalidade econômica.[774] Ao contrário do que se possa pensar, a natureza privada dos recursos transferidos não representa um cheque em branco e, muito menos, ausência de mecanismos de controle da entidade parceira (artigo 39, inciso II, c/c artigo 42, inciso VII, todos do MROSC), mas, sim, uma forma de prestigiar maior liberdade na consecução dos objetivos da parceria, fazendo com que a dinâmica dos

---

[771] MITIDIERI, Marcos D'Avino; ISSA, Rafael Hamze, Desincentivos à eficiência nas parcerias públicas com o terceiro setor, 2017, p. 111.
[772] MONIZ, Ana Raquel Gonçalves, *Os direitos fundamentais e a sua circunstância*, 2017, p. 214.
[773] MONIZ, Ana Raquel Gonçalves, *Os direitos fundamentais e a sua circunstância*, 2017, p. 214.
[774] MITIDIERI, Marcos D'Avino; ISSA, Rafael Hamze, Desincentivos à eficiência nas parcerias públicas com o terceiro setor, 2017, p. 113.

gastos seja pautada pela economicidade da contratação empreendida pelo terceiro setor. Além disso, na ADI nº 1.923/DF, o STF afastou qualquer interpretação restritiva de controle da colaboração público-privada, contanto que sejam observados os parâmetros legais aplicáveis à temática, a ser exercido pelo Ministério Público ou TCU.[775] Aqui defende-se a ideia da *autorregulação privada publicamente regulada* no terceiro setor, afastando-se, assim, dos extremos da *ação privada desregulada*, típica da atividade econômica, e da *direção e planificação estatal*.[776]

Nesse sentido, o MROSC cumpre um relevante papel na reconfiguração dos parâmetros das seleções públicas dos parceiros privados, porquanto cria uma sistemática conceitual e operacional mais precisa dos instrumentos ou mecanismos de seleção, gestão e fiscalização das entidades parceiras. Tudo isso contribui, sobretudo no PRP, para o êxito na delimitação do objeto da parceria e, especialmente, o atendimento dele diante dos atendimentos de alta atenção pessoal. A criteriosa disposição sobre a atuação dos parceiros é determinante para a regularidade dos investimentos propostos, seja porque facilita a atividade de controle, seja porque evita conflitos ou superposições de interesses em detrimento da regular consecução do serviço de proteção social.

Dessa forma, a operosidade das atividades público-privadas compreende uma nova forma de enxergar a utilidade prática delas em função dos aspectos técnico-materiais que envolvem a prestação de serviço de interesse geral. Algo bem diverso é a mera viabilidade formal de contrato de gestão (artigo 5º da Lei nº 9.637/1998), termo de parceria (artigo 9º da Lei nº 9.790/1999), termo de colaboração (artigo 2º, inciso VII, do MROSC), termo de fomento (artigo 2º, inciso VIII, do MROSC) ou acordo de cooperação (artigo 2º, inciso VIII-A, do MROSC), porque não traduz efetividade na oferta de qualquer serviço de proteção social e, com isso, é merecedora de certeiras críticas dos arautos da ideologia estatizante. Tratando-se do PRP, notadamente quanto à composição de equipes multidisciplinares (artigo 137, §1º, do RPS) e capacitação profissional, o INSS poderá promover termo de colaboração ou termo de fomento com as entidades do terceiro setor (artigo 418, inciso III, c/c artigo 421, todos da IN nº 128/2022), porquanto a hipótese não mais comporta a realização de convênio (artigo 84-A do MROSC). Contudo, a

---

[775] DIAS, Eduardo Rocha; SILVA JÚNIOR, Geraldo Bezerra da, Uma análise das parcerias público-privadas na prestação de serviços de saúde no Brasil, 2015, p. 96.

[776] GONÇALVES, Pedro Costa. *Entidades privadas com poderes públicos*. Coimbra: Coimbra Editora, 2008, p. 171.

avaliação da elegibilidade do segurado para o PRP, por força do artigo 137, §1º-A, do RPS, cabe à Perícia Médica Federal.

Desse modo, a equívoca compreensão da atividade público-privada como um sumidouro de dinheiro público, para além da ingênua ideia protetiva da atividade financeira do Estado, representa um verdadeiro obstáculo ao PRP, pois acaba por afastar as evidentes potencialidades do terceiro setor para complementar a rede de atendimento do INSS. Por isso, revela-se tão importante a institucionalização das políticas públicas que absorvam o modelo das atividades público-privadas, assumindo, assim, ares de verdadeira política pública estruturante, portanto, de Estado, na prestação de serviço de caráter social.[777]

4.3.3 Os serviços privados na proteção social: as atividades público-privadas

> "As organizações cuja principal fonte de recursos corresponde a contribuições estatais tendem a revelar níveis de retorno relativamente menores do que os das organizações onde ponderam as taxas pagas pelos utentes dos serviços prestados ou outro tipo de contribuições."[778]

A advertência sobre a influência da fonte de financiamento na eficiência das organizações é digna de redobrada atenção; por isso revela-se cada vez mais importante incorporar políticas de *accountability* nas parcerias público-privadas. Contudo, reconhecendo-se a necessidade e conveniência da cooperação entre o Estado e o terceiro setor na implementação dos direitos sociais,[779] a interação entre colaboração público-privada e sociedade civil vem revelando-se bem abrangente, fazendo com que as entidades do terceiro setor absorvam uma pléiade de serviços de proteção social, que vai da promoção da assistência social (artigo 84-C do MROSC) até a promoção da ética, da paz, da cidadania, dos direitos humanos e da democracia (artigo 84-C do MROSC). Nesse cenário de tão diversificantes possibilidades, e de indiscutíveis

---

[777] BUCCI, Maria Paula Dallari, *Fundamentos para uma teoria das políticas públicas*, 2013, p. 243.
[778] QUELHAS, Ana Paula, O financiamento da economia social, 2015, p. 236-237.
[779] ANDRADE, José Carlos Vieira de. O papel do Estado na sociedade e na socialidade. *In:* LOUREIRO, João Carlos; SILVA, Suzana Tavares da (coord.). *A economia social e civil – estudos*. Coimbra: Instituto Jurídico da Faculdade de Direito da Universidade de Coimbra, 2015, p. 23-42, p. 36.

dificuldades normativo-operacionais, inclusive já ventiladas nos tópicos anteriores, tais entidades vão alternando momentos de legitimidade indiscutível com eventos vergonhosos, sucessos reluzentes e episódios escandalosos, pontuando não apenas uma diversidade de formas e modelos, mas, sobretudo, de trato relacional com a coisa pública.[780]

Dessa forma, discute-se o terceiro setor nessa intrincada realidade e, consequentemente, a ideia de prestação direta de serviços pelo Poder Público, no que reflete a própria dinâmica estrutural da atuação da Administração Pública. Por isso, o tamanho do Estado tem sido uma fonte de intermináveis tergiversações em função da definição dos seus fins, do grau de intervenção na economia e da própria opção político-constitucional de sua organização,[781] nas quais estão subjacentes profundas discussões ideológicas relacionadas à agenda desenvolvimentista, notadamente ao ajuste estrutural diante dos seus inumeráveis desafios na hipermodernidade.[782] Em tese, o seu tamanho não deveria preocupar tanto, desde que o Estado atendesse adequadamente aos seus vastos propósitos, o que não é algo fácil em qualquer contexto, sobretudo para os defensores do Estado prestador, que acarreta o aumento excessivo de cargos e empregos públicos.[783]

Contudo, não há como negar que eventos históricos, e não são poucos, mormente na segunda metade do século XX, têm demonstrado que o agigantamento do Estado, para além das ordinárias questões relacionadas à liberdade e ao poder do cidadão,[784] costuma desaguar em uma ingloriosa combinação: paternalismo governamental e ineficiência administrativa. O fato é que muitos ainda consideram o princípio da subsidiariedade, tão somente, como expediente furtivo do Estado com (in)fundado propósito abstencionista, porém, e isso deve ficar claro, o

---

[780] BRAGA, Marcus Vinicius de Azevedo; VISCARDI, Pedro Ribeiro. Gestão estratégica do terceiro setor: uma discussão sobre *accountability* e o novo marco legal. *RDTS*, Belo Horizonte, ano 10, n. 19, p. 21-36, jan./jun. 2016, p. 22.

[781] FREITAS, Daniela Bandeira de. *A fragmentação administrativa do Estado:* fatores determinantes, limitações e problemas jurídico-políticos. Belo Horizonte: Fórum, 2011, p. 203.

[782] EVANS, Peter. O Estado como problema e solução. Tradução de Cid Knipel Moreira. *LN*, São Paulo, n. 28-29, p. 107-156, abr. 1993, p. 108.

[783] SILVA, Vasco Manuel Pascoal Dias Pereira da, *Em busca do acto administrativo perdido*, 1995, p. 77.

[784] JOUVENEL, Bertrand de. *A ética da redistribuição*. Tradução de Rosélis Pereira. 2. ed. São Paulo: Ludwig von Mises Brasil, 2012, p. 73.

Estado não possui o monopólio das prestações sociais, muito embora não deva ser apenas um Estado de garantia ou garantidor.[785]

Desse modo, não se trata de firmar a excepcionalidade da atuação estatal, mas, sim, reconhecer seus limites,[786] o que é algo bem diferente da forma como a questão é tratada, aliás, em uma perspectiva totalmente equivocada,[787] como se os defensores da subsidiariedade defendessem a tese de que o Estado estivesse autorizado a alterar, sem maiores critérios, a forma de execução dos serviços, inclusive, por determinação constitucional. Dito de outro modo, o reconhecimento do princípio da subsidiariedade não é incompatível com a assunção de um modelo de Estado Social e, consequentemente, com os deveres públicos de ontrol-lo.[788] Contudo, cumpre afirmar o seguinte: uma coisa é mencionar, inclusive por exigência constitucional, que determinadas áreas exigem uma atuação firme do Estado;[789] outra, totalmente diversa, é fazer do Estado uma muleta permanente de segmentos da sociedade. A lógica da subsidiariedade, que possui antigas raízes filosóficas e teológicas,[790] é fácil de ser compreendida: tanta liberdade de atuação da sociedade civil quanto seja possível; tanta autoridade, como dinâmica de atuação e controle, quanto sejam necessárias.[791]

Aliás, desde o *Quadragesimo Anno* de 1931[792] – que foi precedida da *Rerum Novarum* de 1891 e seguida da *Centesimus Anno* de 1991 –,

---

[785] LOUREIRO, João Carlos. Socialidade(s), Estado(s) e Economia(a): entre caridade(s) e crise(s). *BCEFDUC*, Coimbra, vol. 57, tomo II, p. 1.833-1.886, 2014, p. 1.872.

[786] LOUREIRO, João Carlos, Socialidade(s), Estado(s) e Economia(a), 2014, p. 1.873.

[787] ROCHA, Sílvio Luís Ferreira da. *Terceiro setor*. 2. ed. São Paulo: Malheiros, 2006, p. 21.

[788] MARTINS, Maria d'Oliveira. *A despesa pública justa*: uma análise jurídico-constitucional do tema da justiça na despesa pública. Coimbra: Almedina, 2016, p. 296.

[789] MELLO, Celso Antônio Bandeira de. *Serviço público e concessão de serviço de serviço público*. São Paulo: Malheiros, 2017, p. 89.

[790] LOUREIRO, João Carlos. Constitutionalism, diversity and subsidiarity in postsecular age. *BFDUC*, Coimbra, vol. 83, p. 501-513, 2007, p. 507.

[791] MORFÍN, Efraín González. Iglesia y procesos democráticos. In: AA.VV. *La Iglesia y el orden Internacional*: reflexiones a 30 años de la encíclica *Populorum Progressio*. México-DF: Universidad Iberoamericana, 1998, p. 239-260, p. 255.

[792] Da qual, pela ideia-síntese, transcreve-se a seguinte passagem: "Deixe, pois, a autoridade pública ao cuidado de associações inferiores aqueles negócios de menor importância, que a absorveriam demasiado: poderá então desempenhar mais livre, enérgica e eficazmente o que só a ela compete, porque só ela pode fazer: dirigir, vigiar, urgir e reprimir, conforme os casos e a necessidade requeiram. Persuadam-se todos os que governam: quanto mais perfeita ordem hierárquica reinar entre as várias agremiações, segundo este princípio da função 'supletiva' dos poderes públicos, tanto maior influência e autoridade terão estes, tanto mais feliz e lisonjeiro será o estado da nação" (PIO XI, Papa. *Quadragesimo anno*: sobre a restauração e aperfeiçoamento da ordem social em conformidade com a lei evangélica. São Paulo: Edições Paulinas, 1969, p. 36).

a doutrina social da Igreja defende, expressamente, os benefícios do princípio da subsidiariedade na sociedade, de maneira que o poder do Estado assuma apenas um caráter de orientação, de estímulo, de coordenação ou de integração,[793] promovendo, assim, o crescimento econômico defendido pela Igreja, que, aliás, vem dedicando sua doutrina, mais recentemente, aos avanços sociais e culturais, bem como ao desenvolvimento sustentável.[794]

Desse modo, o Estado subsidiário se conecta com a ideia de que a intervenção direta não se justifica quando a sociedade for capaz de atender adequadamente aos interesses sociais.[795] Nesse sentido, vale destacar diversos dispositivos constitucionais que se afinam com a plurissignificação do princípio da subsidiariedade, tais como os artigos 23, 197, 198, inciso III, 205, 206, inciso VI, 225 e 227, §1º; logo, ele representa um princípio [geral] implícito da CRFB, devendo gozar, inclusive, da mesma *positividade* emprestada aos princípios da proporcionalidade ou da razoabilidade.[796] Aliás, de modo mais abrangente, a própria lógica da liberdade individual, familiar e social é incompatível com o domínio excessivo da atuação estatal, sobretudo na sua dimensão monopolista.[797]

Assim, a ideia de subsidiariedade não é, nem de longe, abstencionista, mas é simplesmente reconhecedora de que a sociedade civil não pode mais ficar à mercê da intervenção do Estado. Aqui há um claro componente cultural. Afinal, até mesmo o ideário da *subsidiariedade circular*, que não se projeta em delegação no campo da socialidade, mas sim em fazer conjunto, com claro viés participativo decorrente da triangulação entre entes públicos, OSC e empresas,[798] é cercada de desmedida discórdia, ainda que ela retrate a noção de *welfare ontrola*, baseada em uma perspectiva geracional de bem-estar, em

---

[793] MARTINS, Maria d'Oliveira, *A despesa pública justa*, 2016, p. 149.
[794] TINGA, Kees; VERBRAAK, Egon. Solidarity: an indispensable concept in social security. *In*: VUGT, Joos P. A. Van; PEET, Jan M. (Editors). *Social security and solidarity in the European Union*. Heidelberg: Springer, 2000, p. 254-269, p. 265.
[795] OLIVEIRA, Rafael Carvalho Rezende. *Administração pública, concessões e terceiro setor*. 2. ed. Rio de Janeiro: Lúmen Juris, 2011, p. 11.
[796] MACIEL, Omar Serva. *Princípio da subsidiariedade e jurisdição constitucional*. Belo Horizonte: Mandamentos, 2004, p. 46-47.
[797] ANDRADE, José Carlos Vieira de. Repensar a relação entre o Estado e Sociedade. *Nova Cidadania*, Lisboa, n. 31, p. 36-38, jan./mar. 2007, p. 38.
[798] LOUREIRO, João Carlos. Pauperização e prestações sociais na "idade da austeridade": a questão dos três d's (dívida, desemprego, demografia) e algumas medidas em tempo de crise(s). *BFDUC*, Coimbra, vol. 90, tomo II, p. 613-661, 2014, p. 659.

complementariedade à noção de *welfare state*, que possui nítida feição redistributiva de bem-estar.[799]

A despeito dessas novas ordens compreensivas sobre a interação entre o público e o privado, a ideologia estatista, que prestigia a prestação direta pelo Estado, parece anestesiar a compreensão cívica sobre a utilidade e regularidade da prestação privada de serviços públicos ou de interesse público. O fato é que algumas críticas fundadas sobre a prestação indireta de serviços de interesse público, notadamente com relação às ONGs,[800] ainda que merecedoras de reflexão no círculo da colaboração público-privada, não podem fazer com que o fluxo da gestão administrativa sucumba aos erros de antanho, mormente os relacionados ao gigantismo da estrutura orgânico-funcional do Estado. Curiosamente, a memória brasileira com relação aos serviços públicos ineficientes, que permanecem até hoje, parece desconsiderar o fato de que a superposição dos serviços estatais na sociedade retrata um fenômeno diretamente relacionado com as prestações sociais não exitosas. Não se olvidando, ainda, que a politização e burocratização na gestão dos serviços de interesse público, para além de reduzir a efetividade e qualidade dos serviços prestados,[801] também representa um fator de poder do Estado sobre a sociedade civil.

Aliás, mesmo na atividade econômica, cujos prognósticos de eficiência são facilmente aceitos e exigidos, as considerações acima tomam ares de inquietante provocação, pois o controle estatal sobre as grandes empresas tem servido mais aos inescrupulosos interesses político-partidários que propriamente às pautas desenvolvimentistas do país. A desconfiança com a prestação de serviços não estatais possui clara relação com a ideologia estatista, que ainda anima grande parcela da sociedade brasileira, mas vai mais além: ter servido de mecanismo para práticas corruptivas de grande envergadura econômica. Desse modo, impõe-se o rompimento da crença absoluta de virtudes irrepreensíveis da mão invisível[802] ou da omnipotência estatal.[803] E, aqui,

---

[799] LOUREIRO, João Carlos, Pauperização e prestações sociais na "idade da austeridade", 2014, p. 659.

[800] GABARDO, Emerson, *Interesse público e subsidiariedade*, 2009, p. 149.

[801] D'ALBERTI, Marco. *L'effettività e il diritto amministrativo*. Napoli: Editoriale Scientifica, 2011, p. 43.

[802] SMITH, Adam. *An inquiry into the nature and causes of the wealth of nations*. Hertfordshire: Wordsworth, 2012, p. 445.

[803] GONÇALVES, Pedro Costa, *Entidades privadas com poderes públicos*, 2008, p. 172.

reside um grande paradoxo: ruidosas gestões públicas são facilmente *perdoadas* na memória de eleitores e acadêmicos, porém qualquer desvio de recursos na seara privada, ainda que de poucas proporções, ganha ares de comprovada inviabilidade fático-jurídica das parcerias da Administração Pública com os agentes econômicos ou empresas sem fins lucrativos. E mais: exigem-se riscos compartilhados para o terceiro setor,[804] a despeito das particularidades desse regime de colaboração, mas, contraditoriamente, dispensa maiores cuidados para financiamento público de empresas multinacionais via BNDES, inclusive para obras no exterior. De qualquer sorte, ainda que se defenda que o BNDES, pela sua envergadura institucional e pelo agregado de suas operações, não tenha sido corroído pela corrupção, no sentido de que sua operação não se assenta em bases corruptas,[805] não há como negar os prejuízos gerados à sociedade em função dos financiamentos, com calotes recorrentes, de obras realizadas em ditaduras africanas e sul-americanas.

Para tentar coibir eventuais abusos no universo da atividade público-privada, acredita-se que a legislação possui instrumentos adequados para promover a *accountability* dos gestores públicos e privados (artigo 42, inciso VII, c/c artigos 63 a 72, todos do MROSC; artigo 62 a 70 do Decreto nº 8.726/2016). Quanto à *accountability*, a despeito da dificuldade de tradução do termo, porquanto inserida no contexto político-institucional da Grã-Bretanha e dos Estados Unidos, é possível afirmar que ele compreende: (a) uma *condição*, isto é, o dever de prestar contas; (b) um *processo*, no qual se verifica os comportamentos dos agentes públicos e, mais adiante, a aplicação de sanções ou concessão de prêmios; (c) uma *virtude*, assentada na voluntariedade e capacidade de prestar contas à sociedade.[806]

Defende-se que o maior desafio, agora, é viabilizar o manejo adequado dos instrumentos jurídicos de controle, porquanto não faz mais sentido alardear a inexistência de parâmetro adequado de fiscalização das entidades do terceiro setor, por mais que se ventile: (a) a necessidade de criação de Lei Geral de Controle para estabelecer parâmetros mínimos e uniformes sobre a atividade fiscalizatória da

---

[804] ROCHA, Sílvio Luís Ferreira da, *Terceiro setor,* 2006, p. 33 e 47.
[805] SCHAPIRO, Mario Gomes. Legalidade ou discricionariedade na governança de bancos públicos: uma análise aplicada ao caso do BNDES. *RAP,* Rio de Janeiro, vol. 51, n. 01, p. 105-128, jan./fev. 2017, p. 116.
[806] BOBBIO, Norberto; MATTEUCCI, Nicola; PASQUINO, Gianfranco. *Dizionario di politica.* Nuova edizione. Torino: UTET, 2016, p. 01.

atuação administrativa[807] ou (b) a ideia de que a transparência seria mais bem atendida pela criação de portal de acesso à informação de todas as entidades do terceiro setor, nos termos modelares do Portal Brasileiro de Dados Abertos,[808] na qual prestigia a noção de direito à informação como direito fundamental dos cidadãos e da coletividade de saber, fazer saber o que se passa e qual o interesse que se revela nesse conhecimento.[809]

Portanto, trata-se de realidade digna de novas abordagens e, sobretudo, esclarecimento quanto à utilidade das parcerias com os agentes econômicos, ou sem fins lucrativos, para investimentos em áreas estruturais da sociedade. É dizer, a interação entre público e privado não representa uma forma de captura do segundo sobre o primeiro, ainda que isso possa ocorrer eventualmente, mas sim uma saída adequada em uma ambiência de escassez, exigindo-se a superação da visão estatista sobre a forma de prestação de serviços públicos ou de interesse público. Logicamente, a disciplina normativa das atividades público-privadas é determinante para consagrar novas possibilidades de investimentos privados em demandas de relevante interesse público.

No PRP, e isso deve ficar claro, a atividade público-privada pode aventar novas possibilidades de prestação de serviço, porquanto um termo de colaboração ou termo de fomento entre o INSS e uma entidade do terceiro setor, para além das possibilidades funcionais não contempladas nos quadros da autarquia previdenciária, teria o grande mérito de permitir a dinâmica contratual da prestação de serviço ou material a partir de um critério de julgamento mais eficiente,[810] a saber, o grau de adequação da proposta (a) aos objetivos específicos do programa ou da ação do objeto da parceria, ou (b) ao valor de referência constante no chamamento público (artigo 27, *caput*, do MROSC), afastando-se, assim, do ruidoso critério do menor preço, que tantos dissabores tem causado

---

[807] CASTRO, Rodrigo Pironti Aguirre de. Breve ensaio sobre o Sistema de Controle Interno no Brasil: uma agenda para os próximos cinco anos e a redefinição do denominado modelo de gestão "gerencial". *In*: FORTINI, Cristiana; IVANEGA, Miriam Mabel (Coord.). *Mecanismos de controle interno e sua matriz constitucional:* um diálogo entre Brasil e Argentina. Belo Horizonte: Fórum, 2012, p. 139-155, p. 153.

[808] BRAGA, Marcus Vinicius de Azevedo; VISCARDI, Pedro Ribeiro, Gestão estratégica do terceiro setor, 2016, p. 31.

[809] DEVIRIEUX, Claude Jean. *Manifeste pour le droit à l'information:* de la manipulation à la législation. Québec: Presses de L'Université du Québec, 2009, p. 51.

[810] MITIDIERI, Marcos D'Avino; ISSA, Rafael Hamze, Desincentivos à eficiência nas parcerias públicas com o terceiro setor, 2017, p. 114.

à contratação pública, mais pela forma de controle exercido a partir dele que propriamente pela atuação pretendida pela gestão pública.

4.4 Reflexos no Programa de Reabilitação Profissional

> *"Lo cierto es que no es lo mismo conservar una catedral, que levantarla, como no es lo mismo interpretar una sinfonía, que componerla. Cada operación requiere un arsenal de herramientas diferentes o, por mejor decir, un método o métodos apropiados."*[811]

O PRP depende de capacidade institucional de transformar demandas administrativas em oportunidades adequadas de realização profissional dos segurados do RGPS. Trata-se, portanto, de necessária dose de equilíbrio entre capacidade institucional e volição pessoal do reabilitando diante do problemático universo das oportunidades mercadológicas. A capacidade institucional da Administração Pública, por sua vez, depende do desenvolvimento das potencialidades prático-procedimentais das unidades administrativas no desafio diário na concretização dos direitos positivos. Por isso, a questão do terceiro setor ganha tanta importância, pois representa uma zona de atuação social caracterizada pela complementaridade e cooperação entre público e privado,[812] que amplia a rede de atendimento do INSS.

Nesse sentido, há um campo aberto para a reflexão jurídica, porquanto não se trata apenas de problemática afeita à gestão pública. Os procedimentos, devidamente comportados nos processos administrativos, são balizados por demoradas exigências legais, conforme os ordinários parâmetros da juridicidade administrativa, fazendo com que os seus propósitos não extrapolem os limites dos institutos jurídicos neles circunscritos. Desse modo, a realidade dos procedimentos administrativos é cercada de condicionantes legais, sobretudo na gestão do contrato, cuja capacidade de antecipar soluções jurídicas é bem restrita em face da complexa teia de relações que o Poder Público possui com a sociedade, de forma que os desafios da atuação administrativa, na ordinária cadência dos requerimentos administrativos, sempre revelam

---

[811] BARNES, Javier. Nota introductoria sobre la segunda edición. *In*: BARNES, Javier (Ed.). *Innovación y reforma en el derecho administrativo*. 2. ed. Sevilla: Editorial Derecho Global, 2012, p. 11-19, p. 16.

[812] GONÇALVES, Pedro Costa, *Entidades privadas com poderes públicos*, 2008, p. 173.

as deficiências da disciplina legal, que, para além das adversidades suportadas pela gestão pública, sacrifica direitos dos cidadãos, uma vez que acarreta – ou mesmo inviabiliza – as prestações de serviço ou material que o processo administrativo poderia ou deveria conceder ao requerente.

Aliás, não é por outro motivo que processo administrativo, como laboratório da atividade administrativa e, sobretudo, como instrumento de democratização e inserção dos cidadãos nos assuntos do Estado,[813] representa o necessário caminho para o aperfeiçoamento dos institutos jurídicos. Por isso, não é minimamente aceitável que a reflexão jurídica parta, tão somente, dos parâmetros abstratos da disciplina legal, até porque ela é precedida da análise de fatos anteriores.[814] Desse modo, cumpre destacar que eventual falha da atuação administrativa, na qual também se insere o resultado útil da contratação pública, representa o sacrifício de direito dos reabilitandos, e apenas com a revisão dos procedimentos tomados é possível denunciar as omissões ou contraposições da disciplina normativa.

Não se discute a importância de estabelecer procedimentos céleres, seguros e exitosos, porém o dado mais importante repousa no efetivo gozo dos direitos dos cidadãos. A celeridade procedimental sem o efetivo gozo ou utilidade da prestação material ofertada não passa de êxito meramente formal da atividade processual da Administração Pública. Aqui assoma em importância o tratamento processual adequado do processo prestacional, uma vez que a realidade das prestações pecuniárias, que se encerra na concessão de benefícios previdenciários ou assistenciais, embora totalmente compatível com a dinâmica do tradicional processo decisório, que finda no reconhecimento do direito do cidadão geralmente por meio de ato administrativo, é, porém, incompatível com as exigências de serviço ou material do processo prestacional.[815] É dizer, a realidade do processo prestacional é bem diferente: a determinação da RP, como expressão de uma decisão administrativa ou judicial, não alcança, nem de longe, os verdadeiros propósitos do PRP, pois o que

---

[813] PINTO E NETTO, Luísa Cristina. *Participação administrativa procedimental:* natureza jurídica, garantias, riscos e disciplina adequada. Belo Horizonte: Fórum, 2009, p. 41.

[814] GRAU, Eros Roberto. *Porque tenho medo dos juízes:* a interpretação /aplicação do direito e os princípios. 6ª ed. São Paulo: Malheiros, 2013, p. 135.

[815] RODRÍGUEZ DE SANTIAGO, José María. Un modelo de procedimiento administrativo para las prestaciones de servicios o materiales. El ejemplo de la prestación de asistencia sanitaria. *In*: BARNES, Javier (Ed.). *La transformación del procedimiento administrativo.* Sevilla: Editorial Derecho Global, 2008, p. 267-301, p. 273.

se exige é a prestação de serviços (oferta de cursos de capacitação) ou materiais (prótese, órtese e tecnologias assistivas). Portanto, trata-se de demanda administrativa que exige redobrada atenção às particularidades do reabilitando.[816]

Desse modo, prestações de serviços ou materiais com alta atenção pessoal não se coadunam com a linear perspectiva dos processos decisórios, que se encerram com a correção material da decisão administrativa ou judicial e se satisfazem com concessão da prestação pecuniária.[817] A instrumentalidade de toda a atividade processual administrativa não pode desconhecer este fato: o processo administrativo só possui importância se representar algum resultado útil à sociedade. Insiste-se: por um lado a correção material da decisão diante do requerimento administrativo, por outro, a adequação da concessão da prestação de serviço ou material, expressam duas premissas que traduzem segurança quanto à utilidade do próprio processo administrativo. E mais: corrobora a lógica da racionalidade procedimental em função dos seus resultados. Por isso, o processo prestacional não pode seguir um modelo único, isto é, sem que se permita qualquer adequação racional do percurso necessário à promoção da prestação de serviço ou material.[818]

Assim, o fornecimento de próteses que não funcionam adequadamente diante das limitações dos trabalhadores, ou oferta de cursos que não os capacitam, para além do dispendioso custo do fracasso da ação pública, denuncia a própria inutilidade dos procedimentos tomados pelo Poder Público. Afinal, nada é mais sem sentido que a realização de procedimentos inócuos, portanto, onerosos, no seio da Administração Pública. Esta, no complexo das suas prestações sociais, não representa um universo homogêneo,[819] uma vez que suas prestações, notadamente no campo da proteção previdenciária, comportam realidades bem distintas e, desse modo, elas exigem uma dinâmica procedimental própria.

Dessa forma, o procedimento adotado para promover uma prestação pecuniária não pode ser a mesmo para disponibilizar uma prestação de serviço ou material. A complexidade que encerra uma

---

[816] RODRÍGUEZ DE SANTIAGO, José María, Un modelo de procedimiento administrativo para las prestaciones de servicios o materiales, 2008, p. 273.
[817] RODRÍGUEZ DE SANTIAGO, José María, Un modelo de procedimiento administrativo para las prestaciones de servicios o materiales, 2008, p. 275.
[818] PINTO E NETTO, Luísa Cristina, *Participação administrativa procedimental*, 2009, p. 158.
[819] RODRÍGUEZ DE SANTIAGO, José María, Un modelo de procedimiento administrativo para las prestaciones de servicios o materiales, 2008, p. 274.

prestação de serviço ou material é consideravelmente maior, pois ela envolve aspectos prático-procedimentais não cotejados na prestação pecuniária, sobretudo os relacionados à alta atenção pessoal dos serviços sociais ofertados no PRP.[820]

Enfim, não se promove uma prestação de serviço ou material na RP, tendo em vista representar um serviço de caráter social de alta atenção pessoal, com a mesma singeleza que se resolve uma demanda administrativa de limpeza de determinada repartição pública ou de reposição de peça em uma máquina. Não por outro motivo, a possibilidade de criar alternativas procedimentais por meio da discricionariedade procedimental é a única forma de a gestão incorporar os aspectos práticos da contratação pública, que não podem ser abstratamente contemplados ou idealizados pelo legislador, que apenas pode ter a pretensão de ventilar uma *orientação indireta* por meio dos pressupostos da decisão administrativa: organização e procedimentos.[821] Esses aspectos prático-procedimentais, que se traduzem nos resultados efetivos da execução orçamentária, são justamente os que permitem adequação ou funcionalidade da contratação pública, uma vez que contemplam os providenciais meios de atendimento das demandas administrativas que a disciplina legal não alcança ou simplesmente despreza.

Nesse cenário, o tratamento processual adequado das demandas administrativas não pode ser alcançado por meio de decisão formal,[822] que bem notabiliza o processo decisório, mas, sim, mediante atuações e interações entre a Administração Pública e a sociedade civil, no que caracteriza o processo prestacional: a compreensão de que a atividade processual parte dos resultados concretos da atuação administrativa, sem prejuízo da correção material através do processo decisório.

Por isso que a determinação judicial, independentemente de sua correção material, pouco ou nada pode fazer para o processo de aperfeiçoamento da atuação administrativa, pois o *manual executivo* da prestação de serviço ou material, em qualquer caso, assume as vestes do atual estágio evolutivo da atuação administrativa, porquanto não é a sede decisória judicial que determina o colorido da atividade operacional

---

[820] RODRÍGUEZ DE SANTIAGO, José María, Un modelo de procedimiento administrativo para las prestaciones de servicios o materiales, 2008, p. 274.
[821] RODRÍGUEZ DE SANTIAGO, José María, Un modelo de procedimiento administrativo para las prestaciones de servicios o materiales, 2008, p. 274, nota de rodapé nº 06.
[822] RODRÍGUEZ DE SANTIAGO, José María, Un modelo de procedimiento administrativo para las prestaciones de servicios o materiales, 2008, p. 278.

da ação administrativa. Aliás, isso representaria um inglorioso encargo às instâncias judiciais e, sobretudo, uma impraticável assunção de competências no círculo dos deveres-poderes político-administrativos no Estado Constitucional. Logo, quando se diz que é mais importante aperfeiçoar a atuação administrativa, por ser pouco compreendida no largo universo da ação pública, deseja-se apenas explicitar que a determinação judicial não é capaz de avançar na forma de gestar a capacidade institucional da Administração Pública, mesmo quando corrige medidas administrativas grosseiras, uma vez que a sindicabilidade, apesar de necessária, não interfere direta e qualitativamente no fluxo operativo do processo prestacional.

Além disso, mesmo na hipótese de controle das decisões administrativas arbitrárias, a intervenção judicial não é capaz de trazer eficiência no plano da atuação administrativa. Dito de outro modo, o catálogo processual, que se assenta na ideia da correção material por meio da decisão judicial, nada esclarece sobre o uso dos institutos político-administrativos na execução das políticas públicas; nada fornece sobre as potencialidades dos institutos jurídico-administrativos empregados pelo Poder Público na efetivação das políticas públicas. Certamente, isso explica o porquê de a ingerência judicial na atividade administrativa não ter alterado o atual quadro das realizações administrativas do Poder Público, a despeito dos bons propósitos que ela possa animar no ciclo das políticas públicas.

Dessa forma, não adianta apenas aperfeiçoar as políticas públicas em uma perspectiva regulamentadora, promovendo uma atuação conformadora e densificadora dos direitos de prestação social,[823] se, de igual modo, não há uma densificação dos parâmetros procedimentais da atuação administrativa. Com efeito, não há como solucionar a problemática da proteção social a partir da compreensão abstrata dos institutos jurídicos, pois tal tarefa exige a transposição da compreensão teórica desses institutos, nem sempre afeita às implicações no campo prático, para a dinâmica operacional da atuação administrativa. Defende-se que é preciso afastar eventual *contraposição operacional* dos direitos, enquanto institutos jurídicos, com a forma de atuação administrativa, pois sem uma aproximação entre os institutos jurídicos e as práticas procedimentais da Administração Pública, notadamente no campo das

---

[823] NOVAIS, Jorge Reis. *Direitos sociais:* teoria jurídica dos direitos sociais enquanto direitos fundamentais. Coimbra: Coimbra Editora, 2010, p. 282.

prestações sociais, é pouco provável que determinada política pública obtenha êxito.

Enfim, o aperfeiçoamento da atuação administrativa define o verdadeiro sucesso das políticas públicas, só que tal propósito é matéria dedicada aos aspectos prático-procedimentais da Administração Pública. Isso é particularmente observado no PRP, porque de pouco importa a pertinência do processo decisório, se a procedimentalidade do processo prestacional não comportar adequações e funcionalidades no universo das prestações de serviços ou materiais. É necessário alargar a compreensão do processo administrativo como instrumento destinado à constituição de decisão formal e definitiva do Poder Público,[824] fazendo com que absorva uma dinâmica procedimental mais consentânea com a variabilidade e transitoriedade das prestações de serviços e materiais, incorporando formas colaborativas, participativas e negociais na definição da solução mais adequada à necessidade do cidadão.

---

[824] RODRÍGUEZ DE SANTIAGO, José María, Un modelo de procedimiento administrativo para las prestaciones de servicios o materiales, 2008, p. 279.

CAPÍTULO 5

CONTRATAÇÃO PÚBLICA: UMA PROPOSTA

> "A grande maioria dos especialistas em direito administrativo é boa em evitar confusão – conte com eles para isso –, mas você terá que buscar alguém meio fora da curva se quiser ajuda para pensar coisas realmente novas."[825]

Tendo em vista as premissas discursivas dos capítulos anteriores, nos quais foram declinados desafios expressivos da contratação pública, impõe-se, agora, a apresentação de modelo que contemple instrumentos adequados à superação das adversidades assinaladas nesta tese. Toda proposição é duplamente desafiadora porque (a) possui a pretensão de ventilar alternativas para determinado problema, porém, e isso não se afigura raro, (b) corre-se o sério risco de prestigiar aspectos que, a despeito dos objetivos perseguidos, possam apenas desnudar novos problemas, mas sem solucionar os anteriores. Trata-se, contudo, de risco necessário, senão a investigação apenas representa um diagnóstico da temática estudada. E diagnóstico, por mais arguto que seja no plano das reflexões jurídicas, não contribui para transformar qualquer realidade, notadamente no campo social, que exige ações concretas para dilemas também concretos.

Por isso, as proposições devem alcançar novos horizontes de reflexão e, sobretudo, de ação. Com efeito, se evitar confusão na ambiência pública for seguir o remanso da atuação administrativa ineficiente, não se discute que a defesa dos atuais parâmetros de contratação pública, mesmo com as recentes alterações legislativas, bem

---

[825] SUNDFELD, Carlos Ari. *Direito administrativo para céticos*. 2. ed., 2. tir. São Paulo: Malheiros, 2017, p. 44.

atende a esse propósito. Antes de tudo, é preciso destacar o seguinte recorte cronológico: antes, a LLCA ainda sobrevivia não em função do seu conteúdo ou de suas funcionalidades, mas, sim, da inexistência de consenso sobre o modelo que possa substituí-la,[826] tornando-se, diante dos regimes paralelos, uma verdadeira lei *zumbi*,[827] denunciando a dificuldade na instituição de novas regras que absorvam a experiência da legislação aplicada com a necessidade de mudanças teórico-normativas decorrentes da complexidade crescente das demandas da contratação pública; hoje, com a LGLC, a despeito dos aperfeiçoamentos diante da LLCA, ainda permanece um hiato entre as práticas administrativas e as possibilidades normativas, que ocorre, em grande medida, pelo receio que a atuação administrativa ainda possui em adotar maior flexibilidade procedimental, sobretudo pelos reflexos do hipercontrole da Administração Pública.

De todo modo, as proposições não têm o objetivo de encampar densas mudanças sistematizadoras no processo de contratação pública, mas, tão somente, ventilar alterações simples, porém necessárias e factíveis, na legislação e que elas sejam totalmente compagináveis com o PRP. Evidentemente, a proposta pode ter um alcance mais amplo, isto é, atende a qualquer demanda administrativa; todavia ela foi pensada em função dos desafios da RP. Portanto, as proposições possuem um objetivo bem específico, porém sua utilidade pode ir além dos ordinários prognósticos do PRP, porquanto elas têm a precípua pretensão de superar os ordinários dilemas na contratação de bens e serviços comuns ou singulares. Desde logo cumpre gizar a seguinte advertência: é preciso firmar um novo espírito na contratação pública, consagrando um regime que trabalhe discrição (liberdade negocial), responsabilidade (fiscalização operacional) e resultados exitosos (efetividade).

Disso resulta uma constatação simples, mas pouco observada: a licitação é meio para alcançar fim.[828] É preciso, portanto, superar a obsessão pela licitação ineficiente, porque, dentre outras coisas igualmente condenáveis, a seleção do fornecedor pode ser simplesmente despicienda, revelando-se uma artificiosa atividade, pretensamente

---

[826] JUSTEN FILHO, Marçal. *Comentários ao RDC:* Lei 12.462/11 e Decreto 7.581/11. São Paulo: Dialética, 2013, p. 14.

[827] MENDONÇA, José Vicente Santos de. Direito administrativo e inovação: limites e possibilidades. *A&C*, Belo Horizonte, ano 17, n. 69, p. 169-189, jul./set. 2017, p. 175.

[828] MENDES, Renato Geraldo; MOREIRA, Egon Bockmann. *Inexigibilidade de licitação:* repensando a contratação pública e o dever de licitar. Curitiba: Zênite, 2016, p. 96.

necessária, de seleção de fornecedor por meio de processo de contratação pública demorado e oneroso. Lembrando-se de que, em 2016, o custo médio de uma licitação, incluindo-se evidentemente as decorrentes da obsessão assinalada, alcança a importância de R$15.058,04.[829] Hoje esse valor, se atualizado, representa quase a metade do valor da dispensa de licitação para bens e serviços de pequeno valor, nos termos do artigo 75, inciso II, da LGLC, conforme atualização promovida pelo Decreto nº 11.317/2022, amparado no artigo 174 da LGLC, que é na ordem de R$57.208,33.

Além disso, como forma de romper os lineares propósitos da contratação pública, é preciso incorporar a ideia de que ela deva representar um instrumento útil à realização de objetivos relevantes na sociedade (bens sociais coletivos), isto é, um mecanismo para alcançar metas de proteção social. Dito de outro modo, as cláusulas sociais devem ser incorporadas, progressivamente, na rotina da contratualidade pública, renovando a ideia de contratação pública social (*social public procurement*),[830] sobretudo quanto à operacionalidade das cláusulas suficientemente disciplinadas pela legislação, ou seja, quando não comporte mais dúvida sobre a razoável densificação normativa delas, portanto, dentro da dinâmica conformadora da regulamentação empreendida pela autoridade pública competente.

Por outro lado, no que representa clara dificuldade na efetivação das cláusulas sociais, como a ventilada no artigo 25, §9º, da LGLC, destaca-se a tormentosa necessidade de equilibrar a promoção de metas sociais, portanto, a inserção de limites objetivos excludentes nos parâmetros da contratação, com a competição no mercado via contratos administrativos, de maneira que consagre igual tratamento, e não discriminação entre os agentes econômicos no universo das políticas públicas.[831] De todo modo, a Administração Pública não pode promover exigências mercadológicas incompatíveis com as cláusulas sociais, pois, além de paradoxal, representaria verdadeira assincronia entre os prognósticos legislativos e a atuação administrativa.

---

[829] BRASIL. Instituto Negócios Públicos. *Infográficos 2016:* compras públicas. Curitiba: Negócios Públicos, 2016, p. 26.

[830] MCCRUDDEN, Christopher. Using public procurement to achieve social outcomes. *NRF*, Oxford, vol. 28, issue 04, p. 257-267, December 2004, p. 258.

[831] BOSCHETTI, Barbara L. Social goals via public contracts in the EU: a new deal? *Rivista Trimestrale di Diritto Pubblico*, Milano, n. 4, p. 1.129-1.154, 2017, p. 1.132.

Soma-se, ainda, a questão da teoria econômica dos contratos, de maneira que as cláusulas sociais não devam representar graves desincentivos à atividade econômica, causando, inclusive, uma seleção adversa no regime de contratação pública.[832] Aliás, uma adequada arquitetura de escolhas públicas exige particular atenção aos incentivos,[833] especialmente se eles estão alcançando os resultados desejados pelas políticas públicas econômicas ou sociais[834] e, sobretudo, se tais incentivos não representam uma forma de aprisionamento do mercado, isto é, no sentido de limitar sua dinâmica de atuação com o Poder Público.

5.1 Contratação pública como realidade prático-procedimental

> "Se a teoria pós-moderna do Direito preconiza a desconstrução do papel regulador central do Direito para dar lugar a uma autorregulação social, isso significa não a superfluidade do Direito, mas o desaparecimento da diferença entre a 'norma jurídica' e a 'norma social' para uma compreensão mais fluida do Direito."[835]

É curiosa a preocupação reformista brasileira com a instituição de novas modalidades licitatórias[836] na LGLC – mesmo diante de notórias dificuldades de aplicação[837] –, novos tipos de licitações e cri-

---

[832] ZYLBERSZTAJN, Décio; SZTAJN, Rachel; AZEVEDO, Paulo Furquim de. A economia dos contratos. *In*: ZYLBERSZTAJN, Décio; SZTAJN, Rachel (Org.). *Direito & Economia*: análise econômica do Direito e das Organizações. Rio de Janeiro: Elsevier, 2005, p. 102-136, p. 123.

[833] FERREIRA, Felipe Furtado; POTTUMATI, Eduardo Carlos. A licitação pública como instrumento de desenvolvimento na perspectiva do paternalismo libertário. *RBPP*, Brasília, vol. 04, n. 01, p. 201-213, jan./jun. 2014, p. 212.

[834] MACHADO SEGUNDO, Hugo de Brito. Ciência do direito tributário, economia comportamental e extrafiscalidade. *RBPP*, Brasília, vol. 08, n. 02, p. 639-659, 2018, p. 644.

[835] MORIKAMA, Márcia Mieko. *Good governance* e o desafio institucional da pós-modernidade. *BFDUC*, Coimbra, vol. 84, p. 637-681, 2008, p. 656.

[836] MARRARA, Thiago. O "diálogo competitivo" como modalidade licitatória, suas características e seus impactos na lógica da contratação pública. *BLC*, São Paulo, ano 30, n. 06, p. 535-537, jun. 2017, p. 535; ROCHA, Marcelo Dantas. Anotações sobre o PLC 6.814/2017: principais aspectos da proposta da nova Lei Geral de Licitações. *FCGP*, Belo Horizonte, ano 16, n. 190, p. 54-60, out. 2017, p. 58.

[837] OLIVEIRA, Rafael Sérgio Lima de. O diálogo competitivo brasileiro. *FCGP*, Belo Horizonte, ano 20, n. 232, p. 67-106, abr. 2021, p. 104.

térios de julgamentos das propostas[838] ou o endurecimento das regras responsabilizatórias,[839] porém a maior problemática no processo de contratação pública resulta da escassa atenção aos aspectos prático-procedimentais decorrentes da interação entre Poder Público, mercado e terceiro setor. É dizer, a perspectiva reformista não consegue esconder um mito: a correção de fórmulas abstratas gera resultados. Como se as fórmulas jurídicas fossem capazes de alavancar, por elas mesmas, e independentemente do espírito que as anima, a dinâmica procedimental que encerra toda a atividade administrativa, especialmente em uma ambiência cercada de incompreensões sobre os verdadeiros propósitos e limites da contratação pública.

Por outro lado, a tônica flexibilizadora dos procedimentos de contratação pública é claramente defendida e adotada por parte do *Velho Mundo*, conforme a lógica operativa da flexibilidade-eficiência.[840] Todavia é preciso obtemperar: fatores diversos, notadamente de ordem cultural, justificariam essa perspectiva na União Europeia, de modo que não há como ontrol-la, com o mesmo ímpeto, na realidade brasileira. Porém, e isso precisa ser destacado, revelava-se indefensável a excessiva rigidez procedimental da LLCA e que ainda se encontra, contudo, em diversos aspectos, na LGLC.

Aliás, mesmo na América do Sul, e só para citar um exemplo, é possível destacar a legislação uruguaia, em que o gestor possui maior margem de discrição no processo de contratação pública.[841] Nesse sentido, tem-se o artigo 37 do TOCAF,[842] o qual possibilita ao Poder Executivo, e a outros órgãos especificados na Constituição uruguaia, a expedição

---

[838] SANTIAGO, Leonardo Ayres. Análise das alterações trazidas pelo Projeto de Lei nº 559/2013, notadamente quanto aos novos tipos de licitações e critérios de julgamento das propostas. *FCGP*, Belo Horizonte, ano 15, n. 176, p. 28-32, ago. 2016, p. 29-31.

[839] TOURINHO, Rita. A evolução do processo licitatório no ordenamento jurídico brasileiro e expectativas na tramitação do Projeto de Lei nº 599/13. *FCGP*, Belo Horizonte, ano 16, n. 186, p. 43-52, jun. 2017, p. 50.

[840] FERREIRA, Fernanda Mesquita. Evolução da contratação pública no Direito da União Europeia e no Direito brasileiro: análise comparativa das principais alterações da diretiva 2014/24/UE do Parlamento Europeu e do Conselho, relativa aos contratos públicos na União Europeia, e do Projeto de Lei do Senado Federal nº 559/2013, que institui a nova lei de licitações e contratos no Brasil. *Publicações Escola da AGU*, Brasília, vol. 39, n. 01, p. 179-199, out./dez. 2015, p. 181.

[841] NOHARA, Irene Patrícia. Tratamento das licitações na legislação estrangeira. *In*: DI PIETRO, Maria Sylvia Zanella (Coord.). *Tratado de direito administrativo:* licitação e contratos administrativos. Vol. 6. São Paulo: Revista dos Tribunais, 2014, p. 51-71, p. 68.

[842] URUGUAY. Texto Ordenado de Contabilidad y Administración Financiera. Disponível em: https://www.comprasestatales.gub.uy/wps/wcm/connect/pvcompras/1bee4e09-6b7e-4a6f-a381-780e97f966c0/TOCAF_+2018.pdf?MOD=AJPERES. Acesso em: 17 jan. 2018.

de procedimentos específicos para contratação pública, tendo em vista as particularidades do mercado ou dos bens e serviços, no que permite maior adequação do modelo adotado às demandas administrativas.

Aqui há quem[843] defenda que a busca de resultados na contratação pública, na qual se espera maior liberdade de atuação do gestor, não pode ter o condão de tornar flexível a forma de controle da contratação pública, pois tal flexibilidade seria fonte de grandes riscos na realização do gasto público. Vê-se que a competência discricionária é condenada em função da possibilidade de seu desmedido exercício,[844] porém não se observa que a ausência de discricionariedade administrativa representa um desafio enorme à gestão pública, mas sem que isso traga qualquer resultado prático no combate à corrupção, até porque o gestor corrupto se utiliza das amarras legais em proveito dos seus inconfessáveis propósitos. Todavia vale esclarecer que a corrupção não é um apanágio apenas da Administração Pública, caso contrário o mercado não acenaria para as práticas corruptivas. Aliás, é a ambiência sociocultural que explica a persistente mácula das práticas corruptivas na Administração Pública, pois a corrupção não se resume a uma característica estrutural do próprio Estado.[845] Por isso, não convence o entendimento de que o mercado seja necessariamente refém da corrupção do Estado, sobretudo quando agentes econômicos lucram, e muito, em função da relação promíscua entre gestores e grandes empresários.

Em outro giro, é preciso reconhecer que é pouco provável a possibilidade de corrupção na ambiência pública sem a participação de autoridade administrativa, denunciando, assim, o caráter bilateral das práticas corruptivas, de maneira que a atuação isolada de agente privado não é capaz de gerar corrupção,[846] sobretudo quando respeitam os códigos de integridade corporativa (*compliance*) indicados pelo artigo 7º, inciso VIII, da Lei nº 12.846/2013 (Lei Anticorrupção),[847] isto

---

[843] NOHARA, Irene Patrícia. Críticas ao sistema das licitações brasileiro e sugestões de alteração em trâmite. *In*: DI PIETRO, Maria Sylvia Zanella (Coord.). *Tratado de direito administrativo: licitação e contratos administrativos*. Vol. 6. São Paulo: Revista dos Tribunais, 2014, p. 285-299, p. 287.

[844] NOHARA, Irene Patrícia, *Críticas ao sistema das licitações brasileiro e sugestões de alteração em trâmite*, 2014, p. 288-289.

[845] GABARDO, Emerson, *Interesse público e subsidiariedade*, 2009, p. 77.

[846] JUSTEN FILHO, Marçal, Corrupção e contratação administrativa, 2015, p. 722.

[847] LEAL, Rogério Gesta; RITT, Caroline Fockink. A necessidade de adoção de códigos de integridade corporativa – *compliance* – pelas entidades da Administração Pública indireta de direito privado. *RAGU*, Brasília, vol. 17, n. 02, 87-107, abr./jun. 2018, p. 98.

é, quando seguem programas de integridade, nos quais capitaneiam mecanismos de conformidade e integridade na prevenção de irregularidades, fraudes e práticas corruptivas.[848] Explica-se: conchavos e conluios entre agentes econômicos sem a participação dos servidores, ainda que possam interferir no resultado da seleção do fornecedor, não representam uma forma de corrupção administrativa, mas de ludíbrio da atuação administrativa.

Isso explica, por certo, a enorme atenção dada à corrupção dos servidores públicos pela mídia, a despeito de a corrupção não ser obviamente um fenômeno exclusivo da ambiência pública. De todo modo, é possível afirmar que a corrupção não é o maior problema – apesar de grande – para alcançar eficiência na contratação pública, apesar dos espantosos estragos à atividade financeira do Estado, mas sim o referencial teórico-prático adotado pela legislação brasileira, por força de componente cultural que prestigia formalidade e hipercontrole, que promove relevante assimetria de informações (procedimentais e mercadológicos) entre os licitantes e aumenta consideravelmente os custos da transação (habilitação), revelando-se, portanto, anacrônico e ineficiente diante dos desafios do Poder Público.[849]

Assim, movimentos políticos contra a corrupção que prestigiam uma busca por melhores serviços públicos, sem falar na clara denúncia sobre a fragilidade do sistema político,[850] pouco podem contribuir para a instrumentalização da eficiência administrativa, especialmente no universo da contratação pública, se não forem capazes de ventilar novas formas de atuação do Estado com a sociedade civil, sobretudo quanto ao uso adequado de suas ferramentas jurídicas. Nesse contexto, o que não convence é a tese de que a atual conjuntura justificaria o recrudescimento do ideário legislativo, pretensamente moralizador, de excessiva redução da discricionariedade administrativa. Vale dizer que não é a pretensão de exaustiva regulamentação da atividade administrativa que impede o gestor corrupto de atuar em detrimento do

---

[848] ARARIPE, Cíntia Muniz Rebouças de Alencar; MACHADO, Raquel Cavalcanti Ramos. Os programas de integridade para contratação com a administração pública estadual: *nudge* ou obrigação legal? Um olhar sobre as duas perspectivas. *RBPP*, Brasília, vol. 08, n. 02, p. 385-404, maio/ago. 2018, p. 386.

[849] NÓBREGA, Marcos. Novos marcos teóricos em licitação no Brasil: olhar para além do sistema jurídico. *RBDP*, Belo Horizonte, ano 11, n. 40, p. 47-72, jan./mar. 2013, p. 52.

[850] ALBUQUERQUE, Felipe Braga; CAMPOS, Juliana Cristine Diniz. Movimentos sociais e o direito de liberdade: limites e compatibilidade. In: ALBUQUERQUE, Felipe Braga (Coord.). *Temas de Direito Político*. Curitiba: CRV, 2014, p. 07-24, p. 17.

interesse público, porque simplesmente ele não se rende à ortodoxia dos parâmetros normativos, seguindo, quando muito, uma postura dissimulada de cumprimento da legislação.

Em outro norte da discussão, a regulação minudente, cerceadora da liberdade das autoridades públicas, apenas aprofunda o verdadeiro flagelo da gestão pública, pois em qualquer contexto os parâmetros legais estarão muito aquém das prementes demandas da sociedade. Afinal, o objetivo principal da Administração Pública é atender às demandas relevantes da sociedade, isto é, a essência da atuação administrativa é resolver problemas sociais. Cumpre lembrar que a Administração Pública é multilateral e gestora de conflitos, de maneira que a complexidade dos procedimentos e processos decisórios, com a crescente colisão de interesses decorrentes das relações jurídicas poligonais ou multipolares, é incompatível com a singeleza da tradicional disciplina normativa da atuação administrativa.[851]

Porém, a gestão pública tem tido mais trabalho e preocupação em evitar vícios legais no cotidiano de suas atuações, que são passíveis de revisão ou correção *ex post* pelos órgãos de controle ou pela atuação judicial, que propriamente se dedicar prioritariamente às demandas da sociedade. É dizer, o foco não é mais servir à coletividade, mas, sim, evitar dissabores funcionais em função de uma compreensão equivocada da juridicidade administrativa.[852] A difícil dinâmica interpretativa da legislação para evitar intervenções dos órgãos de controle acaba por exigir redobrados esforços funcionais da área administrativa e, claro, dos órgãos de consultoria e assessoramento jurídicos, porquanto a criação de alternativas viáveis é sempre cercada de duvidosa legalidade. A problemática pode ser ilustrada nestes moldes:

---

[851] OTERO, Paulo. Manual de Direito Administrativo. Volume I. 1. ed., 2. reimp. Coimbra: Almedina, 2016, p. 420.

[852] ALFONSO, Luciano Parejo. *Transformación y ¿reforma? del derecho administrativo en España*. Sevilla: Editorial Derecho Global, 2012, p. 95.

Ilustração 04 – Limites normativos da gestão pública

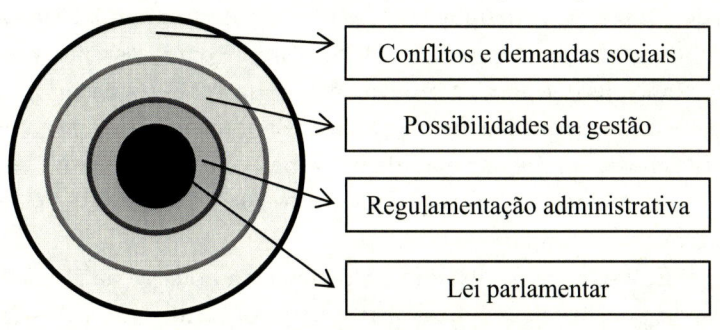

- Conflitos e demandas sociais
- Possibilidades da gestão
- Regulamentação administrativa
- Lei parlamentar

Fonte: Elaborada pelo autor (2018).

Os objetivos abrangentes das leis vão muito além da capacidade institucional das entidades públicas e, além disso, os meios e modos para alcançá-los não encontram amparo suficiente na disciplina normativa. Em uma palavra: *o gestor deve ser gestão e não apenas interpretação*. Planejar, organizar e administrar o difícil universo das prestações materiais, no complexo quadro da proteção social, assume indiscutível importância em um pretensioso Estado de bem-estar.[853] Por isso, defende-se outro horizonte compreensivo sobre a temática: abandonar a camisa de força da regulação excessiva para encampar o desafio das escolhas públicas que alcancem resultados, mas sem prejuízo dos controles da processualidade administrativa, especialmente através do princípio da proporcionalidade (artigo 2º, *caput*, da LGPAF), admitindo-se, contudo, a existência de incontáveis situações em que existe um leque de soluções proporcionais, quer dizer, reconhecendo-se a inviabilidade da determinação de única solução correta, ou mesmo a melhor solução, diante do caso concreto.[854]

Aqui é necessário reconhecer que a proporcionalidade representa um parâmetro normativo para aferir a justa medida das decisões administrativas, porém, e isso precisa ficar claro, nenhum órgão de controle possui legitimidade para substituir os parâmetros decisórios administrativos – porque exsurgem evidentes limites funcionais – quando não for

---

[853] LOUREIRO, João Carlos. Cidadania, proteção social e pobreza humana. *BFDUC*, Coimbra, vol. 90, tomo I, p. 71-137, 2014, p. 72.

[854] FERNANDES, André Dias. Da aplicação dos princípios da proporcionalidade e da razoabilidade no controle jurisdicional dos atos administrativos. *RESMAFE/5R*, Recife, vol. 03, n. 19, p. 09-56, mar. 2009, p. 20.

possível destacar juízos de evidência, portanto, de reconfortante clareza, da desproporção do parâmetro adotado pelo decisor administrativo.[855] Explica-se: diante de problemas sociais abrangentes, nenhum decisor tem como aferir, *a priori,* a certeza de que sua análise, a partir do juízo analítico da adequação, necessidade e proporcionalidade em sentido estrito, possua a melhor medida em função do tempo, ainda que ela possa ser melhor – e se espera que seja – que a decisão do gestor em determinado momento.

Propugna-se, assim, que o benefício da ampliação da discricionariedade, para além das críticas quanto à sua forma de controle,[856] é capaz de trazer maiores benefícios aos planos da atuação administrativa. Dito de outro modo: (a) é preciso romper com a rigidez normativa, contemplando maior flexibilidade na disciplina jurídica dos procedimentos; (b) é necessário amenizar a intensa preocupação com a validade das normas e discutir a importância de sua eficácia; e (c) revela-se providencial harmonizar a ideia de segurança jurídica com a capacidade de adaptação dos procedimentos legais.[857]

Nesse cenário, é digno de nota o artigo 22, *caput,* da LINDB, pois acena para nova forma de pensar o controle da atuação administrativa, que não pode mais desconsiderar *os obstáculos e as dificuldades reais do gestor e as exigências das políticas públicas a seu cargo, sem prejuízo dos direitos dos administrados.* É dizer, não existindo as condições ideais projetadas pela legislação, por que motivo o controle da atuação administrativa deve partir dessa engenhosa idealidade? Enfim, qual o sentido em insistir na idealização das condições materiais e factuais da Administração Pública, sobretudo quando isso implicar ainda maior frustação no atendimento das demandas administrativas?[858] Há, portanto, que considerar os dilemas da gestão. Aliás, isso revela o verdadeiro

---

[855] SILVA, Suzana Tavares da Silva. O *tetralemma* do controle judicial da proporcionalidade no contexto da universalização do princípio: adequação, necessidade, ponderação e razoabilidade. *BFDUC,* Coimbra, vol. 88, p. 639-678, 2013, p. 677.

[856] NOHARA, Irene Patrícia, *Críticas ao sistema das licitações brasileiro e sugestões de alteração em trâmite,* 2014, p. 291.

[857] MORIKAWA, Márcia Mieko, *Good governance* e o desafio institucional da pós-modernidade, 2008, p. 667.

[858] JORDÃO, Eduardo. Art. 22 da LINDB. Acabou o romance: reforço do pragmatismo no direito público brasileiro. *RDA,* Rio de Janeiro, Edição Especial: Direito Público na Lei de Introdução às Normas do Direito Brasileiro – LINDB (Lei nº 13.655/2018), p. 63-92, nov. 2018, p. 68.

apelo do artigo 22 da LINDB,[859] o que já faz a legislação portuguesa ao firmar um controle menos intenso, mas razoável, na implementação das políticas públicas.[860]

Por isso, cumpre destacar o seguinte: (a) não há como desconsiderar os efetivos obstáculos fático-jurídicos da realidade observada pela autoridade administrativa; (b) nem as exigências das políticas públicas, notadamente a dinâmica operacional delas e suas potencialidades, cotejando os recursos funcionais e materiais que encerram as demandas administrativas; e (c) sem prejuízo da garantia dos direitos dos cidadãos no conjunto das possibilidades que encerra a atuação administrativa. A lógica do bom senso na gestão é sempre a primeira a ruir em uma ambiência de inflexíveis controles da Administração Pública. A forma não pode deter a substância dos resultados. Além disso, uma coisa é reconhecer a racionalidade cotejada nos parâmetros normativos; outra, é negar a lógica do razoável que anima o próprio direito.[861]

Destaque-se, ainda, que o controle mais flexível não é, nem de longe, ausência de controle, mas atuação criteriosa em função dos propósitos da contratação pública, poupando recursos humanos com questionamentos ou práticas que não interferem, legal ou moralmente, na regularidade do gasto público. Portanto, tornar o controle mais flexível é, por tudo, um controle efetivo sobre a atuação administrativa, porquanto ele deve ocupar-se de comportamentos administrativos dignos de censura. Além disso, vale lembrar que os custos dos órgãos de controle não são compatíveis com os seus resultados, isto é, a realidade do controle da atuação administrativa, seja interno ou externo, não tem impedido a manutenção – ou mesmo o avanço – das práticas corruptivas na Administração Pública; contudo, no que se revela verdadeiro risco ao desempenho da atuação administrativa, tem levantado enormes obstáculos aos gestores públicos, que se arrimam na inércia para evitar dissabores funcionais decorrentes da atuação corretivo-disciplinar do Estado, como se administrar fosse render-se ao controle externo.

---

[859] JORDÃO, Eduardo, Art. 22 da LINDB. Acabou o romance: reforço do pragmatismo no direito público brasileiro, 2018, p. 70.

[860] SILVA, Suzana Tavares da. O princípio da razoabilidade. *In*: GOMES, Carla Amado; NEVES, Ana Fernanda; SERRÃO, Tiago. *Comentários ao novo Código de Procedimento Administrativo*. Lisboa: AAFDL, 2015, 207-234, p. 223.

[861] RICASÉNS SICHES, Luis. Experiencia jurídica, naturaliza de las cosa y lógica razonable. México-DF: Universidad Autónoma de México, 1971, p. 151.

Então a realidade da contratação pública brasileira, conforme o parâmetro da rigidez procedimental, não se coaduna com os imperativos da eficiência e, paradoxalmente, nem mesmo com a legalidade, muito embora seja comum afirmar que a legalidade represente um obstáculo à eficiência, como se elas tivessem objetivos diferentes no universo da contratação pública. Em verdade, não se trata disso; o que se observa é uma parca compreensão sobre as potencialidades dos procedimentos adotados pelo Poder Público e uma contraproducente forma de controle da atuação administrativa. Então, como evitar isso?

Em primeiro lugar, apesar de o legalismo dificultar a inovação na ambiência administrativa,[862] é preciso superar a lógica de que a legalidade representa obstáculo intransponível à eficiência administrativa, sobretudo em uma perspectiva técnico-operacional. É preciso, antes de tudo, identificar os entraves normativos relacionados ao desenvolvimento dos procedimentos administrativos e, a partir disso, pontuá-los diante dos parâmetros da LGPAF, mormente os artigos 2º e 50, e da LINDB, notadamente os artigos 20 a 30, delimitando os aspectos normativos passíveis de superação por meio de atividade interpretativa.

Assim, persistindo os obstáculos normativos, e isso pode ocorrer em diversas hipóteses, é necessário destacar fundamentalmente a contraposição entre a diretriz da LGPAF e a legislação da contratação pública e, com isso, identificar formas irredutíveis de conflito, nas quais podem ser objeto de: (a) procedimentos administrativos alternativos; ou, no que se revela mais bem difícil, (b) alteração legislativa ou regulamentar. Defende-se a opção pelos procedimentos administrativos alternativos por dois motivos: (a) prestigia uma atuação pública pactuada, portanto, com predisposição à consensualidade, especialmente em uma sociedade multicêntrica ou policontextural;[863] e (b) consagra a duração razoável do processo (artigo 5º, inciso LXXVIII, da CRFB) seja como forma de imprimir celeridade à atividade processual administrativa, seja pela adoção de meio alternativo de solução de conflitos.[864]

Nesse ponto, vale destacar o seguinte: como a criação de procedimentos administrativos alternativos compreenderia maior discrição do gestor, por conta da discricionariedade procedimental, inclusive

---

[862] MENDONÇA, José Vicente Santos de, Direito administrativo e inovação, 2017, p. 182.
[863] NEVES, Marcelo. *Transconstitucionalismo*. São Paulo: Martins Fontes, 2009, p. 23.
[864] NERY JÚNIOR, Nelson. *Princípios do processo na Constituição Federal:* processo civil, penal e administrativo. 10. ed. São Paulo: Revista dos Tribunais, 2010, p. 319.

pela incapacidade de o Parlamento *aliviar* as tensões decorrentes da legislação, resulta ainda mais evidente a *intensificação seletiva* da sindicabilidade judicial sobre os atos administrativos,[865] na qual teria o fundado propósito de conter eventuais arbítrios, seja a pretexto do regular exercício de uma competência discricionária, seja decorrente de conluios com os particulares. Aqui cumpre afirmar que a intensificação seletiva representa o reconhecimento de que a deferência judicial à decisão do gestor também corporifica uma forma de controle eficaz no gasto público.

Em segundo lugar, entende-se que a legalidade comporta a ideia de que o procedimento possa adotar mecanismos de flexibilidade no atendimento das demandas administrativas. Não comportando isso, como já destacado, é preciso denunciar esse obstáculo normativo (ausência de norma vigente) como desafio *lege ferenda,* portanto, quando há obstáculos fático-axiológico-normativos irredutíveis a partir da hermenêutica jurídica (aporia jurídica).[866] O grande entrave, portanto, é a superação da *legalidade* a partir da legalidade, a saber: (a) permitir arranjos normativos sobre determinada problemática (dinâmica interpretativa), (b) criar procedimentos administrativos alternativos (produção normativa) ou (c) inovar na ordem jurídica (atuação parlamentar).

Vê-se que não basta resistir quixotescamente à determinada prescrição legal, porquanto ela deve cumprir algum objetivo no procedimento; é preciso mais: que tal prescrição não se ajuste aos imperativos procedimentais e processuais da LGPAF e, claro, da CRFB. Enfim, deve-se reconhecer que a dinâmica da juridicidade administrativa vai muito além do ideário oitocentista de legalidade, sendo, portanto, capaz de absorver aspectos prático-procedimentais não devidamente incorporados no modelo de contratação pública, que, em grande medida, ainda se mantém preso à aplicação silogística dos textos legais. Evidenciando-se, assim, os limites da normatividade diante dos problemas sociais complexos ou o reconhecimento da incapacidade da função regulatória

---

[865] KRELL, Andreas J. *Discricionariedade administrativa e conceitos legais indeterminados:* limites do controle judicial no âmbito dos interesses difusos. 2. ed. Porto Alegre: Livraria do Advogado, 2013, p. 84.

[866] REALE, Miguel. Fundamentos da concepção tridimensional do direito. *RUSP*, São Paulo, vol. 56, n. 02, p. 66-87, 1961, p. 74.

para solucionar dilemas concretos da gestão pública com alocação de recursos, procedimentos e prestações sociais.[867]

Não é apenas uma questão de prestigiar a racionalização do gasto público ou regulamentação dos processos ou procedimentos, mas o reconhecimento de que a crescente complexidade da sociedade hipermoderna, com suas demandas cada vez mais sofisticadas e conflitivas, não há como a intervenção do Estado, conforme a dinâmica parcialmente regulatória da vida socioeconômica do país, atender prontamente aos objetivos nacionais, de maneira que, para além das forças orgânico-funcionais do Poder Público, a sociedade civil deve alcançar formas autônomas ou compartilhadas de gestar a complexa teia de serviços sociais,[868] e para isso é necessário superar tanto o legalismo quanto o fetichismo estatista na implementação dos direitos, sobretudo no que se refere à disciplina organizacional e procedimental.

5.1.1 Internalização legal: os problemas materiais comuns

> *"The law of administrative procedure is an expression of administrative culture, and that culture may at last be understood as indivisible, regardless of the numerous differences between the states and regions of the world."*[869]

A dinâmica prático-procedimental da Administração Pública cumpre o papel de verdadeiro cimento das estruturas administrativas, muito embora o elemento legal ganhe mais espaço no universo das reflexões jurídicas, pois ela representa o dom e o tom da capacidade operacional do Poder Público, assumindo, portanto, uma tendência identificadora da realidade das organizações administrativas em determinada sociedade.

Nessa ordem de ideias, há sempre bons motivos para que uma sociedade entenda os problemas que outra enfrenta no cotidiano das demandas administrativas. Claro, não são precisamente os mesmos

---

[867] SCHULTZE, Charles L. *The public use of private interest*. Washington-DC: The Brookings Institutions, 1977, p. 04.

[868] MACLAURY, Bruce K. Foreword. *In:* SCHULTZE, Charles L. *The public use of private interest*. Washington-DC: The Brookings Institutions, 1977, p. vii.

[869] SCHMIDT-ASSMANN, Eberhard, Structure and functions of administrative procedures in German, European and international law, 2008, p. 74.

dilemas, mas, sem dúvida, são problemas dignos da mesma preocupação. Afinal, toda a lógica que anima o olhar externo, a despeito das diferenças políticas, econômicas e culturais, entre outras, parte desta premissa: os dilemas humanos são universais, muito embora as soluções, ou algo equivalente no plano prático, ganhem ares indiscutivelmente contingenciais, situacionais ou locais. Dessa forma, no espaço europeu-continental ou latino-germânico, no qual se notabiliza um sistema de administração executiva,[870] é possível extrair tópicos discursivos para o aperfeiçoamento da legislação pátria.

Por outro lado, isso não quer dizer que os modelos jurídicos, como expressão de solução local, textualmente considerada diante de diversas alternativas legais, não possam ser identificados, analisados, emoldurados e *transplantados* em uma ambiência totalmente diversa; só que eles assumem, invariavelmente, outros matizes. É dizer, a identidade de texto não propicia a identidade de resultado. A operacionalidade do modelo jurídico degenera qualquer transplante propriamente dito, justamente porque as bases constitutivas de sua aplicação são totalmente díspares. Enfim, a ideia de transplantes legais,[871] ainda que possa ser cotejada, é simplesmente impossível como pretensão de identidade, porque o processo de implantação é sempre um novo rearranjo de possibilidades jurídicas, porquanto são diferentes, dentre outros, os substratos políticos, econômicos e culturais de cada sociedade.[872]

É dizer, em uma sociedade historicamente concreta, o Direito é o espelho de sua identidade, que se forma a partir das relações dos membros dessa sociedade diante de inevitáveis problemas existenciais.[873] Então resulta inviável qualquer dinâmica de transplante legal sem os providenciais temperamentos ou aparos desconfiguradores da base identificadora do parâmetro jurídico pretensamente transplantado. Dito de outro modo, como toda sociedade compreende um sistema complexo, não se revela crível a ideia de que uma decisão consciente de qualquer autoridade ou poder, ainda que respaldada por uma maioria democrática, seja capaz de gerar as condições necessárias às inovações

---

[870] ANDRADE, José Carlos Vieira de. *A justiça administrativa*: lições. Coimbra: Almedina, 2011, p. 11.
[871] WATSON, Alan. *Legal transplants*: an approach to comparative law. Second Edition. Athens: University of Georgia Press, 1993, p. 21-30. A primeira edição do livro foi lançada no ano de 1974.
[872] LEGRAND, Pierre. The impossibility of "legal transplants". *MJE&CL*, Maastricht, vol. 4, p. 111-124, 1997, p. 116.
[873] ZAGREBELSKY, Gustavo. *Diritto allo specchio*. Torino: Einaudi, 2018, p. 16.

legislativas, por maior que tenha sido o êxito delas em outras paragens.[874] Além disso, no campo da processualidade administrativa, que absorve uma multiplicidade de matérias, na qual as soluções despontam pontos de aproximação ou afastamento, no que revela o curso evolutivo próprio de cada sistema jurídico, resulta praticamente impossível pontuar a operacionalidade de modelo normativo único.[875]

A despeito dessas considerações, cujo reconhecimento não demanda maiores esforços de compreensão, os dilemas materiais que afligem os sistemas jurídicos comportam o tratamento de relevantes aspectos comuns, notadamente no campo da processualidade administrativa. Assim, os *problemas materiais comuns* a resolver é o que notabiliza o direito administrativo comparado, no que prestigia a perspectiva científica de aprender conjuntamente.[876] Por isso, se não há respostas prontas, é possível refletir sobre elas e, claro, fazer novas perguntas e prospectar soluções, mesmo que provisórias ou parciais, porque contingenciais. E, nesse contexto, assoma em importância a compreensão de que a legislação e sua aplicação representam apenas uma parte da ciência de direção que se tornou o Direito Administrativo, de modo que os processos administrativos e judiciais possuem o papel de firmar o sentido adequado da providencial flexibilidade dos parâmetros normativos.[877] Além disso, o Direito Administrativo, como *capacidade de prestação e direção*,[878] deve considerar que as proibições ou obrigações não representam necessariamente resultados úteis ao processo de contratação pública, de maneira que a tônica da flexibilidade procedimental se vincula à dinâmica indutiva dos comportamentos de interesse público na ambiência privada, sobretudo no mercado e terceiro setor, exercendo, portanto, o legítimo poder de influência social para promover

---

[874] CROZIER, Michel. *No se cambia la sociedad por decreto.* Traducción e Introducción de Joan Prats i Català. Madrid: INAP, 1984, p. 21.

[875] DUARTE, David. *Procedimentalização, participação e fundamentação:* para uma concretização do princípio da imparcialidade administrativa como parâmetro decisório. Coimbra: Almedina, 1996, p. 53.

[876] SCHMIDT-ASSMANN, Eberhard. *Dogmática jurídico-administrativa:* um balanço intermédio sobre a evolução, a reforma e as funções futuras. Tradução António Francisco de Sousa. São Paulo: Saraiva, 2016, p. 50.

[877] SCHMIDT-ASSMANN, Eberhard, *Dogmática jurídico-administrativa*, 2016, p. 67.

[878] CANOTILHO, José Joaquim Gomes. O direito constitucional passa; o direito administrativo passa também. In: AA.VV. *Estudos em homenagem ao Prof. Doutor Rogério Soares.* Coimbra: Coimbra Editora, 2001, p. 705-722, p. 706.

o bem-estar da coletividade,[879] sem que isso represente uma alteração no quadro geral dos fins da atuação administrativa.

Como o Direito não é o único meio de direção, também compreendendo esse *status* o mercado, o pessoal e as organizações, apesar de assumir posição privilegiada, ele deve comportar os limites impostos por outras searas da dinâmica social.[880] Aqui reside, sobretudo, a razão pela qual desponta o modo específico de cada sociedade resolver os seus dilemas. A internalização legal acena para o novo, mas não renuncia às especificidades da estrutura orgânico-funcional do Poder Público, que são caprichosa e singularmente decantadas no seio de cada sociedade. Isso quer dizer que: aprender em conjunto não representa a incorporação acrítica do direito estrangeiro, o que seria verdadeiro dislate, mas seguindo uma metodologia reflexiva sobre os limites fático-normativos da incorporação legal. Logo, eventual referência à legislação internacional, o que também se diga quanto à doutrina, ocorre dentro do universo reflexivo a partir da realidade local, isto é, passa pelo necessário filtro da utilidade ou adequação de qualquer internalização legal a partir das premissas prático-normativas da atuação administrativa no ordenamento jurídico pátrio.

Em uma palavra: toda pretensão de internalização de alternativas legais exige o reconhecimento de que os aspectos prático-procedimentais da Administração Pública dão o verdadeiro colorido da operacionalidade dos institutos jurídicos, pouco importando o sucesso ou malogro que a mesma diretriz legal tenha sido alvo em outras paragens, pois a parte tangível dos direitos, que realmente reflete na vida dos cidadãos, possui a marca das instituições que atuam na sociedade.

5.1.2 Tradição e diálogo institucional: a experiência não se improvisa

> "Ao debater a tradição, não estamos discutindo normas arbitrárias e convenções, mas respostas que foram descobertas a partir de questões perenes. Essas respostas estão implícitas, compartilhadas e

---

[879] THALER, Richard. H.; SUNSTEIN, Cass R. *Nudge:* improving decisions about health, wealth, and happiness. New Haven: Yale University Press, 2008, p. 71.

[880] SCHMIDT-ASSMANN, Eberhard. Cuestiones fundamentales sobre la reforma de La teoría general del derecho administrativo. *In*: BARNES, Javier (Ed.). *Innovación y reforma en el derecho administrativo*. 2. ed. Sevilla: Editorial Derecho Global, 2012, p. 21-140, p. 46.

incorporadas nas práticas sociais e nas expectativas inarticuladas."[881]

A recorrente referência ao diálogo institucional, longe de transladar as sedes decisórias tradicionais para seguir o rumo das convergências dos julgados judiciais estrangeiros,[882] apenas confirma a importância do aperfeiçoamento dos processos decisórios por meio da experiência decantada ou obtida pelos desafios materiais comuns entre os povos.[883] Vale lembrar que a *judicial dialogue* não passa de específica forma de diálogo institucional, e não necessariamente a mais importante no universo das prestações sociais, haja vista a inevitável dificuldade do tratamento processual da revisão judicial forte.[884] Assim, a ideia de diálogo institucional reforça a noção de reflexão e colaboração na atuação de todos os atores sociais, notadamente das instituições públicas, na dura travessia no processo de realização dos projetos grandiosos da socialidade.

Como nenhum sistema legal é verdadeiramente puro, então é possível afirmar que as diferenças decorrentes de trajetórias de dependências históricas complexas, especialmente de ordem político-institucional, não suprimem as interações entre os sistemas jurídicos,[885] de maneira que esse fluxo interacional viabiliza os pontos de contatos entre as ordens jurídicas que, não raras vezes, enfrentam problemas concretos assemelhados e intermediam soluções em função dos contatos institucionais (bilaterais ou multilaterais) ou dos dilemas concretos das inquietantes relações jurídicas globais ou globalizantes.

Por isso, é muito importante compreender como outros países conseguem atender às demandas relacionadas à contratação pública, não por apresentarem respostas adequadas, eficientes ou conclusivas, mas para identificar formas de (re)elaboração de propostas que possam

---

[881] SCRUTON, Roger. *Como ser um conservador*. Tradução Bruno Garschagen. Rio de Janeiro: Editora Record, 2015, p. 40.

[882] SILVA, Suzana Tavares da. Ética e sustentabilidade financeira: a vinculação dos tribunais. *In:* CORREIA, José Gomes (Org.). *10º Aniversário do Tribunal Central Administrativo Sul*. Lisboa: Ordem dos Contabilistas Certificados, 2016, p. 451-464, p. 463.

[883] SCHMIDT-ASSMANN, Eberhard, *Dogmática jurídico-administrativa*, 2016, p. 50.

[884] TUSHNET, Mark. *Weak Courts, Strong Rights:* Judicial Review and Social Welfare Rights in Comparative Constitutional Law. Princeton: Princeton University Press, 2008, p. 249.

[885] MORGAN, Glenn; QUACK, Sigrid. Law as a governing institution. *In:* MORGAN, Glenn; CAMPBELL, John L.; CROUCH, Colin; PEDERSEN, Ove Kaj; WHITLEY, Richard. *The Oxford Handbook of Comparative Institutional Analysis*. Oxford: Oxford University Press, 2010, p. 275-308, p. 276.

ser factíveis em função das demandas administrativas locais. Nesse contexto, as realidades sociais diversas tendem a incorporar formas igualmente diversas sobre a disciplina jurídica dos instrumentos da atuação administrativa – o que, em tese, afastaria qualquer importância sobre a compreensão de eventuais soluções adotadas por outros povos. Porém, nada é mais equivocado. A diversidade de substrato social, no que corporifica a ideia de valores culturais bem específicos, não afasta o enfrentamento de desafios materiais semelhantes; logo, o que pode ser discutível é a disponibilidade de meios de determinado povo, notadamente quanto ao regramento jurídico diante das possibilidades político-econômicas, e não propriamente a disparidade de objetivos, especialmente quando, no plano internacional, povos diversos se submetem ao *mesmo regramento* sobre direitos econômicos, sociais e culturais, como é o caso das grandes Declarações ou Convenções.

Aqui é preciso deixar claro o seguinte: não se trata de seguir procedimentos ou modelos adotados em outros países ou promover a (con)fusão entre eles, mas identificar, por ser pertinente, a razão que os anima, na qual represente a evolutiva funcionalidade deles em função do tempo. A identificação da *força vital* desses procedimentos é que vai permitir um norte sobre os aspectos processuais ou procedimentais propostos nesta tese, de maneira que a tradição de determinadas propostas, como força motriz entre o instinto e a razão,[886] pode dispor de razão fundamentadora que, mesmo não se encontrando expressamente no texto legal, prestigie determinados valores que façam com que essas propostas tenham longevidade e, naturalmente, êxito.

Por isso, impondo-se a racionalidade da evolução histórica das instituições, é preciso superar o desperdício da experiência no plano da atuação administrativa, especialmente no universo da boa administração contratual. E, para tanto, é necessário enxergar a importância da experiência alcançada pelas demandas ordinárias ou extraordinárias da Administração Pública, porque através delas é possível permear as particularidades dos procedimentos adotados na ambiência pública, que, por certo, não devem ser alheios à realidade (práticas organizacionais e sociais) que circunda nas entidades públicas, no mercado e terceiro setor. Afinal, "[a] tradição não é parte de um plano de ação, mas surge de um empreendimento de cooperação social ao longo do

---

[886] HAYEK, Friedrich August von. *Os erros fatais do socialismo:* por que a teoria não funciona na prática. Tradução de Eduardo Levy. Barueri: Faro Editorial, 2017, p. 33.

tempo".[887] Desse modo, desejar que uma proposta legislativa supere os dilemas da contratação pública é, simplesmente, apostar na esperança e, portanto, tomá-la como estratégia.

A questão exige outro norte: um novo modelo de contratação pública deve mediar espaços para que a senda evolutiva da atuação administrativa não fique à margem da lei e seus regulamentos, promovendo uma maior *proteção jurídica subjetiva* no processo de contratação pública, inclusive, como expressão de relações jurídico-administrativas *multipolares*, as quais exigem um processo decisório também destinado à proteção de terceiros.[888] E mais: que a própria evolução dos instrumentos da Administração Pública, para além da necessária observância dos parâmetros legais, seja também propulsora de providenciais alterações legislativas no campo da contratualidade pública. Como os procedimentos exitosos, públicos ou privados, não decorrem de demorados planejamentos, por mais necessários e abrangentes que eles se afigurem, mas, sim, da profícua interação da Administração Pública com o mercado e terceiro setor, então é razoável admitir que a insistência nos procedimentos legais só possa ter algum sentido se isso representar resultados diante das práticas organizacionais e sociais, permitindo-lhes efetivo avanço nos meios e modos da prestação de serviço ou material.

É dizer, eles devem apresentar sintonia com as práticas sociais e, tão somente, na medida em que isso traga benefícios à gestão pública. Então trata-se de elementar interação entre a dinâmica procedimental do Poder Público com as práticas organizacionais e mercadológicas de qualquer realidade social, não sendo razoável que o processo prestacional desconsidere os acenos da sociedade civil sobre os obstáculos da interação entre a atuação administrativa e o mercado. Nesse ponto, revela-se muito pertinente a defesa da *habilitação dinâmica* no processo de contratação pública, tal como proposto nas linhas vindouras, porque as práticas do mercado são decisivas para a demonstração da capacidade técnica das empresas. Aliás, isso se revela ainda mais importante no PRP, porquanto a especificidade de suas demandas não pode ser atendida adequadamente pelas ordinárias formas de prestação direta de serviço ou material pelo Estado. Assim, a absorção da experiência gerada pela interação do mercado, terceiro setor e Administração

---

[887] SCRUTON, Roger. *As vantagens do pessimismo:* e o perigo da falsa esperança. Tradução Fábio Faria. São Paulo: É Realizações, 2015, p. 114.

[888] SILVA, Vasco Manuel Pascoal Dias Pereira da. *Em busca do acto administrativo perdido.* Coimbra: Coimbra Editora, 1995, p. 130.

Pública representa a maior vantagem de um modelo de contratação pública mais flexível, fazendo com que não ocorra o desperdício da experiência pela artificiosa ortodoxia da legalidade estrita, que reluz, em uma versão mais caricatural e não menos desastrosa, sobre as vestes do *princípio da aderência a diretrizes e normas*.[889]

Disso resulta uma constatação importante: toda instituição é detentora de conhecimentos imprescindíveis ao *complexo método* de implementação dos direitos positivos,[890] porquanto, para além da visão individual decantada na ambiência administrativa, judicial ou social, ela incorpora experiências e conhecimentos acumulados no regular processo de promoção das prestações sociais.[891] E não há dúvida de que a geração desse conhecimento depende da estrutura organizacional e seus procedimentos, comportando uma diversidade de tipos de organizações e, consequentemente, tendo em vista os seus mais diversos propósitos, diferentes métodos procedimentais à luz do direito processual administrativo.[892] Por isso, nenhum modelo de contratação pública pode ficar alheio a esse fato. Assim, a percepção da *dinâmica funcionalizadora* da experiência na processualidade administrativa, cuja importância não é possível negar diante dos seus potenciais resultados, não é uma tarefa a ser exigida diretamente do legislador, porque se trata de tarefa elementar e indeclinável do gestor, isto é, da própria gestão, esta, afinal, detém maior percepção dos aspectos prático-procedimentais do processo de contratação pública.

Todavia, apesar de ser assertiva recorrente, a legislação brasileira insiste no ideário oitocentista de legalidade para limitar a liberdade do gestor, como que ainda encantada pela premissa revolucionária da *dessubjetivização* de qualquer comando da ação pública, livrando-se, pretensamente, da vontade egoística ou arbitrária nos rumos do Estado,[893] tudo na vã esperança de encontrar soluções atuais com

---

[889] FERNANDES, Jorge Ulisses Jacoby; BRANDÃO, Matheus. Intérpretes e vítimas da interpretação – as lacunas que atacam a segurança jurídica. *FA*, Belo Horizonte, ano 16, n. 183, p. 77-79, maio 2016, p. 78.

[890] SCHMIDT-ASSMANN, Eberhard, Cuestiones fundamentales sobre la reforma de La teoría general del derecho administrativo, 2012, p. 53.

[891] KLUTH, Winfried; NUCKELT, Jana. Implications of the law on administrative procedure for generating knowledge in public administration. *In*: BARNES, Javier (Ed.). *Transforming administrative procedure*. Sevilla: Global Law Press, 2008, p. 381-428, p. 387.

[892] KLUTH, Winfried; NUCKELT, Jana, Implications of the law on administrative procedure for generating knowledge in public administration, 2008, p. 388.

[893] ROSANVALLON, Pierre. *Le bon gouvernement*. Paris: Éditions du Seuil, 2015, p. 37-38.

estratégias destinadas aos dilemas do passado, olvidando-se da complexa e difícil estrutura das relações jurídico-administrativas da contemporaneidade. Enfim, há uma descabida insistência no modelo tradicional do Direito Administrativo, servilmente corporificado através de três inconcebíveis presunções na atual quadra evolutiva das relações jurídico-administrativas: (a) a unidade da Administração Pública, (b) a formalização de suas atuações e (c) a aplicação do Direito como simples realidade executiva, denunciando inebriante simplicidade diante da complexa teia de arranjos institucionais e possibilidades político-econômicas de concretização dos direitos positivos.[894]

Dito de outro modo, tal compreensão confunde a noção de legalidade na ambiência pública com a exaustividade na regulação da atuação administrativa, algo, por tudo, impraticável na hipermodernidade, porém ainda defendido como medida de controle do Poder Público – como se o controle da atuação administrativa, no qual se espera algum fim útil à sociedade que o mantém, fosse realmente satisfatório por apenas se vincular aos limites da perspectiva operacional da disciplina legal dos procedimentos administrativos, e não à providencial obtenção dos resultados na execução do orçamento público. Afinal, revela-se sempre mais fácil seguir a *diretriz* que comporte o menor sacrifício das formas velhas e equivocadas de contemplar a legalidade administrativa, ainda baseada no falacioso reino da lei e da objetividade do direito, com sua particular capacidade de tornar evidentes os meios e modos de solucionar os dilemas da gestão pública,[895] assumindo, portanto, uma dimensão política totalizante, pois compreende a utopia de o legislador *absorver* todas as funções políticas do Estado, sobretudo do Poder Executivo.[896]

A consequência prática disso é que os projetos de lei relativos à contratação pública, ao contrário das diretrizes europeias, praticamente desprezam a eficácia, eficiência e economicidade como verdadeiros motores das reformas legislativas,[897] prestigiando, inadvertidamente,

---

[894] SCHMIDT-ASSMANN, Eberhard, Cuestiones fundamentales sobre la reforma de La teoría general del derecho administrativo, 2012, p. 36.

[895] ROSANVALLON, Pierre, *Le bon gouvernement*, 2015, p. 38.

[896] ROSANVALLON, Pierre, *Le bon gouvernement*, 2015, p. 43.

[897] ANDRADE, José Carlos Vieira de. Algumas alterações recentes ao código do procedimento administrativo. *In*: ANDRADE, José Carlos Vieira de; SILVA, Suzana Tavares da (Coord.). *As reformas do sector público*: perspectivas ibéricas no contexto pós-crise. Coimbra: Instituto Jurídico da FDUC, 2015, p. 99-107, p. 99; VILLALBA PÉREZ, Francisca L. El principio de eficiencia motor de la reforma normativa sobre contratación del sector público. *In*: ANDRADE, José Carlos Vieira de; SILVA, Suzana Tavares da (Coord.). *As reformas do sector*

o controle excessivo da discricionariedade administrativa como a via mais adequada para superar os dilemas da contratação pública e, de modo mais abrangente, da própria atividade administrativa. Percebe-se, assim, pouco espaço para inovação, como se a atividade criativa da gestão pública fosse, *per si*, a mãe de todas as mazelas da execução orçamentária. Tal perspectiva destoa da desejada simplificação e celeridade dos processos administrativos,[898] no que bem destaca o artigo 1º da Lei nº 13.726/2018, pois tende a exigir da atuação administrativa intensa atividade processual para antecipar as posições dos órgãos de controle ativos e principialistas,[899] com o único propósito de segui-las sem maiores considerações, pouco importando os reflexos prático-jurídicos das experiências dos procedimentos anteriores no cotidiano das realizações administrativas.

Além dos aspectos assinalados, como a experiência não se improvisa, o modelo adequado de contratação pública não pode: (a) consentir com a participação de amadores ou simuladores, exigindo-se qualificação técnica compatível com o vulto do empreendimento público, e a dinâmica das contratações anteriores é a melhor forma de revelar os parâmetros adequados de habilitação. Por isso, a questão da qualificação técnico-profissional é terreno que merece destacada importância, sobretudo nas prestações de serviços ou materiais que contemplem demandas praticamente *artesanais*; (b) subtrair a capacidade decisória dos gestores públicos em função de eventos irregulares, ou meramente infelizes, cometidos por outros gestores (transcendência das restrições); (c) condenar a mera inaptidão das autoridades públicas, porém sem ser conivente com procedimentos reconhecidamente insustentáveis do ponto de vista fático-jurídico; e (d) desperdiçar a experiência do histórico das contratações de órgãos e entes públicos, como resultado analítico da atuação administrativa, a partir dos mecanismos de controle e avaliação dos contratos administrativos.

Afinal, de que adianta a compreensão dos limites do mercado local, se a legislação exige a mesma procedimentalidade para cada

---

público: perspectivas ibéricas no contexto pós-crise. Coimbra: Instituto Jurídico da FDUC, 2015, p. 193-220, p. 194.

[898] BARNES, Javier. La colaboración interadministrativa a través del procedimiento administrativo nacional. In: BARNES, Javier (Ed.). *La transformación del procedimiento administrativo.* Sevilla: Editorial Derecho Global, 2008, p. 231-266, p. 259.

[899] FREITAS, Juarez. *Discricionariedade administrativa e o direito fundamental à boa administração pública.* 2. ed. São Paulo: Malheiros, 2009, p. 113.

seleção do fornecedor, não se admitindo especificações mais restritivas ou ampliativas, contanto que devidamente justificadas em função das necessidades do Poder Público? Vê-se, como consequência do fetichismo legal iluminista, total desprezo à realidade de cada órgão ou ente público. E, aqui, cumpre exemplificar como a experiência é desperdiçada na contratação pública: o estabelecimento de tratamento diferenciado para ME/EPP, nos termos dos artigos 42 a 49 da EME/EPP, a despeito de sua importância como mecanismo de contratação pública social, especialmente na lógica do desenvolvimento regional, nada contribui para superar o dilema das especificações técnicas, pois essa problemática não se insere nos parâmetros pecuniários da contratação; vai mais além: recai na impossibilidade, muitas vezes, de o gestor exigir o que julga ser o adequado atendimento das demandas administrativas no mercado local. Não é, portanto, uma questão de valor ou limite territorial, mas, sobretudo, de adequação ao objeto da contratação.

Por vezes, a exclusividade de licitação para ME/EPP representa verdadeiro cenário de incertezas na gestão do contrato, seja pelas dificuldades operacionais inerentes à própria envergadura econômica do licitante, seja até mesmo pelas deficiências técnico-financeiras cotejadas na seleção do fornecedor, mas superadas pela legislação como forma de alavancar o desenvolvimento local (artigo 3º do Decreto nº 8.538/2015). De modo geral, o gestor não consegue incorporar os aspectos práticos da experiência administrativa, tal como permite o artigo 49, inciso III, da EME/EPP,[900] por conta do controle meramente silogístico exercido sobre a gestão pública, inclusive para evitar possíveis dissabores com os órgãos de controle. Acredita-se que a melhor forma de contemplar as ME/EPP, no regular fluxo da atividade econômica local, é permitir a contratação exclusiva por faixa de valor (simplicidade do objeto) e limite territorial (proximidade operacional com o contratante), o que seria algo muito próximo da contratação direta, portanto, sem prejuízo da necessária adequação ou funcionalidade da contratação pública, conforme regulamentação do Poder Executivo.

Defende-se, portanto, que o aperfeiçoamento da forma de controle da Administração Pública pressupõe o reconhecimento da discricionariedade administrativa como legítima ferramenta do gestor público, a partir das experiências acumuladas, por meio das práticas e

---

[900] BITTENCOURT, Sidney. *A nova Lei de Licitações Públicas e o Estatuto Nacional das Microempresas*. 3. ed. Belo Horizonte: Fórum, 2022, p. 132-135.

rotinas de cada setor, no desenvolvimento das atividades administrativas destinadas à promoção do processo prestacional da forma mais eficiente possível, de maneira que, nesse propósito, a teorização sobre os parâmetros referentes aos modos e meios da atuação administrativa se revela mais importante que eventual recurso aos dogmas da processualidade administrativa ou judicial.[901]

5.1.3 Organizações e procedimentos: o fim dos antagonismos

> "Abertura procedimental, apaziguamento dos conflitos e filtragem da relevância dos elementos introduzidos aparecem, assim, como um trítono demonstrativo das contradições e da permanente transformação formal e substancial que o procedimento administrativo encerra na ligação cruzada entre legalidade e ilegalidade, interesses públicos e interesses privados."[902]

A boa lógica das políticas públicas convoca a ideia de que as organizações administrativas trabalham de forma interdependente no atendimento das prestações sociais, promovendo uma intensa colaboração interadministrativa. Se a ideia de diálogo anima os esforços institucionais na contemporaneidade, certamente a compreensão dos conflitos entre as organizações – aqui, no sentido mais amplo possível, envolvendo todos os entes e órgãos do Estado – é merecedora de nova onda reflexiva, qual seja, de que a posição antagônica sobre os interesses envolvidos – baseada no exclusivismo das competências – não representa o melhor caminho para alcançar resultados exitosos no campo da socialidade. As posturas entrincheiradas no seio da estrutura política do Estado não canalizam os melhores esforços para superar os desafios da atual quadra evolutiva das demandas sociais, cada vez mais complexas e expressivas diante das possibilidades financeiras de qualquer sociedade.

Por isso, pouco importa a força cogente da *última* palavra nos processos decisórios, e mesmo sua correção material, se ela não for capaz

---

[901] SCHMIDT-ASSMANN, Eberhard, Cuestiones fundamentales sobre la reforma de La teoría general del derecho administrativo, 2012, p. 104.
[902] DUARTE, David, *Procedimentalização, participação e fundamentação*, 1996, p. 103-104.

de reunir os esforços institucionais necessários à efetivação do conteúdo das decisões administrativas e, sobretudo, judiciais. Evidentemente, o privilégio de acertar ou errar por último é do Poder Judiciário, porém muitas vezes a inalterabilidade das decisões administrativas também possui o mesmo efeito, inclusive quanto às dificuldades de concretizá-las.

Destarte o processo decisório é apenas uma fase do longo caminho na conquista de qualquer direito, de maneira que a perspectiva eminentemente contenciosa ou conflitiva do processo decisório deve dar lugar a outro norte: o fim dos antagonismos no processo prestacional e, para tanto, é necessário pensar as organizações e os procedimentos em uma dinâmica colaborativa entre as instituições públicas e, mais adiante, as privadas (mercado e terceiro setor). Aliás, o fim dos antagonismos pode surgir até mesmo no processo decisório, sobretudo na área administrativa, quando se admitir o desfecho consensual entre a Administração Pública e o particular (artigo 26 da LINDB).

Desse modo, a superação do antagonismo entre as relações interadministrativas – observadas nas entidades públicas personalizadas – ou interorgânicas – verificadas nos órgãos administrativos despersonalizados,[903] o que também se aplica aos próprios Poderes da República – é uma necessidade diante da complexa realidade que encerra a exigibilidade dos direitos positivos, que impõe a integração de esforços de instituições públicas e privadas. Por isso, a conjunção de esforços incorpora a ideia de uma Administração Pública concertada, em que o Poder Público superaria a linear dinâmica da atuação unilateral e imperativa pela colaboração ativa dos particulares, seja como destinatário dos serviços públicos, seja como parceiro dos projetos de interesse público.[904]

E, nesse cenário, há amplo espaço também para a concertação administrativa interorgânica, isto é, a relação proativa entre dois ou mais órgãos administrativos, portanto, despersonalizados, que, no exercício da função administrativa estatal, projetam uma atuação compartilhada no atendimento das demandas administrativas.[905] Aqui vale mencionar que a organização administrativa brasileira, não raras vezes, possui órgãos com competências simultâneas, paralelas, sobrepostas, entrecruzadas,

---

[903] BITENCOURT NETO, Eurico. *Concertação administrativa interorgânica*: direito administrativo e organização no século XXI. São Paulo: Almedina, 2017, p. 198.

[904] GARCÍA DE ENTERRÍA, Eduardo; FERNÁNDEZ, Tomás-Ramón. *Curso de derecho administrativo*. Vol. I. 15. ed. Navarra: Editorial Aranzadi-Civitas, 2011, p. 703.

[905] BITENCOURT NETO, Eurico. *Concertação administrativa interorgânica*, 2017, p. 207.

entre outras qualificações, que, além de dificultar a compreensão da atuação institucional e, sobretudo, a forma de interação com os particulares, não demonstra qualquer capacidade de diálogo interorgânico.[906]

Para além dessa constatação, é preciso ter em conta que a fragmentação da estrutura político-administrativa do Estado representa o rompimento do desgastado modelo clássico, de caráter unitário e centralizador, para assumir uma dimensão plural na coordenação das forças políticas na contemporaneidade, exsurgindo, portanto, inevitável nota de consensualidade no arranjo das forças institucionais do Estado e, claro, da sociedade.[907] Aliás, a ideia que anima a teoria pluralista da sociedade compreende a convivência não hegemônica ou dominante dos grupos ou centros de poderes, pontuando uma correlação de equilíbrio e interdependência entre as forças políticas, econômicas e sociais,[908] exigindo, por conseguinte, a difusão de processos decisórios conjuntos seja na perspectiva administrativo-organizacional da ação pública, seja na perspectiva político-estrutural do poder do Estado.[909]

Portanto, o fim do antagonismo quer indicar, substancialmente, que o Estado assume as vestes de uma estrutura político-administrativa em permanente diálogo consigo mesma e, sobretudo, com a sociedade civil, notadamente com o terceiro setor. Logo, a coordenação de esforços institucionais é incompatível com a invariável dinâmica impositiva das decisões unilaterais administrativas e mesmo judiciais, mas claro que, e isso não pode ser negado, tal compreensão não se estende a todos os casos. A predisposição em compartilhar os desafios enfrentados faz com que, para além do diálogo meramente formal e de inexpressivas consequências práticas, ocorra o avanço para pautas comuns e, portanto, potencialmente consensuais, sobre a procedimentalidade dos direitos a serem efetivamente prestados. Afinal, o propósito do processo administrativo vai além da correção material da decisão da autoridade pública, da proteção dos cidadãos e mesmo da própria

---

[906] MOREIRA, Egon Bockmann; SUNDFELD, Carlos Ari. PPP MAIS: um caminho para práticas avançadas nas parcerias estatais com a iniciativa privada. *RDPE*, Belo Horizonte, ano 14, n. 53, p. 09-49, jan./mar. 2016, p. 13.

[907] FREITAS, Daniela Bandeira de. *A fragmentação administrativa do Estado:* fatores determinantes, limitações e problemas jurídico-políticos. Belo Horizonte: Fórum, 2011, p. 61.

[908] MATTEUCCI, Nicola. *Lo stato moderno:* lessico e percorsi. Nuova edizione. Bologna: Il Mulino, 2011, p. 197.

[909] CASSESE, Sabino. *Territori e potere:* un nuovo ruolo per gli Stati? Bologna: Il Mulino, 2016, p. 48-49.

eficácia da atuação administrativa, porquanto também representa uma via de colaboração administrativa.[910]

Na ambiência administrativa são comuns posições firmes de diversos órgãos públicos que, praticamente, inviabilizam a adoção de mecanismos úteis na resolução de prementes demandas administrativas. Aliás, não é nada raro identificar a atuação de Ministérios oscilando entre rotas de colisão ou caminhos de total indiferença no cumprimento dos seus fins institucionais. Trata-se de postura incompatível com a racionalização das formas de atuação das organizações administrativas, gerando inimagináveis custos da transação na realização de empreendimentos públicos de grande vulto, mas essa atuação é particularmente gravosa, haja vista a expressividade numérica, no ciclo das ordinárias demandas administrativas.

E o pior: isso decorre de incompreensões sobre a atuação compartilhada das entidades administrativas de uma Administração Pública plural,[911] portanto, no seu sentido orgânico-subjetivo e seus reflexos no sentido funcional-material. É dizer, como raramente uma demanda administrativa, especialmente quando seja de grande impacto, fica a cargo de apenas um ente responsável (órgão ou unidade administrativa), tendo em vista a interpendência entre as entidades públicas, inclusive por conta da gestão política do Estado, a boa interação intergovernamental é simplesmente providencial; caso contrário, não haveria como atuar célere e exitosamente em uma ambiência de ruidosas resistências internas na Administração Pública ou, para além dela, no círculo das relações abertas, plurais e dinâmicas em uma perspectiva global.[912]

Nesse contexto de interações complexas e multidimensionais que reforçam a interpendência das estruturas do Estado com diversos centros decisórios da sociedade,[913] qual a importância da *ausência* de antagonismo no processo de contratação pública? Para além da discussão sobre os meios e modos no desenvolvimento de esforços comuns, destaca-se o reconhecimento de que a defesa de princípios ou deveres legais não se coaduna com o entrincheiramento das posições institucionais na

---

[910] BARNES, Javier, *La colaboración interadministrativa a través del procedimiento administrativo nacional*, 2008, p. 244.
[911] BITENCOURT NETO, Eurico, *Concertação administrativa interorgânica*, 2017, p. 211.
[912] RODRÍGUEZ-ARANA, Jaime. Los principios del derecho global de la contratación pública. *REDA*, Madrid, año 43, n. 179, p. 29-54, jul./sep. 2016, p. 32.
[913] CHEVALLIER, Jacques. *O Estado pós-moderno*. Tradução de Marçal Justen Filho. Belo Horizonte: Fórum, 2009, p. 38.

ambiência pública, evitando-se, assim, formas de atuação administrativa contraproducente ou simplesmente ineficientes, tal como assinalado no primeiro modelo de cooperação ilustrado abaixo:

Ilustração 05 – Modelo de cooperação interadministrativa

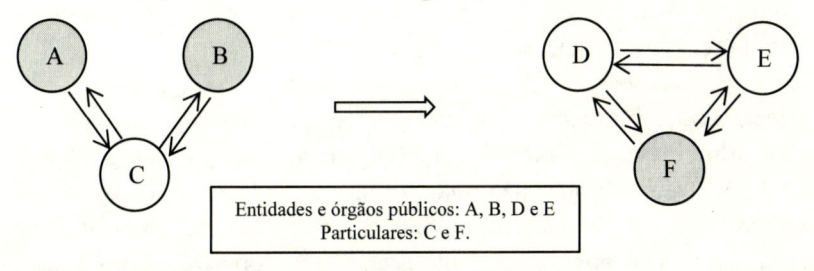

Entidades e órgãos públicos: A, B, D e E
Particulares: C e F.

Fonte: Elaborada pelo autor (2018).

No primeiro caso, a cooperação é linear e intermediada pelos privados; no segundo, é angular ou sem necessária intermediação de particulares no atendimento das demandas administrativas, compreendendo interações multilaterais. Vê-se que a dinâmica operacional da Administração Pública não pode prescindir da cooperação interadministrativa procedimental, informativa e instrumental; aliás, isso também se aplica aos agentes econômicos, evitando-se interações meramente lineares no ciclo da atuação administrativa. Aproximar realidades não é, nem de longe, reduzir artificialmente as diferenças no tratamento das questões institucionais, mas sim identificar dilemas materiais comuns entre as instituições públicas ou privadas.

No universo da contratação pública, uma tentativa de reduzir as distâncias entre mercado e Administração Pública, observados determinados parâmetros de viabilidade prática – notadamente o volume dos gastos promovidos pelas instituições públicas e, claro, a possibilidade de participação popular –, seria a inclusão de representantes de usuários e agentes econômicos na Comissão de Contratação, nos termos do artigo 6º, inciso L, da LGLC,[914] algo similar ao que ocorre na *Acquision Team* dos Estados Unidos,[915] porquanto teria o grande mérito de identificar os dilemas da contratação pública a partir de uma visão compartilhada

---

[914] Diante do artigo 6º, inciso XVI, da LLCA, era comum a instituição de CPL ou comissão equivalente.
[915] NOHARA, Irene Patrícia, *Tratamento das licitações na legislação estrangeira*, 2014, p. 57.

diante dos interesses envolvidos,[916] inclusive para prevenir – ou reduzir – a confrontação de interesses entre servidores, contratados e usuários de bens e serviços, nos momentos cruciais das prestações públicas,[917] mediante adoção de solução consensual. Assim, o principal objetivo da Equipe de Aquisição seria alcançar o melhor valor do produto com as necessidades da gestão pública, pois resulta mais fácil identificar os limites e as potencialidades do mercado.[918]

Como possíveis deméritos na instituição de uma *comissão de contratação ampliada*, destacam-se os seguintes: (a) os custos e (b) a captura. No primeiro caso, o entendimento de que a participação orgânica na Administração Pública não pode ser remunerada, sem dúvida, representaria uma séria objeção do ponto de vista da execução orçamentária; porém a ausência de remuneração não é aconselhável, porquanto gera desestímulo quanto ao cumprimento dos deveres funcionais e, em certa medida, também representaria objetável estímulo ao intercâmbio de favores no mercado. Assim, reconhecendo-se a necessidade de remuneração, quem deveria suportar esse custo? A entidade contratante, pois ela é a maior interessada na efetividade do processo de contratação pública. Por certo essa composição ampliada da Comissão de Contratação não poderia ocorrer em qualquer caso, mas apenas nas entidades públicas que tivessem expressivo número de contratações, e desse modo elas teriam suporte estrutural para contemplar os cargos comissionados decorrentes da ampliação da comissão.

Outra hipótese também digna de consideração seria a possibilidade de grupos interessados arcarem com os custos decorrentes da indicação de membro para a composição da comissão, porém teria o inconveniente de inviabilizar a participação de grupos com parcas possibilidades econômicas, notadamente os relacionados aos usuários de bens e serviços. Ademais, quanto à problemática da remuneração, observa-se outra objeção consistente, qual seja, essa alternativa pode

---

[916] Evidentemente, essa proposta não se identifica com a hipótese dos antigos juízes classistas, tendo em vista a própria natureza da atividade desenvolvida, assumindo uma função mais informativa que propriamente decisória, conforme regulamentação específica, no universo das demandas administrativas.

[917] HÄBERLE, Peter. *Los derechos fundamentales en el Estado prestacional*. Traducción de Jorge Luís León Vásquez. Lima: Palestra Editores, 2019, p. 86.

[918] SANTOS, Márcia Walquíria Batista dos; TANAKA, Sônia Yuriko Kanashiro. Situação frente à legislação brasileira. In: SANTOS, Márcia Walquíria Batista dos; TANAKA, Sônia Yuriko Kanashiro (Coord.). *Estudos avançados de direito administrativo*: análise comparada da Lei de Licitações. Rio de Janeiro: Elsevier, 2014, p. 355-368, p. 360.

transformar-se em uma nova via de cabide de emprego na Administração Pública. Cumpre, ainda, lembrar que o artigo 21 do EUAP acena pela gratuidade da participação administrativa orgânica, pois a atuação de usuário em conselho, a despeito de ostentar o *status* de serviço relevante, deve ser gratuita.

O problema da captura de interesses (*pork barrel*),[919] por sua vez, não preocuparia tanto. E a razão é simples: a defesa de interesses por parte de segmentos sociais relevantes, contanto que nos limites da procedimentalidade estabelecida pela legislação, não pode ser objeto de qualquer censura, até porque ela seria nitidamente parcial e objetiva, no sentido de que não restariam dúvidas quanto ao verdadeiro propósito da posição defendida, afastando, assim, os pretensos e dissimulados substratos objetivos de imparcialidade, fazendo com que a visão defendida seja considerada, no universo mais amplo de discussão, como uma séria advertência sobre as consequências dos propósitos adotados pela Administração Pública, o que é algo bem diverso da defesa *desinteressada* do interesse público. Para além disso, no seio da Administração Pública, a imparcialidade é relativa, no sentido de que a prossecução de *determinados interesses*, a despeito do atendimento de critérios objetivos alheios aos interesses pessoais, funcionais, políticos ou grupais, pode fazer com que algumas decisões administrativas prestigiem determinadas soluções em detrimento de outras, o que representa, a toda evidência, a possibilidade de tratamento diferenciado entre as pessoas em função dos valores defendidos na realização das prestações públicas, não existindo, assim, uma imparcialidade total ou absoluta,[920] afastando-se, portanto, dos limites compreensivos da imparcialidade judicial.[921] Aliás, isso decorre do próprio poder de escolha da Administração Pública, como apanágio da função administrativa, que concebe um matiz específico à sua imparcialidade.[922]

Além disso, a dinâmica representativa dos interesses envolvidos exporia com clareza a perspectiva dialogal e discursiva do processo decisório relacionado à seleção do fornecedor, evitando-se qualquer

---

[919] CRUZ, Carlos Oliveira; SARMENTO, Joaquim Miranda. *Manual de parcerias público-privadas e Concessões*. Belo Horizonte: Fórum, 2019, p. 66.
[920] ANDRADE, José Carlos Vieira de. A imparcialidade da administração como princípio constitucional. *BFDUC*, Coimbra, vol. 50, p. 219-246, 1974, p. 225.
[921] ANDRADE, José Carlos Vieira de, A imparcialidade da administração como princípio constitucional, 1974, p. 226.
[922] ANDRADE, José Carlos Vieira de, A imparcialidade da administração como princípio constitucional, 1974, p. 227.

áurea de suspeita em relação às posições diferentes ou conflitantes sobre a mesma realidade, o que é algo bem comum nas comissões constituídas apenas por representantes governamentais. Dito de outro modo: defender posições que não se alinhem ao regular prognóstico da atuação administrativa, no mais das vezes, tem acarretado uma injustificada compreensão de que o emissor delas não esteja promovendo a [*intransigente*] defesa do interesse público, isto é, a pretensa regularidade do procedimento.

Trata-se, ainda, de reflexo da postura autoritária do processo decisório da contratação pública, fincada na rigidez procedimental que sacrifica compreensões mais amplas sobre as problemáticas do caso concreto, negando o sentido da relação jurídica administrativa, que é de superação da clássica relação de poder,[923] contextualizada na resistente centralidade do ato administrativo na atuação administrativa, a despeito das vantagens da relação jurídica para explicar os fenômenos dinâmicos da atuação pública, muito embora existam diversos domínios não relacionais no regime jurídico-administrativo.[924]

Vale dizer: se a defesa de interesses é direta e engajada, não há suspeição, mas simplesmente contraposição argumentativa em função dos interesses defendidos. A transparência quanto à ideia de representação por certo denunciaria os efetivos propósitos das posições defendidas, mas não necessariamente equivocados ou inconsequentes. O risco ocorreria, de fato, na hipótese em que o núcleo de atuação responsável pela decisão final, constituído de servidores efetivos, estivesse processualmente envolvido na defesa de interesse que não se ajustasse aos parâmetros da juridicidade administrativa, notadamente o dever de atuação imparcial, que possui particular afetação valorativa sobre os momentos discricionários da atuação administrativa.[925] Assim, com relação aos servidores efetivos: por um lado, a questão estaria mais diretamente relacionada aos desvios funcionais que propriamente ao modelo de composição ampliada de comissões; por outro, a inexistência de parâmetros para evitar interferências ou influências hierárquicas do governo sobre as decisões administrativas seria mais gravoso que a

---

[923] SILVA, Vasco Manuel Pascoal Dias Pereira da, *Em busca do acto administrativo perdido*, 1995, p. 164.

[924] SILVA, Vasco Manuel Pascoal Dias Pereira da, *Em busca do acto administrativo perdido*, 1995, p. 197.

[925] ANDRADE, José Carlos Vieira de, A imparcialidade da administração como princípio constitucional, 1974, p. 220.

própria ideia de participação administrativa orgânica; daí a importância de prestigiar a imparcialidade como dever de realização de fim público.[926]

De todo modo, percebe-se que a adoção da ampliação da Comissão de Contratação comporta sérios inconvenientes do ponto de vista remuneratório ou, com menor reserva, do ponto de vista funcional. Além disso, o histórico da participação administrativa orgânica na Administração Pública sempre foi visto como tormentoso mecanismo para contemplar favores político-ideológicos no seio do Estado. Nesse sentido, ainda que se tratasse de hipótese distinta, a justiça do trabalho, por meio do juiz vogal, até a EC nº 24/1999, representou um bom exemplo disso; aliás, a própria existência dessa justiça especializada é cercada de discutível utilidade, porquanto as demandas trabalhistas, com menor custo e maior racionalidade das forças orgânico-funcionais do Estado, poderiam ser julgadas pela justiça federal comum, tal como se observa nas demandas previdenciárias, que, inclusive, possui nítida conexão com a matéria trabalhista. Aliás, a duplicidade de órgãos, tendo em vista o exercício de atividades semelhantes, é uma característica da ineficiência da organização administrativa brasileira, tratando-se, no que se refere à justiça trabalhista, de persistente reminiscência fascista da ditadura Vargas na estrutura orgânico-funcional do Estado, porquanto absorvia o modelo inerente à *ideologia de Estado*, corporificando uma estrutura orgânica concentrada e centralizada.[927]

Todavia não é preciso promover profundas alterações na Comissão de Contratação para contemplar um processo decisório mais ajustado às práticas sociais; basta, para tanto, comportar maior liberdade decisória para promover desfechos consensuais nos processos administrativos de contratação púbica e, claro, permitir formas concretas de participação administrativa processual de agentes econômicos e usuários, nos termos o artigo 1º, c/c artigo 6º, inciso I, todos do EUAP. Nesse sentido, os artigos 13, inciso I, c/c 18, parágrafo único, todos do EUAP, elencam atribuições totalmente compatíveis com as atividades desenvolvidas em uma Comissão de Contratação, porquanto prestigia mecanismos de intervenção processual no processo de contratação pública.

Desse modo, a importância do *desfecho consensual* decorre da atuação de todos os envolvidos, a saber, Poder Público, agente econômico e

---

[926] ANDRADE, José Carlos Vieira de, A imparcialidade da administração como princípio constitucional, 1974, p. 237.
[927] SILVA, Vasco Manuel Pascoal Dias Pereira da, *Em busca do acto administrativo perdido*, 1995, p. 43.

usuários. Tal perspectiva permitirá a análise de bens e serviços em uma lógica que traga resultados concretos no campo da socialidade, e não apenas resulte no atendimento irrestrito de uma procedimentalidade inócua, justamente porque não atende aos interesses dos destinatários da ação pública: os cidadãos (reabilitandos). Aliás, ninguém melhor que o próprio usuário para cotejar a utilidade ou funcionalidade de determinado bem ou serviço, o que também se aplica ao agente econômico para declinar os limites do mercado. Assim, apenas com a cooperação de todos os envolvidos é que o planejamento da contratação pública pode revelar-se eficiente, pois permite reduzir a assincronia de informações entre o Poder Público e o mercado, bem como possibilita uma dinâmica compreensiva do objeto da contratação pública a partir da visão do usuário. Por mais que isso não retire o poder decisório do gestor, fará com que ele ganhe novos horizontes de compreensão sobre as demandas a serem atendidas pela atuação administrativa e, consequentemente, maiores chances de êxito com a medida administrativa adotada, sem falar na legitimidade gerada pela participação de todos os envolvidos no processo de contratação pública.

5.2 Modelo normativo

> *"Por supuesto que es posible la objetividad científica; lo que ocurre es que la objetividad es mayor cuanto más abstracta y con menor significación práctica."*[928]

A proposição de modelo de contratação pública comporta muitos cuidados; o mais evidente deles é o reconhecimento de que toda proposta possui falhas, incorreções ou, simplesmente e mais preocupante, não apresente qualquer avanço significativo diante do atual estágio da matéria investigada. Trata-se, portanto, de desafio tão necessário quanto inglorioso, pois somente assim, a partir dos inevitáveis riscos, é possível alcançar resultados diversos da cômoda perspectiva da crítica-diagnóstica para chegar à árdua empreitada da crítica-terapêutica. Para tanto, impõe-se a reflexão não apenas sobre a necessidade de *reformas legais*, mas, sobretudo, de *reformas científicas*, isto é, uma remodelagem do pensamento (reformas estratégicas) sobre

---

[928] INNERARITY, Daniel. *La democracia del conocimiento:* por una sociedad inteligente. Barcelona: Paidós, 2011, p. 119.

a atuação administrativa na hipermodernidade.[929] E que fique claro desde logo: um novo modelo não decorre precipuamente de reforma legislativa, mas sim de mudanças prático-procedimentais que absorvam o componente cultural sobre a matéria, remodelando-o por força da incorporação de novos matizes teórico-normativos das dimensões jurídico-procedimental e jurídico-material da contratação pública na implementação dos direitos fundamentais.[930]

Assim sendo, é preciso ir além do Direito Administrativo da proteção do cidadão, que se notabiliza como direito destinado ao controle da Administração Pública, possuindo, ainda, forte respaldo doutrinário[931] para alcançar o Direito Administrativo da ação. Isto é, o direito que possibilite uma atuação eficaz do Poder Público, pois a mudança paradigmática do Estado intervencionista para o Estado regulador[932] não suprime, antes, reafirma, a importância da eficiência nas realizações públicas, pois tal transformação não retira a intervenção estatal para a garantia da existência e, claro, da qualidade, de bens e serviços essenciais.[933] Enfim, que represente efetiva prestação dos serviços sociais,[934] superando, desse modo, o antigo ideário liberal de oposição e resistência do cidadão diante do Estado para alcançar, por meio da colaboração dos particulares, os providenciais planos materiais dos direitos fundamentais.[935]

Em outros termos, impõe-se o Direito Administrativo que ampare a Administração Pública na implementação dos direitos positivos, isto

---

[929] BARNES, Javier. Nota introductoria sobre la segunda edición. *In*: BARNES, Javier (Ed.). *Innovación y reforma en el derecho administrativo*. 2. ed. Sevilla: Editorial Derecho Global, 2012, p. 11-19, p. 14.

[930] HÄBERLE, Peter, *Los derechos fundamentales en el Estado prestacional*, 2019, p. 87.

[931] MELLO, Celso Antônio Bandeira de. O processo administrativo como instrumento de garantia dos administrados no direito brasileiro. *In*: LEMBO, Cláudio; GAGGLIANO, Mônica Herman; ALMEIDA NETO, Manoel Carlos de (Coord.). *Juiz constitucional*: Estado e poder no século XXI. Homenagem ao Ministro Enrique Ricardo Lewandowski. São Paulo: Revista dos Tribunais, 2015, p. 81-93, p. 91.

[932] CANOTILHO, José Joaquim Gomes, O direito constitucional passa; o direito administrativo passa também, 2001, p. 718.

[933] ANDRADE, José Carlos Vieira de. A responsabilidade indenizatória dos poderes públicos em 3D: Estado de Direito, Estado Fiscal, Estado Social. *In*: CORREIA, Fernando Alves; MACHADO, Jónatas E. M.; LOUREIRO, João Carlos (Orgs.). *Estudos em homenagem ao Prof. Doutor José Joaquim Gomes Canotilho*. Volume I. Responsabilidade: entre passado e futuro. Coimbra: Coimbra Editora, 2012, p. 55-84, p. 81.

[934] BARNES, Javier, Nota introductoria sobre la segunda edición, 2012, p. 15.

[935] BONAVIDES, Paulo. *Teoria constitucional da democracia participativa*: por um direito constitucional de luta e resistência, por uma nova hermenêutica, por uma repolitização da legitimidade. 2. ed. São Paulo: Malheiros, 2003, p. 161.

é, que crie mecanismos úteis aos aspectos prático-operacionais das prestações sociais, mas, claro, sem prejuízo das garantias dos cidadãos; aliás, o Estado prestacional pressupõe a criação de instrumentos jurídico-administrativos no atendimento dos interesses da coletividade, que é alcançado justamente por meio da garantia dos direitos fundamentais.[936] Portanto, que ele seja capaz de fazer com que a atuação administrativa gere resultados por meio da absorção das práticas administrativas e sociais que gravitam em torno das prestações de serviço ou material.

Lembrando-se de que o conhecimento prático é, por tudo, uma forma de conhecimento tradicional,[937] não possuindo, assim, disciplina normativa, mas que, justamente por isso, deve ser considerado pela dinâmica regulatória do Direito Administrativo. Aliás, uma forma de acolher o conhecimento prático no processo de contratação pública, consagrando a importância das experiências administrativas e sociais na implementação dos direitos, é conceder maior versatilidade ou flexibilidade procedimental ao gestor. Nesse ponto, cumpre destacar a estreita relação entre a alteração legislativa e a estabilidade das práticas administrativas e sociais, pois, no mais das vezes, a consolidação dessas práticas depende mais da estabilidade da legislação que propriamente da correção material da disciplina legal,[938] porquanto o componente cultural denota um fator decisivo no atendimento e aperfeiçoamento dos prognósticos normativos.

Hoje, com o reconhecimento dos limites financeiros da pretensão protetiva do Estado Social, inclusive quanto aos riscos de dependência e manipulação dos cidadãos,[939] bem como os reflexos de sua atuação na dinâmica de empregabilidade (*social deflation*),[940] o que revela a própria inviabilidade do Estado de prestação total,[941] a maior preocupação da reflexão jurídica, no que se refere à reforma estratégica do Direito Administrativo, reside no aperfeiçoamento da interação entre a atuação administrativa, com os seus mais diversos instrumentos jurídicos, e a prestação de serviços público-privados cada vez mais complexos seja

---

[936] HÄBERLE, Peter, *Los derechos fundamentales en el Estado prestacional*, 2019, p. 91-92.
[937] OAKESHOTT, Michael. *Conservadorismo*. Tradução de André Bezamat. Belo Horizonte: Âyiné, 2016, p. 31.
[938] MENDONÇA, José Vicente Santos de, *Direito administrativo e inovação*, 2017, p. 173.
[939] BONAVIDES, Paulo. *Do Estado liberal ao Estado social*. 9. ed. São Paulo: Malheiros, 2009, p. 200.
[940] ROSANVALLON, Pierre. *The new social question*: rethinking the welfare state. Translated by Barbara Harshav. Princeton: Princeton University Press, 2000, p. 57.
[941] HÄBERLE, Peter, *Los derechos fundamentales en el Estado prestacional*, 2019, p. 86.

em função das particularidades dos seus destinatários (alta atenção pessoal), seja em decorrência do próprio objeto da prestação de serviço ou material (avanços tecnológicos), daí a importância do *status activus processualis*, porquanto representa uma abertura da cognição procedimental, já que consagra a interação técnico-operacional entre Estado, terceiro setor e mercado, para a implementação dos direitos fundamentais.[942]

Nesse contexto, a despeito de toda a crítica que encerra qualquer tentativa de periodização de dados, movimentos ou eventos históricos, notadamente quanto à delimitação temporal de mudanças teórico-políticas no seio da Administração Pública, cumpre destacar um processo de transformação do Direito Administrativo a partir de 03 (três) fases e com início no século XIX até o século XXI, conforme ilustrado abaixo:

Ilustração 06 – Enfoque jurídico da reforma estratégica do Direito Administrativo

DIREITO ADMINISTRATIVO		
1ª Fase Século XIX	2ª Fase Séculos XIX-XX	3ª Fase Séculos XX-XXI
Arbítrio e poderes	Proteção do cidadão	Atuação administrativa e instrumentos jurídicos
Serviço público básico	Serviço público abrangente	Serviço público-privado complexo
Patrimonial-estamental	Burocrático-gerencial	Dialógico-cooperativa
ADMINISTRAÇÃO PÚBLICA		

Fonte: Elaborada pelo autor (2018).

---

[942] HÄBERLE, Peter, *Los derechos fundamentales en el Estado prestacional*, 2019, p. 92.

Evidentemente o enfoque reflexivo das reformas estratégicas, que se encontra em conexão instrumental com a Administração Pública, não representa o entendimento de que ocorra uma linear superação delas em função do tempo, mas, sim, desponta um demorado processo de sucessão seletivo-acumulativa de aperfeiçoamentos das matrizes teórico-normativas do Direito Administrativo, preocupando-se precipuamente com os cânones da atuação administrativa.[943] Desse modo, destacar determinado modelo não quer dizer que exista uma relação totalizante, ou mesmo hegemônica, sobre os demais em todos os rincões da ambiência administrativa.

No campo da contratualidade pública, em que se impõe contínuo processo de aperfeiçoamento em função das complexas demandas da atualidade, é preciso destacar o seguinte: a lógica da contratação eficiente rompe com a ideia fixa da licitação, de maneira que ela só deve ser realizada quando for efetivamente viável,[944] não apenas em termos normativos, mas, sobretudo, em função dos aspectos prático-procedimentais que tragam resultados. Essa premissa compreende 03 (três) pontos relevantes: (a) licitar indevida ou desnecessariamente também expressa uma forma de ilegalidade,[945] o que afasta a ideia de que a faculdade de licitar esteja sempre disponível, mesmo quando se tratar de hipótese de dispensa; (b) toda licitação possui custo (funcional, institucional e social) e, portanto, sempre que possível, isto é, nos limites da legalidade e legitimidade, ela deve ser evitada; (c) quanto maior a complexidade na licitação, menor é a possibilidade ontrolaolá-la, e, por outro lado, isso não assegura melhores contratações.[946]

Esses pontos denunciam a necessidade de pensar a contratação como realidade prático-procedimental, isto é, em que o planejamento, a seleção do fornecedor e a gestão do contrato estejam em sintonia com os limites e as possibilidades que encerram o universo das demandas administrativas, notadamente no campo financeiro, político e mercadológico, fazendo com que o curso da contratação pública absorva os desafios

---

[943] SCHMIDT-ASSMANN, Eberhard, Cuestiones fundamentales sobre la reforma de La teoría general del derecho administrativo, 2012, p. 94.
[944] MENDES, Renato Geraldo; MOREIRA, Egon Bockmann, *Inexigibilidade de licitação*, 2016, p. 98.
[945] MENDES, Renato Geraldo; MOREIRA, Egon Bockmann, *Inexigibilidade de licitação*, 2016, p. 115.
[946] JUSTEN FILHO, Marçal. Corrupção e contratação administrativa – a necessidade de reformulação do modelo jurídico brasileiro. *ILC*, Curitiba, n. 258, p. 721-723, ago. 2015, p. 722.

fático-normativos decorrentes de legislação prenhe de inconsistências teóricas e, sobretudo, repleta de determinações não consequencialistas.

Dito de outra forma, urge romper com a perspectiva idealista da conformação normativa da contratação pública que prestigia, a ferro e fogo, a igualdade de tratamento e a competitividade, mas que despreza os desnecessários custos que isso acarreta à atividade administrativa, especialmente quando, e isso deve ficar bem claro, os reais objetivos da contratação pública não desconhecem os custos que possibilitam as conquistas sociais abrangentes, ainda que, por vezes, por intermédio de prestações de legítimo caráter individualista, no que bem retrata a realidade do PRP.

Quanto ao largo universo das possíveis cláusulas sociais na contratação pública, e mirando a questão da proteção previdenciária, ventila-se o seguinte: para além das ordinárias prescrições do artigo 7º, inciso XXXIII, da CRFB, urge uma intensificação contratual quanto ao cumprimento do artigo 93 da LBPS, bem como o disposto nos artigos 8º, 14 e 16 do EPD, assim como os artigos 34 a 45 do Decreto nº 3.298/1999, no que representa a regulamentação mais importante sobre a proteção social da pessoa com deficiência no cotidiano das relações entre as empresas e os órgãos públicos.[947] Assim, se há clara exigência de que as empresas devem empregar pessoas reabilitadas ou com deficiência, não há motivo algum para que a gestão pública se abstenha de impor tal encargo nos contratos administrativos ou na seleção de fornecedor como requisito de *habilitação social* das empresas, tal como determinam os artigos 63, inciso IV, 92, inciso XVII, 116 e 137, inciso IX, da LGLC. Aliás, tal exigência representa antigo mecanismo de proteção social do direito britânico, que remonta à década de 20 do século passado,[948] mas que ainda possui, com algumas raras exceções, efeito meramente simbólico no Brasil.

Em outros termos, se há limites intrínsecos à própria contratação pública, precisamente no fato de as empresas não atingirem determinados requisitos para habilitação (artigo 62 da LGLC), como consentir com a contratação de empresas que não cumpram, ainda que minimamente, a legislação social, isto é, não atendam às regras básicas de responsabilidade social, ainda que elas sejam exigências externas ao

---

[947] COSTA, Sandra Morais de Brito. *Dignidade humana e pessoa com deficiência:* aspectos legais e trabalhistas. São Paulo: LTr, 2008, p. 59.

[948] MCCRUDDEN, Christopher, Using public procurement to achieve social outcomes, 2004, p. 258.

próprio objeto da contratação? O que se pode questionar é a viabilidade prática de promover a fiscalização dessa exigência na habilitação,[949] pois isso não deveria representar dilema concreto da gestão contratante, mas do órgão público responsável por tal atividade (artigo 93, §2º, da LBPS), que deverá emitir a certificação, ou documento equivalente, no sentido de comprovar que determinada empresa cumpre o disposto no artigo 93 da LBPS. É dizer, a entidade contratante deverá apenas exigir a regularidade social da empresa, de maneira que outro segmento do Estado deverá promover os procedimentos necessários a essa comprovação, como já ocorre com a comprovação da regularidade fiscal ou trabalhista, prestigiando, dessa forma, a racionalidade procedimental.

Desse modo, é preciso condensar e exigir, no universo da contratação pública, o cumprimento de todos os parâmetros de proteção social incorporados na legislação a partir das relações jurídico-laborais, mas sem que isso represente um custo procedimental desmedido. Nesse sentido, se há regular parâmetro legal, qual o sentido de exigi-lo apenas se estiver expresso no regular processo de contratação pública[950] ou não o exigir se estiver tão somente na legislação ordinária, notadamente no campo da socialidade? Seria a cômoda perspectiva argumentativa, mas sem amparo na legislação, de que não se trata de exigências de qualificação técnica e econômica consideradas indispensáveis à garantia do cumprimento das obrigações (37, inciso XXI, da CRFB)? Dito de outro modo, teria dispositivo constitucional o poder de inviabilizar algumas normas de proteção social decorrente do próprio texto constitucional e criteriosamente disciplinadas pela legislação ordinária? Indagando de outra maneira, como consentir com o cumprimento seletivo das imposições legais levantadas pelo próprio Poder Público? Como prestigiar o entendimento de que o Estado possa contratar empresas que descumpram normas básicas de proteção social, especialmente quando o próprio Estado impõe essas normas irrestritamente? Vê-se, nitidamente, um desafio procedimental, e não legal.

---

[949] Aqui, é preciso prestigiar a realidade, e não a mera normatividade. Explica-se: o encargo gerado pela exigência legal pode ser simplesmente impraticável diante das limitações do mercado local, não apenas no que concerne à disponibilidade de profissionais, mas, sobretudo, no que se refere à capacitação profissional.

[950] PEREIRA JÚNIOR, Jessé Torres; DOTTI, Marinês Restelatto. Os novos horizontes da contratação de serviços na administração federal (Instrução Normativa nº 5/2017). *FCGP*, Belo Horizonte, ano 16, n. 190, p. 09-53, out. 2017, p. 17.

Aqui a sistematicidade das regras a que se submetem os licitantes ou contratantes não pode ser desconsiderada pelo Poder Público, como se a legislação fosse aplicada invariavelmente de forma departamentalizada e estanque pela gestão pública, para contemplar abstratamente a ilógica e artificial pretensão de competitividade no processo de contratação pública. Então, como colocar no mesmo patamar empresas que cumprem as normas de proteção social e outras que simplesmente as desprezam?

Nesse ponto cumpre destacar o seguinte: o tratamento igualitário entre empresas, mesmo que possuam encargos sociais ou tributários diferentes, contanto que elas cumpram as regras de proteção social, é algo admissível, ou mesmo desejável, em função de políticas públicas específicas de intervenção estatal na economia a partir da contratação pública. Algo totalmente diverso, porquanto representaria regra geral destituída de sentido, é desconsiderar o descumprimento das regras de proteção social para prestigiar maior competitividade no processo de contratação pública.

Por isso, não se compreendia a lógica da legislação anterior (artigo 66-A da LLCA), pois ela partia da linear compreensão de que, durante a execução do contrato, apenas as empresas que se enquadrassem na hipótese do artigo 3º, §2º, inciso V, da LLCA, que prestigia o critério de desempate, ou do artigo 3º, §5º, inciso II, da LLCA, que abona a margem de preferência, deveriam observar as normas relacionadas à proteção das pessoas com deficiência ou reabilitadas da Previdência Social. Por mais que tenha sido defendido[951] que o cumprimento dessas normas deveria ser o primeiro critério de desempate, o fato é que sequer deveria ser considerada habilitada uma empresa que não cumprisse o disposto no artigo 93 da LBPS, sobretudo agora, com a LGLC.

Ademais, a margem de preferência respaldada na origem do produto ou serviço, tal como era determinada no artigo 3º, §5º, inciso I, da LLCA, aliás, algo praticado há longa data por diversos países, inclusive pelos Estados Unidos (*Buy American Act* de 1933),[952] é totalmente compreensível como forma de proteger a empregabilidade na economia

---

[951] OLIVEIRA, Rafael Carvalho Rezende. Licitações inclusivas: os impactos do Estatuto da Pessoa com Deficiência (Lei nº 13.146/2015) nas contratações públicas. *FCGP*, Belo Horizonte, ano 16, n. 182, p. 50-56, fev. 2017, p. 54.

[952] NASCIMENTO, André Jansen do. A licitação como instrumento de efetivação de políticas públicas. *In*: CHARLES, Ronny (Org.). *Licitações públicas:* homenagem ao jurista Jorge Ulisses Jacoby Fernandes. Curitiba: Negócios Públicos, 2016, p. 93-128, p. 108.

local, mas não parece adequada como parâmetro para concessão de margem de preferência em função do cumprimento de norma de proteção social imposta a todas as empresas, porquanto essa medida fragiliza a importância da norma de proteção social, tanto que o próprio Poder Público a dispensava, já que a empresa poderia prescindir desse *benefício* para obter margem de preferência nas contratações públicas.

Aliás, a mesma linha de raciocínio também se aplicava na concessão de critério de desempate, pois a norma deixava o seu regular *status* protetivo para ostentar o caráter de mero mecanismo transitório de inserção econômica a partir da contratação pública. Lógica inversa, mas totalmente aconselhável, muito embora não adotada na LGLC, é a concessão de margem de preferência ou critério de desempate para as empresas que vão além do artigo 93 da LBPS, isto é, empreguem pessoas reabilitadas ou com deficiência para além dos percentuais determinados pela norma de proteção social.

Nesse cenário, se o legislador ainda tiver a pretensão de promover um impulso socializante à contratação pública, notadamente na proteção das pessoas com deficiência ou reabilitadas, poderia facultar ao gestor público realizar licitações exclusivas ou reservadas apenas para empresas que empregassem elevado número de pessoas com deficiência ou reabilitadas. Aliás, isso é o que se observa no artigo 20 da Diretiva 2014/24 da União Europeia, o qual determina o percentual de 30% para fins de licitação exclusiva ou reservada.[953]

Aqui cumpre acentuar o seguinte: se há determinado percentual imposto às empresas, tal como se observa no artigo 93 da LBPS, por certo o benefício *lege ferenda* da licitação reservada deve ser concedido apenas aos agentes econômicos que cumpram um percentual maior, isto é, que se entregue decididamente à agenda da contratação pública social. Nesse ponto, a alteração legislativa promovida pelo EPD foi bem tímida, porquanto ela não representa um instrumento efetivo para implementação de direitos por meio da contratação pública, sobretudo na área sensível da atividade social do Poder Público,[954] bem como des-

---

[953] EUROPA. Parlamento Europeu e do Conselho da União Europeia. Diretiva 2014/24, de 26 de fevereiro de 2014, relativa aos contratos públicos e que revoga a Diretiva 2004/18/CE. Jornal Oficial da União Europeia. Publicação 28 mar. 2014. Disponível em: https://eur-lex.europa.eu/legal-content/PT/TXT/PDF/?uri=CELEX:32014L0024&from=PT. Acesso em: 23 jul. 2018.

[954] MARTINS, Licínio Lopes. As organizações do terceiro sector no novo regime da contratação pública da União Europeia. *RCP*, Belo Horizonte, ano 05, n. 08, p. 133-147, set./fev. 2016, p. 143.

considera a capital importância do terceiro setor como área estratégica nos domínios típicos do Estado Social[955] ou, de modo mais preciso, do *Estado de desenvolvimento*.[956] Em uma palavra: o artigo 93 da LBPS não pode ser letra morta na contratação pública, daí a pertinência dos artigos 63, inciso IV, 92, inciso XVII, 116 e 137, inciso IX, da LGLC, porque prestigiou a proteção social prevista nas demais leis do sistema jurídico, refirmando, assim, a regular exigência de adequação valorativa e unidade interna da ordem jurídica.[957]

Por isso, defende-se que as normas de proteção social não podem ser preteridas pelas pessoas jurídicas que desejem ser contratadas pelo Poder Público. E o melhor momento para exigir o cumprimento irrestrito desse regramento é, por tudo, antes da realização do contrato administrativo, portanto na fase de seleção do fornecedor, mas, evidentemente, também deve ser exigido durante toda a execução contratual. Ademais, nem mesmo pode convencer, nesse ponto, a objeção do aumento dos custos da transação, pois os efeitos positivos no PRP e na empregabilidade das pessoas reabilitadas são certamente superiores à eventual onerosidade dos contratos administrativos. Todavia isso não pode representar uma exigência absoluta diante dos limites objetivos do mercado, contanto que devidamente comprovados no processo de contratação pública; afinal, não há como exigir o impossível de licitantes e contratados. Aqui exsurge a ideia de *habilitação dinâmica*, conforme os imperativos dos limites fático-normativos de cada contratação.

Em outro pórtico, cumpre lembrar que o TCU, há longa data, vem empenhando o *status* de órgão político-administrativo[958] e, sempre que possível, reforça a tese de que todas as exigências habilitatórias deveriam constar expressamente na antiga LLCA e, por certo, também na LGLC. Aqui, por mais que se pense o contrário,[959] há o mito de que a quantidade de licitantes (expansão da competitividade) promove a

---

[955] MARTINS, Licínio Lopes, As organizações do terceiro sector no novo regime da contratação pública da União Europeia, 2016, p. 146.

[956] FALCÃO, Raimundo Bezerra. *Direito econômico*: teoria fundamental. São Paulo: Malheiros, 2013, p. 114.

[957] CANARIS, Claus-Wilhelm. *Pensamento sistemático e conceito de sistema na ciência do direito*. Introdução e tradução de A. Menezes Cordeiro. 4. ed. Lisboa: Fundação Calouste Gulbenkian, 2008, p. 77-78.

[958] BRITTO, Carlos Ayres. O regime constitucional dos Tribunais de Contas. *In*: GRAU, Eros Roberto; CUNHA, Sérgio Sérvulo da (Coord.). *Estudos de direito constitucional em homenagem a José Afonso da Silva*. São Paulo: Malheiros, 2003, p. 89-100, p. 98.

[959] MARIANO, Cynara Monteiro. Atestados de capacidade técnica e habilitação em licitações públicas. *RDA*, Rio de Janeiro, n. 222, p. 133-141, out./dez. 2000, p. 135.

qualidade na seleção da proposta e, por conseguinte, da contratação pública. Vê-se, desse modo, um desserviço da Corte de Contas, seguindo cegamente o irracional critério interpretativo da desmedida proteção da competitividade entre os licitantes, ainda que em detrimento da própria racionalidade da contratação pública, que, por vezes, exige flexibilidade procedimental diante das circunstâncias que encerra determinada demanda administrativa, isto é, ir além ou aquém dos requisitos iniciais de habilitação, mas sempre a partir de parâmetros normativos.

Este é um ponto que merece profunda reflexão: o Poder Público não deve abster-se do regular cumprimento da legislação ou do objeto da contratação, senão isso estimula a manutenção de empresas inidôneas no mercado ou, na melhor hipótese, sem o mínimo de responsabilidade social. Nesse ponto, cabe aos licitantes alcançar o patamar habilitatório necessário ao regular atendimento das exigências razoavelmente impostas pelo próprio Poder Público, sobretudo quando dispõe de amparo legal ou regulamentar, e não contrário: a Administração Pública consentir com as exigências mínimas da LGLC, de modo seletivo, negando a vigência de determinadas leis do sistema jurídico. Ter-se-ia, aqui, verdadeiro faz de contas de proteção social por meio do controle externo, sem falar na impossibilidade de a contratação pública interferir favoravelmente nos prognósticos da legislação. Só que há um detalhe: a variabilidade das exigências, conforme o caso, exige uma devida justificação diante de parâmetros fático-normativos, o que é algo bem diferente da concessão de tratamento privilegiado para empresas ou determinados segmentos econômicos, por isso a proposição de *habilitação dinâmica* não pode ser um capricho, mas uma exigência fático-normativa diante das possibilidades prático-procedimentais da Administração Pública.

Quanto às questões ambientais nas contratações públicas, inclusive como expressão de políticas estratégicas na promoção do desenvolvimento econômico em geral,[960] é preciso parcimônia, porquanto o progresso das adequadas alternativas socioambientais no universo das prestações de serviços ou materiais, cujos propósitos vão além da questão de mera eficiência energética ou do regular uso de materiais biodegradáveis, nem sempre é acompanhado das possibilidades financeiras do Poder Público. Aliás, isso raramente ocorre; porém tal fato, por si só, não pode resultar na estoica adoção de contratações ambientalmente insustentáveis. O fato é que o compromisso com projetos

---

[960] REIS, Luciano Elias. *Compras públicas inovadoras*. Belo Horizonte: Fórum, 2022, p. 155.

socioambientais abrangentes, notadamente na ambiência pública, não alcançará qualquer êxito se não for incorporado nas rotinas da vida social, ou melhor, se não for enraizado na dinâmica comportamental de pequena escala ou absorvido pelo inevitável raciocínio prático no cotidiano das rotinas administrativas.[961]

Em uma realidade em que a demanda por bens e serviços é bem maior que as possibilidades financeiras do Poder Público, por mais que a legislação projete ou imponha o contrário, é pouco compreensível que o gestor escolha o *estado da arte socioambiental* como objetivo prioritário da contratação. Até porque ele será cobrado pela abrangência do atendimento prestado, e não propriamente pela escala (anti)econômica dos prognósticos estritamente socioambientais. Aqui é preciso equilibrar a imposição legal (normatividade) e a discrição do gestor (pragmaticidade) diante da expressividade das demandas da Administração Pública. Por mais que as cifras financeiras da contratação pública representem um indutor econômico, gerando uma verdadeira mudança na forma de enxergar a dinâmica da contratação pública,[962] resta evidente que a sustentabilidade ambiental comporta redobrados custos do Poder Público, porquanto a relação entre proteção ambiental e expansão do atendimento das demandas administrativas é inversamente proporcional, justamente porque produtos ou serviços destinados à questão ambiental, por exigirem a incorporação de técnicas inovadoras ou a disponibilidade de insumos não abundantes, são geralmente mais onerosos, sem falar na própria demora do processo econômico relacionado à acessibilidade de preços.

E qual a relação disso com o PRP? A definição das prioridades na alocação de recursos não pode desconsiderar as relevantes conquistas individuais dos reabilitandos, de maneira que os custos das contratações sustentáveis não podem infirmar a atuação prioritária do Poder Público na promoção da proteção previdenciária, especialmente quando ela decorre de demoradas análises quantitativo-funcionais no emprego dos recursos públicos. Aqui a ideia de funcionalidade da prestação de serviço ou material comporta um valor mais aceitável que o decorrente dos desejosos imperativos da contratação sustentável, exceto quando se

---

[961] SCRUTON, Roger. *Filosofia verde:* como pensar seriamente o planeta. Tradução Maurício G. Righi. São Paulo: É Realizações, 2016, p. 07.
[962] REIS, Luciano Elias, *Compras públicas inovadoras*, 2022, p. 146.

revelar possível, sem maiores custos, a junção desses dois propósitos: funcionalidade e sustentabilidade.

5.2.1 Visibilidade teórico-jurisprudencial

> "A teoria do Direito, até ser confundida com um insípido interesse pelas chamadas necessidades sociais e psicológicas e se tornar parte do equipamento dos 'engenheiros sociais', era uma investigação filosófica profunda, um dos mais antigos e respeitados componentes da educação liberal."[963]

A nota de visibilidade de todo modelo jurídico recai na sua capacidade de acolher as experiências e o resultado de reflexões demoradas decorrentes da evolução técnico-operacional das demandas administrativas no tempo. Portanto, trata-se de concebê-lo para ser aperfeiçoado jurisprudencialmente, inclusive com ou sem eventuais intervenções legislativas. Questiona-se: qual modelo não seria objeto de aperfeiçoamento pelos tribunais administrativos ou judiciais? A questão, contudo, assume outro norte: que a expansão da revisão judicial não seja apenas mecanismo de enfraquecimento da autoridade administrativa e empoderamento da autoridade judicial. É dizer, que a visibilidade jurisprudencial do modelo seja compaginável com a importância da liberdade decisória do gestor e dos progressos alcançados pela atuação administrativa. Desse modo, que a deferência às decisões administrativas decorra da própria dinâmica interpretativa dos parâmetros diante das adversidades dos processos administrativos decisórios e prestacionais (artigo 22 da LINDB). Enfim, que não sacrifique os procedimentos exitosos empreendidos pelo Poder Público.

E aqui reside o ponto mais importante: que a capacidade diretiva do Direito, devidamente canalizada na inovação decorrente do regular fluxo das atividades administrativas, revele-se contínua através da jurisprudência, sobretudo quando o texto legal denunciar menores expectativas sobre a sua utilidade nas decisões administrativas futuras,[964] até porque a *estabilidade textual* não se revela necessariamente

---

[963] OAKESHOTT, Michael. *A voz da educação liberal*. Tradução de Rogério W. Galindo e Rosiane Correia de Freitas. Belo Horizonte: Âyiné, 2021, p. 71-72.
[964] ALFONSO, Luciano Parejo, *Transformación y ¿reforma? del derecho administrativo en España*, 2012, p. 22.

incompatível com a *dinâmica interpretativa*, notadamente quando existe a pretensão de firmar maior versatilidade procedimental na legislação processual administrativa. Assim, por um lado os limites temporais dos textos legais, incluindo os regulamentos infralegais, estimulam a inovação na ambiência administrativa; por outro, acabam por exigir maior flexibilização no conteúdo prescritivo dos textos legais.[965] Nesse contexto, os precedentes administrativos ou judiciais, como resposta institucional aos dilemas concretos da gestão pública, devem ancorar-se no *ganho hermenêutico* que traduza meios de consolidação das experiências administrativas.[966]

A consequência lógica disso, para além dos ordinários dilemas com a segurança jurídica, é a imperiosa necessidade de confiar no complexo orgânico-funcional da Administração Pública como sede decisória das demandas das coletividades.[967] Nesse sentido, o reforço do poder decisório da autoridade administrativa não representa propriamente uma faculdade, mas, sim, uma necessidade operacional da atuação administrativa na hipermodernidade.

A questão da visibilidade teórico-jurisprudencial do modelo normativo possui relação direta com o reconhecimento de que a jurisprudência, a despeito de sua inegável importância no círculo discursivo da legalidade e legitimidade da atuação administrativa, deve acenar com deferência, sempre que isso resultar possível, aos prognósticos da gestão pública, não porque se trate de temática ininteligível ao Poder Judiciário (*expertise argument*),[968] mas, sobretudo, porque traria expressivos embaraços à atividade processual uma discussão sobre a eficácia, eficiência e efetividade das políticas públicas, sem acrescentar soluções aos dilemas ancorados na gestão pública ou economia, a partir da correção material de institutos jurídico-administrativos. Dito de outro modo, a atuação processual sobre a atividade administrativa não abarca diversas dimensões da ação administrativa,[969] e, nessa qualidade, não faria o menor sentido atrapalhá-las em função de pretensa

---

[965] ALFONSO, Luciano Parejo, *Transformación y ¿reforma? del derecho administrativo en España*, Sevilla: Editorial Derecho Global, 2012, p. 36-37.

[966] LOPES FILHO, Juraci Mourão. *Os precedentes judiciais no constitucionalismo brasileiro contemporâneo*. 2. ed. Salvador: JusPodivm, 2016, p. 275.

[967] ALFONSO, Luciano Parejo, *Transformación y ¿reforma? del derecho administrativo en España*, 2012, p. 38.

[968] KING, Jeff. *Judging Social Rights*. Cambridge: Cambridge University Press, 2012, p. 06.

[969] SCHMIDT-ASSMANN, Eberhard, Cuestiones fundamentales sobre la reforma de La teoría general del derecho administrativo, 2012, p. 29.

correção material do processo decisório judicial. Portanto, o modelo deve prestigiar a deferência judicial como exigência de racionalidade da dinâmica de controle da atuação administrativa.

Desse modo, indaga-se: como a jurisprudência pode aperfeiçoar os instrumentos da atuação administrativa a partir do código do controle da legalidade e legitimidade, sobretudo quando não se sabe, aprioristicamente, que o resultado da intervenção judicial possa representar o melhor empreendimento diante das complexas demandas das políticas públicas?[970] É dizer, se a disciplina normativa não dispõe de melhores alternativas, por que motivo uma decisão judicial sempre delimitaria o melhor caminho a seguir, especialmente quando os magistrados divergem profundamente entre si sobre as mais diversas questões jurídicas, inclusive no âmbito das competências decisórias,[971] e notadamente quanto ao seu entorno extrajurídico? Vê-se que o risco da *salvaguarda iluminista* da ingerência judicial é considerável e não pode ser desprezado pelos membros da comunidade política. Assim, a atuação judicial deve prestigiar a medida administrativa decorrente da dinâmica interpretativa do gestor incidente sobre fatos e textos, contanto que ela seja igualmente identificada e admissível pela interpretação judicial, pois a volição do gestor diante de alternativas válidas, como reconhecida característica da discrição, não pode ser tolhida pelo magistrado.[972]

Por isso, revela-se tão importante firmar o papel da legalidade na reforma estratégica do Direito Administrativo,[973] porquanto, mesmo que ele sofra os ordinários influxos da sindicabilidade judicial, deve absorver os planos da gestão política do Estado e, nesse sentido, ser capaz de consagrar os rumos da gestão administrativa diante das potencialidades institucionais do Poder Público, até porque é o Poder Executivo que deve assumir a responsabilidade pelas mudanças teórico-normativas relacionadas ao aperfeiçoamento dos institutos jurídicos da atuação administrativa.[974]

---

[970] KING, Jeff, *Judging Social Rights*, 2012, p. 08.
[971] HART, H. L. A. *O conceito de direito*. Tradução de Antônio de Oliveira Sette-Câmera. São Paulo: Martins Fontes, 2009, p. 197.
[972] MARTINS, Ricardo Marcondes. "Políticas públicas" e judiciário: uma abordagem neoconstitucional. *A&C*, Belo Horizonte, ano 18, n. 71, p. 145-165, jan./mar. 2018, p. 152.
[973] SCHMIDT-ASSMANN, Eberhard, Cuestiones fundamentales sobre la reforma de la teoria general del derecho administrativo, 2012, p. 29.
[974] SCHMIDT-ASSMANN, Eberhard, Cuestiones fundamentales sobre la reforma de La teoría general del derecho administrativo, 2012, p. 32.

A Administração Pública deve ser a senhora dos seus meios de atuação. E uma forma de permitir isso é propugnar maior liberdade instrutória e decisória da autoridade administrativa no regular exercício de sua competência discricionária,[975] notadamente no processo prestacional, até porque o regular exercício da discricionariedade instrutória pode tanto revelar quanto afastar novas alternativas no processo decisório que, por certo, repercute diretamente no processo prestacional.[976] É dizer, com os desafios concomitantes, dentre outros, de proteger os direitos individuais ou o meio ambiente, o incentivo da economia, a geração de emprego ou o bem-estar dos cidadãos, portanto, de atuar de modo eficaz,[977] resulta pouco provável o cumprimento desses deveres com a obrigação permanente de esperar e acolher as posições ou decisões legislativas ou judiciais, mormente quando tal atitude decorra mais da comodidade de evitar dissabores funcionais que propriamente promover a eficiência na gestão pública.

5.2.2 Revisibilidade jurídico-política

> "Uma das minhas teorias favoritas é a de que aquilo que as pessoas denominam de 'ideais' e 'propósitos' jamais são em si mesmos a fonte da atividade humana, trata-se de expressões abreviadas da verdadeira fonte de nossa conduta, que é uma disposição para fazer certas coisas e um conhecimento sobre como fazê-las. Os seres humanos não começam inertes e passam à atividade apenas quando atraídos por um propósito a ser atingido. (...). Os propósitos que atribuímos a tipos particulares de atividades são apenas resumos do conhecimento que temos sobre como participar daquela atividade."[978]

Em consonância com o tópico anterior, a própria visibilidade teórico-jurisprudencial do modelo jurídico compreende o fluxo evolutivo

---

[975] DUARTE, David. *A norma de legalidade procedimental administrativa:* a teoria da norma e a criação de normas de decisão na discricionariedade instrutória. Coimbra: Almedina, 2006, p. 532.

[976] DUARTE, David, *Procedimentalização, participação e fundamentação*, 1996, p. 556.

[977] BARNES, Javier. *Transformaciones (científicas) del derecho administrativo:* historia y retos del derecho administrativo contemporáneo. Sevilla: Editorial Derecho Global, 2011, p. 47.

[978] OAKESHOTT, Michael, *A voz da educação liberal*, 2021, p. 179.

da revisibilidade jurídico-política no sentido de que a solução normativa, como expressão de aprofundamento das contínuas experiências da gestão pública, deve comportar uma dinâmica regulamentação administrativa dos textos legais e, com isso, denunciar os limites da compreensão normativa a partir desses textos. A liberdade para alterar as coisas é tão importante quanto a necessidade de preservá-las diante dos seus bons resultados. A questão, portanto, é ter a possibilidade de praticar uma ou outra atitude sem maiores rupturas no processo decisório das atividades administrativas.

A estabilidade é sempre desejada quando implicar segurança às instituições e, sobretudo, aos cidadãos, vedando-se domínios interpretativos com efeitos retroativos benéficos tanto para a Administração Pública (artigo 2º, parágrafo único, inciso XIII, da LGPAF) quanto, por mais que se defenda o contrário,[979] para os cidadãos, haja vista a importância da estabilidade das relações jurídico-administrativas. Aliás, essa talvez seja a maior razão para que o Poder Público defenda a manutenção ou alteração de qualquer coisa na ambiência administrativa, contanto que sejam observados os limites normativos de cada pretensão político-administrativa. Por outro lado, quando a revisão dos parâmetros legais resultar necessária, é sempre melhor que ela seja realizada com o menor custo procedimental possível, isto é, sem o envolvimento de grande esforço legislativo, tornando-se, assim, menos moroso o processo legislativo com a possibilidade de alterações pontuais da matéria regulamentada. Contudo, ainda se trata de lei parlamentar, logo compreende uma tarefa que vai além dos limites de atuação do Poder Executivo.

Daí a providencial compreensão de que essa revisão possa decorrer de meras alterações infralegais, devidamente autorizadas pela legislação, bem como pela parcimoniosa construção jurisprudencial, pois o sistema de fontes, apesar de móveis e cambiantes,[980] não traduz do ponto de vista operacional todas as dificuldades da atuação administrativa. Desse modo, representa vexado equívoco assinalar a exigência

---

[979] CÂMARA, Jacintho Arruda. Art. 24 da LINDB. Irretroatividade de nova orientação geral para anular deliberações administrativas. *RDA, Rio* de Janeiro, Edição Especial: Direito Público na Lei de Introdução às Normas do Direito Brasileiro – LINDB (Lei nº 13.655/2018), p. 113-134, nov. 2018, p. 120-121.

[980] BARNES, Javier. Algunas respuestas del derecho administrativo contemporáneo ante las nuevas formas de regulación: fuentes, alianzas con el derecho privado, procedimientos de tercera generación. In: BARNES, Javier (Ed.). *Innovación y reforma en el derecho administrativo*. 2. ed. Sevilla: Editorial Derecho Global, 2012, p. 251-377, p. 263.

de lei parlamentar para questões minudentes da procedimentalidade adotada pela gestão pública, pois representaria excessiva legalização da atividade processual administrativa, tanto que a LGPAF abraçou a lógica das disposições gerais, com o regular resguardo das garantias processuais constitucionais, para que a procedimentalidade pudesse absorver as inevitáveis vicissitudes decorrentes do percurso histórico dos processos administrativos.

Quiçá este seja o maior embaraço da atuação administrativa: ter capacidade para extrair as potencialidades normativas da LGPAF. Por isso, a ideia de densificação normativa, partindo das auspiciosas disposições do texto constitucional às conformadoras e implementadoras determinações da legislação ordinária, não pode prescindir da regulamentação administrativa mais afeita aos dilemas concretos da gestão pública, pois somente a partir dela é possível promover a revisibilidade jurídico-política da atuação administrativa, uma vez que a evidência da assincronia da disciplina legal com as práticas sociais e administrativas só pode resultar da atividade estatal no caso concreto, e não das abstratas e gerais disposições dos prognósticos legislativos. Para além disso, há muito tempo que se objetiva cada vez menos a execução rigorosa da lei, prestigiando-se, sobretudo, o exercício das competências discricionárias, conforme os espaços reservados às escolhas legítimas dos gestores no atendimento dos fins públicos.[981]

Pode-se dizer o seguinte: quanto menor for o poder normativo da Administração, por certo maiores serão os obstáculos procedimentais da atuação administrativa. Isso vai além da intuição; trata-se de elementar constatação: como a legislação fica a reboque das incessantes transformações da sociedade,[982] cabe à Administração Pública promover as adequações procedimentais necessárias ao regular curso do processo prestacional, para que os resultados ocorram no universo das prestações sociais. Por isso, defende-se que maior liberdade regulatória na Administração Pública, consagrada na discricionariedade procedimental, impõe-se não só por razões prático-procedimentais, mas, sobretudo, pela imperiosa necessidade de acompanhar o fluxo evolutivo da complexidade das demandas administrativas, no que bem revela a própria complexidade material e institucional da Administração

---

[981] ANDRADE, José Carlos Vieira de, A imparcialidade da administração como princípio constitucional, 1974, p. 230.

[982] MENDONÇA, José Vicente Santos de, Direito administrativo e inovação, 2017, p. 174.

Pública hipermoderna, seja pela progressiva complexidade do conteúdo das ações administrativas, seja pela inevitável expansão da pluralidade de centros decisórios.[983]

Desse modo, o modelo deve reforçar a disciplina normativa que consagre a versatilidade procedimental, isto é, possibilitando justificadas alterações do *iter* procedimental no curso do processo prestacional, sem que isso constitua qualquer alegação de refinada forma de ilegalidade, contanto que expresse a melhor medida para atendimento da demanda administrativa. A identificação de obstáculos procedimentais não pode ser fator de inércia administrativa, pois a autoridade pública deve encontrar a solução adequada nos limites da processualidade administrativa, pois, se obstáculo for de outra ordem, extrapolando o âmbito jurídico, isto é, indo além da reflexão jurídica sobre a exequibilidade dos direitos positivos, adentrando no plano material de atuação do Poder Público, não há propriamente dilema de ordem processual ou substantiva, mas inviabilidade fática da prestação de serviço ou material.

5.2.3 Efetividade orgânico-funcional

> *"Ya no se trata de sólo de lograr realmente, em el terreno de los hechos, determinados resultados de interés público a toda costa, sino de hacerlo con el menor coste social posible."*[984]

Um dos graves problemas da legislação pátria é não resistir ao teste de viabilidade do ponto de vista orgânico-funcional, ou seja, não há projeção adequada sobre a verificação da efetividade do modelo normativo expedido, fazendo com que os arranjos institucionais, para além da ordinária ideia ordenadora de toda lei, assumam o ônus de partejar profundas transformações no processo prestacional sem relação direta com as práticas organizacionais ou sociais e, por conseguinte, com a própria ideia de eficiência, partindo simplesmente da mera submissão

---

[983] JORDÃO, Eduardo. *Controle judicial de uma administração pública complexa:* a experiência estrangeira na adaptação da intensidade do controle. São Paulo: Malheiros, 2016, p. 34.

[984] DOMÉNECH PASCUAL, Gabriel. El impacto de la crisis económica sobre el método jurídico (administrativo). *In:* PIÑAR MAÑAS, José Luís (Coord.). *Crisis económica y crisis del estado de bienestar.* El papel del derecho administrativo. Actas del XIX Congreso Ítalo-Español de Profesores de Derecho Administrativo. Universidad San Pablo – CEU, Madrid, 18 a 20 de octubre 2012. Madrid: Editorial Reus, 2013, p. 389-396, p. 392.

à disciplina legal, ainda que dissonante com as perspectivas modelares da atuação administrativa.

Desse modo, um modelo de contratação só faz algum sentido se ele for capaz de se afirmar no plano da atuação administrativa, isto é, se possuir efetividade orgânico-funcional diante dos desafios da contratação pública. Essa capacidade de assimilação pela dinâmica operacional da atividade administrativa, no que evidencia versatilidade e praticidade do modelo adotado, é o que caracteriza a possibilidade de processo de contratação pública exitoso. Afinal a heterogeneidade da atividade administrativa decorrente das intensas mudanças socioeconômicas exige a ampliação das funções do processo administrativo e, por conseguinte, maior autonomia da Administração Pública na disciplina procedimental em função de suas possibilidades orgânico-funcionais.[985]

Todavia a proposição desse modelo só pode alcançar tal desiderato, especialmente no universo da RP, se conjugar os devidos vínculos com as instituições não estatais, notadamente nos aspectos prático-funcionais da sociedade civil. Dito de outro modo, o modelo não pode preterir as particularidades que encerram a contratação pública com as entidades do terceiro setor, bem como os limites operacionais do mercado, até porque não é possível exigir a mesma capacidade técnico-operacional dos licitantes em um país de dimensão continental. Claro que essa ressalva não se aplica ao mero fornecimento de bens comuns, sobretudo, os que não exigem largos esforços para manutenção, no que exigiria uma garantia técnica. Aliás, nem sempre disponível imediatamente.

Por mais que se defenda o contrário, toda proposta legislativa deve levar em consideração a estrutura administrativa existente, com suas qualidades e limitações, pois a necessidade de reinventar substratos organizacionais, além de inevitáveis custos financeiros e inquietantes dificuldades operacionais, acarreta um duplo encargo à gestão, pois exige: (a) a premente necessidade de adequação da estrutura orgânico-funcional e (b) a internalização dos novos procedimentos. O ideal é que o modelo não rompa com a capacidade institucional existente, mas que seja capaz de extrair dela novas funcionalidades e, mais adiante, suprima os pontos de estrangulamento da atuação administrativa, o que

---

[985] GARCÍA MACHO, Ricardo. Procedimiento administrativo y sociedad de la información y del conocimiento. *In*: BARNES, Javier (Ed.). *La transformación del procedimiento administrativo*. Sevilla: Editorial Derecho Global, 2008, 183-229, p. 209.

exige a experiência das rotinas administrativas a partir da aplicação da nova legislação. Qualquer pretensão abrangente e, consequentemente, muito otimista, de que tudo possa ser contornado a partir da idealidade de determinada proposta legislativa, não passa de algo impraticável[986] ou mesmo de devaneio nada incomum da atividade legislativa brasileira, a qual costuma preferir rupturas de modelos normativos que o contínuo aperfeiçoamento deles em função do tempo.

Curiosamente, fora dessa linha de entendimento tem-se a LGLC, pois ela tem sido expressão de aperfeiçoamentos da legislação anterior, inclusive, mas com pouco aperfeiçoamento teórico-normativo em função das exigências técnico-operacionais da Administração Pública, justamente porque não considera as dificuldades prático-procedimentais da gestão pública, preferindo o atendimento das pautas dos órgãos de controle (artigos 169 a 173 da LGLC), nas quais carreiam diversos mecanismos que interferem na dinâmica decisória dos gestores, inclusive por meio de disposições de natureza principiológica, que, longe de apenas amparar posições no caso concreto, mais servem para criar nuances interpretativas restritivas da atuação administrativa, conforme o julgamento subjetivo da dinâmica de controle do Poder Público.

Aqui é preciso reconhecer que a LGLC absorve a lógica evolutiva da legislação sobre contratação pública, mas não contempla novas possibilidades teórico-normativas relacionadas aos aspectos prático-procedimentais da atuação administrativa, insistindo, portanto, na canhestra compreensão de que a limitação da discricionariedade procedimental da gestão pública tende a consagrar, conforme os rigores dos mecanismos de controle, a via mais adequada para a execução do gasto público. Nesse contexto, a capacidade diretiva da lei deve reconhecer a dimensão estratégica dos procedimentos e das organizações no processo de contratação pública,[987] fazendo com que a disciplina legal incorpore, direta ou indiretamente, os mecanismos que possibilitem os aperfeiçoamentos da atuação estatal decorrente das práticas administrativas e sociais que encerram qualquer processo prestacional.

---

[986] NOBRE JÚNIOR, Edilson Pereira. Há uma discricionariedade técnica? *RPPGD/UFBA*, Salvador, vol. 26, n. 28, p. 107-148, 2016, p. 112.

[987] BARNES, Javier, Algunas respuestas del derecho administrativo contemporáneo ante las nuevas formas de regulación, 2012, p. 278.

Em uma palavra: a lei jamais deveria ser um limite à evolução responsável e eficiente da gestão pública. Todavia, há quem[988] insista no cuidado da mentalidade estatista diante das inovações legislativas e, claro, dos gestores públicos, tidas como inovações destruidoras tão somente por tentar alterar notáveis privilégios ou formas anacrônicas de prestação de serviço. Assim, o resultado não pode ser outro: inadequação das prestações de serviço ou material e, consequentemente, ineficiência administrativa.

Aqui o problema reside na vã insistência de circunscrever a realidade das práticas administrativas e sociais em uma pretendida atemporalidade das projeções normativas, olvidando-se de que até mesmo as normas gerais e abstratas, nos graus mais elevados de hierarquia no sistema jurídico, apenas reduzem a obsolescência do direito.[989] Por isso, resulta tão evidente a assincronia entre os prognósticos do controle da atuação administrativa e as medidas adotadas pelo gestor público, afinal, como aproximar convergências interpretativas quando os segmentos de atuação partem de parâmetros totalmente diversos: o gestor, do resultado da contratação pública diante da demanda administrativa; o controlador, do controle rigoroso da contratação pública em função da estrita legalidade? É, portanto, preciso virar essa página.

5.2.4 Fundamentos da contratação pública: reflexividade, sustentabilidade e eficiência

> "Os interesses públicos não são regulados de fora para dentro ou planejados pela lei, e sim negociados em sede contratual, em atividades, paralelas ou em sequência, que respondem à lógica da negociação, não à lógica do agir legal-racional, planejado, regulado, *ex ante*."[990]

---

[988] NOHARA, Irene Patrícia. Desafios de inovação na administração pública contemporânea: "destruição criadora" ou "inovação destruidora" do direito administrativo? *In*: PONTES FILHO, Valmir; MOTTA, Fabrício; GABARDO, Emerson (Coord.). *Administração pública*: desafios para a transparência, probidade e desenvolvimento. XXIX Congresso Brasileiro de Direito Administrativo. Belo Horizonte: Fórum, 2017, p. 151-160, p. 155.

[989] JUSTEN FILHO, Marçal. Art. 20 da LINDB. Dever de transparência, concretude e proporcionalidade nas decisões públicas. *RDA*, Rio de Janeiro, Edição Especial: Direito Público na Lei de Introdução às Normas do Direito Brasileiro – LINDB (Lei nº 13.655/2018), p. 13-41, nov. 2018, p. 19.

[990] CASSESE, Sabino. *A crise do Estado*. Tradução de Ilse Paschoal Moreira e Fernanda Landucci Ortale. Campinas: Saberes Editora, 2010, p. 108.

O impulso da contratação pública por meio da reflexividade, sustentabilidade e eficiência decorre da clara preocupação de o Direito Administrativo contemporâneo[991] superar as amarras teóricas oitocentistas, de maneira que o resultado de todo empreendimento público, que vai muito além da mera atividade executiva da lei parlamentar, encontre efetividade no seio da sociedade que o mantém e, por conseguinte, dele exija o atendimento das demandas sociais. Enfim, a noção de um estoico cumprimento da lei não pode encontrar espaço na Administração Pública contemporânea, e a razão é simples desse entendimento: nenhuma lei traz o manual executivo dos seus propósitos, aliás, o artigo 89 da LBPS bem evidencia isso, porquanto o plano executivo das prestações de serviço ou material possui contornos inimagináveis na regular dinâmica das disposições gerais e abstratas.

Logo, em termos abrangentes na perfectibilização das prestações públicas, cumprir o que a lei determina representa, tão somente, uma parte do percurso exigido para o efetivo gozo dos direitos positivos. Por isso, é tão importante refletir continuamente sobre os meios e modos da atuação administrativa, até porque não há como uma disciplina normativa estabelecer, de modo racional e permanente, a forma mais adequada de promover as prestações de serviço ou material. Assim, a reflexividade administrativa comporta a necessária ideia de que o gestor deve encontrar soluções práticas para os dilemas concretos da gestão pública, pontuando os aspectos procedimentais imprescindíveis para alcançar tal propósito,[992] inclusive para firmar determinado parâmetro de estabilidade nas relações jurídicas, contanto que isso não represente obstáculos às novas reflexões sobre a atuação administrativa.

Por isso, revela-se tão importante a dinâmica dos regulamentos administrativos, sobretudo no campo dos procedimentos e das rotinas administrativas, pois o *monopólio da legislação* não mais se sustenta, exigindo-se o *monopólio da política legislativa*, em que o Parlamento, por meio da delegação normativa, reconhece os limites da técnica legislativa nos domínios concretos dos dilemas administrativos.[993] Afinal, as soluções

---

[991] SILVA, Suzana Tavares da. *Um novo direito administrativo?* Coimbra: Imprensa da Universidade de Coimbra, 2010, p. 12.

[992] GUERRA, Sérgio. *Discricionariedade e reflexividade:* uma nova teoria sobre as escolhas administrativas. Belo Horizonte: Fórum, 2008, p. 229.

[993] MOREIRA NETO, Diogo de Figueiredo. *Poder, direito e Estado:* o direito administrativo em tempos de globalização – *in memoriam* de Marcos Juruena Villela Souto. Belo Horizonte: Fórum, 2011, p. 30.

para problemas concretos são empreendidas, tão somente, em face de contingências da gestão pública. Só que, para tanto, é preciso ir além da compreensão oitocentista do princípio da legalidade, que traduz a anacrônica visão da atuação administrativa como um trôpego que se movimenta canhestramente nos limites dos parâmetros normativos. Isso explica a prejudicial relação, até hoje cogitada,[994] entre a discricionariedade e a arbitrariedade na ambiência administrativa, de maneira que a estrita legalidade representaria a fantasia do antídoto perfeito. Assim, a defesa da reflexividade na ambiência administrativa é, por tudo, uma luta contra a cultura estatista que ainda impera no direito administrativo brasileiro. Nesse sentido, uma *legalidade reflexiva*, porque reconhecedora dos seus limites, afigura-se como instrumento adequado para encontrar novas formas de prestação dos serviços públicos e, sobretudo, afastar uma atuação administrativa nos estreitos domínios da mentalidade estatista.

Vive-se outra realidade no universo da atuação administrativa, na qual a discrição do gestor também convive com parâmetros pretensamente objetivos na condução da gestão pública. Assim, a Administração Pública é reguladora e regulada em todos os campos de atuação. Nesse sentido, a procedimentalização na implementação das políticas públicas, notadamente no universo das prestações sociais, exige uma dinâmica decisória compatível com os desafios da gestão pública; porém esse processo decisório deve pautar-se por parâmetros técnicos, pois, mesmo que eles jamais afastem os aspectos valorativos, trazem previsibilidade à atuação administrativa, mitigando-se, assim, os riscos com os subjetivismos e arbítrios do gestor.[995] É dizer, a técnica não é objetiva, mas é objetivamente justificada, de maneira que permite a consagração de controles mais precisos da sociedade. Além disso, a reflexividade é parâmetro de inovação na gestão pública, sem prejuízo da dinâmica de controle, a partir das dificuldades procedimentais verificadas nos processos decisórios ou prestacionais. Como a inovação pressupõe a criação de possibilidades na forma de conduzir

---

[994] GARCIA, Maria. Discricionariedade administrativa e o direito fundamental à liberdade. *In*: ALMEIDA, Fernando Dias Menezes; MARQUES NETO, Floriano de Azevedo; MIGUEL, Luiz Felipe Hadlich; SCHIRATO, Vitor Rhein (Coord.). *Direito público em evolução*: estudos em homenagem à Professora Odete Medauar. Belo Horizonte: Fórum, 2013, p. 725-734, p. 729.

[995] GUERRA, Sérgio, *Discricionariedade e reflexividade*, 2008, p. 413.

a Administração Pública,[996] a cultura de reflexão na atuação administrativa é o verdadeiro antídoto contra a ineficiência da gestão pública, pois expõe os vícios ou obstáculos dos procedimentos, convocando a estrutura orgânico-funcional da Administração Pública a superá-los a partir dos instrumentos jurídicos (ferramentas) disponíveis.

No que se refere à sustentabilidade, por assumir o *status* de princípio ético-jurídico e valor constitucional,[997] não se tratando de assunto efêmero ou pauta de ocasião, ganhando mesmo ares de emergente dinâmica racional-dialógica da atuação administrativa na regular consecução do gasto público,[998] como que um verdadeiro *imperativo categórico* da evolução sustentável na condução das questões públicas,[999] impõe-se o reconhecimento de que a contratação pública deve cotejá-la em função das possibilidades mercadológicas e dos limites financeiros do Estado, inclusive por representar um dos objetivos do processo de contratação pública (artigos 5º, *caput*, 11, inciso IV, da LGLC).

Aliás, a sustentabilidade não expressa apenas um objetivo da atividade de fomento da contratação pública, vai mais além: representa mesmo um novo modo de projetar a regularidade do gasto público. É dizer, sem sustentabilidade nenhuma realização pública é propriamente regular, mormente no campo da contratação pública. Por isso, a sustentabilidade possui uma inevitável tensão discursiva com o fetichismo legal, pois a impositividade absoluta dos comandos normativos, por mais que se pense o contrário, não prospecta qualquer sustentabilidade na ambiência administrativa, justamente porque sacrifica a tônica flexível de uma processualidade administrativa sustentável. Quer dizer, a sustentabilidade procedimental exige discrição procedimental e, por outro lado, o fetichismo legal impõe a rigidez procedimental.

Por outro lado, no plano das prestações sociais destinadas à RP, tendo em vista os ordinários limites financeiros da gestão pública, o maior problema reside na adequação entre a demanda do cidadão e a prestação de serviço ou material do PRP. A superação desse dilema passa, sem dúvida, pela questão da contratação pública sustentável. É

---

[996] MENDONÇA, José Vicente Santos de, Direito administrativo e inovação, 2017, p. 173.
[997] FREITAS, Juarez. *Sustentabilidade*: direito ao futuro. 2. ed. Belo Horizonte: Fórum, 2012, p. 113.
[998] FREITAS, Juarez, *Sustentabilidade*, 2012, p. 29.
[999] CANOTILHO, José Joaquim Gomes. Sustentabilidade – um romance de cultura e de ciência para reforçar a sustentabilidade democrática. *BFDUC*, Coimbra, vol. 88, p. 01-11, 2012, p. 05.

dizer, o modelo deve permitir liberdade ao gestor para alcançar essa adequação, seja por meio da contratação direta, seja por meio da licitação, que deve contemplar flexibilidade no critério de seleção, isto é, preço e qualidade. Aliás, é pouco provável que a contratação pública seja razoavelmente sustentável apenas a partir do critério do menor preço.

Em outro giro, para além das considerações já ventiladas sobre a eficiência no quadro da atuação administrativa, cumpre destacar o seguinte: a eficiência apenas como expressão econômica não terá maior espaço na reflexão jurídica; esta, pois, parte de outro horizonte compreensivo: a ideia de justiça. Por outro lado, isso não pode representar qualquer esvaziamento da eficiência como expressão jurídica; ao contrário, exige-se o cuidado de concebê-la em uma dinâmica operacional que comporte variáveis que não ostentem a visão estritamente econômica. Por isso, a contratação pública eficiente, até mesmo em função da política econômica adotada pelo Poder Público,[1000] que possui indiscutíveis efeitos jurídicos nos planos decisórios da gestão pública, compreende uma relação de compatibilidade entre as leis e os meios institucionais na prossecução de diversos objetivos – notadamente sociais, ambientais e culturais – no processo de implementação de direitos positivos, de maneira que a eficiência empreenda uma nova lógica sobre a legalidade, isto é, saindo da legalidade meramente abstrata ou formal para uma legalidade finalística ou material, portanto, de resultados práticos.[1001] A eficiência na contratação pública representa justamente uma forma de obtenção desses resultados, e não necessariamente a economicidade do gasto público.

Aqui revela-se a tensão entre eficiência e controle excessivo da atuação administrativa, porquanto a desmedida expansão do controle interno ou externo, mas sem a adoção de mecanismos prático-procedimentais de eficiência na gestão pública, para além dos desperdícios das forças institucionais, representa uma verdadeira forma de paralisia da ação pública. Dessa forma, considerando as premissas teóricas declinadas acima, impõe-se, agora, ventilar os fundamentos prático-jurídicos de novo modelo de contratação pública a partir da reflexividade, sustentabilidade e eficiência, nestes termos:

[1000] RODRIGUES, Nuno Cunha. *A contratação pública como instrumento de política econômica*. 1. ed. 1. reimp. Coimbra: Almedina, 2015, p. 15.
[1001] ARAGÃO, Alexandre Santos de. Princípio da eficiência. *RT*, São Paulo, vol. 93, n. 830, p. 709-714, dez. 2004, p. 711.

(a) *plataforma eletrônica* – trata-se de clara consequência da *desmaterialização* dos procedimentos administrativos, no que representa uma decorrência prática da dinâmica do governo eletrônico (*electronic government*).[1002] Aliás, vive-se verdadeiro *humanismo digital*, rompendo os tradicionais engendros civilizacionais, propondo novas perspectivas sobre as relações, os objetos e valores no campo da atividade humana,[1003] reconhecendo-se, assim, a emergência de sociedades de informação, que exigem uma demanda crescente por qualidade e acessibilidade à informação e ao conhecimento, inclusive como fatores decisivos para o desenvolvimento individual e a produtividade funcional na sociedade hipermoderna.[1004] Desse modo, a eficiência de todo processo de contratação pública parte da funcionalidade da sua base operacional, isto é, a capacidade de gerenciar adequadamente dados para a tomada de decisões e, claro, prestigiar a interação com os agentes econômicos no atendimento das demandas administrativas.

No caso, a plataforma eletrônica representa o meio mais adequado à realidade da gestão pública moderna, porquanto facilita o controle social e, claro, os ordinários parâmetros de *accountability* da Administração Pública, no que revela uma concepção de *responsividade*, traduzindo o direito de o cidadão alcançar mais que a mera responsabilidade patrimonial do Estado, cujas consequências funcionais são extremamente atenuadas, obtendo, sobretudo, respostas sobre suas demandas ou necessidades,[1005] inclusive por meio do regular fluxo da prestação de contas. O *controle social* dos serviços públicos[1006] é, sem dúvida, uma via de aperfeiçoamento de qualquer processo decisório, em particular na regularidade do gasto público. Por isso, defende-se a implantação de plataforma eletrônica em todas as fases da contratação pública, não se limitando, portanto, à fase de seleção do fornecedor, tal como ocorria no pregão eletrônico ou no RDC eletrônico, porque, nos

---

[1002] ANDRADE, José Carlos Vieira de, Algumas alterações recentes ao código do procedimento administrativo, 2015, p. 101.

[1003] DOUEIHI, Milad. *Pour un humanisme numérique*. Paris: Éditions du Seuil, 2011, p. 10.

[1004] VALENCIA TELLO, Diana Carolina; LIMA, Edilson Vitorelli Diniz. A administração pública nas sociedades da informação e do conhecimento. *RDA*, Rio de Janeiro, vol. 262, p. 145-177, jan./abr. 2013, p. 149.

[1005] MOTTA, Carlos Pinto Coelho. *Eficácia nas concessões, permissões e parcerias*. 2. ed. Belo Horizonte: Del Rey, 2011, p. 07.

[1006] BITENCOURT, Caroline Müller; GABARDO, Emerson. Governo eletrônico, serviços públicos digitais e participação popular: um caminho democrático a ser percorrido pela administração pública brasileira. *IP*, Belo Horizonte, ano 23, n. 129, p. 41-73, set./out. 2021, p. 57.

termos do artigo 12, inciso VI, da LGLC, exige-se muito mais, a despeito desse dispositivo não significar a obrigatoriedade de adoção de processo eletrônico, mas que, mesmo quando se tratar de processo físico, os atos deverão ser realizados e documentados preferencialmente de forma digital.[1007] É preciso ir além disso. Em Portugal, a Lei nº 96/2015 (Lei das Plataformas Eletrônicas – LPE/PT)[1008] impõe, como regra, a utilização de plataformas eletrônicas no processo de contratação pública, inclusive, isso já decorria do Código dos Contratos Públicos[1009] (Decreto-Lei nº 18/2008 – CCP/PT).[1010] E a razão é simples desse entendimento: não há barreiras tecnológicas, nem mesmo as abrangentes ameaças sobre a segurança de dados, que impeçam o Poder Público de adotar uma plataforma eletrônica, sem falar nos benefícios concretos com acessibilidade, transparência, funcionalidade e eficiência. A questão, agora, é apenas no que concerne à extensibilidade no uso das plataformas diante da capacidade institucional da Administração Pública.

Nesse sentido, os processos judiciais eletrônicos afastam qualquer dúvida quanto à viabilidade e funcionalidade da plataforma eletrônica. Os benefícios, por sua vez, são concretos: agilidade nos procedimentos, transparência na gestão dos dados públicos e maior controle social ou controle extraorgânico.[1011] E o bloqueio decorrente dos custos expressivos de curto prazo (visão de controle fiscal)?[1012] Certamente, não são maiores que o pretenso benefício da dúvida, que já pode mais ser defendida diante da LGD, porquanto seria a perpetuação de plataforma de trabalho com raiz milenar: a disposição material (cártula) dos dados. A Administração Pública federal já dispõe de meios tecnológicos e financeiros para implantar, gradativamente, uma plataforma

---

[1007] JUSTEN FILHO, Marçal. *Comentários à Lei de Licitações e Contratações Administrativas*: Lei 14.133/2021. São Paulo: Revista dos Tribunais, 2021, p. 270.

[1008] PORTUGAL. Lei nº 96/2015, de 17 de agosto. *Lei das Plataformas Eletrônicas*. Disponível em: https://dre.pt/application/conteudo/70025051. Acesso em: 22 maio 2018.

[1009] GONÇALVES, Pedro Costa. Eficiência e transparência na contratação pública: a contratação eletrônica. *In*: ANDRADE, José Carlos Vieira de; SILVA, Suzana Tavares da (Coord.). *As reformas do sector público*: perspectivas ibéricas no contexto pós-crise. Coimbra: Instituto Jurídico da FDUC, 2015, p. 177-192, p. 179.

[1010] PORTUGAL. Decreto-Lei nº 18/2008, de 29 de janeiro. *Código dos contratos públicos*. Disponível em: https://dre.pt/application/conteudo/248178. Acesso em: 22 maio 2018.

[1011] MEDAUAR, Odete. *Controle da administração pública*. 3. ed. São Paulo: Revista dos Tribunais, 2014, p. 45.

[1012] VALLE, Vanice Regina Lírio do; MOTTA, Fabrício. Governo Digital: mapeando possíveis bloqueios institucionais à sua implantação. *In*: MOTTA, Fabrício; VALLE, Vanice Regina Lírio do (Coords.). *Governo digital e a busca por inovação na administração pública*: a Lei nº 14.129, de 29 de março de 2021. Belo Horizonte: Fórum, 2022, p. 53.

eletrônica abrangente, exigindo-se, tão somente, comprometimento político-administrativo para encampar tal *revolução* no tratamento de dados do processo de contratação pública, isto é, não representar apenas uma plataforma informativa, mas, sim, uma plataforma de trabalho, inclusive com informação instantânea para toda a sociedade.

Aqui, nada de novo, apenas o destaque do necessário direcionamento dos recursos para alternativas que denunciem, em curto prazo, maior celeridade, transparência e controle da atuação administrativa. Com relação à transparência, a despeito da euforia legislativa ou doutrinária,[1013] é preciso reconhecer seus limites no processo de contratação pública, evitando-se o acesso de dados que possam comprometer os atos preparatórios, a integridade do processo decisório ou, ainda, a regular execução do objeto da contratação, afetando, portanto, a eficiência administrativa. Nesse ponto, artigo 7º, §3º, da Lei nº 12.527/2011 (Lei de Acesso à Informação) compreende a lógica da conclusão do *ciclo formativo do conhecimento* e, com isso, a possibilidade do direito de acesso à informação.[1014] Evidentemente a negativa de acesso deve ser fundamentada a partir de elementos concretos que evidenciem as boas razões na manutenção da confidencialidade inicial dos dados. Não bastam, assim, meras e abstratas conjunturas de riscos; estes devem ser iminentes. Nesse ponto, como bem faz o Tribunal de Justiça da União Europeia (TJUE), é preciso compreender que a *dimensão político-democrática*, em que se baseia a ideia de acesso à informação, não pode fragilizar a *dimensão administrativo-executiva*, no que corporifica a própria noção de prestação material dos direitos.[1015] Disso resulta que o *direito administrativo da informação*, no que compreende as normas jurídico-públicas disciplinadoras das relações estatais no dinâmico fluxo da comunicação e da informação,[1016] deve considerar as adversidades do plano de atuação administrativa.

[1013] MARTINS JÚNIOR, Wallace Paiva. *Transparência administrativa:* publicidade, motivação e participação popular. 2. ed. São Paulo: Saraiva, 2010, p. 47.

[1014] NOBRE JÚNIOR, Edilson Pereira. A transparência administrativa e a Lei nº 12.527/2011. *RFD/UFMG*, Belo Horizonte, n. 70, p. 249-276, jan./jun. 2017, p. 264.

[1015] SILVA, Suzana Tavares da. O princípio da transparência: da revolução à necessidade de regulação. *In*: ANDRADE, José Carlos Vieira de; SILVA, Suzana Tavares da (Coord.). *As reformas do sector público:* perspectivas ibéricas no contexto pós-crise. Coimbra: Instituto Jurídico da FDUC, 2015, p. 149-174, p. 155.

[1016] GARCÍA MACHO, Ricardo, Procedimiento administrativo y sociedad de la información y del conocimiento, 2008, p. 192.

Por isso, uma atuação processual extenuante no fornecimento de informações pode tumultuar os escassos recursos funcionais das repartições públicas, sem falar na possibilidade de excessiva judicialização das políticas públicas, com sério prejuízo ao funcionamento das instituições públicas e, em última instância, à própria orgânica do Estado de Direito.[1017] Não se trata de negar as potencialidades cívico-procedimentais da transparência, mas sim de reconhecer que ela, quando adotada sem critério, pode traduzir uma indesejada forma de ineficiência administrativa: o excesso informativo que atropela os prognósticos regulares de implementação dos direitos.

Cumpre destacar, ainda, que o artigo 12, inciso VI, da LGLC, como diretriz geral, promove um importante avanço no tratamento da matéria, se comparado com a LLCA, contudo ainda se encontra longe de propiciar todas as potencialidades impostas pela LGD, mormente no que se refere à criação de mecanismos de controle, racionalidade e economicidade mediante plataformas eletrônicas, o que pode ser realizado mediante regulamentação infralegal. Ademais, PNCP, que é destinado à centralização da publicidade de eventos relevantes da contratação pública,[1018] fica muito aquém das demandas do governo eletrônico;

(b) *adequação da licitação eletrônica* – é preciso considerar que, no Governo Eletrônico/Digital, a contratação pública deve ser também um espaço dedicado ao controle social e, sobretudo, ao intercâmbio de informações entre Administração Pública, agentes econômicos e sociedade civil. Com a regular dinâmica executiva da plataforma eletrônica, conforme as possibilidades técnico-operacionais crescentes no uso de suas ferramentas, não há motivo algum para que todas as fases do processo de contratação pública não se *submetam* ao controle operacional dos órgãos de fiscalização e da sociedade civil. Aqui, observados os limites impostos pela perfectibilização de cada ato administrativo, a forma de controle pode se praticamente simultânea, evitando-se assincronias na recomendação de medidas pelos órgãos de controle. Trata-se de nova forma de enxergar as potencialidades da seleção eletrônica do fornecedor, constituindo uma dinâmica de valores cívico-procedimentais que facilitem o controle social da Administração Pública.

[1017] SILVA, Suzana Tavares da, O princípio da transparência, 2015, p. 171.
[1018] JUSTEN FILHO, Marçal, *Comentários à Lei de Licitações e Contratações Administrativas*, 2021, p. 275.

A grande questão, contudo, é promover uma regulamentação legislativa ou administrativa que discipline esse controle, de forma que não atrapalhe a regular dinâmica do processo de contratação pública. Nesse sentido, encampar funcionalidades à licitação eletrônica vai muito além de enxergar potencialidades técnico-operacionais, pois é preciso empreender novas formas de adequação da licitação eletrônica, porquanto a plataforma eletrônica, por si só, não é capaz de romper dilemas culturais na ambiência administrativa. Por esse motivo, o TCU considera irregular o uso de pregão presencial quando não há comprovação da inviabilidade técnica no uso do pregão eletrônico, haja vista o disposto no artigo 1º, §4º, do Decreto nº 10.024/2019.[1019]

De modo direto: licitação eletrônica não é licitação comum virtualizada (desmaterializada). Por isso, a reflexão sobre a procedimentalidade adotada na licitação pode representar a supressão de diversos obstáculos próprios dos processos administrativos físicos, notadamente os relacionados à definição de prazos (comodidade temporal), à acessibilidade de dados e à fiscalização dos agentes econômicos sobre os rumos da atividade processual. Trata-se de contínua atividade de aperfeiçoamento, que só pode ser levada a cabo por meio de disciplina legal versátil, ou seja, capaz de incorporar as práticas administrativas e sociais sem que ocorra contraposição aos parâmetros legais.

Nesse ponto, vale mencionar que, no caso de Municípios com até 10.000 (dez mil) habitantes, conforme o juízo político-administrativo de cada ente político,[1020] revela-se importante a constituição de consórcios públicos não apenas para instituição de centrais de compras, nos termos do artigo 181, parágrafo único, da LGLC, mas sobretudo para o compartilhamento de plataformas eletrônicas de trabalho, promovendo-se, desse modo, uma gradativa substituição dos processos administrativos físicos por processos administrativos eletrônicos. Afinal, a solução só deve ser afastada quando for impossível a sua promoção.[1021] Vale lembrar o seguinte: quanto menor for o Município, maior a possibilidade de uma política de segredo na ambiência administrativa; logo, não apenas a seleção eletrônica dos fornecedores é altamente recomendada,

---

[1019] Acórdão TCU/Primeira Câmera nº 4.958/2022.
[1020] JUSTEN FILHO, Marçal, *Comentários à Lei de Licitações e Contratações Administrativas*, 2021, p. 1.757.
[1021] JUSTEN FILHO, Marçal, *Comentários à Lei de Licitações e Contratações Administrativas*, 2021, p. 270.

mas também a incorporação de processos administrativos eletrônicos na atuação administrativa;

(c) *adequação do pregão eletrônico* – o nicho operativo do pregão, preferencialmente sob a forma eletrônica (artigo 17, §2º, da LGLC) é bem definido na legislação; porém eventuais limitações operacionais de outras formas de seleção pública – a despeito de rito procedimental comum ao da concorrência (artigo 29, *caput,* da LGLC) – e, por consequência, o recrudescimento da criativa interpretação dos gestores públicos quanto à sua aplicação, entre outros fatores, fizeram com que ele assumisse uma posição hegemônica na contratação pública, indo, muitas vezes, para além dos parâmetros relativos à contratação de bens e serviços comuns (artigo 6º, inciso XIII, da LGLC). Aliás, o dilema não se encontra propriamente no pregão eletrônico, mas no perfil mais burocrático de outras formas de seleção pública, fazendo com que os gestores passem a considerar como bens e serviços comuns algumas demandas administrativas que, apesar de largo esforço exegético, não se enquadram nessa situação.

No Uruguai, e apenas para citar um exemplo de quão importante é o componente cultural na contratação pública, o artigo 34 do TOCAF acentua a importância de que o objeto seja preciso, concreto e facilmente determinável, também evidenciando os estreitos limites de aplicação do pregão. Aqui, contudo, ainda há um desvio jurídico em função das comodidades operacionais do pregão eletrônico – a saber: (a) redução do tempo de processamento, (b) simplificação procedimental e, em tese, (c) obtenção de proposta mais vantajosa[1022] –, mas que certamente não fará muito sentido quando a dinâmica operacional de outras formas de seleção de fornecedor, tendo em vista as potencialidades prospectadas pela LGLC e LGD, também gozar das benesses da plataforma eletrônica. Nesse ponto, um prognóstico de permanente disponibilidade de dados aos cidadãos, agentes econômicos e servidores, com notável avanço no fluxo comunicacional deles no meio social, cria nova ambiência de possibilidades procedimentais e decisórias no processo de contratação pública para além do pregão eletrônico.

Tratando-se de RP, o pregão eletrônico não se revela o meio mais adequado, porquanto as demandas do PRP são, não raras vezes,

---

[1022] DOTTI, Marinês Restelatto. Um panorama dos 25 anos do regime geral de licitações e contratações, do regime diferenciado de contratações públicas, da modalidade licitatória denominada pregão e do projeto de lei que almeja revogá-los. *FCGP*, Belo Horizonte, ano 17, n. 198, p. 65-76, jun. 2018, p. 69.

artesanais, por se tratar de prestação de serviço ou material de alta atenção pessoal, impossibilitando a contratação de bens e serviços de *prateleira*. A comodidade operacional do pregão eletrônico, notadamente na fase de planejamento, não pode fazer com que as demandas administrativas se insiram no restrito universo dos bens e serviços comuns. A complexidade das demandas do PRP decorre da natureza do material ou serviço prestado, que é de alta atenção pessoal, fazendo com que, em boa parte dos casos, a utilidade do pregão eletrônico seja facilmente substituída pela dispensa ou inexigibilidade, muito embora a contratação direta ainda seja cercada de muitas reservas pelos órgãos de controle. Por isso, reconhecer os limites do pregão eletrônico é, antes de tudo, o primeiro passo para empreender novas formas ou procedimentos de seleção pública que se revelem mais adequados às demandas da proteção social previdenciária, notadamente no PRP. Nesse sentido, vale destacar que o artigo 29, §1º, da LGLC reforça os limites operacionais do pregão eletrônico, porém, a previsão somente terá sua importância se a dinâmica da contratação pública, por meio de outros mecanismos de seleção pública, revelar-se igualmente exitosa, isto é, operacionalmente célere e eficiente;

(d) *levar a sério a dispensa e inexigibilidade de licitação* – como decorrência do fundamento anterior, que destaca a dinâmica funcional na seleção do fornecedor, impõe-se uma releitura da dispensa e inexigibilidade na contratação pública, pontuando a importância da contratação direta no regular processo de execução orçamentária. É dizer, que a justificativa da contratação direta não soe como um expediente furtivo da gestão pública, portanto, não desprezando, assim, sua funcionalidade. Aqui não se defende o modelo mexicano, em que 30% do orçamento de cada órgão pode ser destinado à contratação sem processo de seleção do fornecedor, o que revela considerável discricionariedade ao gestor,[1023] contudo é preciso incorporar uma política de contratação direta como forma de priorizar a economicidade na realização do gasto público. Trata-se de dilema cultural cujos efeitos são extremamente gravosos ao PRP.

Com efeito, a contratação direta ainda é vista como mecanismo para burlar a transparência da contratação pública[1024] ou promover favo-

---

[1023] SANTOS, Márcia Walquíria Batista dos; TANAKA, Sônia Yuriko Kanashiro, Situação frente à legislação brasileira, 2014, p. 363.
[1024] ROCHA, Marcelo Dantas, *Anotações sobre o PLC 6.814/2017*, 2017, p. 56.

recimento aos agentes econômicos, olvidando-se de suas potencialidades quanto à funcionalidade, celeridade e economicidade no atendimento das demandas administrativas. A preocupação não se justificará diante da existência de plataforma eletrônica – com o correspondente processo administrativo eletrônico – para todo o processo de contratação pública, que será possível identificar os precisos fundamentos da contratação direta e, conforme o caso, o seu questionamento pelas diversas vias institucionais. Enfim, é preciso superar os ares de absoluta excepcionalidade[1025] da contratação direta nos domínios da contratação pública.

Logo a questão merece outro nível de reflexão a partir da particular utilidade da contratação direta no atendimento das demandas administrativas, tendo em vista as particularidades dos processos decisórios e prestacionais. Aqui, novamente, cumpre destacar: o modelo de contratação pública deve levar em consideração a existência de dois tipos de processos estreitamente relacionados à concretização dos direitos positivos, notadamente os sociais, quais sejam: (1) processo decisório e (2) processo prestacional.

O primeiro compreende, precipuamente, a definição do ato administrativo ou decisão judicial; o segundo, por sua vez, compreende a dinâmica dos procedimentos necessários à prestação de serviço ou material relativa aos direitos positivos e, portanto, leva em conta os demorados aspectos relacionados à adequabilidade ou funcionalidade da prestação material ofertada pelo Poder Público. Assim, a contratação pública representa uma fase, inclusive, necessária, do processo prestacional dos direitos, de maneira que as potencialidades da dispensa e inexigibilidade de licitação não podem ser desprezadas em detrimento da racionalidade da prestação de serviço ou material.

Desse modo, como a RP exige atuação administrativa com *alta intensidade pessoal*, isto é, depende das condições personalíssimas de cada reabilitando, é possível afirmar que a inexigibilidade de licitação é a forma de contratação que mais se ajusta à singularidade da prestação de serviço ou material exigida pelo PRP, o que afasta a lógica linear da contratação de bens e serviços comuns. Nesse caso, a inexigibilidade decorre da impossibilidade de competição para prestação de serviços singulares (artigos 74, inciso III, alíneas b e f, da LGLC) ou fornecimento de bens exclusivos (artigo 74, inciso I, da LGLC) demandados pelo PRP,

---

[1025] FERRAZ, Luciano. Contratação direta sem licitação e seu caráter de excepcionalidade. *FCGP*, Belo Horizonte, ano 05, n. 56, p. 7.573-7.580, ago. 2006, p. 7.574.

porquanto as necessidades dos reabilitandos com a oferta de capacitação profissional ou o fornecimento de prótese, órtese e tecnologias assistivas, não raras vezes, somente são adequadamente atendidas pela notória especialização exigida pela singularidade subjetiva na prestação de serviço ou material,[1026] prestigiando, assim, o critério da confiança na contratação pública.[1027]

Então, como já afirmado, o pregão não é a via mais adequada ou funcional ao PRP, notadamente quando a seleção do fornecedor contemplar especificações que fujam da lógica de bens ou produtos parametrizados, seja na área da proteção previdenciária, seja na proteção socioambiental.[1028] É dizer, para o atendimento adequado das especificidades de cada prestação material, no que exige a realização de serviços singulares, não há como admitir, *a priori*, a possibilidade de competição entre os agentes econômicos. Evidentemente, há tecnologias assistivas que são bens comuns, inclusive com indiscutível funcionalidade para atendimento de demandas do PRP, porém essa lógica não é observada diante da maioria das demandas singulares dos reabilitandos.

Além disso, outro ponto importante é o enquadramento normativo da dispensa de licitação com relação às entidades do terceiro setor. Aliás, muitas potencialidades[1029] da sociedade civil foram desprezadas na LLCA, contudo, com o conjunto de possibilidades do artigo 75, incisos XIV, XV e XVI, da LGLC, que expande ordinárias formas de contratação direta, não pode ser desprezado, sobretudo, diante das disposições do MROSC. Vale mencionar que o chamamento público, nos termos do artigo 2º, inciso XII, do MROSC, não representa qualquer impeditivo às ordinárias formas de contratação direta contempladas pela LGLC, aliás, isso fica ainda mais claro quando o próprio artigo 31 do MROSC já contempla, a despeito da generalidade do chamamento

---

[1026] CAMMAROSANO, Márcio. Inexigibilidade de licitação – conceito e preconceito. *FCGP*, Belo Horizonte, ano 15, n. 170, p. 58-65, fev. 2016, p.oHorizo 60.

[1027] JUSTEN FILHO, Marçal. Ainda a inviabilidade de competição para contratação de serviços técnicos profissionais especializados. *FCGP*, Belo Horizonte, ano 02, n. 17, p. 2.057-2.073, maio 2003, p. 2.069; CAMMAROSANO, Márcio, Inexigibilidade de licitação – conceito e preconceito, 2016, p. 63.

[1028] NOHARA, Irene Patrícia. Poder de compra governamental como fator de indução do desenvolvimento – faceta extracontratual das licitações. *RFDFE*, Belo Horizonte, ano 04, n. 06, p. 155-172, set./fev. 2015, p. 168.

[1029] CUNHA, Carlos Eduardo Bergamini. Conceito de princípio jurídico e seus impactos no Direito Público contemporâneo: o caso da dispensa de licitação lastreada no inciso XIII do artigo 24 da Lei nº 8.666/93. *A&C*, Belo Horizonte, ano 11, n. 43, p. 167-196, jan./mar. 2011, p. 191.

público, hipóteses de inexigibilidade. Assim, e só para citar um exemplo, é totalmente defensável que instituições voltadas à profissionalização de pessoas com deficiências possam promover a prestação de serviços no PRP, inclusive, com a *modernização funcional* dessas entidades a partir dos prognósticos da inclusão social dos reabilitandos,[1030] o que permitiria, para além da ordinária dinâmica executiva dos serviços demandados, o compartilhamento de visões sobre os dilemas comuns no processo de profissionalização;

(e) *considerar os custos da atividade processual administrativa* – todo processo de contratação pública envolve consideráveis custos, porquanto a atividade processual administrativa é cercada de incontestáveis esforços funcionais e institucionais, cuja ordem de atuação exige o necessário desprendimento de recursos públicos. Desse modo, os Estudos Técnicos Preliminares (ETP) do planejamento da contratação, nos termos do artigo 6º, inciso XX, da LGLC, por se tratar de elementar exigência procedimental, deve considerar, para além da legalidade e legitimidade de toda a atuação administrativa, o fator economicidade no processo administrativo de contratação pública.

Aliás, a própria noção de viabilidade ou não da contratação deve compreender os custos que envolvam a realização do próprio processo de contratação pública, caso contrário os estudos técnicos preliminares assumiriam uma perspectiva nitidamente não consequencialista, desprezando, portanto, importante fundamento da teoria dos contratos: os custos da transação.[1031] Nesse ponto cumpre ventilar o artigo 118 da LGLC, porquanto, por exigir a manutenção de preposto da empresa contratada na obra, não adentrando no mérito dessa exigência em obras de considerável envergadura, o fato é que isso acaba por gerar custos desnecessários à contratação pública nas pequenas obras ou reformas, notadamente diante da qualificação do preposto exigida pela contratação.

Aqui cumpre destacar que a ideia fixa da licitação deve ser superada pela racionalidade na gestão dos recursos públicos, porquanto a defesa intransigente de determinadas obrigações da atuação administrativa, como é o caso da igualdade de tratamento e competitividade na seleção pública, não se encontra imune às exigências singulares de

---

[1030] NÓBREGA, Airton Rocha. Contratação direta com arrimo no art. 24, XIII, da Lei nº 8.666/93: entidade incumbida de pesquisa, ensino e desenvolvimento institucional. *FGCP*, Belo Horizonte, ano 02, n. 21, p. 2.573-2.576, set. 2003, p. 2.575.

[1031] ZYLBERSZTAJN, Décio; SZTAJN, Rachel; AZEVEDO, Paulo Furquim de, A economia dos contratos, 2005, p. 105.

uma gestão pública eficiente por meio da adoção de parâmetros restritivos, sobretudo quando tais valores não asseguram maior adequação ou funcionalidade ao atendimento da demanda administrativa.

Não se trata, portanto, de questão estritamente pecuniária, pois há possibilidade de contratações cujos procedimentos são mais onerosos que o próprio objeto delas, mas sim de destacar que, sempre que possível, a área administrativa deverá denunciar a inviabilidade de seleção pública, ou mesmo sua necessidade, em função dos custos da transação. Por isso, a dinâmica da eficiência administrativa a partir de parâmetros comparativos entre arranjos institucionais alternativos, nos quais se inclui a discussão sobre o modo ou a necessidade da seleção do fornecedor, não pode passar ao largo das reflexões do processo de contratação pública,[1032] porquanto seria o mesmo que desconsiderar os entraves friccionais das organizações administrativas e, claro, do próprio mercado ou terceiro setor.[1033] É dizer, impõe-se uma justificada superação da ideia fixa da licitação, esta não é um fim em si mesmo;

(f) *discricionariedade procedimental* – a questão é posta nestes termos: existindo procedimento legal disciplinando a atividade administrativa no processo de contratação, que é devidamente seguido pela Administração Pública, mas que se revela ineficaz ou ineficiente, então deve-se permitir à gestão pública o exercício de providencial discricionariedade procedimental para criar procedimento administrativo alternativo, nos limites compreensivos da problemática verificada no caso concreto, contanto que se observe a principiologia da LGPAF, isto é, sem descurar dos parâmetros normativos da processualidade administrativa, notadamente a participação dos interessados pela proposição normativa, concedendo-lhes acesso a todos os elementos constitutivos da reformulação da dinâmica procedimental, inclusive como mero pressuposto processual na defesa de interesses na ambiência administrativa.[1034] Porém, cumpre advertir: quanto maior a discricionariedade conferida ao gestor, maior é a importância do processo administrativo na identificação do interesse e da legitimidade da decisão final,[1035] por

---

[1032] ARAÚJO, Fernando. *Teoria econômica do contrato*. Coimbra: Almedina, 2007, p. 198.

[1033] ARAÚJO, Fernando, *Teoria econômica do contrato*, 2007, p. 203.

[1034] MONTEIRO, Vera. Art. 29 da LINDB. Regime jurídico da consulta pública. *RDA*, Rio de Janeiro, Edição Especial: Direito Público na Lei de Introdução às Normas do Direito Brasileiro – LINDB (Lei nº 13.655/2018), p. 225-242, nov. 2018, p. 231.

[1035] MONCADA, Luís Solano Cabral de. *A relação jurídica administrativa*: para um novo paradigma de compreensão da actividade, da organização e do contencioso administrativo. Coimbra: Coimbra Editora, 2009, p. 242.

isso esse procedimento administrativo alternativo não pode representar uma perspectiva fluida da atuação administrativa, isto é, sem balizas, mas, sim, mecanismo de atuação eficiente conformada pelo Direito. Então isso seria uma nítida forma de legitimidade pelo resultado,[1036] diferentemente da legitimidade substantiva, formal ou axiológica. Ela representaria, em última instância, uma alternativa de legitimação procedimental em uma perspectiva gerencial ou econômica do Direito, mas, sobretudo, para além das indeclináveis garantias processuais dos cidadãos, alcançaria o cumprimento das demandas administrativas com determinada qualidade.[1037]

A realização de processos administrativos inócuos, porque não geram resultados, tem sido o pão nosso da Administração Pública brasileira. Enfim, tem-se o caminho da legalidade como estuário da inocuidade, morosidade ou onerosidade. É preciso pensar a ideia de disciplina normativa a partir de outra perspectiva, a saber, do resultado da ação pública. E quem faz o resultado é a gestão, e não os planos abstratos da lei, que não pode contemplar alternativas factíveis aos obstáculos intrínsecos de qualquer atividade administrativa, no que bem evidencia os limites da viabilidade técnico-administrativa dos prognósticos legislativos, denunciando a precariedade da lei diante dos efeitos das rápidas transformações sociais no plano administrativo,[1038] mormente no processo prestacional, pois declarar direito é sempre mais fácil que implementá-lo. Dito de outro modo: seguir procedimento legal que só gera custos, olvidando-se dos seus resultados, deveria ser considerada uma estupenda forma de ilegalidade, mas tal perspectiva é até mesmo galhardamente defendida pela doutrina pátria a partir da noção simplista de que a Administração Pública só pode fazer aquilo que a lei autoriza[1039] ou da submissão do gestor à dimensão omnicompreensiva da lei.[1040]

[1036] LOUREIRO, João Carlos. *O procedimento administrativo entre a eficiência e a garantia dos particulares:* algumas considerações. Coimbra: Coimbra Editora, 1995, p. 97.

[1037] ALFONSO, Luciano Parejo, *Transformación y ¿reforma? del derecho administrativo en España,* 2012, p. 98.

[1038] LONGO, Erik. *La legge precaria:* le trasformazioni della funzione legislativa nell'età dell'accelerazione. Torino: Giappichelli Editore, 2017, p. 31.

[1039] DI PIETRO, Maria Sylvia Zanella. *Direito administrativo.* 25. ed. São Paulo: Atlas, 2012, p. 65; MEIRELLES, Hely Lopes. *Direito administrativo brasileiro.* 16. ed. 2. tir. São Paulo: Revista dos Tribunais, 1991, p. 78.

[1040] MELLO, Celso Antônio Bandeira de. Princípios fundamentais de Direito Administrativo. In: MELLO, Celso Antônio Bandeira de (Coord.). *Curso de direito administrativo.* São Paulo: Revista dos Tribunais, 1986, p. 10-30, p. 16.

Percebe-se que os órgãos de controle, amparando-se em boa parte da doutrina nacional, possuem particular dificuldade em reconhecer o seguinte: na hipermodernidade a atuação administrativa, por mais que se possa revelar formalmente irrepreensível, conforme os demorados, rígidos e minuciosos desdobramentos procedimentais, não se mostra capaz de garantir resultados satisfatórios à sociedade, podendo manifestar-se ineficiente.[1041] Adverte-se: com o alavancar do grau de complexidade das relações sociais e econômicas, o que exigiu uma expedita intervenção e ordenação do Estado, o processo legislativo formal, com sua habitual lentidão e generalidade, não tem sido capaz de atender às demandas da sociedade hipermoderna.[1042] Nesse contexto é possível defender até a existência de uma autoconstitucionalização no direito administrativo, no sentido de que ele, em diferentes contextos sociais, possa representar uma fonte de normatividade constitucional justamente por absorver valores dos mais diversos fluxos decisórios do sistema global,[1043] portanto, além do sistema político nacional, no qual emana a lei parlamentar.

De todo modo, a simples *disposição* de algum prognóstico legislativo não representa qualquer certeza de resultado útil à coletividade, uma vez que ele não traz os meios e modos da ação pública, que são plúrimos e cambiantes, mas apenas exigem fins diante da estrutura orgânico-funcional do Estado. Dizer, por exemplo, que a educação é *gratuita* não implica qualquer certeza sobre a sua qualidade ou universidade e, claro, isso também se aplica aos demais direitos sociais. O plano da lei, cada vez mais genérico, é a fonte para o programa de ação do Estado, e não – se é que algum dia foi – o manual executivo das realizações públicas. Assim, a discricionariedade procedimental representa uma via para superar tal estado de coisas. Isto é, a melhor forma de identificar a assincronia da disciplina legal é permitir o exercício da discricionariedade procedimental, pois ela vai denunciar a distância

---

[1041] BATISTA JÚNIOR, Onofre Alves. *Transações administrativas:* um contributo ao estudo do contrato administrativo como mecanismo de prevenção e terminação de litígios e como alternativa à atuação administrativa autoritária, no contexto de uma administração pública mais democrática. São Paulo: Quartier Latin, 2007, p. 107.

[1042] BINENBOJM, Gustavo. *Uma teoria do direito administrativo:* direitos fundamentais, democracia e constitucionalização. 2. ed. Rio de Janeiro: Renovar, 2008, p. 35.

[1043] THORNHILL, Christopher. Desenvolvimentos no direito constitucional contemporâneo: a formação da norma entre o nacional e o global. *In:* GONÇAVES, Maria Eduarda; GUIBENTIF, Pierre; REBELO, Glória (Coord.). *Constituição e mudança socioeconômica:* quatro décadas da Constituição da República Portuguesa. Cascais: Principia, 2018, p. 09-29, p. 28.

entre o texto legal e as práticas administrativas e sociais, o que não ocorreria tão facilmente com a manutenção do procedimento inócuo, muito embora amparado por lei parlamentar, pois dificultaria o reconhecimento dos indesejáveis limites operacionais da normatividade.

Além disso, sem a possibilidade de trabalhar os procedimentos a partir da perspectiva negocial, é pouco provável que as soluções surjam diante dos desafios concretos da gestão pública. "Não é o procedimento que modula a negociação, mas a negociação que plasma o procedimento."[1044] Como conceber que a solução para os dilemas administrativos esteja no mercado e, mesmo assim, ele deva manter-se afastado da definição da dinâmica procedimental na contratação pública. A reflexão jurídica baseada na realidade[1045] exige uma aproximação entre a Administração Pública e o mercado. Se o serviço ou produto vem do mercado, em tese não há ninguém melhor que ele para pontuar sobre a utilidade de certa escolha da autoridade pública quanto à funcionalidade ou adequabilidade do objeto da contratação. O círculo comunicacional entre Poder Público e mercado exige possíveis alterações de rotas no processo de contratação. Nesse sentido, é preciso ir além das ordinárias compreensões dos procedimentos como rígidas regulamentações das fases constitutivas dos propósitos da atividade processual administrativa.

Outro aspecto relevante, mas pouco observado pelo processo administrativo tradicional, é o fato de que a importância do ato administrativo, como decisão formal e definitiva, possui limitada relevância no processo prestacional, que exige uma dinâmica procedimental própria, que não se encerra na lógica do *dizer o direito*, mas do *gozar o direito*,[1046] justamente porque na concreção do direito, em que se encerra uma prestação não pecuniária, o conteúdo do ato administrativo apenas abarca os limites externos do direito ou os parâmetros básicos relacionados à realidade da prestação de serviço ou material.[1047]

[1044] CASSESE, Sabino, *A crise do Estado,* 2010, p. 143.

[1045] HÄBERLE, Peter, *Los derechos fundamentales en el Estado prestacional,* 2019, p. 17.

[1046] RODRÍGUEZ DE SANTIAGO, José María. Un modelo de procedimiento administrativo para las prestaciones de servicios o materiales. El ejemplo de la prestación de asistencia sanitaria. *In*: BARNES, Javier (Ed.). *La transformación del procedimiento administrativo*. Sevilla: Editorial Derecho Global, 2008, p. 267-301, p. 283.

[1047] RODRÍGUEZ DE SANTIAGO, José María, Un modelo de procedimiento administrativo para las prestaciones de servicios o materiales, 2008, p. 284.

Portanto, é imperiosa a relativização do *carisma imperialista*[1048] do ato administrativo definitivo no processo prestacional, mas sem desconsiderar sua capital importância no processo decisório e na atuação administrativa,[1049] até porque o Direito Administrativo não pode prescindir de algumas decisões de caráter unilateral com autoridade e executividade.[1050] A pretensa superação da concepção tradicional do ato administrativo intitulado de autista[1051] não representa mais que uma abertura do processo decisório administrativo aos novos parâmetros de juridicidade da Administração Pública, tornando-a mais dialógico-participativa e, por conseguinte, mais reflexiva diante das intervenções ou contribuições dos cidadãos. É preciso, portanto, para além do ato administrativo, conviver com a dinâmica da atuação consensual e informal do Poder Público;[1052]

(g) *adequação procedimental* – tendo em vista o fundamento anterior, defende-se que a permissividade da adequação procedimental seja compreendida mais como dever que propriamente uma faculdade da gestão pública. Trata-se de adequação em função dos procedimentos já respaldados pela legislação. Não se trata de disciplina normativa que parta apenas de parâmetros fáticos enfrentados pela gestão pública, no que exigiria realidade normativa totalmente nova; pelo contrário, ela decorre dos limites da disciplina legal, mas, sem negá-la, absorva outra dinâmica sobre o procedimento administrativo a ser realizado pelo Poder Público.

Nesse sentido, a legislação portuguesa, no artigo 56 do CPA,[1053] destaca o princípio da adequação procedimental, no qual pontua o seguinte: na ausência de normas jurídicas imperativas, o agente responsável pela direção do procedimento goza de discricionariedade para

---

[1048] ANDRADE, José Carlos Vieira de. Algumas reflexões a propósito da sobrevivência do conceito de "acto administrativo" no nosso tempo. *In:* AA.VV. *Estudos em homenagem ao Prof. Doutor Rogério Soares.* Coimbra: Coimbra Editora, 2001, p. 1.189-1.220, p. 1.201.

[1049] MEDAUAR, Odete. Contratos com o Poder Público. *RA,* São Paulo, ano 29, n. 107, p. 150-154, dez. 2009, p. 151.

[1050] SCHMIDT-ASSMANN, Eberhard, Cuestiones fundamentales sobre la reforma de La teoría general del derecho administrativo, 2012, p. 47.

[1051] MARQUES NETO, Floriano de Azevedo. A superação do ato administrativo autista. *In:* MEDAUAR, Odete; SCHIRATO, Vitor Rhein (Coord.). *Os caminhos do ato administrativo.* São Paulo: Revista dos Tribunais, 2011, p. 89-113, p. 101.

[1052] SCHMIDT-ASSMANN, Eberhard, Cuestiones fundamentales sobre la reforma de La teoría general del derecho administrativo, 2012, p. 45.

[1053] PORTUGAL. Decreto-Lei nº 4/2015, de 7 de janeiro. *Código de procedimento administrativo.* Disponível em: https://dre.pt/application/conteudo/66041468. Acesso em: 21 maio 2018.

estruturá-lo, contanto que, respeitando os princípios gerais da atividade administrativa, oriente-se pelos interesses públicos da participação, da eficiência, da economicidade e da celeridade na preparação da decisão. Essa perspectiva reforça a participação dos particulares nos processos administrativos, consolidando-os como ambiente de defesa de direitos e, sobretudo, denunciando essa participação como instrumento de uma correta organização administrativa.[1054]

Essa nota flexibilizadora na tramitação dos procedimentos representa importante mecanismo para desfecho dos processos administrativos. Vê-se, portanto, que não se trata de discricionariedade exercida previamente à tramitação do procedimento, o que se verifica nos acordos prévios sobre a disciplina procedimental de empreendimentos extremamente complexos,[1055] mas durante a sua realização, denunciando, desde logo, os limites prático-procedimentais da disciplina legal. Além disso, a adaptação dos procedimentos pode ser tranquilamente concertada com os particulares, conforme dispõe o artigo 57 da CPA/PT, por meio de acordos endoprocedimentais.[1056] Estes, como se sabe, ainda não são admitidos pela LGPAF, contudo trata-se de imperiosa alteração legislativa, pois não é mais possível compreender a processualidade administrativa como inarredável instância decisória unilateral do Poder Público, inclusive quanto aos desígnios procedimentais, porquanto as demandas da ação pública não exigem que, necessariamente, a Administração Pública atue mediante imperativos unilaterais,[1057] especialmente quando eles já absorvem uma parte, ainda que significativa, da realidade da atuação administrativa diante das atuais formas de atuação da gestão pública, nas quais prestigiam mecanismos de governança ou instrumentos regulatórios que carecem de voluntarismos e perspectivas negociais.[1058]

[1054] SILVA, Vasco Manuel Pascoal Dias Pereira da, *Em busca do acto administrativo perdido*, 1995, p. 412.
[1055] KIRKBY, Mark Bobela-Mota. *Contratos sobre o exercício de poderes públicos:* o exercício contratualizado do poder administrativo de decisão unilateral. Coimbra: Coimbra Editora, 2011, p. 279.
[1056] ANDRADE, José Carlos Vieira de, Algumas alterações recentes ao código do procedimento administrativo, 2015, p. 106.
[1057] ANDRADE, José Carlos Vieira de, Algumas alterações recentes ao código do procedimento administrativo, 2015, p. 107.
[1058] BARNES, Javier. Reforma e innovación del procedimiento administrativo. *In*: BARES, Javier (Ed.). *La transformación del procedimiento administrativo*. Sevilla: Editorial Derecho Global, 2008, p. 11-69, p. 38.

Dessa forma, urge entender que o modelo administrativo clássico não atende à dinâmica da sociedade hipermoderna – seja pela superação dos fundamentos burocrático-centralizadores,[1059] seja mesmo pela necessidade de estabelecer parâmetros dialogais e cooperativos para resolução dos inevitáveis conflitos em uma sociedade cada vez mais complexa –, justamente porque ele ainda conserva a forma de atuação estatal baseada precipuamente na decisão unilateral, a saber, no ato administrativo, negando a importância de formas de atuação pactuada ou negocial, notadamente o contrato.[1060] Em outro norte, mais consentâneos com os atuais desafios da Administração Pública, os acordos endoprocedimentais possuem o grande mérito de permear a consensualidade, parcial ou totalmente, no conteúdo do ato administrativo decorrente do regular exercício da discricionariedade administrativa ou, ainda, sobre o trâmite procedimental, no que denuncia um acordo integrativo, em função de questões controvertidas verificadas no regular desenvolvimento do processo administrativo.[1061]

Lembrando-se de que o artigo 26 da LINDB, que representa um permissivo genérico para celebração de compromissos por parte da Administração Pública, inclusive sem a necessidade de edição de lei específica, decreto ou regulamentação interna,[1062] não se confunde com a lógica compreensiva dos acordos substitutivos ou integrativos empreendidos no direito espanhol, conforme disciplinado no artigo 86 da *Ley 39/2015*,[1063] porquanto se afigura mais restritivo nos seus propósitos.

Nota-se que o dispositivo do CPA/PT é precipuamente destinado ao processo decisório, de maneira que sua utilidade no processo prestacional se limita à eventualidade de uma decisão administrativa incidental. Aqui reside uma diferença sutil, mas relevante: enquanto a discricionariedade procedimental apregoa a faculdade de criação do procedimento em função da inocuidade de procedimento legal obrigatório,

---

[1059] MELO, António Moreira Barbosa de. A ideia de contrato no centro do universo jurídico-público. *In*: GONÇALVES, Pedro Costa (Org.). *Estudos de contratação pública – I*. Coimbra: Coimbra Editora, 2008, p. 07-21, p. 18.

[1060] MELO, António Moreira Barbosa de, A ideia de contrato no centro do universo jurídico-público, 2008, p. 19.

[1061] KIRKBY, Mark Bobela-Mota, *Contratos sobre o exercício de poderes públicos*, 2011, p. 280-281.

[1062] GUERRA, Sérgio; PALMA, Juliana Bonacorsi de. Art. 26 da LINDB. Novo regime jurídico de negociação com a Administração Pública. *RDA*, Rio de Janeiro, Edição Especial: Direito Público na Lei de Introdução às Normas do Direito Brasileiro – LINDB (Lei nº 13.655/2018), p. 135-169, nov. 2018, p. 146.

[1063] Disponível em: https://www.boe.es/buscar/act.php?id=BOE-A-2015-10565. Acesso em: 11 jul. 2022.

a adequação procedimental, por sua vez, limita-se a estruturá-lo e, tão somente, em função da inexistência de normas imperativas. A discricionariedade procedimental possui caráter criativo dos procedimentos da atividade processual administrativa, enquanto a adequação procedimental, por sua vez, assume um jaez *meramente* integrativo. Porém, e isso deve ficar claro, ambos se alinham à figura do procedimento administrativo alternativo, pois a discricionariedade procedimental pontua o seu caráter preponderantemente criativo, e a adequação procedimental, por sua vez, destaca o seu caráter precipuamente integrativo.

Assim, a discricionariedade procedimental representa verdadeiro avanço diante da adequação procedimental, uma vez que possibilita clara liberdade de criação procedimental, e não mera liberdade de aplicação ou adequação procedimental, apesar de sua larga importância na atividade processual administrativa. Enquanto a adequação procedimental destina-se aos processos decisórios, a discricionariedade procedimental, tendo em vista as vicissitudes e contingências do caso concreto, destina-se aos processos prestacionais, que têm a pretensão de encontrar respostas adequadas às demandas dos cidadãos.[1064] A dimensão jurídico-processual dos direitos fundamentais acaba por denunciar que os limites dos direitos se encontram nos procedimentos,[1065] daí a importância de sua institucionalização com necessária nota de flexibilidade.

Portanto, não há como promover uma linear transposição dos procedimentos criados para partejar um ato administrativo, seguindo os ordinários desdobramentos da disciplina legal, à difícil seara dos procedimentos relativos às prestações de serviço ou material, os quais carecem de maior discricionariedade procedimental das autoridades administrativas, uma vez que a precisão sobre o que deva ser feito (processo decisório) nada traduz sobre como isso possa ser feito (processo prestacional). Desse modo, representa vexado equívoco determinar o norte procedimental da atuação da atividade processual administrativa para todos os modos e meios da ação pública, porquanto isso representa emprestar tratamento linear e uniformizador para realidades totalmente distintas, pois, e apenas para exemplificar, decidir qual modalidade licitatória adotar ou julgar o vencedor do certame (processo decisório) é algo bem diverso de como promover a prestação material do objeto

---

[1064] BARNES, Javier, Algunas respuestas del derecho administrativo contemporáneo ante las nuevas formas de regulación, 2012, p. 342.
[1065] HÄBERLE, Peter, *Los derechos fundamentales en el Estado prestacional*, 2019, p. 115.

da licitação (processo prestacional), como bem reconhecem os fiscais e gestores de contratos. É dizer, a intensificação da complexidade do processo decisório, tendo em vista a difícil dinâmica dos conflitos de interesses na hipermodernidade, deve ser acompanhada, paradoxalmente, da simplificação do processo prestacional a partir do mecanismo da adequação procedimental e, sobretudo, da discricionariedade procedimental, pois no processo prestacional o que pode ser complexo é o objeto da prestação, e não o seu procedimento;

(h) *atos parciais (provisionais) e atos totais (definitivos)* – o instituto do ato administrativo como expediente definitivo e executório não atende à dinâmica de uma sociedade policêntrica, na qual se verifica a existência de divergentes ou convergentes centros de poder de decisório, exigindo, portanto, maiores temperamentos quanto aos efeitos dos atos unilaterais, especialmente quando há formas de atuação administrativa incompatíveis com a definitividade dos pronunciamentos do Poder Público, sobretudo em matéria ambiental, urbanística e previdenciária.

Nesse sentido, no domínio dos procedimentos complexos, impõe-se um espaço dedicado aos atos prévios, bem como aos atos parciais, seja pela necessidade de *pré-decisões*, seja, ainda, por conta dessas decisões – tendo em vista a natureza da matéria envolvida – pela importância de atos provisórios ou precários, os quais vão pavimentando relevantes condicionantes à atuação administrativa.[1066] Observa-se que o ato administrativo, superando as premissas teóricas de antanho, representa um instituto jurídico dúctil.[1067]

Assim, por mais que se destaque diversas e relevantes funções do ato administrativo formal, notadamente definitória, titularizadora, estabilizadora, procedimental e processual,[1068] aqui resulta importante pontuar que o processo prestacional, no qual a contratação pública compreende uma importante fase, comporta muitas vicissitudes, por tudo incompatível com a definitividade de atos administrativos, sobretudo quando ele não representar qualquer benefício concreto aos cidadãos

---

[1066] SILVA, Suzana Tavares da. Acto administrativo de "faca a garfo". *In*: CORREIA, Fernando Alves; MACHADO, Jónatas E. M.; LOUREIRO, João Carlos (Orgs.). *Estudos em homenagem ao Prof. Doutor José Joaquim Gomes Canotilho*. Volume IV. Administrative e Sustentabilidade: entre Risco(s) e Garantia(s). Coimbra: Coimbra Editora, 2012, p. 615-639, p. 617.

[1067] SILVA, Suzana Tavares da, Acto administrativo de "faca a garfo", 2012, p. 638.

[1068] ANDRADE, José Carlos Vieira de, Algumas reflexões a propósito da sobrevivência do conceito de "acto administrativo" no nosso tempo, 2001, p. 1.220.

em função da adequabilidade ou funcionalidade da prestação de serviço ou material.

Assim, a diversidade ou complexidade dos requerimentos administrativos, notadamente em função dos avanços e riscos tecnológicos, põe em xeque a lógica dos atos administrativos totais ou definitivos.[1069] Dito de outro modo, o rigor do ato administrativo, com conteúdo único e exclusivo, não é capaz de atender concretamente às complexas demandas da sociedade, de maneira que posições intermediárias, conforme o processo evolutivo dos objetivos pretendidos pela atuação administrativa, melhor salvaguarda os interesses dos cidadãos. É dizer, a dinâmica dos atos administrativos definitivos com rígidos critérios de revisão, notadamente quanto aos resultados, não tem como se adequar aos cambiantes fluxos do processo prestacional.[1070] Trata-se de elementar consequência da própria dinâmica das prestações de serviço ou material, pois a posição particular de cada uma dessas prestações em função do seu destinatário, no que prestigia a ideia de adequação ou funcionalidade da ação pública, assume uma dimensão adaptativa dessas prestações diante dos fatos e, claro, da própria legislação.

Daí, a importância de conceber, no que também prestigia o desfecho consensual das manifestações do Poder Público, a possibilidade de atos administrativos parciais (provisionais), sem prejuízo, no que for possível, diante da prestação de serviço ou material, da instituição de atos administrativos totais (definitivos). Observa-se que é na perspectiva do processo prestacional que o ato administrativo tradicional perde força, muito embora ainda preserve sua importância no processo decisório. Este, contudo, deve reconhecer os novos rumos da atuação administrativa e conceber maior flexibilidade na procedimentalidade que encerra o processo prestacional. É dizer, a dinâmica comunicativa entre processo decisório e processo prestacional deve assumir uma relação biunívoca, portanto, de interferências múltiplas e necessárias correlações em função do aspecto cambiante dos fatos.

Assim, a observância desses 08 (oito) fundamentos prático-jurídicos da processualidade administrativa, notadamente no processo prestacional, permite a consagração de modelo normativo de contratação pública capaz de superar concepções teórico-normativas

---

[1069] ALFONSO, Luciano Parejo. El procedimiento administrativo en España: situación actual y perspectivas de cambio. *In*: BARNES, Javier (Ed.). *La transformación del procedimiento administrativo*. Sevilla: Editorial Derecho Global, 2008, p. 419-473, p. 469.

[1070] ALFONSO, Luciano Parejo, El procedimiento administrativo en España, 2008, p. 469.

contraproducentes da legislação, isto é, que ainda não comporta uma dinâmica decisória compatível com os atuais desafios da Administração Pública. Por isso, no próximo tópico, ventilam-se as proposições normativas que melhor atendam às exigências da contratação pública contemporânea, notadamente no difícil cenário do PRP, justamente porque não carecem de maiores esforços de atuação legislativa, mas são capazes, por meio da discrição responsável do agente público, de trazer maior eficiência e funcionalidade ao processo de contratação.

5.2.5 Proposições normativas

> *"El Derecho Constitucional y el Derecho Administrativo no se relacionan en término de 'derivación' o en forma deductiva, sino de complementariedad, de un modo circular: la legislación administrativa ha de interpretarse 'a la luz' de las garantías constitucionales; y, en paralelo, pero en sentido contrario, las genéricas previsiones constitucionales (como las que se refieren, por ejemplo, a los derechos fundamentales) adquieren mayor claridad y contenido mediante la legalidad ordinaria."*[1071]

Tendo em vista as premissas discursivas destacadas nos tópicos anteriores, que ventilam os nortes desejados na contratação pública (artigo 37, inciso XXI, da CRFB), cumpre destacar que os seus fundamentos compreendem uma inevitável interação entre a capacidade institucional da Administração Pública, a partir dos instrumentos técnico-operacionais disponíveis, com a disciplina normativa adequada diante das adversidades que encerram as demandas administrativas. Assim, pode-se questionar a forma dessa interação, mas não a pertinência dela no enfrentamento dos desafios do processo de contratação pública. Aqui é importante destacar que eventuais omissões ou falhas na legislação não interferem, antes, contribuem, por meio da reflexão jurídico-política, no êxito de sua compreensão sistêmica e, claro, nos benefícios que tal reflexão acarreta na implementação dos direitos,[1072] contanto que a dinâmica decisória da autoridade pública não seja

---

[1071] SCHMIDT-ASSMANN, Eberhard, Cuestiones fundamentales sobre la reforma de la teoría general del derecho administrativo, p. 21-140, p. 54.

[1072] WALDRON, Jeremy. *A dignidade da legislação.* Tradução de Luís Carlos Borges. São Paulo: Martins Fontes, 2003, p. 125-126.

tolhida da necessária criatividade na resolução das intrincadas questões fático-jurídicas. Por isso, toda discussão sobre a legislação é, em grande medida, uma reflexão sobre os pontos de aperfeiçoamento do atual estágio evolutivo da disciplina normativa dos institutos, instrumentos, meios e modos de atuação da Administração Pública sobre determinada matéria. Dilema maior surge, e parece ser o caso da contratação pública brasileira, quando a legislação, a despeito da compreensão geral nela identificada sobre determinado assunto, não é capaz de firmar os nortes técnico-operacionais da atuação administrativa diante da realidade que a circunda, portanto, quando há um hiato entre o normativo e o prático-procedimental no atendimento da demanda administrativa.

Desse modo, na regular dinâmica de toda pesquisa normativa,[1073] considerando as dificuldades da legislação, que são potencializadas pelo cerceamento da discrição da gestão pública pelo hipercontrole brasileiro, bem como os desafios da RP e, sobretudo, os fundamentos delineados nesta tese sobre a contratação pública, urge destacar as seguintes alterações – não necessariamente legislativas – em função dos desafios concretos da gestão pública, não apenas da prestação de serviço ou material, mas para qualquer demanda administrativa:

(a) *despesas correntes e de capital* – não se discute que as categorias econômicas da despesa pública cumprem papel importante na programação orçamentária (artigo 12 da LFP), inclusive por força do artigo 92, inciso VIII, da LGLC; contudo a vedação absoluta de transferência entre categorias econômicas, não raras vezes, representa sério empecilho à gestão pública. Por transferência entre categorias econômicas compreende-se a realocação de recursos entre as categorias econômicas de despesas (correntes e capital), mas dentro do mesmo órgão e programa de trabalho.[1074] Explica-se: a existência de recursos de uma categoria econômica não permite a realização de gastos em outra, fazendo com que o gestor, mesmo dispondo de recursos de capital, não

---

[1073] PALMA, Juliana Bonacorsi de. Direito administrativo e políticas públicas: o debate atual. *In*: ALMEIDA, Fernando Dias Menezes; MARQUES NETO, Floriano de Azevedo; MIGUEL, Luiz Felipe Hadlich; SCHIRATO, Vitor Rhein (Coord.). *Direito público em evolução*: estudos em homenagem à Professora Odete Medauar. Belo Horizonte: Fórum, 2013, p. 177-201, p. 185.

[1074] FURTADO, José de Ribamar Caldas. Créditos adicionais *versus* transposição, remanejamento ou transferência de recursos. *RTCU*, Brasília, n. 106, p. 29-34, out./dez. 2005, p. 31.

possa utilizá-lo para as despesas de custeio[1075] e vice-versa. Defende-se que essa vedação deva ser relativizada, pois isso permitiria a superação temporária de recursos para atender às demandas prementes da Administração Pública. Para tanto, bastaria que a LOA facultasse, à Administração Pública, um percentual para transferência entre as categorias econômicas devidamente aferido em função de prévia análise da equipe técnica responsável pelo encaminhamento da proposta orçamentária, conforme parâmetros determinados pela LDO; inclusive esse percentual poderia ser alterado anualmente, para mais ou para menos, diante das convergências político-econômicas do orçamento público.

Trata-se de medida que pode representar notável flexibilidade financeira à gestão pública e, com isso, permitir maior dinâmica no atendimento das demandas administrativas. Cumpre informar que não se trata de proposta inovadora, exceto quanto à sua extensão, porquanto ela já é adotada no artigo 9º, §4º, da Lei nº 10.973/2004, inclusive com previsão constitucional (artigo 167, §5º, da CRFB), o qual autoriza a transposição (realocação de recursos, no mesmo órgão, no âmbito dos programas de trabalho),[1076] transferência ou o remanejamento (realocação de recursos de ente político, precisamente de um órgão para outro)[1077] de recursos nos projetos de pesquisa, desenvolvimento e inovação. Essas alterações orçamentárias se encontram mais bem disciplinadas no artigo 46 do Decreto nº 9.283/2018, que preconiza, nos estritos limites da alteração orçamentária, o percentual de até 20% do valor total do projeto – sem que seja necessária prévia anuência da entidade concedente.

Dessa forma, os desafios da contratação pública, particularmente no que se refere à gestão dos contratos, merecem igual flexibilidade durante a execução orçamentária, pois trariam enorme avanço na dinâmica compreensiva do fluxo financeiro das entidades públicas, que teria uma margem de discrição para atendimento de demandas mais urgentes ou simplesmente mais racionais. Ademais, essa flexibilidade fomentaria uma redução das despesas de custeio no regular

---

[1075] Evidentemente, dentre as despesas correntes, a despesa de custeio é a que justifica a proposição defendida, até mesmo pela sua inevitável relação com a eventual expansão dos investimentos, porquanto, de modo geral, as despesas de capital aumentam o custeio.

[1076] FURTADO, José de Ribamar Caldas, Créditos adicionais *versus* transposição, remanejamento ou transferência de recursos, 2005, p. 31.

[1077] FURTADO, José de Ribamar Caldas, Créditos adicionais *versus* transposição, remanejamento ou transferência de recursos, 2005, p. 31.

curso da execução orçamentária, porquanto a economia nas despesas de custeio poderia ser investida pela própria unidade administrativa em despesas de capital, sem que, para tanto, os gastos gerais da gestão tenham sido aumentados, prestigiando a racionalidade econômica na ambiência pública;

(b) *processo decisório (decisão administrativa) e processo prestacional (prestações de serviço ou material)* – o processo prestacional exige uma procedimentalidade mais flexível e alterável que a sistemática adotada no processo decisório, porquanto a alta atenção pessoal exigida na atuação da Administração Pública, que contempla uma variabilidade de obstáculos fático-normativos no curso das prestações de serviço e material, revela-se incompatível com os rigores formais da processualidade administrativa relacionada à correção material das decisões pela própria Administração Pública ou pelo Poder Judiciário. Esses obstáculos fático-normativos não são os mesmos enfrentados no processo decisório, pois assumem uma dimensão mais abrangente, compreendendo, entre outros, aspectos orçamentário-financeiros, econômicos, políticos e gerenciais. Por isso, um modelo de processo prestacional não pode seguir a mesma procedimentalidade do processo decisório. Além disso, é preciso admitir que o processo prestacional também possa encontrar limites no campo fático ou mesmo uma impossibilidade jurídica,[1078] tal como ocorre nos benefícios por incapacidade, pois o processo decisório pode considerar, não raras vezes, uma realidade incompatível com a própria prestação de serviço ou material exigida da Administração Pública. Afinal, como admitir a prestação de serviço ou material incompatível com laudos médicos? Como defender a exigibilidade de direito que não encontra amparo nos fatos? *Ultra posse nemo obligatur*.

Nesse ponto, a atividade processual decisória não pode assumir ares absolutos ou quixotescos. Daí a necessidade de a legislação contemplar adaptações na configuração do direito dos cidadãos no curso do processo prestacional, contanto que isso não decorra de atuação arbitrária do Poder Público, justamente para contemplar a prestação de serviço ou material mais adequada ou funcional possível diante das particularidades do caso concreto. De todo modo, o Direito Administrativo, notadamente no processo administrativo, deixou de ser o direito da Administração Pública, dotada de poderes desmedidos, para ser o direito do cidadão na sua relação com o Poder Público,

---

[1078] HÄBERLE, Peter, *Los derechos fundamentales en el Estado prestacional*, 2019, p. 125.

portanto, um meio de defesa contra atuações administrativas ilegais,[1079] o que também afasta a lógica linear de prestações públicas sem funcionalidade ou adequabilidade, ainda que não sejam consideradas propriamente ilegais. Ademais, a distinção teórico-normativa entre processo decisório e processo prestacional não se aplica às prestações pecuniárias, porquanto tal flexibilidade é destinada à prestação de serviço ou material de alta atenção pessoal, o que é o caso da RP, pois as mudanças no plano fático acabam por inviabilizar o gozo dos direitos ou, no que também se revela preocupante, a indevida percepção de prestação de serviço ou material;

(c) *habilitação social* – para além dos ordinários prognósticos da habilitação jurídica, técnica, fiscal, social, trabalhista e econômico-financeira (artigo 62 da LGLC), é necessária uma (re)adequação nos vetustos imperativos sociais na habilitação dos licitantes,[1080] porquanto ela não pode limitar-se ao mero cumprimento do artigo 7º, inciso XXXIII, da CRFB (artigo 68, inciso VI, da LGLC). Urge o estabelecimento de verdadeira habilitação social, o qual comporte o atendimento dos deveres sociais impostos a todas as empresas, conforme parâmetros definidos por regulamentação específica do Poder Executivo. Nesse ponto, o artigo 68, inciso IV, da LGLC não avança na matéria, inclusive confundindo imposição tributária destinada à Seguridade Social e ao FGTS, no que traz a clara noção de encargos sociais, com a própria ideia de habilitação social; esta, contudo, possui núcleo compreensivo mais específico de proteção social, porquanto se destina, entre outros aspectos, a prestigiar determinados grupos no mercado de trabalho, especialmente o disposto no artigo 93 da LBPS, que prestigia a dinâmica protetiva típica do direito do trabalho, portanto, sem seguir de perto a lógica civilista dos encargos compartilhados.[1081]

Na realidade brasileira, torna-se curioso o fato de que o cumprimento de percentuais mínimos de empregabilidade das pessoas com deficiência ou reabilitadas possua menos efetividade que a estabilidade acidentária do artigo 118 da LBPS, porque, em tese, a manutenção do

---

[1079] SILVA, Vasco Manuel Pascoal Dias Pereira da. *Para um contencioso administrativo dos particulares*: esboço de uma teoria subjetivista do recurso directo de anulação. Coimbra: Almedina, 1989, p. 09.

[1080] MCCRUDDEN, Christopher, Using public procurement to achieve social outcomes, 2004, p. 260.

[1081] REIS, João Carlos Simões. O direito laboral português na crise atual. *D&D*, João Pessoa, vol. 07, n. 02, p. 09-42, 2016, p. 37.

empregado costuma ser mais onerosa que a alocação inicial de funções na estrutura da empresa. Dessa forma, não faz o menor sentido que o Estado imponha relevantes deveres aos agentes econômicos, de inegável propósito social, mas, paradoxalmente, na relação contratual, por uma abstrata pretensão de economicidade, a questão assuma outros ares, mesmo diante do artigo 92, inciso VII, da LGLC, o que vai exigir um misto de flexibilidade decisória durante a execução contratual (artigo 116 da LGLC) e vigor na aplicação da determinação legal (artigo 59, inciso V, da LGLC) em função das singularidades de cada mercado;

(d) *vigor na qualidade técnica do objeto* – é preciso superar a aquisição de bens ou prestação de serviços sem qualidade. O critério do menor preço, que aposta nas especificações do objeto da licitação para obtenção de qualidade, não tem impedido a ocorrência de verdadeiros desastres na gestão dos recursos públicos. Nesse ponto, a legislação uruguaia se revela mais adequada, porquanto o artigo 65 do TOCAF determina apenas a identificação da oferta mais conveniente aos interesses da Administração Pública e às necessidades do serviço, pontuando particular importância à discricionariedade administrativa, evidenciando uma enorme distância do critério de julgamento adotado no Brasil.[1082] De qualquer modo, o artigo 11, inciso I, da LGLC, prestigia uma licitação capaz de assegurar a seleção da proposta mais vantajosa, no sentido de que ela seja apta a gerar resultado. Aqui, como devido apreço à técnica, pode ser a chave de compreensão para a superação da hegemonia do critério de julgamento pelo menor preço (artigo 33, inciso I, da LGLC), até porque o artigo 42, §1º, da LGLC, reforça a importância das certificações nos certames licitatórios.

Aliás, quanto mais simples for o produto ou serviço diante das demandas administrativas, mais se impõe a importância da técnica como expressão de qualidade, pois as especificações editalícias *per si*, por mais que se defenda o contrário,[1083] não conseguem selecionar a proposta mais vantajosa. Para tanto, basta observar as licitações para fornecimento de material de expediente, material de limpeza ou gêneros alimentícios. Aqui é preciso romper com a lógica de que a técnica só

[1082] SANTOS, Márcia Walquíria Batista dos. Licitação no Uruguai. *In:* SANTOS, Márcia Walquíria Batista dos; TANAKA, Sônia Yuriko Kanashiro (Coord.). *Estudos avançados de direito administrativo*: análise comparada da Lei de Licitações. Rio de Janeiro: Elsevier, 2014, p. 337-353, p. 351.

[1083] JUSTEN FILHO, Marçal, *Comentários à Lei de Licitações e Contratações Administrativas*, 2021, p. 474.

pode servir para preferir marcas (artigo 41, inciso I, da LGLC), porém é imprestável para afastá-la[1084] (artigo 42 da LGLC). Todavia cumpre destacar que o artigo 41, inciso III, da LGLC acena para a lógica da inviabilidade de contratação em função da ausência de qualidade de produtos já adquiridos e utilizados, exigindo-se, portanto, comprovada experiência da Administração Pública decorrente de contratações anteriores.

De modo mais abrangente, a possibilidade de a técnica afastar produtos de má qualidade – ou serviços sem necessidade de penalidade administrativa (artigo 156 da LGLC) – representa um mecanismo simples, mas extremamente útil à funcionalidade, racionalidade e economicidade na realização do gasto público. O expediente da verificação da amostra, quando realizado, não afasta a contratação da empresa se o objeto da licitação, apesar de má qualidade, atender às especificações objetivas do Edital, pois elas não são capazes de afastar as marcas que, pela péssima técnica nelas empregadas, oneram desmedidamente o Poder Público. Aqui não se trata de expediente para a realização de licitação de melhor técnica e preço, que possui outro nicho operacional; o propósito é outro: para bens e serviços comuns, mediante decisão fundamentada, inviabilizar a contratação de empresa que não atenda formal e materialmente à necessidade da Administração Pública, até porque o conceito legal de bens e serviços comuns, tal como se encontra no artigo 6º, inciso III, da LGLC, nada acrescenta sobre as especificações exigidas sobre todo e qualquer objeto licitado,[1085] pois o produto do mercado é o que verdadeiramente revela a qualidade do objeto da contratação, e não as ordinárias condições ou especificações editalícias. Assim, a possibilidade de indicar a qualidade do serviço ou produto,[1086] o que poderia gerar algum benefício, não possui maiores consequências se o gestor não puder afastar as propostas que atendam apenas formalmente aos requisitos mínimos dos editais, sobretudo quando os órgãos de controle ainda possam inviabilizar a exigência de algumas certificações de qualidade nos certames, a despeito do artigo 42 da LGLC;

[1084] FERRAZ, Luciano. Função regulatória da licitação. *A&C*, Belo Horizonte, ano 09, n. 37, p. 133-142, jul./set. 2009, p. 141.

[1085] NEVES, Marcelo. Contratação de bens e serviços de informática: licitação do tipo técnica e preço ou menor preço via pregão? *FCGP*, Belo Horizonte, ano 07, n. 75, p. 35-39, mar. 2008, p. 38.

[1086] FERNANDES, Jorge Ulisses Jacoby. A qualidade na Lei de Licitações. O equívoco de comprar pelo menor preço, sem garantir a qualidade. *FCGP*, Belo Horizonte, ano 03, n. 30, p. 3.879-3.890, jun. 2004, p. 3.880-3.881.

(e) *da habilitação dinâmica* – desde logo é preciso destacar que a habilitação dinâmica não representa um expediente para favorecimentos no processo decisório, mas para um mecanismo, adotado com responsabilidade, para o reconhecimento de limites no ambiente de negócios, de maneira que a lógica do cumprimento objetivo das exigências de habilitação possa ser superada mediante ascensão justificadora da autoridade administrativa. Trata-se, portanto, da capacidade de coligir informações precisas, mas sem prejuízo do tratamento isonômico, sobre a inviabilidade de eventual parâmetro legal no caso concreto. Não se trata de uma ponderação sem planejamento, justamente porque o Edital deverá estabelecer a possibilidade, tendo em vista estudos preliminares, de alguma exigência ser superada em função de limites mercadológicos;

(f) *fortalecimento da atividade consultiva do Estado* – é curiosa a forma de controle da Administração Pública: ao mesmo tempo em que se considera necessária a intensa fiscalização da atuação administrativa, desprestigia-se a importância do processo decisório administrativo amparado nas analíticas soluções técnico-jurídicas sugeridas pelos órgãos de consultoria jurídica da Administração Pública, que atende ao regular processo de intermediação entre a vontade democrática e o Direito,[1087] como se a dinâmica da correção jurídica estivesse inevitavelmente vinculada aos parâmetros normativos definidos pelos órgãos de controle.

A solução criativa da consultoria jurídica, para além da literalidade dos textos legais,[1088] tendo em vista os obstáculos da gestão pública, contanto que respaldadas mediante teses consistentes e consequencialistas, mas sem os vislumbres negativos de eventual matiz festivo, militante ou malandro,[1089] nas quais almejem os melhores resultados à coletividade,[1090] ainda que não assentadas em posições majoritárias, não poderia ensejar a censura do processo decisório nela amparado, porquanto seria uma forma de controle que não prestigia os resultados decorrentes da alternativa responsavelmente criada pelo

---

[1087] BINENBOJM, Gustavo. A advocacia pública e o Estado Democrático de Direito. *RBDP*, Belo Horizonte, ano 08, n., 31, p. 33-41, out./dez. 2010, p. 33.

[1088] NOBRE JÚNIOR, Edilson Pereira. Advocacia pública e políticas públicas. *BDA*, São Paulo, ano 32, n. 12, p. 1.141-1.150, dez. 2016, p. 1.146.

[1089] SCHUARTZ, Luís Fernando. Consequencialismo jurídico, racionalidade decisória e malandragem. *RDA*, Rio de Janeiro, vol. 248, p. 130-158, maio/ago. 2008, p. 150 e segs.

[1090] ARAGÃO, Alexandre Santos de. Interpretação consequencialista e análise econômica do direito público à luz dos princípios constitucionais da eficiência e da economicidade. *IP*, Belo Horizonte, ano 11, n. 57, p. 11-30, set./out. 2009, p. 13.

órgão de assessoramento jurídico, mas, sim, na estrita conformação aos parâmetros interpretativos do órgão de controle. Nesse ponto, o veto presidencial ao artigo 28, §1º, da LINDB, representa a persistente consagração de que a correção da atuação administrativa decorre apenas do estrito cumprimento dos planos abstratos da legislação, seguindo, portanto, os objetivos do processo administrativo de *primeira geração*, fincada na lógica da *correta* aplicação do Direito,[1091] negando, contudo, a importância da atividade criativa da consultoria jurídica para apresentar alternativas capazes de superar dilemas específicos no atendimento das demandas administrativas.

Aliás, o parágrafo vetado prestigiava, tão somente, o regime de responsabilidade funcional compatível com a difícil dinâmica das demandas administrativas. Com efeito, não ocorreria qualquer responsabilidade funcional decorrente de dolo ou erro grosseiro na hipótese de decisão ou opinião amparada em: (a) jurisprudência ou doutrina, ainda que não fossem pacíficas; (b) orientação geral ou interpretação razoável, mesmo que não seja confirmada posteriormente pelos órgãos de controle ou judiciais.[1092] Portanto, estabelecia-se claro mecanismo de deferência às decisões administrativas, contudo, rechaçado pelo veto presidencial. A razão do veto se revela destituída de sentido, pois transmite a ideia de que a segurança jurídica veda ao Poder Público a possibilidade de encontrar soluções adequadas diante de obstáculos concretos e específicos da gestão pública, inclusive pontuando que o parágrafo vetado atribuiria desmedida discricionariedade ao gestor, que passaria a atuar a partir de sua própria convicção.[1093]

Ademais, se o artigo 28 da LINDB dispõe que o agente público só responde, pessoalmente, por suas opiniões técnicas ou decisões quando atua mediante erro grosseiro ou dolo, não faz qualquer sentido que a manifestação da consultoria jurídica, ainda que lastreada em doutrina ou jurisprudência minoritárias – que diz sobre a qualidade dos posicionamentos –, seja objeto de censura dos órgãos de

---

[1091] BARNES, Javier, Algunas respuestas del derecho administrativo contemporáneo ante las nuevas formas de regulación, 2012, p. 347.

[1092] BRASIL. Presidência da República. Casa Civil. Subchefia para assuntos jurídicos. *Mensagem nº 212*, de 25 de abril de 2018. Disponível em: http://www.planalto.gov.br/CCivil_03/_Ato2015-2018/2018/Msg/VEP/VEP-212.htm. Acesso em: 01 set. 2018.

[1093] BRASIL. Presidência da República. Casa Civil. Subchefia para assuntos jurídicos. *Mensagem nº 212*, de 25 de abril de 2018. Disponível em: http://www.planalto.gov.br/CCivil_03/_Ato2015-2018/2018/Msg/VEP/VEP-212.htm. Acesso em: 01 set. 2018.

controle, independentemente do caráter vinculante ou não parecer.[1094] Como seria possível essa liberdade desmedida do gestor, se a solução adotada é sugerida por órgão de consultoria jurídica, que possui na Administração Pública federal autonomia técnica e, sobretudo, independência em relação às entidades assessoradas? Por mais que não se defenda a impossibilidade de rejeição de parecer que não aprove minuta de edital[1095] e demais instrumentos jurídicos do processo de contração pública, cumpre dizer que a decisão do gestor, contudo, não é destituída de sérios limites normativos, notadamente no que se refere ao dever de fundamentação da opção jurídica adotada, sem prejuízo, claro, da impossibilidade da defesa desse entendimento – administrativa ou judicialmente – pela Advocacia Pública.

Aqui cumpre promover uma ressalva: não há como exigir a mesma segurança de análise das grandes consultorias jurídicas da Administração Pública aos pequenos entes políticos municipais, que, na maioria dos casos, sequer possuem uma Advocacia Pública de carreira; porém, nos âmbitos federal, estadual e nos grandes Municípios, não há como negar a independência técnica dos membros da consultoria jurídica. Vê-se, assim, que a desconfiança nos gestores faz desconsiderar o papel da consultoria jurídica no processo de implementação das políticas públicas, a despeito do rigor analítico de juridicidade exigido pelo artigo 53 da LGLC.[1096]

Para além dessas considerações, a censura das decisões administrativas pelos órgãos de controle, mesmo quando elas são amparadas pelas manifestações das consultorias jurídicas, faz negar a importância das normas infralegais, notadamente os regulamentos, decorrentes da experiência compartilhada entre a Administração Pública e os órgãos de consultoria e assessoramento jurídicos, nos quais enxergam o processo administrativo como laboratório para novas soluções normativas a partir da contínua reflexão do papel da lei parlamentar no processo prestacional, o que bem caracteriza o processo administrativo de *segunda*

[1094] BINENBOJM, Gustavo; CYRINO, André. Art. 28 da LINDB. A cláusula geral do erro administrativo. *RDA*, Rio de Janeiro, Edição Especial: Direito Público na Lei de Introdução às Normas do Direito Brasileiro – LINDB (Lei nº 13.655/2018), p. 203-224, nov. 2018, p. 211.

[1095] Em sentido contrário, *vide*: CHAVES, Luiz Cláudio de Azevedo. A nova Lei de Licitações e Contratos e o exame prévio de legalidade dos processos de contratação. *FCGP*, Belo Horizonte, ano 20, n. 236, p. 63-77, ago. 2021, p. 72.

[1096] CHAVES, Luiz Cláudio de Azevedo, A nova Lei de Licitações e Contratos e o exame prévio de legalidade dos processos de contratação, 2021, p. 71.

geração,[1097] denotando a reflexividade jurídica necessária ao aperfeiçoamento do processo de contratação pública.

Desse modo, um novo modelo de contratação pública deve firmar a ideia de que o processo decisório, contanto que seja respaldado pela consultoria jurídica, excetuando-se a hipótese de dolo ou erro grosseiro, não pode ensejar qualquer censura dos órgãos de controle, sobretudo quando atender adequadamente à demanda administrativa; admitindo-se, contudo, a necessidade de destacar a posição divergente sobre a matéria analisada e, partir disso, recomendar a medida administrativa que considerar mais adequada ao caso concreto.

Dessa forma tem-se um ambiente adequado para a inovação na gestão pública, evitando-se que a tentativa de novas práticas no atendimento das demandas administrativas, quando não laboradas com erro grosseiro ou dolo, sirva de fundamento para aplicação de penalidade ao gestor.[1098] Se o órgão de controle parte da perspectiva do observador, e já distante da pressão exercida sobre o processo decisório ou prestacional, é natural que sua visão sobre a demanda administrativa não considere os obstáculos fático-jurídicos enfrentados pelo gestor, de maneira que a determinação de alteração da medida administrativa, ou mesmo punição do envolvidos, não deva decorrer de pretensos juízos analíticos sobre a eficiência da decisão administrativa. Em uma palavra: intepretações razoáveis, ainda que não confirmadas pelos órgãos de controle, não deveriam ensejar qualquer atuação de reproche jurídico.

No processo administrativo de *terceira geração*,[1099] para além das ordinárias concepções das gerações anteriores, propugna-se que a atividade processual administrativa seja capaz de acompanhar todo o ciclo das políticas públicas, comportando um engendro ainda mais reflexivo sobre o controle da gestão pública – até porque as Cortes de Contas não representam uma instância revisora geral da atividade administrativa, tal como um Conselho de Estado,[1100] na qual considere

---

[1097] BARNES, Javier, Algunas respuestas del derecho administrativo contemporáneo ante las nuevas formas de regulación, 2012, p. 352.

[1098] BINENBOJM, Gustavo; CYRINO, André. Art. 28 da LINDB. A cláusula geral do erro administrativo. *RDA*, Rio de Janeiro, Edição Especial: Direito Público na Lei de Introdução às Normas do Direito Brasileiro – LINDB (Lei nº 13.655/2018), p. 203-224, nov. 2018, p. 213.

[1099] BARNES, Javier, Algunas respuestas del derecho administrativo contemporáneo ante las nuevas formas de regulación, 2012, p. 360.

[1100] SUNDFELD, Carlos Ari; CÂMARA, Jacintho Arruda. O Tribunal de Contas da União e a regulação. *FCGP*, Belo Horizonte, ano 17, n. 194, p. 73-79, fev. 2018, p. 74.

as soluções prático-procedimentais adotadas pela gestão pública em função das manifestações das consultorias jurídicas.

A superação do *crime de interpretação* ou *hermenêutica*[1101] representa a forma mais segura de empreender a eficiência do gasto público, até porque a consultoria jurídica deve empreender manifestações a partir da dinâmica compatibilizadora entre os modos de atuação do Poder Público e os direitos dos cidadãos.[1102] A gestão corrupta não interpreta textos ou dados destinados à superação dos desafios da Administração Pública, mas, tão somente, simula a regularidade do processo decisório ou prestacional. Não é uma diferença tênue, de maneira que os órgãos de controle possam dentificaicá-la facilmente. A gestão responsável denuncia os desafios fático-jurídicos e, a partir deles, tenta empreender soluções adequadas mediante demoradas análises técnico-jurídicas.

Além disso, o fortalecimento da consultoria jurídica não exige que toda matéria da contratação pública seja objeto de manifestação jurídica, ou que se imponha uma análise extenuante de todos os instrumentos jurídicos,[1103] pois a própria racionalidade da atividade processual administrativa, e notadamente os seus custos, impõem o reconhecimento de que determinadas matérias, mediante reflexiva análise das experiências acumuladas pela gestão, não devam carecer de parecer jurídico, por conta: (1) da dimensão técnico-operacional de muitos procedimentos realizados, tais como, ETP, mapa de riscos etc.; (2) do baixo valor ou da reduzida complexidade da contratação; (3) da entrega imediata do produto e (4) da existência de manifestação anterior do órgão jurídico, dentre outras hipóteses, fazendo com que o fluxo dos procedimentos administrativos seja mais célere, sem prejuízo da segurança jurídica. Portanto, o controle prévio de legalidade, nos termos do artigo 53 da LGLC, não deve ser uma atuação supressora da liberdade do gestor, mas de pavimentação jurídica dessa liberdade;

(g) *foco no resultado* – um dos maiores problemas da LGLC é a insistência na formalidade como imperiosa via da atuação administrativa, a despeito do seu artigo 12, inciso III, pois ainda congrega a lógica de que gestão pública mais controlada gera mais eficiência (artigos

---

[1101] BINENBOJM, Gustavo; CYRINO, André. Art. 28 da LINDB. A cláusula geral do erro administrativo. *RDA*, Rio de Janeiro, Edição Especial: Direito Público na Lei de Introdução às Normas do Direito Brasileiro – LINDB (Lei nº 13.655/2018), p. 203-224, nov. 2018, p. 219.

[1102] NOBRE JÚNIOR, Edilson Pereira, Advocacia pública e políticas públicas, 2016, p. 1.148.

[1103] CHAVES, Luiz Cláudio de Azevedo, A nova Lei de Licitações e Contratos e o exame prévio de legalidade dos processos de contratação, 2021, p. 71.

169 a 171 da LGLC). O artigo 54, §1º, da LGLC é bom exemplo disso, a despeito do veto presidencial,[1104] pois cria uma obrigação, com consideráveis custos, mas que não interfere no resultado da contratação pública. É dizer, a exigência de publicação de extrato de edital em meio oficial de divulgação ou jornal diário de grande circulação, longe de gerar maior dinâmica de controle efetivo da sociedade, apenas acarreta custos à gestão pública (medida antieconômica), pois essas informações já estarão disponíveis, de forma mais abrangente, nos *sites* das instituições públicas e, claro, no próprio PNCP, conforme o artigo 54, *caput*, da LGLC.[1105] Desse modo, seria pertinente a revogação do §1º do artigo 54, bem como a realização de alterações pontuais nos artigos 55, 164 e 165, todos da LGLC, haja vista a necessidade de superação, para fins processuais,[1106] de publicação em meio oficial de divulgação. Nesses casos, a publicação, que é extremamente onerosa, com a própria ideia de Governo Digital. Aqui impõe-se uma ligeira advertência: a peleja na redução da corrupção na ambiência administrativa[1107] não pode atrapalhar o objetivo maior da contratação pública – a eficiência.

O foco no resultado é a melhor via para alcançar a eficiência na contratação pública. Quando a temida irregularidade no procedimento castiga a racionalidade do gasto público, por certo a questão vai muito além da disciplina legal, alcança até mesmo o fundamento da contratação pública: servir à coletividade. Nesse ponto, as exigências habilitatórias devem ser rigorosas e eficazes, aliás, são observadas, nos Estados Unidos, as mesmas exigências em todas as contratações,[1108] porquanto o Poder Público não carece de qualquer contrato que represente o objetivo da maioria dos licitantes, mas, sim, de prestação adequada de bens e serviços, que somente pode ser alcançada com empresas idôneas. De modo geral, quanto menor o rol de exigências habilitatórias, maior é a possibilidade de o Poder Público alcançar um agente econômico

---

[1104] Que foi derrubado pelo Congresso Nacional, em grande medida, pelo *lobby* dos grandes jornais.

[1105] LEVIN, Alexandre. Nota técnica sobre a derrubada de vetos apostos a dispositivos da Lei nº 14.133/2021 – Nova Lei de Licitações. *BRTO*, São Paulo, v. 18, p. 1-5, ago. 2021, p. 02.

[1106] LEVIN, Alexandre, Nota técnica sobre a derrubada de vetos apostos a dispositivos da Lei nº 14.133/2021 – Nova Lei de Licitações, 2021, p. 03.

[1107] FERNANDES, Murilo Jacoby. Considerações acerca das propostas de alteração da lei de licitações. In: CHARLES, Ronny (Org.). *Licitações públicas:* homenagem ao jurista Jorge Ulisses Jacoby Fernandes. Curitiba: Negócios Públicos, 2016, p. 35-48, p. 36.

[1108] SANTOS, Márcia Walquíria Batista dos; TANAKA, Sônia Yuriko Kanashiro, Situação frente à legislação brasileira, 2014, p. 360.

inidôneo. Todavia, parâmetros habilitatórios rigorosos e inflexíveis, notadamente em termos técnicos e econômicos, que desprestigiem as limitações de mercado, costumam ser infrutíferos. Por isso, a habilitação deve ser dinâmica, justamente para exigir o que o mercado possa entregar no caso concreto, mas sem prejuízo, claro, do que o Poder Público deva impor para o atendimento efetivo de sua demanda (artigo 37, inciso XXI, da CRFB).

De todo modo, a ordem dos valores na contratação pública é muito clara: não se trata de um contrato para o mercado, mas sim de uma prestação de serviço ou material adequada à demanda administrativa, isto é, contratação pública de resultado. Portanto, impõe-se a superação da licitação como mecanismo para satisfação dos interesses dos agentes econômicos; o ideário é outro: a contratação de empresa, e apenas ela, que resolva as necessidades do Poder Público. Os direcionamentos da contratualidade pública no campo social (artigo 63, inciso IV, da LGLC), quando exigidos e observados, não relativizam o cumprimento de outros parâmetros contratuais, ainda que com propósitos diversos, sobretudo quando se considera que a lei não representa o fundamento da liberdade de contratar, mas, tão somente, o seu limite.[1109] Isto é, se a lei exige resultados (fins), então, deve conceber a liberdade contratual (autonomia) para estabelecer os meios determinados pelos contratantes. É dizer, o foco deve ser sempre na projeção dos resultados da contratação, ainda que ela também objetive outros propósitos, por assim dizer, secundários.

Desse modo, a atenção dispensada às auditorias operacionais, para além da identificação das ilegalidades em matéria financeira, orçamentária, contábil e patrimonial, revela-se bem mais útil, como instrumento de direção da Administração Pública,[1110] do que a dinâmica punitiva dos controles extemporâneos da atividade administrativa em função de análise de atos administrativos exauridos ou contratos executados. Por isso, não causa surpresa a tipificação de novos crimes no Código Penal sobre a temática, por meio do artigo 178 da LGLC; aliás, alguns são amplamente discutíveis em função da amplitude dos verbos, pois evidenciam o seguinte estado de coisas: controle como resultado, e não resultado como controle do gasto público.

[1109] MONCADA, Luiz Solano Cabral de. *Autoridade e liberdade na teoria do acto administrativo*: contributo dogmático. Coimbra: Coimbra Editora, 2014, p. 656.
[1110] SUNDFELD, Carlos Ari; CÂMARA, Jacinto Arruda, O Tribunal de Contas da União e a regulação, 2018, p. 75.

Enfim, a lógica do resultado exige uma nova forma de empreender a fiscalização da atuação administrativa, de maneira que o modelo de contratação pública deva declinar com clareza os limites dos comandos dos órgãos de controle, destacando, sobretudo, a importância da fiscalização operacional sobre o desempenho da gestão pública a partir dos parâmetros da economicidade, eficiência e efetividade.[1111] O foco no resultado prestigia a racionalidade das medidas administrativas e, com isso, a *autonomia humana* diante dos problemas concretos da gestão pública,[1112] nos quais se insere a própria utilidade do processo de contratação pública, ponderando, sobretudo, a necessidade, disponibilidade financeira e economicidade das prestações de serviço ou material;[1113]

(h) *adequação financeira* – o artigo 6º, inciso XXIII, alínea j, da LGLC prestigia a importância da adequação orçamentária já no termo de referência, porém ele não resolve os dilemas relacionados ao contingenciamento do orçamento público. A mera adequação orçamentária, observada há muito tempo por meio de empenhos, não tem garantido a regularidade do gasto público e, muito menos, a eficiência no processo de contratação pública. Desse modo, impõe-se a efetiva comprovação da adequação financeira no processo de contratação pública, porquanto a imprevisibilidade dos recursos acarreta maior onerosidade no atendimento das demandas administrativas. Trata-se de medida particularmente importante no PRP, porquanto a prestação de serviço de alta atenção pessoal exige uma expedita forma de pagamento dos fornecedores. Por isso, a questão que vai além de mero reforço normativo, porquanto exige uma mudança na forma de gestar a despesa pública e, mesmo antes disso, de promover a agenda financeira do Estado, pois previsão orçamentária sem disponibilidade financeira é sinônimo de dilemas contratuais. Afinal, o comportamento financeiro de qualquer instituição é reflexo de uma programação orçamentária séria, portanto, factível, justamente porque o orçamento de despesa não é apenas uma peça de orientação;[1114]

(i) *capacitação como prática administrativa* – de modo específico, a legislação é omissa quanto à exigência de capacitação dos servidores

---

[1111] SUNDFELD, Carlos Ari; CÂMARA, Jacintho Arruda, O Tribunal de Contas da União e a regulação, 2018, p. 77.

[1112] CORTINA, Adela. *Ética sin moral*. 7. ed. Madrid: Tecnos, 2007, p. 166-167.

[1113] CANOTILHO, José Joaquim Gomes, O direito constitucional passa; o direito administrativo passa também, 2001, p. 716.

[1114] GIACOMONI, James. *Orçamento público*. 18. ed. São Paulo: Atlas, 2021, p. 267.

envolvidos no processo de contratação pública, não estabelecendo a necessidade de capacitação periódica, ainda que anualmente, bem como não há qualquer previsão de responsabilização de chefias pela inexistência de capacitação dos subordinados.[1115] Tal responsabilização por certo não pode assumir um caráter pessoal, mas, sim, institucional. De todo modo, o artigo 18, inciso X, da LGLC destaca que antes da celebração dos contratos a Administração Pública deverá promover a capacitação de servidores ou empregados para a fiscalização e gestão contratual. Porém esse dispositivo anda longe de atender às demandas do processo de contratação pública, porquanto parte de uma lógica linear no universo da fase preparatória do processo licitatório. Explica-se: a capacitação deveria ser um dos princípios reitores da atividade processual administrativa, notadamente no campo da contratação pública. Nem mesmo o disposto no artigo 169, §3º, inciso I, da LGLC compreende uma medida adequada no universo da capacitação dos servidores, porquanto assume uma ideia de capacitação pelo controle, portanto, de superação de falhas,[1116] quando, e isso precisa ficar claro, ela deve ser um dos objetivos da própria dinâmica gerencial da contratação pública na obtenção de resultados, inclusive como elementar decorrência da ideia de gestão por competências (artigo 7º da LGLC) e da segregação de funções (artigo 5º da LGLC).

Trata-se de assunto que exige redobrados cuidados do legislador, porque boa parte dos entraves na aplicação dos parâmetros procedimentais da legislação decorre da inaptidão dos servidores envolvidos no processo de contratação pública. Daí a dificuldade de a gestão encontrar alternativas para os dilemas cotidianos da contratação pública, pois, para além das ordinárias deficiências ou contradições da disciplina normativa, são acrescidas as limitações funcionais da Administração Pública. Aliás, essa realidade é particularmente sofrível nos pequenos municípios do país. Nesse ponto, vale destacar que o TCU[1117] já se pronunciou, por diversas vezes, sobre a importância da capacitação periódica nos servidores que atuam na contratação pública. Curiosamente, o artigo 173 da LGLC determina que as escolas de contas deverão

---

[1115] FERNANDES, Murilo Jacoby, Considerações acerca das propostas de alteração da lei de licitações, 2016, p. 38-39.

[1116] JUSTEN FILHO, Marçal, *Comentários à Lei de Licitações e Contratações Administrativas*, 2021, p. 1.692.

[1117] *Vide*: (1) Acórdãos TCU/Plenário nº 399/2003, 536/2007, 2.352/2016; (2) Acórdãos TCU/Primeira Câmara nº 1.968/2005; 3.384/2006; e (3) Acórdão TCU/Segunda Câmara nº 2.838/2017.

promover eventos de capacitação para os servidores públicos designados para o desempenho de funções essenciais no processo de contratação pública, inclusive, destacando a pertinência de cursos presenciais e à distância bem como a realização de redes de aprendizagem, seminários e congressos sobre contratações públicas. A despeito da boa intenção do dispositivo, nenhuma escola de contas pode suprir a demanda por capacitação dos servidores públicos federais, estatuais, distritais ou municipais, porquanto essa demanda compreende a junção de esforços de toda a sociedade,[1118] com particular destaque às escolas de governo; e

(j) *discricionariedade procedimental, adequação procedimental e acordo endoprocedimental* – para além dos fundamentos da discricionariedade na contratação pública, urge a disciplina normativa de mecanismos ou institutos jurídicos que a consagre funcionalmente na LGPAF. Por isso, a disciplina normativa da discricionariedade procedimental, adequação procedimental e do acordo endoprocedimental dará o necessário impulso à lógica da contratação pública eficiente, pois compreendem formas concretas e flexíveis do regular exercício da discricionariedade na atividade processual administrativa. Não se trata de tarefa fácil, porquanto há uma forte resistência na cultura jurídica nacional sobre essas questões, mas o impulso regulamentador advindo de novas leis, como bem evidencia a LGLC, vai demandar uma séria reflexão sobre o tratamento processual das demandas administrativas. E a razão é simples desse entendimento: a *neutralização* da legalidade formal decorre do recrudescimento dos espaços em que a própria legalidade formal se limita a uma densidade normativa meramente habilitante,[1119] cujos nortes da atuação administrativa advêm da regulamentação infralegal, isto é, de regras administrativas.

Tais proposições canalizarão os necessários nortes à consagração da contratação pública eficiente no Brasil. Nessa ordem de ideias, representa grande equívoco vislumbrar o aperfeiçoamento do processo de contratação pública apenas a partir da perspectiva interna do desdobramento procedimental do planejamento da contratação, da seleção do fornecedor e da gestão do contrato. Nesse sentido, se o modelo de

---

[1118] JUSTEN FILHO, Marçal, *Comentários à Lei de Licitações e Contratações Administrativas*, 2021, p. 1.714.

[1119] SILVA, Suzana Tavares da. O princípio (fundamental) da eficiência. *RFDUP*, Porto, vol. VII (Especial: comunicações do I Triênio dos Encontros de Professores de Direito Público), p. 519-544, 2010, p. 530.

contratação pública não incorporar alternativas aos obstáculos normativos, orgânico-funcionais e prático-procedimentais, dentre outros aspectos inerentes à atividade administrativa, vai desaguar no lugar comum das regulamentações inócuas, porque apartado da dura realidade que encerra os arranjos institucionais no difícil campo interacional entre Poder Público e mercado ou terceiro setor.

Por isso, não adianta muito o aperfeiçoamento ou a criação de novas modalidades licitatórias ou procedimentos auxiliares – a despeito de sua importância –, pois o núcleo da problemática se encontra relacionado aos limites prático-procedimentais da gestão pública decorrentes dos desafios normativos, financeiros e políticos enfrentados na implementação das demandas administrativas. É reconhecer que a realidade da estrutura orgânico-funcional da Administração Pública varia bastante, seja em função dos entes políticos, seja diante das limitações geográficas ou mercadológicas, de maneira que toda lei nacional, em maior ou menor medida, pressupõe uma figura idealizada da capacidade institucional do Poder Público na implementação dos direitos.[1120]

Dito de outro modo, não é suficiente, muito embora seja relevante, a incorporação de modelos ou procedimentos como mecanismo de aperfeiçoamento da contratação pública, porém a eficiência do gasto público, como parâmetro material de controle da atuação estatal,[1121] no atendimento das demandas administrativas, depende mais da interação das estruturas orgânico-funcionais da Administração Pública com os desafios normativos e prático-procedimentais decorrentes das possibilidades político-econômicas de cada sociedade. Por isso, o modelo adequado de contratação pública deve comportar os desafios e fundamentos destacados na ilustração abaixo:

[1120] JORDÃO, Eduardo, Art. 22 da LINDB: acabou o romance: reforço do pragmatismo no direito público brasileiro, 2018, p. 76.
[1121] SILVA, Suzana Tavares da, O princípio (fundamental) da eficiência, 2010, p. 531.

Ilustração 07 – Desafios e fundamentos da contratação pública

```
                    ┌─────────────────────────┐
                    │ Demandas administrativas │
                    └───────────┬─────────────┘
                                ▼
                          ┌──────────┐
                          │ Desafios │
                          └──────────┘
         ┌──────────────────┬──────────────────┐
         ▼                  ▼                  ▼
  ┌────────────┐  ┌──────────────────┐  ┌────────────────────┐
  │ Normativos │  │ Orgânico-funcionais │ │ Prático-procedimentais │
  └────────────┘  └──────────────────┘  └────────────────────┘
         └──────────────────┼──────────────────┘
                            ▼
                  ┌────────────────────┐
                  │ Contratação pública │
                  └────────────────────┘
         ┌──────────────────┼──────────────────┐
         ▼                  ▼                  ▼
  ┌──────────────┐  ┌────────────────┐  ┌───────────┐
  │ Reflexividade│  │ Sustentabilidade│  │ Eficiência │
  └──────────────┘  └────────────────┘  └───────────┘
         ▲                  ▲                  ▲
         ▼                  ▼                  ▼
  ┌──────────────────┐  ┌────────────────┐  ┌────────────────────┐
  │ Cultura estatista │  │ Fetichismo legal │  │ Controle excessivo │
  └──────────────────┘  └────────────────┘  └────────────────────┘
```

Fonte: Elaborada pelo autor (2018).

Como a contratação pública não opera no vácuo, pois resulta de inevitável interação da Administração Pública com o mercado e o terceiro setor, a gestão das prestações de serviço ou material deve considerar os desafios normativos, orgânico-funcionais e prático-procedimentais das demandas administrativas, porquanto o maior mérito do modelo de contratação pública consiste na funcionalidade ou adequabilidade da prestação de serviço ou material. Portanto, a coerência interna do modelo de contratação pública, no que compreende substancialmente a racionalidade do planejamento, da seleção do fornecedor e da gestão do contrato, não determina, por si só, o sucesso da contratação pública, por maior que seja sua funcionalidade ou utilidade em função das possibilidades do mercado e terceiro setor, pois os eventos externos, notadamente os de ordem político-financeira, revelam-se decisivos justamente porque são obstáculos que raramente se rendem à disciplina jurídica.

Diante dessas constatações, conclui-se que a ineficiência da contratação pública advém de desafios normativos, orgânico-funcionais e prático-procedimentais, contribuindo, ainda, para esse estado de coisas: (a) a cultura estatista no direito administrativo brasileiro; (b) o fetichismo legal na forma de estabelecer os parâmetros da atuação administrativa, criando uma camisa de força na gestão pública, que se encontra impedida de tentar novas alternativas para atender adequadamente às demandas administrativas; e, por conseguinte, (c) o controle excessivo da atividade decisório-criativa do gestor público.[1122] A ineficiência é, antes de tudo, decorrente de fatores culturais e, mais adiante, legais.

[1122] MENDONÇA, José Vicente Santos de. Art. 21 da LINDB: indicando consequências e regularizando atos e negócios. *RDA*, Rio de Janeiro, Edição Especial: Direito Público na Lei de Introdução às Normas do Direito Brasileiro – LINDB (Lei nº 13.655/2018), p. 43-61, nov. 2018, p. 45.

CONSIDERAÇÕES FINAIS

> "*Si existe algún motivo para, pese a todo, seguir esperando es porque no estamos condenados a elegir entre la ingenuidad y la resignación.*"[1123]

O desafio de uma tese compreende a necessária síntese dos mais relevantes pontos ventilados na investigação científica. Porém, nestas últimas palavras, pretende-se firmar objetivamente os propósitos fundamentais dos estudos promovidos, sem, contudo, repetir os pontos já amplamente debatidos, nestes termos:

(a) a *Via Crucis* da reabilitação profissional – o desafio de apresentar um novo modelo de contratação pública envolve a necessidade de ventilar o substrato prático-operacional para sua aplicação. Nesse sentido, como os dilemas da RP possuem uma relação bem estreita com a contratação pública, os fundamentos da tese se destinam a solucionar os gargalos do PRP, porém, sem que isso represente uma pretensão audaciosa, eles também se aplicam às demandas administrativas em geral, contanto que sejam observados os condicionantes de cada prestação de serviço ou material.

O grande dilema da RP, para além da questão dos recursos financeiros, é a adequabilidade ou funcionalidade da prestação de serviço ou material em função do modelo de contratação pública adotado pelo Poder Público. O difícil itinerário da RP denuncia a dificuldade de o Poder Público compatibilizar os mecanismos de atuação administrativa, que vão muito além da contratação pública, em benefício dos trabalhadores

---

[1123] INNERARITY, Daniel. *El futuro y sus enemigos:* una defensa de la esperanza política. Barcelona: Paidós, 2009, p. 207.

acidentados ou pessoas com deficiências. Nesse contexto, a contratação pública representa um importante trajeto até o calvário que encerra o processo prestacional de serviço ou material, haja vista a dificuldade do modelo para superar a assincronia prático-procedimental entre Administração Pública e mercado ou terceiro setor. Por isso, o maior dilema da RP não é a decisão do processo decisório administrativo ou judicial, e muito menos a sua correção material, mas, sim, os meios e modos de atuação da Administração Pública; portanto, trata-se de dilema relacionado ao processo prestacional;

(b) a *Odisseia* do planejamento – o primeiro grande desafio do planejamento é identificar com clareza sua necessidade – daí a demanda por estudos (técnicos ou econômicos) preliminares – e, a partir dela, empreender os necessários esforços na seleção do fornecedor que atenda à demanda da Administração Pública. Contudo, tal tarefa tem sido uma atividade ingloriosa, pois a legislação, seja pela modalidade licitatória adotada, seja pelo critério de julgamento imposto, induz o gestor a realizar uma verdadeira seleção adversa. Além do mais, toda a diretriz discursiva sobre o planejamento administrativo é seriamente comprometida pela dificuldade operacional gerada pela tormentosa programação orçamentário-financeira do Poder Público. Sabe-se que a analítica antecipação das demandas administrativas já representa uma atividade de difícil prognóstico, porém ela resulta praticamente impossível em função das contingências político-financeiras do orçamento público. Superada, em parte, a difícil dinâmica dos recursos públicos, tem-se, ainda, a enorme dificuldade da gestão pública no estabelecimento de prioridades na execução do orçamento público, seja em função da fragmentação das forças financeiras do orçamento, seja diante dos contingenciamentos decorrentes da grave crise fiscal do Estado. Nesse ponto, urge mencionar que a importância estratégica do planejamento administrativo é substancialmente prejudicada pela incerteza da disponibilidade financeira do orçamento público, cujos efeitos são perversos ao processo de contratação pública, pois a imprevisibilidade de recursos, para além da maior onerosidade no atendimento das demandas administrativas, gera considerável demora no processo prestacional de serviço ou material;

(c) a *Caixa de Pandora* da gestão do contrato e das parcerias – toda dinâmica contratual comporta riscos; tratando-se de contrato administrativo, vale dizer, a questão ganha outros matizes, porque são acrescidos aos dilemas projetados pelas restrições do mercado e terceiro setor, dentre outros fatores, os desafios normativos, orgânico-funcionais e prático-procedimentais da Administração Pública, exigindo-se uma reflexão constante sobre os mecanismos de atuação da gestão pública, justamente para permitir que eles projetem os resultados esperados pela ordem jurídica.

O grande dilema, contudo, não se restringe apenas aos reais prognósticos da atuação administrativa em função das possibilidades político-econômicos do Estado, porquanto os desafios da gestão pública são sempre majorados diante do exponencial crescimento das demandas administrativas na hipermodernidade e, com elas, a insuperável escalada de problemas na sociedade, nem sempre compagináveis com os parcos limites de atuação da contratualidade administrativa.

Nesse cenário, a versatilidade dos procedimentos na atividade processual administrativa é determinante para atendimento dos rígidos regramentos da regularidade do gasto público, sobretudo para superação dos dilemas concretos dos processos prestacionais, que vão da viabilidade da prestação de serviço ou material até a efetiva adequação dela diante das especificidades da demanda do cidadão. A tônica flexibilizadora dos procedimentos também se impõe à atividade público-privada na prestação de serviço de interesse público, senão a própria expansão dos direitos sociais através do terceiro setor é posta em xeque.

De todo modo, apenas durante a execução contratual, o que também se aplica aos instrumentos jurídicos das atividades público-privadas, é possível identificar as verdadeiras feridas do modelo de contratação pública, denunciando suas falhas e alavancando suas dificuldades diante da complexa teia de demandas enfrentadas pelo Poder Público. Por isso, a defesa da flexibilidade procedimental, longe de propugnar uma atuação processual sem controle e destituída de parâmetros legais concretos, representa a única via possível para superar os obstáculos no processo de implementação dos direitos positivos;

(d) a contratação pública como *Crime e Castigo* – o grande pecado da contratação pública é prestigiar mais o caminho que o objetivo da caminhada; isso faz com que a preocupação na ortodoxia procedimental gere ineficiência administrativa. É dizer, entre o crime da formalidade excessiva e o castigo da ineficiência, como pontos culminantes do ruidoso cenário prático-procedimental da Administração Pública, encontra-se a gestão pública, que é destituída de qualquer discricionariedade procedimental capaz de encontrar alternativas no processo de contratação pública. Tem-se, aqui, a tríade dos horrores da ambiência administrativa – cultura estatista, fetichismo legal e controle excessivo –, de maneira que, quando conformada pelas exigências da sociedade hipermoderna, essa trindade é capaz de auxiliar o gestor; porém, assumindo os extremos da estultice ideológica, dificulta imensamente o processo de contratação pública;

(e) o *Mundo de Alice* dos órgãos de controle – toda lei comporta um juízo de antecipação sobre realidades que pretende disciplinar, o que é algo absolutamente natural. O que não se compreende é a mundividência da ambiência administrativa apenas a partir dos prognósticos legislativos, desconsiderando o turbilhão de dificuldades fático-jurídicas que encerra a gestão pública. Esse mundo particular, linear e abstratamente possível é forçosamente seguido, muitas vezes, pelos órgãos de controle, fazendo com que o plano de atuação da gestão pública fique mais preocupado com a dinâmica punitiva sobre as decisões dos gestores do que propriamente com a projeção dos resultados decorrentes delas. Vive-se, ainda, o processo administrativo do controle, e não o processo administrativo do resultado: gestar é *controlar o controle* e não *resultar o resultado*; e

(f) *à Espera de um Milagre* na proposta legislativa – a dinâmica das propostas de reforma da contratação pública, aliás, confirmadas pela nova LGLC, parece reafirmar os erros da legislação anterior, a saber: a fé (in)confessada no controle da discricionariedade como mecanismo de aperfeiçoamento da atividade administrativa e a criação artificial da igualdade e competição entre os licitantes em detrimento dos objetivos da contratação pública. É dizer, para além do desmedido controle da discrição do gestor, há incongruente pensamento de que a proteção da igualdade de tratamento entre os licitantes, até mesmo por força de desejosa competição na seleção do fornecedor, representa o objetivo central da contratação pública. Esse enfoque, nitidamente distorcido, faz com que a contratação pública exista para uma disputa real – ou fictícia – dos agentes econômicos, e não para o atendimento das demandas da Administração Pública, somando-se, ainda, a ingloriosa perspectiva de que o objeto da contratação se vincula à *economicidade* do gasto público em detrimento da adequabilidade ou funcionalidade da prestação de serviço ou material.

Desse modo, é preciso conceber um modelo de contratação pública, por meio de alterações pontuais na legislação, que possa ser assimilado pela gestão pública, pela sociedade civil e pelos órgãos de controle, as quais consagrem os seguintes aspectos: (1) adequação financeira do gasto público (despesas correntes e de capital); (2) capacitação contínua dos servidores; (3) habilitação dinâmica (técnica e econômica), inclusive com adequada habilitação social; (4) adequação procedimental; (5) discricionariedade procedimental; (6) acordo endoprocedimental; (7) fortalecimento da atividade consultiva; (8) foco no resultado da contratação; (9) vigor na qualidade técnica do objeto; e (10) promover a distinção prático-procedimental entre processo decisório e processo prestacional.

Por fim, vale destacar o seguinte: se a contratação pública não for funcional ou adequada, para além da ineficiência no gasto público, também traduz uma anacrônica cultura jurídico-administrativa na implementação dos direitos positivos.

REFERÊNCIAS

ABBAGNANO, Nicola. *Dicionário de filosofia*. Tradução de Ivone Castilho Benedetti. 6. ed. 2. tiragem. São Paulo: Martins Fontes, 2014.

ABI-CHAHINE, Paula Aparecida. As Ações Coletivas de Direitos Individuais Homogêneos e o Incidente de Resolução de Demandas Repetitivas (IRDR): análise comparativa. *RF*, São Paulo, vol. 112, n. 424, p. 287-315, jul./dez. 2016.

ABRAMOVICH, Víctor; COURTIS, Christian. *Los derechos sociales como derechos exigibles*. 2. ed. Madrid: Editorial Trotta, 2004.

AGUIAR, Afonso Gomes. *Tratado da gestão fiscal*. Belo Horizonte: Fórum, 2011.

ALBUQUERQUE, Felipe Braga; CAMPOS, Juliana Cristine Diniz. Movimentos sociais e o direito de liberdade: limites e compatibilidade. *In:* ALBUQUERQUE, Felipe Braga (Coord.). *Temas de direito político*. Curitiba: CRV, 2014, p. 07-24.

ALEXY, Robert. *Conceito e validade do direito*. Tradução de Gergélia Batista de Oliveira Mendes. São Paulo: Martins Fontes, 2009.

ALEXY, Robert. *Teoria dos direitos fundamentais*. Tradução de Virgílio Afonso da Silva. 2. ed., 4. tir. São Paulo: Malheiros, 2015.

ALFONSO, Luciano Parejo. *Eficacia y administración*: tres estudios. Madrid: INAP, 1995.

ALFONSO, Luciano Parejo. El procedimiento administrativo en España: situación actual y perspectivas de cambio. *In:* BARNES, Javier (Ed.). *La transformación del procedimiento administrativo*. Sevilla: Editorial Derecho Global, 2008, p. 419-473.

ALFONSO, Luciano Parejo. *Transformación y ¿reforma? del derecho administrativo en España*. Sevilla: Editorial Derecho Global, 2012.

ALVES, Hélio Gustavo. *Habilitação e reabilitação profissional*: obrigação do empregador ou da Previdência Social? 2. ed. São Paulo: LTr, 2016.

ANABITARTE, Alfredo Gallego. *Ley y reglamento en el derecho público occidental*. Prólogo de José Luis Villar Palasí. Madrid: Instituto de Estudios Administrativos, 1971.

ANDRADE, Cesar Augusto Seijas de. Orçamento deficitário. *In:* CONTI, José Maurício; SCAFF, Fernando Facury (Coord.). *Orçamentos públicos e direito financeiro*. São Paulo: Revista dos Tribunais, 2011, p. 1.159-1.177.

ANDRADE, José Carlos Vieira de. A imparcialidade da administração como princípio constitucional. *BFDUC*, Coimbra, vol. 50, p. 219-246, 1974.

ANDRADE, José Carlos Vieira de. *A justiça administrativa:* lições. 11. ed. Coimbra: Almedina, 2011.

ANDRADE, José Carlos Vieira de. Algumas alterações recentes ao código do procedimento administrativo. *In*: ANDRADE, José Carlos Vieira de; SILVA, Suzana Tavares da (Coord.). *As reformas do sector público:* perspectivas ibéricas no contexto pós-crise. Coimbra: Instituto Jurídico da FDUC, 2015, p. 99-107.

ANDRADE, José Carlos Vieira de. Algumas reflexões a propósito da sobrevivência do conceito de "acto administrativo" no nosso tempo. *In:* AA.VV. *Estudos em homenagem ao Prof. Doutor Rogério Soares.* Coimbra: Coimbra Editora, 2001, p. 1.189-1.220.

ANDRADE, José Carlos Vieira de. A responsabilidade indenizatória dos poderes públicos em 3D: Estado de Direito, Estado Fiscal, Estado Social. *In:* CORREIA, Fernando Alves; MACHADO, Jónatas E. M.; LOUREIRO, João Carlos (Orgs.). *Estudos em homenagem ao Prof. Doutor José Joaquim Gomes Canotilho.* Volume I. Responsabilidade: entre Passado e Futuro. Coimbra: Coimbra Editora, 2012, p. 55-84.

ANDRADE, José Carlos Vieira de. *Lições de direito administrativo.* 5. ed. Coimbra: Imprensa da Universidade de Coimbra, 2017.

ANDRADE, José Carlos Vieira de. *O dever de fundamentação expressa dos actos administrativos.* Coimbra: Coimbra Editora, 1991.

ANDRADE, José Carlos Vieira de. *Os direitos fundamentais na Constituição Portuguesa de 1976.* 6. ed. Coimbra: Almedina, 2019.

ANDRADE, José Carlos Vieira de. O papel do Estado na sociedade e na socialidade. *In*: LOUREIRO, João Carlos; SILVA, Suzana Tavares da (coord.). *A economia social e civil – estudos.* Coimbra: Instituto Jurídico da Faculdade de Direito da Universidade de Coimbra, 2015, p. 23-42.

ANDRADE, José Carlos Vieira de. Repensar a relação entre o Estado e Sociedade. *Nova Cidadania,* Lisboa, n. 31, p. 36-38, jan./mar. 2007.

ARAGÃO, Alexandra. Breves reflexões em torno da investigação jurídica. *BFDUC,* Coimbra, vol. 85, p. 765-794, 2009.

ARAGÃO, Alexandre Santos de. Interpretação consequencialista e análise econômica do direito público à luz dos princípios constitucionais da eficiência e da economicidade. *IP,* Belo Horizonte, ano 11, n. 57, p. 11-30, set./out. 2009.

ARAGÃO, Alexandre Santos de. Princípio da eficiência. *RT,* São Paulo, vol. 93, n. 830, p. 709-714, dez. 2004.

ARARIPE, Cíntia Muniz Rebouças de Alencar; MACHADO, Raquel Cavalcanti Ramos. Os programas de integridade para contratação com a administração pública estadual: *nudge* ou obrigação legal? Um olhar sobre as duas perspectivas. *RBPP,* Brasília, vol. 08, n. 02, p. 385-404, maio/ago. 2018.

ARAÚJO, Fernando. A análise econômica do contrato de trabalho. *RDT,* São Paulo, vol. 171, p. 163-238, set./out. 2016.

ARAÚJO, Fernando. *Teoria económica do contrato.* Coimbra: Almedina, 2007.

ARGUELHES, Diego Werneck; LEAL, Fernando. O argumento das "capacidades institucionais" entre a banalidade, a redundância e o absurdo. *DES,* Rio de Janeiro, n. 38, p. 06-50, jan./jun. 2011.

ARROYO GIL, Antonio; GIMÉNEZ SÁNCHEZ, Isabel M. La incorporación constitucional de la cláusula de estabilidad presupuestaria en perspectiva comparada: Alemania, Italia y Francia. *REDC,* Madrid, n. 98, p. 149-188, mayo/agosto 2013.

BALEEIRO, Aliomar. *Uma introdução à ciência das finanças.* 18. ed., revista e atualizada por Hugo de Brito Machado Segundo. Rio de Janeiro: Forense, 2012.

BAÑO LEÓN, José María. La eficacia de las sentencias contra la administración o la claudicación del Estado de Derecho. *REDA,* Madrid, año 43, n. 177, p. 85-102, abr./jun. 2016.

BARBOSA FILHO, Fernando de Holanda. A crise econômica de 2014/2017. *EA,* São Paulo, vol. 31, n. 89, p. 51-60, 2017.

BARBOSA, Rui. Juristas e retóricos. *In:* BARBOSA, Rui. *Antologia.* Seleção, prefácio e notas de Luís Viana Filho. Rio de Janeiro: Nova Fronteira, 2013, p. 95-97.

BARCELLOS, Ana Paula de. Políticas públicas e o dever de monitoramento: "levando os direitos a sério". *RBPP,* Brasília, vol. 08, n. 02, p. 251-265, 2018.

BARNES, Javier. Algunas respuestas del derecho administrativo contemporáneo ante las nuevas formas de regulación: fuentes, alianzas con el derecho privado, procedimientos de tercera generación. *In:* BARNES, Javier (Ed.). *Innovación y reforma en el derecho administrativo.* 2. ed. Sevilla: Editorial Derecho Global, 2012, p. 251-377.

BARNES, Javier. La colaboración interadministrativa a través del procedimiento administrativo nacional. *In:* BARNES, Javier (Ed.). *La transformación del procedimiento administrativo.* Sevilla: Editorial Derecho Global, 2008, p. 231-266.

BARNES, Javier. Nota introductoria sobre la segunda edición. *In:* BARNES, Javier (Ed.). *Innovación y reforma en el derecho administrativo.* 2. ed. Sevilla: Editorial Derecho Global, 2012, p. 11-19.

BARNES, Javier. Reforma e innovación del procedimiento administrativo. *In:* BARNES, Javier (Ed.). *La transformación del procedimiento administrativo.* Sevilla: Editorial Derecho Global, 2008, p. 11-69.

BARNES, Javier. *Transformaciones (científicas) del derecho administrativo:* historia y retos del derecho administrativo contemporáneo. Sevilla: Editorial Derecho Global, 2011.

BARTILOTTI, Carolina Bunn *et al.* Programa de Reabilitação Ampliada (PRA): uma abordagem multidimensional do processo de reabilitação profissional. *AF,* São Paulo, vol. 16, n. 02, p. 66-75, abr./jun. 2009.

BATISTA, Flávio Roberto. *Crítica da tecnologia dos direitos sociais.* São Paulo: Outras Expressões; Dobra Editorial, 2013.

BATISTA JÚNIOR, Onofre Alves. *Transações administrativas:* um contributo ao estudo do contrato administrativo como mecanismo de prevenção e terminação de litígios e como alternativa à atuação administrativa autoritária, no contexto de uma administração pública mais democrática. São Paulo: Quartier Latin, 2007.

BECK, Ulrich. *Sociedade de risco mundial:* em busca da segurança perdida. Tradução Marian de Toldy e Teresa Toldy. Lisboa: Edições 70, 2016.

BECKER, Gary S. *Human capital:* a theorical and empirical analysis, with special reference to education. Third Edition. Chicago: The University of Chicago Press, 1993.

BERCOVICI, Gilberto; MASSONETTO, Luís Fernando. A constituição dirigente invertida: a blindagem da constituição financeira e a agonia da constituição econômica. *Boletim de Ciências Econômicas,* Coimbra, vol. XLIX, p. 57-77, 2006.

BERCOVICI, Gilberto. *Soberania e constituição:* para uma crítica do constitucionalismo. 2. ed. São Paulo: Quartier Latin, 2013.

BERGUE, Sandra Trescastro; KLERING, Luís Roque. A redução sociológica no processo de transposição de tecnologias gerenciais. *O&S,* Salvador, vol. 17, n. 52, p. 137-155, jan./mar. 2010.

BERTI, Arieti Regina; ZILIOTTO, Denise Macedo. Reabilitação profissional para trabalhadores com deficiência: reflexões a partir do estado da arte. *SS,* São Paulo, vol. 22, n. 03, p. 736-750, jul./set. 2013, p. 739.

BICKEL, Alexander M. *The least dangerous branch*: The Supreme Court at the Bar of Politics. With a new foreword by Harry H. Wellington. Second Edition. New Haven: Yale University Press, 1986.

BILHALVA, Jacqueline Michels. Reabilitação profissional incompleta. *In*: LUGON, Luiz Carlos de Castro; LAZZARI, João Batista (Coord.). *Curso modular de direito previdenciário.* Florianópolis: Conceito, 2007, p. 461-496.

BINENBOJM, Gustavo. A advocacia pública e o Estado Democrático de Direito. *RBDP,* Belo Horizonte, ano 08, n., 31, p. 33-41, out./dez. 2010.

BINENBOJM, Gustavo; CYRINO, André. Art. 28 da LINDB. A cláusula geral do erro administrativo. *RDA,* Rio de Janeiro, Edição Especial: Direito Público na Lei de Introdução às Normas do Direito Brasileiro – LINDB (Lei n. 13.655/2018), p. 203-224, nov. 2018.

BINENBOJM, Gustavo. *Uma teoria do direito administrativo:* direitos fundamentais, democracia e constitucionalização. 2. ed. Rio de Janeiro: Renovar, 2008.

BITENCOURT, Caroline Müller; GABARDO, Emerson. Governo eletrônico, serviços públicos digitais e participação popular: um caminho democrático a ser percorrido pela administração pública brasileira. *IP,* Belo Horizonte, ano 23, n. 129, p. 41-73, set./out. 2021.

BITTENCOURT, Sidney. *A nova Lei de Licitações Públicas e o Estatuto Nacional das Microempresas.* 3. ed. Belo Horizonte: Fórum, 2022.

BITENCOURT NETO, Eurico. *Concertação administrativa interorgânica:* direito administrativo e organização no século XXI. São Paulo: Almedina, 2017.

BOBBIO, Norberto. *Da estrutura à função:* novos estudos de teoria do direito. Tradução de Daniela Beccaccia Versiani. São Paulo: Manole, 2007.

BOBBIO, Norberto; MATTEUCCI, Nicola; PASQUINO, Gianfranco. *Dizionario di Politica.* Nuova edizione. Torino: UTET, 2016.

BONAVIDES, Paulo. *Curso de direito constitucional.* 28. ed. São Paulo: Malheiros, 2013.

BONAVIDES, Paulo. *Do Estado Liberal ao Estado Social.* 9. ed. São Paulo: Malheiros, 2009.

BONAVIDES, Paulo. *Do país constitucional ao país neocolonial:* a derrubada da Constituição e a recolonização pelo golpe de Estado institucional. 4. ed. São Paulo: Malheiros, 2009.

BONAVIDES, Paulo. *Teoria constitucional da democracia participativa:* por um Direito Constitucional de luta e resistência, por uma Nova Hermenêutica, por uma repolitização da legitimidade. 2. ed. São Paulo: Malheiros, 2003.

BONAVIDES, Paulo. *Teoria do Estado.* 7. ed. São Paulo: Malheiros, 2008.

BORGES, André. Federalismo, dinâmica eleitoral e políticas públicas no Brasil: uma tipologia e algumas hipóteses. *Sociologias*, Porto Alegre, ano 12, n. 24, p. 120-157, maio./ago. 2010.

BOSCHETTI, Barbara L. Social goals via public contracts in the EU: a new deal? *Rivista Trimestrale di Diritto Pubblico*, Milano, n. 4, p. 1.129-1.154, 2017.

BOTELHO, Catarina Santos. Lost in translations – a crescente importância do direito constitucional comparado. *In:* CRISTAS, Assunção; ALMEIDA, Marta Tavares de; FREITAS, José Lebre de; DUARTE, Rui Pinto. *Estudos em homenagem ao Professor Doutor Carlos Ferreira de Almeida.* Volume I. Coimbra: Almedina, 2011, p. 49-101.

BOUDINEAU, Christine. Protection sociale en Europe. *In:* AA.VV. *Le droit social international et européen en pratique.* Paris: Groupe Eyrolles, 2010, p. 145-181.

BRAGA, Lamartine Vieira; GOMES, Ricardo Corrêa. Governo Eletrônico e seu relacionamento com o desenvolvimento econômico e humano: um estudo comparativo internacional. *RSP*, Brasília, vol. 66, n. 04, p. 523-556, out./dez. 2015.

BRAGA, Marcus Vinicius de Azevedo; VISCARDI, Pedro Ribeiro. Gestão estratégica do terceiro setor: uma discussão sobre *accountability* e o novo marco legal. *RDTS*, Belo Horizonte, ano 10, n. 19, p. 21-36, jan./jun. 2016.

BRAGANÇA, Luiz Philippe de Orleans e. *Por que o Brasil é um país tão atrasado?* 3. ed. São Paulo: Maquinaria Studio, 2021.

BRASIL. Advocacia-Geral da União. *Orientação Normativa nº 20*, de 1º de abril de 2009. Disponível em: http://www.agu.gov.br/atos/detalhe/189181. Acesso em: 17 set. 2018.

BRASIL. Instituto de Pesquisa Econômica Aplicada (IPEA). *Mapa das Organizações da Sociedade Civil.* Disponível em: https://mapaosc.ipea.gov.br/indicadores. Acesso em: 06 jul. 2022.

BRASIL. Instituto Negócios Públicos. *Infográficos 2016:* compras públicas. Curitiba: Negócios Públicos, 2016.

BRASIL. Ministério da Educação. *Gastos com publicidade.* Disponível em: http://portal.mec.gov.br/gastos-com-publicidade. Acesso em: 03 out. 2018.

BRASIL. Ministério da Educação. *Prestação de Contas Ordinárias Anual* – Relatório de Gestão do Exercício de 2017. Brasília, mar. 2018, p. 30. Disponível em: http://portal.mec.gov.br/docman/junho-2018-pdf/89241-relatorio-de-gestao-do-exercicio-2017/file. Acesso em: 04 jan. 2019.

BRASIL. Ministério do Trabalho e Emprego. *AEAT 2012*. Brasília: MTE, 2012, p. 15. Disponível em: https://www.gov.br/previdencia/pt-br/assuntos/previdencia-social/saude-e-seguranca-do-trabalhador/dados-de-acidentes-do-trabalho/arquivos/aeat-2012.pdf. Acesso em: 29 maio 2021.

BRASIL. Ministério da Fazenda. *AEAT 2015*. Brasília: MF, 2015. Disponível em: https://www.gov.br/previdencia/pt-br/assuntos/previdencia-social/saude-e-seguranca-do-trabalhador/dados-de-acidentes-do-trabalho/arquivos/aeat15.pdf. Acesso em: 08 maio 2021.

BRASIL. Ministério da Fazenda. *AEAT 2018*. Brasília: MF, 2018. Disponível em: https://www.gov.br/previdencia/pt-br/assuntos/previdencia-social/saude-e-seguranca-do-trabalhador/dados-de-acidentes-do-trabalho/arquivos/aeat-2018.pdf. Acesso em: 08 maio 2021.

BRASIL. Ministério da Previdência Social. *AEPS 2012*. Brasília: MPS, 2013. Disponível em: https://www.gov.br/previdencia/pt-br/images/2013/05/AEPSa_2012.pdf. Acesso em: 30 maio 2021.

BRASIL. Ministério da Fazenda. *AEPS 2015*. Brasília: MF, 2016. Disponível em: https://www.gov.br/previdencia/pt-br/acesso-a-informacao/dados-abertos/previdencia-social-regime-geral-inss/arquivos/aeps-2015.pdf. Acesso em: 30 maio 2021.

BRASIL. Ministério da Fazenda. *AEPS 2018*. Brasília: MF, 2019. Disponível em: https://www.gov.br/previdencia/pt-br/acesso-a-informacao/dados-abertos/previdencia-social-regime-geral-inss/arquivos/aeps-2018.pdf. Acesso em: 30 maio 2021.

BRASIL. Presidência da República. Casa Civil. Subchefia para assuntos jurídicos. *Mensagem nº 212*, de 25 de abril de 2018. Disponível em: http://www.planalto.gov.br/CCivil_03/_Ato2015-2018/2018/Msg/VEP/VEP-212.htm. Acesso em: 01 set. 2018.

BRASIL. Secretaria do Tesouro Nacional. *Decreto traz mudanças na regulamentação de restos a pagar da União.* Disponível em:http://www.tesouro.gov.br/web/stn/-/decreto-traz-mudancas-na-regulamentacao-de-restos-a-pagar-da-uniao. Acesso em: 17 jul. 2018.

BRAVO, Ecléa Spiridião *et al.* Proposta de articulação entre abordagens metodológicas para melhoria do processo de reabilitação profissional. *RBSO,* São Paulo, vol. 35, nº 121, p. 64-73, jan./jun. 2010.

BREGALDA, Marília Meyer; LOPES, Roseli Esquerdo. A reabilitação profissional no INSS: caminhos da terapia ocupacional. *SS,* São Paulo, vol. 25, n. 02, p. 479-493, abr./jun. 2016.

BREGALDA, Marília Meyer; LOPES, Roseli Esquerdo. O programa de reabilitação profissional do INSS: apontamentos iniciais a partir de uma experiência. *CTO,* São Carlos, vol. 19, n. 02, p. 249-261, maio/jun. 2011.

BRESSER-PEREIRA, Luiz Carlos. *Reforma do Estado para a cidadania*: a reforma gerencial brasileira na perspectiva internacional. 2. ed. São Paulo: Editora 34, 2011.

BRITTO, Carlos Ayres. O regime constitucional dos Tribunais de Contas. *In*: GRAU, Eros Roberto; CUNHA, Sérgio Sérvulo da (Coord.). *Estudos de direito constitucional em homenagem a José Afonso da Silva*. São Paulo: Malheiros, 2003, p. 89-100.

BUCCI, Maria Paula Dallari. Buscando um conceito de políticas públicas para a concretização dos direitos humanos. *In*: BUCCI, M. P. D. *et al*. *Direitos humanos e políticas públicas*. São Paulo: Pólis, 2001, p. 05-16.

BUCCI, Maria Paula Dallari. *Direito administrativo e políticas públicas*. 1. ed., 2. tir. São Paulo: Saraiva, 2006.

BUCCI, Maria Paula Dallari. *Fundamentos para uma teoria das políticas públicas*. São Paulo: Saraiva, 2013.

BUCCI, Maria Paula Dallari. O conceito de política pública em direito. *In*: BUCCI, Maria Paula Dallari (Org.). *Políticas públicas:* reflexões sobre o conceito jurídico. São Paulo: Saraiva, 2006, p. 01-50.

BUCCI, Maria Paula Dallari. Notas para uma metodologia jurídica de análise de políticas públicas. *FA*, Belo Horizonte, ano 09, n. 104, p, 20-34, out. 2009.

CABRAL, Nazaré da Costa. *Programação e decisão orçamental:* da racionalidade das decisões orçamentais à racionalidade econômica. Coimbra: Almedina, 2008.

CÂMARA, Jacintho Arruda. Art. 24 da LINDB. Irretroatividade de nova orientação geral para anular deliberações administrativas. *RDA*, Rio de Janeiro, Edição Especial: Direito Público na Lei de Introdução às Normas do Direito Brasileiro – LINDB (Lei nº 13.655/2018), p. 113-134, nov. 2018, p. 120-121.

CAMBI, Eduardo; WRUBEL, Virgínia Telles Schiavo. Litígios complexos e processo estrutural. *RePro*, São Paulo, vol. 295, p. 55-84, set. 2019.

CAMMAROSANO, Márcio. Inexigibilidade de licitação – conceito e preconceito. *FCGP*, Belo Horizonte, ano 15, n. 170, p. 58-65, fev. 2016.

CAMPOS, Luciana Ribeiro. *Direito orçamentário em busca da sustentabilidade:* do planejamento à execução orçamentária. Porto Alegre: Núria Fabris Editora, 2015.

CANARIS, Claus-Wilhelm. *Pensamento sistemático e conceito de sistema na ciência do direito*. Introdução e tradução de A. Menezes Cordeiro. 4. ed. Lisboa: Fundação Calouste Gulbenkian, 2008.

CANOTILHO, José Joaquim Gomes. Constituição e défice procedimental. *In*: CANOTILHO, José Joaquim Gomes. *Estudos sobre direitos fundamentais*. 1. ed., 3. reimp. São Paulo: Editora Revista dos Tribunais, 2008.

CANOTILHO, José Joaquim Gomes. Da Constituição Dirigente ao Direito Comunitário Dirigente. *In*: CANOTILHO, José Joaquim Gomes. *"Brancosos" e Interconstitucionalidade:* itinerários dos discursos sobre a historicidade constitucional. 2. ed. Coimbra: Almedina, 2008, p. 205-226.

CANOTILHO, José Joaquim Gomes. *Direito constitucional e teoria da constituição*. 7. ed. Coimbra: Almedina, 2003.

CANOTILHO, José Joaquim Gomes. O direito constitucional como ciência de direção: o núcleo essencial de prestações sociais ou a localização incerta da socialidade (contributo para a reabilitação da força normativa da "constituição social"). *RDDTSS*, São Paulo, vol. 02, n. 04, p. 73-95, jul./dez 2007.

CANOTILHO, José Joaquim Gomes. O direito constitucional passa; o direito administrativo passa também. *In:* AA.VV. *Estudos em homenagem ao Prof. Doutor Rogério Soares*. Coimbra: Coimbra Editora, 2001, p. 705-722.

CANOTILHO, José Joaquim Gomes. *Sustentabilidade* – um romance de cultura e de ciência para reforçar a sustentabilidade democrática. *BFDUC*, Coimbra, vol. 88, p. 01-11, 2012.

CARPENTER, Daniel; George Krause. Reputation and Public Administration. *PAR*, Oxford, vol. 72, p. 26-32, Jan./Feb. 2012.

CARVALHO, José Augusto Moreira de. O orçamento a partir de seus princípios. *In:* CONTI, José Maurício; SCAFF, Fernando Facury (Coord.). *Orçamentos públicos e direito financeiro*. São Paulo: Revista dos Tribunais, 2011, p. 81-109.

CARVALHO, Lucas Borges de. Governo digital e direito administrativo: entre a burocracia, a confiança e a inovação. *RDA*, Rio de Janeiro, vol. 279, n. 03, p. 115-148, set./dez. 2020.

CARVALHO JÚNIOR, José Anselmo de. *O direito e o custo dos direitos:* análise das despesas do Estado brasileiro com ações e serviços públicos de saúde. 2016. 158f. Dissertação (Mestrado em Direito) – Universidade Federal do Rio Grande do Norte, Natal, 2016.

CASTRO, Rodrigo Pironti Aguirre de. Breve ensaio sobre o Sistema de Controle Interno no Brasil: uma agenda para os próximos cinco anos e a redefinição do denominado modelo de gestão "gerencial". *In:* FORTINI, Cristiana; IVANEGA, Miriam Mabel (Coord.). *Mecanismos de controle interno e sua matriz constitucional:* um diálogo entre Brasil e Argentina. Belo Horizonte: Fórum, 2012, p. 139-155.

CASSESE, Sabino. *A crise do Estado*. Tradução de Ilse Paschoal Moreira e Fernanda Landucci Ortale. Campinas: Saberes Editora, 2010.

CASSESE, Sabino. *Territori e potere:* un nuovo ruolo per gli Stati? Bologna: Il Mulino, 2016.

CATALANO, Kátia Regina Camila. O marco regulatório das organizações da sociedade civil – avanços e retrocessos na atividade administrativa de fomento. *RDTS*, Belo Horizonte, ano 09, n. 17, p. 37-59, jan./jun. 2015.

CATARINO, João Ricardo. *Redistribuição tributária:* Estado social e escolha individual. Coimbra: Almedina, 2008.

CAVALCANTE, Denise Lucena; FERNANDES, André Dias. Administração fiscal dialógica. *RDA*, Rio de Janeiro, vol. 277, n. 03, p. 49-70, set./dez. 2018.

CHAGAS, Juary. Luta de classes e estratégia revolucionária: duas polêmicas teórico-políticas com os ideólogos do "terceiro setor" e o "gramscismo reformista". *In*: VITULLO, Gabriel Eduardo (Org.). *A ideologia do "terceiro setor":* ensaios críticos. 2. ed. Natal: EDUFRN, 2015, p. 35-68.

CHAVES, Luiz Cláudio de Azevedo. A nova Lei de Licitações e Contratos e o exame prévio de legalidade dos processos de contratação. *FCGP*, Belo Horizonte, ano 20, n. 236, p. 63-77, ago. 2021.

CHEVALLIER, Jacques. *O Estado de Direito*. Tradução de Antônio Araldo Ferraz Dal Pozzo e Augusto Neves da Pozzo. Belo Horizonte: Fórum, 2013.

CHEVALLIER, Jacques. *O Estado pós-moderno*. Tradução de Marçal Justen Filho. Belo Horizonte: Fórum, 2009.

CHEVALLIER, Jacques. *Science administrative*. 4. éd. Paris: Presses Universitaires de France, 2007.

CINTRA, Antonio Carlos de Araújo; GRINOVER, Ada Pellegrini; DINAMARCO, Cândido Rangel. *Teoria geral do processo*. 23. ed. São Paulo: Malheiros, 2007.

CONTIPELLI, Ernani de Paula. *Solidariedade social tributária*. Coimbra: Almedina, 2010.

CORREIA NETO, Celso de Barros. O orçamento público e o Supremo Tribunal Federal. *In*: CONTI, José Maurício; SCAFF, Fernando Facury (Coord.). *Orçamentos públicos e direito financeiro*. São Paulo: Revista dos Tribunais, 2011, p. 111-126.

CORTINA, Adela. *Alianza y contrato:* política, ética y religión. 2. ed. Madrid: Trotta, 2005.

CORTINA, Adela. *Cidadãos do mundo:* para uma teoria da cidadania. Tradução de Cobucci Leite. São Paulo: Edições Loyola, 2005.

CORTINA, Adela. *Ética sin moral*. 7. ed. Madrid: Tecnos, 2007.

CORVALÁN, Juan Gustavo. Digital and intelligent Public Administration: transformations in the Era of Artificial Intelligence. *A&C*, Belo Horizonte, ano 18, n. 71, p. 55-87, jan./mar. 2018.

COSTA, Sandra Morais de Brito. *Dignidade humana e pessoa com deficiência:* aspectos legais e trabalhistas. São Paulo: LTr, 2008.

COSTA, Susana Henriques da; FERNANDES, Débora Chaves Martines. Processo coletivo e controle judicial das políticas públicas – relatório Brasil. *In*: GRINOVER, Ada Pellegrini et al. (Coord.). *O processo para solução de conflitos de interesse público*. Salvador: JusPodivm, 2017, 359-381.

COURTIS, Christian. El juego de los juristas. Ensayo de caracterización de la investigación dogmática. *In:* COURTIS, Christian (Ed.). *Observar la ley:* Ensayos sobre metodología de la investigación jurídica. Madrid: Editorial Trotta, 2006, p. 105-156.

CROZIER, Michel. *No se cambia la sociedad por decreto*. Traducción e Introducción de Joan Prats i Català. Madrid: INAP, 1984.

CRUZ, Carlos Oliveira; SARMENTO, Joaquim Miranda. *Manual de parcerias público-privadas e concessões*. Belo Horizonte: Fórum, 2019.

CUNHA, Carlos Eduardo Bergamini. Conceito de princípio jurídico e seus impactos no Direito Público contemporâneo: o caso da dispensa de licitação lastreada no inciso XIII do artigo 24 da Lei nº 8.666/93. *A&C*, Belo Horizonte, ano 11, n. 43, p. 167-196, jan./mar. 2011.

CUNHA, Paulo Ferreira da. Instituições, trabalho e pessoas. *Nomos*, Fortaleza, vol. 29, n. 02, p. 289-305, jul./dez. 2009.

CUNHA FILHO, Marcelo de Castro; FERES, Marcos Vinício Chein. Ordem normativa institucional a partir do pensamento de Axel Honneth. *Nomos*, Fortaleza, vol. 35, n. 02, p. 255-270, jul./dez. 2015.

D'ALBERTI, Marco. *L'effettività e il diritto amministrativo*. Napoli: Editoriale Scientifica, 2011.

DALLARI, Adilson Abreu. Constituição e orçamento. *In*: CLÈVE, Clèmerson Merlin; BARROSO, Luís Roberto (Org.). *Direito constitucional:* constituição financeira, econômica e social. São Paulo: Revista dos Tribunais, 2011, p. 25-34.

DALLAVERDE, Alexandra Kátia. As decisões judiciais e o impacto na observância aos princípios orçamentários. *RFDFE*, Belo Horizonte, ano 02, n. 03, p. 69-83, mar./ago. 2013.

DEBBASCH, Charles. *Ciencia administrativa:* administración pública. Traducción de José Antonio Colás Lablanc. 2. ed. Madrid: INAP, 1982.

DERANI, Cristiane. Política pública e norma política. *RFD/UFPR*, Curitiba, vol. 41, p. 19-28, jul./dez. 2004.

DEVIRIEUX, Claude Jean. *Manifeste pour le droit à l'information:* de la manipulation à la législation. Québec: Presses de L'Université du Québec, 2009.

DIAS, Eduardo Rocha; LEITÃO, André Studart; MACÊDO, José Leandro Monteiro de. Conteúdo e alcance das normas gerais de direito previdenciário. *RIL*, Brasília, ano 55, n. 218, p. 163-190, abr./jun. 2018.

DIAS, Eduardo Rocha; MACÊDO, José Leandro Monteiro de. *Curso de direito previdenciário*. 3. ed. São Paulo: Método, 2012.

DIAS, Eduardo Rocha; FREITAS, Brenda Barros; LEITÃO, André Studart. Inclusão excludente, assistência, educação e paternalismo. *RDB*, São Paulo, vol. 17, n. 07, p. 306-327, maio/ago. 2017.

DIAS, Eduardo Rocha; SILVA JÚNIOR, Geraldo Bezerra da. Uma análise das parcerias público-privadas na prestação de serviços de saúde no Brasil. *RDPE*, Belo Horizonte, ano 13, n. 51, p. 81-107, jul./set. 2015.

DIAS, Maria Tereza Fonseca. Os problemas da contratação pública brasileira sob a Análise Econômica do Direito (*Law and Economics*): em busca de propostas legislativas para sua superação. *RBDP*, Belo Horizonte, ano 15, n. 57, p. 85-111, abr./jun. 2017.

DIDIER JÚNIOR; ZANETI JÚNIOR, Hermes. Ações coletivas e o incidente de julgamento de casos repetitivos – espécies de processo coletivo no direito brasileiro: aproximações e distinções. *RePro*, São Paulo, vol. 256, p. 209-218, jun. 2016.

DIDIER JÚNIOR, Fredie; ZANETI JÚNIOR, Hermes; OLIVEIRA, Rafael Alexandria de. Notas sobre as decisões estruturantes. *CPR*, München, vol. 08, n. 01, p. 46-64, jan./apr. 2017. Disponível em: http://www.civilprocedurereview.com/index.php?option=com_content&view=article&id=588%3Apdf-revista-n1-2017&Itemid=114&lang=pt. Acesso em: 06 dez. 2017.

DI PIETRO, Maria Sylvia Zanella. *Direito administrativo*. 25. ed. São Paulo: Atlas, 2012.

DI PIETRO, Maria Sylvia Zanella. *Parcerias na administração pública*. 11. ed. Rio de Janeiro: Forense, 2017.

DOMÉNECH PASCUAL, Gabriel. El impacto de la crisis económica sobre el método jurídico (administrativo). In: PIÑAR MAÑAS, José Luís (Coord.). *Crisis económica y crisis del estado de bienestar*. El papel del derecho administrativo. Actas del XIX Congreso Ítalo-Español de Profesores de Derecho Administrativo. Universidad San Pablo – CEU, Madrid, 18 a 20 de octubre 2012. Madrid: Editorial Reus, 2013, p. 389-396.

DOMÉNECH PASCUAL, Gabriel. Por qué y cómo hacer análisis económico del derecho. *RAP*, Madrid, n. 195, sept./dic., p. 99-133, 2014.

DOUEIHI, Milad. *Pour un humanisme numérique*. Paris: Éditions du Seuil, 2011.

DOTTI, Marinês Restelatto. Um panorama dos 25 anos do regime geral de licitações e contratações, do regime diferenciado de contratações públicas, da modalidade licitatória denominada pregão e do projeto de lei que almeja revogá-los. *FCGP*, Belo Horizonte, ano 17, n. 198, p. 65-76, jun. 2018.

DUARTE, David. *A norma de legalidade procedimental administrativa:* a teoria da norma e a criação de normas de decisão na discricionariedade instrutória. Coimbra: Almedina, 2006.

DUARTE, David. *Procedimentalização, participação e fundamentação:* para uma concretização do princípio da imparcialidade administrativa como parâmetro decisório. Coimbra: Almedina, 1996.

DUARTE, Tiago. *A lei por detrás do orçamento:* a questão constitucional da lei do orçamento. Coimbra: Almedina, 2007.

DWORKIN, Ronald. *A justiça de toga*. Tradução de Jefferson Luiz Camargo. São Paulo: Martins Fontes, 2010.

ELY, John Hart. *Democracy and distrust*: a theory of judicial review. Cambridge: Harvard University Press, 1980.

ENGISCH, Karl. *Introdução ao pensamento jurídico*. Tradução de João Baptista Machado. 10. ed. Lisboa: Fundação Calouste Gulbenkian, 2008.

ESTORNINHO, Maria João. *A fuga para o direito privado:* contributo para o estudo da actividade de direito privado da Administração Pública. Coimbra: Almedina, 1996.

ESTORNINHO, Maria João. *Réquiem pelo contrato administrativo*. Coimbra: Coimbra Editora, 1990.

EUROPA. Parlamento Europeu e do Conselho da União Europeia. Diretiva 2014/24, de 26 de fevereiro de 2014, relativa aos contratos públicos e que revoga a Diretiva 2004/18/CE. Jornal Oficial da União Europeia. Publicação 28 mar. 2014. Disponível em: https://eur-lex.europa.eu/legal-content/PT/TXT/PDF/?uri=CELEX:32014L0024&from=PT. Acesso em: 23 jul. 2018.

EVANS, Peter. O Estado como problema e solução. Tradução de Cid Knipel Moreira. *LN*, São Paulo, n. 28-29, p. 107-156, abr. 1993.

FALCÃO, Raimundo Bezerra. *Direito econômico:* teoria fundamental. São Paulo: Malheiros, 2013.

FAORO, Raymundo. *Os donos do poder:* formação do patronato político brasileiro. 3. ed. São Paulo: Globo, 2001.

FARIA, Rodrigo Oliveira de. PPA *versus* orçamento: uma leitura do escopo, extensão e integração dos instrumentos constitucionais brasileiros de planejamento. *In*: CONTI, José Maurício; SCAFF, Fernando Facury (Coord.). *Orçamentos públicos e direito financeiro*. São Paulo: Revista dos Tribunais, 2011, p. 661-691.

FELDMAN, Stanley. Values, ideology, and the structure of political attitudes. *In*: SEARS, David O.; HUDDY, Leonie; JERVIS, Robert (Ed.). *Oxford handbook of political psychology*. Oxford: Oxford University Press, 2003, p. 477-508.

FERNANDES, André Dias. A constitucionalização do direito administrativo e o controle judicial do mérito do ato administrativo. *RIL*, Brasília, ano 51, n. 203, p. 143-163, jul./set. 2014.

FERNANDES, André Dias. Da aplicação dos princípios da proporcionalidade e da razoabilidade no controle jurisdicional dos atos administrativos. *RESMAFE/5R*, Recife, vol. 03, n. 19, p. 09-56, mar. 2009.

FERNANDES, Jorge Ulisses Jacoby. A qualidade na Lei de Licitações. O equívoco de comprar pelo menor preço, sem garantir a qualidade. *FCGP*, Belo Horizonte, ano 03, n. 30, p. 3.879-3.890, jun. 2004.

FERNANDES, Jorge Ulisses Jacoby; BRANDÃO, Matheus. Intérpretes e vítimas da interpretação – as lacunas que atacam a segurança jurídica. *FA*, Belo Horizonte, ano 16, n. 183, p. 77-79, maio 2016.

FERNANDES, Murilo Jacoby. Considerações acerca das propostas de alteração da lei de licitações. *In*: CHARLES, Ronny (Org.). *Licitações públicas:* homenagem ao jurista Jorge Ulisses Jacoby Fernandes. Curitiba: Negócios Públicos, 2016, p. 35-48.

FERRAZ, Luciano. Contratação direta sem licitação e seu caráter de excepcionalidade. *FCGP*, Belo Horizonte, ano 05, n. 56, p. 7.573-7.580, ago. 2006.

FERRAZ, Luciano. Função regulatória da licitação. *A&C*, Belo Horizonte, ano 09, n. 37, p. 133-142, jul./set. 2009.

FERREIRA, Felipe Furtado; POTTUMATI, Eduardo Carlos. A licitação pública como instrumento de desenvolvimento na perspectiva do paternalismo libertário. *RBPP*, Brasília, vol. 04, n. 01, p. 201-213, jan./jun. 2014.

FERREIRA, Fernanda Mesquita. Evolução da contratação pública no Direito da União Europeia e no Direito brasileiro: análise comparativa das principais alterações da diretiva 2014/24/UE do Parlamento Europeu e do Conselho, relativa aos contratos públicos na União Europeia, e do Projeto de Lei do Senado Federal nº 559/2013, que institui a nova lei de licitações e contratos no Brasil. *Publicações Escola da AGU*, Brasília, vol. 39, n. 01, p. 179-199, out./dez. 2015.

FIGUEIREDO, Guilherme José Purvin de. *O Estado no direito do trabalho*: as pessoas jurídicas de direito público no direito individual, coletivo e processual do trabalho. São Paulo: LTr, 1996.

FISS, Owen M. The forms of justice. *HLR*, Massachusetts, vol. 93, n. 01, p. 01-58, Nov. 1979.

FISS, Owen M. Two model of adjudication. *In:* GOLDWIN, Robert A.; SCHAMBRA, William A. (eds.). *How does the Constitution secure rights?* Washington-DC: AEI Press, 1985, p. 36-49.

FISS, Owen M. The social and political foundations of adjudication. *LHB*, Washington-DC, vol. 06, n. 02, p. 121-128, June 1982.

FRANÇA, Giselle de Amaro e. *O poder judiciário e as políticas públicas previdenciárias*. São Paulo: LTr, 2011.

FRANÇA, Phillip Gil. Breves considerações sobre a adequada gestão pública. Busca-se a ótima ou a eficiente. *In:* SILVEIRA, Raquel Dias da; CASTRO, Rodrigo Pironti Aguirre de. *Estudos dirigidos de gestão pública na América Latina*. Belo Horizonte: Fórum, 2011, p. 289-298.

FRANÇA, Vladimir da Rocha. Princípio da legalidade administrativa e competência regulatória no regime jurídico-administrativo brasileiro. *RIL*, Brasília, ano 51, n. 202, p. 07-29, abr./jun. 2014.

FRANCO, Caroline da Rocha. O modelo de *multiple streams* na formulação de políticas públicas e seus reflexos no Direito Administrativo. *A&C*, Belo Horizonte, ano 13, n. 54, p. 169-184, out./dez. 2013.

FREIRE, André Luiz. Considerações acerca dos tipos de licitação "melhor técnica" e técnica e preço. *In:* SILVEIRA, Raquel Dias da; CASTRO, Rodrigo Pironti Aguirre de. *Estudos dirigidos de gestão pública na América Latina*. Belo Horizonte: Fórum, 2011, p. 17-32.

FREITAS, Daniela Bandeira de. *A fragmentação administrativa do Estado*: fatores determinantes, limitações e problemas jurídico-políticos. Belo Horizonte: Fórum, 2011.

FREITAS, Leonardo Buissa; BEVILACQUA, Lucas. Atividade financeira do Estado, transferências intergovernamentais e políticas públicas no federalismo fiscal brasileiro. *RFDFE*, Belo Horizonte, ano 05, n. 09, p. 45-63, mar./ago. 2016.

FREITAS, Juarez. *Discricionariedade administrativa e o direito fundamental à boa administração pública*. 2. ed. São Paulo: Malheiros, 2009.

FREITAS, Juarez. *Sustentabilidade:* direito ao futuro. 2. ed. Belo Horizonte: Fórum, 2012.

FURTADO, Emmanuel Teófilo; MAIA, Isabelly Cysne Augusto; MARIANO, Cynara Monteiro. Contribuições do estado de coisas inconstitucional para a superação das omissões não normativas: dos entraves institucionais ao desenvolvimento humano. *RCJ*, Niterói, vol. 05, n. 10, p. 182-205, jan./abr. 2018.

FURTADO, José de Ribamar Caldas. Créditos adicionais *versus* transposição, remanejamento ou transferência de recursos. *RTCU*, Brasília, n. 106, p. 29-34, out./dez. 2005.

GABARDO, Emerson; REZENDE, Maurício Corrêa de Moura. O conceito de interesse público no direito administrativo brasileiro. *RBEP*, Belo Horizonte, n. 115, p. 267-318, jul./dez. 2017.

GABARDO, Emerson. *Interesse público e subsidiariedade:* o Estado e a sociedade civil para além do bem e do mal. Belo Horizonte: Fórum, 2009.

GABARDO; Emerson; REIS, Luciano Elias. O gerencialismo entre eficiência e corrupção: breves reflexões sobre os percalços do desenvolvimento. *In:* SILVEIRA, Raquel Dias da; CASTRO, Rodrigo Pironti Aguirre de. *Estudos dirigidos de gestão pública na América Latina.* Belo Horizonte: Fórum, 2011, p. 125-147.

GAETANI, Francisco. Governança corporativa no setor público. *In:* LINS, João; MIRON, Paulo (Coord.). *Gestão pública:* melhores práticas. São Paulo: Quartier Latin, 2009, p. 259-275.

GALANTER, Marc. Access to Justice in a World of Expanding Social Capability. *FULJ*, New York, vol. 37, n. 01, p. 115-128, 2009.

GARCIA, Maria. Discricionariedade administrativa e o direito fundamental à liberdade. *In*: ALMEIDA, Fernando Dias Menezes; MARQUES NETO, Floriano de Azevedo; MIGUEL, Luiz Felipe Hadlich; SCHIRATO, Vitor Rhein (Coord.). *Direito público em evolução:* estudos em homenagem à Professora Odete Medauar. Belo Horizonte: Fórum, 2013, p. 725-734.

GARCÍA DE ENTERRÍA, Eduardo; FERNÁNDEZ, Tomás-Ramón. *Curso de derecho administrativo.* Vol. I. 15. ed. Navarra: Editorial Aranzadi-Civitas, 2011.

GARCÍA DE ENTERRÍA, Eduardo. *Democracia, jueces y control de la administración.* 4. ed. Madrid: Editorial Civitas, 1998.

GARCÍA DE ENTERRÍA, Eduardo. La lucha contra las inmunidades del poder en el derecho administrativo – poderes discrecionales, poderes de gobierno, poderes normativos. *RAP*, Madrid, n. 38, p. 159-205, mayo/agosto 1962.

GARCÍA MACHO, Ricardo. Procedimiento administrativo y sociedad de la información y del conocimiento. *In*: BARNES, Javier (Ed.). *La transformación del procedimiento administrativo.* Sevilla: Editorial Derecho Global, 2008, 183-229.

GARSCHAGEN, Bruno. *Direitos máximos, deveres mínimos*: o festival de privilégios que assola o Brasil. 2. ed. Rio de Janeiro: Record, 2018.

GIACOMONI, James. *Orçamento público.* 18. ed. São Paulo: Atlas, 2021.

GIAMBIAGI, Fábio; ZEIDAN, Rodrigo. *Apelo à razão:* a reconciliação com a lógica econômica – por um Brasil que deixe de flertar com o populismo, com o atraso e com o absurdo. Rio de Janeiro: Record, 2018.

GONÇALVES, Pedro Costa. Eficiência e transparência na contratação pública: a contratação eletrônica. *In*: ANDRADE, José Carlos Vieira de; SILVA, Suzana Tavares da (Coord.). *As reformas do sector público:* perspectivas ibéricas no contexto pós-crise. Coimbra: Instituto Jurídico da FDUC, 2015, p. 177-192.

GONÇALVES, Pedro Costa. *Entidades privadas com poderes públicos.* Coimbra: Coimbra Editora, 2008.

GRAU, Eros Roberto. *Porque tenho medo dos juízes:* a interpretação/aplicação do direito e os princípios. 6. ed. São Paulo: Malheiros, 2013.

GROTTI, Dinorá Adelaide Musetti. Eficiência administrativa: alargamento da discricionariedade acompanhado do aperfeiçoamento dos instrumentos de controle e responsabilização dos agentes públicos um paradigma possível? *RBEFP*, Belo Horizonte, ano 04, n. 10, p. 121-149, jan./abr. 2015.

GRIMM, Dieter. *Sobre la identidad del derecho público.* Con comentarios de Otto Depenheuer, Ewald Wiederin y Miguel Azpitarte Sánchez. Traducción de Miguel Azpitarte Sánchez. Madrid: CEPC, 2015.

GUERRA, Marcelo Lima. *Direitos fundamentais e a proteção do credor na execução civil.* São Paulo: Revista dos Tribunais, 2003.

GUERRA, Sérgio; PALMA, Juliana Bonacorsi de. Art. 26 da LINDB. Novo regime jurídico de negociação com a Administração Pública. *RDA,* Rio de Janeiro, Edição Especial: Direito Público na Lei de Introdução às Normas do Direito Brasileiro – LINDB (Lei nº 13.655/2018), p. 135-169, nov. 2018.

GUERRA, Sérgio. *Discricionariedade e reflexividade:* uma nova teoria sobre as escolhas administrativas. Belo Horizonte: Fórum, 2008.

HAACK, Susan. *Perspectivas pragmáticas da filosofia do direito.* Tradução de André de Godoy Vieira e Nélio Schneider. São Leopoldo: Unisinos, 2015.

HÄBERLE, Peter. *El estado constitucional.* Traducción de Héctor Fix-Fierro. México-DF: UNAM, 2003.

HÄBERLE, Peter. *Los derechos fundamentales en el estado prestacional.* Traducción de Jorge Luís León Vásquez. Lima: Palestra Editores, 2019.

HÄBERLE, Peter. *Pluralismo y Constitución:* estudios de teoría constitucional de la sociedad abierta. Estudio preliminar y traducción de Emilio Mikunda-Franco. Madrid: Editorial Tecnos, 2002.

HACHEM, Daniel Wunder. Gestão pública e a realidade latino-americana. *In:* SILVEIRA, Raquel Dias da; CASTRO, Rodrigo Pironti Aguirre de. *Estudos dirigidos de gestão pública na América Latina.* Belo Horizonte: Fórum, 2011, p. 71-94.

HARARI, Yuval Noah. *21 lições para o século 21*. Tradução de Paulo Geiger. São Paulo: Companhia das Letras, 2018.

HARDIN, Russel. Normative Methodology. *In*: BOX-STEFFENSMEIER, Janet M.; BRADY, Henry. E.; COLLIER, David (Editor). *The Oxford handbook of political methodology*. Oxford: Oxford University Press, 2008, 35-47.

HARRIS, Neville. *Law in a complex state:* complexity in the law & structure of welfare. Portland: Hart Publishing, 2013.

HART, H. L. A. *O conceito de direito*. Tradução de Antônio de Oliveira Sette-Câmera. São Paulo: Martins Fontes, 2009.

HAURIOU, Maurice. *A teoria da instituição e da fundação:* ensaio de vitalismo social. Tradução de José Ignácio Coelho Mendes Neto. Porto Alegre: Sergio Antonio Fabris Editor, 2009.

HAYEK, Friedrich August von. *O caminho da servidão*. Tradução de Marcelino Amaral. Lisboa: Edições 70, 2020.

HAYEK, Friedrich August von. *Os erros fatais do socialismo:* por que a teoria não funciona na prática. Tradução de Eduardo Levy. Barueri: Faro Editorial, 2017.

HECLO, Hugh. Thinking institutionally. *In*: RHODES, R. A. W.; BINDER, Sarah A.; ROCKMAN, Bert A. *The Oxford handbook of political institutions*. Oxford: Oxford University Press, 2006, p. 731-742.

HENMAN, Paul. *Governing electronically:* e-government and the reconfiguration of public administration, policy and power. Basingstoke: Palgrave Macmillan, 2010.

HESSE, Konrad. *A força normativa da Constituição*. Tradução de Gilmar Ferreira Mendes. Porto Alegre: Sergio Antonio Fabris Editor, 1991.

HOLMES, Stephen; SUNSTEIN, Cass R. *The costs of rights:* why liberty depends on taxes. New York: W. W. Norton, 2000.

HOOD, Christopher C.; MARGETTS, Helen Z. *The tools of government in digital age*. Basingstoke: Palgrave Macmillan, 2007.

HOPPE, Hans-Hermann. *O que deve ser feito*. Tradução de Paulo Polzonoff. 2. ed. São Paulo: LVM, 2019.

IBRAHIM, Fábio Zambitte. *A Previdência Social no Estado contemporâneo:* fundamentos, financiamento e regulação. Niterói: Impetus, 2011.

IMMERGUT, Ellen M. O núcleo teórico do novo institucionalismo. *In*: FERRAREZI, Elisabete; SARAVIA, Enrique. *Políticas públicas*. Coletânea – volume 1. Brasília: ENAP, 2006, p. 155-195.

INNERARITY, Daniel. *El futuro y sus enemigos:* una defensa de la esperanza política. Barcelona: Paidós, 2009.

INNERARITY, Daniel. *La democracia del conocimiento:* por una sociedad inteligente. Barcelona: Paidós, 2011.

ITÁLIA. Legge 7 agosto 1990, nº 241. *Procedimento amministrativo e diritto di accesso ai documenti amministrativi.* Disponível em: http://www.gazzettaufficiale.it/atto/stampa/serie_generale/originario. Acesso em: 25 set. 2018.

JESCH, Dietrich. *Ley e administración:* estudio de la evolución del principio de legalidad. Traducción de Manuel Heredero. Madrid: INAP, 1978.

JORDÃO, Eduardo. A intervenção do TCU sobre editais de licitação não publicados: controlador ou administrador? *RPDB,* Belo Horizonte, ano 12, n. 47, p. 209-230, out./dez. 2014.

JORDÃO, Eduardo. Art. 22 da LINDB. Acabou o romance: reforço do pragmatismo no direito público brasileiro. *RDA,* Rio de Janeiro, Edição Especial: Direito Público na Lei de Introdução às Normas do Direito Brasileiro – LINDB (Lei nº 13.655/2018), p. 63-92, nov. 2018.

JORDÃO, Eduardo. *Controle judicial de uma administração pública complexa:* a experiência estrangeira na adaptação da intensidade do controle. São Paulo: Malheiros, 2016.

JORDÃO, Eduardo. Passado, presente e futuro: ensaio sobre a história do controle judicial da Administração Pública no Brasil. *In:* JUSTEN FILHO, Marçal; PEREIRA, Cesar Augusto Guimarães; WALD, Arnoldo (Orgs.). *O direito administrativo na atualidade:* estudos em homenagem ao centenário de Hely Lopes Meirelles (1917-2017), defensor do Estado de Direito. São Paulo: Malheiros, 2017, p. 350-362.

JORDANA DE POZAS, Luis. Ensayo de una teoría del fomento en el Derecho administrativo. *REP,* Madrid, n. 48, p. 41-54, 1949.

JOUVENEL, Bertrand de. *A ética da redistribuição.* Tradução de Rosélis Pereira. 2. ed. São Paulo: Ludwig von Mises Brasil, 2012.

JOUVENEL, Bertrand de. *Du pouvoir*: histoire naturelle de sa croissance. Paris: Hachette, 1972.

JUDT, Tony. *Um tratado sobre os nossos actuais descontentamentos.* Tradução de Marcelo Félix. Lisboa: Edições 70, 2012.

JUSTEN FILHO, Marçal. A Nova Lei de Licitações e a ilusão do "governo dos seres humanos". *In:* SUNDFELD, Carlos Ari *et al. Publicistas:* direito administrativo sob tensão. Belo Horizonte: Fórum, 2022, p.149-150.

JUSTEN FILHO, Marçal. Ainda a inviabilidade de competição para contratação de serviços técnicos profissionais especializados. *FCGP,* Belo Horizonte, ano 02, n. 17, p. 2.057-2.073, maio 2003.

JUSTEN FILHO, Marçal. Art. 20 da LINDB. Dever de transparência, concretude e proporcionalidade nas decisões públicas. *RDA,* Rio de Janeiro, Edição Especial: Direito Público na Lei de Introdução às Normas do Direito Brasileiro – LINDB (Lei nº 13.655/2018), p. 13-41, nov. 2018.

JUSTEN FILHO, Marçal. *Comentários à Lei de Licitações e Contratações Administrativas*: Lei 14.133/2021. São Paulo: Revista dos Tribunais, 2021.

JUSTEN FILHO, Marçal. *Comentários à Lei de Licitações e Contratos Administrativos.* 15. ed. São Paulo: Dialética, 2012.

JUSTEN FILHO, Marçal. *Comentários à Lei de Licitações e Contratos Administrativos.* 17. ed. São Paulo: Revista dos Tribunais, 2016.

JUSTEN FILHO, Marçal. *Comentários ao RDC:* Lei 12.462/11 e Decreto 7.581/11. São Paulo: Dialética, 2013.

JUSTEN FILHO, Marçal. Corrupção e contratação administrativa – a necessidade de reformulação do modelo jurídico brasileiro. *ILC,* Curitiba, n. 258, p. 721-723, ago. 2015.

JUSTEN FILHO, Marçal. O direito administrativo de espetáculo. *In*: ARAGÃO, Alexandre Santos de; MARQUES NETO, Floriano de Azevedo (Coord.). *Direito administrativo e seus novos paradigmas.* Belo Horizonte: Fórum, 2008, p. 65-85.

KAHNEMAN, Daniel. *Rápido e devagar*: duas formas de pensar. Tradução de Cássio de Arantes Leite. Rio de Janeiro: Objetiva, 2012.

KAUFMANN, Rodrigo de Oliveira. *Direitos humanos, direito constitucional e neopragmatismo.* São Paulo: Almedina, 2011.

KELSEN, Hans. *Teoria Pura do Direito.* Tradução de João Baptista Machado. 8. ed. São Paulo: Martins Fontes, 2009.

KING, Jeff. *Judging social rights.* Cambridge: Cambridge University Press, 2012.

KINGDON, John W. *Agendas, alternatives, and public policies.* Second Edition. Harlow: Pearson, 2014.

KIRKBY, Mark Bobela-Mota. *Contratos sobre o exercício de poderes públicos:* o exercício contratualizado do poder administrativo de decisão unilateral. Coimbra: Coimbra Editora, 2011.

KLATT, Matthias. Positive rights: who decides? Judicial review in balance. *IJCL,* Oxford, vol. 13, n. 02, p. 354-382, 2015.

KLUTH, Winfried; NUCKELT, Jana. Implications of the law on administrative procedure for generating knowledge in public administration. *In*: BARNES, Javier (Ed.). *Transforming administrative procedure.* Sevilla: Global Law Press, 2008, p. 381-428.

KRELL, Andreas J. *Discricionariedade administrativa e conceitos legais indeterminados:* limites do controle judicial no âmbito dos interesses difusos. 2. ed. Porto Alegre: Livraria do Advogado, 2013.

KRELL, Andreas J. *Leis de normas gerais, regulamentação do Poder Executivo e cooperação intergovernamental em tempos de reforma federativa.* Belo Horizonte: Fórum, 2008.

KUHN, Thomas S. *A estrutura das revoluções científicas.* Tradução de Beatriz Vianna Boeira e Nelson Boeira. 12. ed. São Paulo: Perspectiva, 2013.

LARENZ, Karl. *Metodologia da ciência do direito.* Tradução de José Lamego. 5. ed. Lisboa: Fundação de Calouste Gulbenkian, 2009.

LEAL, Rogério Gesta; RITT, Caroline Fockink. A necessidade de adoção de códigos de integridade corporativa – *compliance* – pelas entidades da Administração Pública indireta de direito privado. *RAGU*, Brasília, vol. 17, n. 02, 87-107, abr./jun. 2018.

LEGRAND, Pierre. The impossibility of "Legal Transplants". *MJE&CL*, Maastricht, vol. 4, p. 111- 124, 1997.

LEITE, Antônio de Oliveira. Orçamento público, em sua feição política e jurídica. *In*: CLÈVE, Clèmerson Merlin; BARROSO, Luís Roberto (Org.). *Direito constitucional*: constituição financeira, econômica e social. São Paulo: Revista dos Tribunais, 2011, p. 69-90.

LESSA, Célia de Andrade. Racionalidade estratégica e instituições. *RBCS*, São Paulo, vol. 13, n. 37, p. 129-149, jun. 1998.

LESSA NETO, João Luiz. O novo CPC adotou o modelo multiportas!!! E agora? *RePro*, São Paulo, vol. 244, p. 427-441, jun. 2015.

LEVIN, Alexandre. Nota técnica sobre a derrubada de vetos apostos a dispositivos da Lei nº 14.133/2021 – Nova Lei de Licitações. *BRTO*, São Paulo, v. 18, p. 1-5, ago. 2021.

LIMA, Edilberto Carlos Pontes. Novo Regime Fiscal: implicações, dificuldades e o papel do TCU. *IP*, Belo Horizonte, ano 19, n. 103, p. 183-193, maio/jun. 2017.

LIMA, George Marmelstein. Estado de Coisas Inconstitucional: uma análise panorâmica. *In:* OLIVEIRA, Paulo Augusto de; LEAL, Gabriel Prado (Org.). *Diálogos jurídicos luso-brasileiros*. Salvador: Faculdade Baiana de Direito, 2015, p. 241-264.

LIMA, George Marmelstein. Papel social da Justiça Federal: garantia de cidadania. *RESMAFE/5R*, Recife, n. 09, p. 11-81, abr. 2005.

LIMA, Martônio Mont'Alverne Barreto *et al.* A ideologia como determinante da hermenêutica jurídica. *RECHTD*, São Leopoldo, vol. 08, n. 02, p. 151-163, p. maio/ago. 2016.

LIMA, Raimundo Márcio Ribeiro. *Administração pública dialógica*. Curitiba: Juruá, 2013.

LIMA, Raimundo Márcio Ribeiro. Inflação de direitos sociais e desafios de sua concretização através das leis e políticas públicas: como a multiplicação dos direitos sociais, numa ambiência de escassez de recursos, representa um verdadeiro obstáculo à racionalidade e economicidade da atuação administrativa. *RAGU*, Brasília, vol. 14, n. 04, p. 193-230, out./dez. 2015.

LINDBLOM, Charles E. The science of "muddling through". *PAR*, Oxford, vol. 19, n. 02, p. 79-88, Spring 1959.

LIPOVETSKY, Gilles. *Os tempos hipermodernos*. Tradução Mário Vilela. São Paulo: Editora Barcarolla, 2004.

LONGO, Erik. *La legge precaria*: le trasformazioni della funzione legislativa nell'età dell'accelerazione. Torino: Giappichelli Editore, 2017.

LOPES FILHO, Juraci Mourão. *Os precedentes judiciais no constitucionalismo brasileiro contemporâneo*. 2. ed. Salvador: JusPodivm, 2016.

LÓPEZ-JURADO ESCRIBANO, Francisco B. Los procedimientos administrativos de gestión del riesgo. *In*: BARNES, Javier (Ed.). *La transformación del procedimiento administrativo*. Sevilla: Editorial Derecho Global, 2008, p. 141-182.

LOUREIRO, João Carlos. A segurança social, o seguro social: novos perímetros e universalidade. *BFDUC*, Coimbra, vol. 94, tomo I, p. 667-692, 2018.

LOUREIRO, João Carlos. Cidadania, proteção social e pobreza humana. *BFDUC*, Coimbra, vol. 90, tomo I, p. 71-137, 2014.

LOUREIRO, João Carlos. Constitutionalism, diversity and subsidiarity in postsecular age. *BFDUC*, Coimbra, vol. 83, p. 501-513, 2007.

LOUREIRO, João Carlos. Da sociedade técnica de massas à sociedade de risco: prevenção, precaução e tecnociência. *In:* AA.VV. *Estudos em homenagem ao Prof. Doutor Rogério Soares*. Coimbra: Coimbra Editora, 2001, p. 797-891.

LOUREIRO, João Carlos. *O procedimento administrativo entre a eficiência e a garantia dos particulares:* algumas considerações. Coimbra: Coimbra Editora, 1995.

LOUREIRO, João Carlos. Pauperização e prestações sociais na "idade da austeridade": a questão dos três D's (dívida, desemprego, demografia) e algumas medidas em tempo de crise(s). *BFDUC*, Coimbra, vol. 90, tomo II, p. 613-661, 2014.

LOUREIRO, João Carlos. Socialidade(s), Estado(s) e economia(a): entre caridade(s) e crise(s). *BCEFDUC*, Coimbra, vol. 57, tomo II, p. 1.833-1.886, 2014.

LOWI, Theodore J. Four systems of policy, politics, and choice. *In*: MCCOOL, Daniel C. (Ed.). *Public policy theories, models, and concepts:* an anthology. New Jersey: Prentice Hall, 1995, p. 181-201.

LUCENA FILHO, Humberto Lima de. *A função concorrencial do direito do trabalho*. São Paulo: LTr, 2017.

LYNCH, Christian Edward Cyril; MENDONÇA, José Vicente Santos de. Por uma história constitucional brasileira: uma crítica pontual à doutrina da efetividade. *D&P*, Rio de Janeiro, vol. 08, n. 02, p. 974-1.007, abr./jun. 2017.

MACCORMICK, Neil. *Institutions of law:* an essay in legal theory. New York: Oxford University Press, 2007.

MACEDO JÚNIOR, Ronaldo Porto. O conceito de direito social e racionalidades em conflito: Ewald contra Hayek. *In*: MACEDO JÚNIOR, Ronaldo Porto. *Estudos de teoria do direito*. São Paulo: Saraiva, 2013, p. 57-107.

MACHADO, Hugo de Brito. *Curso de direito constitucional tributário*. São Paulo: Malheiros, 2012.

MACHADO JÚNIOR, J. Teixeira. A experiência em orçamento-programa: uma primeira visão. *RAP*, Rio de Janeiro, vol. 01, n. 01, p. 145-172, jan./jun. 1967.

MACHADO SEGUNDO, Hugo de Brito. Ciência do direito tributário, economia comportamental e extrafiscalidade. *RBPP*, Brasília, vol. 08, n. 02, p. 639-659, 2018.

MACHADO SEGUNDO, Hugo de Brito. Epistemologia falibilista e teoria do direito. *RIDB,* Lisboa, ano 03, n. 01, p. 198-260, 2014. Disponível em: https://www.cidp.pt/publicacoes/revistas/ridb/2014/01/2014_01_00197_00260.pdf. Acesso em: 10 maio 2018.

MACHADO SEGUNDO, Hugo de Brito. *Fundamentos do direito.* São Paulo: Atlas, 2010.

MACHADO SEGUNDO, Hugo de Brigo. *O direito e sua ciência:* uma introdução à epistemologia jurídica. São Paulo: Malheiros, 2016.

MACHADO SEGUNDO, Hugo de Brito. *Primeiras linhas de direito financeiro e tributário:* material e processual. 8. ed. São Paulo: Atlas, 2014.

MACHETE, Pedro. *Estado de Direito Democrático e administração paritária.* Coimbra: Almedina, 2007.

MACIEL, Omar Serva. *Princípio da subsidiariedade e jurisdição constitucional.* Belo Horizonte: Mandamentos, 2004.

MACLAURY, Bruce K. Foreword. *In:* SCHULTZE, Charles L. *The public use of private interest.* Washington-DC: The Brookings Institutions, 1977.

MADUREIRA, Cláudio; ARAÚJO, Carlos André Luís. Licitações, contratos e Modelo Brasileiro de Processo: notas sobre a viabilidade da utilização de ferramentas processuais para conferir maior eficiência às aquisições públicas. *Revista Brasileira de Políticas Públicas,* vol. 11, n. 3, p. 97-116, 2021, p. 106-107.

MAENO, Maria; VILELA, Rodolfo Andrade de Gouveia. Reabilitação profissional no Brasil: elementos para uma construção de uma política pública. *RBSO,* São Paulo, vol. 35, n. 121, p. 87-99, jan./jun. 2010.

MANFREDI, Giuseppe. La nuova disciplina degli accordi tra amministrazione e privati e le privatizzazioni dell'azione amministrativa. *FA,* Milano, anno n. 06, fasc. 01, p. 324-343, 2007.

MÂNICA, Fernando Borges. Revendo os convênios com o terceiro setor: o que mudou a partir da Lei nº 13.019/2014. *RDTS,* Belo Horizonte, ano 11, n. 21, p. 135-145, jan./jun. 2017.

MARQUES NETO, Floriano de Azevedo. A superação do ato administrativo autista. *In:* MEDAUAR, Odete; SCHIRATO, Vitor Rhein (Coord.). *Os caminhos do ato administrativo.* São Paulo: Revista dos Tribunais, 2011, p. 89-113.

MARQUES NETO, Floriano de Azevedo. Art. 23 da LINDB. O equilíbrio entre mudança e previsibilidade na hermenêutica jurídica. *RDA,* Rio de Janeiro, Edição Especial: Direito Público na Lei de Introdução às Normas do Direito Brasileiro – LINDB (Lei nº 13.655/2018), p. 93-112, nov. 2018.

MARIANO, Cynara Monteiro. Atestados de capacidade técnica e habilitação em licitações públicas. *RDA,* Rio de Janeiro, n. 222, p. 133-141, out./dez. 2000.

MARIANO, Cynara Monteiro. Emenda constitucional 95/2016 e o teto dos gastos públicos: Brasil de volta ao estado de exceção econômica e ao capitalismo do desastre. *Revista de Investigações Constitucionais,* Curitiba, vol. 04, n. 01, p. 259-281, jan./abr. 2017.

MARIANO, Cynara Monteiro. *Legitimidade do direito e do poder judiciário:* neoconstitucionalismo ou poder constituinte permanente? Belo Horizonte: Del Rey, 2010.

MARIANO, Cynara Monteiro; PEREIRA, Fabrícia Helena Linhares Coelho da Silva. Mais um obstáculo ao SUS: o caso dos planos de saúde populares. *A&C,* Belo Horizonte, ano 18, n. 72, p. 115-132, abr./jun. 2018.

MARIANO, Cynara Monteiro; MAIA, Isabelly Cysne Augusto. Possíveis contribuições do estado de coisas inconstitucionais para a efetivação do serviço público de acesso a medicamento de alto custo: análise dos Recursos Extraordinários nº 566.471/RN e nº 657.718/MG. *Nomos,* Fortaleza, vol. 38, n. 01, p. 391-416, jan./jun. 2018.

MARRARA, Thiago. A boa-fé do administrado e do administrador como fator limitativo da discricionariedade administrativa. *RDA,* Rio de Janeiro, vol. 259, p. 207-247, jan./abr. 2012.

MARRARA, Thiago. As cláusulas exorbitantes diante da contratualidade administrativa. *RCP,* Belo Horizonte, ano 03, n. 03, p. 237-255, mar./ago. 2013.

MARRARA, Thiago. Direito administrativo brasileiro: transformações e tendências. *In*: MARRARA, Thiago (Org.). *Direito administrativo:* transformações e tendências. São Paulo: Almedina, 2014, p. 17-46.

MARRARA, Thiago. O "diálogo competitivo" como modalidade licitatória, suas características e seus impactos na lógica da contratação pública. *BLC,* São Paulo, ano 30, n. 06, p. 535-537, jun. 2017.

MARTINS, António. Estado social: uma perspectiva econômico-fiscal. *RFPDF,* Coimbra, ano VI, n. 01, p. 67-82, 2013.

MARTINS, Ives Gandra da Silva. Disponibilidades de caixa de entidades governamentais. *FCGP,* Belo Horizonte, ano 03, n. 35, p. 4.573-4.577, nov. 2004.

MARTINS, Licínio Lopes. As organizações do terceiro sector no novo regime da contratação pública da União Europeia. *RCP,* Belo Horizonte, ano 05, n. 08, p. 133-147, set./fev. 2016.

MARTINS, Marcelo Guerra. As vinculações das receitas públicas no orçamento. A Desvinculação das Receitas da União (DRU). As contribuições e a referibilidade. *In*: CONTI, José Maurício; SCAFF, Fernando Facury (Coord.). *Orçamentos públicos e direito financeiro.* São Paulo: Revista dos Tribunais, 2011, p. 821-845.

MARTINS, Maria d'Oliveira. *A despesa pública justa:* uma análise jurídico-constitucional do tema da justiça na despesa pública. Coimbra: Almedina, 2016.

MARTINS, Ricardo Marcondes. "Políticas públicas" e judiciário: uma abordagem neoconstitucional. *A&C,* Belo Horizonte, ano 18, n. 71, p. 145-165, jan./mar. 2018.

MARTINS JÚNIOR, Wallace Paiva. *Transparência administrativa:* publicidade, motivação e participação popular. 2. ed. São Paulo: Saraiva, 2010.

MATTEUCCI, Nicola. *Lo stato moderno:* lessico e percorsi. Nuova edizione. Bologna: Il Mulino, 2011.

MATIAS, João Luís Nogueira. Em busca de uma sociedade livre, justa e solidária: a função ambiental como forma de conciliação entre o direito de propriedade e o direito ao meio ambiente sadio. *In*: MATIAS, João Luís Nogueira (Coord.). *Ordem econômica na perspectiva dos direitos fundamentais*. Curitiba: CRV, 2013, p. 13-34.

MCCRUDDEN, Christopher. Using public procurement to achieve social outcomes. *NRF*, Oxford, vol. 28, issue 04, p. 257-267, December 2004.

MCCOOL, Daniel C. Discussion. *In*: MCCOOL, Daniel C. (Ed.). *Public policy theories, models, and concepts:* an anthology. New Jersey: Prentice Hall, 1995, p. 162-175.

MEDAUAR, Odete. *A processualidade no direito administrativo*. 2. ed. São Paulo: Revista dos Tribunais, 2008.

MEDAUAR, Odete. Contratos com o poder público. *RA*, São Paulo, ano 29, n. 107, p. 150-154, dez. 2009.

MEDAUAR, Odete. *Controle da administração pública*. 3. ed. São Paulo: Revista dos Tribunais, 2014.

MEIRELLES, Hely Lopes. *Direito administrativo brasileiro*. 16. ed. 2. tir. São Paulo: Revista dos Tribunais, 1991.

MELO, António Moreira Barbosa de. A ideia de contrato no centro do universo jurídico-público. *In*: GONÇALVES, Pedro Costa (Org.). *Estudos de contratação pública – I*. Coimbra: Coimbra Editora, 2008, p. 07-21.

MELLO, Celso Antônio Bandeira de. *Curso de direito administrativo*. 24. ed. São Paulo: Malheiros, 2007.

MELLO, Celso Antônio Bandeira de. *Discricionariedade e controle judicial*. São Paulo: Malheiros, 1992.

MELLO, Celso Antônio Bandeira de. *Eficácia das normas constitucionais e direitos sociais*. 1. ed., 2. tir. São Paulo: Malheiros, 2010.

MELLO, Celso Antônio Bandeira de. O processo administrativo como instrumento de garantia dos administrados no direito brasileiro. *In*: LEMBO, Cláudio; GAGGLIANO, Mônica Herman; ALMEIDA NETO, Manoel Carlos de (Coord.). *Juiz constitucional:* Estado e poder no século XXI. Homenagem ao Ministro Enrique Ricardo Lewandowski. São Paulo: Revista dos Tribunais, 2015, p. 81-93.

MELLO, Celso Antônio Bandeira de. Princípios fundamentais de direito administrativo. *In*: MELLO, Celso Antônio Bandeira de (Coord.). *Curso de direito administrativo*. São Paulo: Revista dos Tribunais, 1986, p. 10-30.

MELLO, Celso Antônio Bandeira de. *Serviço público e concessão de serviço de serviço público*. São Paulo: Malheiros, 2017.

MENDES, Renato Geraldo; MOREIRA, Egon Bockmann. *Inexigibilidade de licitação:* repensando a contratação pública e o dever de licitar. Curitiba: Zênite, 2016.

MENDES, Renato Geraldo. *O regime jurídico da contratação pública*. Curitiba: Zênite, 2008.

MENDES, Renato Geraldo; MOREIRA, Egon Bockmann. Por que a licitação do tipo técnica e preço não é capaz de garantir a melhor proposta quando a solução for insuscetível de definição por critérios objetivos? *ILC*, Curitiba, n. 262, p. 1.113-1.116, dez. 2015.

MENDONÇA, José Vicente Santos de. A verdadeira mudança de paradigmas do direito administrativo brasileiro: do estilo tradicional ao novo estilo. *RDA*, Rio de Janeiro, vol. 265, p. 179-198, jan./abr. 2014.

MENDONÇA, José Vicente Santos de. Art. 21 da LINDB: indicando consequências e regularizando atos e negócios. *RDA*, Rio de Janeiro, Edição Especial: Direito Público na Lei de Introdução às Normas do Direito Brasileiro – LINDB (Lei nº 13.655/2018), p. 43-61, nov. 2018.

MENDONÇA, José Vicente Santos de. Conceitos inventados de direito administrativo. *RBDP*, Belo Horizonte, ano 14, n. 53, p. 09-18, abr./jun. 2016.

MENDONÇA, José Vicente Santos de. Direito administrativo e inovação: limites e possibilidades. *A&C*, Belo Horizonte, ano 17, n. 69, p. 169-189, jul./set. 2017.

MENEGAT, Fernando. Ensaio sobre as "intervenções" estatais na área da saúde. *RDTS*, Belo Horizonte, ano 11, n. 21, p. 147-158, jan./jun. 2017.

MERKL, Adolfo. *Teoría general del derecho administrativo*. Traducción José Luis Monereo Pérez. Granada: Editorial Comares, 2004.

MESQUITA, José Ignácio Botelho de. *Teses, estudos e pareceres de processo civil*. Vol. I: direito de ação, partes e terceiros, processo e política. São Paulo: Revista dos Tribunais, 2005.

MIGUEL, Luiz Felipe Hadlich. Licitação: passado, presente e futuro. *In*: ALMEIDA, Fernando Dias Menezes; MARQUES NETO, Floriano de Azevedo; MIGUEL, Luiz Felipe Hadlich; SCHIRATO, Vitor Rhein (Coord.). *Direito público em evolução:* estudos em homenagem à Professora Odete Medauar. Belo Horizonte: Fórum, 2013, p. 407-419.

MISES, Ludwig von. *Liberalismo*. Tradução de Haydn Coutinho Pimenta. 2. ed. São Paulo: Instituto Ludwig von Mises, 2010.

MITIDIERI, Marcos D'Avino; ISSA, Rafael Hamze. Desincentivos à eficiência nas parcerias públicas com o terceiro setor: como contorná-los? *RDTS*, Belo Horizonte, ano 11, n. 22, p. 105-116, jul./dez. 2017.

MODESTO, Paulo Eduardo Garrido. As organizações sociais no Brasil após a decisão do Supremo Tribunal Federal na Ação Direta de Inconstitucionalidade 1923, de 2015. *In*: DANTAS, Miguel Calmon *et al*. *Estado social, constituição e pobreza*. Estudos de Doutoramento I. Coimbra: Instituto Jurídico da FDUC, 2016, p. 71-138.

MODESTO, Paulo Eduardo Garrido. Notas para um debate sobre o princípio da eficiência. *RSP*, Brasília, ano 51, n. 02, p. 105-119, abr./jun. 2000.

MONCADA, Luís Solano Cabral de. *A relação jurídica administrativa:* para um novo paradigma de compreensão da actividade, da organização e do contencioso administrativo. Coimbra: Coimbra Editora, 2009.

MONCADA, Luiz Solano Cabral de. *Autoridade e liberdade na teoria do acto administrativo:* contributo dogmático. Coimbra: Coimbra Editora, 2014.

MONCADA, Luís Solano Cabral de. *Direito económico.* 6. ed. Coimbra: Coimbra Editora, 2012.

MONCADA, Luís Solano Cabral de. Perspectivas do novo direito orçamental português. *In*: MONCADA, Luís Solano Cabral de. *Estudos de direito público.* Coimbra: Coimbra Editora, 2001, p. 51-101.

MONIZ, Ana Raquel Gonçalves. Juízo de proporcionalidade e justiça constitucional. *RAd*, Lisboa, ano 80, vol. I/II, p. 41-71, 2020.

MONIZ, Ana Raquel Gonçalves. *Os direitos fundamentais e a sua circunstância:* crise e vinculação axiológica entre o Estado, a sociedade e a comunidade global. Coimbra: Imprensa da Universidade de Coimbra, 2017.

MONTEIRO, Vera. Art. 29 da LINDB. Regime jurídico da consulta pública. *RDA*, Rio de Janeiro, Edição Especial: Direito Público na Lei de Introdução às Normas do Direito Brasileiro – LINDB (Lei nº 13.655/2018), p. 225-242, nov. 2018.

MORAES, Germana de Oliveira. *Controle jurisdicional da administração pública.* 2. ed. São Paulo: Dialética, 2004.

MOREIRA, Egon Bockmann; PEREIRA, Paula Pessoa. Art. 30 da LINDB. O dever público de incrementar a segurança jurídica. *RDA,* Rio de Janeiro, Edição Especial: Direito Público na Lei de Introdução às Normas do Direito Brasileiro – LINDB (Lei nº 13.655/2018), p. 243-274, nov. 2018.

MOREIRA, Egon Bockmann. O contrato administrativo como instrumento de governo. *In*: AA.VV. *Estudos de contratação pública – IV.* Coimbra: Coimbra Editora, 2013.

MOREIRA, Ego Bockmann. *Processo administrativo:* princípios constitucionais e a Lei 9.784/99. São Paulo: Malheiros, 2000.

MOREIRA, Egon Bockmann; SUNDFELD, Carlos Ari. PPP MAIS: um caminho para práticas avançadas nas parcerias estatais com a iniciativa privada. *RDPE*, Belo Horizonte, ano 14, n. 53, p. 09-49, jan./mar, 2016.

MOREIRA NETO, Diogo de Figueiredo. *Poder, direito e estado:* o direito administrativo em tempos de globalização – *in memoriam* de Marcos Juruena Villela Souto. Belo Horizonte: Fórum, 2011.

MOREIRA NETO, Diogo de Figueiredo. *Quatro paradigmas do direito administrativo pós-moderno:* legitimidade, finalidade, eficiência e resultado. Belo Horizonte: Fórum, 2008.

MORFÍN, Efraín González. Iglesia y procesos democráticos. *In:* AA.VV. *La Iglesia y el orden internacional:* reflexiones a 30 años de la encíclica *Populorum Progresso.* México-DF: Universidad Iberoamericana, 1998, p. 239-260.

MORGAN, Glenn; QUACK, Sigrid. Law as a governing institution. *In*: MORGAN, Glenn; CAMPBELL, John L.; CROUCH, Colin; PEDERSEN, Ove Kaj; WHITLEY, Richard. *The Oxford handbook of comparative institutional analysis*. Oxford: Oxford University Press, 2010, p. 275-308.

MORIKAWA, Márcia Mieko. *Good governance* e o desafio institucional da pós-modernidade. *BFDUC*, Coimbra, vol. 84, p. 637-681, 2008.

MOTTA, Carlos Pinto Coelho da. Dez anos da Lei de Responsabilidade Fiscal: repercussão nas licitações e contratos públicos. *In*: CASTRO, Rodrigo Pironti Aguirre de (Org.). *Lei de Responsabilidade Fiscal:* ensaios em comemoração aos 10 anos da Lei Complementar nº 101/00. Belo Horizonte: Fórum, 2010, 37-70.

MOTTA, Carlos Pinto Coelho. *Eficácia nas concessões, permissões e parcerias*. 2. ed. Belo Horizonte: Del Rey, 2011.

MOTTA, Fabrício. *Função normativa da administração pública*. Belo Horizonte: Fórum, 2007.

NASCIMENTO, André Jansen do. A licitação como instrumento de efetivação de políticas públicas. *In*: CHARLES, Ronny (Org.). *Licitações públicas:* homenagem ao jurista Jorge Ulisses Jacoby Fernandes. Curitiba: Negócios Públicos, 2016, p. 93-128.

NASCIMENTO, Filippe Augusto dos Santos. *Direitos fundamentais e sua dimensão objetiva*. Porto Alegre: Sergio Antonio Fabris Editor, 2016.

NAVES, Luís Emílio Pinheiro. *Accountability* horizontal, procedimentalização e a fase interna das licitações, dispensas e inexigibilidades. *FCGP*, Belo Horizonte, ano 15, nº 169, p. 50-59, jan. 2016.

NERY, Rosa Maria de Andrade. Fatos processuais. Atos jurídicos processuais simples. Negócio jurídico processual (unilateral ou bilateral). Transação. *RDP*, São Paulo, vol. 64, p. 261-274, out./dez. 2015.

NERY JÚNIOR, Nelson. *Princípios do processo na Constituição Federal:* processo civil, penal e administrativo. 10. ed. São Paulo: Revista dos Tribunais, 2010.

NEVES, A. Castanheira. *Metodologia jurídica:* problemas fundamentais. 1. ed. 1. reimp. Coimbra: Coimbra Editora, 2013.

NEVES, Marcelo. *A constitucionalização simbólica*. São Paulo: Martins Fontes, 2007.

NEVES, Marcelo. Contratação de bens e serviços de informática: licitação do tipo técnica e preço ou menor preço via pregão? *FCGP*, Belo Horizonte, ano 07, n. 75, p. 35-39, mar. 2008.

NEVES, Marcelo. *Entre Hidra e Hércules:* princípios e regras constitucionais como diferença paradoxal do sistema jurídico. São Paulo: Martins Fontes, 2013.

NEVES, Marcelo. *Transconstitucionalismo*. São Paulo: Martins Fontes, 2009.

NIETO, Alejandro. La vocación del derecho administrativo en nuestro tiempo. *RAP*, Madrid, n. 76, p. 09-30, enero/abril 1975.

NIETZSCHE, Friedrich. *Genealogia da moral:* uma polêmica. Tradução de Paulo César de Souza. São Paulo: Companhia das Letras, 2009.

NIETZSCHE, Friedrich. *O nascimento da tragédia ou helenismo e pessimismo*. Tradução de J. Guinsburg. São Paulo: Companhia das Letras, 2007.

NOBRE JÚNIOR, Edilson Pereira. A transparência administrativa e a Lei nº 12.527/2011. *RFD/UFMG*, Belo Horizonte, n. 70, p. 249-276, jan./jun. 2017.

NOBRE JÚNIOR, Edilson Pereira. Advocacia pública e políticas públicas. *BDA*, São Paulo, ano 32, n. 12, p. 1.141-1.150, dez. 2016.

NOBRE JÚNIOR, Edilson Pereira. *As normas de direito público na Lei de Introdução ao Direito Brasileiro:* paradigmas para interpretação e aplicação do direito administrativo. São Paulo: Contracorrente, 2019.

NOBRE JÚNIOR, Edilson Pereira. Há uma discricionariedade técnica? *RPPGD/UFBA*, Salvador, vol. 26, n. 28, p. 107-148, 2016.

NOBRE JÚNIOR, Edilson Pereira. *O princípio da boa-fé e sua aplicação no direito administrativo brasileiro*. Porto Alegre: Sergio Antonio Fabris Editor, 2002.

NÓBREGA, Airton Rocha. Contratação direta com arrimo no art. 24, XIII, da Lei nº 8.666/93: entidade incumbida de pesquisa, ensino e desenvolvimento institucional. *FGCP*, Belo Horizonte, ano 02, n. 21, p. 2.573-2.576, set. 2003.

NÓBREGA, Marcos. Novos marcos teóricos em licitação no Brasil: olhar para além do sistema jurídico. *RBDP*, Belo Horizonte, ano 11, n. 40, p. 47-72, jan./mar. 2013.

NÓBREGA, Marcelo. O controle do gasto público pelos Tribunais de Contas e o princípio da legalidade: uma visão crítica. *RBDP*, Belo Horizonte, ano 06, n. 23, p. 31-41, out./dez. 2008.

NÓBREGA, Marcos. Orçamento, eficiência e *performance budget*. *In*: CONTI, José Maurício; SCAFF, Fernando Facury (Coord.). *Orçamentos públicos e direito financeiro*. São Paulo: Revista dos Tribunais, 2011, p. 693-728.

NÓBREGA, Marcos. Por que optar pela contratação integrada? Vantagens e riscos. *RDPE*, Belo Horizonte, ano 13, n. 51, p. 109-128, jul./set. 2015.

NOHARA, Irene Patrícia. Críticas ao sistema das licitações brasileiro e sugestões de alteração em trâmite. *In*: DI PIETRO, Maria Sylvia Zanella (Coord.). *Tratado de direito administrativo*: licitação e contratos administrativos. Vol. 6. São Paulo: Revista dos Tribunais, 2014, p. 285-299.

NOHARA, Irene Patrícia. Desafios de inovação na administração pública contemporânea: "destruição criadora" ou "inovação destruidora" do direito administrativo? *In:* PONTES FILHO, Valmir; MOTTA, Fabrício; GABARDO, Emerson (Coord.). *Administração pública:* desafios para a transparência, probidade e desenvolvimento. XXIX Congresso Brasileiro de Direito Administrativo. Belo Horizonte: Fórum, 2017, p. 151-160.

NOHARA, Irene Patrícia; RICARDO, Rodolfo Luiz Maderic. Eficiência no desempenho da função pública: pela articulação estratégica da gestão da força de trabalho do Estado com as políticas públicas. *RBEFP*, Belo Horizonte, ano 02, n. 06, p. 09-22, set./dez. 2013.

NOHARA, Irene Patrícia. Poder de compra governamental como fator de indução do desenvolvimento – faceta extracontratual das licitações. *RFDFE*, Belo Horizonte, ano 04, n. 06, p. 155-172, set./fev. 2015.

NOHARA, Irene Patrícia. Tratamento das licitações na legislação estrangeira. *In*: DI PIETRO, Maria Sylvia Zanella (Coord.). *Tratado de direito administrativo:* licitação e contratos administrativos. Vol. 6. São Paulo: Revista dos Tribunais, 2014, p. 51-71.

NORTH, Douglass C. *Institutions, institutional change and economic performance*. Cambridge: Cambridge University Press, 1990.

NOVAIS, Jorge Reis. *Direitos sociais:* teoria jurídica dos direitos sociais enquanto direitos fundamentais. Coimbra: Coimbra Editora, 2010.

NOVKOV, Julie. Law and Political Ideologies. *In*: WHITTINGTON, Keith E.; KELEMEN, R. Daniel; CALDEIRA, Gregory A. (Ed.). *The Oxford handbook of law and politics*. New York: Oxford University Press, 2008, p. 626-643.

OHLWEILER, Leonel Pires. A crise hermenêutica do direito administrativo no constitucionalismo contemporâneo: interlocuções com a jurisprudência do Supremo Tribunal Federal. *RJ/FURB*, Blumenau, vol. 20, n. 43, p. 37-70, set./dez. 2016.

OAKESHOTT, Michael. *A voz da educação liberal.* Tradução de Rogério W. Galindo e Rosiane Correia de Freitas. Belo Horizonte: Âyiné, 2021.

OAKESHOTT, Michael. *Conservadorismo.* Tradução de André Bezamat. Belo Horizonte: Âyiné, 2016.

OLIVEIRA, Cláudio Ladeira de; FERREIRA, Francisco Gilney Bezerra de Carvalho. O Orçamento Público no Estado Constitucional Democrático e a Deficiência Crônica na Gestão das Finanças Públicas no Brasil. *Seqüência*, Florianópolis, n. 76, p. 183-212, ago. 2017.

OLIVEIRA, Gustavo Justino de; SCHIEFLER, Gustavo Henrique Carvalho. *Contratação de serviços técnicos especializados por inexigibilidade de licitação pública*. Curitiba: Zênite, 2015.

OLIVEIRA, Rafael Carvalho Rezende. *Administração pública, concessões e terceiro setor*. 2. ed. Rio de Janeiro: Lúmen Juris, 2011.

OLIVEIRA, Rafael Carvalho Rezende. Licitações inclusivas: os impactos do Estatuto da Pessoa com Deficiência (Lei nº 13.146/2015) nas contratações públicas. *FCGP*, Belo Horizonte, ano 16, n. 182, p. 50-56, fev. 2017.

OLIVEIRA, Rafael Sérgio Lima de. O diálogo competitivo brasileiro. *FCGP*, Belo Horizonte, ano 20, n. 232, p. 67-106, abr. 2021.

OLIVEIRA, Regis Fernandes de. *Curso de direito financeiro*. 2. ed. São Paulo: Revista dos Tribunais, 2008.

OSORIO, Aline. *Direito eleitoral e liberdade de expressão. 2. ed.* Belo Horizonte: Fórum, 2022.

OTERO, Paulo. *Legalidade e administração pública:* o sentido da vinculação administrativa à juridicidade. 1. ed. 2. reimp. Coimbra: Almedina, 2003.

OTERO, Paulo. *Manual de direito administrativo*. Volume I. 1. ed., 2. reimp. Coimbra: Almedina, 2016.

PAINTER, Martin; PETERS, B. Guy. Administrative traditions in comparative perspective: families, groups and hybrids. In: PAINTER, Martin; PETERS, B. Guy (Ed.). *Tradition and public administration*. Basingstoke: Palgrave Macmillan, 2010, p. 19-30.

PALMA, Juliana Bonacorsi de. Direito administrativo e políticas públicas: o debate atual. In: ALMEIDA, Fernando Dias Menezes; MARQUES NETO, Floriano de Azevedo; MIGUEL, Luiz Felipe Hadlich; SCHIRATO, Vitor Rhein (Coord.). *Direito público em evolução*: estudos em homenagem à Professora Odete Medauar. Belo Horizonte: Fórum, 2013, p. 177-201.

PASSEROTTI, Denis Camargo. A despesa pública, os direitos fundamentais e os princípios da eficiência e economicidade. *RFDFE*, Belo Horizonte, ano, 03, n. 04, p. 57-73, set. 2013/fev. 2014.

PEDROSO, Fleming Salvador; VACARO, Jerri Estevan. *Desempenho dos segurados no serviço de reabilitação do Instituto Nacional de Seguridade* [sic] *Social. AF*, São Paulo, vol. 18, n. 04, p. 200-205, out./dez. 2011.

PEDROSO, Fleming Salvador; VACARO, Jerri Estevan. Reabilitação profissional e a aposentadoria especial nas doenças ocupacionais. *RBMT*, São Paulo, vol. 11, n. 02, p. 60-65, jul./dez. 2013.

PENNA, José de Oswaldo de Meira. *Psicologia do subdesenvolvimento*. Campinas: Vide Editorial, 2017.

PEREIRA JÚNIOR, Jessé Torres; MARÇAL, Thaís Boia. Orçamento público, ajuste fiscal e administração consensual. *FCGP*, Belo Horizonte, ano 14, n. 163, p. 41-52, jul. 2015.

PEREIRA JÚNIOR, Jessé Torres; DOTTI, Marinês Restelatto. Os novos horizontes da contratação de serviços na administração federal (Instrução Normativa nº 5/2017). *FCGP*, Belo Horizonte, ano 16, n. 190, p. 09-53, out. 2017.

PERFETTI, Luca Rafaello. Discrecionalidad administrativa y soberanía popular. *REDA*, Madrid, año 43, n. 177, p. 195-225, abr./jun. 2016.

PETERS, B. Guy. *La política de la burocracia*. Estudio introductorio de José Luis Méndez. Traducción de Eduardo L. Suárez Galindo. México-DF: Fondo de Cultura Económica, 1999.

PETTIT, Philip. The inescapability of consequentialism. In: HEUER, Ulrike; LANG, Gerald (Ed.). *Luck, Value and commitment*: themes from the ethics of Bernard Williams. Oxford: Oxford University Press, 2012, p. 41-70.

PEREZ, Marcos A. O mundo que Hely não viu: governança democrática e fragmentação do direito administrativo. Diálogo entre a teoria sistêmica de Hely e os paradigmas atuais do direito administrativo. In: JUSTEN FILHO, Marçal; PEREIRA, Cesar Augusto Guimarães; WALD, Arnoldo (Org). *O direito administrativo na atualidade*: estudos em homenagem ao centenário de Hely Lopes Meirelles (1917-2017), defensor do Estado de Direito. São Paulo: Malheiros, 2017, p. 851-869.

PIERRE, Jon; PETERS, B. Guy. *Governing complex societies:* trajectories and scenarios. Basingstoke: Palgrave Macmillan, 2005.

PIKETTY, Thomas. *A economia da desigualdade.* Tradução de André Telles. Rio de Janeiro: Intrínseca, 2015.

PIKETTY, Thomas. *O capital no século XXI.* Tradução de Mônica Baumgarten de Bolle. Rio de Janeiro: Intrínseca, 2014.

PINTO, Élida Graziane. Eficácia dos direitos sociais por meio do controle judicial da legalidade orçamentária e da sua execução. *RFDFE,* Belo Horizonte, ano 03, n. 05, p. 71-100, mar./ago. 2014.

PINTO E NETTO, Luísa Cristina. *A contratualização da função pública.* Belo Horizonte: Del Rey, 2005.

PINTO E NETTO, Luísa Cristina. *Participação administrativa procedimental:* natureza jurídica, garantias, riscos e disciplina adequada. Belo Horizonte: Fórum, 2009.

PINTORE, Anna. Derechos insaciables. *In*: CABO, Antonio de; PISARELLO, Gerardo (Ed.). *Los fundamentos de los derechos fundamentales:* Luigi Ferrajoli debate con Luca Baccelli *et al.* Traducción Perfecto Andrés *et al.* 4. ed. Madrid: Editorial Trotta, 2009, p. 243-265.

PIO XI, Papa. *Quadragesimo anno:* sobre a restauração e aperfeiçoamento da ordem social em conformidade com a lei evangélica. São Paulo: Edições Paulinas, 1969,

POLLITT, Christopher; SUMMA, Hilkka. Auditoria operacional e reforma da administração pública. *In*: POLLITT, Christopher *et al. Desempenho ou legalidade?* Auditoria operacional e de gestão pública em cinco países. Tradução de Pedro Buck. Belo Horizonte: Fórum, 2008, p. 25-37.

POERSCH, Ana Luísa; MERLO, Álvaro Roberto Crespo. Reabilitação profissional e retorno ao trabalho: uma aposta de intervenção. *P&S,* Belo Horizonte, vol. 29, p. 02-10, 2017.

PORTUGAL. Lei nº 96/2015, de 17 de agosto. *Lei das plataformas eletrônicas.* Disponível em: https://dre.pt/application/conteudo/70025051. Acesso em: 22 maio 2018.

QUELHAS, Ana Paula. O financiamento da economia social – de novo a "meio caminho". *In*: LOUREIRO, João Carlos; SILVA, Suzana Tavares da (coord.). *A economia social e civil* – estudos. Coimbra: Instituto Jurídico da Faculdade de Direito da Universidade de Coimbra, 2015, p. 230-248.

RAMOS, Alberto Guerreiro. *A redução sociológica.* 3. ed. Rio de Janeiro: Editora UFRJ, 1996.

RAMOS, Alberto Guerreiro. *Administração e estratégia do desenvolvimento:* elementos de uma sociologia especial da administração. Rio de Janeiro: FGV, 1966.

RATTNER, Henrique. *Planejamento e bem-estar social.* São Paulo: Editora Perspectiva, 1979.

REALE, Miguel. Fundamentos da concepção tridimensional do direito. *RUSP,* São Paulo, vol. 56, n. 02, p. 66-87, 1961.

REINALDIN, Elias Augusto; CASTELLANO, Vivian Caroline. O laudo pericial judicial em matéria de benefício previdenciário por incapacidade. *Publicações da Escola da AGU*, Brasília, vol. 13, n. 02, p. 153-169, maio/ago. 2021.

REIS, Heraldo da Costa. Cancelamentos de empenhos e consolidação de dívidas. *RTCESP*, São Paulo, n. 102, p. 23-25, nov. 2002/jan. 2003.

REIS, Luciano Elias. *Compras públicas inovadoras*. Belo Horizonte: Fórum, 2022.

RIBEIRO, Ana Carolina Cardoso Lobo. O orçamento republicano e as emendas parlamentares. *RTFP*, São Paulo, vol. 29, n. 150, p. 57-78, jul./set. 2021.

RIBEIRO, Leonardo Coelho. *O direito administrativo como "caixa de ferramentas"*: uma nova abordagem da ação pública. São Paulo: Malheiros, 2016.

RIBEIRO, Leonardo Coelho. O direito administrativo como caixa de ferramentas e suas estratégias. *RDA*, Rio de Janeiro, n. 272, p. 209-249, maio/ago. 2016.

RIBEIRO, Carla Trevisan Martins *et al*. O sistema público de saúde e as ações de reabilitação no Brasil. *RPSP*, Washington-DC, vol. 28, n. 01, p. 43-48, 2010.

RICASÉNS SICHES, Luis. *Experiencia jurídica, naturaliza de las cosa y lógica razonable*. México-DF: Universidad Nacional Autónoma de México, 1971.

RIGOLIN, Ivan Barbosa. A inconsistência da Lei de Licitações para obter o melhor negócio. *FCGP*, Belo Horizonte, ano 19, n. 217, p. 45-51, jan. 2020.

ROCHA, Francisco Sérgio Silva. Orçamento e planejamento: a relação de necessidade entre as normas do sistema orçamentário. *In*: CONTI, José Maurício; SCAFF, Fernando Facury (Coord.). *Orçamentos públicos e direito financeiro*. São Paulo: Revista dos Tribunais, 2011, p. 729-749.

ROCHA, José de Albuquerque. *Teoria geral do processo*. 8. ed. São Paulo: Atlas, 2007.

ROCHA, Marcelo Dantas. Anotações sobre o PLC 6.814/2017: principais aspectos da proposta da nova Lei Geral de Licitações. *FCGP*, Belo Horizonte, ano 16, n. 190, p. 54-60, out. 2017.

ROCHA, Sílvio Luís Ferreira da. *Terceiro setor*. 2. ed. São Paulo: Malheiros, 2006.

RODRIGUES, Nuno Cunha. *A contratação pública como instrumento de política económica*. 1. ed. 1. reimp. Coimbra: Almedina, 2015.

RODRIGUEZ, José Rodrigo. *Como decidem as cortes?* Para uma crítica do direito (brasileiro). Rio de Janeiro: Editora FGV, 2013.

RODRÍGUEZ DE SANTIAGO, José María. Un modelo de procedimiento administrativo para las prestaciones de servicios o materiales. El ejemplo de la prestación de asistencia sanitaria. *In*: BARNES, Javier (Ed.). *La transformación del procedimiento administrativo*. Sevilla: Editorial Derecho Global, 2008, p. 267-301.

RODRÍGUEZ-ARANA, Jaime. Los principios del derecho global de la contratación pública. *REDA*, Madrid, año 43, n. 179, p. 29-54, jul./sep. 2016.

ROSANVALLON, Pierre. *Le bon gouvernement*. Paris: Éditions du Seuil, 2015.

ROSANVALLON, Pierre. *The new social question:* rethinking the welfare state. Translated by Barbara Harshav. Princeton: Princeton University Press, 2000.

ROSILHO, André Janjácomo. As licitações segundo a Lei nº 8.666: um jogo de dados viciados. *RCP*, Belo Horizonte, ano 02, n. 02, p. 09-37, set. 2012/fev. 2013.

ROUSSEAU, Jean-Jacques. *Do contrato social ou princípios do direito político*. Tradução de Eduardo Brandão. São Paulo: Penguin Classics/Companhia das Letras, 2011.

SADDY, André. *Discricionariedade administrativa nas normas jurídicas em abstrato:* limites e técnicas de contenção. Rio de Janeiro: Lumen Juris, 2009.

SALDANHA, Nelson. *Da teologia à metodologia:* secularização e crise do pensamento jurídico. 2. ed. Belo Horizonte: Del Rey, 2005.

SALLES, Carlos Alberto de. Processo civil de interesse público. *In:* SALLES, Carlos Alberto de (Org.). *Processo civil e interesse público:* o processo como instrumento de defesa social. São Paulo: Revista dos Tribunais, 2003, p. 40-77.

SALVARANI, Giuliano Cardoso. Entre bêbados e equilibristas: o contexto de reformas institucionais no orçamento brasileiro entre a Constituição de 1988 e a Emenda Constitucional nº 95/2016 à luz do Direito Financeiro. *RFDFE*, Belo Horizonte, ano 07, n. 12, p. 253-272, set./fev. 2018.

SANTANA, Jair Eduardo; CAMARÃO, Tatiana. *Gestão e fiscalização de contratos administrativos*. Belo Horizonte: Fórum, 2015.

SANTIAGO, Leonardo Ayres. Análise das alterações trazidas pelo Projeto de Lei nº 559/2013, notadamente quanto aos novos tipos de licitações e critérios de julgamento das propostas. *FCGP*, Belo Horizonte, ano 15, n. 176, p. 28-32, ago. 2016.

SANTOS, António Carlos dos. Vida, morte e ressurreição do Estado Social. *RFPDF*, Coimbra, ano VI, n. 01, p. 37-65, 2013.

SANTOS, Geovana de Souza Henrique dos; LOPES, Roseli Esquerdo. A (in)elegibilidade de trabalhadores encaminhados ao Programa de Reabilitação Profissional do INSS. *RK*, Florianópolis, vol. 18, n. 02, p. 151-161, jul./dez. 2015.

SANTOS, Leonardo Lemos da Silveira; SILVEIRA, Rafael Alcadipani da. Por uma epistemologia das práticas organizacionais: a contribuição de Theodore Schatzki. *O&S*, Salvador, vol. 22, n. 72, p. 79-98, jan./mar. 2015.

SANTOS, Márcia Walquíria Batista dos. Licitação no Uruguai. *In:* SANTOS, Márcia Walquíria Batista dos; TANAKA, Sônia Yuriko Kanashiro (Coord.). *Estudos avançados de direito administrativo:* análise comparada da Lei de Licitações. Rio de Janeiro: Elsevier, 2014, p. 337-353.

SANTOS, Márcia Walquíria Batista dos; TANAKA, Sônia Yuriko Kanashiro. Situação frente à legislação brasileira. *In:* SANTOS, Márcia Walquíria Batista dos; TANAKA, Sônia Yuriko Kanashiro (Coord.). *Estudos avançados de direito administrativo:* análise comparada da Lei de Licitações. Rio de Janeiro: Elsevier, 2014, p. 355-368.

SANTOS, Rodrigo Valgas dos. *Direito administrativo do medo*. 2. ed. São Paulo: Revista dos Tribunais, 2022.

SARLET, Ingo Wolfgang. *A eficácia dos direitos fundamentais:* uma teoria geral dos direitos fundamentais na perspectiva constitucional. 10. ed. Porto Alegre: Livraria do Advogado, 2009.

SAVARIS, José Antônio. *Uma teoria da decisão judicial da previdência social*. Florianópolis: Conceito Editorial, 2011.

SCAFF, Fernando Facury. Liberdade do legislador orçamentário e não afetação: captura *versus* garantia dos direitos sociais. *RFDFE*, Belo Horizonte, ano 05, n. 08, p. 165-181, set./fev. 2016.

SCHAPIRO, Mario Gomes. Legalidade ou discricionariedade na governança de bancos públicos: uma análise aplicada ao caso do BNDES. *RAP*, Rio de Janeiro, vol. 51, n. 01, p. 105-128, jan./fev. 2017.

SCHATZKI, Theodore R. *Social practices:* a Wittgensteinian approach to human activity and the social. Cambridge: Cambridge University Press, 1996.

SCHINEMANN, Caio César Bueno. Do processo coletivo ao processo estrutural: a superação do conceito tradicional de tutela coletiva. *RePro*, São Paulo, ano 46, vol. 314, p. 229-248, abr. 2021.

SCHMIDT-ASSMANN, Eberhard. Cuestiones fundamentales sobre la reforma de la teoría general del derecho administrativo. *In*: BARNES, Javier (Ed.). *Innovación y reforma en el derecho administrativo*. 2. ed. Sevilla: Editorial Derecho Global, 2012, p. 21-140.

SCHMIDT-ASSMANN, Eberhard. *Dogmática jurídico-administrativa:* um balanço intermédio sobre a evolução, a reforma e as funções futuras. Tradução António Francisco de Sousa. São Paulo: Saraiva, 2016.

SCHMIDT-ASSMANN, Eberhard. Structure and functions of administrative procedures in German, European and international law. *In*: BARNES, Javier (Ed.). *Transforming administrative procedure*. Sevilla: Global Law Press, 2008, 43-74.

SCHMIDT-ASSMANN, Eberhard. *La Teoría General del Derecho Administrativo como Sistema:* objeto y fundamentos de la construcción sistemática. Prólogo de Antonio López Pina. Traducción de Mariano Bacigalupo *et al.* Madrid: Marcial Pons, 2003.

SCHNEIDER. Jens-Peter. The development of German APA's standard procedure: towards a comprehensive procedural concept. *In*: BARNES, Javier (Ed.). *Transforming administrative procedure*. Sevilla: Global Law Press, 2008, p. 313-358.

SCHOENMAKER, Janaína. *Controle das parcerias entre o Estado e o terceiro setor pelos Tribunais de Contas*. Belo Horizonte: Fórum, 2011.

SCHULTZE, Charles L. *The public use of private interest*. Washington-DC: The Brookings Institutions, 1977.

SCHUARTZ, Luís Fernando. Consequencialismo jurídico, racionalidade decisória e malandragem. *RDA*, Rio de Janeiro, vol. 248, p. 130-158, maio/ago. 2008.

SCIULLI, David. *Theory of societal constitutionalism:* foundations of a non-Marxist critical theory. Cambridge: Cambridge University Press, 1992.

SCRUTON, Roger. *As vantagens do pessimismo:* e o perigo da falsa esperança. Tradução Fábio Faria. São Paulo: É Realizações, 2015.

SCRUTON, Roger. *Como ser um conservador.* Tradução Bruno Garschagen. Rio de Janeiro: Editora Record, 2015.

SCRUTON, Roger. *Filosofia verde:* como pensar seriamente o planeta. Tradução Maurício G. Righi. São Paulo: É Realizações, 2016.

SEIXAS, Luiz Felipe Monteiro. *Tributação, finanças públicas e política fiscal:* uma análise sob a óptica do Direito e Economia. Rio de Janeiro: Lumen Juris, 2016.

SEN, Amartya. *A Ideia de Justiça.* Tradução de Denise Bottmann e Ricardo Doninelli Mendes. São Paulo: Companhia das Letras, 2011.

SEN, Amartya. *Liberdade como desenvolvimento.* Tradução de Laura Teixeira Motta. São Paulo: Companhia das Letras, 2010.

SHAPIRO, Martin. Law and politics: the problem of boundaries. *In*: WHITTINGTON, Keith E.; KELEMEN, R. Daniel; CALDEIRA, Gregory A. (Editor). *The Oxford handbook of law and politics.* New York: Oxford University Press, 2008, p. 767-774.

SILVA, Clarissa Sampaio. Terceirização na administração pública – única forma de contratação de serviços relacionados à atividade-meio? Uma análise à luz dos princípios constitucionais da Administração Pública e dos direitos fundamentais dos trabalhadores. *RBEFP,* Belo Horizonte, ano 02, n. 05, p. 51-69, maio/ago. 2013.

SILVA, Denise dos Santos Vasconcelos. *Direito à saúde:* ativismo judicial, políticas públicas e reserva do possível. Curitiba: Juruá, 2015.

SILVA, José Afonso da. O orçamento e a fiscalização financeira na Constituição. *In*: CLÈVE, Clèmerson Merlin; BARROSO, Luís Roberto (Org.). *Direito constitucional:* constituição financeira, econômica e social. São Paulo: Revista dos Tribunais, 2011, p. 161-173.

SILVA, José Afonso da. *Orçamento-programa no Brasil.* São Paulo: Revista dos Tribunais, 1973.

SILVA, Suzana Tavares da. A nova dogmática do direito administrativo: o caso da administração por compromissos. *In*: GONÇALVES, Pedro Costa (Org.). *Estudos de contratação pública – I.* Coimbra: Coimbra Editora, 2008, p. 893-942.

SILVA, Suzana Tavares da. Acto administrativo de "faca a garfo". *In*: CORREIA, Fernando Alves; MACHADO, Jónatas E. M.; LOUREIRO, João Carlos (Orgs.). *Estudos em homenagem ao Prof. Doutor José Joaquim Gomes Canotilho.* Volume IV. Administrativo e sustentabilidade: entre risco(s) e garantia(s). Coimbra: Coimbra Editora, 2012, p. 615-639.

SILVA, Suzana Tavares da. Democracia transnacional. *In*: MARTINS, Ana Gouveia; LEÃO, Anabela; MAC CRORIE, Benedita; MARTINS, Patrícia Fragoso (Coord.). *X Encontro de professores de direito público.* Lisboa: Instituto de Ciências Jurídico-Políticas da Faculdade de Direito de Lisboa, 2017, p. 160-185.

SILVA, Suzana Tavares da. *Direitos fundamentais na arena global*. 2. ed. Coimbra: Imprensa da Universidade de Coimbra, 2014.

SILVA, Suzana Tavares da. Ética e sustentabilidade financeira: a vinculação dos tribunais. *In*: CORREIA, José Gomes (Org.). *10º Aniversário do Tribunal Central Administrativo Sul*. Lisboa: Ordem dos Contabilistas Certificados, 2016, p. 451-464.

SILVA, Suzana Tavares da. O princípio da razoabilidade. *In*: GOMES, Carla Amado; NEVES, Ana Fernanda; SERRÃO, Tiago. *Comentários ao novo Código de Procedimento Administrativo*. Lisboa: AAFDL, 2015, 207-234.

SILVA, Suzana Tavares da. O princípio da transparência: da revolução à necessidade de regulação. *In*: ANDRADE, José Carlos Vieira de; SILVA, Suzana Tavares da (Coord.). *As reformas do sector público*: perspectivas ibéricas no contexto pós-crise. Coimbra: Instituto Jurídico da FDUC, 2015, p. 149-174.

SILVA, Suzana Tavares da. O princípio (fundamental) da eficiência. *RFDUP*, Porto, vol. VII (Especial: comunicações do I Triênio dos Encontros de Professores de Direito Público), p. 519-544, 2010.

SILVA, Suzana Tavares da Silva. O *tetralemma* do controle judicial da proporcionalidade no contexto da universalização do princípio: adequação, necessidade, ponderação e razoabilidade. *BFDUC*, Coimbra, vol. 88, p. 639-678, 2013.

SILVA, Suzana Tavares da; SOARES, Cláudia Dias. *Regime fiscal das entidades da economia social e civil*. Porto: Vida Econômica, 2015.

SILVA, Suzana Tavares da. *Um novo direito administrativo?* Coimbra: Imprensa da Universidade de Coimbra, 2010.

SILVA, Vasco Manuel Pascoal Dias Pereira da. *Em busca do acto administrativo perdido*. Coimbra: Coimbra Editora, 1995.

SILVA, Vasco Manuel Pascoal Dias Pereira da. *Para um contencioso administrativo dos particulares*: esboço de uma teoria subjectivista do recurso directo de anulação. Coimbra: Almedina, 1989.

SILVEIRA, Alessandra. *Cooperação e compromisso constitucional nos estados compostos*: estudos sobre a teoria do federalismo e a organização jurídica dos sistemas federativos. Coimbra: Almedina, 2007.

SILVEIRA, André Bueno da. Doutrina Chevron no Brasil: uma alternativa à insegurança jurídica. *RDA*, Rio de Janeiro, n. 275, p. 109-146, maio/ago. 2017.

SILVEIRA, Francisco Secaf Alves. Problemas e diagnósticos na execução do planejamento orçamentário. *RFDFE*, Belo Horizonte, ano 04, n. 06, p. 59-78, set./fev. 2015.

REIS, João Carlos Simões. O direito laboral português na crise atual. *D&D*, João Pessoa, vol. 07, n. 02, p. 09-42, 2016.

SIMON, Herbert A. *El comportamiento administrativo*: estudios de los procesos decisorios en la organización administrativa. Traducción de Amando Lázaro Ros. 2. ed., 1. reimp. Madrid: Aguilar, 1970.

SMITH, Adam. *An inquiry into the nature and causes of the wealth of nations.* Hertfordshire: Wordsworth, 2012.

SMOLKA, Ana Luiza Bustamante. O (im)próprio e o (im)pertinente na apropriação das práticas sociais. *CCd*, Campinas, ano 20, n. 50, p. 26-40, abr. 2000.

SLOMSKI, Valmor; PERES, Úrsula Dias. As despesas públicas no orçamento: gasto público eficiente e a modernização da gestão pública. *In*: CONTI, José Maurício; SCAFF, Fernando Facury (Coord.). *Orçamentos públicos e direito financeiro.* São Paulo: Revista dos Tribunais, 2011, p. 911-932.

SOARES, Rogério Ehrhardt. *Direito público e sociedade técnica.* Prefácio José Joaquim Gomes Canotilho. Coimbra: Edições Tenacitas, 2008.

SOLÍS, David Ordóñez. *Jueces, derecho y política:* los poderes del juez en una sociedad democrática. Navarra: Editorial Aranzadi, 2004.

SOUTO, Marcos Juruena Villela. Licitações e controle de eficiência: repensando o princípio do procedimento forma à luz do "placar eletrônico"! *In*: ARAGÃO, Alexandre Santos de; MARQUES NETO, Floriano de Azevedo (Coord.). *Direito administrativo e seus novos paradigmas.* Belo Horizonte: Fórum, 2008, p. 553-569.

SOWELL, Thomas. *Conflito de visões*: origens ideológicas das lutas políticas. Tradução de Margarita Maria Garcia Lamelo. São Paulo: É Realizações, 2012.

SOWELL, Thomas. *Discriminação e disparidades.* Tradução de Alessandra Bonrruquer. 2. ed. Rio de Janeiro: Record, 2020.

SOWELL, Thomas. *Os intelectuais e a sociedade.* Tradução de Maurício G. Righi. São Paulo: É Realizações, 2011.

STOLLEIS, Michael. *Introducción al derecho público alemán (siglos XVI-XXI).* Traducción e introducción de Federico Fernández-Crehuet. Madrid: Marcial Pons, 2017.

SUMMA, Hilkka. Definições e estruturas. *In*: POLLITT, Christopher *et al. Desempenho ou legalidade?* Auditoria operacional e de gestão pública em cinco países. Tradução de Pedro Buck. Belo Horizonte: Fórum, 2008, p. 39-64.

SUNDFELD, Carlos Ari; CÂMARA, Jacintho Arruda. Controle das contratações públicas pelos Tribunais de Contas. *RDA*, Rio de Janeiro, n. 257, p. 111-144, maio/ago. 2011.

SUNDFELD, Carlos Ari. *Fundamentos de direito público.* 4. ed. São Paulo: Malheiros, 2009.

SUNDFELD, Carlos Ari; CÂMARA, Jacintho Arruda. O Tribunal de Contas da União e a regulação. *FCGP*, Belo Horizonte, ano 17, n. 194, p. 73-79, fev. 2018.

SUNDFELD, Carlos Ari. *Direito administrativo para céticos.* 2. ed., 2. tir. São Paulo: Malheiros, 2017.

SUNDFELD, Carlos Ari. *Direito administrativo ordenador.* São Paulo: Malheiros, 1993.

SUNDFELD, Carlos Ari; VORONOFF, Alice. Art. 27 da LINDB. Quem paga pelos riscos dos processos? *RDA*, Rio de Janeiro, Edição Especial: Direito Público na Lei de Introdução às Normas do Direito Brasileiro – LINDB (Lei nº 13.655/2018), p. 171-201, nov. 2018.

SUNDFELD, Carlos Ari; DOMINGOS, Liandro. Supremocracia ou administrocracia no novo direito público brasileiro? *In*: ALMEIDA, Fernando Dias Menezes; MARQUES NETO, Floriano de Azevedo; MIGUEL, Luiz Felipe Hadlich; SCHIRATO, Vitor Rhein (Coord.). *Direito público em evolução*: estudos em homenagem à Professora Odete Medauar. Belo Horizonte: Fórum, 2013, p. 31-38.

TAKAHASHI, Mara Alice Batista Conti; IGUTI, Aparecida Mari. As mudanças nas práticas de reabilitação profissional da Previdência Social no Brasil: modernização ou enfraquecimento da proteção social? *CSP*, Rio de Janeiro, vol. 24, n. 11, p. 2.661-2.670, nov. 2008.

TAKAHASHI, Mara Alice Batista Conti *et al*. Incapacidade, reabilitação e saúde do trabalhador: velhas questões, novas abordagens. *RBSO*, São Paulo, vol. 35, n. 121, p. 07-09, jan./jun. 2010.

TAKAHASHI, Mara Alice Conti *et al*. Reabilitação como prática de inclusão social. *AF*, São Paulo, vol. 16, n. 02, p. 53-58, abr./jun. 2009.

TEUBNER, Gunther. *Constitutional fragments*: societal constitutionalism and globalization. Translated by Gareth Norbury. Oxford: Oxford University Press, 2012.

THALER, Richard. H.; SUNSTEIN, Cass R. *Nudge*: improving decisions about health, wealth, and happiness. New Haven: Yale University Press, 2008.

THORNHILL, Christopher. Desenvolvimentos no direito constitucional contemporâneo: a formação da norma entre o nacional e o global. *In*: GONÇAVES, Maria Eduarda; GUIBENTIF, Pierre; REBELO, Glória (Coord.). *Constituição e mudança socioeconómica*: quatro décadas da Constituição da República Portuguesa. Cascais: Principia, 2018, p. 09-29.

TINGA, Kees; VERBRAAK, Egon. Solidarity: an indispensable concept in social security. *In*: VUGT, Joos P. A. Van; PEET, Jan M. (Editors). *Social security and solidarity in the European Union*. Heidelberg: Springer, 2000, p. 254-269.

TODOS PELA EDUCAÇÃO. *Anuário Brasileiro da Educação Básica*. São Paulo: Editora Moderna, 2017. Disponível em: https://www.moderna.com.br/lumis/portal/file/fileDownload.jsp?fileId=8A808A825C384C18015C3B891F412846. Acesso em: 16 abr. 2023.

TORGAL, Lino. A imprevisão na fase de formação dos contratos públicos. *In*: ALMEIDA, Fernando Dias Menezes; MARQUES NETO, Floriano de Azevedo; MIGUEL, Luiz Felipe Hadlich; SCHIRATO, Vitor Rhein (Coord.). *Direito público em evolução*: estudos em homenagem à Professora Odete Medauar. Belo Horizonte: Fórum, 2013, p. 177-201.

TORRES, Heleno Taveira. *Direito constitucional financeiro*: teoria da constituição financeira. São Paulo: Revista dos Tribunais, 2014.

TOURINHO, Rita. A evolução do processo licitatório no ordenamento jurídico brasileiro e expectativas na tramitação do Projeto de Lei nº 599/13. *FCGP*, Belo Horizonte, ano 16, n. 186, p. 43-52, jun. 2017.

TUSHNET, Mark. *Weak courts, strong rights*: judicial review and social welfare rights in comparative constitutional law. Princeton: Princeton University Press, 2008.

URUGUAY. Texto ordenado de contabilidad y administración financiera. Disponível em: https://www.comprasestatales.gub.uy/wps/wcm/connect/pvcompras/1bee4e09-6b7e-4a6f-a381-780e97f966c0/TOCAF_+2018.pdf?MOD=AJPERES. Acesso em: 17 jan. 2018.

VALENCIA TELLO, Diana Carolina; LIMA, Edilson Vitorelli Diniz. A administração pública nas sociedades da informação e do conhecimento. *RDA*, Rio de Janeiro, vol. 262, p. 145-177, jan./abr. 2013.

VALIM, Rafael. *O princípio da segurança jurídica no direito administrativo brasileiro*. São Paulo: Malheiros, 2010.

VALLE, Vanice Regina Lírio do; MOTTA, Fabrício. Governo digital: mapeando possíveis bloqueios institucionais à sua implantação. *In*: MOTTA, Fabrício; VALLE, Vanice Regina Lírio do (Coords.). *Governo digital e a busca por inovação na administração pública*: a Lei nº 14.129, de 29 de março de 2021. Belo Horizonte: Fórum, 2022.

WARAT, Luís Alberto. Saber crítico e senso comum teórico dos juristas. *Seqüência*, Florianópolis, vol. 03, n. 05, p. 48-57, jul./dez. 1982.

VARGAS, Alessandra Carvalho *et al.* Percepção dos usuários a respeito de um serviço de reabilitação profissional. *RBSO*, São Paulo, vol. 42, p. 01-10, 2017.

VARGAS, Luiz Alberto de. *Direito à reabilitação profissional:* fundamentalidade e conteúdo jurídico. São Paulo: LTr, 2017.

VIANNA, Cláudia Salles Vilela. *Acidente do trabalho:* abordagem completa e atualizada. São Paulo: LTr, 2015.

VILLALBA PÉREZ, Francisca L. El principio de eficiencia motor de la reforma normativa sobre contratación del sector público. *In*: ANDRADE, José Carlos Vieira de; SILVA, Suzana Tavares da (Coord.). *As reformas do sector público:* perspectivas ibéricas no contexto pós-crise. Coimbra: Instituto Jurídico da FDUC, 2015, p. 193-220.

VILCHES GARCÍA, Felipe. La morosidad en la contratación pública. *REDA*, Madrid, año 44, n. 186, p. 321-342, jul./sep. 2017.

VITORELLI, Edilson. Processo estrutural processo civil de interesse público: esclarecimentos conceituais. *RIDP*, São Paulo, vol. 07, p. 147-177, jan./jun. 2018.

WALDRON, Jeremy. *A dignidade da legislação*. Tradução de Luís Carlos Borges. São Paulo: Martins Fontes, 2003.

WATSON, Alan. *Legal transplants:* an approach to comparative law. Second Edition. Athens: University of Georgia Press, 1993.

WEBER, Max. *Economia e sociedade:* fundamentos da sociologia compreensiva. Volume 1. Tradução de Regis Barbosa e Karen Elsabe Barbosa. 4. ed. 1. reimp. Brasília: Editora UnB, 2009.

WEBER, Max. *O direito na economia e na sociedade*. Tradução de Marsely De Marco Martins Dantas. São Paulo: Ícone, 2011.

YOUNG, Katharine G. A typology of economic and social rights adjudication: Exploring the catalytic function of judicial review. *IJCL*, Oxford, vol. 08, n. 03, p. 385-420, 2010.

ZAGREBELSKY, Gustavo. *Diritto allo specchio*. Torino: Einaudi, 2018.

ZYLBERSZTAJN, Décio; SZTAJN, Rachel; AZEVEDO, Paulo Furquim de. A economia dos contratos. *In*: ZYLBERSZTAJN, Décio; SZTAJN, Rachel (Org.). *Direito & Economia:* análise econômica do Direito e das Organizações. Rio de Janeiro: Elsevier, 2005, p. 102-136.

Esta obra foi composta em fonte Palatino Linotype, corpo 10
e impressa em papel Pólen Bold 70g (miolo) e Supremo 250g
(capa) pela Artes Gráficas Formato.